현대 한국금융론

이 재 기 저

청목출판사

머 리 말

국내 금융시장은 2006년에 장기시장금리가 완만한 하락세를 나타낸 가운데 기업 및 가계의 자금조달 규모가 증가하고 주가도 일시 급락한 후 재차 상승하는 등 대체로 양호한 양상을 보였다. 장기시장금리(long-term market interest rate)는 전년의 상승세에서 하락세로 전환된 반면에 단기시장금리(short-term market interest rate)는 콜금리목표인상 등의 영향으로 상승세를 지속함으로써 장단기금리차가 크게 축소되었다. 주가는 2006년 상반기 중 사상최고치를 기록한 후 큰 폭으로 반락하기도 하였으나 이후 다시 상승세로 전환되어 전년 말보다 높은 수준을 기록하였다. 금융기관 수신은 은행수신이 저축성 예금을 중심으로 크게 증가하였으며 자산운용사 수신도 주식관련 상품의 호조로 인해 전년의 증가세를 지속하였다.

한편, 기업자금사정은 어음부도율이 낮은 수준을 유지한 가운데 중소기업대출 규모가 대폭 증가하였으며 가계부문도 금융기관 대출이 주택담보대출을 중심으로 증가세가 전년에 비해 크게 확대되고 은행 및 신용카드사 연체율이 지속적으로 하락하는 등 양호한 양상을 나타내었다. 다만 부동산가격 상승과 맞물려 가계대출이 급속도로 증가하여 가계의 부채부담에 대한 우려가 제기되기도 하였다.

국내은행들은 2006년 전반기 반기 기준으로 사상 최대의 이익을 시현하고 건전성과 지본적정성도 개선되었다. 그러나 영업경쟁의 심화 속에 수익성(profitability)과 이익창출능력은 저하되었고 3분기에는 당기순이익과 BIS비율이 감소하게 되었다. 4분기에는 경비지급 증가와 대손충당금의 추가적립이 예상되어 연간 당기순이익이 2005년보다 축소될 가능성이 존재하고 있다. 또한, 향후 이익성장의 견인차로서 주목받았던 수수료 이익이 감소세를 보이고 있어 이에 대한 면밀한 분석이 필요할 것으로 판단된다.

2007년에는 투자와 소비의 부진, 수출여건의 악화와 부동산 버블붕괴 가능성 등으로 경제의 저성장과 금융시장의 불안정성(instability of financial market)이 예상되고 있다. 수출여건이 지속적으로 악화될 경우 기업대출의 주축을 이루는 중소기업대출의 수요가 감소함은 물론 부실여신이 양산될 수 있다. 부동산 시장이 안정되지 못한 상황에서 금리가 상승할 경우 가계의 주택담보대출 수요가 감소할 뿐만 아니라 부채비율이 높고 변동금리를 적용받는 일부 가계들의 부실화가 예상되고 있다. 또한, 자본시장통합법의 시행을 앞두고 타 금융권과의 경쟁도 심화될 것으로 보여 국내은행이 수익성을 개선하기 위해서는 수익효율성(profit efficiency)의 제고와 해외시장 진출의 확대 등이 필요할 것으로 판단된다.

본서는 기본적으로 한국금융에 관심이 있는 학부학생들과 대학원생들뿐만 아니라 기업의 관련 업무종사자들에게도 기여하고자 최근의 한국 금융시장 동향 및 관련 제(諸) 이슈를 충실히 정리하고자 노력하였다. 본서는 저자를 비롯한 여러 학자들의 시각과 논리, 그리고 관련참고문헌과 자료를 될 수 있는 대로 다양하게 소개하고 있다. 경우에 따라서는 논리적인 비약도 있으리라 생각된다. 본서가 가지고 있는 내용상의 미흡함에 대해서는 넓은 아량으로 이해해 주기 바란다. 선배 제현과 독자 여러분의 아낌없는 질타와 조언을 기대해 보며 오류로 지적되는 부분이 있으면 차후에 이를 수정할 계획이다.

본서가 나오기까지 여러 동료 교수님들의 성원과 도움이 있었으며 이에 깊은 감사의 말씀을 드리는 바이다. 또한, 원고정리에 많은 수고를 아끼지 않았던 본교 사회과학대학에 재학하고 있는 유대석 군에게 각별히 고마운 마음을 전한다.

출판계의 어려운 사정에도 불구하고 본서의 출판을 흔쾌히 허락해 주신 청목출판사의 유성렬 사장님과 편집에 여러모로 수고해 주신 편집부 여러분에게 진심으로 감사의 말씀을 드린다. 본서의 집필기간 동안 가정에 소홀했음에도 불구하고 항상 사랑과 격려를 보내주고 편안한 안식처를 제공해 준 사랑하는 아내 경심과 군 복무에 열중하고 있는 소중한 아들 형진에게 무한한 감사의 마음을 전한다.

2007년 8월 10일
안서동 연구실에서
이 재 기

차 례

제 2 편 한국금융의 주요 이슈

제 7 편 글로벌 및 지역금융기관

◐ 부록

제 1 편

한국금융의 동향과 전망

제 1 장

한국금융의 동향

제 1 절 금융시장

1. 개관

국내 금융시장은 2006년에 장기시장금리가 완만한 하락세를 나타낸 가운데 기업 및 가계의 자금조달 규모가 증가하고 주가도 일시 급락한 후 재차 상승하는 등 대체로 양호한 양상을 보였다.

장기시장금리(long-term market interest rate)는 전년의 상승세에서 하락세로 전환된 반면에 단기시장금리(short-term market interest rate)는 콜금리목표인상 등의 영향으로 상승세를 지속함으로써 장단기금리차가 크게 축소되었다. 주가는 2006년 상반기 중 사상최고치를 기록한 후 큰 폭으로 반락하기도 하였으나 이후 다시 상승세로 전환되어 전년말보다 높은 수준을 기록하였다. 금융기관 수신은 은행수신이 저축성 예금을 중심으로 크게 증가하였으며 자산운용사 수신도 주식관련 상품의 호조로 인해 전년의 증가세를 지속하였다.

한편, 기업자금사정은 어음부도율이 낮은 수준을 유지한 가운데 중소기업대출 규모가 대폭 증가하였으며 가계부문도 금융기관 대출이 주택담보대출을 중심으로 증가세가 전년에 비해 크게 확대되고 은행 및 신용카드사 연체율이 지속적으로 하락하는 등 양호한 양상을 나타내었다. 다만 부동산가격 상승과 맞물려 가계대출이 급속도로 증가하여 가계의 부채부담에 대한 우려가 제기되기도 하였다.

2. 금리

2.1 장기시장금리

장기시장금리는 2006년에 경기둔화 우려, 장기채권 매입수요 증대 등으로 하락세를 보인 반면에 단기시장금리는 연중 3차례의 콜금리목표 인상 등으로 큰 폭의 상승세를 보였다.

장기시장금리는 전년의 상승세에서 탈피하여 대체로 완만한 하락세를 나타내었다. 연초 유가상승 및 원화의 평가절상(appreciation) 등 국외여건 악화와 자산운용사 등의 채권 매입수요 확대 등으로 장기시장금리가 하락세로 전환된 이후 경기부진 우려가 확산되면서 5월까지 하락세를 보였다. 2006년 6월 들어 콜금리목표 인상과 미국 국채수익률 상승으로 일시 급등하기도 하였으나 미 연방준비제도이사회(FRB : Federal Reserve Board) 금리인상 중단 예상, 연기금 · 보험사 등의 장기채권 매입수요 증대로 다시 하락하였다. 그러나 10월 이후에는 산업생산 등 경기지표가 호전되는 가운데 외국인의 국채선물 대량 매도, 지급준비율 인상이 결정되면서 상승세로 전환되었다.[1] 연말 3년만기 국고채 및 회사채(AA-) 유통수익률은 각각 4.92% 및 5.29%를 기록하여 전년말 대비 16bp 및 23bp 하락하였다.

2.2 단기시장금리

단기시장금리는 콜금리목표 상향조정의 영향으로 전년에 이어 큰 폭의 상승세를 나타내었다. 기간별로 보면 콜금리목표가 3차례 상향조정되고 양도성예금증서(CD : Certificate of Deposit)를 포함한 단기금융 상품의 주요 수요처인 MMF가 익일매수제 시행 등으로 대규모 환매되면서 단기시장금리가 8월 중순까지 상승세를 지속하였다.[2] 이후 콜금리 목표의 추가인상 기대가 약화되면서 장기시장금리와 함께 소폭 하락하기도 하였으나 지급준비율 인상 결정 등을 계기로 다시 상승하였다. 이에 따라 연말 91일 만기 CD 유통수익률은 전년말보다 77bp 높은 4.86%를 기록하였다.

---

1) 한국은행은 시중유동성의 급속한 증가에 대처하여 2006년 11월 23일 평균 지급준비율을 3.0%에서 약 3.8%로 인상하고 장단기예금간 지급준비율 격차를 확대하기로 결정한 바 있다(한국은행, 조사통계월보, 2007. 1. pp. 86~102 요약 · 재구성).

2) 간접투자자산 운용업법 시행규칙 개정(2005년 11월 15일 공포)으로 법인투자자의 MMF 환매 및 매입시 적용되는 기준가격이 각각 2005년 11월 21일 및 2006년 7월 1일부터 환매 · 매입청구일 전일 종가에서 환매 · 매입청구시점 이후 산출되는 종가로 변경되면서 MMF 환매 · 매입에 따른 대금의 지급 · 편입일이 환매 · 매입청구 당일에서 익일로 변경되었다.

2.3 여수신금리

은행 여수신금리도 은행들이 단기시장금리의 상승세를 반영하여 금리를 인상함에 따라 상승하였다. 2006년말 기준 은행의 가중평균 수신 및 여신금리(신규취급분 기준)는 4.56% 및 6.19%로 전년말 4.05% 및 5.74%에서 각각 51bp 및 45bp 상승한 것으로 나타났다.

2.4 장단기금리차

장단기금리차(3년 만기 국고채 유통수익률 - 익일물 콜금리)는 채권수급 호조와 경기둔화 우려 등으로 전년말에 비해 크게 축소되었다. 기간별로는 2006년초 이후 콜금리목표 상향조정에도 불구하고 장기시장금리가 하락함으로써 장단기금리차가 지속적으로 축소되다가 10월 이후 경기지표 호전, 지급준비율 인상 결정 등의 영향으로 장기시장금리가 상승하면서 소폭 확대되었다.

(1) 3년 만기 회사채와 국고채 간의 금리차

회사채의 리스크프리미엄(risk premium)을 반영하는 3년 만기 회사채(AA-등급)와 국고채 간의 금리차는 간편한 발행절차 등의 장점(은행은 기업대출시 신용보증기금 및 기술보증관련 출연료를 매월 기업대출 평잔 대비 0.4%를 납부해야 하는 반면 사모사채 인수시에는 납부하지 않아도 되므로 자금조달비용 측면에서도 유리한 장점이 있음)을 지닌 사모사채 발행의 호조로 회사채 발행물량이 감소하면서 점차 축소되어 한때 0.3%포인트를 하회하기도 하였으나 2006년 하반기 들어 소폭 상승하여 연말에는 전년말 대비 7bp 하락한 0.37%포인트를 기록하였다.

(2) 회사채 신용등급별 금리차

회사채 신용등급별 금리차(BBB-등급 - AA-등급)도 고금리 회사채에 대한 수요 증대 등으로 축소되어 2006년 말에 전년말보다 66bp 하락한 2.33%포인트를 나타내었다.

〈표 1-1〉 주요 금리 및 금리격차 추이(월말기준)

(단위 : %, %포인트)

	2005.12	2006.1	2	3	4	5	6	7	8	9	10	11	12
국고채(3년)	5.00	4.92	4.90	4.93	4.81	4.72	4.92	4.83	4.76	4.57	4.71	4.82	4.92
회사채(3년, AA-)	5.52	5.42	5.34	5.25	5.08	5.00	5.20	5.15	5.09	4.89	5.01	5.16	5.29
C D (91일)	4.09	4.18	4.26	4.27	4.36	4.36	4.59	4.64	4.68	4.59	4.58	4.67	4.86
C P (91일)	4.32	4.43	4.46	4.45	4.50	4.50	4.81	4.81	4.84	4.77	4.75	4.78	5.03
콜 (1일)	3.76	3.76	3.99	3.97	3.97	3.96	4.21	4.22	4.49	4.48	4.48	4.49	4.60
은행 수신금리[1)]	4.05	4.05	4.11	4.19	4.29	4.28	4.36	4.38	4.46	4.53	4.43	4.43	4.56P
은행 여신금리[2)]	5.74	5.79	5.76	5.89	5.83	5.89	5.98	6.10	6.16	6.13	6.09	6.04	6.19P
장단기금리차[3)]	1.32	1.16	0.91	0.96	0.84	0.76	0.71	0.61	0.27	0.09	0.23	0.33	0.32
회사채프리미엄[4)]	0.44	0.50	0.44	0.32	0.27	0.28	0.28	0.32	0.33	0.32	0.30	0.34	0.37
회사채신용등급별금리차[5)]	2.99	2.98	2.85	2.86	2.76	2.64	2.46	2.40	2.37	2.33	2.33	2.34	2.33

주: 1) 기간 중 저축성수신 신규취급분 기준, 금융채 및 수시입출식예금 제외
2) 기간 중 신규취급분 기준, 당좌대출 및 마이너스통장대출 제외
3) 국고채유통수익률(3년) - 콜금리(1일)
4) 회사채유통수익률(3년, AA-) - 국고채유통수익률(3년)
5) 회사채유통수익률(3년, BBB-) - 회사채유통수익률(3년, AA-), 3개 민간신용평가사 평균수익률 기준

3. 통화

3.1 통화증가율

통화증가율은 2006년 중 전년보다 상승하였다. Lf 및 M2 증가율은 전년의 7% 내외에서 8%를 초과하는 수준으로 제고된 것으로 추정된다. 이는 전년과 달리 내국인 해외증권투자 확대, 외국인 주식투자자금 유출 등으로 국외부문이 2006년 1~11월 중 통화환수로 전환되었으나 금융기관의 대출 및 유가증권 투자 증대로 민간신용이 크게 증가하였기 때문으로 해석된다. M1 증가율은 익일환매제의 시행으로 법인 MMF가 2005년 11월 이후 M1에서 제외되면서 마이너스 1% 내외 수준을 기록한 것으로 추정되나 M1에서 전체 MMF를 제외한 M1 - MMF 증가율은 여타 통화지표와 마찬가지로 전년에 비해 크게 상승한 7% 중반 수준을 나타낸 것으로 보인다.

〈표 1-2〉 통화증가율 추이(전년동기 대비, 평잔기준)

(단위 : %)

	2005	2006				
		연중	1분기	2분기	3분기	4분기[e]
Lf	7.0	8 내외	7.2	7.4	7.5	9 내외
M2	6.9	8대 중반	7.0	7.2	8.1	10대 후반
M1	8.5	-1 내외	-0.6	-2.8	-5.5	5대 중반
M1-MMF	6.1	7대 중반	9.6	8.1	6.8	6대 중반
본원통화	4.1	7.4[P]	7.2	7.9	6.1	8.4[P]

주: 1) MMF 제도 변경 등으로 통화지표 개편(2006. 5. 17)

3.2 금융기관 수신

금융기관 수신동향을 살펴보면 은행 및 자산운용사 수신 모두 전년의 증가세를 지속한 것으로 나타났다.

(1) 은행 수신

은행 수신은 전년에 감소하였던 정기예금이 고금리 특별유치, 예금금리 인상 등으로 크게 증가하였으며 금전신탁도 신규펀드 판매 중단에 따른 불특정금전신탁의 감소에도 불구하고 특정금전신탁이 높은 금리경쟁력과 수시입출의 편의성 등으로 지속적으로 호조를 보였다.

(2) 자산운용사 수신

자산운용사 수신은 MMF가 법인자금에 대한 익일매수제 시행 등의 영향으로 크게 감소하였으나 주식형 수익증권의 호조로 전년에 비해 증가세가 확대된 것으로 나타났다.

(3) 종금사 수신

종금사 수신이 MMF 부진에 따른 반사현상으로 발행어음을 중심으로 증가세가 크게 확대되었으며 상호저축은행의 수신도 전년에 비해 증가세가 확대되었다.

(4) 증권사 고객예탁금

증권사 고객예탁금은 증시 급등락에 따른 부담, 장기 및 간접투자 선호현상으로 크게 감소한 것으로 나타났다.

〈표 1-3〉 금융기관 수신 추이(기간 중 증감)

(단위 : 억원)

	2005	2006				
		연중[p]	1분기	2분기	3분기	4분기[p]
은 행 수 신	359,529	377,690	-60,167	192,664	106,807	138,385
실세요구불예금	83,919	41,819	-45,092	52,352	27,775	6,784
저 축 성 예 금	74,021	181,845	-79,442	153,217	54,079	53,991
(정 기 예 금)	-80,168	132,399	25,771	71,333	87,548	-52,253
(수시입출식)	219,565	107,161	-78,921	97,987	-22,754	110,849
[M M D A]	130,198	36,169	-41,105	91,938	-53,536	38,872
단기시장성수신[1)]	201,590	154,025	64,367	-12,905	24,953	77,610
금 전 신 탁	10,405	146,512	43,033	41,955	45,698	15,826
특 정	62,366	161,064	57,594	46,501	50,877	6,092
불 특 정	-51,961	-14,552	-14,561	-4,546	-5,179	9,734
자산운용사수신[2)]	173,435	302,726	184,829	-5,011	25,726	97,182
주식형수익증권	176,268	203,676	86,621	51,333	37,228	28,494
혼합형수익증권	79,054	54,958	15,193	36,452	17,051	-13,738
채권형수익증권	-244,540	-10,164	-25,056	9,793	-943	6,042
M M F	50,452	-76,929	78,660	-138,347	-64,403	47,161
파생상품 펀드 등[3)]	112,201	131,185	29,411	35,758	36,793	29,223
종 금 사 수 신	20,128	67,116	575	30,272	33,552	2,717
발 행 어 음	11,006	59,228	2,273	26,883	27,173	2,899
C M A	9,122	7,888	-1,698	3,389	6,379	-182
우 체 국 예 금	3,166	34,332	21,938	5,669	-4,186	10,911
증권사 고객예탁금	37,647	-34,467	-6,469	-14,490	-4,661	-8,847
상호저축은행[4)]	46,485	60,213	20,285	17,591	12,487	9,850

주: 1) CD, RP, 표지어음
2) 투자신탁 + 투자회사 기준
3) 이외에 부동산 펀드, 실물자산 펀드, 재간접 펀드, 특별자산 펀드를 포함
4) 2006년 연중 및 4분기는 각각 1~11월중 및 10~11월 기준

3.3 기업자금사정

기업자금사정은 2006년에 어음부도율이 하락한 가운데 은행대출이 중소기업대출을 중심으로 증가세가 확대되고 직접금융을 통한 자금조달도 전년의 증가세를 이어가는 등 양호한 양상을 나타내었다.

(1) 기업대출

은행의 기업대출은 2006년에 비해 증가세가 크게 확대되었다. 기업규모별로 보면 대기업대출은 우량 대기업들의 양호한 현금흐름(cash flow), 사모사채를 통한 자금조달 확대 등으로 감소로 전환하였으나 중소기업대출은 설비투자 수요 증가와 함께 은행간 대출확대 경쟁이 가세하여 증가폭이 크게 확대된 것으로 나타났다.

(2) 회사채발행

회사채발행은 대기업의 장기 외부자금수요가 크지 않은 데다 사모사채 발행 및 통화스왑연계 외화대출 등 대체조달수단 활용이 확대되면서 전년의 순발행에서 소폭 순상환으로 전환되었다. 기업어음(CP : Commercial Paper) 발행은 건설관련 공기업을 중심으로 한 택지매입 자금조달 등으로 인해 순발행으로 전환되었다. 이 밖에 주식발행을 통한 자금조달도 일부 기업들의 유상증자로 비교적 호조를 보였다.

(3) 어음부도율

어음부도율은 2006년에 하향안정세를 보여 전년의 0.04%보다 낮은 0.02%를 기록하였으며 중소기업대출 등 기업대출 연체율도 하락한 것으로 나타났다.

〈표 1-4〉 기업자금조달 추이(기간 중 증감)

(단위 : 억원, %)

	2005	2006				
		연중[p]	1분기	2분기	3분기	4분기[p]
은행대출[1)]	149,657	422,216	92,125	113,082	101,378	115,632
(대기업)	39,293	-13,214	-3,369	-7,723	-7,025	4,903
(중소기업)	110,364	435,430	95,494	120,805	108,402	110,729
직접금융	38,503	48,772	22,232	10,043	40,617	-24,121
(회사채순발행)[2)]	4,655	-29,434	-1,863	-8,155	104	-19,520
(CP순발행)[3)]	-4,611	27,722	7,968	5,246	32,546	-18,038
(주식발행)[4)]	38,459	50,484	16,127	12,952	7,967	13,437
어음부도율[5)]	0.04	0.02	0.02	0.02	0.02	0.03
기업대출 연체율[6)]	2.1	1.6	1.7	1.7	1.5	1.5
(중소기업대출 연체율)[6)]	2.5	1.7	2.0	1.9	1.7	1.5

주: 1) 신탁대출 포함
2) 일반기업 공모 회사채 기준, ABS 제외(Primary CBO 편입분은 포함)
3) 증권사 및 종금계정의 할인액 기준, 금융기관 발행분 제외
4) 증권거래소 상장기업 및 코스닥 등록기업 기준(납입일), 채무조정 기업 출자전환분 제외
5) 금액기준, 전자결제액 조정후
6) 기간 중 평균치(분기말월 제외)

3.4 가계대출

가계대출은 2006년에 주택담보대출을 중심으로 증가세가 전년에 이어 크게 확대된 것으로 나타났다.

(1) 주택담보대출

주택담보대출이 정부의 연이은 부동산대책 발표에도 불구하고 주택가격상승이 지속된 데다 은행들의 대출확대 경쟁이 심화되어 전년보다 크게 증가하였다.

(2) 신용대출

마이너스통장대출을 포함한 신용대출도 민간소비 회복 등으로 증가규모가 전년에 비해 증가한 것으로 나타났다.

〈표 1-5〉 은행 가계대출 추이(기간 중 증감)

(단위 : 억원)

	2005	2006				
		연중[p]	1분기	2분기	3분기	4분기[p]
가 계 대 출[1)]	293,900	408,924	50,323	125,723	86,308	146,570
(주택담보대출)[2)]	205,535	267,852	20,879	83,621	62,307	101,045

주: 1) 신탁대출 포함 2)신탁 제외, 주택자금대출 포함

(3) 가계대출 연체율

은행 및 신용카드사의 가계대출 연체율은 지속적으로 하락하였다. 그러나 가계소득(household income)이 크게 개선되지 못한 상황에서 가계대출이 급속도로 증가하면서 가계의 부채부담 누증에 대한 우려가 제기되었다.

〈표 1-6〉 가계신용 연체율 추이

(단위: %)

		2005	2006				
			연중[p]	1분기	2분기	3분기	4분기[p]
은 행[1)]		1.7	1.2	1.4	1.3	1.1	1.0
신용카드사[2)]	은행겸영사	4.1	2.4	2.6	2.4	2.3	2.4
	전 업 사	7.7	5.3	5.4	5.3	5.3	5.3

주: 1) 기간 중 평균치(분기말월 제외)
2) 은행겸영사 : 기간 중 평균(분기말월 제외)
전업사 : 기간 중 평균(다만 2006년 연중 및 4분기는 각각 1~11월 중 및 10~11월 기준)
자료 : 금융감독원

4. 주가

주가는 2006년에 외국인투자자의 대규모 순매도 전환 등으로 전년의 높은 상승세에서 하향 조정국면을 보였으나 하반기 이후 미국 등 주요 국가 증시의 호조 등을 반영하여 완만한 상승세를 나타내었다.

4.1 코스피지수

코스피(KOSPI)지수는 2006년초 국제유가 상승, IT기업의 실적부진 우려 등으로 하락하였으나 3월 중순 이후에는 외국인 순매수 확대, 기업실적 개선 기대 등으로 상승세로 전환되어 5월 11일에는 사상최고치인 1,467.7을 기록하였다. 그러나 이후 세계경기 둔화 우려 등으로 주요 국가의 증시가 약세로 전환된 가운데 외국인투자자의 대규모 순매도가 지속되면서 6월 13일에는 연중 최저치인 1,203.9까지 하락하였다. 하반기 들어서는 미국 등 주요 국가의 증시가 다시 호조를 보이고 국제유가도 안정되면서 완만한 상승세로 반전되었다. 이에 따라 2006년 말에는 코스피지수가 전년말 1,379.4에서 4.0% 상승한 1,434.5를 기록하였다.

4.2 코스닥지수

코스닥(KOSDAQ)지수도 코스피지수와 대체로 흡사한 움직임을 보였으나 2006년 5월 중순 이후 하락폭이 상대적으로 더 컸던 데다 거래비중이 상대적으로 높은 IT부문의 부진으로 전년말 수준을 회복하지는 못하였다. 2006년초 코스닥지수는 사상 최초로 서킷브레이커(circuit breaker)가 발동(1월 23일)되는 등 급락세를 보인 후 5월 초순까지는 대체로 완만한 회복세를 나타내었다[3]. 그러나 이후 하락세로 전환되어 2006년 6월 중에는 급락하는 양상을 나타내다가 연말까지 비교적 좁은 범위 내(540~615)에서 등락을 거듭하며 횡보하는 움직임을 보였다. 이에 따라 2006년말 코스닥지수는 전년말 대비 13.6% 하락한 606.2를 기록하였다.

5. 주식거래규모

주식거래규모(일평균 거래대금 기준)는 유가증권시장과 코스닥시장 모두 2006년 중반 주가

3) 서킷브레이커는 지수가 전일종가 대비 10% 이상 하락하여 1분간 지속되면 20분간 모든 종목의 호가접수와 매매거래가 중단되는 제도를 의미한다.

하락 조정에도 불구하고 전년과 비슷한 수준을 나타내었다.

〈표 1-7〉 주식시장 동향 추이

	2005	2006				
		연중	1분기	2분기	3분기	4분기
〈유가증권시장〉						
코스피지수(기말)	1,379.4	1,434.5	1,359.6	1,295.2	1,371.4	1,434.5
(평균)	1,073.6	1,352.2	1,350.8	1,349.6	1,317.5	1,392.8
거래량(일평균, 억주)	4.7	2.8	3.9	2.1	2.1	2.4
거래대금(일평균, 조원)	3.2	3.4	4.5	3.6	2.7	2.9
〈코스닥시장〉						
코스닥지수(기말)	701.8	606.2	665.2	590.7	600.4	606.2
(평균)	528.1	622.0	674.2	643.5	571.4	598.4
거래량(일평균, 억주)	6.0	5.4	6.6	4.8	4.5	5.8
거래대금(일평균, 조원)	1.8	1.7	2.3	1.6	1.3	1.7

자료: 한국증권전산

6. 주식매매동향

매매동향을 투자주체별로 보면 다음과 같다.

6.1 외국인 투자자

외국인 투자자들은 차익실현 매물 출회, 중국 · 인도 등 신흥시장국 주가의 상대적 강세 등으로 전년에 비해 순매도 폭을 크게 확대하였다.

6.2 개인투자자

개인투자자들의 순매도도 지속되었으나 전년에 비해서는 그 규모가 크게 감소한 것으로 나타났다.

6.3 국내 기관투자가

국내 기관투자가는 주식형 수익증권을 중심으로 주식관련 간접투자자금이 지속적으로 유입된 데 힘입어 전년의 순매수를 이어갔다. 다만 2006년 4분기에는 주가반등에 따른 차익실현, 적립식 펀드 초기 가입자의 만기도래, 국외주식형펀드 투자 증가 등으로 국내 주식형 수익증권으로의 자금유입이 다소 부진한 양상을 나타내었다.

〈표 1-8〉 투자주체별 주식순매수 추이

(단위 : 조원)

	2005	2006				
		연중	1분기	2분기	3분기	4분기
외 국 인	-2.4	-11.2	1.9	-6.0	-6.0	-1.1
기관투자가	8.3	9.9	0.3	2.5	5.8	1.3
(자산운용사)	10.4	6.4	2.2	1.9	3.5	-1.2
개 인	-8.3	-1.0	-1.3	0.9	-0.6	-0.1

자료: 한국증권전산

제 2 절 외환시장

1. 개관

원화의 대미달러화 환율은 2006년에 외환의 공급우위가 지속됨에 따라 크게 하락하였다. 한편, 외환 거래규모는 수출입규모 확대와 환율호가제도 변경 등의 영향으로 전년보다 크게 증가한 것으로 나타났다.

2. 외환

2.1 외환수급상황

외환수급상황을 살펴보면 외환의 공급우위기조가 전년에 이어 지속된 것으로 나타났다. 이는 경상수지 흑자(current account surplus) 규모가 감소하고 직 · 간접 투자자금이 크게 유출되었음에도 불구하고 수출기업의 대규모 선물환매도에 따른 국내은행의 포지션 조정을 위한 단기차입과 외화대출 등을 위한 해외차입 증가 등으로 부채성 금융자금이 대규모 유입되어 기타투자수지가 크게 증가한 데 기인하였다.

2.2 외환보유고

외환보유고(foreign exchange reserves)는 보유외환의 운용수익이 증가한 데다 미 달러화 약세에 따른 유로(Euro)화 등 기타통화 표시자산의 미 달러화 평가액이 증대됨에 따라 증가규모가 전년에 비해 늘어났다. 2006년말 기준 외환보유고는 전년말 2,104억 달러에서 286억 달러 증가한 2,390억 달러를 기록하였다.

〈표 1-9〉 국제수지 및 외환보유고 추이

(단위 : 억 달러)

	2005	2006[1)]				
		연중[p]	1분기	2분기	3분기	4분기[p]
경상수지	149.8	60.9	-11.2	6.9	3.7	61.4
상품수지	326.8	292.1	52.2	74.1	62.3	103.5
자본수지	47.6	186.2	65.2	36.8	47.7	36.4
직접투자수지	20.1	-34.8	-13.1	7.8	-36.6	7.0
증권투자수지	-17.3	-225.4	14.4	-141.8	-74.0	-24.1
기타투자수지	68.1	476.8	70.8	178.8	164.8	62.4
외환보유고[1)]	2,103.9	2,389.6	2,173.4	2,243.6	2,282.2	2,389.6
(증감액)	113.2	285.7	69.5	70.1	38.7	107.4

주 : 1) 기말 기준

2.3 환율

(1) 원/달러

원화의 대미 달러 환율은 2006년에 전년말의 하락세가 이어지며 큰 폭으로 하락하였다. 기간별로 보면 연초에는 엔화의 대미 달러화 환율 급락과 함께 비거주자의 역외선물환 매도, 외국인 증권투자자금의 단기간 집중 유입 등으로 전년말의 하락세가 지속되었다. 이후에도 원화환율은 수출기업 및 비거주자의 선물환 매도 증가로 하락세를 지속하여 5월 초에는 2006년 들어 처음으로 달러당 920원대를 기록하였다. 그러나 5월말부터는 일본 엔화의 약세 반전, 경상수지 흑자의 대폭 축소 예상 등으로 반등하여 6월 중순에는 달러당 960원대로 상승하였다. 이후 원화환율은 수출대금 유입이 지속되는 가운데 외국인주식투자자금 유출, 경상수지 적자(current account deficit) 반전 등 하락요인과 상승요인이 교차하면서 9월까지 940~960원대에서 등락을 거듭하였다. 10월 이후에는 북한의 핵실험으로 일시 급등하기도 하였으나 수출호조와 더불어 미 달러화 약세 지속 등으로 다시 하락하여 12월 7일에는 1997년 10월 2일 이후 최저치인 913.8원을 기록하기도 하였다.

다만 이후 2006년 말까지는 외환당국의 시장안정화(market stabilization) 노력 등으로 소폭 반등하여 2006년말 기준 원화의 대미 달러화 환율이 929.8원으로 전년말 대비 8.8% 평가절상되었다.

(2) 엔/달러

원화의 대엔화 환율도 전년에 이어 대폭 하락하였다. 이는 엔화의 대미 달러화 환율이 오히려 소폭 상승한 데 기인하였다. 2006년말 기준 원화의 대엔화 환율은 100엔당 783.0원(외환은행 최종고시 대고객 매매기준율)으로 전년말에 비해 9.3% 평가절상되었다.

〈표 1-10〉 주요 통화의 대미 달러화 변동률

(단위 : %)

	한국 원화	일본 엔화	유로화	영국 파운드화	캐나다 달러화	호주 달러화	대만 달러화	싱가포르 달러화
2004년 중	15.2	4.3	7.6	7.5	8.2	3.8	7.2	4.1
2005년 중	2.3	-13.0	-12.6	-10.2	3.3	-6.1	-3.5	-1.8
2006년 중	8.8	-0.8	11.4	13.7	-0.2	7.5	0.7	8.5

주 : 1) 해당기간 중 평가절상(+) 및 평가절하(-)율(%)
2) 원화는 서울외환시장 종가, 엔화 및 기타 아시아국 통화는 각각 로이터 및 블룸버그 기준 동경시장 가격, 기타 통화는 로이터 기준 뉴욕시장 가격

(3) 환율변동성

환율의 변동성(variability of exchange rate)은 대체로 전년과 비슷한 수준을 기록하였다. 2006년 상반기 중에는 연초 환율급락에 따른 시장불안심리 확산, 새로운 환율호가제도[4)]에의 적응 미흡 등으로 전년에 비해 변동성이 확대되었으나 하반기 들어서는 안정되는 양상을 나타내었다. 연평균으로는 전일 대비 변동률과 일중 변동률이 각각 전년보다 소폭 상승한 0.38% 및 0.4%를 기록하였다.

〈표 1-11〉 원화의 대미달러 환율 변동성[1)] 추이

(단위 : %, 원)

	2005	2006				
		연중	1분기	2분기	3분기	4분기
전일 대비 변동률[2)]	0.30	0.33	0.42	0.40	0.23	0.27
(전일 대비 변동폭)	3.1	3.2	4.1	3.8	2.2	2.6
일중 변동률[3)]	0.46	0.48	0.62	0.53	0.35	0.41
(일중 변동폭)	4.7	4.6	6.1	5.1	3.4	3.8

주 : 1) 기간 중 평균
2) [(금일종가 - 전일종가)의 절대값/전일종가] × 100(%)
3) [(일중최고가 - 일중최저가)/당일 가중평균환율] × 100(%)

4) 2006년 2월 1일부터 환율호가제도가 기업, 역외거래자 등 대고객시장 참가자들에게 은행간 시장의 모든 환율이 실시간 제공되던 방식에서 외국환은행이 은행간 거래환율에 일정한 스프레드를 부가한 매도/매입 호가를 제시하는 방식으로 변경되었다.

2.4 외환 거래규모 및 거래형태

(1) 외환 거래규모

외환 거래규모(중개회사를 통한 은행간거래 기준)는 2006년에 일평균 112억 달러로 전년의 81억 달러에 비해 대폭 증가하였다. 이는 외국인증권투자자금의 유출입 및 수출입 규모 확대 등으로 현물환 거래가 지속적으로 증가한 데다 환율호가제도 변경에 따른 역외거래물량의 국내 이전[5] 등으로 파생상품(derivatives) 거래도 크게 증가하였기 때문이다.

(2) 외환 거래형태

거래형태별로 보면 현물환과 파생상품이 각각 전년의 45억 달러 및 8억 달러에서 63억 달러 및 17억 달러로 크게 증가하였다. 선물환도 전년의 2억 달러에서 4억 달러로 증가하였으나 외환스왑은 전년의 26억 달러에서 27억 달러로 소폭 증가하였다. 이에 따라 전체 외환거래 중 현물환과 파생상품 등의 거래비중이 크게 상승하였다.

〈표 1-12〉 은행간 외환거래[1] 규모 추이(일평균 기준)

(단위 : 억 달러)

	2005	2006				
		연중	1분기	2분기	3분기	4분기
현 물 환	45.2	63.4	57.8	63.7	66.1	66.2
선 물 환	2.0	4.0	3.6	4.5	4.1	4.0
외환스왑	26.3	27.1	25.4	28.6	25.3	29.2
파생상품[2]	7.9	17.1	14.9	16.5	19.3	17.6
합 계	81.5	111.6	101.7	113.2	114.7	117.1

주 : 1) 외환중개회사를 통한 은행간 원/달러화 거래 기준
2) 통화스왑 및 옵션 등

3. 대외채권 및 대외채무

3.1 대외채권

대외채권은 외환보유고 증가, 국민연금의 해외채권투자 등으로 2006년 9월말 기준 전년말보다 374억 달러 증가한 3,460억 달러를 기록하였다. 이에 따라 대외채권에서 대외채무를 차감한 순대

5) 홍콩, 싱가포르 등 역외 NDF거래자들은 새로운 환율호가제도 시행 이후 역외거래자간 거래시 실시간 호가정보 및 시장상황 판단 등에 어려움을 겪게 되면서 역내소재 거래기관과의 거래로 전환한 것으로 판단된다.

외채권은 2006년 9월말 기준 966억 달러로 전년말에 비해 감소하였다.

3.2 대외채무

2006년 9월말 기준 대외채무는 2,494억 달러로 전년말에 비해 596억 달러 증가하였다. 차입주체별로 보면 은행의 대외채무가 전년에 이어 단기차입금 증가, 외화증권 발행 등으로 474억 달러 증가하였으며 기업 등 기타부문의 대외채무도 외화증권 발행, 선박업체의 수주 호조에 따른 수출선수금 증가 등으로 105억 달러 늘어났다. 일반정부의 대외채무도 비거주자의 국채투자 등에 따라 19억 달러 증가로 전환하였다. 만기별로는 장기채무가 175억 달러 증가한 데 비해 1년 이하의 단기채무는 은행의 단기차입금을 중심으로 421억 달러 증가하였다. 이에 따라 외환보유고 대비 단기외채 비율(2006년 9월말 기준)이 47.3%로 전년말의 31.3%에 비해 크게 상승한 것으로 나타났다.

〈표 1-13〉 대외채무 및 대외채권 추이

(단위 : 억 달러, %, %p)

	2004년말	2005년말(Ⅰ)	2006. 9월말p(Ⅱ)	2006. 1 ~ 9월 중 증감(Ⅱ-Ⅰ)
대외채무(A)	1,722.6	1,898.4	2,494.0	595.6
장 기[1)]	1,159.1	1,239.3	1,414.1	174.8
	(67.3)	(65.3)	(56.7)	
단 기[1)]	563.5	659.1	1,079.9	420.8
	(32.7)	(34.7)	(43.3)	
대 외 채 권(B)	2,842.0	3,086.0	3,460.1	374.0
순대외채권(B-A)	1,119.4	1,187.6	966.0	-221.6
외환보유고 대비 단기외채비율(%)	28.3	31.3	47.3	16.0

주 : 1) ( )안은 대외채무 중 비중

4. 외화차입여건

외화차입여건은 2006년에 전년에 이어 대체로 호조를 나타내었다. 국내기업 및 금융기관의 국외차입 기준이 되는 외국환평형기금채권 가산금리(2013년 만기 기준)는 3월 들어 미국 등 주요 국가의 정책금리 인상, 신흥시장국(emerging market) 채권에 대한 위험회피성향 고조 등으로 상승하였다가 한국에 대한 무디스(Moody's)사의 국가신용등급 전망 상향조정을 계기로 하락하였다.[6)] 하반기 들어 주요 국가 중앙은행들의 통화긴축, 북한의 미사일 시험발사 등의 영향으로 일시 상승하기도 하였으나 투자자들의 위험자산 기피성향이 완화되면서 다시 하락하여 2006년 말에는 전년말보다 낮은 60bp를 기록하였다. 국내은행 단기차입금 가산금리도 전년 12월보다 다소 낮은 수준에서 등락을 거듭하여 12월 중에는 전년 동월보다 낮은 7bp를 기록하였다.

〈표 1-14〉 가산금리 추이

(단위 : bp)

	2005	2006			
	12월	3월	6월	9월	12월
외국환평형기금채권(2013년)[1]	65	76	80	69	60
국내은행 단기차입금[2]	9	4	7	5	7
중국(2013년)[1]	65	57	57	49	40
미국 국채수익률(10년 만기, %)[1]	4.39	4.85	5.14	4.63	4.70

주 : 1) 월말기준, 10년만기 미 국채 기준 가산금리
2) 평균기준, LIBOR 기준 가산금리

제3절 평 가

국내 금융시장은 2006년에 장기시장금리가 하락하고 주가도 전년말에 비해 다소 상승한 가운데 가계 및 기업의 자금조달도 원활하게 이루어져 대체로 양호한 양상을 나타내었다. 외환시장에서는 외환 공급우위기조가 지속되는 가운데 미 달러에 대한 원화환율이 크게 하락하였다.

시장금리는 단기금리가 콜금리목표 인상 등으로 비교적 크게 상승하였음에도 불구하고 경기 상승세 둔화, 장기채권 매입수요 증대 등을 반영하여 장기금리는 하락하였다. 주가는 외국인투자자의 대규모 순매도 전환으로 일시 조정국면을 보이기도 했으나 국내 기관투자가의 지속적인 매입수요 등으로 인해 2006년 말에는 전년말 수준을 소폭 상회하였다. 환율은 경상수지 흑자(current account surplus) 규모 축소 등에도 불구하고 미국 달러화 약세, 단기차입 확대 등으로 비교적 큰 폭의 하락세를 나타내었다. 한편, 금융기관의 가계대출이 주택담보대출을 중심으로 크게 증가하고 기업대출도 중소기업대출을 중심으로 늘어난 가운데서도 연체율 및 어음부도율은 하락하여 가계 및 기업의 자금사정이 원활했던 것으로 판단된다. 다만 고용 증가 미흡 등 실물경기가 뚜렷하게 개선되지 못한 상황에서 가계대출이 주택가격 상승과 맞물려 크게 증가하여

6) 국제신용평가기관인 무디스사는 2006년 4월 25일 재정건전성, 거시경제 개선, 지정학적 불확실성(geopolitical uncertainty) 감소 등을 긍정적으로 평가하여 한국의 신용등급 전망을 '안정적(Stable)'에서 '긍정적(Positive)'으로 상향조정한 바 있다.

부동산가격 급락시의 금융불안정(financial instability)이 발생할 가능성에 대한 우려도 제고되었다.

한편, 금융·외환시장의 국내외 여건을 살펴보면 다수의 위험요인이 잠재해 있다. 우선 국내여건으로는 기업 투자활동이 여전히 크게 개선되지 못하는 상황에서 가계의 부채부담으로 소비가 제약되어 실물경기의 회복이 지연될 경우 시중유동성이 정부의 부동산시장 안정대책 등에도 불구하고 부동산 등 자산시장으로 유입될 가능성이 상존하고 있다. 더욱이 국내 금융기관의 외화대출 및 금리재정거래를 위한 국외차입이 지속적으로 증가할 경우 국외부문을 통한 통화공급으로 이어져 과다 유동성 문제를 가중시킬 수 있다. 해외여건으로는 미국의 경제성장세가 유럽과 일본에 비해 약화되고 세계경제의 불균형(global economic imbalance) 완화를 위한 중국 위안(Yuan)화의 평가절상 압력이 증대되어 원화의 평가절상에 대한 기대심리가 더욱 심화될 가능성도 증가하고 있다.

제 4 절 시사점

상기한 국내외 금융 및 외환시장 여건을 감안한 정책당국(policy authorities)의 적절한 대응이 요구된다. 우선 실물경제가 지속적으로 개선될 수 있도록 금리를 유연하게 운용하면서도 시중유동성이 부동산 등 자산시장에 미치는 불안요인을 적기에 파악하여 대응조치를 마련할 수 있도록 통화지표 동향 등에 대해 면밀하게 분석하여야 한다. 더욱이 국외부문을 포함한 통화 공급경로와 자산시장을 연계한 모니터링을 한층 강화시킬 필요가 있다. 특히, 주택담보대출을 중심으로 가계부채(household debt) 규모가 크게 증가하여 금융시장의 안정성(stability of financial market)이 우려되는 만큼 이에 대한 점검 및 신속한 대응체제를 구축할 필요가 있다. 한편, 환율은 기본적으로 시장의 수급에 따라 결정되도록 유도하면서도 주요 국가의 통화 및 외환정책 변경 등에 따른 일시적인 외부충격(external shock) 등에 대해서는 그 영향을 최소화할 수 있도록 사전에 국제금융·외환시장 동향을 철저히 분석하여 대비할 필요가 있다. 또한 기업, 금융기관 및 투자자도 금리 및 환율 변동의 리스크를 인식하여 이에 적절히 대처하여야 한다.

제 2 장

한국금융의 전망

제 1 절 금융시장

1. 금리

1.1 정책금리

한국은행이 2006년 8월 11일 금리인상을 단행한 이후 정책금리는 4.5% 수준에서 유지되고 있다. 2007년에도 금리정책은 부동산 과열에 대한 대응과 경기둔화 가능성에 대한 대응으로 인해 운용폭이 매우 제한적일 것으로 판단된다.[1)]

1.2 장기금리

장기금리는 당분간 안정적 기조를 유지하다가 상승세를 보일 것으로 전망된다. 2006년 하반기 이후 주가의 상승세가 지속되면서 장기채권금리가 당분간 하향안정세를 보일 것으로 예상되나 금리 하락폭은 크지 않을 것으로 판단된다. 또한, 국내 및 세계경제의 둔화가능성 등으로 장기채권 금리는 2007년 상반기까지 하향안정 기조를 지속할 것으로 기대된다.

장기금리는 2007년 하반기에는 상반기에 비해 상승추세를 보여 국고채(3년) 유통수익률이

---

1) 국내경기 둔화국면의 심화정도에 따라 콜금리 목표가 인하될 가능성이 있으나 한국은행의 전망대로 2007년 상반기 이후 경기회복세가 가시화되고 부동산 시장의 불안이 심화될 경우 금리인상도 가능하게 된다. 더욱이 미국을 비롯한 각국 중앙은행들의 금리 대응방향에 따라 한국은행의 금리 대응방향과 속도도 변화될 수 있다(한국금융연구원, 2007 경제전망, 2006. 12. 요약·재구성).

4% 후반, 회사채(3년, AA-) 유통수익률은 5% 수준을 기록할 것으로 보인다.

2. 통화량

통화량(Lf) 증가율은 경기부양 가능성과 민간신용을 중심으로 한 유동성(liquidity) 확대로 인해 연평균 7% 중반을 기록할 것으로 전망된다.

〈표 2-1〉 금리 및 통화 전망(2007)

(단위 : %)

	2006					2007				
	1분기	2분기	3분기	4분기	연간	1분기	2분기	3분기	4분기	연간
국고채(3년)	4.9	4.9	4.8	4.7	4.8	4.6	4.6	4.7	4.8	4.7
회사채(3년, AA-)	5.4	5.2	5.1	5.0	5.2	4.9	4.9	5.0	5.1	5.0
통화량(Lf) 전망	7.2	7.4	7.6	7.4	7.4	7.4	7.5	7.5	7.6	7.5

주 : 1) 국고채 및 회사채 수익률, Lf는 2006년 4분기 이후 한국금융연구원 전망치임
자료 : 한국은행

제 2 절　외환시장

1. 국제수지

1.1　경상수지

경상수지(經常收支)는 2007년에는 2006년보다 89.7억 달러 악화된 44.8억 달러 적자를 기록할 것으로 전망된다. 이러한 경상수지의 악화는 수입증가율이 수출증가율을 상회함에 따라 상품수지 흑자폭이 2006년보다 76.0억 달러 축소되는 데 주로 기인한다고 할 수 있다. 또한, 서비스수지가 여행수지와 특허권 사용료 및 사업서비스수지의 악화에 따라 193.5억 달러로 적자가 확대되는 것도 경상수지 악화의 요인으로 작용할 것으로 보인다. 다만 소득수지(所得收支)와 경상이전수지(經常移轉收支)는 2006년과 비슷한 각각 6.3억 달러, 38.8억 달러 적자를 기록할 것으로 전망된다.

1.2 무역수지

무역수지는 2007년에 통관기준 수출이 전년 대비 11.0% 증가한 3,586.1억 달러, 통관기준 수입은 전년 대비 13.1% 증가한 3,497.9억 달러를 기록함에 따라 2006년 대비 49.6억 달러 감소한 88.2억 달러로 전망된다.

(1) 수출

수출증가율은 미국경제의 둔화 및 중국의 경기과열 억제책에 따른 세계경제 성장세 둔화로 전년에 비해 하락할 것으로 예상되나 주요 수출품목의 경쟁력(competitiveness) 유지 및 유럽과 ASEAN으로의 수출지역 다변화로 10% 이상 수준을 유지할 것으로 기대된다.

(2) 수입

수입은 유가 및 원자재가격의 하락 등으로 증가율이 2007년에는 2006년에 비해 현저하게 하락할 것으로 예상된다.

〈표 2-2〉 국제수지 및 환율 전망

(단위 : 억 달러, %)

	2006	2007						
		1분기	2분기	상반기	3분기	4분기	하반기	연간
경상수지	44.9	-18.5	-21.5	-40.0	-8.9	4.1	-4.9	-44.9
상품수지	269.8	41.9	49.4	91.3	53.8	48.7	102.5	193.8
상품수출(FOB)	3,293.3	846.9	888.4	1,735.3	921.0	972.7	1,893.7	3,629.0
상품수입(FOB)	3,023.5	805.0	839.0	1,644.0	867.2	924.0	1,791.2	3,435.2
서비스수지	-177.4	-51.9	-42.6	-94.5	-56.0	-43.0	-99.0	-193.5
소득수지	-8.8	1.0	-17.5	-16.5	3.4	6.8	10.2	-6.3
경상이전수지	-38.9	-9.5	-10.8	-20.3	-10.1	-8.5	-18.6	-38.9
수출(FOB) (전년동기 대비, %)	3,229.5 (13.5)	836.9 (13.3)	877.9 (7.8)	1,714.8 (10.4)	910.1 (10.0)	961.2 (13.3)	1,871.3 (11.7)	3,586.1 (11.0)
수입총액(CIF) (전년동기 대비, %)	3,091.7 (18.3)	819.7 (13.2)	854.3 (11.7)	1,674.0 (12.4)	883.0 (9.8)	940.9 (17.8)	1,823.9 (13.8)	3,497.9 (13.1)
무역수지	137.8	17.2	23.6	40.8	27.0	20.3	47.4	88.2
원/달러 환율[1]	957	940	930	935	920	910	915	925

주 : 1) 기간평균

2. 원/달러 환율

2.1 원/달러 환율은 2007년 중에 글로벌 달러화 약세로 인해 완만한 하락세를 보여 2006년 보다 소폭 하락한 925원을 기록할 것으로 보임

미국경기의 둔화 예상에 따른 미국 정책금리의 인하 가능성과 일본은행(BOJ)의 추가적인 금리인상 가능성으로 미일간 금리격차가 축소될 전망이며 수출 대기업의 매도물량 대량 출회 등에 따른 외환공급 부담도 여전히 하락압력으로 작용할 것으로 판단된다.

미국의 무역적자(trade deficit) 규모가 2006년 3분기에 2,012.6억 달러로 사상 최대치를 기록하는 등 무역수지 문제가 점점 악화되고 있어 달러화가 약세를 보일 가능성이 큰 편이다. 각국 중앙은행의 외환보유고(foreign exchange reserves) 통화구성의 다변화 및 중국의 위안(Yuan)화 추가 평가절상 가능성이 여전히 이슈로 남아 있는 것도 달러화 약세의 요인으로 작용할 것으로 판단된다.

〈표 2-3〉 미국의 GDP성장률 및 무역수지 추이

(단위 : %, 억 달러)

	2005				2006		
	1분기	2분기	3분기	4분기	1분기	2분기	3분기
GDP성장률	3.4	3.3	4.2	1.8	5.6	2.6	2.2
무역수지	-1,681.1	-1,720.6	-1,817.9	-1,947.7	-1,911.4	-1,938.2	-2,012.6

자료 : Bloomberg

〈표 2-4〉 각국 정책금리 변동 추이

	정책금리	현재금리	변동폭	실질금리[1]	최종 변경일	다음 변경일
미국	Fed Funds	5.25%	0.25%	3.95%	2006. 6. 29	2007. 1. 31
일본	Overnight Rate	0.25%	0.25%	-0.15%	2006. 7. 14	2006. 12. 18
EURO	Refinance Rate	3.50%	0.25%	1.90%	2006. 12. 7	2006. 1. 11
중국	Lending Rate	6.12%	0.27%	4.22%	2006. 8. 18	-
한국	Call Rate	4.50%	0.25%	2.30%	2006. 8. 9	2007. 1. 10

주 : 1) 2006년 12월 15일 기준, 각국 전년동기 대비 CPI상승률 이용
자료 : Bloomberg

2.2 한국의 경상수지가 적자로 반전되고 해외투자의 확대로 외화수요가 증가함에 따라 원/달러 환율의 하락폭은 제약될 것으로 보임

상품수지 흑자폭은 2007년 중에는 그간의 환율하락의 영향 등으로 축소되고 서비스수지 적자가 확대되면서 경상수지는 적자를 기록할 것으로 전망된다. 또한, 그동안 외환자유화로 인해 해외투자가 지속적으로 증가하고 있는데 이 같은 추세는 2007년에도 지속될 것으로 보인다.

제2편

한국금융의 주요 이슈

제 3 장

한국경제에 대한 평가 및 정책적 시사점

제 1 절 현 경제상황에 대한 평가

한국경제의 현 상황은 다음 3가지로 평가할 수 있다.

1. 한국경제는 2006년에 상고하저(上高下低)의 경기흐름 하에서 여전히 잠재성장률(potential growth rate) 수준을 상회하는 성장을 달성하였음

2005년 4분기를 정점으로 하락했던 전기 대비 경제성장률은 2006년 3분기 중 상승세로 반전되었다. 또한, 국제유가의 하향 안정세로 인해 수입증가율이 둔화되면서 경상수지도 그간의 적자에서 흑자로 전환되었다.

* 전기비 실질성장률(%) : 2005 4분기 1.6 → 2006 1분기 1.2 → 2006 2분기 0.8 → 2006 3분기 1.1

* 경상수지 추이(억 달러) : 2006 1분기 11.2 → 2006년 2분기 6.9 → 2006 3분기 4.7 → 2006 10월 7.2

2. 경제성장의 내용면에서는 내수의 성장모멘텀(growth momentum)이 점차 약화되고 있는 상황임

수출이 산업생산의 증가를 견인하고 있는 가운데 내수경기와 직접적인 관련이 있는 서비스업 활동의 증가세가 위축되고 있는 양상을 나타내었다. 또한, 일자리 창출(job creation) 부진과 낮은 실질소득 증가율로 인해 소비회복세가 둔화되고 있다. 특히, 교역조건(terms of trade)이 악화되면서 국내 경제주체의 구매력(GNI)이 GDP 성장률에 비해 크게 낮은 수준을 보이고 있다.

3. 국내총생산(GDP) 성장률은 2007년 중에는 둔화되는 반면에 국제유가가 하락하고 있어 향후 GNI 성장률은 제고되면서 양자 간의 괴리가 축소될 것으로 보임

경기둔화세가 당분간 지속될 것으로 판단되나 급락 가능성은 크지 않으며 2007년에는 연착륙(soft landing)을 보일 가능성이 큰 편이다.

제 2 절 경제정책 방향

1. 재정정책

1.1 재정정책(fiscal policy)은 2007년에 중립적 기조를 유지하되 경기흐름이 상반기에는 낮은 성장률을 보이고 하반기에 개선되는 방향으로 진행된다는 전제 하에 상반기의 지출비중을 제고시키는 방식이 필요함

1.2 2007년도 예산안 편성에서 복지(welfare) 분야에 비해 산업 및 중소기업 분야에 대한 지출 증가율이 상대적으로 낮게 편성된 것은 복지수요와 중소기업 구조조정을 위해 바람직한 것으로 판단됨

저소득층의 교육 및 복지증진을 위한 사회안전망(social safety net) 확충을 통하여 교육을 통

한 계층간 이동 가능성을 제고하는 한편 소득양극화 현상에 따른 부작용 해소에 주력할 필요가 있다. 또한, 중소기업의 원활한 구조조정을 통하여 중소기업 간의 과당경쟁을 완화시키고 선택과 집중을 통해 중소기업의 경쟁력을 제고시켜야 한다.

그러나 국가경쟁력(country competitiveness) 및 잠재성장력 확보를 위해 정부지출의 효율성(efficiency of government expenditure)을 제고시키기 위해 예산편성상의 세부적인 조정이 필요하다.

1.3 최근 감세(tax reduction) 논의가 진행되고 있는 것과 관련해서는 조세 부담률 급상승과 재정수요 증가세를 적절하게 반영하여 감세보다는 세율을 추가로 인상하지 않는 방향이 보다 적절한 것으로 판단됨

세목간 세율조정으로 조세저항을 완화하는 한편 세원포착 능력을 강화하여 세수부족분을 최소화하는 노력이 필요하다.[1)]

2. 금융정책

2.1 국제유가 안정 및 환율하락세 지속, 경기둔화에 의한 총수요압력 둔화 등으로 인해 2007년 물가수준은 중기 물가안정목표 수준을 하회할 것으로 보임

2.2 향후 경기가 연착륙하고 시중유동성의 편중현상 및 주택시장 과열현상이 지속될 경우에는 경기상황에 따라 정책금리 인상도 적절하게 고려할 필요가 있음

주택시장의 과열현상이 지속될 경우에는 경기가 저점을 통과하는 시점과 맞추어 소폭의 금리 인상을 고려할 필요가 있다.

2.3 2007년에는 경기둔화로 금융리스크(financial risk)가 확대될 가능성이 있는 만큼 이에 대비하는 차원에서 금융기관의 신용공여가 특정부문으로의 편중현상이 발생하지 않도록 감독당국의 철저한 감독이 필요함

1) 또한, 조세부담에 대한 국민적 합의(national consensus)를 도출하기 위해서라도 불필요한 경비를 감소시키려는 정부의 노력도 필요하다(한국금융연구원, 2007년 경제전망, 2006. 12. 요약·재구성).

최근 들어 다시 급상승하고 있는 가계부채(household debt) 증가율이 과도하게 제고되지 않도록 지속적인 모니터링이 요구되고 있다. 특히, 저소득층의 부채가 이자부담이 높은 저축은행 등 서민금융기관을 중심으로 증가하고 있는 것을 고려하여 이들 금융기관에 대한 건전성 감독을 강화해야 한다.

2.4 금융산업의 겸업화 추세 및 고령화에 대비하여 금융부문 관련 환경 및 제도정비가 필요함

금융산업의 겸업화 추세에 따라 국내 금융산업의 글로벌 경쟁력(global competitiveness of financial industry) 확보 및 차원 높은 금융서비스 제공을 위한 시스템을 구축해야 한다.

세계에서 가장 급속도로 고령화가 진행되고 있는 현실을 반영하여 사회안전망 구축차원에서 연금관련 금융서비스 체계 구축(establishment of financial service system)이 절실히 요구되고 있다. 근로자 수급권의 안전성을 저해하지 않는 범위 내에서 사용자 및 근로자가 다양한 운용선택권을 제공하는 방식으로 퇴직연금제도도 개선할 필요가 있다. 또한, 역모기지의 선진화 및 활성화를 통해 퇴직 후 노년기의 생활 및 주거환경의 안정도 도모해야 한다.

3. 부동산정책

3.1 금리인상이 주택가격 안정에 기여하는 측면도 있으나 민간소비와 한계 중소기업에 미치는 부정적인 영향도 동시에 발생하게 됨

최근의 경제성장이 여전히 잠재성장률(4%대 중반)을 상회하고 있고 금리수준도 균형수준을 하회하고 있는 것을 고려할 경우 정책금리를 인상할 여력은 있는 것으로 판단할 수 있다. 그러나 금리인상시 부채비율이 높은 중・저소득층 및 한계대출자와 신용도가 낮아 고금리의 제2금융권 대출비중이 높은 일부 한계 중소기업부터 어려움에 직면하게 될 것으로 보인다.

3.2 외국의 사례를 보면 부동산버블 형성과정의 배경으로 일반적으로 저금리 기조와 이에 따른 과잉유동성을 지적할 수 있으며 버블붕괴(bubble collapse) 또는 연착륙(soft landing) 여부도 금리정책에 의해 좌우된 것으로 판단할 수 있음

외국의 사례를 반면교사로 삼는다면 결국 완만하고도 점진적인 금리수준의 조정이 부동산시장 연착륙의 핵심적 결정요인이 될 것으로 인식할 수 있다.

3.3 경기둔화가 예상되는 2007년 상반기까지는 금리인상보다는 지불준비율 인상이나 대손충당금 추가적립 등의 조치가 유효하다고 할 수 있으나 경기가 상승반전될 것으로 예상되는 하반기 이후에는 정책금리 조정이 가능할 것으로 보임

한편, 거시경제 전반에 미치는 부정적 영향을 고려하여 콜금리를 현 수준으로 유지할 경우 비(非)투기지역까지 DTI 규제를 추가적으로 강화하는 등 주택담보대출 규제중심의 정책을 추가로 추진할 필요가 있다.

3.4 향후 버블 축소정책이 효과를 거두기 위해서는 경제주체들의 미래에 대한 기대를 변화시켜야 하며 정책의 지속성에 대한 신뢰(credibility)가 절대적으로 필요함

따라서 부동산관련 세제정책은 현재의 근간을 유지하되 거래세를 하향 조정하는 정도의 미세조정에 국한하는 것이 바람직하다고 할 수 있다.

3.5 건설경기 위축 및 부동산가격 급등을 예방하기 위해 공급위주의 부동산 정책을 지속적으로 확대할 필요가 있음

부동산시장 안정을 위해 관련 정책의 일관성 및 관련 부서의 유기적 협조가 요구되며 투기성자금(speculative fund)의 은행권으로의 환류를 통해 가계 이자부담 축소를 유도할 필요가 있다.

3.6 주택담보대출 금리를 적정수준으로 제고시키기 위해 주택담보대출의 BIS 위험가중치를 상향조정하여 부동산시장 거품에 따른 위험이 주택담보대출 금리에 반영되도록 할 필요가 있음

금융기관의 건전성 감독 차원에서 주택담보대출의 과당경쟁을 해소하고 주택담보대출 금리에 위험프리미엄(risk premium)이 반영되도록 금융기관들에 대한 도의적 권고(moral suasion)도 활용할 필요가 있다. 또한, 금리인상시 변동금리 · 일시상환식 주택담보대출의 문제점을 완화하기 위해 장기 · 고정금리식으로 전환하도록 유도해야 한다.

제 3 절 정책적 시사점

한국경제에 대한 현 상황을 평가해 볼 때 다음 3가지 시사점을 도출할 수 있다.

1. 지속성장기반의 구축과 잠재적 불안요인의 제거

1.1 정부는 2007년에 이 같은 경제여건을 고려하여 2006년에 진행된 경기회복세가 단기간에 소멸되지 않고 지속될 수 있도록 일자리 창출(job creation)과 잠재 불안요인의 제거에 주력해야 함

1.2 기존에 추진하여 왔던 구조개혁(structural reform) 과제와 시스템 혁신(systematic innovation)을 마무리할 필요가 있음

4대연금 및 공기업 민영화(privatization of public corporation) 등의 구조개혁과제를 신속하게 추진하면서 한미 FTA 등 대외개방을 통해 한국경제의 경쟁력기반 강화와 효율성 제고에 정책의 주안점을 둘 필요가 있다. 또한, 한국경제의 가장 큰 불안요인으로 지적되고 있는 주택가격 불안 및 가계부채, 양극화문제의 해결을 통해 부동산시장의 연착륙(soft landing) 및 서민경제를 안정시키기 위한 노력을 강화해야 한다.

2. 일자리 창출과 양극화 해소

2.1 소득을 증대시키기 위한 일자리 창출과 투자활성화(investment vitalization)는 경기연착륙을 위한 가장 근본적인 대책임

상기한 2가지 목표는 모두 기업활동의 결과로 파생되는 것이므로 기업경영 의욕을 제고시킬 수 있도록 창업에서 퇴출에 이르는 기업활동 전반에 걸친 불필요한 규제(regulation)를 완화하는 한편 투자절차 간소화를 통해 기업투자(corporate investment)의 장애요인을 제거시켜야 한다.

또한, 2007년말 시행되는 대통령선거로 인해 기업들의 투자에 대한 불확실성(uncertainty)이

제고되지 않도록 일관성 있는 기업정책을 시행해야 한다.

2.2 심화되고 있는 경제부문간 양극화현상은 한국경제의 성장잠재력(growth potentials)을 심각하게 훼손시키고 있음

취약부문이라 할 수 있는 재래시장, 영세자영업자, 비정규직 등의 어려움이 대부분 공급과잉(oversupply) 및 경쟁격화에 따른 구조적 문제에 기인한다는 점을 고려하여 추진 가능한 성과지표를 제시하고 실효성 있게 실천할 수 있는 대책이 필요하다. 또한, 부동산시장으로의 자금 편중 현상은 금융기관의 자금중개기능을 약화시키고, 향후 소비부진으로 연결될 가능성이 크므로 이를 해소할 유효한 정책이 필요하다.

3. 정책의 일관성 유지

경기활력과 장기적인 성장잠재력 제고를 위해서는 정부가 신뢰성을 회복하고 정책의 일관성 유지(maintenance of policy consistency)가 필요하다. 기업투자 활성화, 주택가격 안정, 4대연금 개혁 등 당면한 문제의 해결에 있어 정부의 정책일관성과 신뢰성은 무엇보다 필요한 전제조건이 된다. 과거의 경험으로 볼 때 정권 후반기로 갈수록 정부의 리더십(leadership)이 약화되고 정책대응능력이 저하되는 경향이 발생하였다고 평가할 수 있다. 따라서 정부는 경제정책의 일관성을 유지하고 정책적 불확실성의 최소화(minimization of policy uncertainty)를 이루기 위해 전 역량을 결집시켜야 한다.

제 4 장

국내은행의 경영분석

국내은행들은 2006년 전반기 반기 기준으로 사상 최대의 이익을 시현하고 건전성과 지본적정성도 개선되었다. 그러나 영업경쟁의 심화 속에 수익성(profitability)과 이익창출능력은 저하되었고 3분기에는 당기순이익과 BIS비율이 감소하게 되었다. 4분기에는 경비지급 증가와 대손충당금의 추가적립이 예상되어 연간 당기순이익이 2005년보다 축소될 가능성이 존재하고 있다. 또한, 향후 이익성장의 견인차로서 주목받았던 수수료 이익이 감소세를 보이고 있어 이에 대한 면밀한 분석이 필요할 것으로 판단된다.

2007년에는 투자와 소비의 부진, 수출여건의 악화와 부동산 버블붕괴 가능성 등으로 경제의 저성장과 금융시장의 불안정성(instability of financial market)이 예상되고 있다. 수출여건이 지속적으로 악화될 경우 기업대출의 주축을 이루는 중소기업대출의 수요가 감소함은 물론 부실여신이 양산될 수 있다. 부동산 시장이 안정되지 못한 상황에서 금리가 상승할 경우 가계의 주택담보대출 수요가 감소할 뿐만 아니라 부채비율이 높고 변동금리를 적용받는 일부 가계들의 부실화가 예상되고 있다. 또한, 자본시장통합법의 시행을 앞두고 타 금융권과의 경쟁도 심화될 것으로 보여 국내은행이 수익성을 개선하기 위해서는 수익효율성(profit efficiency)의 제고와 해외시장 진출의 확대 등이 필요할 것으로 판단된다.[1]

1) 전국은행연합회, 금융, 2007. 1. pp. 21~31 요약 · 재구성

제 1 절 은행경영 분석

1. 외형경쟁과 총자산 증가율의 확대

일반은행의 총자산은 2006년 3분기 기준 967조 6,000억원으로 전년동기 대비 13% 정도 증가하였다. 이는 최근 은행 간의 외형경쟁과 밀접한 관련이 있으며 대출채권 중에는 부동산담보대출, 유가증권 중에는 사모사채의 증가가 두드러졌다.

신탁계정 자산은 재산신탁과 특정금전신탁의 호조에 힘입어 전년동기 대비 22.4% 증가하였다. 이는 프라이빗뱅킹(PB : Private Banking)의 이용과 상장기업의 자사주신탁업무가 증가한 것을 반영한다. 불특정금전신탁의 경우에는 2004년 간접투자자산운용법의 제정으로 추가수탁이 금지됨에 따라 그 비중이 지속적으로 감소하고 있다.

〈표 4-1〉 일반은행의 자산구조 및 추이[1)]

(단위 : 조원)

	2005				2006		
	1분기	2분기	3분기	4분기	1분기	2분기	3분기
유 가 증 권	135	138	147	152	155	157	153
대 출 채 권	502	517	530	537	549	582	607
기 타[2)]	102	95	96	86	104	101	106

주 : 1) 은행계정자산 2) 기타자산 + 현금 및 예치금 + 고정자산
자료 : 금융감독원

2. 고금리 특판예금과 금융채 위주의 수신증가

국내은행의 수신은 2006년에 대출확대 소요재원의 조성 필요성에 따라 고금리 특판예금과 금융채를 중심으로 크게 증가하였다. 요구불예금과 만기 1년 미만의 정기예금은 감소한 반면, 1년 이상의 정기예금과 금융채는 증가하였다. 특히, 금융채의 경우 전년 동기에 비해 42.5%나 증가했다. 장기 정기예금의 증가는 이자율의 추가인상이 어려울 것이라는 당시 시장의 평가를 반영한 것으로 보이며 단기 저축성예금과 요구불예금의 상대적 부진은 증권사 CMA(Cash Management Account) 계좌의 약진과 관계가 있다고 할 수 있다. 금융채의 발행은 시계열추이

로 미루어 만기가 유사한 사모사채의 인수를 조달하기 위해 증가한 것으로 판단된다.

〈표 4-2〉 일반은행의 신탁구조 및 추이

(단위 : 조원)

	2005				2006		
	1분기	2분기	3분기	4분기	1분기	2분기	3분기
불특정금전신탁	17.96	16.80	15.65	15.66	14.51	14.08	13.62
특정금전신탁	21.13	21.08	22.75	24.10	28.87	32.72	37.49
재 산 신 탁	35.10	36.29	41.05	41.09	39.22	40.67	47.73

자료 : 금융감독원

〈표 4-3〉 국내은행의 수신구조 및 추이

(단위 : 조원)

		2005				2006		
		1분기	2분기	3분기	4분기	1분기	2분기	3분기
외화예금		16.6	16.7	18.5	18.3	17.6	18.4	20.0
금융채		87.6	89.9	90.9	101.0	110.6	121.1	129.5
RP 매도		30	35	34.5	32.7	36.1	37.7	39.7
CD 순발행		43.2	50.9	57.3	59.3	63.2	61.8	62.5
저축성 예금	기타	213.9	218.8	222.8	229.9	219.3	228.8	223.7
	6개월 미만 정기예금	18.4	19.7	21.4	18.8	19.0	18.8	19.7
	6개월 이상 1년 미만 정기예금	32.0	36.2	33.1	27.3	29.3	33.3	32.1
	1년 이상 정기예금	216.2	216.4	218.3	215.0	216.5	223.7	233.2
요구불예금		57.5	64.2	63.9	70.9	64.8	68.5	69.8
전체		719.0	752.5	764.9	776.5	779.3	815.2	832.7

주 : 말잔기준, 매출어음 제외
자료 : 한국은행, 통화금융

3. 가계-중소기업대출 위주의 여신 증가

국내은행의 대출경쟁은 2006년 외형경쟁의 일환으로 심화되었다. 이에 따라 가계대출(household loan)과 중소기업대출이 증가하였다. 반면 대기업 대출은 지속적으로 감소하고 있다. 이는 대기업의 대출시장 의존도도 낮고 투자도 저조했기 때문으로 분석된다.

3.1 가계대출

가계대출의 경우 주택담보대출이 60% 이상을 차지하고 있는데 금융감독원의 제한조치 등에도 불구하고 2006년 3분기까지 지속적으로 증가했다. 현재 주택담보대출비율(LTV : Loan to Value Ratio)은 40% 내외에 불과하나 가계대출의 증가율이 소득의 증가율을 추월하면서 가계 본원소득 대비 가계신용잔액이 급증하고 있다. 더욱이 담보대출의 98%가 변동금리이므로 이자율의 상승이 부실대출로 이어질 위험성을 내포하고 있다.

3.2 중소기업대출

중소기업대출은 예대마진이 높고 교차판매의 기회가 많다는 장점이 부각되어 왔다. 그러나 최근 환율하락과 유가상승의 여파로 부실화의 가능성이 증대되고 있는 실정이다. 영업이익이 금융이자보다 작은 기업들이 2005년 상반기 27.9%에서 2006년 상반기 32.6%로 증가하였다. 이 중 43.4%는 수출업체이다. 환율의 추가적인 하락이 대규모 부실여신으로 이어질 수 있는 가능성이 존재하고 있다.

〈표 4-4〉 국내은행의 대출구성비 및 주택담보대출 증가율

(단위 : %)

	2004		2005		2006	
	2분기	4분기	2분기	4분기	2분기	4분기
대기업	5.0	4.6	4.5	4.9	4.5	4.2
중소기업	45.2	44.0	43.5	42.5	43.4	43.8
가계(주택담보대출)	30.4	31.7	32.3	32.8	32.5	32.5
가계(여타가계)	19.4	19.7	19.8	19.7	19.7	19.5
주택담보대출 증가율	5.4	5.0	5.8	5.9	5.5	3.0

자료 : 한국은행, 금융시장동향

〈표 4-5〉 국내은행의 주택담보대출 비율 및 추이(2006년)

(단위 : 조원, %)

	1월	2월	3월	4월	5월	6월	7월	8월	9월
주택담보대출비율[1)]	32.73	32.56	32.44	32.52	32.59	32.56	32.73	32.62	32.56

주 : 1) 총대출 대비
자료 : 한국은행, 금융시장동향

4. 일회성 이익의 시현과 수익성의 약화

국내은행은 반기 기준으로 2006년 상반기 중 사상 최대의 이익을 시현하였으나 영업외이익의 증가와 대손충당금적립의 감소 등 일회성 요인이 너무 컸다. 2006년 상반기 하이닉스(Hynix), LG카드, 현대건설의 출자전환 주식매각 등으로 인하여 투자유가증권과 관련한 영업외이익이 2조 6,000억원을 상회하였으며 부실여신의 감소로 대손충당금의 적립액이 약 1조 2,000억원 감소하였다.

2006년 3분기에는 순이자마진과 영업외이익의 감소 등으로 당기순이익이 전년동기 대비 26% 정도 감소했다. 예대관련 수수료, 수익증권, 방카슈랑스(bancassurance) 등에 한정되어 있는 비이자수익의 수익 기여도는 오히려 하락하고 있다. 특히, 주식시장과 부동산시장의 부진으로 펀드 상품의 판매량이 감소하면서 수수료 수익이 전년동기 대비 34.3% 감소하였다. 다만 환율의 하락으로 인해 외환거래이익만 전년동기 대비 70.4% 상승했다.

국내은행들은 그동안 이자이익 대신 수수료이익을 새로운 이익성장의 동력으로 삼고 이를 최대화하려는 노력을 다각도로 전개하였다. 이 같은 노력에도 불구하고 수수료이익이 감소했다는 것은 수수료 관련 정책이나 고객 마케팅전략 등을 전면적으로 재검토해야 한다는 것을 시사한다.

2006년 4분기에는 순이자마진의 지속적인 축소와 경비지급의 증가로 당기순이익이 3분기보다 더욱 감소할 것으로 판단된다. 특히, 신BIS협약의 이행을 앞두고 금융감독원에서 대손충당금 최저적립률을 상향조정할 것으로 보이며 대손충당금의 추가적립이 당기순이익의 감소폭을 확대할 것으로 예상된다. 따라서 2006년의 당기순이익은 2005년의 13조 6,000억원과 비슷하거나 소폭 감소할 것으로 기대된다.

〈표 4-6〉 총이익 구조 및 추이

(단위 : 조원)

	2005				2006		
	1분기	2분기	3분기	4분기	1분기	2분기	3분기
이자손익	4.28	4.72	4.75	-2.57	5.62	6.02	5.59
비이자손익	0.64	0.33	0.93	7.68	0.42	0.54	0.03

자료 : 금융감독원

일반은행의 수익성은 2006년 중 지속적으로 약화되었다. 대출과 예금유치 경쟁으로 인해 일반은행의 예금대리차는 2005년 4분기 이후 지속적으로 하락하였으며 2006년 3분기에는 3.63%로 감소하였다. 유가증권에서 발생하는 이자까지 고려한 순이자마진(NIM : Net Interest Margin)은 일반은행의 경우 2005년 4분기에 비해 0.22%포인트 하락한 것으로 나타났다.

특히, 본질적인 이익창출능력의 지표인 총이익률(총이익/총자산)은 연평균 기준 2.86%로서 미국의 5.44%에 비해 현저히 낮은 수준이며 2006년 들어 지속적으로 감소하고 있다. 분기 중 총이익률은 2006년 1분기에 2.98%, 2분기에 2.85%, 그리고 3분기에 2.72%였다.

〈표 4-7〉 일반은행의 수익성 추이

(단위 : %)

	2005				2006		
	1분기	2분기	3분기	4분기	1분기	2분기	3분기
원화예대금리차	3.48	3.54	3.53	3.94	3.92	3.66	3.63
명목순이자마진(NIM)	2.64	2.71	2.71	3.08	3.08	2.89	2.86

자료 : 금융감독원

5. 건전성의 개선과 자본적정성의 약화

일반은행의 고정이하여신비율은 2003년 이후 부실채권 상각 및 신규 부실여신의 감소로 급격히 개선되기 시작하였으며 2006년 3분기에는 사상 최저수준인 1.03%를 기록하였다.

그러나 개인이나 기업의 신용등급 산정기준에 아직 개선 가능성이 많고 다수의 가계나 기업이 한계등급에 집중되어있는 점을 고려할 경우 향후 경기둔화가 지속되고 자산의 가격이 하락할 경우 건전성이 급속히 약화될 가능성이 존재하고 있다.

〈표 4-8〉 일반은행의 건전성 추이

(단위 : %)

	2005				2006		
	1분기	2분기	3분기	4분기	1분기	2분기	3분기
고정이하여신비율	1.93	1.71	1.48	1.28	1.22	1.07	1.03
대손충당금적립비율[1)]	1.89	1.8	1.65	1.53	1.49	1.38	1.34

주 : 1) 총여신 대비

자료 : 금융감독원

일반은행의 BIS기준 자기자본비율도 2006년 2분기까지 당기순이익의 증가에 따른 이익잉여금의 확대로 12.78%까지 상승하였으나 동년 3분기에 이르러 당기순이익의 감소와 차입금의 증가 등으로 인해 1.35%포인트 감소하였다.

또한, 일반은행의 단순자기자본비율도 2006년 3분기 기준 5.97%로써 BOA(Bank of America)의 9.6%나 Wells Fargo의 8.9%에 비해 현저히 낮은 수준을 보이고 있다. 이는 동일한 자산규모를 가정할 때 국내 일반은행의 자본력이 취약하다는 것을 의미한다. 따라서 국내은행권이 국제화(internationalization) 및 다각화(diversification)를 통한 금융그룹 형성을 도모하기 위해서는 자기자본의 추가확충이 필수적인 사항이 되고 있다.

〈표 4-9〉 일반은행의 자본적정성 추이

(단위 : %)

	2005				2006		
	1분기	2분기	3분기	4분기	1분기	2분기	3분기
BIS기준 자기자본비율	11.31	11.87	12.34	12.43	12.78	12.65	11.43
기본자본비율	7.66	8.34	8.71	8.74	9.05	9.08	8.63

자료 : 금융감독원

6. 지점 및 인력의 소폭 증가

국내은행의 영업점과 근로자 수는 2006년에 2005년에 이어 소폭 증가한 것으로 나타났다. 소매금융시장에서의 시장점유율을 확대하고 펀드 및 보험상품의 판매망을 확충하기 위해 대면영업의 중요성이 부각되었다. 따라서 점포 레이아웃의 고급화 및 점포증설에 대한 투자가 확대된 것으로 보인다.

선진 글로벌은행들은 국내은행에 비해 자산규모 대비 인원수가 40% 정도 많은 수준을 보이고 있다. 이는 선진은행들이 자본시장 상품을 판매하는 세일즈조직을 강력하게 구축하고 있기 때문으로 풀이된다. 이는 자산규모의 3~4배에 이르는 부외자산(managed asset)의 운용 등을 통해 절대적인 수익규모를 극대화하는 고비용-고수익의 구조이며, 국내은행의 저비용-저수익 구조와 대비된다고 평가할 수 있다.

선진은행처럼 인력구조의 하부를 형성하는 세일즈조직 및 지점인력을 확충할 경우 판매중심 구조로의 변모를 통해 지속성장은 물론 고용의 확대로 국민경제에 긍정적인 영향을 미치게 된다. 따라서 노조와의 협의 하에 직군을 세분화하는 일이 선행되어야 한다.

〈표 4-10〉 국내은행의 지점 및 인력[1)]

(단위 : 개, 명)

	국내지점	해외지점[4)]	임원	일반직원	해외직원[2)]	기타[3)]
2005년말	5,082	77	282	66,161	1,296	28,184
2006년 9월말	5,275	75	328	67,342	1,166	31,742

주 : 1) 일반은행 기준
2) 해외근무 임직원 및 현지채용 임직원
3) 사무직원, 별정직원, 직원 외 인원
4) 국외 점포수는 조흥+신한(17→18), SC제일(1→0), 외환은행(27→25)로 각각 변화
자료 : 금융감독원

제2절 과 제

은행수익성 개선을 위한 과제로 다음 4가지를 지적할 수 있다.

1. 위험관리 강화

국내은행의 여신은 가계와 중소기업에 집중되어 있다. 가계여신에서는 주택가격 상승의 둔화와 신규 주택수요의 정체, 가계부채의 증가세를 고려해야 한다. 특히, 가계부채(household debt)의 대부분이 변동금리(flexible interest rate)의 적용을 받고 있으므로 주택가격이 정체하거나 하락하는 과정에서 이자율 상승이 수반되면 가계의 상환능력이 감소하게 된다. 따라서 고정금리(fixed interest rate)의 적용을 확대하고 원금을 장기에 걸쳐 분할상환하는 상품을 통용시킬 필요가 있다.

중소기업의 경우에는 환율의 하락에 따른 수출여건 악화가 일부 여신의 부실화를 초래할 가능성이 있다. 부실징후 기업에 대한 선제적 대응이 필요하다. 이를 위해 중소기업의 경기순응성 수준, 내수의존도, 재무구조(financial structure) 등을 모니터링하여 선별적인 위험관리를 강화해야 한다.

2. 수익효율성 제고

2006년 국내은행의 수익성 향상 형태는 규모의 경제(economies of scale)로 집약된다. 이자부

자산의 증대에 따라 수익기반이 확대되었으며 건전성의 회복에 따라 수익규모가 증가하였다. 그러나 2007년에는 규모보다 효율성(efficiency)을 통한 수익성의 증대가 필요하다. 이를 위해서는 자산위험을 고려하여 이자수익 기반의 효율성을 제고하고 영업활동을 통한 수익창출 역량을 강화시킬 필요가 있다.

이자수익 기반의 효율성은 신용위험(credit risk)을 가격에 반영함으로써 제고시킬 수 있다. 산업별 또는 신용등급별 위험 프리미엄(risk premium)을 정확히 파악하여 위험도에 비례하는 이자율을 책정해야 한다. 이를 위해 신용위험을 측정하는 선진모델을 도입하고 위험자료(risk data)를 공유해야 한다.

영업활동을 통한 수익은 방카슈랑스나 펀드 등 투자상품의 판매수수료가 주를 이룬다. 판매를 강화하기 위해 고객정보를 적극적으로 수집하여 고객 니즈(customer needs)에 적합한 맞춤형 서비스를 제공할 필요가 있다. 이를 위해 투자상담 능력을 보유한 전문인력을 확보해야 한다. 교육 · 훈련을 통해 충원하는 데는 한계가 있으므로 증권 및 보험업 근무경험이 있는 인력을 영입하는 것이 필요하다. 또한, 모든 지점에서 투자상품을 판매하기 보다는 한정된 지점에서 확실한 서비스를 제공하는 방안도 고려할 필요가 있다.

한편, 판매활동을 과도하게 강조하다 보면 고객의 불만이 가중될 수 있다. 상담을 통해 고객의 투자등급을 산출하고 등급이 부여되지 않은 고객에게는 투자상품의 판매를 차단함으로써 불완전판매를 예방해야 한다. 불완전판매에 따른 불이익이 발생할 경우 은행의 평판이 저하될 뿐만 아니라 법적 분쟁으로 과다한 비용이 초래된다. 직원의 성과평가지표에 고객불만 및 법적 분쟁 등을 포함시켜 판매직원이 지나치게 상품의 판매에만 집중하는 것을 방지할 필요가 있다.

3. 업종간 경쟁 대비

자본시장통합법이 조만간 발효될 것으로 보인다. 이는 증권사에 송금 및 결제서비스 기능을 허용함으로써 은행과 증권사의 경쟁이 심화됨을 의미한다. 수신에서는 증권사 CMA(Cash Management Account, 종합자산관리계정)와의 경쟁이 더욱 치열해지게 되며 투자상품의 판매와 자산관리 서비스에서도 경쟁이 불가피하게 발생하게 된다. 따라서 전방위 경쟁에 대비한 다각적인 대처방안이 시급한 실정이다.

증권사도 소액결제시스템에 참여하여 송금 및 이체 서비스를 자체적으로 제공할 경우 급여이체고객 및 증권거래고객을 중심으로 대규모의 자금이탈이 현실화될 수 있다. 따라서 이를 미연에 방지하기 위해서는 예금 고객에게 여신서비스상의 혜택을 제공해야 하며 송금, 이체, 인출 등의 결제관련 수수료도 인하할 필요가 있다.

또한, 예금과 MMF(Money Market Funds, 단기투자신탁)의 특성을 결합한 투자연계형 예금상품(sweep account)을 개발하여 CMA와의 경쟁력을 제고시켜야 한다. 예를 들면, 예금의 미사용 잔액을 MMF에 투자하면 CMA와 경쟁력이 있는 투자연계형 예금상품을 창출할 수 있다. 고객들에게 펀드 등의 투자상품을 담보로 대출을 해주는 것도 경쟁력을 제고시키는 데 기여하게 된다.

한편, 자본시장통합법의 제정에 따라 등록제로 전환될 투자자문 및 투자일임업무의 겸영 허용을 위한 공동 노력을 확대해야 한다. 이를 기반으로 PB업무의 수수료 기반이 확대되어야 비이자수익을 증대시킬 수 있다. 또한, VIP 고객에 대한 전문서비스체계를 구축하여 자본시장통합법 이후의 금융수요(financial demand) 변화에 적극적으로 대처할 필요가 있다.

4. 글로벌시장 진출 확대

국내시장은 경쟁의 심화로 포화상태에 이르렀으며 은행의 국제화는 지속가능한 성장(sustainable growth)의 필수사항이 되었다. 대규모 이익을 시현하여 자금이 풍부할 때 해외시장 진출을 확대할 필요가 있다. 시중은행의 자기자본 규모는 전년 대비 30.6% 증가하면서 54조 9,000억원이 되었고 단순자기자본비율도 5.9%로 상승하였다.

방법론적인 측면에서는 해외 현지은행들과 전략적 파트너십(strategic partnership)을 구축함으로써 지역적 확장과 인지도의 개선에 주력해야 한다. 일례로 BOA는 CCB(China Construction Bank)의 지분을 인수함으로써 중국시장에서의 인지도를 제고시킨 바 있다. 이는 인력과 상품 및 서비스의 현지화에도 크게 기여하게 된다.

국내은행은 선진 글로벌은행에 비해 지역화(localization)의 수준과 서비스의 범위 면에서 미흡하다고 할 수 있다. 현 시점에서는 지역화의 확대와 서비스 범위의 확대 중 유리한 것을 선택하여 전문성을 제고시키는 것이 효과적일 것으로 판단된다. 다만, 서비스 범위의 확대없이 지역화만 추구하면 사업의 다양성 부재로 수익효율성이 저하될 수 있다. 그 반대의 경우에는 수익기반의 지역위험(regional risk)이 증대될 가능성이 존재한다. 또한, 특정 지역에 국내은행이 집중하면서 국내에서 보였던 과당경쟁이 초래될 수 있다. 따라서 지속적인 의사소통을 통해 중복투자를 예상하는 것이 상생(相生)하는 길이 된다.

제 5 장

국내 신용카드 시장의 현황과 전망

국내 신용카드 시장은 외환위기(foreign exchange crisis) 이후 정부정책의 실패로 국내경제의 불안을 가중시키는 요인이 되어 왔다. 특히, 2000년부터 시작된 정부의 소비진작을 위한 인위적인 신용카드 부양 정책으로 인해 금융채무불이행자(신용불량자)가 증가하면서 가계부채(household debt) 부담이 증가하는 등 국민경제에 부정적인 영향을 미쳤다. 이에 따라 감독당국은 신용카드사에 대한 감독기능을 강화하고 각종 규제를 통해 건전화를 추진하였으며 2005년부터 가시적인 성과를 거두게 되었다. 최근 들어 민간소비가 회복되면서 신용카드 이용액이 다시 증가세로 반전되는 가운데 카드사들의 수익성(profitability) 및 건전성(soundness)도 개선되고 있다.

따라서 향후 적절한 규제와 성장기반이 조화를 이룰 경우 국내 신용카드 시장의 안정적인 성장세가 지속될 가능성이 증대되고 있다. 현재 국내 신용카드 시장은 단기간에 비정상적인 성장기와 조정기를 거치면서 성숙기로 도약하려는 시점에 직면해 있다.

제 1 절 국내 신용카드 시장의 현황

1. 안정적인 회복기 진입

2002년 이후 조정과정을 거치면서 감소해 오던 신용카드 이용액이 2005년 증가세로 전환되면서 2년 연속 회복되는 양상을 보이고 있다.[1] 2005년 신용카드 이용액은 전년 대비 1.7% 증가한

364조원을 기록한 데 이어 2006년 1~9월 동안 전년동기 대비 1.8% 증가한 273조 5,000억원을 기록하는 등 회복 국면에 진입하였다. 또한, 현금서비스 이용액의 감소폭이 점차 둔화되고 2005년 하반기부터 카드론(card loan) 이용액이 증가하는 등 카드대출이 확대되고 있다. 현금서비스와 카드론은 각각 2002년 385조원, 55조원에서 2005년 105조원, 8조원까지 감소하였으나 2006년 1~9월 동안 현금서비스와 카드론은 각각 70조원, 8조 7,000억원을 기록하고 있다. 이는 카드대란 이후 감독당국이 현금서비스, 카드론 등 카드대출에 대한 규제를 강화하면서 신용카드 이용액이 감소한 것으로 해석할 수 있다.

2002년 이후 신용카드 이용액이 감소되는 과정에서 신용판매가 크게 감소되지 않고 일정 수준을 유지했다는 것이 중요한 데 실제로 신용판매(일시금 + 할부)는 2003년과 2004년에 각각 전년 대비 9.1%, 4.5% 감소하는 데 그쳤다. 이는 버블붕괴(bubble collapse)라기보다는 소비위축에 따른 영향으로 진단할 수 있다. 과거 신용카드 시장의 성장이 현금서비스의 과도한 증가에 기인했다는 것을 고려할 때 신용카드 시장은 이미 성장단계를 지나 안정적인 성장기반을 형성하는 성숙단계의 초기 시점에 진입한 것으로 판단된다.

2. 신용카드 시장 성장기반 확보

최근 신용카드 시장의 회복 배경으로 3가지(① 경기회복에 따른 소비 증가, ② 카드 이용자의 소비여건 개선, ③ 구조조정의 순조로운 진행)를 지적할 수 있다.

2.1 경기회복에 따른 소비 증가

최근 경기회복과 함께 민간소비가 증가하여 전반적으로 신용카드 이용액이 증가하였다. 버블 형성 시기인 2000년과 2001년을 제외하면 1990년대 이후 신용카드 이용액이 민간소비와 유사한 패턴을 보였다. 특히, 최근 2년에 걸쳐 더욱 밀접한 관계가 형성되었다. 이와 함께 경제활동인구 1인당 보유카드 수는 2002년 4.6매에서 2005년 3.5매로 감소하였으나 2006년 9월말 기준 3.58매로 다시 증가세로 반전되었다. (명목)민간소비 대비 신용판매 비중은 2004년 41.7%에서 2006년 9월말 46.9%로 상승하는 등 카드관련 주요 지표도 개선된 것으로 나타났다.

2.2 이용자의 소비여건 개선

또한, 카드 이용자의 소비여건도 크게 개선되었다. 금융채무불이행자(30만원 이상 3개월 연체

1) 신용카드이용액은 신용판매와 현금서비스의 합계로 정의하고, 카드대출은 현금서비스와 카드론의 합계로 정의한다(전국은행연합회, 금융, 2007. 2. pp. 13~21 요약 · 재구성).

자) 수는 2003년 372만명에서 2006년 9월말 기준 283만명으로 75.6% 감소하였다. 경제활동인구 대비 비중도 10.0%에서 7.4%로 하락하였다. 2000년 이후 도시근로자의 소득증가율도 소비증가율을 상회하였으며 4~5%대 수준으로 안정화되는 등 소비 주체의 건전성이 점차 개선되고 있다.

2.3 구조조정의 순조로운 진행

2002년 카드대란 이후 감독당국의 규제 강화로 인해 구조조정이 순조롭게 진행되었다는 점도 긍정적인 영향을 주었다. 조정기 동안 감독당국은 현금서비스 등 카드대출 규제를 강화하고 신용카드 발급에 제약을 두는 등 외형적으로는 신용카드 시장에 대한 규제정책을 추진해 왔다. 또한, 실질적으로 신용카드 시장의 질적 향상(qualitative improvement)을 통한 구조적인 변화를 유도함으로써 회복기반을 형성하는 데 기여하였다.

3. 신용판매 중심의 이용패턴 변화와 대체상품의 급성장

2002년 카드대란 이후 조정과정에서 나타난 국내 신용카드 시장의 특징은 다음 3가지로 요약할 수 있다.

3.1 신용카드 이용패턴의 변화

신용카드 이용패턴이 카드대출에서 신용판매 중심으로 전환되었다. 총 이용액 대비 신용판매 비중이 2000년 35%에 이르렀으나 감독당국의 규제 강화로 2005년말 71%로 확대되고 2006년 9월말 기준 74.5%로 상승세가 지속되고 있다(2005년말 기준으로 미국과 일본의 총 이용액 대비 신용판매 비중은 각각 76%, 79%를 기록하고 있으며 2000년 이후 두 국가 모두 74~80%를 유지하고 있음). 이러한 신용카드 이용패턴 변화는 고유 업무영역의 확대에 따른 카드 이용의 건전화를 통해 향후 신용카드 시장의 성장기반을 확보할 수 있는 환경 조성에 중요한 영향을 미칠 것으로 판단된다.

3.2 경제규모에 비해 상대적으로 높은 신용카드 이용률

경제규모에 비해 상대적으로 높은 신용카드 이용률을 보이고 있다. 국내총생산(GDP) 대비 이용액 비중이 2004년 30%에 이어 2005년 32%를 기록하여 성숙단계에 진입한 미국, 캐나다, 영국 등 주요 선진국들이 24%인 점을 고려할 때 비교적 높은 수준으로 평가된다. 이는 국내 신용카드 시장이 단기간에 급성장한 측면도 있으나 국내 결제수단이 선진국에 비해 다양하지 못한 점에 기인한다고 할 수 있다. 선진국의 경우 현금 이외에 수표(check)의 이용 빈도가 높기 때문에 신용카드의 이용 비중이 상대적으로 낮게 형성되어 있다.

3.3 신용카드 대체상품의 급성장

체크카드(check card) 등 신용카드의 대체상품이 급성장하고 있다. 2004년 이후 체크카드의 발급 수가 크게 증가해 2006년 3월말 기준 2,300만장을 기록하고 있다. 이용금액도 2005년 2조 9,000억원에 이어 2006년 1~6월 동안 2조 8,000억원에 이르는 등 체크카드의 성장세가 두드러지고 있다. 특히, 2006년 말부터 CMA(Cash Management Account)와 연계된 'CMA 체크카드'가 출시되면서 고금리와 함께 은행 ATM을 이용한 자유로운 입출금 등 신용카드와 유사한 부가서비스를 제공하고 있다. 체크카드의 경우 예금 잔액 내에서만 결제가 가능하기 때문에 신용위험(credit risk)이 낮아 카드사뿐만 아니라 정부의 정책적인 지원에 힘입어 신용카드 시장을 점차 잠식할 가능성이 큰 편이다(1990년대 말 도입된 직불카드의 경우 가맹점이 적고 은행 영업시간에만 이용이 가능하기 때문에 체크카드와 달리 이용액이 축소되고 있는 상황임). 선진국의 경우 전체 발급 카드 중 체크카드의 비중이 50%에 이르고 있으나 국내의 경우 20%에 불과하기 때문에 향후 체크카드의 성장 가능성은 크다고 할 수 있다.

4. 감독당국의 지속적인 규제 강화

국내 신용카드 시장은 제도적인 진입장벽(entry barrier)이 존재하는 과점적 상태(oligopolistic state)를 유지하고 있다. 1997년 여신전문금융업법이 제정되면서 신용카드업이 허가제로 운영되고 신용카드 시장이 규모의 경제(economies of scale)를 적용받기 때문에 진입장벽이 큰 편이다. 이 같이 신규 진입이 철저히 제한되는 가운데 외환위기 이후 감독당국은 경기를 부양시키기 위해 각종 규제완화(deregulation)를 시행하기도 하고 2002년 카드대란으로 다시 규제를 강화하는 등 단기간 동안 규제 및 제도 변화가 크게 발생하였다.

1999~2000년에 걸쳐 감독당국은 신용카드 시장에 대한 규제를 대폭 완화하는 조치를 단행하였다. 부대업무 취급 비율(카드대출 평균잔액/신용판매 평균잔액) 규제 폐지, 현금서비스 이용한도 폐지, 이용액에 대한 소득공제 제도 등이 도입되면서 신용카드 이용자 및 가맹점이 크게 증가하여 신용카드 시장이 성장단계에 진입할 수 있게 되었다. 정부의 신용카드 이용 장려 및 규제완화 정책은 신용카드의 양적 성장과 함께 신용카드 산업의 발전을 야기시켰다. 그러나 성숙하고 자율적인 규제환경이 마련되지 않은 상태에서의 신용카드 이용 활성화 정책은 카드사들

의 외형 확대 경쟁과 이에 따른 부실화를 초래하는 주요 요인이 되었다.

결국 2001~2002년 동안 감독당국은 규제를 점차 강화하기 시작하였다. 감독당국은 경기침체(recession)의 장기화로 카드사의 부실화 가능성이 크다는 판단 하에 2002년 5월 '신용카드 종합대책'과 11월 '신용카드사 건전성 감독 강화대책'을 발표하면서 규제를 강화하는 방향으로 정책의 기조를 변경하였다. 이 같은 규제강화로 2003~2004년 동안 카드사의 수익성이 점차 악화되면서 유동성 위기(liquidity crisis)에 직면하게 되었다. 정부는 카드사의 유동성 위기를 방지하기 위해 자본 확대 및 카드채 만기 연장을 유도하고 카드대출 비중 50% 이하 준수 기간을 2007년 말로 연기하였다. 또한, 연체율 및 손익 상황을 적기 조치 기준에서 다시 제외하는 등 일정부분 규제완화 정책을 추진하였다.

〈표 5-1〉 신용카드 관련 감독당국의 규제 변화

정책변화	주 요 내 용
규제완화 (1999~2000년)	· 카드사의 카드대출 등 부대업무 취급 비율 제한 폐지(1999년 2월) · 현금서비스 이용한도(월 70만원) 폐지(1999년 5월) · 신용카드 소득공제제도(연간 200만원) 도입 · 신용카드 영수증 복권제도 시행(2000년 6월) · 소득공제한도 확대(연간 300만원→500만원)(2000년 6월)
규제강화 (2001~2002년)	〈신용카드 종합 대책(2002년 5월)〉 · 대손충당금 적립기준 강화(전업사와 겸영은행의 대손충당금적립 기준 통일) - 대손충당금 100% 적립 : 연체기간 24개월→6개월 · 현금서비스 및 카드론 등 카드대출 비중 50% 축소(2004년까지 연장) · 대손충당금 적립기준 강화(요주의 7% → 12%)
	〈신용카드사 건전성 감독강화 대책(2002년 11월)〉 · 적기시정조치기준 강화 : 조정자기자본비율 기준과 경영실태 평가등급 기준을 은행 수준으로 조정 · 자산건전성 분류 및 대손충당금 적립기준 강화(겸영은행은 2002년 9월부터 시행) -전업카드사의 경우 현금서비스 한도액 중 미사용분에 대해 1% 대손충당금 적립 의무화 · 대환대출의 자산건전성 분류 기준 강화 : 기간 경과에 상관없이 '요주의 이하'로 분류 · 조정자기자본비율 산정시 채권매각 금액 및 ABS자산의 일정 부분을 총자산에 포함
규제완화 (2003~2004년)	· 카드대출 비중 축소 2007년까지 연장(2003년 10월) · 연체율 및 손익 상황을 적기시정조치 기준에서 제외(2003년 10월)
규제강화 (2005~2007년)	· 카드사 유동화자산에 대한 자본적립 의무 강화 : 유동화 자산 반영 비율 20% → 30%로 상향 조정 · 신용카드 소득공제기간 2년 연장, 2006년부터 공제율 하향 조정(20% → 15%) · 전업카드사 감독 강화 : 대환대출의 건전성 분류 기준 강화(2006년) · 경품제고, 연회비 면제, 포인트 적립, 무이자 할부 등의 과당 경쟁 제한(2007년) · 가맹점의 경우 카드매출을 신용카드사 이외 양도 불가(2007년)

자료 : 금융감독원

그러나 2005년부터 카드사들의 수익성이 개선됨과 동시에 과열 경쟁을 방지하기 위해 건전성 감독 강화 정책을 마련하는 등 신용카드 시장에 대한 규제를 다시 강화하였다. 2006년 1월부터 총 채무액의 30% 이상을 납입하고 총 약정기간의 1/3 또는 6개월 이상 납입하는 등 상환능력 개선요건을 충족한 금액에 대해서도 '요주의'로 분류하는 등 대환대출의 건전성 분류 기준을 강화하였다. 또한, 카드사들이 조정자기자본비율을 산정할 때 조정총자산에 대한 유동화 자산 반영 비율을 현행 20%에서 30%로 상향 조정하였다.

제 2 절 국내 신용카드 시장의 구조 변화

국내 신용카드 시장의 구조 변화는 다음 4가지 측면에서 살펴볼 수 있다.

1. 은행계 중심으로 재편

카드대란 이후 국내 신용카드 시장은 은행계 중심으로 재편되었다. 2000년대 신용카드 시장의 성장과 함께 은행의 사업부서에서 전업계 카드사로 전환하였으나 조정과정을 거치면서 전업계 카드사가 축소되고 은행계 카드사가 크게 증가하게 되었다. 2003년과 2004년에 걸쳐 국민 · 외환 · 우리카드가 은행의 사업부로 통합되었다. 2006년 4월에는 조흥은행의 카드 사업부와 신한카드가 통합되고 10월 신한카드의 LG카드 인수가 확정되는 등 구조재편 과정이 일단락되는 양상을 나타내고 있다. 전업계 카드사와 겸영은행의 점유율(이용액 기준)을 살펴보면 2002년 73 : 27로 전업계 카드사의 비중이 높았으나 2003년부터 전업계 카드사의 비중이 점차 축소되면서 2004년 38 : 62 수준으로 전환되었다.

이후 전업계 카드사의 점유율이 서서히 증가해 2006년 9월말 기준 47 : 53을 보이고 있으나 여전히 전업계 카드사의 비중이 낮은 상황이다(신한카드와 LG카드를 은행계 카드사로 분류할 경우 이용액 기준 시장점유율은 24 : 76으로 은행계 비중이 크게 제고됨). 특히, 주요 은행들이 신용카드 부문을 새로운 성장전략으로 인식하여 시장점유율(market share) 확대를 위해 주력하고 있어 은행계 비중은 확대될 가능성이 큰 편이다. 결국 국내 신용카드 시장의 전반적인 여건이 전업계보다 은행계 중심으로 재편되었다고 할 수 있다. 이 같은 현상은 상당 기간 지속될 것으로 보인다. 은행들이 신용카드 시장을 주도할 경우 자금조달 부담 감소, 보수적인 위험관리(conservative risk management) 등으로 안정적인 성장을 유도하는 역할을 하게 된다.

신용카드 시장이 성숙단계에 진입한 미국의 경우 국내 상황과 마찬가지로 은행계 중심으로 재편되는 양상을 보였다. 은행계 카드사의 비중이 1990년 65%에서 1996년 35%로 축소되었으나 2005년말 기준 상위 10개 카드사 중 Discover와 American Express(MBNA는 BOA에 포함)만이 전업계 카드사로 존속하게 되어 시장점유율이 18%로 크게 축소되었다. 신용카드 산업이 대형은행 중심으로 개편된 가운데 향후에도 BOA(Bank of America), JP Morgan, Citigroup 등 은행계 3개사의 시장점유율이 더욱 확대될 것으로 보인다. 일본의 경우에도 2005년부터 3대 금융그룹 중심으로 신용카드 시장이 재편되고 있다. 결국 국내외 은행들은 신용카드 업무를 중요한 business line으로 인식하고 있는 실정이다.

2. 현금서비스, 카드론 등 카드대출 증가세

카드대란의 주요 요인이었던 현금서비스 이용액은 2002년을 정점으로 감소 추세가 지속되었다. 2004년 들어서는 감소폭이 크게 둔화되어 2007년부터는 증가세로 반전될 가능성이 큰 편이다. 현금서비스의 경우 2004년과 2005년에 걸쳐 각각 전년 대비 47%, 18% 감소한 데 이어 2006년 1~9월 동안 전년동기 대비 13% 감소한 것으로 나타났다. 한편, 신용판매 대비 카드대출의 비중도 2005년 43.8%, 2006년 1~9월 동안 38.5%로 하락 추세가 지속되었다. 카드대출 수요가 증가하고 카드사들이 고수익을 올릴 수 있는 카드대출을 확대하는 전략을 추진하고 있어 카드대출의 조정이 조만간 마무리되면서 점진적으로 확대될 것으로 보인다.

특히, 카드사들이 현금서비스 수수료를 인하하는 등 카드대출을 확대하려는 움직임을 보이고 있다. 이는 신용판매의 마진이 1% 수준인 반면, 카드대출의 마진은 4~6%에 이를 뿐만 아니라 주택담보대출이 위축되면서 은행계 카드사들이 신용카드 부문을 통해 자산운용을 확대할 가능성이 커졌기 때문으로 분석된다. 카드대출 관련 감독당국의 규제가 상당기간 지속될 것으로 보여 과거와 같이 큰 폭의 증가세를 시현하기는 어려울 것으로 보이나 신용판매 대비 카드대출 비중이 40~50% 수준으로 수렴할 가능성이 큰 편이다.

3. 전업계 카드사의 수익성 및 건전성 개선

최근 신용카드 시장의 회복과 함께 전업계 카드사의 수익성과 자산건전성도 크게 개선된 것으로 나타났다. 2006년 3분기 전업계 카드사의 순이익은 1조 6,458억원을 기록하면서 2005년 2분기부터 6분기 연속 흑자를 지속하였다. 총자산이익률(ROA)도 2002년 0.37%에서 2005년 1.2%로 개선되었다. 2004년 기준으로 미국 카드사(은행계 포함)의 ROA가 3.71%인 점을 고려하면 여전히 낮은 수준으로 볼 수 있으나 과거에 비해 높은 수준을 기록한 것으로 평가할 수 있다. 또한, 대환대출을 포함한 연체율의 경우 2003년 28.3%에서 2006년 9월말 기준 7.1%까지 하락하였다. 특히, 일반 연체율(1개월 이상 연체)과의 차이도 2003년 14.7%포인트에서 2006년 9월말 2.1%포인트로 축소되어 대환대출이 자산건전성에 큰 영향을 주지 않을 정도로 개선되었다. 다만 고정이하 여신 대비 충당금 적립률이 2005년 127%에서 2006년 9월 143%로 상승하기는 하였으나 총여신 대비 충당금 적립률이 최근 6분기 연속 하락하여 2006년 9월말 기준 10.2%를 기록하는 등 적정 충당금 적립에 대한 검토가 필요한 실정이다. 이는 전업계 카드사의 경우 은행계 카드사에 비해 대환대출 및 미사용 한도에 대한 충당금 적립률이 낮게 책정되었기 때문으로 분석된다.

4. 특화전략을 추구한 전업계 카드사의 점유율 확대

자동차와 백화점 등을 동일 계열그룹으로 보유하고 있는 현대카드, 백화점 및 할인 마트를 보유한 롯데카드 등의 특성화된 전업계 카드사의 성장이 두드러지고 있다. 최근 2년 동안 LG카드 및 삼성카드의 점유율이 하락세를 보인 반면에 현대와 롯데카드의 점유율이 매년 1~3%포인트 상승하는 등 특화 전략(specialized strategy)을 추구하던 전업계 카드사의 성장세가 지속되었다. 롯데카드와 현대카드의 점유율은 각각 2003년 4.4%, 0.5%에서 2006년 3월말 기준 8.6%, 5.0%로 증가하였다. 이들 카드사는 은행계 카드사와 달리 신속한 의사결정과 선(先)할인 서비스 등을 제공하는 차별화 전략을 추진하였다.

제 3 절 국내 신용카드 시장의 전망

국내 신용카드 시장을 다음 3가지 측면에서 전망해 본다.

1. 경쟁 과열에 따른 사전적인 규제강화로 성장 제한

은행계 카드사들이 2007년에 신용카드 부문의 영업력을 크게 강화하는 등 카드사간 경쟁이 과열되면서 감독당국이 사전적으로 규제를 강화할 것으로 보인다. 예를 들면, 선지급(선할인) 포인트 서비스의 경우 즉시 비용으로 처리하도록 유도하거나 최근 논란이 되고 있는 'CMA-신용카드' 연계에 대해 규제하는 등 새로운 서비스 및 상품 개발시 선제적으로 감독 방안을 발표하고 있다. 카드대란을 경험하면서 감독당국의 정책 실패(policy failure)에 대한 가능성이 증대된 것은 사실이나 카드사들도 내부적인 구조조정과 함께 위험관리 역량을 강화해 왔기 때문에 점진적인 규제완화(deregulation)가 필요한 실정이다. 따라서 영업력을 강화하려는 카드사와 이를 규제하려는 감독당국의 마찰이 불가피한 상황이 전개될 것으로 보여 감독당국의 규제완화가 전제되지 않는 한 신용카드 시장의 고성장은 어려울 것으로 판단된다.

2. 소비여력 약화에 따른 완만한 성장 예상(단기적 전망)

신용카드 시장은 경기변동에 대한 민감도가 크기 때문에 소비위축으로 성장세가 둔화될 가능성이 큰 편이다. 최근 경기변동 기간이 단축되면서 소비의 불안정성이 증대되는 가운데 가계의 소비여력이 점차 약화되고 있다. 2006년 3분기 가계대출 잔액이 558조 8,000억원을 기록하는 등 가계의 금융부채(financial debt of household)가 증가하고 금융기관들의 대출 금리 인상에 따른 이자비용 부담도 커지고 있다. 특히, 2005년 기준으로 국민 조세부담률이 20.4%를 기록하고 연금, 보험 등 사회보장 부담금을 포함할 경우 25.7% 수준을 나타내고 있다. 경제협력개발기구(OECD) 국가 평균이 각각 26.5%, 35.9%인 점을 고려할 때 국민의 세금 부담이 점차 증대될 것으로 보여 큰 폭의 소비증가가 발생하게 될 가능성은 작은 편이다.

따라서 2007년 신용카드사의 수익성 회복에도 불구하고 신용카드 시장의 성장은 신용판매 보다 카드 대출의 확대를 통해 이루어지고 성장 속도는 완만하게 진행될 것으로 보인다. 결국 2007년 신용판매는 2006년 수준을 유지하고 카드대출은 전년 대비 2% 증가할 것으로 보여 전체적으로 이용액은 소폭 증가에 그칠 것으로 추정된다.

3. 명목 GDP 성장률의 1.5~2.0배 성장 예상(중기적 전망)

상기한 제약 요인을 반영할 경우 단기적으로 신용카드 시장은 과거와 같은 높은 성장세를 보이기 어려울 것으로 보인다. 신용카드 시장이 2003~2004년 동안 구조조정을 완료하고 2005년부터 회복세에 진입한 것은 분명한 사실이다. 전술한 요인이 지속되면서 국내 신용카드 시장의 성장 기조는 단순한 회복에 그칠 가능성이 크다고 할 수 있다. 특히, 국내 신용카드 시장이 성장기를 지나 성숙기에 진입하고 있어 규제완화가 이루어지지 않을 경우 높은 성장률을 기록하기는 더욱 어려울 것으로 판단된다. 미국의 경우 성숙단계에 진입하였음에도 불구하고 1996~2000년

동안 거래금액 기준으로 연평균 16% 증가하고 2001~2005년 동안 연평균 10.8%의 성장률을 기록하는 등 높은 성장세를 보인다는 점을 참고할 필요가 있다.

한편, '이용액(신용판매) 증가율/GDP 증가율'을 대용변수(proxy variable)로 이용하여 주요 선진국과 비교할 경우 국내 신용카드 시장은 선진국에 비해 낮은 수준을 보이고 있어 중장기적으로 조정될 여지는 충분한 편이다. 안정적인 성장기인 1995~1997년 동안 동 비율이 평균 2.0을 기록하였으나 2005년과 2006년 1~9월 동안 각각 0.5, 0.4에 그치는 등 본격적인 회복단계에 진입하지는 못하였다. 선진국의 경우 미국과 독일이 2.4~2.5를 상회할 뿐 대부분 국가들은 1.5~1.9 수준을 유지하고 있다. 따라서 중장기적으로 국내 신용카드 시장은 명목 국내총생산(nominal GDP) 성장률의 1.5~2.0배 수준에 수렴할 것으로 보인다.

제 6 장

외환보유고 통화 및 운영의 다변화

제 1 절 외환보유고 다변화

1. 외환보유고의 동향

1.1 외환보유고의 증가세

(1) 세계 외환보유고(foreign exchange reserves)는 2002년 이후 급속한 증가세를 보이고 있음[1)]

세계 외환보유고는 2006년말 약 5.1조 달러로 2002년말 2.5조 달러 대비 104%의 성장세를 보였다. 외환보유고 증가는 주로 아시아를 중심으로 개발도상국(developing country)에서 급증세를 보였다. 동 지역은 2002년말 대비 119% 증가한 3.4조 달러를 기록하며 전체 외환보유고 중 66.7%를 차지하였다. 원유수출국의 외환보유고 증가가 상당히 저조한 것으로 나타난 데는 다수의 원유수출국들이 별도의 공적투자기관에서 오일머니(oil money)를 관리하고 있어 중앙은행의 외환보유고에는 포함되지 않는 데서 기인한다.

(2) 외환보유고 상위 10개국 중 러시아와 멕시코를 제외하면 8개국 모두가 아시아 국가임

외환보유고는 2000년말 대비 중국이 5.9배, 러시아가 11배 증가한 것으로 나타났다. 한국을 비

1) 외환보유고는 교환성 있고 유동성과 시장성이 높은 자산으로서 통화당국(monetary authorities)인 중앙은행과 정부가 항상 사용할 수 있는 대외 외화 금융자산을 의미한다(산업은행, 산은조사월보, 2007. 2. pp. 48~57 요약 · 재구성).

롯한 주요 아시아 국가는 1997년 동아시아 외환위기(East Asian Foreign Exchange Crisis) 이후 외환보유고가 급증하는 현상을 보이고 있다. 이는 환율안정과 국가 대외신인도 제고를 위한 각국 정부의 노력의 결과로 해석할 수 있다.

〈표 6-1〉 외환보유고 누적 상위 10개국

(단위 : 십억 달러)

	2000(A)	2001	2002	2003	2004	2005	2006(B)	B/A(배)
중 국	169	216	291	408	613	822	990	5.9
일 본	356	396	461	662	832	835	879	2.5
러 시 아	25	33	44	74	121	176	280	11.2
대 만	107	123	162	207	242	254	265	2.5
한 국	96	103	121	155	198	210	233	2.4
인 도	38	46	68	99	127	132	168	4.4
싱 가 포 르	80	75	82	95	112	116	134	1.7
홍 콩	107	111	111	118	123	124	132	1.2
멕 시 코	36	45	50	59	64	74	77	2.1
말레이시아	28	30	33	44	66	70	79	2.8
세 계	2,065	2,187	2,560	3,193	3,909	4,288	5,130	2.5

자료 : IFS, 한국은행

1.2 외환보유고 급증의 원인

(1) 미국의 대규모 무역수지 적자에서 비롯된 개발도상국의 경상수지 흑자

미국의 무역수지 적자(trade deficit)는 2002년 아시아의 외환보유고 증가 시기와 맞물려 대폭 증가하였으며 2006년말 기준 7,630억 달러를 기록하고 있다. 이는 아시아 개발도상국이 대부분 수출주도형 경제(export-driven economy)인 것에서 기인한다.

(2) 통화당국의 외환시장 개입

자국통화의 평가절상 속도(speed of appreciation)가 비정상적으로 신속할 경우 통화당국(monetary authorities)이 외환시장에서 자국통화를 매도하고 외환을 매입하게 되면 외환보유고가 증가하게 된다. 중국 및 원유수출국을 제외한 한국, 대만 등 아시아 국가들은 2004년초 이후 외환시장 개입이 크게 감소한 것으로 평가된다.

(3) 외환보유고의 운용수익 및 환율변동

① 운용수익

외환보유고의 운용수익은 외환보유고 증가분의 1/3인 약 2,000억 달러로 수익률은 4.4% 수준으로 추정된다.

② 환율변동

유로(Euro)화 가치가 1% 상승시 달러로 환산한 외환보유고는 0.3% 증가하는 것으로 추정되며 2002년 이후 외환보유고 증가분 2.5조 달러 중 2,540억 달러가 미 달러화 약세에서 기인한다.

(4) 지속적인 유입세를 보이고 있는 직접투자자금 유입

아시아 신흥시장(emerging market)을 중심으로 지속적인 유입세를 보이고 있는 순자본유입(net capital inflow)은 일시적인 환율상승 요인으로 작용하게 된다.

1.3 아시아 주요 지역 외환보유고 수준

(1) 외환보유고의 적정성 평가는 어느 한 이론만을 적용시킬 수 없으나 대체로 자국의 현실에 적합한 경험적 접근 이론을 토대로 각국의 적정 외환보유고 기준을 산정함

(2) 아시아 주요 지역의 외환보유고를 국내총생산(GDP) 대비 비율로 본다면 이미 적정수준을 초과한 것으로 평가됨

1980년부터 2003년까지 34개 중산층(소득기준) 국가들을 경험적 기준에서 본다면 평균 GDP 대비 10%의 외환보유고 비율을 보였다. 이 기준으로 평가할 때 현재 아시아 주요 지역의 외환보유고는 과도하게 높은 것으로 평가할 수 있다.

〈표 6-2〉 주요 국가의 외환보유고 누적 수준

(단위 : 십억 달러)

	외환보유고[1](A)	GDP[2](B)	A/B(%)
중 국	822	2,229	36.9
일 본	835	4,506	18.5
러 시 아	176	764	23.0
한 국	210	788	26.6
전 세 계	4,288	44,385	9.7

주 : 1), 2) 2005년말 기준

자료 : IFS, IMF

1.4 과다 외환보유고 누적의 문제점

외환보유고의 누적이 지나치게 많을 경우 초래될 수 있는 문제점으로 다음 4가지를 지적할 수 있다.

(1) 기회비용의 증가에 따른 비효율성의 누적

외환보유고는 국내저축(domestic saving)이 투자나 재정지출(fiscal expenditure)로 연결되지 않고 경상수지 흑자(current account surplus) 등을 통해 저수익 자산의 형태로 퇴장된 것을 의미한다. 외환보유고가 증가할수록 '민간투자수익률 - 외화자산수익률' 간의 괴리(乖離)에 따른 기회비용(opportunity cost)이 증가하면서 경제적 비효율성(economic inefficiency)이 누적된다.

(2) 시장개입의 무력화 및 국내경제의 위험요소로 작용

중앙은행의 자산매입과 매각을 통한 외환시장 개입으로 필요자금과 초과 보유외환 사이의 갭이 증가하게 된다. 시장개입(market intervention)에 사용되는 통화량 조절채권들이 대부분 단기채로 중앙은행의 이자율 변동성을 초래하게 된다.

(3) 금융부문의 불균형

통화량 증가를 통해 부동산, 주식시장 등 과잉투자(overinvestment)가 발생하므로 부동산 및 주식가격의 급등을 초래하게 된다.

(4) 달러화 약세에 따른 외환보유고의 가치 하락

외환보유고의 약 60%를 차지하는 달러화의 가치가 2004년 이후 미국의 쌍둥이 적자(twin deficit)로 인해 지속적인 약세를 보이고 있어 외환보유고 자산가치의 동반 하락을 초래하고 있다.

2. 외환보유고 통화의 다변화

2.1 외환보유고의 통화구성

(1) 달러화의 비중은 큰 편이나 변동성은 증대되고 있음

외환보유고 구성통화 중 가장 높은 비중을 차지하고 있는 달러화는 제2차 세계대전 이후 외환보유고의 주요 통화로 부상하였다. 2001년 기준 전체 외환보유고의 71%를 차지하며 절대적 위치를 보이다가 2003년 이후 66% 수준에서 안정세를 보이고 있다. 글로벌 달러화 약세의 영향으로 외환보유고 구성통화의 다변화 경향이 증가하고 있음에도 불구하고 달러화 비중이 쉽게

감소하지 않는 요인으로 외환보유고가 가져야 할 유동성(liquidity)과 안정성(stability) 측면을 고려할 때 달러화가 가지고 있는 경쟁력(competitiveness)을 지적할 수 있다.

(2) 외환보유고 다변화 움직임의 영향으로 유로화 및 파운드화의 비중이 증가 추세를 보이고 있음

① 유로화

유로(Euro)화는 1999년 출범 이후 세계 외환보유고 중 17.9%를 차지하였으며 이후 지속적으로 증가하여 2006년 9월말 기준 25.2%를 차지하고 있다. 이는 최근 외환보유고 다변화 움직임에 따라 달러의 대체통화로 유로화가 부상하고 있음을 반증하는 것으로 해석할 수 있다.

② 파운드화

파운드화도 동 기간 2.7%에서 4.3%로 증가세를 보였다.

(3) 엔화는 1990년대 초 이후 지속적인 감소세를 보이고 있음

1980년대 외환보유고 다변화 동향에 따라 전체 외환보유고의 10%를 차지하며 정점을 이룬 이후 지속적으로 감소하여 2006년말 2%대로 하락하였다.

2.2 보유통화의 다변화

(1) 선진국과 개발도상국으로 나누어 보면 개발도상국의 외환보유고 통화 다변화 경향이 비교적 현저하게 나타나고 있음

① 선진국

선진국의 경우 달러화 비중이 2006년 9월말 기준 73%를 차지하고 있으며 1999년 이후 72~73% 수준을 지속적으로 유지하고 있다.

② 개발도상국

중국을 제외한 개발도상국의 경우 달러화 비중이 1997년 72%를 기록하였으나 2006년 9월말 기준 60%로 하락하였다.

(2) 세계 1위의 외환보유국인 중국은 외환보유고 중 달러화 비중이 약 70% 수준으로 수익성 제고 등을 들어 최근 외환보유고 다변화를 실시할 것을 시사하였음

중국의 이 같은 움직임이 여타 다른 개발도상국의 외환보유고 다변화에 영향을 미칠 것으로 예상된다. 이는 하락하고 있는 달러화에 약세 압력을 가중시키는 요인이 될 것으로 보인다.

3. 외환보유고 운용 다변화

3.1 외환보유고의 운용 추이

최근까지 외환보유고는 대외지급을 위한 보험성격이라는 고유의 목적에 맞게 안정성, 유동성, 시장신뢰성(mark credibility)에 중점을 두고 운용되어 왔다. 1980년대에는 외환보유고의 60%가 금으로 운용되었으나 2005년 9%로 감소하였으며 2006년 3월말 기준 전체 외환보유고 중 0.5조 달러를 차지하고 있다.

은행 예치금 형태가 2006년 3월말 기준 투자 외환보유고의 외화자산 중 약 30%를 차지하고 있는 가운데 개발도상국이 전체 외환보유고 중 33.8%를 은행 예치금에 투자하고 있으며 선진국은 20.7% 수준으로 선진국보다 개발도상국이 은행 예치금을 더욱 선호하는 것으로 나타났다. 2006년 3월말 기준 세계 외환보유고의 약 70%가 채권에 투자되고 있으며 안정적이며 유동성이 큰 국채가 투자 포트폴리오(investment portfolio) 내 비중이 가장 큰 편이다.

반면 주식 보유 비중은 매우 낮아 2004년말 기준 전체 외환보유고 투자 유가증권의 2%를 차지하는 데 그치고 있다.

3.2 외환보유고의 운용 다변화

(1) 최근 들어 외환보유고가 급증한 아시아 국가들의 중앙은행을 중심으로 미국 국채의 매수 비중을 축소시키면서 외환보유고 운용의 다변화 현상이 나타나고 있음

글로벌 달러화가 약세를 보임에 따라 외환보유고의 자산가치 하락에 대한 가능성이 증가하여 고수익 자산에 대한 관심이 증가하고 있다. 일본의 경우 2006년말 기준 전년 대비 외환보유고가 5.2% 증가하였으나 미국 국채 증가율은 오히려 5.1% 감소하였다. 한국, 대만 등 아시아지역 국가를 중심으로 미국 국채 비중이 감소하고 있다. 그러나 영국의 경우 미국 국채 보유 비중이 전년 대비 59.6%의 증가를 기록하여 아시아 국가들을 중심으로 외환보유고 운용 다변화가 나타나고 있음을 반증하고 있다.

(2) 미국 국채 판매 증가율과 외환보유고 증가율이 지속적으로 동조화(synchronization)를 보였으나 2005년 중반 이후 탈(脫) 동조화를 보이면서 외환보유고는 급증세를 보이고 있으나 미국 국채 매입 증가율은 하락세를 나타내고 있음

3.3 외환보유고 다변화의 영향

외환보유고 다변화의 영향으로 다음 3가지를 지적할 수 있다.

(1) 외환보유국들이 달러화의 비중을 급속히 축소시킬 경우 글로벌 달러화 약세 현상 심화 및 외환보유고 가치 하락이 발생하게 됨

미 달러화 약세 현상이 급속히 진행될 경우에는 그 역효과가 많은 달러화 자산을 보유한 국가들에게서 우선적으로 나타날 것으로 보인다. 중국의 경우 달러화 가치가 20% 하락할 경우 연간 자본축적 총액과 비슷한 1조 위안(1,270억 달러) 이상의 손실이 예상되고 있다.

(2) 외환보유고 투자대상의 범위 확대는 글로벌 불균형 해소 및 유동성 확대에 기여하게 됨

미국 자본수지 흑자에 기여해온 외환보유국가들의 미국 국채 매입이 감소할 경우 글로벌 불균형(global imbalance) 해소에 기여하게 되고 더불어 외환보유고 투자 자산이 주식, 채권, 부동산 등 다양화될 경우 세계 자금흐름에 풍부한 유동성을 부여할 것으로 보인다.

(3) 미국 국채 수요가 감소함에 따라 채권가격 하락에 따른 금리인상 요인이 발생하게 됨

제 2 절 시사점

외환보유고 다변화의 시사점은 다음 6가지로 요약될 수 있다.

1. 외환보유고 급증의 양면성

아시아 신흥시장 국가들을 중심으로 급증한 외환보유고는 국가경제의 안정성 유지, 대외신인도 제고 등의 긍정적 효과에도 불구하고 중앙은행들의 불태화 비용 상승 등을 고려할 경우 부정적 효과가 나타나게 된다.

2. 자산운용 다변화를 통한 수익성 제고의 필요성

적정 수준을 초과한 외환보유고는 우량 회사채, 모기지(mortgage) 채권, 자원개발투자 등으로 다양화할 필요가 있다. 적정 수준을 초과한 일부 외환보유고로 해외 우량주식에 투자할 경우 수익성뿐만 아니라 포트폴리오나 리스크 관리에도 기여하게 된다.

현재 홍콩, 노르웨이, 싱가포르, 이탈리아 등이 해외증시에 외환보유고를 직접 투자하고 있으며 한국의 경우 한국투자공사(KIC)를 통해 해외증시 투자의 가능성을 열어 놓고 있다. 러시아의 경우 2008년까지 외환보유고로 전체 외채를 상환하고 이후 해외주식 투자를 고려하고 있다. 이들 국가는 해외투자 확대를 통해 잉여자본의 문제를 해소하고 국제금융시장의 안정(stability of international financial market)에 기여하게 된다.

3. 급격한 외환보유고 다변화는 글로벌 자산가치 재조정 압력의 요인이 됨

글로벌 불균형을 유지해온 요인 중 하나가 외환보유국가들이 매입하였던 미국 국채임을 고려할 경우 급격한 미 국채 보유비중 축소는 미국 경기둔화에 촉매제로 작용하게 되어 저축률이 낮은 미국 가계의 소비위축을 초래하게 된다. 미 국채 수요 감소는 미국의 자본수지가 순유출(net outflow)로 전환되는 것을 의미하는 것으로 미국경제에 상당한 부담이 되어 결국은 미 국채가격 하락으로 금리인상과 자산가치 재조정을 유발하게 된다.

4. 환율 안정을 위한 과도한 외환시장 개입의 자제가 요구됨

아시아 국가들은 이제까지 대규모 경상수지 흑자(current account surplus)와 함께 자국통화의 평가절상 속도를 조절하기 위해 통화량 조절채권을 발행하는 등 불태화 외환시장 개입을 통해 환율조정을 해왔다. 이제까지 누적적으로 발행된 대규모 통화량 조절채권들이 중앙은행의 이자부담을 가중시킬 뿐만 아니라 부동산, 주식시장 등의 과잉투자(overinvestment)로 자산가격의 급상승을 유발하고 있는 실정이다.

5. 외환보유고 다변화를 위한 국제적 협력의 필요성

(1) 지역통화금융협력(regional monetary and financial cooperation) 강화를 통한 국제금융시장의 불안정 완화

아시아지역의 경우와 같이 2000년 「ASEAN + 3국 장관회의」를 통해 외환 유동성 위기 우려시 긴급 자금지원을 합의한 '치앙마이 이니셔티브'(Chiangmai Initiative)와 같은 지역별 공조를 통해 우선적으로 안전판 기능을 확보하는 것이 필요하다.

(2) 미국과 달러화에 편중된 무역구조 및 금융구조의 개선

미국에 편중된 무역수지 흑자(trade surplus)는 대외무역의 불균형 및 통상마찰(trade conflict)을 초래하게 된다. 외환보유고 다변화 동향 및 미국의 경기둔화에도 불구하고 대외지급의 기축통화(key currency)로서 달러화가 가지는 외부효과와 규모와 유동성 측면에서 가장 발달한 미국의 채권시장 의존도가 여전히 높아 편중된 구조개선의 어려움이 존재하고 있다.

6. 중앙은행의 자의적 해석에 따른 적정외환보유고가 아닌 국가별 상황과 현실에 적합한 적정외환보유고 수준 책정의 필요성

(1) 적정외환보유고의 규모는 기준에 따라 다양하게 나타나나 이론적 기준이나 경험적 기준 모두 적용변수를 어떻게 책정하느냐에 따라 편차가 커서 자의적 해석(arbitrary interpretation)의 오류 가능성이 큰 편임

(2) 상기한 관점에서 각국의 자본시장 환경, 외환위기 재발 가능성, 지정학적 리스크(geopolitical risk) 등 국가별 위험요인을 고려하여 유연하게 운영할 필요성이 있음

아시아의 경우 외환위기라는 특수한 상황을 경험한지 10년밖에 지나지 않았고 국제금융환경의 변동성(variability of international financial environment)이 제고된 것을 고려할 경우 이론적 수치보다 더 많은 외환보유고가 필요하게 된다.

〈표 6-3〉 적정외환보유고 규모의 경험적 기준

제안자	근거	적정외환보유고
Triffin(1960)	· 외환보유고 수요는 수입에 비례	· 연수입액의 40%
IMF(1953)	· 국가간 교역의 1회전 소요되는 기간은 평균 3개월	· 3개월 수입금액
Guidotti(1999)	· 금융위기 원인은 단기부채의 갑작스런 회수	· 단기외채금액
Geenspan(1999)	· 위험관리 차원에서 적정 외환보유고 규모 확보	· 단기외채금액 ± α
Wijnjolds and Kapteyn(2001)	· 단기외채뿐만 아니라 도피성 자금도 갑작스런 외자유출 원인	· 단기외채 ± 오차 및 누락
기타	· 포트폴리오 투자까지도 언제든 유출 가능	· 단기외채 ± 오차 및 누락 + 외국인 포트폴리오 투자의 1/3
종합 1	· 경상거래와 자본거래 종합	· 3개월 수입금액 + 단기외채
종합 2	· 경상거래와 자본거래 종합	· 3개월 수입금액 + 단기외채 + 오차 및 누락 + 외국인 포트폴리오 투자의 1/3

제 7 장

자산운용사 경쟁력의 국제비교

국내 자산운용사들은 글로벌 운용사들에 비해 운용자산규모가 작아 경쟁력(competitiveness)이 열위여서 국내 금융회사들은 인수합병(M&A)을 통해 규모의 경제(economies of scale)를 이루는 한편 그룹 내 자산운용 계열사의 비중을 제고시킬 필요가 있다.[1)]

제 1 절 국제비교

1. 자산운용사에 있어서 운용자산의 규모는 경쟁력의 중요한 척도로서 운용사의 이익창출능력과 관련됨

1.1 자산운용사 수익기반인 운용보수는 운용자산의 일정비율이므로 운용자산 규모가 운용사 영업수익으로 직결됨

1.2 자산운용사 비용의 대부분을 차지하는 판매관리비와 결제 수수료는 직원 수와 거래횟수 등에 비례하므로 영업비용의 운용자산규모에 대한 탄력성은 크지 않은 편임

1.3 따라서 운용자산의 증가는 영업이익의 증가로 이어질 뿐만 아니라 영업비용보다 영업수익의 탄력성(elasticity)이 커서 이익창출능력의 향상으로도 연결되는 경향이 있음

1) 한국금융연구원, 주간 금융브리프 16권 12호, 2007. 3. 10~16. 인용・재구성

2005년 운용자산규모 1위인 Barclays Global Investors의 1인당 당기순이익은 40만 6,000달러이다. 이는 2006년 운용자산규모 국내 1위인 삼성투신운용의 4.5배에 해당되는 수치이다.

2. 운용자산규모 기준 세계 10대와 국내 10대 자산운용사들을 비교한 결과 국내 자산운용사들은 글로벌 운용사들에 비해 운용자산규모가 현저히 작은 편임

2005년말 Global Investor에서 선정한 운용자산규모 기준 세계 50대 자산운용사 중에 국내 운용사는 하나도 없으며, 2006년말 기준 국내 1위인 삼성투신운용의 운용자산은 세계 1위인 Barclays의 63분의 1, 세계 50위인 MFS Investment Management의 7분의 1 수준으로 나타났다.

〈표 7-1〉 국내외 10대 자산운용사

(단위 : 십억 달러)

세계 순위	자산운용사	운용자산	국내순위	자산운용사	운용자산
1	Barclays Global Investors	1,400.5	1	삼성투신운용	22.3
2	State Street Global	1,367.3	2	미래에셋자산운용	21.4
3	Fidelity Investments	1,299.4	3	대한투신운용	20.8
4	Capital Group Companies	1,050.4	4	한국투신운용	17.7
5	Vanguard Group	852.0	5	우리CS자산	16.9
6	Allianz Global Investors	790.5	6	KB자산운용	14.9
7	JP Morgan Asset Mgt.	782.6	7	SH자산운용	11.6
8	Mellon Financial Co.	738.3	8	신한BNP파리바	9.0
9	Deutsche Asset Mgt.	723.4	9	푸르덴셜자산운용	8.8
10	Northern Trust Global Inv.	589.8	10	CJ자산운용	8.7

주 : 글로벌 운용사는 2005년 말잔 기준, 국내운용사는 2006년 말잔 기준
자료 : Global Investor, 자산운용협회

3. 글로벌 자산운용사들에 비해 운용자산규모가 현저히 작은 국내 운용사들은 금융그룹 내에서 차지하는 수익기여도 비중도 글로벌 금융그룹들보다 현저히 작은 편임

3.1 세계 10대 자산운용사 중 Fidelity, Capital Group, Vanguard는 독립자산운용사임

3.2 세계 10대 자산운용사 중 금융그룹의 자회사인 Barclays, Deutsche Bank, JP Morgan이 그룹전체의 이익에서 차지하는 비중은 10%를 초과하는 데 비해 국내의 삼성투신, 우리CS, SH-신한BNP는 3% 미만을 보이고 있음

〈표 7-2〉 국내외 금융그룹의 자산운용부문 이익비중

(단위 : %)

Deutsche Bank	24.3
JP Morgan	11.6
Barclays	10.0
삼성금융계열	2.3
우리금융계열	0.6
신한금융지주	0.2

주 : 자산운용부문 비중은 2006년말 당기순이익 기준이며 Deustsche Bank와 JP Morgan은 2005년말 기준임

자료 : 사업보고서

제 2 절 시사점

국내 자산운용사들은 규모의 한계를 극복하기 위해 인수합병(M&A)을 고려할 필요가 있으며 인수비용을 충당하기 위해서는 모기업의 과감한 투자가 절실히 요구되고 있다.

1. 규모의 격차를 단기간에 극복하기 위해서는 M&A를 통한 적극적인 외형 확장이 필요함

2. 국내 10대 자산운용사들은 모두 금융그룹, 은행, 증권사 등의 자회사이며 따라서 M&A 등의 과감한 전략을 구사하기 위해서는 모기업의 적극적인 후원이 필수적임

2005년 운용자산규모 기준 세계 8위인 Mellon Financial은 2001년 Eagle Investment Systems 인수, 2002년 HBV Capital Management 인수, 2003년 Certus Asset Advisors와 Arden Group 인수, 2005년 City Capital Co.를 인수한 바 있다. 이어 2006년 Bank of New York과 합병하는 등 운용자산규모를 증가시키기 위해 M&A를 적극적으로 활용하고 있다. 2005년 운용자산규모 기준 세계 11위인 UBS Global Asset Management도 2006년 브라질의 Banco Pactual, 인도의 Standard Chartered 운용사 등을 인수하여 규모와 판매망을 확대하였다.

제 8 장

파생상품거래의 국제비교

제 1 절 금융회사 파생상품 거래현황

1. 금융회사 파생상품 거래규모

국내 소재 금융회사의 파생상품 거래규모(2006년 기준, 명목금액기준(국제기준과 부합), 파생상품 만기일에 거래하기로 약정한 계약금액)는 총 4경 4,291조원으로 전년 대비 5,864조원(15.3%) 증가하였다. 거래잔액은 2,628조원으로 전년말 대비 902조원(52.3%) 증가한 것으로 나타났다.[1)]

1.1 국내 소재 금융회사의 파생상품 거래규모(turnover)(2006년 기준)는 총 4경 4,291조원으로 전년 대비 5,864조원(15.3%) 증가하였음

이는 주식시장 활황에 따른 장내주가지수 옵션 계약금액 증가에 주로 기인하고 있다.

KOSPI200 현물평균지수 : 2005년 138.4 → 2006년 175.2

1.2 국내 소재 금융회사의 파생상품 거래잔액(outstanding)(2006년말 기준)은 2,628조원으로 전년말 대비 902조원(52.3%) 증가하였음

이는 은행의 구조화채권 발행증가(2005년 1조 4,713억원→2006년 6조 2,890억원)로 인한 금리

1) 금융감독원(http://www.fss.or.kr), 보도자료, 2007. 3. 19 요약 · 재구성

위험 헤지(hedge) 목적의 원화이자율스왑 거래(장외거래)가 크게 증가한 데 주로 기인한다.

〈표 8-1〉 파생상품 거래규모 및 잔액 추이

(단위 : 조원, %)

구분		2004	2005(A)	2006(B)	증감액(증감률) (B-A)
거래 규모	장내 〈주식옵션〉	23,036 〈19,700〉	34,417 〈30,196〉	39,345 〈34,600〉	4,928(14.3) 〈4,404〉(14.6)
	장외	3,719	4,010	4,946	936(23.3)
	합계	26,755	38,427	44,291	5,864(15.3)
거래 잔액	장내	35	48	79	31(64.6)
	장외 〈이자율스왑〉	1,264 〈474〉	1,678 〈726〉	2,549 〈1,245〉	871(51.9) 519(71.5)
	합계	1,299	1,726	2,628	902(52.3)

주 : 1) 〈 〉안은 개별상품의 규모, ( )안은 전년 대비 증감률
2) 은행, 증권, 보험, 펀드, 선물사, 카드사, 종금사의 명목거래금액을 집계한 수치

2. 금융회사 파생결합상품 거래현황

국내 금융회사의 파생결합상품잔액(2006년말 기준)은 51.9조원으로 2006년 9월말 54.2조원에 비해 2.3조원(4.2%) 감소한 것으로 나타났다.

※ 파생결합상품은 예금, 채권 등 일반적인 금융상품에 파생상품계약이 결합된 상품을 의미함

2.1 이는 2006년 하반기 주식경기 후퇴에 따른 증권사의 주가연계증권(ELS) 발행 · 운용 잔액이 감소한 것에 기인함

2.2 증권사의 경우 주식관련 파생결합상품인 주가연계증권(ELS)을 주로 거래하는 데 반해 은행은 범위누적채권(Range Accrual), 장기금리연동채권(CMT) 등 금리관련 파생결합상품을 주로 거래하고 있음

〈표 8-2〉 금융권역별 파생결합상품 잔액현황(2006년말)

(단위 : 조원)

구분 \ 내재파생		금리	환율	주식	상품	기타	합계
은행	조달	7.48	0.02	3.25	-	-	10.75
	운용	1.14	-	0.13	0.13	0.01	1.41
증권	조달	0.10	-	13.60	0.20	0.01	13.91
	운용	0.03	-	9.50	0.07	0.01	9.61
보험	조달	-	0.05	-	-	-	0.05
	운용	1.89	-	0.45	-	-	2.34
신탁	조달	-	-	4.67	1.15	0.02	5.84
	운용	0.15	0.02	7.76	0.03	0.02	7.98
합계	조달	7.58	0.07	21.52	1.35	0.03	30.55
	운용	3.21	0.02	17.84	0.23	0.04	21.34
	계	10.79	0.09	39.36	1.58	0.07	51.89

제 2 절 금융회사 파생상품거래 손익현황

국내 금융회사(은행, 증권)의 파생상품관련 이익(파생상품관련 현물거래 포함)(2006년 기준)은 1조 3,941억원으로 전년 대비 3,306억원(31.1%) 증가한 것으로 나타났다.

1. 이는 증권사의 주식관련 파생상품 이익이 전년 대비 2,190억원(102.9%) 증가한 데 주로 기인함

특히, 외국계 증권사의 장외파생상품관련 이익이 1,168억원(1,717.6%) 증가한 것으로 나타났다.

2. 국내 금융회사(은행, 증권)의 파생상품관련 이익(2006년 기준)은 영업이익의 4.6%에 불과하나 외은지점은 동 비율이 120.9%로 파생상품 위주로 영업하고 있는 것으로 나타남

〈표 8-3〉 파생상품거래 영업부문 손익현황

(단위 : 억원, %)

		2004	2005	2006	증감액 〈증감률〉
은행		8,000 (7.7)	8,507 (6.7)	9,623 (7.0)	1,116 〈13.1〉
	국내은행	3,452 (3.5)	5,402 (4.3)	5,693 (4.3)	291 〈5.4〉
	외은지점	4,548 (87.5)	3,105 (106.3)	3,930 (120.9)	825 〈26.6〉
증권		2,441 (6.3)	2,128 (3.9)	4,318 (5.5)	2,190 〈102.9〉
	국내증권사	2,339 (8.2)	2,196 (5.4)	3,218 (5.3)	1,022 〈46.5〉
	외국계증권사	102 (1.0)	-68 (-0.5)	1,100 (6.4)	1,168 〈1,717.6〉
합계		10,441 (7.3)	10,635 (5.9)	13,941 (6.5)	3,306 〈31.1〉

주 : 1) 영업이익에서 파생상품 관련이익이 차지하는 비중이 매우 큰 경우 비율이 100% 초과 가능
2) ( )안은 파생상품관련이익/영업이익×100, 〈 〉안은 전년 대비 증감률

제 3 절 파생상품거래 국제비교

1. 장내 파생상품거래 국제비교

1.1 장내 파생상품 거래규모 국제비교

국내 장내파생상품거래의 경우 KOSPI200 옵션 거래규모가 전세계 1위를 차지하는 등 장내거래가 매우 활발한 것으로 나타났다.

미국의 'Futures Industry Association'에 따르면 2006년 세계 거래소별 장내 파생상품 거래규모 순위에서 한국증권선물거래소가 1위를 차지한 것으로 조사되었다.

〈표 8-4〉 세계 거래소 장내 파생상품 거래규모 현황

(단위 : 백만계약)

순위	거래소	2004	2005	2006
1	Korea Exchange	2,587	2,593	2,235
2	Eurex	1,066	1,249	1,527
3	Chicago Mercantile Exchange	805	1,090	1,403

자료 : Future Industry Association

또한, 한국증권선물거래소의 KOSPI200 옵션 거래는 세계에서 가장 활발히 거래되는 장내파생상품으로 장내거래규모 2위 상품인 유로달러선물의 4.8배를 기록하였다. 이는 개인투자자들이 투기적인 단기거래에 치중하는 데 기인한 것으로 판단된다.

〈표 8-5〉 세계 장내파생상품 거래규모 순위

(단위 : 백만계약)

순위	상품명	2004	2005	2006
1	코스피200옵션(한국)	2,522	2,535	2,404
2	유로달러선물(CME)	298	410	502
3	유로채권선물(Eurex)	240	299	320

자료 : Future Industry Association

1.2 장내 주가지수 선물 · 옵션시장에서의 개인투자자 투자비중 국제비교

국내 장내 주가지수 선물 · 옵션시장에서 개인투자자의 투자비중은 40% 내외로 미국, 일본에 비해 높은 수준이나 점차 하락하는 추세를 보이고 있다.

※ 미국의 경우 증권선물거래소에서 공식적으로 발표하고 있지는 않으나 개인 투자자의 비중이 매우 낮은 것으로 파악됨

(1) 장내 주가지수 선물 · 옵션시장에서 개인투자자들의 투자비중은 2004년 이후 하락하는 추세를 보이고 있음

이는 선물 · 옵션 시장의 규모가 증대되면서 소규모 자본을 가진 개인의 경쟁력이 약화된 것에 기인한다.

(2) 일본의 경우 개인투자자의 비중은 선물거래의 10% 미만, 옵션거래의 15% 미만으로 한국이 상대적으로 개인투자자의 비중이 높은 수준임

〈표 8-6〉 한일간 주가지수 선물 · 옵션거래의 투자자별 비중

(단위 : %)

		선 물			옵 션		
		기관	외국인	개인	기관	외국인	개인
2004	한 국	29.1	22.3	48.6	38.2	11.9	49.9
	일 본	53.0	45.4	1.6	43.5	47.9	8.6
2005	한 국	32.3	23.7	44.0	42.8	14.4	42.8
	일 본	53.9	42.1	4.0	39.2	50.1	10.7
2006	한 국	34.8	25.1	40.1	46.8	15.8	37.4
	일 본	55.4	37.0	7.6	34.4	53.6	12.0

주 : 기관에는 은행, 투신, 증권, 선물업자, 보험사 등

2. 장외 파생상품거래 국제비교

국내 금융회사의 장외파생상품잔액(2006년말 기준)은 급속도로 증가하고 있으나 선진국에 비해서는 미미한 수준을 보이고 있다. 국내 파생상품시장은 장내주식옵션 위주의 불균형적인 성장을 보여주고 있으며 상대적으로 고부가가치 산업인 장외파생상품시장의 발전은 미진한 편이다.

※ 2006년말 기준 국내 금융회사의 장외파생상품잔액은 2조 7,460억 달러로 BIS 가맹국의 0.8%, 미국의 2.2%, 일본의 15.9%에 불과한 실정임

특히, 신용 및 상품 파생상품시장은 국내의 법적 제약으로 인하여 선진국과 비교하여 시장규모가 극히 미미한 수준을 보이고 있다.

〈표 8-7〉 장외파생상품 잔액 규모

(단위 : 10억 달러)

기초자산별	한 국	미 국	일 본	BIS
통화관련	1,210	11,310	2,470	38,111
금리관련	1,478	103,204	14,604	262,296
주식관련	51	2,219	22	6,783
상품관련	2	1,559	24	6,394
신용관련	5	7,904	143	20,352
총 계	2,746	126,196	17,263	333,936

주 : 한국은 2006년 12월말, 미국(OCC 자료)은 2006년 9월말, 일본(BOJ 자료)와 BIS는 2006년 6월말

제 9 장

자본시장 현황과 발전방안

제 1 절 자본시장과 증권산업 현황

1. 외환위기 이후 정부는 자본시장의 발전을 위한 정책들을 추진했으나 인프라 부족과 증권산업 혁신부족 등으로 성과는 미흡한 편임

1.1 외환위기 이후 자본시장지향형 금융시스템으로의 변화 추진

이는 경제개발 시기의 정부주도형 은행 중심 금융구조가 금융의 비효율성(financial inefficiency)을 초래했다고 판단하였기 때문이다.

1.2 자본시장지향형 금융시스템(capital market-oriented financial system)의 효율적 작동을 위한 인프라인 신용평가기능, 투명한 회계 및 공시제도 등의 발전은 미흡했음

금융시스템이 시장지향형으로 이동하고 있는 반면 이의 효율성을 보장할 정보의 생산, 분석, 확산과 관련된 금융인프라(financial infrastructure)의 발전은 지체되었다.

1.3 증권산업의 성장을 위한 규제완화(deregulation) 등의 제도적 지원도 미흡했음

자본시장에 대한 정책은 주로 적대적 인수합병(hostile M&A)에 대한 규제완화나 소액주주 권리확대 등 외부투자자의 권리를 강화하는 데 초점을 두었으며 증권사 등이 개발 · 취급할 수 있는 금융상품에 대한 규제나 업무영역 등에 대한 규제는 큰 변화없이 유지되었다.

2. 자본시장을 통한 기업의 자금조달도 부진하였음

2.1 회사채 발행액은 2001년 이후 감소세를 지속하고 있으며 주식시장을 통한 자금조달도 1999년 이후 감소 추세를 보이고 있음

(1) 회사채 발행액

회사채 시장은 상환액을 고려할 경우 2004년 34.1조원에 이어 2005년에도 10.7조원의 순상환을 기록하였다.

(2) 자금조달

기업공개와 유상증자 등을 통한 자금조달은 주식시장이 활황세를 보였던 1999년에 41.1조원을 기록하였으나 2005년에는 6.8조원에 그쳤다.

2.2 주식과 채권이 기업의 자금조달에서 차지하는 비중은 1998년 41.3%에서 2005년에는 37.9%로 하락하였음

자본시장이 간접금융시장에 대한 보완기능을 수행하지 못하고 있다고 평가할 수 있다.

3. 국내 자본시장은 경제규모에 비해서도 상대적으로 성장이 지체되었음

3.1 채권발행잔액

국내 채권발행잔액(2005년말 기준)은 6,556억 달러로서 국내총생산(GDP)의 83.2%를 기록하였다.[1)]

3.2 주식시장의 시가총액

주식시장의 시가총액도 GDP의 91.2%에 불과하여 미국(136.5%), 영국(139.5%), 일본(167.4%)에 비해 규모가 영세한 수준으로 평가할 수 있다.

1) GDP 대비 채권발행잔액 비율은 영국(45.7%)보다는 높지만 미국(164.9%), 일본(185.8%)에 비해서는 크게 낮은 수준이다(대한상공회의소, 주요 선진국 경험으로 본 자본시장 발전방안, 2007. 3. 요약·재구성).

〈표 9-1〉 주요 국가의 GDP 대비 자본시장 규모(2005년 기준)

(단위 : %)

	미국	영국	일본	한국
주식	136.5	139.5	167.4	91.2
채권	164.9	45.7	185.8	83.2

주 : 주식 시가총액 산출 대상 거래소는 일본은 동경과 오사카증권거래소, 미국은 NYSE, NASDAQ, American SE, 영국은 London SE임

자료 : BIS, World Federation of Exchanges

4. 국내 자본시장의 성장을 견인할 글로벌 금융사의 수도 열세임

미국 포춘(Fortune)지가 2006년에 선정한 「글로벌 500대 기업」 중 국내 금융기업은 삼성생명(224위)과 국민은행(364위) 등 2개사에 불과한 것으로 나타났다. 이는 포춘 500대 기업에 포함된 120개의 글로벌 금융사 중 미국이 39개, 영국 10개, 일본 12개 등인 것을 고려하면 수적으로도 적을 뿐만 아니라 주요 경쟁국인 중국(5개)보다도 더 적은 수준이다.

〈표 9-2〉 글로벌 금융회사수 국제비교

	미국	영국	프랑스	독일	캐나다	스위스	일본	한국	중국
기업수(개)	39	10	7	9	7	6	12	2	5

자료 : FORTUNE, 2006.

5. 증권사의 규모와 수익구조 등 경쟁력도 미흡한 편임

5.1 한국을 대표할 수 있는 대형 증권사의 평균 자산규모는 미국 대형 투자은행 평균 자산규모의 1.15%에 불과한 수준임

5.2 총수익도 미국 대형 투자은행의 1.84%로서 극히 미미한 수준임

주로 대출 등의 자산보유를 통해 수익을 획득하는 은행과 달리 투자은행(IB)이나 증권사의 경우에는 자산규모보다 수익규모가 사업규모를 측정하는 데 더 적절한 지표가 될 수 있다. 2004 회계연도 중 흑자를 기록한 2개 국내 증권사의 평균 순이익은 미국 대형 투자은행의 0.46%에 불과한 실정이다.

〈표 9-3〉 미국 대형 투자은행과 국내 대형 증권사 비교

(단위 : 백만 달러)

		총자산	총수익	순이익
미국	골드만삭스	706,804	43,391	5,626
	메릴린치	681,015	47,783	5,116
	모건스탠리	898,523	51,770	5,192
	평균	762,114	47,648	5,311
한국	삼성증권	7,485	989	31
	대우증권	9,784	814	-147
	우리증권	8,997	833	42
	평균 (비율)	8,748 (1.15%)	879 (1.84%)	-25 (-)

주 : 1) 미국 투자은행은 2005년 기준. 한국 증권사의 총자산은 2005년 12월말, 총수익 및 순이익은 2004 회계연도(2004. 4~2005. 3) 기준

2) ( )안의 비율은 미국 대형 투자은행 평균 대비 한국 대형 증권사의 비율

자료 : Hoover's Online, 금융감독원

5.3 국내 증권사의 수익은 주식위탁매매수수료에 과도하게 편중되어 있어 수익구조가 취약함

2004 회계연도의 국내 증권사 영업수익에서 수수료수익이 차지하는 비중은 41.06%이며 이 중 74.3%가 위탁매매수수료이다. 반면 미국 증권사의 경우 위탁매매수수료가 차지하는 비중은 19.9%에 불과하며 그 밖에 투자은행업무 및 자산관리서비스(asset management service) 등으로부터 발생하는 수익의 비중이 높은 편이다.

골드만삭스(Goldman Sachs)의 경우 2005년 총수익 중 이자수익이 49.0%, 증권거래 및 투자부문 수익(위탁매매수수료 포함)이 35.6%, 투자은행부문 수익이 8.3%, 자산관리 및 증권서비스부문 수익이 7.1%를 차지하였다.

6. 국내 증권산업은 은행산업이나 보험산업 등 타 금융권과 비교해서도 경쟁력(competitiveness)이 낮은 상태임

6.1 외환위기 이후 은행이나 보험사의 평균 자산규모가 크게 증가한 데 반해 증권사의 평균 자산규모는 오히려 감소하였음

2005년말 평균 자산규모는 1999년 말에 비해 은행이 85.7%, 보험사가 92.4% 증가했으나 증권사는 오히려 5.5% 감소한 것으로 나타났다. 증권사의 평균 자산규모는 은행 평균 자산규모의 5.6%에서 2.8%로 하락하였으며 총자산규모도 동 기간에 은행이 52.9%, 보험사가 113.8% 증가

한 데 비해 증권사는 15.2% 증가에 그쳤다.

6.2 은행산업이나 보험산업에 비해 증권산업의 구조조정 부진이 심각하여 증권사의 대형화에 장애요인이 되고 있음

(1) 은행은 대형화를 위한 합병 등의 구조조정이 활발하게 이루어졌으며 생보사도 1999년 말에 비해 7개가 감소하였음

그러나 증권사의 수는 1999년 말에 비해 오히려 7개사가 증가했으며 시장집중도를 나타내는 HHI지수도 383으로서 과당경쟁상태에 있다.2)

(2) 증권사들은 영세한 규모와 과당경쟁, 취약한 수익구조 등으로 인해 자본시장의 성장을 견인할 주체로서의 역량이 미흡함

증권회사 영업수지율은 2002년 이후 지속적으로 100%에 미달하여 수수료 수익으로 수수료 비용이나 판매관리비도 충당하지 못하고 있는 상태이다.

〈표 9-4〉 금융권별 금융기관 총자산 및 평균 자산규모 비교

	1999년 12월말			2005년 12월말			증감		
	총자산	기관수	평균자산	총자산	기관수	평균자산	총자산	평균자산	기관수
은행	5,623,260	17	330,780	8,598,341	14	614,167	52.9%	85.7%	-3
증권회사	591,757	32	18,492	681,621	39	17,477	15.2%	-5.5%	7
보험사	1,327,590	45	29,502	2,837,848	50	56,757	113.8%	92.4%	5
생보사	1,061,048	29	36,588	2,347,662	22	106,712	121.3%	191.7%	-7
손보사	266,541	16	16,659	490,186	28	17,507	83.9%	5.1%	12

자료 : 금융감독원

〈표 9-5〉 증권회사의 영업수지율 추이

	FY00	FY01	FY02	FY03	FY04
영업수지율(%)	104	103	91	89	86

주 : 영업수지율 = 수수료수익/(수수료비용+판매관리비), 자기매매손익 제외
자료 : 금융감독원

2) 허핀달-허쉬만 지수(HHI : Herfindahl Hirschman Index)는 회사별 점유율(%)을 제곱하여 산정하며 1,800 이상은 '집중', 1,000~1,800 미만 '다소집중', 1,000 미만은 '경쟁'으로 분류한다.

제 2 절 자본시장통합법의 주요 내용

정부는 증권거래법, 선물거래법, 간접투자자산운용업법, 증권선물거래소법, 신탁업법 등 14개 자본시장 관련 법률을 통합한 「자본시장통합법」의 제정을 추진하고 있다. 법률이 제정되는 경우 1년의 유예기간을 거친 후 시행에 들어갈 것으로 보인다. 증권사를 자본시장과 관련된 모든 업무를 영위하는 금융투자회사로 육성함으로써 은행, 보험사와 함께 금융산업의 3대 축을 형성할 계획이다. 선진 투자은행과 같이 직접투자, 기업금융, 증권서비스, 자산관리 등을 포괄하는 영업모델의 선택이 가능하여 겸영에 따른 시너지효과(synergy effect)와 대형화 등으로 세계적 수준의 투자은행 출현을 기대하고 있다.

자본시장통합법의 주요 내용은 크게 4가지(① 기능별 규율체제로의 전환, ② 금융투자상품의 포괄주의 도입, ③ 업무범위의 확대, ④ 투자자 보호제도의 선진화)로 분류할 수 있다.

1. 기능별 규율체제로의 전환

자본시장 관련 규제체계를 '기관중심적 규제(institutional regulation)'에서 '기능중심적 규제(functional regulation)'로의 전환을 목표로 하고 있다.

1.1 현행 법률체계가 개별 금융업 중심으로 이루어져 있어 각 업종에 대한 규제의 일관성과 균형에 문제가 발생할 소지가 있음

이를 이용해 금융그룹의 경우 규제가 약한 업종의 계열사에 위험자산을 집중함으로써 실질적인 리스크관리(risk management)에 대한 규제를 회피할 가능성(regulatory arbitrage)도 있다.

1.2 기능별 규제는 금융기관에 관계없이 동일한 금융기능에 대해서는 동일한 규제를 적용함

① 투자자(일반투자자, 전문투자자), 금융투자상품(증권, 장외파생상품, 장내파생상품), 금융투자업(매매업, 중개업, 자산운용업, 투자일임업, 투자자문업, 자산보관관리업)의 3가지 요소를 조합하여 가능한 모든 금융기능을 정의함

② 금융기능별, 인가체제를 도입하고 금융기능의 특성에 따라 자기자본요건 등의 진입요건을 차등화함

③ 건전성 규제나 영업행위 규제 등도 동일한 금융기능에 대해서는 동일한 규제를 적용함

2. 금융투자상품의 포괄주의 도입

금융투자회사가 투자성을 가지는 모든 금융투자상품을 취급할 수 있도록 허용한다.

2.1 현재의 열거주의 방식에서는 금융투자회사가 취급할 수 있는 금융투자상품을 법령에 열거하고 있음

예를 들면, 증권회사가 취급할 수 있는 유가증권은 국채, 지방채, 사채, 주식, 수익증권 등 증권거래법과 시행령 등에 열거된 21개 자산에 한정되며 열거된 금융투자상품에 대해서만 투자자보호규제를 적용하고 있다.

2.2 포괄주의 방식에서는 금융투자회사가 취급할 수 있는 금융투자상품을 투자성을 가지는 모든 금융투자상품을 포괄할 수 있도록 추상적으로 정의함

이익의 획득이나 손실의 회피 또는 위험관리를 위하여 원본손실이나 원본을 초과하는 손실 또는 추가지급의 가능성을 부담하면서 현재 또는 미래의 특정 시점에 금전 등의 이전을 약정함으로써 가지게 되는 권리이다. 예금과 보험계약을 제외하고는 이 기준에 부합하는 모든 금융투자상품의 설계와 취급을 허용하고 투자자보호규제를 적용한다.

3. 업무범위의 확대

경제적 성격에 따라 분류된 6개 금융투자업의 겸영을 허용한다.

3.1 현재는 금융투자업을 증권업, 선물업, 자산운용업, 신탁업, 투자자문업, 투자일임업 등으로 세분화하고 상호 겸영을 제한하고 있음

3.2 금융투자업을 경제적 성격에 따라 6개(① 매매업, ② 중개업, ③ 자산운용업, ④ 투자자문업, ⑤ 투자일임업, ⑥ 자산보관관리업)로 분류하고 겸영을 허용함

겸영에 따른 이해상충 방지를 위해 Chinese Wall 등 이해상충 방지체계를 마련한다.

3.3 금융투자회사가 취급할 수 있는 업무 범위도 확대함

금융투자회사 계좌를 통한 결제, 송금, 수시입출금 등의 부가서비스 제공을 허용하고 외국환 업무 범위도 확대할 예정이다. 부수업무도 원칙적으로 금융투자회사의 건전성이나 투자자 보호에 문제가 있는 업무를 제외한 모든 부수업무를 허용할 것으로 보이며 판매권유자(Introducing Broker) 제도를 도입하여 판매망을 확대하고 간접투자 대상자산의 범위를 확대하는 등 자산운용업의 업무도 확대하게 된다.

4. 투자자 보호제도의 선진화

자본시장통합법에 의해 금융투자상품 전반에 대한 투자자 보호(investor protection)가 가능해지고 투자자보호제도를 강화하게 된다.

4.1 투자자 보호 법제가 없던 파생상품거래나 비정형 간접투자 등도 자본시장통합법에 의해 투자자 보호가 가능하게 됨

4.2 설명의무(Product Guidance) 제도와 투자광고 규제 도입, 이해상충 방지체제 확립, 발행공시 규제 적용범위 확대 등 투자자 보호장치를 강화함

현재 설명의무제도는 선물, 자산운용, 부동산투자회사 등에만 부과하고 있다.

제 3 절 주요 국가의 증권산업 및 자본시장 개혁 사례

1. 주요 국가 중 증권산업에 대해 한국과 같이 엄격하게 업무영역을 규제하고 있는 사례는 거의 없음

1.1 미국의 투자은행이나 독일 등 유럽의 겸영은행은 자본시장 관련 업무를 거의 제한없이 겸영 가능함

미국의 대형 투자은행들은 예금, 대출 등 상업은행 업무 이외에는 투자은행업무, 증권거래서비스, 자산운용업무 등을 광범위하게 수행하고 있다.

1.2 영국, 일본 등이 부분적으로 증권관련 업무의 겸영을 제한하고 있었으나 1980~1990년대의 금융개혁(financial reform)을 통해 규제를 완화하고 있음

2. 영국은 1986년 소위 '빅뱅'(Big Bang)을 통해 자본시장 개혁을 단행함으로써 금융산업의 경쟁력을 강화하였음

2.1 1980년대 런던 금융시장은 업무영역 규제와 높은 수수료율 등으로 국제금융센터(international financial center)로서의 위상이 크게 약화되었음

은행업과 증권업이 분리되어 있었고 주식매매에도 딜링(dealing) 업무를 전담하는 jobber와 중개업무를 전담하는 broker를 분리하는 단일자격제도를 채택하였다. 업무영역 규제로 영국 증권회사는 미국 투자은행(IB) 등에 비해 규모도 열세였다.

수수료율 규제로 인한 높은 수수료를 회피하기 위한 해외상장이 증가하면서 주식시장의 공동화 현상도 발생하게 되었다. 1984년 기준으로 런던증권거래소의 거래규모는 뉴욕증권거래소의 6%, 동경증권거래소의 18%에 불과하였다.

2.2 대처정부는 자본시장 개혁을 단행하여 규제를 크게 완화하였음

증권매매수수료를 자유화하고 단일자격제도를 폐지하여 딜링업무와 중개업무의 겸영을 허용하였으며 금융기관이 자회사를 통해 증권업무도 영위할 수 있도록 허용되었다.

2.3 빅뱅 이후 런던 자본시장과 금융산업의 경쟁력이 강화되었음

금융빅뱅 이후 외국인 증권투자자금의 유입이 급증하면서 런던증권거래소는 국제금융센터로서의 위상을 회복하였다(2005년 기준으로 시가총액은 세계 4위, 거래금액은 세계 3위 규모). 은행업과 증권업 겸영 허용으로 영국 4대 상업은행은 자회사를 통해 투자업무를 확대함으로써 거대 금융그룹으로 성장하게 되었다. 외국인증권투자도 1986년 372억 달러에서 1987년에는 591억 달러로 1.6배 정도 증가하였다.

2.4 영국은 2001년 발효된 「Financial Services and Market Act 2000(FSMA)」를 통해 은행법, 보험회사법, 금융서비스법을 통합하였음

금융빅뱅 이후 은행업, 보험업, 증권업에 대한 전통적 구분이 모호해짐에 따라 규제감독체계를 금융통합법으로 규정하였다.

3. 일본은 1998년 증권거래법 등의 개정을 통해 증권회사의 투자신탁위탁업무 등의 겸영을 허용하였음

3.1 일본 증권회사는 유가증권의 매매, 위탁매매, 인수 이외에 투자자문업, 투자신탁위탁업, 금융선물거래업, 유가증권 관련 이외의 파생상품(financial derivatives) 거래, 대금업, 상품투자판매업, 소액채권판매업 등 다양한 업무의 겸영이 가능하게 되었음

3.2 증권투자신탁위탁업무의 경우 1998년 12월에 경쟁 촉진을 위해 동 업무가 전업제에서 겸업제로 전환되어 증권회사도 기타업무로서 겸영이 가능해졌음

도입 초기에는 증권회사가 겸영했으나 신탁재산운용에 따른 이해상충의 문제로 인해 1960~1961년 중 증권투자신탁위탁업무가 증권회사로부터 분리되어 독립된 증권투자신탁위탁회사에 의해 수행되었다.

4. 미국은 전통적으로 투자은행이 자본시장 관련 업무를 광범위하게 수행하고 있으며 1999년의 금융개혁법 제정으로 상업은행과 투자은행의 겸영도 가능해졌음

4.1 대공황(Great Depression) 직후인 1922년 글래스-스티걸 법에 의해 상업은행 업무와 투자은행 업무의 겸영이 금지되었으나 투자은행은 상업은행의 예금과 대출업무 이외의 자본시장 관련 업무에 대한 규제는 거의 없음

초기에는 증권의 인수와 중개를 주로 담당했으나 1950~1960년대에 소매위탁매매영업을 중심으로 크게 성장했으며 1980년대 이후 인수합병(M&A) 등 본격적인 투자은행업무를 개척하였다. 상업은행과 투자은행의 분리가 투자은행으로 하여금 자본시장 관련 업무에 전념하게 함으로써 미국 자본시장 및 투자은행의 발전을 초래했다는 분석도 제기되고 있다.

4.2 1999년 금융서비스현대화법(Financial Service Modernization Act, GLB Act)에 의해 상업은행과 투자은행의 업무영역 제한이 66년 만에 폐지되었음

지주회사형태나 자회사형태로 은행업, 증권업 및 보험업의 겸영이 가능하게 되었다. 1980년대 이후 증권화(securitization)의 급격한 진전과 유럽의 겸업은행에 대한 미국 은행의 경쟁력(competitiveness) 저하 등의 문제에 대처하려는 것이 목적이었다.

5. 호주는 2001년에 「금융서비스개혁법(Financial Services Reform Act)」을 제정하여 금융상품 인허가, 금융상품 공시관련 업무행위를 일원화하였음

그 결과 주식, 채권 등 자본시장 규모가 2000년에 419억 호주달러에서 2004년 824억 호주달러로 약 2배 정도 확대되었다(주식시장 약 2배, 채권시장 약 2.2배, 외환시장 약 1.5배 등).

제 4 절 파급효과

자본시장통합법 제정의 파급효과로 다음 5가지를 지적할 수 있다.

1. 자본시장의 성장과 금융시장의 중층구조 구축

1.1 자본시장통합법은 자본시장 성장의 계기로 작용할 것으로 보임

(1) 금융환경의 변화로 인해 국내 자본시장은 향후 규모가 크게 증가할 전망임

가계자산(household asset)에서 금융자산(financial asset)이 차지하는 비중이 미국, 일본 등 선진국에 비해 현저히 낮은 상황이므로 향후 금융자산의 비중이 점진적으로 증가할 것으로 예상된다. 특히, 한국경제가 저성장 국면으로 진입하여 저금리 상황이 정착되고 있고 급속한 고령화의 영향 등으로 단기 고정금리형 저축성 상품보다는 고위험-고수익(high risk-high profit) 상품 등 장기 투자상품에 대한 수요가 증가할 것으로 보인다. 또한, 급격히 자산규모가 증가할 것으로 예상되는 국민연금 등의 투자수요를 흡수하기 위해서도 자본시장의 양적 성장은 불가피한 것으로 판단된다.

(2) 자본시장통합법이 금융혁신(financial innovation)을 촉발할 경우 자본시장의 성장은 더욱 가속화될 것으로 보임

기업 및 투자자의 니즈에 부합하는 혁신형 금융상품 개발이 활성화되면 자본시장을 통한 자금조달 및 투자의 유인이 증대되어 자본시장의 성장을 촉진하게 된다.

1.2 금융시장의 중층구조 확립으로 금융시스템의 효율성 및 안정성(efficiency and stability of financial system) 제고

(1) 특정 금융시장에 과도하게 의존하는 금융시스템으로는 다양한 금융수요(financial demand)에 효과적으로 대응할 수 없음

기업의 규모, 투자기간, 투자안의 위험 등의 특징에 따라 관계지향형 금융과 시장지향형 금융, 차입형 자금조달과 지분투자형 자금조달, 장기조달과 단기조달 등 자금조달의 특징이 다양하다. 자금조달경로가 특정 금융시장에 집중되어 있을 경우 기업의 자금경색 현상이 발생할 가능성도 증가하게 된다.

(2) 기업의 자금조달채널이 은행대출 등 간접금융시장과 자본시장으로 다변화할 경우 특정 경로의 자금공급경색이 경제에 미치는 충격이 완화되고 경쟁을 통해 금융시장의 효율성이 제고됨

은행대출과 자본시장의 대체적 자금조달원이 존재할 경우 특정 금융시장의 충격이 실물경제에 미치는 부작용을 완화할 수 있다. 대체적인 자금조달원의 경쟁을 통해 자금조달비용(financing cost)의 하락을 유도함으로써 투자활성화(investment vitalization)를 도모할 수 있게 된다.

2. 금융산업의 겸업화 촉진

2.1 최근 은행을 중심으로 금융그룹화가 추진되고 있으나 실질적인 겸업화 효과는 미흡한 실정임

(1) 대형 은행들은 증권 및 보험회사를 설립하거나 인수하여 금융그룹의 외형을 갖추기 위하여 주력하고 있음

자본시장 및 보험시장의 성장에 대응한다는 측면과 함께 펀드판매나 방카슈랑스(bancassurance) 등 금융상품 위탁판매 허용으로 발생한 시장확대의 이익을 내부화하려는 동기도 작용하게 된다.

(2) 금융그룹 내에서 은행의 비중이 압도적이어서 금융권의 균형적 발전과 겸업화의 본격적 추진을 오히려 저해하게 됨

4대 시중은행 그룹의 경우 자산규모 기준으로 은행이 차지하는 비중이 95% 이상으로 절대적인 위치를 차지하고 있다. 금융그룹에서 은행의 비중이 너무 크기 때문에 금융그룹의 경영전략이 은행 위주로 수립·집행되면서 타 금융권 금융회사의 성장이 상대적으로 지체될 가능성이 커지게 된다. 결국 은행과 비은행권 금융회사의 극단적 불균형이 겸업화를 통한 시너지 창출을 저해하게 된다.

2.2 자본시장통합법은 증권회사, 선물회사, 자산운용사 등 관련 금융기관의 합병을 통해 은행과의 불균형을 완화시키게 됨

(1) 대형 증권회사를 중심으로 관련 금융회사의 합병을 통한 대형화가 추진될 것으로 보임

투자은행으로의 성장가능성이 있는 대형 증권사를 중심으로 관련업종의 금융회사 합병, 또는 은행 그룹 내의 증권산업 관련 회사들의 합병이 우선적으로 진행되게 된다. 대형화를 위해 중소형 증권회사의 인수합병(M&A)이 진행되면서 증권산업의 전반적인 구조조정이 촉진될 가능성도 존재한다.

(2) 금융투자회사의 대형화는 금융권간 불균형을 완화하고 겸업화를 촉진할 수 있는 계기로 작용하게 됨

현재 규모의 단순 합산으로는 불균형 해소가 어렵지만 자본시장의 성장과 금융투자회사의 대형화가 상승작용을 할 경우 은행과 자본시장의 불균형이 크게 완화될 수 있다. 투자권유자제도의 도입은 은행의 점포망에 기반한 영업력 우위를 희석시킬 것으로 보인다.

2.3 자본시장과 금융투자회사의 성장은 은행의 겸업화 전략 추진속도에도 영향을 미치게 됨

(1) 세계적으로 자본시장의 중요성이 크게 증가하고 있어 은행도 증권화 등의 흐름에 적극 부응하지 않으면 장기적 생존과 성장을 보장할 수 없음

미국 상업은행의 경우 1980년대 이후 증권화의 진전에 따른 은행대출 고객의 이탈에 대응하여 업무분야를 자산유동화 서비스 등으로 확대함으로써 수수료 수익기반을 확충하고 글로벌 경쟁력(global competitiveness)을 보유하게 되었음은 주지의 사실이다. 반면 국내은행들은 아직 예대업무에 대한 의존도가 매우 크며 수수료 수입도 예금관련 서비스 수수료나 금융상품 위탁판매 수수료 등에 그치고 있어 업무의 범위가 협소한 실정이다.

(2) 자본시장통합법을 계기로 자본시장의 성장이 본격화될 경우 은행들도 자본시장 관련산업으로 업무범위를 확대할 것으로 보임

자본시장의 성장 흐름에 뒤처질 경우 경쟁에서 도태될 가능성이 크다. 증권, 자산운용, 선물 등 증권관련산업의 장벽이 제거되어 투자은행업이 활성화될 경우 종합금융화를 강화하기 위해서도 증권사가 필요하다. 증권업계의 구조조정 압력과 맞물려 은행들의 증권사 설립 또는 인수 시도가 지속될 것으로 예상된다.

(3) 증권산업 통합으로 증권회사가 대규모화될 경우 금융지주회사 설립이 더욱 활발해지게 됨

은행이 자회사 형태로 증권사를 보유할 경우 출자한도로 인해 본격적 금융그룹화 및 겸업화에 한계은행의 자회사 출자한도는 자기자본의 15%(경영평가등급 2등급 이상 등의 요건을 충족할 경우 30%까지 가능)가 되며 중소규모 은행들의 금융지주회사 설립도 점차 가시화될 것으로 기대된다.

3. 금융기관의 양극화 심화

3.1 자본시장통합법 시행을 계기로 금융투자회사가 설립될 경우 증권업계는 대형 금융투자회사와 군소 증권회사 등으로 양극화됨

(1) 자산운용사, 선물회사 등의 계열사를 가진 대형 증권회사는 합병을 적극적으로 추진하게 됨

투자은행(IB)으로의 성장을 위해서는 추가적인 업무의 개발과 자본확대 등이 필요하므로 적극적인 대형화를 추구할 것으로 보인다.

(2) 투자기반이 취약한 군소 증권회사의 경우 특화(specialization)를 통한 생존전략을 모색하게 됨

수익모델 구축을 통해 독자적인 생존 및 성장기반을 갖추지 못한 군소 증권사, 자산운용사 등은 대형 금융투자회사의 인수합병(M&A) 대상이 되거나 시장에서 퇴출되게 된다.

(3) 일부 대형 증권회사는 대형 금융투자회사로 더욱 대형화되는 반면에 군소 증권회사는 사업기반이 위축되어 양극화가 심화될 가능성이 큼

(4) 증권사는 투자자의 특성에 따른 맞춤형 금융상품(tailored financial products)을 개발하여 상품경쟁력이 제고되고 거래고객에게 투자, 결제, 송금, 수시입출금 등 종합금융서비스 제공이 가능해지면서 이들을 대상으로 한 금융투자상품의 판매증대로 영업기반도 더욱 강화될 것으로 전망됨

3.2 은행권은 자산운용서비스의 유연성이 제고되나 신탁영업은 위축될 것으로 보임

(1) 자본시장통합법이 발효되면 은행권은 자산 운용대상 제한이 폐지되면서 PB(Private Banking) 고객 및 신탁고객을 대상으로 한 자산운용이 다변화될 수 있고 고객니즈(customer needs)에 부합하는 다양한 맞춤형 상품 포트폴리오를 제공할 수 있게 되면서 영업기회를 확대할 수 있을 것으로 전망됨

(2) 증권사에 대한 지급결재 기능 허용으로 저축성예금계좌의 자금이탈과 방카슈랑스 등 교차판매 기회가 감소하고 증권사에 대한 판매권유자 제도도입으로 창구를 통한 펀드판매가 축소되는 등 어려움이 예상됨

3.3 은행업과 증권업의 겸업화 추세는 금융산업 전반의 양극화를 더욱 심화시키게 됨

(1) 은행업과 증권업의 겸업화가 본격화되면 지금보다 훨씬 큰 규모의 대형금융그룹이 탄생할 가능성이 큼

현재의 은행권 금융그룹처럼 증권관련 금융회사가 은행을 보조하는 수준이 아니라 거의 대등한 관계를 가지고 경쟁과 협력관계를 형성하게 된다. 영국의 경우 1986년 금융빅뱅 이후 4대 상업은행인 NatWest, Barclays, Midland, Lloyds 은행은 자회사를 통해 증권업무에 진출함으로써 거대 금융그룹으로 발전하게 되었다.

(2) 비은행 계열 금융회사 또는 군소 증권회사 등은 성공적인 특화전략을 수립하지 못할 경우 생존하기가 어렵게 될 가능성이 큼

4. 기업의 자금조달원 및 위험관리 수단의 다양화

4.1 자본시장을 통한 유상증자, 회사채 발행의 기회가 확대되는 등 기업의 자금조달원이 다양화됨

(1) 국내 금융시스템은 은행중심구조로 발전하여 기업이 외부자금 조달에서 은행대출에 대한 의존도가 높은 편임

특히, 자본시장에 대한 접근능력이 저하되는 중소기업의 경우 수익성(profitability) 악화와 함께 은행대출에 대한 의존도가 더욱 큰 실정이다.

(2) 다양한 특성을 가진 자본조달 수단이 개발되면 기업의 외부자금 조달원천이 다양화되면서 필요한 자금의 조달가능성이 커지게 됨

중소기업의 경우에도 P-CBO 등을 통해 자본시장을 통한 자금조달 기회(financing opportunity)가 확대된다.

4.2 다양한 장외파생상품의 개발이 활성화될 경우 투자수단뿐만 아니라 각종 리스크를 적절히 관리할 수 있는 수단을 제공하게 됨

(1) 다양한 장외파생상품이 개발되면 기업은 경영활동과정에서 직면하는 다양한 리스크에 대한 헤지(hedge)가 가능해짐

기업은 예측하기 어려운 금융변수(unpredictable financial variable)의 변동에 따라 손익이 달라지는 리스크에서 탈피하여 기업 본연의 활동에 집중할 수 있게 된다.

(2) 투자상품이 다양화되면서 보다 효율적인 자금관리가 가능하게 됨

전반적으로 결제서비스를 포함하여 금융투자회사 및 이들과 경쟁하는 은행의 기업금융서비스가 보다 선진화될 것으로 보인다.

5. 금융시장의 불안정성 심화

5.1 자산군 간의 자금이동이 신속하고 대규모로 이루어질 경우 시장의 과열과 급냉이 반복되면서 금융시장의 불안정성(instability of financial market)이 심화될 가능성이 커짐

(1) 투자대상에 제한이 없어지면서 간접투자펀드를 이용한 실물자산 투자가 활성화될 가능성이 있음

부동산을 포함하여 골동품 등 투자가치가 있다고 판단되는 다양한 자산에 대한 투자가 가능하게 된다.

(2) 펀드의 자금이 신속하게 자산군 사이를 이동할 경우 금융시장뿐만 아니라 실물시장의 과열과 급냉이 반복될 가능성이 존재하게 됨

특히, 투자대상에 제한이 없는 혼합펀드가 허용될 것으로 보여 펀드 내에서의 자금배분은 더욱 자유롭기 때문에 금융시장의 불안정성을 심화시키는 요인으로 작용할 가능성을 배제할 수 없다.

5.2 금융그룹의 대형화는 금융기관의 리스크 추구 경향을 강화하여 금융시장 불안정 요인으로 작용할 수 있음

(1) 금융감독기구는 대형 금융기관에 대해 '대마불사(too big to fail)' 정책을 적용하려는 유인을 가지게 됨

대형은행의 파산에 따른 지급결제시스템의 혼란, 신용경색(credit crunch), 금융기관 연쇄도산 등의 시스템 리스크에 따른 부작용이 과도하다고 판단될 경우 은행의 청산을 방지하는 것이 대마불사 정책이다. 감독당국은 특히 대형 금융기관의 경우 부실 발생에 따른 감독책임 회피를 위해 가급적 파산을 방지하려는 유인을 가지게 된다.[3)]

3) 1984년 미국의 은행감독기구인 통화감독청(OCC)은 11개의 대형은행은 파산하기에는 너무 규모가 크다(too big to fail)고 언급하여 사실상 100%의 예금보호를 시사한 바 있다. 이 발표 이후 기관투자자의 대형은행 지분보유가 증가했으며 배당감소 등에 대한 주식시장의 반응도 달라졌다. 1991년 미국 의회는 100% 예금보호를 제한하는 법률(FDICIA : Federal Deposit Insurance Corp. Improvement Act)을 통과시켰으나 도산은행의 규모가 너무 커서 산업 및 경제에 중대한 영향을 미칠 수 있다고 판단되는 경우에는 100% 예금보호가 가능하다는 예외적 규정을 두었다.

(2) 대마불사 정책에 대한 믿음이 강할 경우 금융기관의 도덕적 해이(moral hazard) 현상으로 위험추구성향이 커질 수 있음

은행 경영진에게는 고위험 고수익 투자를 통해 이익과 그에 따른 보상을 증대시키려는 유인이 발생하게 된다. 예금자들이 대마불사 정책의 대상이 되는 대형은행을 선호함에 따라 은행의 건전성과 경영상태에 대한 모니터링 기능이 약화되어 중소형 은행들의 입지가 축소된다.

제 5 절 발전방안

자본시장 발전방안은 다음 4가지 측면에서 모색될 수 있다.

1. 금융기관 성장전략의 차별화

1.1 국내 금융기관들의 경쟁은 그동안 주로 규모경쟁에 치중하였음

(1) 금융권 간의 경쟁이 규제에 의해 제한된 상황에서 각 금융권 내 금융기관의 사업모델에 차별성이 부족하여 경쟁전략은 사업규모의 양적 확대를 통한 시장점유율 제고 및 지배력 강화에 초점을 두었음

증권회사는 대부분의 수익을 위탁매매수수료 수입에 의존하는 상황에서 위탁매매영업규모의 확대에 주력하였다. 은행들도 예대업무에 크게 의존하면서 자산규모의 양적 확대를 추구하였다.

(2) 규모경쟁은 금융서비스의 질적 향상보다는 가격경쟁(price competition)의 과열을 초래하여 금융기관의 수익성(profitability)이 악화됨

온라인 주식거래 비중의 증가와 함께 증권회사의 위탁매매수수료율 인하경쟁으로 수익성이 악화되고 있다. 최근 은행의 주택담보대출 등 가계대출시장에서의 경쟁과열로 인해 2000년 이후 2% 이상을 유지하던 가계대출 신규취급분의 예대마진율이 2% 미만으로 하락한 것으로 나타났다.

1.2 금융환경 변화에 적응하기 위해서는 성장전략의 차별화가 필요함

(1) 모든 금융기관이 종합 금융서비스를 제공하는 대형 금융그룹으로 성장할 수는 없음

국내 경제규모와 금융기관의 국제화 수준 등을 고려할 경우 대형 금융그룹은 2~3개 정도면 충분하다고 할 수 있다.

(2) 대형 금융그룹으로의 성장을 추구하지 않을 경우 대형 금융기관과 동일한 시장에서 가격을 통한 시장점유율 경쟁을 전개하기보다는 틈새시장(niche market)을 개발하는 특화전략을 추진할 필요가 있음

자본시장통합법 시행을 계기로 자본시장이 규모에서뿐만 아니라 상품의 다양성 등 질적인 측면에서도 발전할 경우 중소형 금융기관이 특화할 수 있는 틈새시장의 범위도 증가할 것으로 판단된다.

2. 기업의 자금관리역량 강화

2.1 기업의 자금조달 및 여유자금의 운용, 금융위험관리(financial risk management) 등에 이용할 수 있는 다양하고 복잡한 금융수단이 도입됨

자본시장통합법 제정으로 금융투자회사가 취급할 수 있는 금융투자상품의 범위에 대해 포괄주의 방식이 도입되면 다양한 형태의 장외파생상품의 취급이 가능하게 된다.

기업의 자금조달을 위한 주식 및 회사채 등도 다양한 형태로 발행이 가능하며 위험관리를 위한 파생상품도 금융투자회사가 투자자의 필요에 맞게 다양한 설계가 가능하게 된다.

2.2 기업 재무담당자의 역량 강화

(1) 재무담당자의 금융역량이 기업경쟁력(corporate competitiveness)에도 매우 중요한 요소로 부상하게 됨

다양한 금융기회(financial opportunity)를 효율적으로 활용하는 기업은 자본조달비용 절감, 환율과 금리 등 금융시장 위험의 효과적 회피 등을 통해 수익성과 경쟁력을 제고할 수 있는 기회가 확대되는 반면, 그렇지 못한 기업은 상대적으로 도태될 수밖에 없다.

(2) 기업 재무담당자가 복잡한 금융상품에 대한 정확한 지식을 갖추지 못할 경우 불필요한 손실을 초래할 가능성도 있음

세계적 대기업인 Proctor & Gamble, Metallgesellschaft 등도 투자이익 또는 위험관리를 위해

파생상품에 투자했다가 막대한 손실을 입은 사례가 있다.

3. 금융권 구조조정과 금융감독 강화 추진

금융산업의 구조조정과 리스크관리 강화(intensification of risk management)를 유도한다.

3.1 인수합병(M&A)에 대한 세제지원이나 규제완화(deregulation) 등을 통해 대형 금융투자 회사 또는 대형 금융그룹의 형성과 경쟁력 강화를 유도해야 함

경쟁력이 낮은 금융기관의 합병 또는 시장퇴출 등도 원활히 이루어질 수 있도록 지원할 필요가 있다.

3.2 금융기관의 리스크관리에 대한 감독 강화

금융상품이 다양하고 복잡해짐에 따라 금융기관이 부담하는 리스크도 증가하게 되어 금융기관의 리스크관리에 대한 감독을 강화하고 리스크관리 역량의 강화를 유도해야 한다.

4. 투자자 보호와 경영안정성 제고방안 수립

기업이나 가계 등 투자자보호 장치를 강화해야 한다.

4.1 금융상품이 복잡해짐에 따라 투자자 또는 자금조달자가 금융상품에 내재하고 있는 리스크를 정확하게 인식하지 못할 가능성이 존재하게 됨

P&G 사례나 다이아몬드펀드 사례의 경우 투자자가 투자상품에 내재하고 있는 리스크를 정확하게 평가하지 못한 것이 막대한 손실을 초래한 주요 요인이 되었다.

4.2 금융거래시 금융기관이 거래상대방인 기업이나 개인에게 거래에 수반되는 손실위험을 정확하게 고지할 의무를 강하게 부과시킴

고지의무를 위반했을 경우 손해배상은 물론 영업정지 등의 강력한 사후 조치를 시행해야 한다.

제 10 장

한미 FTA에 따른 금융산업의 변화와 과제

한미 FTA가 타결되면서 금융부문에서도 크고 작은 변화가 나타날 것으로 예상된다. 이번 FTA를 통해 국내 금융부문은 부분적인 개방확대, 제도의 정비, 미국 진출환경 개선 등의 변화가 나타날 것으로 기대된다.[1)]

제 1 절 금융산업의 변화

금융산업의 변화로 다음 5가지 측면을 지적할 수 있다.

1. 추가 개방분야의 범위는 매우 제한적임

한미 FTA를 통해 금융부문에서 추가로 개방되는 분야는 보험중개업 및 일부 보험부수 서비스업 등의 국경간거래이다.

1.1 보험중개업

보험중개업의 경우 비대면 방식을 전제로 국경간거래가 허용된다. 비대면 방식을 유지하게 되면 실질적으로 거래확대를 기대하기 어렵다. 현재에도 허용되고 있는 국제교역 관련 보험, 생명보험, 장기 손해보험 등의 비대면 방식 국경간거래의 경우 그 거래규모는 극히 미미한 실정이다.

1) 금융연구원, 주간금융브리프 16권 16호, 2007. 4. 7~13. 요약・재구성

예를 들면, 생명보험 역외보험료 송금실적은 2005년 34억원으로 국내 생명보험 시장의 0.1% 미만이며 손해보험의 전체 역외보험료 송금실적은 2005년 1,432억원(대부분 수출입 관련)으로 국내 손해보험 시장의 0.6% 수준에 불과하다. 이 중에서도 일부분만이 국경간거래와 관련된 것으로 추정된다.

또한, 현행법에서도 보험중개사는 국내법에 명시된 자격요건을 충족하면 국내에 주재하면서 중개행위를 할 수 있다. 따라서 비대면 방식을 유지하는 한 굳이 국경간거래를 통해 거래를 시도할 가능성은 작다고 할 수 있다.

1.2 일부 보험부수 서비스업

보험부수 서비스업 중 위험평가(risk evaluation)와 컨설팅의 경우에는 현재 명확한 법규정 없이 허용되던 거래를 명시적으로 허용하는 것에 불과하므로 FTA로 인한 거래규모의 실질적 확대를 기대하기는 어려운 실정이다. 이들 분야에서는 이제까지 명확한 관련규정이 없었는 데 FTA를 계기로 등록요건이 신설되므로 오히려 규제가 강화되는 효과도 발생할 수 있다.

보험부수 서비스 중 계리 및 손해사정 서비스의 국경간거래도 사실상 자연인의 국내 방문이 수반되어야 거래확대가 가능하므로 현재에도 허용되고 있는 상업적 주재를 통한 개방과 큰 차이는 없다. 이들 분야에서는 현재 국내법에서 규정된 자격제한과 유사한 기준을 부과하는 조건으로 국경간거래가 허용되므로 큰 변화를 기대하기는 어렵다고 할 수 있다.

2. 일부 법 · 규제의 정비가 예상됨

한미 FTA가 법 · 규제에 미치는 영향을 살펴보면 그동안 제도정비가 미비했던 부분을 중심으로 일부 법령과 규정의 정비가 예상된다.

2.1 제도적 변화

(1) 금융정보

금융정보(financial information)의 해외 위탁처리가 허용된다. 이는 개인정보보호 등을 위한 금융감독을 전제로 2년 유예 후 가능해진다. 이와 관련해서 금융정보처리 해외위탁과 관련한 사전 허용기준 및 사후 감독규정이 마련될 것으로 보인다. 또한, 한미 양국 감독당국간 정보교환을 위한 근거가 마련되면서 당국간 협조가 강화될 것으로 보인다.

(2) 우체국보험

우체국보험에 대한 감독이 강화됨으로써 우체국보험에 부여된 특혜가 축소된다. 이에 따라 금감위와 정보통신부와의 협의를 강화하기 위한 절차가 마련될 것으로 보인다.

(3) 일부 법규 정비

일부 분야에서의 국경간거래 확대에 따라 국경간거래 공급자의 등록요구 근거를 마련하기 위해 법규 정비가 있게 된다. 이를 통해 건전성 감독이 가능해질 것으로 보인다.

(4) 신금융상품

신금융상품은 국내법에 저촉되지 않는 범위 내에서 허용되고 신상품 승인 요건이나 기간 등의 측면에서 투명성이 요구되고 있다. 이는 국내 규제 관행의 투명성(transparency)을 제고시키는 데 촉매가 될 수 있다. 또한, 임시 세이프가드(safeguard)의 관철은 국내 금융시장의 안정성과 관련한 우려를 해소하는 데 기여하게 된다.

2.2 효과

상기한 제도적 변화들은 전반적으로 금융규제(financial regulation)가 글로벌 스탠더드(global standard)에 가까워지고 투명해지는 데 기여하게 될 것으로 보인다. 규제가 투명해지면 시장원리(market principle)의 작동이 더욱 원활해지면서 중장기적으로는 금융회사들 간의 경쟁이 심화될 것이며 미국 금융회사들의 국내 진출도 더욱 활성화될 것으로 예상된다.

3. 국내 금융회사들의 미국 진출 확대 가능성

한미 FTA로 인한 국내 금융회사들의 미국 진출 확대 가능성에 대해서는 많이 논의되지 않았다. 이는 국내 금융부문이 미국에 비해 경쟁력이 약하므로 수세적 입장에서 상황을 예의주시할 수밖에 없었기 때문이다. 또한, 미국 주법에 규정된 미국 주재 외국 금융회사들에 대한 규제와 관련해서는 연방제라는 미국 정치제도의 특성상 FTA를 통해 이를 우리에게 유리한 방향으로 유도하는 데는 현실적 제약요소도 존재하고 있다.

4. 신뢰 증진을 통해 미국 진출에 유리한 환경 조성

미국의 외국 금융회사들에 대한 규제는 명시적 법규뿐만 아니라 감독당국과 금융회사 간의 신뢰(credibility), 그리고 그 밖에 외국 금융회사 본국 금융제도의 적절성 등의 부수적 정보에도 많이 의존한다. 미국 감독당국은 외국 금융회사들을 모국(home country)에 따라 상이하게 분류하고 이에 근거해서 감독의 강도를 조절하고 있다. 미국 연방준비제도이사회(FRB : Federal Reserve Board)의 경우에도 주요 28개국을 적절한 금융감독이 이루어지는 국가들로 분류한 후 이 사실을 감독에 반영하고 있다. 한국은 28개국에 이미 포함되어 있지만 한미 FTA로 인해 금융규제(financial regulation)가 투명해지면 명문화되지 않는 신뢰의 수준이 제고됨으로써 국내 금융회사들의 미국 영업에 보다 유리한 환경이 조성될 수 있다.

5. 미국 진출 애로 해결을 위한 정부간 협의채널 구축

한미 FTA 금융협상에서 미국에 진출한 국내 금융회사들의 영업관련 애로사항 해결을 위해 양국 정부 간에 정기적 협의채널을 확보하였다. 이번 FTA 금융협상에서도 국내 금융회사들의 애로사항 중 3가지가 해결의 실마리를 찾았다고 볼 수 있다.

5.1 은행업

은행업의 경우 뉴욕주에 진출한 국내은행들에 대한 자산유지의무비율이 폐지되는 것으로 결정되었다. 이는 국내은행들이 미국에서 영업하는 데 수반되는 자산관리비용을 절감시킬 뿐만 아니라 미국시장에서 국내은행들의 위험도에 대한 인식을 개선시키는 효과를 발생시키게 된다.

5.2 보험업

보험업의 경우에도 미국 측은 재보험 담보요건을 완화하는 법 개정을 2007년 중에 추진하기로 하였다.

5.3 증권업

증권업과 관련해서는 미국 현지법인 직원 자격요건을 완화하고 자격을 상호 인정하는 방안을 협의하였다.

이 밖에도 더 많은 애로사항들이 양국 정부 간에 정기적으로 논의되게 된다. 한미 FTA를 통해 설치되는 금융서비스위원회와 보험 실무작업반 회의는 미국 측의 약속을 모니터링하고 새로운 애로를 해결하는 데 매우 유용한 채널이 될 수 있다. 문제는 이러한 채널을 금융회사들이 얼마나 잘 활용하느냐에 있다. 협의채널의 유용성(usefulness)은 궁극적으로 금융회사들의 활용 정도에 달려 있다고 할 수 있다.

제2절 과 제

금융산업의 과제로 다음 2가지 측면을 지적할 수 있다.

1. 제도 선진화에 적합한 인력의 전문화

한미 FTA로 인한 개방분야 확대의 직접적인 충격은 작을지라도 규제 · 감독의 투명화와 경쟁심화가 예상된다는 점, 그리고 국내 금융회사의 미국 진출 용이성을 제고시킬 수 있는 통로가 확보되었다는 점 등이 긍정적인 측면으로 볼 수 있다.

금융산업이 발전하기 위해서는 2가지, 즉 제도와 인력 모두 뒷받침되어야 한다. 전문인력의 확보는 국내 금융부문의 변화에 대한 수용능력(absorptive capacity)을 결정하는 중요한 요소이면서 동시에 국내에서 상대적으로 부족한 부분으로 평가된다. 따라서 FTA로 제도의 선진화가 촉진될 것이 기대되는 지금 국내 금융산업에서는 인력의 전문화가 가장 절실히 요구되는 사항으로 간주할 수 있다.

2. 미국시장 진출을 통한 전문인력 양성

금융전문인력 양성의 가시적 성과를 위해서는 시장에서의 경쟁을 통한 훈련이 수반되어야 한다. 한미 FTA로 미국 진출 여건이 개선될 것으로 기대되는 만큼 더욱 많은 금융인력을 미국시장에 진출시켜 이들로 하여금 전문역량을 습득하도록 해야 한다. 국내 금융회사의 미국 현지법인이나 지점도 단순히 재미교포를 상대로 하는 틈새시장(niche market)에 안주하거나 연락사무소 역할을 하는 데 만족해서는 안 된다. 궁극적으로 전문인력 양성의 장을 제공하고 장기적으로는 미국시장에서 점유율을 확대해야 한다.

제 11 장

국내은행의 프라이빗뱅킹(PB) 현황과 과제

우리의 경우 1970년대 이후 본격적으로 지속적인 경제성장을 이룩하는 과정에서 부유층과 전문 고액연봉자가 크게 증가하는 등 프라이빗배킹(PB : Private Banking) 영업여건이 점차 성숙되고 있다. 또한, 외환위기(foreign exchange crisis) 이후 위험관리(risk management)의 중요성과 금리민감도에 대한 투자자들의 인식이 제고된 가운데 금융겸업화의 진전, 해외금융자산에 대한 투자허용 등으로 투자대상 금융상품이 대규모로 증가하여 자산운용과 관련한 투자상담 수요가 크게 증가하고 있다.

한편, 은행 입장에서는 금리자유화(liberalization of interest rate)의 이전 예대마진(예금금리와 대출금리의 차이)에 의존하던 수익구조(profit structure)에서 탈피하여 다양한 수익원을 개발할 필요성이 증대되고 있다. 이와 함께 금융지주회사의 출현, 정보통신산업 발달 등으로 다양한 고객의 니즈(customer needs)를 원스톱(one stop)방식으로 충족시켜 줄 수 있는 여건이 구비되고 있다.

이러한 금융환경의 변화에 따라 외환위기 이후 국내에서도 은행을 중심으로 프라이빗뱅킹 산업이 본격적으로 확대되고 있으며 증권 · 보험 등 일부 제2금융권도 우수고객의 이탈방지 차원에서 유사한 금융서비스를 제공하고 있다.[1)]

국내은행의 프라이빗뱅킹 영업상황을 살펴보고 향후 동 분야에 있어 국내은행의 경쟁력 확보를 위한 과제를 모색해 보고자 한다.

1) 특히, 최근에는 씨티은행의 한미은행 인수(2004년 5월)를 계기로 국내은행들이 향후 국내 프라이빗뱅킹 시장의 경쟁이 심화될 것을 예상하여 경쟁적으로 프라이빗뱅킹 조직 및 인력을 크게 확충하고 있다(한국은행, 한은정보, 2004. 11. pp. 12~25 요약 · 재구성).

제 1 절 프라이빗뱅킹 개황

1. 프라이빗뱅킹의 개요

프라이빗뱅킹은 일반적으로 금융자산 100만 달러(약 9억 2,000만원) 이상인 부유층 고객을 대상으로 투자자문을 비롯한 법률 · 세무컨설팅 등 종합적인 자산관리서비스(asset management service)를 제공하는 금융업을 의미한다. 국가별로 금융환경과 프라이빗뱅킹 역사 등의 차이로 운영형태와 제공 서비스가 상이하다고 할 수 있다(크게 유럽형, 미국형 및 아시아형으로 구분할 수 있음).

1.1 프라이빗뱅킹의 의의

프라이빗뱅킹은 일반적으로 '일정금액 이상의 거액 자산을 보유하는 부유층 고객(HNW : High Net Worth)'을 대상으로 주식 · 채권 · 부동산 · 신탁 등 금융상품 투자상담, 사업승계 · 자산상속 등에 관한 법률 및 세무컨설팅으로부터 이와 관련해서 수반되는 여러 절차의 대행까지를 패키지로 제공하는 자산관리종합서비스를 의미한다. 은행경영 측면에서는 이익기여도가 높은 거액자산보유자 또는 고소득층을 대상으로 일반 고객과 차별화(customization)된 금융서비스 제공을 통하여 이들의 금융니즈(financial needs)를 충족시킴으로써 은행의 수익성(profitability)을 제고하는 영업활동으로 인식할 수 있다.[2)]

프라이빗뱅킹은 일반적으로 은행의 종합금융서비스를 지칭한다. 이와 유사한 개념으로 증권회사는 랩어카운트(Wrap Account)를 중심으로 한 '종합자산관리서비스', 보험회사는 '재무설계서비스(Financial Planning)'라는 용어를 각각 사용하고 있다.

1.2 프라이빗뱅킹 대상고객

일반적으로 부동산 등 실물자산을 제외한 금융자산(financial assets, 투자가능자산)을 100만 달러 이상 보유하고 있는 부유층을 대상고객으로 선정한다.[3)]

2) 프라이빗뱅킹은 은행의 수익에 중요한 영향을 미치는 상위 20%의 고객에 은행의 각종 자원을 집중 투자함으로써 수익극대화(profit maximization)를 이룰 수 있다는 소위 파레토법칙(80 대 20의 법칙)에서 출발하고 있다.

3) 일반적으로 금융자산이 10~100만 달러인 경우 대중부유층(Mass Affluent), 100~1,000만 달러인 경우 부

미국 등 주요국의 금융기관들도 예금잔액 또는 투자금액 기준으로 100만 달러(또는 1억엔) 이상 보유자를 PB대상 고객으로 선정하고 있으나 최근 일부 미국은행의 경우 고객 기반 확대를 위해 동 기준을 50만 달러 이상으로 하향 조정하는 경우도 존재한다.

〈표 11-1〉 외국 주요 금융기관의 프라이빗뱅킹 고객선정기준

금융기관	선 정 기 준
Citibank	· 뉴욕의 경우 예금잔액 100만 달러 이상 (지역별로 차이)
JP Morgan Chase	· 투자금액 300만 달러 이상, 총자산 500만 달러 이상
Bank of America	· 투자금액 100만 달러, 순자산 200만 달러, 연소득 25만 달러 이상
FleetBoston Financial	· 투자금액 100만 달러 이상
Sumitomo	· 투자금액 1억엔 이상
Tokai	· 투자금액 1억엔 이상 또는 연수입 5,000만엔 이상

금융기관은 자산보유규모와 위험에 대한 태도 등을 기준으로 고객집단을 세분화하여 각 고객 그룹별로 전담직원(Private Banker)을 지정하고 있으며 고객과의 장기적인 관계(long-term relationship)를 기초로 고객의 금융자문가(Financial Coach) 및 개인상담사(Personal Advisor)로서 역할을 수행토록 하는 1 : 1 맞춤형 서비스(tailored service)를 제공하고 있다.

1.3 프라이빗뱅킹의 유형

프라이빗뱅킹은 국별 프라이빗뱅킹 역사, 금융시스템 및 시장상황 등에 따라 그 운영형태와 제공서비스의 종류가 다양하게 존재하고 있으나 일반적으로 3가지 유형(① 초거액 자산가를 대상으로 여러 세대에 걸쳐 자산의 보전 및 관리서비스를 제공하는 '유럽형', ② 신흥자산가 및 고소득층을 대상으로 투자자문 등의 서비스를 제공하는 '미국형', ③ 예치고객에게 각종 우대서비스를 제공하는 '아시아형')으로 분류할 수 있다.

최근에는 투자성향이 강한 신흥부유층(New Money)의 급증으로 유럽형에서 미국형으로 중심축이 전환되는 추세를 보이고 있다.

① 유럽형(자산관리형)

스위스 등 유럽에서 발전된 형태로 주로 보수적인 초거액 자산가를 대상으로 해당 고객의 자산에 대한 리스크 관리(risk management)를 통해 자산을 안정적으로 유지 · 관리하며 개인의 비

유층(High Net Worth), 1,000만 달러 이상인 경우 초부유층(Ultra High Net Worth)으로 구분하여 주로 부유층 이상을 PB대상 고객으로 선정하고 있다.

밀보장에 중점을 두고 있다.

② 미국형(자산운용형)

최근 미국을 중심으로 발전된 형태로 신흥부유층 및 수익성에 민감한 기성부유층을 대상으로 어느 정도 리스크를 감수하면서 자산을 적극적으로 운용하여 고수익을 획득하는 데 중점을 두고 있다.

③ 아시아형(부가서비스형)

프라이빗뱅킹의 초보단계(Personal Banking 또는 VIP Banking)로 거액 예치고객에게 일반고객과 차별화된 특별금리 적용, 신용대출 한도 차등 적용, 각종 거래수수료 할인 또는 면제, 각종 자문 및 문화행사 초대 등의 우대서비스를 제공하는 형태를 보이고 있다.[4)]

2. 세계 프라이빗뱅킹 시장 동향

2.1 시장규모

미국계 세계적인 투자은행인 메릴린치(Merrill Lynch)는 'World Wealth Report 2004'를 통해 전세계적으로 금융자산 100만 달러 이상 보유 부유층(HNW) 및 이들의 보유하고 있는 금융자산 규모(2003년말 기준)가 각각 770만명과 28조 8,000만 달러에 이르는 것으로 추정하였다. 지역별로 유럽과 북미지역이 전세계 부유층 및 금융자산의 2/3를 차지하고 있으며, 아시아 · 태평양 지역의 점유비중은 1/5을 약간 상회하고 있다.

〈표 11-2〉 지역별 부유층 및 금융자산 현황[1)](2003년말 기준)

(단위 : 백만명, %, 조 달러)

	유럽	북미	아시아 · 태평양	중남미	중동 등	계
인원 (비중)	2.6 (33.8)	2.5 (32.5)	2.0 (25.9)	0.3 (3.9)	0.3 (3.9)	7.7 (100.0)
[증가율][2)]	2.4	13.5	8.4)	1.3	6.5	7.5
금융자산 (비중)	8.7 (30.2)	8.5 (29.5)	6.5 (22.6)	3.7 (12.8)	1.4 (4.9)	28.8 (100.0)

주: 1) 금융자산 100만 달러 이상 보유하고 있는 부유층 기준
2) 2002년말 대비 지역별 부유층 증가율
자료: Merrill Lynch/Cap Gemini Ernst & Young, World Wealth Report 2004

4) 본장에서 아시아형은 유럽 · 미국형의 본격적인 프라이빗뱅킹에 대응되는 개념으로서 VIP뱅킹이라는 용어로 많이 사용하고 있다.

한편, Merrill Lynch는 향후 부유층의 금융자산이 매년 약 7% 정도의 성장세를 지속하여 2008년 말에는 약 40조 7,000만 달러에 이르는 등 프라이빗뱅킹 시장규모가 지속적으로 확대될 것으로 전망하였다. 특히, 북미(10.7%)와 아시아·태평양지역(7.4%)의 부유층 금융자산 증가율이 상대적으로 높을 것으로 전망하였다.

2.2 주요 금융기관

유럽계 및 미국계 금융기관이 프라이빗뱅킹 분야에 있어 세계 상위 10대 금융기관을 양분하고 있는 가운데 스위스의 UBS은행이 수년간 1위를 고수하고 있다.[5)]

상위 10대 프라이빗뱅킹 금융기관이 관리하는 PB자산규모(2003년말 기준)는 약 3조 4,000억 달러(전세계 부유층 금융자산 28조 8,000억 달러의 11.8%)에 불과한 데 향후 이들 금융기관의 PB분야 영업확대를 위한 노력이 더욱 강화될 것으로 보인다.

〈표 11-3〉 세계 주요 금융기관의 프라이빗뱅킹 관리자산 현황(2003년말 기준)

(단위 : 10억 달러)

순위	금융기관명	자산규모	순위	금융기관명	자산규모
1	UBS	1,031	6	Citigroup	145
2	Merrill Lynch	935	7	JP Morgan Chase	138
3	Credit Suisse	394	8	Dresdner Bank	134
4	Deutsche Bank	183	9	Morgan Stanley	130
5	HSBC	169	10	ABN AMRO	115

자료: Scorpio Partnership(컨설팅사) 발표자료, 2004. 5.

2.3 제공서비스 내용

주요 선진 금융기관이 제공하는 프라이빗뱅킹 서비스는 1970년대 전통적인 자산관리유형에서 1980~1990년대 종합금융서비스인 웰스매니지먼트(wealth management)를 거쳐 2000년대 이후에는 고객의 전생애를 관리하는 'Total Life Care' 개념으로 전환되면서 서비스 제공내용이 크게 확대되고 있다.

5) 상위 10대 금융기관 중 유럽계 및 미국계 금융기관의 비중은 6 : 4를 보이고 있다.

〈표 11-4〉 프라이빗뱅킹 제공서비스 확대 추이(2003년말 기준)

(단위: 10억 달러)

<table>
<tr><th>1970년대</th><th>1980년대</th><th>1990년대</th><th>2000년 이후</th></tr>
<tr><td>자산운용
세무상담
상속대책
유언 · 신탁</td><td>(좌 동)</td><td rowspan="2">(좌 동)</td><td rowspan="3">금융서비스 이외에 고객의 모든 문제를 해결하는 'Total Life Care'서비스

「금융종합서비스」
(은행, 증권, 보험, 세무, 부동산 등)
+
「Life Needs Tailored Service」
(건강, 여가, 취미 등)</td></tr>
<tr><td></td><td>자금융자
결제서비스
파생상품투자</td></tr>
<tr><td></td><td></td><td>헤지펀드 투자
패밀리오피스[1] 제공
글로벌시장 서비스</td></tr>
</table>

주: 1) 한 명의 개인고객이 아닌 부유층 가족전체를 대상으로 금융자산을 포함한 부동산 등 모든 자산을 관리해 주며 사업승계 및 상속 등 가족과 관련된 종합 서비스를 제공함

3. 국내 프라이빗뱅킹 시장 동향

3.1 도입 및 성장 배경

1990년대 초 씨티은행이 국내에 자산관리서비스(AMS : Asset Management Service)를 최초로 도입한 이후 은행권을 중심으로 거액예금 보유고객을 대상으로 VIP뱅킹 수준의 금융서비스를 제공하다가 최근 시중은행을 중심으로 본격적인 프라이빗뱅킹 업무를 취급하고 있다. 우리의 경우 그동안 대부분의 부유층이 부동산가격 상승을 통해 부(wealth)를 축적하게 되어 금융자산관리의 필요성이 크지 않았던 데다 은행들도 고객에게 종합금융서비스를 제공할 수 있는 전문지식이 부족하여 미국, 영국 등 금융선진국에 비해 프라이빗뱅킹 분야의 발달이 늦어졌다고 볼 수 있다.

한편, 외환위기 이후 규제완화(deregulation) 등에 따른 경쟁심화로 은행들은 예대마진에 의존하던 기존의 단순한 수익구조에서 탈피하여 수익원 다변화를 모색하기 시작하였으며 이의 일환으로 프라이빗뱅킹에 대한 관심이 고조되고 있다. 프라이빗뱅킹은 상대적으로 높은 수수료[6]와 거액금융자산의 장기거래라는 특성으로 인해 안정적인 수익원 확보가 가능할 뿐만 아니라 운영상 이익 및 손실이 모두 고객에게 귀속되어 리스크관리도 용이하다고 할 수 있다.

6) 보스턴컨설팅그룹(BCG)에 의하면 외국의 주요 PB 사업자의 경우 PB관련 총수입 중 기본수수료 및 성과수수료(일정 목표율 이상의 수익 창출시 초과수익의 10~20% 징수) 등 수수료 수입이 65%, 이자 및 기타 수입이 35%를 각각 점유하는 것으로 나타났다.

3.2 시장동향 및 전망

5억원 초과7) 거액 저축성예금(기업자유예금 제외)의 계좌수 및 금액(2003년말 기준)은 54,000계좌, 124조원으로 2000년말에 비해 각각 38.5% 및 38.4% 증가하여 전체 예금증가율(각각 16.0%, 30.9%)을 상회하고 있다.

향후 잠재 PB고객이라 할 수 있는 1억원 초과 계좌의 경우도 동 기간 중 계좌수와 금액이 각각 10만계좌(35.2%) 및 52조원(39.4%) 증가하여 전체 시장증가세를 상회하는 것으로 나타났다.

〈표 11-5〉 국내 저축성예금1)의 규모별 현황2)

(단위 : 천계좌, 10억원, %)

		2000말		2001말		2002말		2003말		증가율(2000말 대비)
5,000만원이하	계좌수	127,051	(99.5)	136,449	(99.4)	144,357	(99.4)	147,184	(99.4)	15.8
	금 액	169,082	(52.2)	187,413	(52.1)	205,949	(51.1)	205,128	(48.4)	21.3
5,000만원 초과 1억원이하	계좌수	345	(0.3)	419	(0.3)	481	(0.3)	526	(0.3)	52.5
	금 액	23,184	(7.1)	26,629	(7.4)	33,188	(8.2)	35,290	(8.3)	52.2
1억원초과	계좌수	284	(0.2)	341	(0.3)	346	(0.2)	384	(0.3)	35.2
	금 액	131,548	(40.6)	145,684	(40.5)	163,776	(40.6)	183,391	(43.3)	39.4
5억원초과	계좌수	39	(0.0)	45	(0.0)	49	(0.0)	54	(0.0)	38.5
	금 액	89,251	(27.6)	97,931	(27.2)	108,512	(26.9)	123,567	(29.2)	38.4
합계	계좌수	127,680	(100.0)	137,209	(100.0)	145,184	(100.0)	148,094	(100.0)	16.0
	금 액	323,814	(100.0)	359,756	(100.0)	402,914	(100.0)	423,808	(100.0)	30.9

주: 1) 기업자유예금을 제외한 저축성 예금
2) 외국은행 국내지점 포함, 산업 · 수출입은행 제외, ( )안은 비중
자료: 한국은행 금융통계팀

외국 금융기관 및 전문컨설팅사도 국내 PB시장의 성장세와 향후 전망에 대해 매우 긍정적으로 분석하고 있다.

① 메릴린치

Merrill Lynch는 국내 부유층(금융자산 100만 달러 이상)의 수(2003년말 기준)가 약 65,000명에 이른 것으로 추정하면서 부유층이 매년 10% 이상씩 증가하고 있는 것으로 분석하였다(2001년말 50,000명, 2002년말 55,000명).

7) 일반적으로 PB대상 고객은 금융자산 10억원 이상 보유자이나 현재 통계편제상 계좌당 5억원이 최고 분류 금액이다.

② 보스턴 컨설팅 그룹

BCG(Boston Consulting Group)는 2005년에 국내 100만 달러 이상 부유층의 금융자산이 290 조원대에 이를 것으로 전망하고 있다.

〈표 11-6〉 2003년 중 국가별 부유층(HNW) 증가율 및 인원 현황[1)]

(단위 : %, 천명)

	홍콩	인도	스페인	한국	미국	체코	중국	호주	캐나다
증가율 (인원)	30 (45)	22 (61)	18 (129)	18 (65)	14 (2,272)	12 (11)	12 (236)	11 (117)	11 (200)

주: 1) 인원은 2003년말 기준
자료: Merrill Lynch/Cap Gemini Ernst & Young, World Wealth Report 2004

제 2 절 국내은행의 프라이빗뱅킹 현황

1. 개황

1.1 영업현황

한미 · 외환은행이 국내은행으로서는 최초로 1992년에 VIP뱅킹[8)]을 도입하였으며 본격적인 프라이빗뱅킹은 하나은행(합병전 보람은행)이 1995년에 최초로 도입한 이래 대부분 시중은행이 2000년 이후 취급을 개시하였다.

2004년 9월말 기준 소매금융을 취급하고 있는 국내 18개 은행(총 19개 은행 중 수출입은행 제외)이 모두 본격적인 프라이빗뱅킹이나 VIP뱅킹을 수행하고 있다. 하나은행 등 8개 시중은행은 모두 본격적인 프라이빗뱅킹(한미 · 하나은행을 제외한 6개 은행은 VIP뱅킹도 병행)을 수행 중에 있으며, 지방 및 특수은행은 우수고객 확보차원에서 우대서비스를 제공하는 VIP뱅킹 수준에 머무르고 있다. 대부분 은행들이 대외적으로 Private Banking을 수행한다고 표방하고 있으나 실제는 VIP뱅킹인 경우가 많다고 할 수 있다.

---

8) 본장에서는 본격적인 프라이빗뱅킹과 VIP뱅킹 구분을 다음과 같은 기준에서 하였다. ① 본 · 지점에 PB전담조직 및 인원을 확보하고, ② 자산관리를 포함한 자문 등의 서비스를 제공하면서, ③ 제휴기관의 위탁상품 판매수수료 등 별도의 수익구조를 가지고 있는 경우에는 본격적인 PB로, 이외에는 VIP뱅킹으로 분류하였다.

〈표 11-7〉 국내은행의 프라이빗뱅킹(PB) 도입시기

(단위 : %, 천명)

도입시기	1992	1995	1996	1998	1999	2000	2001	2002	2003	2004
Private Banking		하나			우리		외환	조흥, 신한 국민, 한미		제일
VIP뱅킹	한미[1] 외환		대구	신한, 산업, 전북, 농협, 수협	우리 광주	제일 기업	조흥 부산	국민, 경남	제주	

주: 1) 2002년 본격적인 PB영업으로 전환하면서 VIP뱅킹은 중단

1.2 수신규모

7개 시중은행(2004년 PB영업을 시작한 제일은행 제외)의 본격적인 프라이빗뱅킹 수신액(2003년말 기준)은 48조 5,000억원으로 이들 은행 총가계수신(은행과 신탁계정 수신 합계액에 수익증권 판매액을 합한 기준)의 17.4%를 차지하고 있다.

한편, 2003년말 기준 VIP뱅킹 수신규모(본격적인 PB영업만 영위하는 하나 및 한미은행을 제외한 16개 은행 기준)는 141조원으로 전체 가계수신의 42.3%를 차지함으로써 아직까지 국내은행들의 부유층에 대한 영업의 본격적인 PB보다는 VIP뱅킹 위주로 이루어지고 있음을 반영하고 있다. 은행그룹별로는 시중은행의 비중(47.1%)이 비교적 높은 반면에 지방은행(15.0%)은 크게 낮은 수준을 보이고 있다.

2. 대상고객 및 수익원

2.1 고객선정 기준

본격적인 프라이빗뱅킹을 수행 중인 대부분 은행들은 대상고객을 수신금액이 10억원 이상인 경우로 가이드라인을 설정하는 추세를 보이고 있다.[9] 그러나 금액기준에 다소 미달하더라도 영업점장 등이 추천하는 고소득 전문직 종사자 등 잠재 고소득층의 경우에는 대상고객으로 관리하고 있다. 일부 은행의 경우 프라이빗뱅킹 대상고객을 일정 금액을 기준으로 재분류하여 각 그룹별로 취급점포 및 금융서비스 제공내용을 차등하여 운영하고 있다. 예를 들면, 외환은행의 경우 수신금액 10억원 이상인 고객에 대해서는 PB전용센터에서, 여타 PB고객에 대해서는 PB영업

9) 은행들은 금융자산이 10억원 이상은 되어야 수익성이 있는 프라이빗뱅킹 영업이 가능하다고 보고 있으나 일부 은행의 경우 신규고객 확보를 위해 이보다 낮은 기준 금액을 설정하고 있다.

점에서 각각 다른 종류의 금융서비스를 제공하고 있다.

〈표 11-8〉 프라이빗뱅킹 대상고객 선정기준

수신금액 기준	해당 은행
10억원 이상	조흥 · 제일 · 신한 · 외환(PB전용센터)[1], 하나(Wealth Management)
5억원 이상	조흥(영업점장 추천고객), 하나(Gold Club)
3억원 이상	국민(Gold & Wise)
1억원 이상	한미, 우리, 하나, 외환(PB영업점)[2], 국민(가족 고객을 포함한 신규수신)

주: 1) 일반고객이 아닌 프라이빗뱅킹 고객만을 대상으로 영업하는 전용점포
2) 일반고객과 프라이빗뱅킹 고객을 함께 취급하는 영업점으로 통상 점포 내 PB고객을 위한 별도 코너(room 또는 desk 등) 설치

VIP뱅킹의 경우에는 PB보다 낮은 0.3~1억원 이상의 수신평잔을 보유한 고객 또는 은행에 대한 수익기여도 및 거래규모 등을 점수화10)하여 일정 점수 이상인 고객을 대상으로 운영하고 있다.

2.2 제공서비스 및 수익원

본격적인 프라이빗뱅킹 영업은행들은 초보적인 수준을 보이고 있으나 투자안내 등 자산관리 서비스와 함께 각종 비(非)금융서비스를 제공하고 있다.

고객의 자산 보유규모 및 리스크에 대한 태도 등을 감안하여 적절한 포트폴리오(portfolio) 구축과 함께 자행 수신상품을 비롯한 각종 투자상품을 권유 · 판매하고 있으며 이와 함께 다양한 종류의 비금융서비스 제공을 통해 고객의 니즈를 충족시키고 있다.11)

PB관련 수입은 수수료 위주의 수익구조를 갖고 있는 외국의 선진 PB사업자와는 달리 거액 자금 유치에 따른 예대마진(총수입의 80%)에 주로 의존하고 있는 실정이다.12) 이는 우리의 경우 은행에 대해 투자자문업을 허용하지 않고 있어 자산관리서비스 제공에 따른 수수료 수입이 불가능한 데 주로 기인하는 것으로 평가할 수 있다.

한편, 국민 및 신한은행의 경우 PB고객에 대해 수익증권 및 방카슈랑스(bancassurance) 등

10) 대출 및 수신 규모, 카드이용실적, 거래기간, 급여이체 및 계좌간 자동이체 여부, 자동화기기 및 전자금융 이용실적, 외국환 환전실적 등을 기준으로 평점을 산정하고 있다.

11) 비금융서비스란 일반적으로 각종 수수료의 할인 또는 면제, 세무 · 법률상담, 유언신탁 및 관리, 부동산 관리 대행 등의 서비스와 함께 타 업체와의 제휴를 통한 의료, 자녀유학상담, 건강관리, 여가활동 등 문화 및 생활 전반에 걸친 다양한 서비스를 의미한다.

12) 총 수입 중 나머지 20%는 국내 수익증권, MMF, 방카슈랑스, 해외 수익증권 등 제휴기관인 위탁상품 판매에 따른 수수료로 구성되어 있다.

위탁기관 금융상품의 판매에 주력함으로써 수수료 수입 비중이 30%를 상회하고 있다. VIP뱅킹의 경우 자산관리서비스보다는 각종 수수료 할인 · 면제 및 우대금리 적용 등 단순한 우대서비스를 제공하는 데 중점을 두고 있어 수입원도 거액예금 유치를 통한 예대마진에 절대적으로 의존하고 있다. VIP뱅킹만을 수행하는 지방은행 및 특수은행의 경우 동 고객을 대상으로 한 위탁상품 판매실적은 거의 없는 실정이다.

3. 영업조직

본격적인 PB업무를 수행하는 은행들은 대부분 본점 내 관련 독립전담조직(PB사업부 또는 사업팀)을 두고 실제 PB영업을 수행하는 PB전용센터와 PB영업점을 설치하고 있다.[13] 2004년 9월말 기준 우리은행을 제외한 각 은행이 2~4개의 PB전용센터를 운영하고 있으나 국민 · 하나은행은 각각 12개와 14개를 설치하고 있다. 이외에도 시중은행들은 조만간 여의도 등 부유층 밀집지역에 20~30개 내외의 PB전용센터를 추가로 설치할 예정으로 하고 있다.

〈표 11-9〉 은행별 PB전용센터 설치현황(2004년 9월말 기준)

(단위 : 개)

조흥	우리	제일	외환	국민	신한	한미	하나	계
2	0	2	4	12	3	3	14	40

한편, PB영업점과 VIP뱅킹 영업점은 일반 점포 내에 PB코너나 VIP뱅킹코너를 설치한 영업점으로서 각 코너에서 관련 금융서비스를 제공하고 있다.

13) PB전용센터는 PB영업만을 수행하는 점포로서 통상 부유층 밀집지역에 설치되어 5~10억원 이상 거액고객만 관리하고 있다(프라이빗뱅커 1인당 평균 50명 내외의 고객담당).

제3절 타 금융기관의 프라이빗뱅킹 현황

1. 외국은행 국내지점

1.1 개황

외국은행 국내지점 중 씨티은행(Citibank)은 1991년부터 국내 최초로 본격적인 PB업무인 씨티골드를 도입·운영하고 있으며 이외에 2003년 1월에는 PB센터를 추가로 설치하여 금융자산 10억원 이상인 고객을 대상으로 PB업무를 수행하고 있다.14)

〈표 11-10〉 씨티은행의 씨티골드 및 PB센터 비교

구 분	씨티골드	PB센터
서비스	자산관리서비스 (Wealth Management)	종합재무관리서비스(Total Balance Sheet Management), 자산+부채+리스크 관리
고객기준	금융자산 1억원	금융자산 10억원, 순자산 50억원
영업주체	씨티은행 국내 15개 지점 (10개 서울 및 분당, 5개 광역시)	씨티은행 서울지점(씨티그룹 프라이빗뱅크 아시아본부 관할)

씨티은행 이외에도 홍콩상하이은행(HSBC)이 국내에서 프라이빗뱅킹 영업을 하고 있으며, 스탠더드차타드은행(SCB)도 2004년 5월 강남지점에 PB센터를 개설하면서 프라이빗뱅킹 시장에 진출하였다.15)

1.2 씨티은행 영업현황

씨티은행이 우리의 가계수신부문에서 차지하는 비중은 1%에 불과하나 부유층을 대상으로 하는 프라이빗뱅킹 시장에서의 점유율은 7~8% 수준에 이르고 있다. 이 같이 씨티은행이 국내

14) 씨티은행과는 별도 법인인 Citigroup Private Bank(아시아본부)가 씨티은행 서울지점 내에 PB센터를 설치하여 씨티은행 명의로 PB서비스를 제공하고 있다('씨티골드'는 씨티은행이 자체적으로 국내 15개 점포를 통해 제공하는 PB서비스임).

15) HSBC는 2003년 9월부터 금융자산 3억원 이상인 고객을 대상으로 종합적인 금융서비스를 제공하고 있는데 HSBC는 자행이 제공하는 금융서비스를 본격적인 프라이빗뱅킹(PB)과 VIP뱅킹의 중간수준으로 보고 동 서비스의 명칭을 '프라이빗뱅킹(PB)' 대신 'Financial Planning'으로 하였다. 스탠더드차타드은행도 2004년 5월 강남지점 내 'Priority Banking' 센터를 개설하여 금융자산 5억원 이상 보유고객을 대상으로 프라이빗 뱅킹영업을 시작하였다.

PB시장에서 강세를 보이고 있는 것은 다음 2가지 요인으로 설명할 수 있다.

① 국내은행에 비해 우수한 인력과 위험관리능력을 보유함으로써 고객의 수요에 부응하는 금융상품 개발능력을 확보하고 있다.
② 전세계에 산재해 있는 그룹 내 각종 금융기관을 활용하여 글로벌 네트워크(global network)를 구축함으로써 다양한 형태의 투자상품 제공이 가능하다. 특히, 2003년 새로 도입된 PB센터 고객의 경우 37개국에 소재하고 있는 씨티그룹 프라이빗뱅크 해외 점포에 구좌를 개설할 수 있으며 뉴욕, 제네바, 홍콩 등 6개 지역에 설치되어 있는 한국데스크에서는 해외자산관리에 관한 자문도 받을 수 있다.

한편, 씨티은행의 경우 PB수신액의 90% 이상을 국내외 자산운용사들이 판매하는 수익증권 등 마진이 높은 금융상품[16]으로 운용함에 따라 국내은행(PB수신액의 90% 이상을 자행 수신상품으로 수취)에 비해 PB업무 수행에 따른 수익률이 높은 수준을 보이고 있다.

또한, 지방고객에 대한 프라이빗뱅킹 영업강화를 위해 2004년 5월 대전 · 광주 및 대구 등 3개 지점을 개설하였으며 한미은행 인수에 따라 향후 한미은행 거래 우량고객에 대해서도 씨티은행의 선진금융서비스(advanced financial service)를 제공하는 등 프라이빗뱅킹 영업을 더욱 확대할 계획으로 있다.

2. 증권회사

증권업계는 외환위기 이후 거액자산가에 대한 재무설계 및 투자자문 등 종합자산관리서비스를 제공하기 시작하였다. 1998년 삼성증권이 업계 최초로 VIP센터를 설치하였으며 2000년 이후에는 대우증권 등 여타 대형증권사들도 VIP점포 신설을 통해 경쟁적으로 유사한 금융서비스를 제공하고 있다.

16) 금융상품별 마진율 : 주식형 수익증권 1.2~1.5%, 채권형 수익증권 0.5%~0.7%, MMF 0.3~0.4%, 예금상품 연 0.3~0.5%

〈표 11-11〉 주요 증권회사의 종합자산관리서비스 현황

증권회사	브랜드	가입기준	전담센터
삼 성	FN Honors Club	5억원	4(독립)
LG 투자	골드넛 멤버스	3억원	1(독립)
동양 종금	골드센터	금액기준 없음	2(비독립)
대 우	플랜마스터	1억원	1(비독립)
굿모닝 신한	굿모닝 골드	증권자산 5억원 금융자산 10억원	3(신한PB센터와 연계)
한국 투자	탐스피아	3억원	2(비독립)
동 원	마제스티	1억원	2(비독립)

특히, 증권거래수수료 자유화 · 인터넷 증권거래 확대 등에 따른 수수료 수입 감소에 대처하여 증권사들은 랩어카운트(Wrap Account)의 도입(2001년 2월)을 계기로 안정적인 수수료 수입기반 확보를 위해 자산관리서비스 영업을 적극적으로 추진하고 있다.[17)]

랩어카운트 도입 이후 증권회사의 종합자산관리서비스는 동 상품을 중심으로 수행되고 있다. 랩어카운트 중 최근 취급비중이 크게 증가하고 있는 투자일임형 랩어카운트의 경우 상대적으로 위험이 높고 분쟁의 소지가 많아 고객과의 안정적이고 장기적 관계형성에 어려움을 야기시키고 있어 증권사 PB업무 활성화에 장애요인이 되고 있다.[18)]

3. 보험회사

삼성생명 등 일부 대형보험사들은 2002년 이후 VIP고객(월 보험료 100만원 이상 납부고객 등)의 유지 · 관리를 위해 기존의 Life Planner 개념에서 진전된 재무설계서비스를 제공하기 시작하였다. 삼성생명은 2002년 10월부터 보험업계 최초로 '삼성 어드바이저'(Samsung Advisor)라는 브랜드로 부유층 고객을 대상으로 세무 및 부동산 투자 등을 포함한 재무설계(Financial Planning) 서비스를 무료로 제공하고 있으며 교보생명은 2003년 5월 '교보 노블리에'라는 브랜드로 재무설계서비스를 시작하였다. 또한, 대한생명도 2005년 4월 '파이낸셜 어드바이저'(Financial

17) 랩어카운트는 고객의 자산운용 및 관리와 관련된 다수의 서비스를 하나로 묶어(wrap) 관리해 주는 신종 금융상품을 의미한다. 랩어카운트는 증권사가 제공하는 투자자문을 참고하여 고객이 직접 투자하는 '투자자문형'과 자신이 위험을 부담하되 증권사에 자산운용 및 관리권한을 일체 위임하는 '투자일임형'으로 구분된다.

18) 일임형 랩어카운트의 경우 판매허용(2003년 10월) 이후 취급액이 큰 폭으로 증가(2004년 3월말 기준 2조 1,000억원→2004년 7월말 3조 5,000억원)한 반면 자문형 랩어카운트의 판매액은 감소하였다(2003년 9월말 1조 9,000억원→2004년 7월말 1조원).

Advisor)라는 브랜드로 대상고객에 대해 이와 유사한 서비스를 제공할 계획으로 있다.

한편, 보험업계는 은행 및 증권사와는 다른 차별적인 전략을 통해 보험업 특성에 적합한 자산관리서비스 제공을 위한 노력을 강화시키고 있다. 즉, 은퇴·상속 등 고객의 노후생활에 대비한 보장위주의 보험상품에서 탈피하여 보험의 본질적 기능이 추가된 투자상품(변액보험 등) 개발 등 자산관리서비스 측면에서의 경쟁력 제고를 도모하고 있다.[19)]

그러나, 전문인력과 노하우(know-how) 부족 등으로 고객에게 적합한 양질의 자산관리서비스를 제공하기 어려워 은행의 프라이빗뱅킹 영업과는 커다란 차이를 보이고 있다.

제4절 과 제

국내은행들이 향후 PB분야에서 경쟁력을 갖추고 효율적인 영업활동을 수행하기 의한 과제로 다음 4가지를 지적할 수 있다.

1. 합리적인 경영전략 수립

합리적인 경영전략을 수립하기 위해서는 다음 3가지 측면을 고려해야 한다.

1.1 본격PB와 VIP뱅킹간 명확한 구분 운용

국내은행은 현재 본격적인 PB영업의 경우에도 조달자금의 90% 정도를 VIP뱅킹과 유사하게 자행 수신상품으로 운영하고 있다. 이는 PB영업과 관련한 명확한 목표의식보다는 기존 거액고객의 이탈방지 차원에서 PB영업을 수행하는 데 일부 기인하고 있는 것으로 판단된다. 이에 따라 많은 비용을 투입하여 영업(또는 육성)한 PB전담인력을 효율적으로 활용하지 못하고 있을 뿐만 아니라 고객측면에서도 '소수의 선택된 사람'이라는 희소성(scarcity)이 크게 저하되는 문제를 발생시키고 있다. 따라서 단순히 금융자산의 규모보다는 거래고객의 자산운용 목적과 성향 등을 종합적으로 고려하여 본격적인 PB영업과 VIP뱅킹 고객을 구분하고 각각 이에 적합한 금융서비스를 제공할 필요가 있다.

19) 변액보험이란 2004년부터 판매하기 시작한 상품으로 보험의 본질적 기능인 보장성 기능과 함께 보험사의 자산운용실적에 따라 투자수익도 함께 얻을 수 있다.

1.2 시장수요에 맞는 PB영업 수행

최근 씨티은행이 한미은행 인수를 계기로 각 은행이 국내 PB시장 선점을 위해 단기간 내에 조직과 인력을 경쟁적으로 확장하는 군집행동(herd behavior)을 보이면서 각종 자원의 낭비와 은행수지에 부담을 초래할 가능성이 커지고 있다. 특히, 최근과 같이 금융시장 내 자금잉여현상이 현저한 상황에서 은행들이 PB사업을 경쟁적으로 확장하는 것은 효율적이지 못한 측면이 있으며 오히려 단기간 내 급속한 양적 팽창에 따라 PB영업의 서비스 질이 저하될 가능성이 상존하게 된다. 따라서 국내 PB시장의 규모와 성장속도, 자행의 관련 서비스 제공능력 등을 고려하여 PB영업을 점진적·단계적으로 확대할 필요가 있다.

1.3 은행별 PB영업의 차별화 도모

현재 국내은행의 PB영업은 초창기 단계로 각행별 특성이 크게 나타나지 않고 있으나 향후 동 시장 내 경쟁력(competitiveness)을 확보하기 위해서는 은행별로 타 은행에 비해 우위를 보이는 분야를 중심으로 차별화를 시도할 필요가 있다. 특히, 은행별 차별화는 비금융서비스 분야보다는 PB영업 본연의 자산운용분야를 중심으로 추진하는 것이 장기적인 경쟁력 확보를 위해 바람직하다고 할 수 있다.

〈사례〉 유럽 주요 PB은행의 경쟁우위분야

· Deutsche Bank : 증권투자상품 및 외환거래 서비스
· Credit Suisse : 연금·보험 및 세금 planning
· ABN Amro : 고객자산의 장기적·안정적 보전(상속 planning 등)

2. 외국계 금융기관에 대한 경쟁력 확보

외국계 금융기관에 대한 경쟁력을 확보하기 위해서 다음 4가지 측면을 고려해야 한다.

2.1 다양한 금융상품 제공 능력 강화

현재 국내은행들이 PB영업을 수행하면서 고객에게 제시하는 금융상품의 종류가 씨티은행에 비해 크게 적은 수준이며 그 내용에 있어서도 씨티은행에 비해 크게 미흡하다고 할 수 있다.

〈표 11-12〉 국내은행과 씨티은행의 PB영업대상 주요 금융상품 내용

국내 은행	씨티 은행
자행 및 자회사 수신상품	자체글로벌 네트워크 및 해외 대형자산운용사와의 제휴계약을 통해 조달한 상품

또한, 씨티은행의 경우 다양한 PB고객의 needs를 충족시키기 위해 상품 개발 전담조직[20]을 설치 · 운영하고 있다. 이에 비해 국내은행은 일부 은행을 제외하고는 PB고객을 위한 별도의 상품개발조직을 설치하지 않고 있다. 따라서 국내은행은 외국 금융회사(자산운용사 등)와의 제휴 확대와 자체 상품개발 전담조직 설치 등을 통해 PB고객에게 보다 다양한 금융상품을 제공할 필요가 있다.

2.2 종합자산관리시스템 구축

씨티은행을 비롯한 선진 외국은행들은 PB영업의 효율적 수행을 위해 보유자산규모와 위험선호경향 등을 기준으로 고객의 세분화(customer segmentation)를 도모하고 각 고객그룹별로 차등화된 자산관리서비스를 제공하기 위한 종합적이고 체계적인 전산시스템(종합자산관리시스템)을 구축 · 운영하고 있다. 이와 관련하여 일부 국내은행들도 동 시스템을 구축하였으나 고객 성향 및 금융상품 분석능력이 떨어지고 시스템의 지속적인 피드백과 update가 이루어지지 않아 실제 활용도는 높지 않은 수준이다. 따라서 종합자산관리시스템 구축은행을 확대하고 효율적인 설계 및 유지관리를 통해 보다 체계화된 자산관리서비스를 제공할 필요가 있다.

2.3 비교우위분야 활용을 통한 시장선점

프라이빗뱅킹은 업무성격상 그동안 off-line 위주로 서비스가 제공되어 왔으나 최근 인터넷의 발달로 신흥부유층을 중심으로 on-line 채널을 통한 서비스 수요가 증대되고 있다. 한편, 국내 부유층의 경우 부의 축적과정에서 대부분 부동산이 커다란 역할을 하였으며 거액자산가 중에는 아직도 부동산투자에 높은 관심을 갖고 있는 경우가 많다.[21]

따라서 국내은행들은 우리의 높은 정보통신기술(IT)을 적극적으로 활용하여 on-line PB시장을 선점하는 한편 부동산관련 각종 지식과 다양한 거래경험 등을 토대로 부동산 투자자문에 있어서도 외국 금융기관에 비해 경쟁우위(competitive advantage)를 확보할 수 있도록 노력해야

20) 씨티은행의 경우 상품개발 전담 조직은 싱가포르에 있는 Citigroup Private Bank 아시아본부 내에 설치되어 있다.

21) 서울경제신문이 2004년 3월 31일에서 4월 2일 중국 내 및 외국은행 private banker 100명을 대상으로 설문 조사한 결과, 국내 부유층 고객은 부동산(62%), 저축상품(21%) 순으로 관심이 많다고 응답하였다.

한다.

2.4 전문인력 확보

PB영업의 성공적 수행을 위해서는 고객과 긴밀한 관계를 유지하면서 각종 금융 및 비금융서비스를 제공하는 프라이빗뱅커(Private Banker)의 역량이 매우 중요하다고 할 수 있다. PB영업 초기에는 프라이빗뱅커를 외국은행이나 선발은행 직원의 영입을 통해 조달하였으나 인건비부담 가중 · 기존직원과의 융화문제 · 타 금융기관 전직시 거래고객의 동반 이전 등 다수의 문제점이 노출되었다. 따라서 각 은행별로 자체적인 전문인력을 양성하는 방안을 적극적으로 검토하고 이를 달성하기 위한 체계적인 프로그램을 개발할 필요가 있다. 또한, 프라이빗뱅커의 업무수행요건과 성과측정방법 등이 여타 직원들과 상이한 점을 감안하여 별도의 업적평가(achievement evaluation) 및 보상시스템(reward system)을 운영하는 것이 바람직하다.

3. 내부통제 및 감독강화

3.1 내부통제 강화

PB영업은 그 성격상 고객과 프라이빗뱅커간 긴밀한 관계를 전제로 하고 있어 고객예금 횡령 등 각종 금융사고의 발생가능성이 크고 경우에 따라서는 불법적인 자금세탁 수단으로 악용될 우려가 있다. 일례로 일본 금융청(FSA)은 2004년 9월 17일 씨티그룹에 대해 자금세탁이 의심되는 거래의 예방소홀, 주가조작에 사용된 자금의 대출 등을 이유로 일본 내 PB영업을 폐쇄토록 조치한 바 있다.

결국 PB업무는 신용과 신뢰관계를 기초로 하고 있어 단 한번의 사고나 규정위반으로 영업기반 자체가 붕괴될 수 있으므로, 각행은 내부통제시스템의 강화(intensification of internal control system)를 통해 동 업무와 관련된 금융사고가 발생하지 않도록 각별히 유념할 필요가 있다.

3.2 감독강화

최근 국내은행들이 PB시장 선점을 위해 경쟁적으로 조직과 인원을 확대하고 있어 은행의 건전경영을 저해할 우려가 크다. 따라서 감독당국이 상시감시체제를 확립하여 은행간 과당경쟁이 발생하지 않도록 사전에 적극적으로 지도할 필요가 있다. 또한, 사고예방을 위한 각 은행 내부통제제도의 적정성 여부에 대한 점검을 강화해야 한다.

4. 은행의 투자자문업 겸영 허용

2004년부터 '자산운용업법'의 시행으로 국내은행들도 자산운용회사로서의 기능을 수행할 수 있게 되었으나 여타 자산운용회사(투신운용사, 자산운용사)와는 달리 투자자문업무의 겸용이 허용되지 않아 PB업무를 수행하는 과정에서 제공하는 투자자문서비스에 대해 수수료 수취가 불가능한 상황이다. 따라서 증권사 등 제2금융권의 업무영역 확대[22]추이 등을 고려하여 은행에 대해서도 투자자문업의 겸영을 허용하는 방안을 적극적으로 검토할 필요가 있다.

특히, 국내은행의 경우 예대마진에 의존하는 기존의 수익구조에서 탈피하여 수수료 수입 증대를 통한 수익기반 확충을 도모해야 한다.

22) 현재 증권업계는 업무영역 확대를 위해 증권거래법 개정(유가증권의 범위 확대) 등을 정부에 건의 중에 있다.

제 12 장

동북아 금융허브 발전전략

2003년 2월말에 출범한 참여정부는 동북아 경제중심국가 건설을 핵심국정과제의 하나로 제시했는 데 이는 지정학적으로 동북아의 중심에 위치한 장점과 1990년대 이후 세계경제의 새로운 중심축으로 급부상하고 있는 중국과 인접해 있는 기회를 활용하여 우리경제를 재도약시키겠다는 구상으로 해석할 수 있다.

현실적으로 동북아 경제중심국가 건설이라는 과제는 중국의 급속한 경제발전에 따라 우리의 주력산업이 위기의식을 느끼면서 비롯되었다고 할 수 있다.[1] 국내외 주요 경제분석기관의 발표자료에 따르면 향후 5~10년 내에 중국은 대부분의 산업에서 우리의 경쟁력과 필적하거나 오히려 추월할 가능성이 큰 것으로 지적되고 있다. 일본 또한 2003년 하반기 이후 '잃어버린 10년(lost decade)'으로 지칭되는 장기불황에서 탈피하는 움직임을 보이고 있어 우리경제의 기회이자 도전이 되고 있다. 이러한 경제적 환경의 변화와 더불어 한・중・일 3국은 상호간 무역장벽 철폐를 통해 무역자유화를 실현하기 위한 자유무역협정(FTA) 체결을 위한 움직임을 가속화 시키고 있다.

1) 동북아 경제중심국가 건설과 관련하여 인천과 부산・진해, 광양 등 3개 지역이 경제자유구역으로 지정된지 만 3년이 지났으나 중앙정부와 지방자치단체간 이해관계의 상충으로 인해 진행속도가 지체되고 있다. 인천의 경우 수도권 팽창을 제한하는 각종 규제와 교육계 및 노동계의 반발로 외국인학교와 병원 설립 등 기반시설공사가 느리게 진행되고 있으며 경제자유구역청이 광역단체산하여서 시의회의 간섭이나 예산・인사상 제약도 심한 실정이다. 이와 관련하여 경제계 원로들의 모임인 IBC Forum이 최근에 경제자유구역청을 중앙정부직속기구로 개편하는 내용의 특별법제정을 건의한 것은 시사하는 바가 크다. 외국기업을 유인하기 위한 중국 정부의 야심찬 계획 및 이의 효과적인 실행은 우리에게 타산지석이 된다고 할 수 있다. 일례로 상하이 푸둥(浦東)경제특구의 경우 조성원가를 하회하는 수준의 지가와 저렴한 인건비로써 외국기업을 유인하고 있으며 푸둥 중심부에 10만㎡의 공원을 조성하기 위해 30,000명의 주민을 타 지역으로 이주시켰으며 상하이 최고 명문 중의 하나인 화둥(華東)사범대학 부속 중・고교를 푸둥지역으로 이전시킨 바 있다.

한편, 최근 들어 동북아지역은 역내국가들의 급속한 경제성장으로 인해 투자자금 수요가 크게 증가하고 있다. 이러한 투자자금 수요의 증대로 인해 이를 역내에서 지원해줄 수 있는 금융허브의 필요성이 대두되고 있다. 또한, 북핵문제 등이 원만하게 해결될 경우 북한의 경제개발이 활발하게 이루어져 이에 대한 투자수요도 크게 증가하게 되며 중국의 경우에도 서부지역개발로 인한 투자수요가 지속적으로 증가할 것으로 기대되고 있다.

또한, 우리의 경우에도 정부가 추진하고 있는 동북아 물류허브 건설계획이 보다 원활하게 이루어지기 위해서는 물류지원센터의 설립, 시베리아철도와의 연계 등 대규모의 투자자금이 필요한 데 동북아 금융허브의 육성은 자금조달비용(financing cost)을 낮춤으로써 대규모 투자를 활성화시키는 데 크게 기여하게 된다.

제 1 절　금융허브의 필요성 및 동아시아 주요 도시와의 비교

1. 금융허브의 필요성

동북아 금융허브(Financial Hub in Northeast Asia) 육성의 필요성을 다음 4가지 측면에서 살펴보고자 한다.

1.1 고부가가치산업의 육성

동북아 금융허브의 구축은 고부가가치산업을 육성하는 데 기여하게 된다. 우리경제는 국내총생산(GDP) 규모로 볼 때 세계 12위의 경제대국임에도 불구하고 전체경제에서 고부가가치산업이 차지하는 비중이 선진국뿐만 아니라 경쟁국에 비해서도 낮은 편이라고 할 수 있다. 이와 관련하여 싱가포르의 성공적인 사례는 타산지석이 될 수 있다. 고부가가치산업의 하나인 금융산업이 싱가포르 GDP에서 차지하는 비중은 2002년 기준 약 11%에 이르고 있는데 우리의 경우는 동 기간 중 금융산업의 대GDP 비중은 약 6.9%에 불과한 실정이다.

싱가포르의 경우에도 5년 전에는 현재의 우리와 비슷한 약 7% 수준을 나타내었으나 외국금융기관의 국내유치 등 싱가포르 정부의 적극적인 금융허브 육성시책으로 인해 싱가포르 금융산업의 대GDP 비중은 4%포인트 상승하게 되었다. 싱가포르의 사례로 비추어 볼 때 동북아 금융허브의 육성은 국내 고부가가치산업의 발전에 크게 기여할 것으로 기대된다.

1.2 고급노동인력의 흡수

동북아 금융허브의 육성은 고급노동인력을 흡수하는 데도 기여할 수 있는데 우리의 경우 세계 최고 수준의 교육열로 인해 해마다 수십만명의 고급인력이 노동시장에 새롭게 진입하고 있다. 현재의 제조업 중심 산업구조가 지속된다면 이러한 고급인력을 흡수하는 데는 한계가 있다. 따라서 동북아 금융허브를 육성하는 과정에서 고부가가치산업의 규모가 확대될 경우에는 신규 고급인력이 경제활동에 참여할 수 있는 기회가 크게 증대될 수 있다.

1.3 아시아지역의 금융허브 육성 움직임

미국, 유럽을 비롯한 주요 선진경제권뿐만 아니라 아시아지역도 금융허브 육성 움직임이 확산되고 있어서 금융허브 육성의 중요성을 부각시키고 있다.

① 중국 : 상해를 21세기 중국경제의 중심지 및 태평양서안의 금융·무역센터로 육성시키기 위한 계획을 정부주도로 수립하여 착실히 추진해 나가고 있다.

② 홍콩 : 국제금융중심지로서의 현재 위상을 유지하기 위해 투자를 지속적으로 확대하고 있다.

③ 싱가포르 : 자국경제를 금융 및 서비스 부문에 특화된 중심지로 발전시키기 위해 국가의 역량을 총결집시키고 있다.

④ 대만 : 2008년까지 자국을 국제비즈니스센터(international business center)로 육성하겠다는 장기적인 계획을 수립해 놓고 있다.

우리의 경쟁국들이 자국을 동아시아뿐만 아니라 세계적인 금융센터로서 육성시키기 위해 치열한 경쟁을 펼치고 있는 이 같은 상황 하에서 우리가 동북아지역의 경제중심지가 되기 위해서는 물류허브와 더불어 금융허브에 대한 투자도 동시에 이루어져야 한다.

1.4 금융산업 발전에의 기여

금융허브에서는 국내외 금융기관이 서로 치열한 경쟁관계를 유지하기 때문에 국내금융기관의 자발적인 경쟁력 제고에 촉진역할을 할 것으로 기대된다. 금융허브를 구축하는 과정에서 국내의 비효율적인 금융감독 및 법체계가 정비되고 규제완화(deregulation)가 지속되면서 국내금융제도 및 환경이 국제기준으로 진화·수렴해 간다는 점도 국내금융산업 발전에 기여하게 된다.

또한, 금융허브를 육성하는 과정에서 국내금융산업의 경쟁력이 강화되면 금융시스템의 안정성(stability of financial system)이 제고되고 따라서 국내금융시장의 외부충격에 대한 탄력성

(elasticity of external shock)도 높아지게 된다. 따라서 금융허브가 구축될 경우 은행중심의 간접금융시장뿐만 아니라 자본시장 위주의 직접금융시장의 활성화도 기대된다. 결국 금융허브의 육성은 국내기업들에게 은행차입위주의 자금조달구조에서 탈피하여 자본시장을 통해 필요투자자본의 장기적, 안정적 조달 여건을 형성시키게 된다.

한편, 상기한 금융허브 육성의 필요성에도 불구하고 일부 경제전문가들은 금융허브의 구축에 대한 부정적 효과를 지적하고 있는데 이들의 지적은 다음 두 가지로 요약된다. 첫째, 금융허브의 육성이 기반시설의 구축에 필요한 막대한 자금지원을 요구하기 때문에 정부의 재정부담이 크게 증가하게 된다. 둘째, 금융허브의 구축은 국내외 금융기관간 경쟁의 가속화를 가져와 경쟁력이 상대적으로 열악한 실정인 다수의 국내금융기관이 외국금융기관과의 치열한 경쟁에서 밀려 퇴출당하게 된다.

다수의 경제전문가들의 시각은 이들의 지적과는 상이한 견해를 나타내고 있다. 우선 재정부담 가중에 대해서는 금융허브의 구축은 물류허브와 같이 엄청난 규모의 매몰비용(sunk cost)을 유발하는 물리적 시설을 항상 수반하지는 않는다는 것이다. 금융허브의 구축은 적절한 규모의 조세유인책 제공, 법체계의 선진화, 규제완화, 금융감독의 투명성 제고 등과 같은 제도적 개선을 통해서도 이룰 수 있기 때문에 재정부담을 최소화하고 최소비용으로 최대의 효과를 얻을 수도 있다. 국내금융기관의 퇴출가속화에 대해서는 어느 정도 퇴출은 불가피하다고 할 수 있다. 그러나 금융허브가 구축되지 않더라도 경쟁력을 상실한 금융기관은 시장에서 퇴출되는 것이 자본주의 시장경제체제 하에서 자연스러운 현상이라고 할 수 있다.

최근 정부는 동북아 경제중심지 건설계획의 일환으로서 동북아 물류허브 구축을 적극적으로 추진하겠다고 의지를 표명한 바 있다. 물류허브와 금융허브는 대체재(substitutes)가 아니라 상호보완적으로 작용할 수 있기 때문에 물류허브와 금융허브를 동시에 추진한다면 시너지 효과를 기대할 수 있다.

2. 동아시아 주요 도시와의 비교

금융허브로서의 매력도에 대한 서울과 동아시아 주요 도시와의 비교를 다음 세 설문조사를 중심으로 살펴보고자 한다.2)

2) 조선일보, 2003. 7. 24.
매일경제신문, 2003. 8. 13. 참조

2.1 매일경제신문의 설문조사

매일경제신문은 2003년 7월에 미국, 영국, 일본, 홍콩, 싱가포르의 금융회사 전문가 19명과 국내 소재 외국계 금융회사 전문가 11명 등 모두 30명을 대상으로 '한국의 동북아금융중심지 부상 가능성'에 대해 설문조사를 실시한 바 있다. 설문조사 결과는 서울이 현재 상태에서 동북아 금융중심지로 부상할 여건이 홍콩, 도쿄, 싱가포르뿐만 아니라 상하이에도 뒤떨어진 것으로 나타났다. 외국금융전문가들은 현 단계에서 동북아 금융중심지에 가장 근접해 있는 도시로 홍콩(50.0%), 도쿄(43.3%)를 지적했으며 서울을 지적한 응답자는 3.3%로 나타났다. 한국이 동북아 금융중심지로 부상하는 데 있어서 주요 장애요인으로 '정부정책의 투명성과 예측 가능성 부족'을 지적한 응답이 66.7%로 '남북한 긴장문제(60.0%)', '언어장벽(53.3%)'을 지적한 응답자보다 많았다. 한국이 금융중심지로 발전하기 위해 선택해야 할 모델로는 국가전체적인 규제완화를 통해 서울중심의 동북아금융중심지를 지향해야 한다는 의견이 80%로 인천·제주 등 특정지역을 역외금융센터로 발전시키는 방안(20.0%)보다 월등히 높게 나타났다.

또한, 동북아 금융중심지로 부상하기 위해 정부차원에서 가장 적극적인 노력을 기울이고 있는 도시로 싱가포르(43.3%)가 가장 높게 나타났으며 도쿄, 홍콩, 상하이를 지적한 응답자도 각각 13.3%로 나타났으나 서울을 선택한 응답자는 6.7%에 불과하였다. 이는 우리 정부가 동북아 금융중심지가 되기 위해 나름대로 노력하고 있지만 아직은 이러한 노력이 외국금융전문가들에게 제대로 인식되지 못하고 있음을 나타내는 것이라 할 수 있다.

한편, 한국이 동북아 금융중심지가 될 수 있는 강점으로 IT산업발전, 지정학적 유리함, 경제성장 가능성 등이 지적될 수 있지만 단기간 내 동북아 금융중심지로 부상할 가능성은 희박한 것으로 조사되었다. 즉, 한국이 동북아 금융중심지로 부상할 수 있는 시기에 대해 '3년이내'라고 답한 응답자는 1명도 없었다.

〈표 12-1〉 동북아 금융중심지가 되기 위해 정부가 가장 노력하는 도시

(단위 : %)

싱가포르	홍콩	도쿄	상하이	서울	쿠알라룸푸르	방콕
44	14	14	10	7	7	4

〈표 12-2〉 동북아 금융중심지가 되기 위한 최우선 과제

(단위 : %, 복수응답)

노동시장의 유연성제고	금융시장의 규제완화	조세제도의 개편	법률서비스의 개선·기타의견
66.7	63.3	60.0	10.0

〈표 12-3〉 한국이 동북아 금융중심지가 될 수 있는 장점

(단위 : %, 복수응답 2가지)

높은정보통신(IT) 발전수준	지정학적 위치	큰 경제규모 및 고성장가능성	풍부한 고학력 전문가
44	20	19	17

2.2 맥킨지의 설문조사

서울시는 2003년 7월 23일 세계적인 경영컨설팅회사인 맥킨지(McKinsey & Company)를 통해 HSBC, Goldman Sachs, Citibank 등 아시아지역 주요 금융기관 CEO 15명을 대상으로 '동북아 금융중심지로서의 서울의 잠재력'을 설문조사(2003년 3~6월까지 4개월간 실시되었음)한 결과를 발표한 바 있다. 조사결과에 따르면 해외 유수 금융기관 CEO들은 아시아의 금융중심지로 서울보다는 홍콩, 싱가포르, 도쿄, 상하이 등을 선호하는 것으로 조사되었다. 서울은 아시아 8개 도시 가운데 금융중심지 선호도에서 홍콩·싱가포르(1위), 도쿄·상하이(2위)에 이어 베이징과 함께 3위그룹으로 분류되었다. 이들은 서울이 국제금융중심지로서 경쟁력을 보유하기 위해서는 향후 2~3년 내에 각종 규제·법률을 개방적·시장중심적 체제로 전환하는 등의 획기적 조치가 이루어져야 한다고 지적하였다.

또한, 이들은 국제금융중심지로서 서울의 경우 큰 경제규모, 신속한 경제회복속도, 시장개방을 위한 정부의 노력, 우수한 통신 및 교통인프라, 저이자율, 우수한 노동력 등의 강점을 가지고 있지만 노동시장의 유연성 및 시장 투명성(flexibility of labor market and market transparency)이 떨어지고 자본시장의 인프라부족 등으로 서울의 위상이 약화되고 있다고 평가하였다.

〈표 12-4〉 금융허브로서의 아시아 도시 선호도 순위

순 위	국 가	장 점	단 점
1	홍 콩	· 개방된 시장, 영어사용, 낮은 세율	· 심각한 환경오염
	싱가포르	· 세제혜택, 개방된 시장 , 영어사용	· 협소한 국내시장 규모
2	도 쿄	· 고객, 상당한 규모의 시장, 매력적인 삶의 질	· 높은 원가, 법적 토대 미흡
	상 하 이	· 엄청난 성장 잠재력, 탄탄한 인프라	· 중국의 나머지 지역들은 상당히 낙후된 상태
3	베 이 징	· 의사결정권자들과의 용이한 접촉	· 상하이에 비해 개발이 뒤떨어짐 · 후진적 법률시스템
	서 울	· 개선된 인프라 및 강한 경기 회복력	· 제약이 많은 법률 · 규제시스템 · 변동이 심한 통화 · 자본시장 · 영어구사능력이 떨어짐
4	타이페이	· 낮은 원가	· 취약한 인프라, 정치불안정, 부적절한 인적자원 및 법률구조
	시 드 니	· 탄탄한 인프라, 풍부한 인재 풀 및 높은 생활수준	· 지리적으로 동떨어짐 · 상대적으로 소규모의 경제

자료 : McKinsey

2.3 한국개발연구원(KDI)의 설문조사

KDI가 2005년 9월 19일 발표한 '한국의 투자환경에 관한 외국인 투자가 의견조사'에 따르면 주한 외국기업인들은 동북아시아의 금융허브를 향해 경쟁하는 한국, 홍콩, 싱가포르, 상하이 중 한국의 경쟁력을 가장 낮은 수준으로 평가하는 것으로 나타났다.[3] 한국은 조사대상 13개 항목 중 정부규제, 노사관계, 세제인센티브, 외국인거주환경, 영어구사능력 등 6개 항목에서 경쟁국 중 최하위의 경쟁력을 지닌 것으로 나타났다. 특히, 한국의 외국기업에 대한 정부지원과 세제관련 인센티브에 '경쟁력이 있다'고 응답한 외국인은 전무했으며 규제완화, 노사관계, 외국인거주환경, 영어구사능력 등 4개 항목은 '경쟁력이 있다'는 응답이 3% 미만을 나타냈다. 한국이 경쟁력이 있다고 평가한 부문은 도로 · 항만 등 사회기반시설, 관련산업기반과 기술수준, 인적자원의 전문성 등 3가지였다. 한편, 이번 조사에서 싱가포르는 외국인거주환경 등 5개 부문에서, 홍콩은 세제인센티브 등 3개 항목에서, 상하이는 원가경쟁력 등 3개 항목에서 가장 경쟁력이 있는 것으로 평가되었다.

3) 이번 조사는 주한미국상공회의소, 서울재팬클럽, 주한EU상공회의소에 가입한 103개 외국기업을 대상으로 2004년 말에 실시되었다.

〈표 12-5〉 동아시아 각국의 투자환경 비교

	경제활동 규제	노사·고용 관계	세제 인센티브	외국인 거주환경	영어구사 능력	정부지원
서울	2.0	2.0	0.0	3.0	3.0	0.0
홍콩	40.9	7.5	18.3	21.5	47.3	12.9
싱가포르	40.9	7.5	14.0	26.9	54.8	36.6
상하이	3.1	20.4	17.3	4.1	4.1	20.4

자료 : KDI, 한국의 투자환경에 관한 외국인투자가 의견조사, 2005. 9.

제2절 과 제

아시아·태평양 주요 금융기관의 CEO들이 지적한 바와 같이 한국이 동북아 금융중심지로서 부상할 수 있는 역량은 어느 정도 갖추고 있는 것으로 평가된다. 그러나 동북아 금융중심지로 성공하기 위해서는 다음 5가지 과제가 해결되어야 한다.

1. 원화의 태환성 제고

우리가 동북아지역의 금융허브가 되기 위해 가장 필요한 요소 중의 하나는 국내에서 금융거래가 활발하게 발생해야 한다는 점이다. 금융거래가 부진할 경우 외국금융기관들이 국내에 진출하여 금융활동을 영위할 이유가 없게 된다.

지난 1997년말의 외환위기 이후 정부는 외환거래 자유화를 통해 외국인의 국내금융 활동에 대한 규제를 대폭 완화한 바 있다. 이러한 외환자유화 조치로 인해 최근 국내금융시장의 유동성은 크게 확대되는 추세를 보이고 있으나 여전히 외국인의 자본거래를 제약하는 부분이 남아 있는 것도 사실이라고 할 수 있다. 이의 대표적인 예로 비거주자의 원화증권발행 제한, 원화차입 제한, 비거주자간 원화거래 규제 등을 지적할 수 있다. 국내금융거래의 규모를 증대시키기 위해서는 이 같은 잔존규제의 완화 내지 철폐를 통해 자본계정에 대한 태환성을 보장하여 국내외 투자자들에게 국가위험(country risk)을 제거하고 편의성을 제공해 주어야 한다.

원화의 태환성이 보장된다면 해외투자자들의 국내금융시장 참여가 보다 활성화되고, 이러한 과정에서 국내금융시장의 선진화가 제고되어 동북아지역에서 금융허브로 발전하는 데 기여하게 된다.

2. 금융관련 법체계의 기능별 법체계로의 재편

금융자유화(financial liberalization)의 진전에 따라 세계 각국의 금융기관들은 규모의 경제(economies of scale)와 범위의 경제(economies of scope)를 통한 경쟁력 제고를 위해 동종업종간 또는 이종업종간 합병을 통해 대형화를 적극적으로 추진하고 있다. 또한, 전통적으로 분업주의를 추구해 온 국가에서조차 금융기관별 장벽을 완화함에 따라 업종간 구분이 모호한 경계영역 업무가 확대되고 있다.

따라서 이러한 변화하는 금융환경에 능동적으로 대처하고 외국금융기관에 양호한 금융환경을 조성함으로써 동북아지역의 금융중심지로 발전하기 위해서는 은행, 증권, 보험 등 권역별로 구분되어 있는 현행 금융관련 법체계를 기능별 법체계로 재편할 필요성이 있다.

3. 해외금융기관 및 금융시장과의 연계 강화

동북아지역의 금융중심지로서 경쟁력을 가지기 위해서는 국내금융기관보다 선진화된 경영기법 및 금융상품을 보유하고 있는 해외금융기관 및 금융시장과의 연계 강화가 필요하다. 해외금융시장과의 연계성이 강화될 경우 시장참여자들의 편의성이 증대되어 외국자본의 국내유입을 촉진하는 요인으로 작용할 수 있다. 이 경우 국내금융시장의 유동성은 확대될 수 있으며 이를 통해 외국자본의 국내유입이 더욱 증대되는 선순환으로 이어질 수 있다.

따라서 국내금융기관도 주요 선진금융기관과의 전략적 제휴(strategic alliance)를 강화하고 증권거래소간 통합 또는 상호협력을 확대할 필요가 있다. 또한, 한・중・일 3개국간 합작은행 또는 합작금융그룹을 설립하여 국내에 유치하는 방안도 고려할 수 있다.

4. 금융전문인력의 양성

금융전문인력의 양성은 동북아지역의 금융허브를 추진하는 데 있어서 중요한 과제 중의 하나로 지적될 수 있다. 금융전문인력을 내부적으로 양성하기 위해서는 국내금융기관의 교육・연수프로그램의 강화와 함께 외국 유수 금융기관과의 업무제휴 프로그램도 도입할 필요가 있다. 또한, 외국의 저명한 금융전문인력 교육기관의 국내진입허용을 통해 국내 교육훈련기관과의 자유경쟁체제를 유도함으로써 양질의 전문교육프로그램이 제공될 수 있는 여건을 조성해야 한다.

한편, 금융전문인력의 양성이 금융산업 선진화의 필수적인 사항이 되고 있으나 현재 국내 금융전문인력이 세계수준에 비해 크게 부족함은 주지의 사실이다. 스위스 국제경영개발원(IMD)의 '국가경쟁력보고서'에 따르면 국내 금융전문인력부문 국제순위는 2004년 기준 45위로 경쟁상대인 홍콩(11위), 싱가포르(15위)는 물론 중국(39위)에도 뒤져있는 실정이다. 기존의 국내 대학원의 석사 및 MBA 과정이나 금융연수기관은 금융실무에 정통한 전문인력을 양성하기에 역부족이며 따라서 금융대학원이 자산운용, 파생상품, 리스크관리, 상품관리 등 이론 및 실무중심 교육이 될 수 있도록 교과과정의 개편 및 국내외 관련 전문가의 초빙이 필수적이다.[4)]

〈표 12-6〉 주요국의 금융부문 인력 구성[1)]

(단위 : 명, %)

구 분	영국	홍콩	싱가포르	한국
관 리 자[2)]	111,995(12.4)	34,600(19.2)	19,222(17.8)	32,022(4.4)
전 문 가[3)]	148,533(16.4)	78,800(43.8)	55,369(51.3)	65,545(8.9)
보조인력[4)]	645,024(71.2)	66,500(37.0)	33,266(30.8)	635,433(86.7)
총 계	905,552(100.0)	180,000(100.0)	107,859(100.0)	733,000(100.0)

주 : 1) 영국은 1998년, 홍콩은 2001년, 싱가포르는 2002년, 한국은 2003년 기준
2) Managers 및 Administrators 포함
3) Professionals, Associate Professionals 및 Skilled Traders 등 포함
4) 일반사무, 창구영업, 보안 및 일반관리 인력 등

자료 : 전국은행연합회, 금융, 2005. 9.

5. 한반도의 긴장완화

우리가 금융허브로 성공하는 데 있어서 또 하나 간과할 수 없는 중요한 문제는 한반도의 긴장완화이다. 최근 북핵문제가 한반도의 긴장을 고조시키고 있는 가운데 다자간협상이 진전을 이루지 못하고 있다. 이러한 경제외적인 불안요인은 외국금융기관의 국내진입은 물론 해외투자자들의 국내금융시장에 대한 투자를 위축시키는 가장 중요한 요인이 된다. 따라서 금융허브 육성의 장기적인 비전이 성공하기 위해서 한반도의 긴장완화는 가장 중요한 선결과제임은 재론의 여지가 없다.

한편, 북한 핵문제 해결을 위한 '제4차 6자회담'에서 공동성명(2005년 9월 19일)이 채택되었다. 북한은 핵무기와 핵 프로그램을 포기하고 미국은 북한의 안전을 보장하고 관계정상화를 도

4) 금융전문인력의 양성과 관련하여 재정경제부와 금융감독원은 2006년 3월에 KAIST에 금융전문대학원을 개원하였다. 본 대학원은 2년 정규과정의 금융공학 MBA과정 및 6개월 보수과정인 금융전문가과정 등 2개 과정을 운영 중에 있다. 한편, 재정경제부는 기초통계 DB구축 등 금융전문인력 양성 인프라 역할을 할 「금융인력 네트워크 센터」의 설립 방안도 확정한 바 있다.

모한다는 것이 공동성명의 핵심이라고 할 수 있다.[5] 그러나 북한은 2006년 7월 미사일을 발사한 데 이어 10월에는 핵실험을 강행하여 한반도뿐만 아니라 동북아시아 전역에 그 어느 때보다 강도높은 긴장을 고조시키고 있으며 핵보유 도미노 현상을 초래할 가능성을 증대시키고 있다.

제 3 절 발전전략

동북아 금융허브 발전전략을 상기한 세 설문조사결과와 더불어 국내외 경제분석기관의 보고서, 정부의 구상을 중심으로 살펴보고자 한다. 세 조사기관의 설문조사 결과를 집약하면 한국이 동북아 금융중심지로 부상하기 위해서는 금융시장 규제완화, 노동시장의 유연성 제고, 조세체제의 개선, 노동인력의 질 향상, 외국어(특히 영어) 구사능력 향상, 정부의 정책 투명성 제고, 남북한 긴장완화 등이 조속히 이루어져야 한다.

1. 경쟁국의 금융허브 추진전략

1.1 싱가포르

싱가포르의 금융허브 추진전략의 핵심은 정부주도 하에 싱가포르투자청(GIC)을 설립하여 GIC를 기반으로 자산운용업의 육성을 추진하는 데 있다. GIC의 설립으로 금융산업 경쟁력의 핵심인 국제적인 업무환경의 구축이 가능하게 되었으며 이로 인해 국제금융정보의 신속한 획득이 이루어질 수 있게 되었다. 또한, 통화의 유동성을 확보하는 방법으로 비거주자에게 지역통화를 거래할 수 있게 하는 정책과 통화 및 만기불일치의 영향을 감소시킬 수 있는 방법으로 다국적 기업들의 기금을 확대했는 데 이 같은 방법으로 싱가포르는 동아시아 금융위기를 모면할 수 있었다.

1.2 홍콩

홍콩은 금융허브를 위한 주요 정책으로 1989년에 모든 이자에 대한 세금폐지, 증권선물위원회 설립, 1993년에 홍콩통화당국이 형성되었으며 중앙통화단위가 은행간 전산시스템에 도입되었다.

5) 이번 회담의 최대 쟁점이었던 경수로 문제에 대해 공동성명은 북한은 핵에너지를 평화적으로 사용할 권리가 있음을 밝혔으며 다른 참가국들은 이에 대해 존중을 표시하고 적절한 시점에 북한에 경수로를 제공하는 문제를 논의하기로 합의했음을 지적하였다.

2000년에는 주식회사인 홍콩거래소가 출범하였고 이와 함께 연금감독청이 운영되었다. 또한, 역외기금의 소득세가 면제되었으며 미 달러에 실시간 종합청산제도(RTGS : Real Time Gross Settlement)가 도입되었으며 홍콩달러에 대한 예금률 규제가 철폐되었다. 이 같은 일련의 조치로 인해 홍콩은 규모와 운영면에서 세계적 수준인 국제금융시장, 외환시장, 그리고 주식시장을 보유하게 되었고 아시아에서 2번째 규모의 기금운영센터를 운영하고 있다.

1.3 상하이

상하이의 국제금융센터 추진전략은 다음 2가지로 요약된다.

(1) 금융 · 보험부문의 안정적 개방정책

이 같은 정책으로 상하이 내에 외환업무를 수행할 수 있는 외국은행 지사의 설립, 외국은행의 지역통화(인민폐) 거래, 외국보험회사의 보험관련 업무의 허용 등 개방정책을 시행하고 있다.

(2) 자본시장의 점진적 개방정책

중국 정부는 중국 자본시장의 취약성을 감안하여, 즉 급격한 자본시장 개방에 따른 금융충격(financial shock)을 완화하기 위해 점진적 개방정책을 시행하고 있다. 일례로 외국투자가들의 B-Shares 구입, 해외기관투자가 시스템의 새로운 조정이 이루어졌으며 이 같은 정책의 시행으로 9개 금융기관이 13억 달러의 자본(2003년말 기준)을 등록하였다.

2. 추진모델 및 로드맵

정부는 최근에 금융허브 추진방안을 발표한 바 있다. 정부의 추진방안을 중심으로 금융허브의 추진모델과 로드맵을 정리해 본다.

2.1 추진모델

한국의 동북아 금융허브를 향한 가장 바람직한 모델로 다수의 국제금융전문가들은 '지역금융수요에의 특화'를 지적하고 있다. 그 근거로 북미, 유럽 등 기타 지역과 차별화되는 동북아지역 금융수요의 특수성(구조조정과 관련된 금융수요, SOC 개발과 관련한 금융수요, 선박금융수요)을 언급할 수 있다.

이러한 특수한 금융수요에 특화하기 위해 제도보완 및 전문금융기관의 설립 · 육성이 필요하다. 또한, 지역금융협력의 강화를 위해 한 · 중 · 일 개발은행간 '동북아개발금융협의체'의 구성도 고려할 만하다.

2.2 로드맵

동북아 금융허브를 향한 발전전략은 단계적으로 추진할 필요가 있는데 대체적으로 3단계 추진방안이 유력시되고 있다. 1단계(2002~2005년)는 금융허브의 발전기반을 조성하는 기간이 되며, 2단계(2006~2008년)는 세계유수의 금융기관 지역본부의 유치를 통한 금융허브도시의 완성을 향해 진행하는 시기이며, 3단계(2009~2011년)는 세계적 규모의 투자은행 등을 유치하여 동아시아지역의 핵심금융허브를 완성하는 시기이다.

〈표 12-7〉 외환제도 중장기 발전계획

	주 요 내 용
1단계(2002~2005년)	· 자본거래 허가제 등의 제한 유지 · 절차적 제한 완화
2단계(2006~2008년)	· 자본거래 허가제 폐지 등 잔존제한 대폭 축소
3단계(2009~2011년)	· 유사시 안전장치를 제외한 외환제도 완전 자유화

〈표 12-8〉 금융허브 추진방안 분야별 주요 내용

구분		내용
금융인프라 구축	· 외환시장 규제완화	· 네거티브 시스템으로 전환추진
	· 외환자유화 조기완료	· 외환자유화 조기시행(당초 2009~2011년 목표)
	· 기업 외환이동 신고/허가의 무축소	· 다국적기업, 본지사간 자금이체 하루 1천만 달러 이내 자유화 · 송금방식 수출 증빙서류 제출의무화 면제 (수출입 규모 1억 달러 이상 기업)
	· 거주자 매출채권 규정 완화	· 외화채권 매각대상 제한 및 매각자금 즉시 회수조항 폐지
	· 금융규제 개편	· 금융규제 원점에서 재검토(자본시장 법률 통합추진 등)
	· 금융감독 행정 혁신	· 금융회사별 전담 검사역(RM)을 통한 상시감시 강화 · 외국 금융회사 CEO와 정례간담회 지속 운영 · 감독당국의 입장을 사전에 표명하는 비조치의견서 도입
	· 금융 관련 생활여건 개선	· 공항 접근성 개선(공항철도와 지하철 9호선 연결) · 외국인 고급인력, 비자·체류 관리상 우대조치 부여
선도금융시장 육성(채권/구조조정/ABS/파생상품 등)	· 채권시장 활성화	· 국채 스트립제도 도입/물가 연동국채 발행 등 · 채권발행절차 단순화/국내 비거주자 원화 채권발행 추진 · 미국 투자자 한국 국채 선물·옵션 직접 거래 추진 · 신용평가업 진입요건 완화(해외 유수업체 시장 진출 유도) · ABS(자산유동화증권) 발행주체 확대
	· 구조조정 시장 활성화	· 자산관리공사 구조조정 정보센터 구축 · 구조조정 노하우 동북아 시장 수출 추진
	· 파생상품시장 활성화	· 선물시장 위탁증거금 차등화/반도체 등 신규파생상품 개발
선도 금융업종 출현기반 조성	· 자산운용업 경쟁력 강화	· KIC 활용 외국계 자산운용사 유치 방안 추진 · 역외펀드 전용 자산운용사 설립 자본금 요건 완화 · 퇴직연금 세제지원 등 대책 마련
	· 사모투자펀드(PEF) 활성화	· PEF 설정 및 운영 관련 규제 완화 검토 · 세계 유수 PEF 운용업체 국내 유치 추진
	· 투자은행(IB) 육성	· 증권업계 구조조정·대형화를 통한 여건 조성 · 외국 금융기관과 전략적 제휴 추진 방안 고려
	· 증권선물거래소 국제화	· 거래비용 인하와 외국기업 거래소 상장 촉진
	· 금융허브 추진체계 구축	· 금융허브 회의 신설, 추진실적 점검 · 재경부 차관 위원장으로 한 금융허브추진협의회 설치 · 국내외 전문가로 구성된 국제자문단 구성 운영
금융전문인력 양성	· 금융전문대학원 지원	· 금융전문대학원 선정 지원
	· 금융인력 양성 인프라 구축	· 민관이 참여하는 금융인력 네트워크 센터 설치

자료 : 재정경제부, 2005.

3. 한국의 발전전략

금융허브 달성을 위한 발전전략을 다음 3가지 측면에서 살펴보고자 한다.

3.1 제도 및 금융산업 인프라 측면

(1) 금융규제 · 감독체계의 확립

금융허브를 성공적으로 구축하기 위해서는 국내외 시장참가자가 금융업무를 자유롭게 창의적으로 수행할 수 있는 규제환경을 확립할 필요가 있다.6) 이를 위해서는 유효한 금융규제 · 감독체계를 확정해야 하는데 그 핵심은 국내외 금융회사들로 하여금 금융허브에 적합한 글로벌 스탠더드를 적용해야 한다. 최근 금융기법이 선진화되면서 변액보험, ELD(Equity Linked Deposit, 주가지수연계예금) 등 새로운 상품이 출현하고 있으며 이 같은 추세는 향후 더욱 가속화될 것으로 보인다. 따라서 중장기적으로는 은행 · 증권 · 보험 등 영역별로 구분되어 있는 금융법 체계를 영업단계별로 또 기능별로 통합할 필요가 있다. 특히, 증권분야의 경우 선물, 파생상품, 자산운용 등 세부영역별로 다시 구분하여 규제하고 있다. 이는 자본시장의 주역인 IB의 출현에 대한 주요 장애요인이 되고 있어 자본시장관련법의 통합작업이 매우 시급한 과제가 되고 있다.

'자본시장통합법'(가칭)을 제정하는 데 있어 가장 중요한 원칙은 네거티브 시스템이라고 할 수 있다. 현재 우리의 증권거래법은 증권에 대해 포지티브 시스템을 채택하여 리스트에 열거되지 않은 새로운 개념의 증권이나 금융상품의 출현을 사실상 어렵게 하고 있다. 이러한 제약이 철폐되어야 금융투자회사들이 기업과 투자자의 니즈에 맞춘 '맞춤형 금융상품'을 개발할 수 있게 된다.

상기한 금융규제 체계의 이행은 금융시장 참가자들에게 지대한 영향을 미치게 된다. 따라서 금융시장의 의견을 수렴하여 구체적인 일정을 제시해야 금융회사 등도 필요한 인력의 양성, 자산규모 확대 등 나름대로의 준비를 해 나갈 수 있다. 은행 · 증권 · 보험을 포함하는 통합금융법은 중장기적으로 접근할 필요가 있으나 자본시장을 규율하는 법령과 관련해서는 조속히 통합법을 제정해야 한다.

금융감독과 검사체제도 시장친화적인 방향으로 개선될 수 있도록 감독시스템을 선진화할 필요가 있다. 사전규제를 완화해 나가면 사후감독은 보다 정밀하고 치밀하게 운영될 수 있도록 선진기법을 적극적으로 도입하고 전문성을 확대해야 한다. 이러한 과정에서 감독기관이 규제자라기보다는 서비스기관의 역할을 충실히 수행할 수 있도록 경영자문 위주의 검사체제를 확정하고 정보수집 및 자료분석 기능을 강화하여 금융회사의 리스크를 실효성 있게 점검하는 상시감시체제를 구축해야 한다.

---

6) 국민경제자문회의, 동반성장을 위한 새로운 비전과 전략, 2006. 1. 참조

(2) 세금인하

금융기관의 영업지 선택에 비용, 세금, 인센티브 등이 크게 좌우하고 있는데 한국의 경우 기업연소득이 1억원 미만일 때 15%, 1억원 초과분에는 27%의 법인세를 부과시키고 있으며 개인소득세는 최저 9%, 최고 36%를 나타내고 있다. 이에 비해 싱가포르는 법인세가 100% 감면되는 경우도 있으며 외국기업에서 근무하는 외국인에게는 개인소득세를 징수하지 않고 있다. 주식에 대한 배당소득도 한국은 15% 원천징수하고 있으나 싱가포르나 중국은 비과세이다.

(3) 법률서비스 시장의 개방

정부는 최근 발표한 '동북아 금융허브 추진방안'에서 외환시장의 규제완화를 지적한 바 있다. 즉, 외환제도의 선진화가 금융허브의 핵심임을 인식하여 외환과 관련된 각종 규제를 조속히 철폐하겠다는 것으로 해석할 수 있다. 그러나 정부의 의도대로 금융감독과 규제체계를 개선하기 위해서는 법률서비스 시장의 개방이 필수적이다. 금융분야의 경쟁력이 강한 국가들은 대체적으로 영미법에 기초한 '네거티브 리스트' 규제체계를 가지고 있다. 이에 비해 우리는 대륙법에 기초한 '포지티브 리스트' 규제체계를 가지고 있어서 규제체계를 네거티브 리스트로 전환하기 위해서는, 특히 영미법에 정통한 외국변호사의 서비스가 긴요하다고 할 수 있다. 따라서 금융허브의 구축을 위해 법률서비스시장의 조기개방도 필수불가결하다고 할 수 있다.

또한, 외국변호사들의 국내에서의 자유로운 영업을 허용해야 하는데 일례로 태국의 경우 외국인들도 당장 현지법 부문에서 영업할 수 있다. 외국금융기관 CEO들은 외국법률법인들이 합작사 또는 단독진출의 형태로 한국에서 활동하는 것을 허용할 것을 권고하였다.

(4) 전담투자기관의 설립 및 효율적 운영

한국이 동북아금융허브가 되기 위해서는 국내외 투자자들의 신뢰확보가 무엇보다 긴요한 데 이를 위해서는 투자전담기관의 설립이 필수적이라 할 수 있다. 싱가포르가 아시아의 금융중심지의 하나로 성장하게 된 데는 국제적 투자기관인 GIC의 역할이 컸음은 재론의 여지가 없다. 따라서 외환보유고, 연기금 등 공공부문의 여유자금을 전문적으로 운용할 수 있는 투자청 또는 투자공사의 설립이 필요한 데 정부는 최근에 한국투자공사(KIC)의 설립을 결정한 바 있다. 한국투자공사가 제 기능을 발휘하기 위해서는 조직구성, 외부감독 등과 관련하여 독립성 및 상업성의 확보가 필요하다.[7)]

---

7) 싱가포르투자청(GIC)을 벤치마킹한 한국투자공사(KIC)가 2005년 7월 1일 출범하였다. KIC의 초기운영자산은 한국은행의 외환보유액 170억 달러와 정부의 외국환평형기금 30억 달러 등 200억 달러로 구성되어 있는데 KIC는 이 자산의 70~80%를 국내 금융산업 발전에 기여할 수 있는 20여개 국내외 자산운용사에 위탁할 계획으로 있다. 설립초기에 논란이 되었던 독립성 문제는 한국투자공사법을 통해 어느 정도 보완

〈표 12-9〉 한국투자공사의 자금운용 기본틀

설립자본금	1,000억원
초기운용자금	외환보유고(170억 달러), 외평기금(30억 달러)
인원	초기 15명 선으로 출발한 이후 최대 50명선으로 확대
운용제약조건	부동산 투자금지, 사모펀드 투자금지, 필요시 즉시 외환보유고로 회수가능
운영위원회	재정경제부 장관, 한은총재, KIC 사장, 민간인 등 6명

(5) 자산운용업의 육성

동북아 금융허브 추진전략은 우리가 21세기 선진국으로 도약하기 위해 신성장동력으로 대표적인 고부가가치 서비스산업인 금융산업을 육성하는 데 목표를 두고 있다. 선진국으로 도약하기 위해서는 실물부문의 성장도 중요하나 실물부문을 뒷받침할 수 있는 금융부문의 발전이 중차대하다고 할 수 있다. 따라서 이를 위한 선도산업으로 자산운용업의 육성이 절실히 요구되고 있다. 자산운용업이 가장 잘 발전되어 있는 미국의 경우 발전된 금융산업의 기반을 바탕으로 경제의 장기적 성장, 고령화사회의 진전에 따른 퇴직연금의 급성장, 기술발전과 신상품개발 등이 자산운용업 발전의 주요 요인이 되었다. 영국은 역사적으로 무역과 금융의 중심지였으며 우수한 인력을 유인할 수 있는 자본과 인력의 허브라는 점이 중요하며, 싱가포르의 경우에도 정부주도 하에 싱가포르투자청을 기반으로 자산운용업의 육성을 추진하여 아시아금융센터로서 입지를 굳힌 바 있다.

우리의 경우에도 정부주도로 최근에 한국투자공사가 설립된 바 있으나 자산운용업의 발전을 위한 양질의 국제적 경영환경의 제공, 우수한 인력과 자본유치, 규제완화와 세제혜택 및 인센티브 제공을 위한 노력이 지속적으로 이루어져야 한다. 정부는 자산운용업의 경쟁력 제고를 위해 세계적 자산운용사 10~20개를 유치키로 방침을 정한 바 있는데 이들을 일시적으로 유치하는 것도 중요하나 장기적으로 정착시킬 수 있는 환경을 제공해야 한다. 이를 위해 반드시 필요한 것이 자본시장의 육성이라고 할 수 있다. 자산운용의 주요 대상이 주식, 채권, 기업 인수합병(M&A) 등이 현실인 상황에서 증권시장이 업그레이드되지 않고서는 이들이 국내시장에 매력을 느끼기는 힘들다고 할 수 있다.

또한, 외국계 자산운용사 유치에 앞서 국내 업계의 구조조정이 선행되어야 하는데 이들 간의 활발한 통폐합과 M&A를 통해 외국자산운용사와 경쟁할 수 있는 국제경쟁력을 갖춘 대형사를

되었다고는 하나 운영위원회의 구성에 재정경제부 장관 등 정부측 인사가 다수 포함되어 있어 여전히 정부의 영향력에서 자유로울 수 없는 태생적 한계를 지니고 있으며 외환보유고의 공격적 운용과 관련하여 수익성과 안전성을 고려할 수 있는 적합한 포트폴리오를 구성해야 하는 과제를 안고 있다.

배출하는 것은 물론 중소형사들의 경우에는 장점이 있는 분야를 특화시키는 전문화가 필요하다.

3.2 금융관련 경영 · 생활환경의 개선

(1) 노동시장의 유연성 제고

한국은 여전히 연공서열에 대한 보상이 강한 기업문화를 가지고 있음을 지적하고 있다. 다수의 국제경제전문가들은 한국경제가 업그레이드 하는데 있어서 노조가 가장 심각한 문제라고 지적하고 있다. 따라서 노동시장의 유연성을 보장하는 시장주도형 노동법 개발과 집행이 필요하다.

세계은행(World Bank)이 2005년 9월 13일 발표한 경제협력개발기구(OECD) 국가별 기업규제 평가보고서에 따르면 한국은 세계에서 가장 사업하기 좋은 국가 순위에서 27위로 나타났다. 이는 미국(3위), 캐나다(4위) 노르웨이(5위), 영국(9위) 등 서구 선진국과 아시아의 싱가포르(2위), 홍콩(7위), 일본(10위) 등은 말할 것도 없고 태국(20위), 말레이시아(21위) 등에도 뒤처지는 수준이다. 특히, 노동시장분야는 최하위수준인 105위를 기록했는 데 해고에 필요한 비용은 주당 임금의 90배, 즉 거의 2년치 급여를 지불해야 하는 것으로 조사되었다. 이는 OECD의 32.6배(약 8개월치 급여)보다 3배 가까이 많은 액수이다.[8)]

〈표 12-10〉 아시아 주요국의 분야별 사업환경 비교

	전체순위	창업	인허가 처리	고용 · 해고	투자자 보호	납세	폐업	계약안전
싱가포르	2	5	7	7	2	9	2	11
홍콩	7	6	77	3	4	2	14	16
일본	10	81	5	20	14	50	1	3
한국	27	97	25	105	87	44	13	18
중국	91	126	136	87	100	119	59	47

자료 : 세계은행, 2006년 기업활동보고서, 2005. 9.

(2) 영어사용의 적극권장

싱가포르가 아시아뿐만 아니라 세계적인 금융중심지가 된 데는 영어를 공용어로 사용하는 것

8) 세계적으로 유례를 찾기 힘든 강성노조가 건재하는 한 기업하기 좋은 국가가 되기는 어렵다. 국내사업을 포기하고 해외로 나가는 국내기업들은 물론이거니와 모토롤라, 레고 등 국내에 진출했던 외국기업들이 한국을 떠나는 것도 그 주된 요인이 강성노조에 있음은 주지의 사실이다. 이러한 강성노조로 인해 기업활동의 핵심인 고용과 해고를 자유롭게 할 수 없는 것이 현실이고 보면 효율적인 기업경영은 어렵다고 할 수 있다. 따라서 금융허브의 구축을 위해서는 기업하기 좋은 국가를 구축해야 하는 데 이는 각종 규제의 철폐와 더불어 노동시장의 유연성을 신속히 제고시킴으로써 가능하게 된다.

이 크게 작용했다고 언급하면서 상하이 및 베이징 시민들의 영어구사력도 급속히 향상되고 있음을 지적하였다. 이에 비해 서울은 여전히 이들 경쟁도시에 비해 영어구사력이 뒤처지고 있다. 따라서 영어의 제2 공용어 지정을 검토할 만하며 영어교육여건을 강화시키기 위해 더욱 많은 원어민 교사들을 확보하여야 한다.

(3) 도시계획 및 교통기반시설 개선

신공항의 위치가 서울에서 너무 멀리 떨어져 있으며 다른 시장과의 연결성 및 입출국시의 용이성 등에서 홍콩이나 싱가포르에 비해 뒤떨어져 있다. 서울도심과 공항을 연결하는 전용고속철도의 건설이 필요하다.

(4) 외국인 생활여건의 개선

금융허브가 되기 위해서는 선진화된 기업환경뿐만 아니라 기업인과 그 가족의 삶의 질을 높일 수 있는 생활환경 조성, 즉 외국인이 생활하기에 편리한 여건(외국인에 대한 배타적 국민감정의 개선, 생활편의 시설의 향상 등)이 형성되어야 하며 국내 외국인학교의 과다한 수업료도 개선되어야 한다. 또한, 고급비즈니스 인력에 대해 비자 및 체류기간 우대조치도 필요시된다.

〈표 12-11〉 동아시아 주요 도시의 생활환경 비교

	홍콩	싱가포르	상하이	한국
주거 · 생활비	×	△	△	△
교육환경	●	●	△	△
의료서비스	●	●	×	△
위락시설 · 삶의 질	●	●	×	△

주 : ● 매우 높음, ○ 높음, △ 보통, × 나쁨
자료 : 현대경제연구원, 허브한반도, 2003.

3.3 개방적 사고로의 전환

동북아 금융중심지가 되기 위해서는 우리사회의 의식개혁을 위한 노력도 긴요하다고 할 수 있다. IMF관리체제 이후 그동안 많은 개선이 있었지만 아직도 주요 국가시책의 입안 및 시행과정에 있어서 폐쇄적인 연고주의 및 집단적 이기주의가 성행하고 있다. 선진화된 사회의 성숙한 일원으로서 자리잡기 위해서는 개방적이고도 유연한 자세로 세계표준(global standard)에 적합한 사고의 틀을 형성해야 한다. 한편, 우리가 세계적 수준의 금융허브가 되기 위해서는 이로 인해 향유할 수 있는 경제적 혜택에 대한 국민의 이해가 제고되어야 하는데 이에 대한 정부의 노력은 아직은 충분하지 않다고 평가할 수 있다. 따라서 이에 대한 적극적인 정부의 대국민 홍보가 이루어져야 하며 이렇게 될 때 국민의 전폭적인 지지와 참여를 유도할 수 있다.

다수의 국제경제전문가들은 한국의 경제발전은 이제 전환기적 상황에 직면해 있음을 지적하고 있다. 다수의 국가들이 경제발전과정에 있어서 국민소득이 일단 1만달러에 도달한 국가는 그 추진력과 탄력에 의해 2만달러에 수월하게 이르렀음을 알 수 있다. 예를 들면, 일본의 경우 7년여 만에 1만달러에서 2만달러로 도약하였으며, 홍콩과 싱가포르도 10년 내에 1만달러에서 2만달러의 도약을 이루었다. 우리의 경우 지난 1994년에 처음으로 1만달러를 넘었지만 9년째 1만달러선에 머물러 있다. 1만달러 문턱에서 도약에 실패한 국가의 경우 실패의 가장 중요한 요인으로 국익의 소재파악과 추진력 상실을 지적할 수 있다. 우리의 경우에도 칠레와의 FTA 비준이 네 번의 시도 끝에 통과되기는 하였으나 국회가 세 번이나 비준 연기를 한 사례는 국익을 망각한 집단적 이기주의의 대표적 사례로 지적할 수 있다.

이제 우리는 선진개도국에서 선진국으로 진입해야 하는 전환기적 상황을 맞이하고 있다. 중진국에서 선진국으로의 도약은 과거 그 어떤 경제발전경험보다도 어려운 과제가 될 것임은 자명하다고 할 수 있다. 무엇보다 국익을 추구하는 데 있어서 국민정서의 대승적 결합이 필요하다. 반대의견과 토론을 허용하는 민주적 의사결정 과정을 확립하고 도출된 결론을 전폭적으로 수용하는 국민정서를 확립해야 한다. 갈등적이고도 전투적인 이분법적 논쟁을 지양하고 진정한 국익을 추구하는 냉철하고도 합리적인 의사결정이 반드시 이루어져야 한다. 이를 위해 사회의 다양한 계층간 갈등구조를 해소하기 위한 효율적인 사회구조적 채널을 구축할 필요가 있다.

제4절 평 가

동북아지역의 핵심국들인 한국, 일본, 중국은 지난 50여년간 시기별로 상이하기는 하나 유례없는 고도성장을 하면서 NAFTA, EU와 더불어 당당히 세계경제의 3대 축으로 부상하고 있다. 일본은 1980년대 이후 세계 2위의 경제대국으로서 확고한 위치를 차지하고 있으며 한국은 세계 12위의 경제대국이자 무역대국이고 1990년대 이후 비약적인 경제성장을 시현하고 있는 중국은 세계 5위의 경제대국이 되었다. 이처럼 동북아 지역은 경제규모뿐만 아니라 역내교역과 투자가 지속적으로 확대되고 있어 금융수요도 급속히 증가하고 있다. 그러나 아직 이러한 금융수요를 감당할 역내금융중심지가 구축되고 있지 않는 실정이다.

따라서 동북아지역의 역동적인 경제활동을 효율적으로 뒷받침하기 위한 금융중심지의 구축이 그 어느 때보다 긴요한 시점이라고 할 수 있다. 한국은 지리적 여건, 금융시스템, IT 등 사회인

프라 등에 있어서 일본 및 중국보다 유리한 장점을 보유하고 있어서 상대적으로 동북아 금융중심지가 되기 위한 유리한 조건을 가지고 있다고 평가할 수 있다. 그러나 국내외 경제분석기관이 국제금융전문가들을 대상으로 실시한 설문조사에 따르면 동아시아의 역내 경쟁국에 비해 여러 부문에서 뒤떨어지는 것으로 나타났다. 이들의 지적을 참고로 하여 우리가 열세에 있는 부문을 지속적으로 개선해 나갈 때 금융중심지로서의 입지가 강화된다. 전술한 발전전략과 과제를 구체적으로 실행하기 위해 국가의 전역량을 결집시켜야 한다. 이렇게 될 때 금융 및 금융외적 인프라의 선진화를 이루게 되어 한국이 동북아의 금융중심지로 발전해 나갈 수 있는 기반이 확립될 것으로 판단된다.

제3편

국내 금융기관의 해외진출 동향과 전략

제 13 장

국내은행의 해외진출 현황과 전략

국내은행이 치열한 국내시장을 넘어 새로운 블루오션(blue ocean)인 해외시장으로의 진출을 확대하고 있다. 특히, 중국을 중심으로 한 아시아 신흥시장(emerging market)에 대한 진출이 활성화되고 있다. 예를 들면, 홍콩에는 '홍콩우리투자은행'이 설립되었으며 베트남에는 '신한비나은행'이 탄생하였다.

외환위기(foreign exchange crisis) 이후 은행의 해외진출이 크게 위축되었으나 최근 국내은행의 수익률이 개선되고 신흥시장이 급속히 성장함에 따라 국내은행들이 새로운 성장동력을 발굴하기 위해 해외진출을 적극적으로 모색하고 있는 상황이다.

은행의 해외진출은 국제경쟁력(international competitiveness)을 제고시키고 사업영역을 다각화할 수 있다는 점에서 긍정적으로 평가할 수 있다. 그러나 해외시장에 대한 정밀한 분석과 차별화된 전략(precise analysis about overseas market and differentiated strategy)으로 해외진출을 실행해야 한다. 외환위기 시에도 '세계화'(globalization) 흐름속에 종금사 등 다수 금융기관이 해외에 진출하였으나 큰 손실만 입은 소중한 경험을 잊어서는 안 된다.

국내은행의 해외진출 필요성, 해외진출 현황 및 전략을 분석한 금융지 게재 보고서를 중심으로 살펴본다.[1)]

1) 전국은행연합회, 금융, 2007. 3. pp. 23~31 요약 · 재구성

제 1 절 국내은행의 해외진출 추진 배경

국내은행이 최근 들어 적극적으로 해외진출을 도모하는 배경으로 다음 4가지를 지적할 수 있다.

1. 해외진출 추진역량의 축적

국내은행의 경쟁력이 향상됨에 따라 해외진출을 추진할 만한 역량이 축적되었다. 외환위기 이후 두 차례에 걸친 구조조정(structural arrangement)과 합병으로 국내은행들의 규모와 경영효율성이 크게 개선되었다. 즉, 국내은행의 2005년 당기순이익 합계가 13조원을 상회하는 등 최고의 영업실적을 거두고 있다.

2. 신규 수익원 창출

은행입장에서 성숙단계에 이른 국내시장을 탈피한 새로운 수익원 창출이 필요하다. 국내은행들은 최근 대기업 대출수요의 감소, 부동산 대출 규제, 외국계 은행과의 경쟁심화 등으로 인해 지속적으로 성장하는 데 있어 난관에 직면해 있다.

은행 예대금리차 : 2.93%(2001년 12월) → 2.11%(2004년 12월) →1.59%(2006년 12월)

또한, 영업시장이 한국에 집중됨에 따라 국내 경기부침에 따른 수익저하 위험에 크게 노출되어 있는 실정이다. 총이익 중 해외 영업이익 비중을 살펴보면 2005년 기준 국내 시중은행의 경우 해외 영업이익 비중이 평균 0.01%인 반면, 세계 40대 은행은 29.8%에 이르고 있다.

3. 아시아 신흥개발국 금융시장의 성장

아시아 신흥개발국 금융시장이 성장하면서 국내은행들에게는 새로운 사업기회(new business opportunity)가 되고 있다. 최근 중국을 중심으로 베트남, 인도 등 아시아 신흥개발국이 급속히 성장하고 있으며 이에 따른 금융수요(financial demand)도 급증하고 있다. 아시아 신흥시장의 성장은 국내은행들이 글로벌 금융기관(global financial institution)으로 도약하는 데 크게 기여할 것으로 판단된다.

〈표 13-1〉 신흥개발국 경제성장률 추이

(단위 : %)

	2001	2002	2003	2004	2005
중국	7.5	8.3	9.5	9.5	9.5
베트남	6.9	7.1	7.3	7.7	8.4
인도	5.8	4.0	8.5	9.6	8.1
한국	3.8	7.0	3.1	4.6	4.0

4. 동북아 금융허브 전략의 추진

은행의 해외진출은 동북아 금융허브(Financial Hub in Northeast Asia) 전략의 한 축으로써 매우 중요하다. 한국이 동북아의 금융허브로 부상하기 위해서는 외국금융기관의 국내진출과 함께 국내금융기관의 해외진출도 활발하게 이루어질 때 가능하게 된다.

제 2 절 국내은행의 해외진출 현황

국내은행의 해외진출 현황에 대해 살펴보면 해외점포 수는 2003년 이후 정체되는 양상을 보이다 2006년에는 다소 증가하였으며 지역적으로는 아시아 집중 현상이 현저하게 나타났다.

국내은행 해외점포 진출 추이(개) : 108(2003년) → 108(2004년) → 109(2005년) → 113(2006년)

〈표 13-2〉 국내은행 해외점포 진출 추이

(단위 : 개(비중, %), 2006년말 기준)

구분	아시아							북미	유럽				기타	합계
	중국	일본	홍콩	베트남	싱가포르	기타	계	미국	영국	독일	기타	계		
영업점	19	10	10	6	5	9	59	12	7	2	4	13	9	93(82)
사무소	4	1	1	2	0	1	9	2	0	2	1	3	6	20(18)
계	23(20)	11(10)	11(10)	8(7)	5(4)	10(9)	68(60)	14(13)	7(6)	4(4)	5(4)	16(14)	15(13)	113

주 : 외환(26), 우리(18), 수은(16), 신한(16), 산은(14), 기은(9), 하나(7), 국민(6), 농협(1) 순임

또한, 해외점포의 총자산이 지속적으로 증가하고 있고 당기순이익 역시 2003년 하반기 이후 계속해서 증가되고 있어 영업여건도 호전되고 있는 것으로 판단된다.

해외점포 총자산 추이(억 달러) : 254(2002년) → 266(2003년) → 275(2004년) → 276(2005년) → 320(2006년 6월)

〈표 13-3〉 국내은행 해외점포 영업 현황

(단위 : 백만 달러)

	2003		2004		2005		2006
	상반기	하반기	상반기	하반기	상반기	하반기	상반기
당기순이익	-51	72	184	182	204	196	226

제 3 절 국내은행의 해외진출 문제점

전술한 외형 측면의 성장에도 불구하고 국내은행의 해외진출은 다음 3가지 문제점을 가지고 있다.

1. 규모, 전문성, 해외진출 경험의 부족

국내은행은 규모 측면, 해외운용 점포 수 등 기준으로 선진국 은행에 비해 크게 열세에 있다. 대형 투자은행(IB)과 비교하여 인수합병(M&A) 등 전문성 측면도 미흡한 실정이다.

2. 현지화 경영의 미흡

현지화(localization) 경영이 미흡하여 장기적 성장에 장애요인이 되고 있다. 국내은행의 해외점포는 자금의 조달 및 운용, 고용 등 모든 측면에서 현지화가 미흡한 채로 국내기업 현지지점, 교포 대상 영업에 치중하고 있는 형편이다.

국내은행 해외점포 전체 영업점의 현지 자금조달 비중은 2005년말 기준 56.2%로 국내 외국계은행(자산 상위 5개 지점) 66.1%에 비해 낮은 수준이며 전체 대출채권과 유가증권 중 현지운용 비중은 15.4%로 역시 국내 외국계은행의 88.0%에 비해 크게 낮다. 또한, 현지직원 채용비중

(2005년말 기준)이 52.4%로 국내 외국계은행의 97.5%에 비해 크게 미흡하다.

3. 진출 지역 편중에 따른 리스크 심화

일부 지역에 편중된 진출로 인해 리스크가 심화되고 있다. 최근 해외투자에 있어 중국, 베트남 등 특정국가 편중현상(herd behavior)에 대한 우려가 제기되고 있다. 은행의 경우에도 전체 해외점포 중 60%(68/113)가 아시아 지역에 집중되어 있다.

아시아 신흥시장(emerging market) 위주의 해외진출은 단기적으로 수익성이 높을 수도 있으나 신흥시장의 특성상 고위험(high risk)이 존재한다는 점을 간과할 수 없다. 특정지역 편중에 따른 위험은 크게 3가지 측면에서 파악할 수 있다.

3.1 Liquidity 측면

해외자금 현지중시 유입둔화 및 유출반전시 주가가 급락할 수 있다.

3.2 Valuation 측면

일시적 과도한 유동성 유입으로 주가가 오버슈팅(overshooting)할 수 있다.

3.3 Regulation 측면

해당국 정부의 정치적 사변 및 규제로 가치가 급락할 수도 있다.

〈표 13-4〉 총자산 · 기본자본 기준 세계은행 순위(2005년말)

(단위 : 억 달러)

기본자본 기준		총자산 기준	
① Citigroup	(794)	① Barclays Bank	(15,915)
② HSBC Holdings	(744)	② UBS	(15,676)
③ Bank of America	(740)	③ Mitsubishi UFJ	(15,085)
④ JP Morgan Chase	(725)	④ HSBC Holdings	(15,020)
⑤ Mitsubishi UFJ	(639)	⑤ Citigroup	(14,940)
㉛ 국민	(115)	⑳ 국민	(1,808)
㊲ 우리	(71.7)	㊾ 신한	(1,590)
㊳ 신한	(71.6)	⑩ 농협	(1,310)

제 4 절 국내은행의 해외진출 전략

국내은행들은 해외진출 경험과 인력수준, 시스템 등 모든 면에서 선진금융기관보다 열세에 있기 때문에 경쟁이 가능한 비교우위(comparative advantage) 분야의 틈새시장(niche market)을 개발해야 한다. 따라서 국내은행들이 해외진출을 추진함에 있어서 우리은행들의 강점 및 기회요인, 그리고 약점 및 위협요인에 대한 철저한 분석이 요구된다.

1. SWOT 분석

1.1 강점

국내은행의 강점으로 외환위기 극복 이후 국내은행이 체질개선에 성공한 점을 지적할 수 있다. 외환위기 이후 경기회복, 신용관리시스템(credit management system) 개선 등으로 인해 수익성이 대폭 향상되었으며 국내은행의 기존 해외점포 영업실적도 지속적으로 개선되고 있다. 또한, IT 기술을 기반으로 한 우수한 전산시스템도 국내은행의 강점이 되고 있다.

ROA : 1.41(한국, 2006년 6월), 1.40(미국, 2006년 3월)
BIS비율 : 13.1(한국, 2006년 9월), 12.6(미국, 2006년 12월)

1.2 약점

약점으로는 국내은행이 선진 금융기관에 비해 자금력, 해외진출 경험 및 전문성 측면에서 열세라는 점을 지적할 수 있다. 따라서 충분한 정보 및 구체적인 투자전략 없이 해외에 진출하는 경우 현지 리스크에 그대로 노출될 가능성이 큰 편이다.

1.3 기회

기회로는 중국, 동남아, CIS 등 주요 진출대상 국가들이 고성장세를 지속하고 있어 국내 금융산업의 블루오션(blue ocean)이 될 수 있다는 점을 지적할 수 있다. 더욱이 개발도상국들은 경제개발에 성공한 경험이 있는 우리의 경제 · 금융 시스템을 높이 평가하고 있어 국내금융기관이 틈새시장을 공략하는 데 유리하게 작용할 수 있다.

1.4 위기

위기로는 중국, 베트남 등 특정지역 편중현상이 심화되고 있다는 점이다. 해외 진출 포트폴리오가 특정국가에 편중될 경우 이들 국가에 국한된 리스크 요인이 국내은행 전반에 지대한 악영향을 미칠 가능성이 존재하게 된다. 또한, 현지의 법규·감독 시스템이 상이하며 외국 금융기관에 대한 차별적 규제가 존재하는 점에 대해서도 유념해야 한다.

〈표 13-5〉 국내 금융기관의 해외진출 SWOT 분석

강점(Strength)	약점(Weakness)
· 국내 금융기관의 체질 개선 · 외환위기 극복 노하우 · 소매금융 서비스·자산운용 등 경쟁력 · IT 기술 기반의 우수한 전산시스템 · 아시아 지역 한류(韓流) 열풍 · 제조업의 브랜드 파워(삼성, 현대 등)	· 해외진출경험, 인력, 시스템 미비 · 기업금융·투자은행 업무 경쟁력 취약 · 자금조달능력 상대적 열세 · 차별화된 전략·서비스 미흡 · 투자기회 관련 정보의 취약
기회(Opportunity)	**위협(Threat)**
· 중국 등 아시아 금융시장 급성장 · 개발도상국에서 서구식제도 도입보다 우리의 경험이 유리 · 개발도상국 금융인프라 수요 급증	· 글로벌 금융그룹과의 경쟁 심화 · 중국(화교경제) 영향력 팽창 · 특정지역(아시아 개발도상국) 확대집중에 따라 해외시장 변동 위험에 노출 · 현지 감독·인허가 행정상 차별 존재

2. 진출전략

SWOT 분석 결과를 토대로 국내은행의 바람직한 해외진출 전략을 다음 7가지 측면에서 살펴본다.

2.1 은행별로 해외진출 전략의 차별화

현재는 대부분의 해외점포가 현지교포 및 현지 국내기업 대상 영업에 치중하고 있는 실정이다. 그러나 국내은행간 과당경쟁을 피하고 국가차원의 시너지를 극대화하기 위해서는 각 은행들이 경쟁우위(competitive advantage)를 가질 수 있는 분야를 중심으로 특화된 진출 전략을 구사할 필요가 있다.

업무영역 특화에 성공한 사례로 '호주 맥쿼리은행'을 지적할 수 있다. 맥쿼리은행은 대규모 투자은행의 참여가 상대적으로 적은 부동산, 사회간접자본(SOC) 투자를 특화하였다. 동 은행은

현재 SOC 투자의 전문은행으로 세계적인 명성을 얻고 있으며 비영미계 은행이라는 한계에도 불구하고 아시아 최대 투자은행으로 도약하는 성과를 거두었다.

2.2 해외진출에 있어서의 단계적 접근

초기에 강점을 갖고 있는 분야에 교두보를 확보하고 이후 점차적으로 업무영역을 확대할 필요가 있다. 이와 관련하여 국내은행의 경우 초기에는 상품개발, 서비스 등에서 상대적으로 경쟁력을 갖고 있는 소매금융에 집중하는 것이 바람직하다. 이는 현재로는 자금조달 비용(financing cost), 글로벌 서비스(global service) 등에서 세계적 은행들과 경쟁하기 어려운 것이 사실이기 때문이다. 그러나 현지인 대상 소매금융에 대해서는 고객중심의 서비스 제공으로 충분히 경쟁할 수 있을 것으로 판단된다. 소매금융을 통해 현지에서의 영업력을 확보한 이후에는 현지에서 구축한 네트워크와 신뢰를 기반으로 기업금융 및 IB(Investment Banking) 업무 등으로 업무영역을 확대할 수 있다.

2.3 특정지역 편중현상(herd behavior)에 대한 방지 대책

이를 위해서는 선진국과 개발도상국에 대해 차별화된 진출전략을 수립해야 하며 개발도상국별로도 성장 예상분야에 따라 진출전략을 다변화할 필요가 있다.

(1) 선진국

선진국 해외점포는 재원조달, 자산운영, 선진금융기법 전수 등 금융기관의 자체역량 강화에 중점을 두고 운영하는 것이 바람직하다. 구체적으로 본사의 경영현안 이슈 해결을 위한 정보조사, 직원연수 프로그램, 해외 포트폴리오 투자 및 리스크관리 등이 선진국 해외점포의 주요 업무가 된다.

(2) 개발도상국

개발도상국의 점포는 현지사정에 적합한 투자전략을 수립하여 국내은행이 이윤을 창출하는 기회로 활용될 수 있다. 이를 지역적으로 세분화하여 살펴보면 다음과 같다.

① 신흥개발 국가군

중국, 베트남, 인도 등 국내기업이 많이 진출하고 있는 국가는 국내기업 진출을 지원하는 할부금융, 리스(lease) 등 기업금융(corporate finance)에 초점을 둘 수 있다.

② 자원개발 국가군

러시아, 카자흐스탄, 인도네시아 등 부존자원이 풍부한 국가는 자원개발 펀드(resource

development fund) 등 자원개발을 위한 금융상품을 특화할 수 있다.

③ 신흥 자원부국군

최근 오일달러(oil dollar)를 통해 많은 인프라를 건설하고 있는 중동국가는 프로젝트 파이낸싱(project financing)을 고려해 볼 수 있다.

④ 저소득 아시아 국가군

캄보디아, 몽고 등 이제 산업화(industrialization)를 시작한 국가는 공공 · 민간협력을 통한 인프라 구축 및 컨설팅을 통해 향후 수익기반을 선점하는 노력이 필요하다.

2.4 다양한 진출방식의 활용

소규모 지점 위주 진출을 탈피하여 진출대상 국가의 현지 여건 · 환경 및 자사의 역량에 따라 다양한 진출방식을 활용해야 한다. 예를 들면, 현지시장에 대한 정보 획득, 네트워크 형성 등 현지화 전략(localization strategy)을 추진해 온 금융기관의 경우 독자적인 경영관리가 가능한 단독투자 방식이 유리하다. 또한, 지분매입 방식의 경우 적은 투자비용을 통해 현지 보험시장에 진출하여 현지시장의 현황 및 영업환경 등을 살펴본 후 투자규모를 점진적으로 증가시킬 경우 유리하며 인수합병(M&A) 방식 및 합작 방식 진출은 현지 감독기관의 외국계에 대한 차별적 규제를 회피할 수 있다는 장점이 있다.

다만 현지기반이 취약한 지역의 경우 지점증설보다는 현지법인 지분매입, M&A 형식의 해외진출이 더욱 효과적일 것으로 판단된다. 이는 현지 은행과의 제휴나 M&A는 네트워킹의 취약성과 신용정보(credit information)의 부재 등을 보완해 주며 현지 감독기관의 규제를 회피하는 수단으로써도 활용이 가능하기 때문이다. 합작방식의 경우 현지기반 마련에는 기여할 수 있으나 경영관리, 의사결정 및 이윤 이전(profit transfer) 등의 측면에서 취약할 것으로 예상된다.

M&A 방식의 성공사례로는 국민은행의 '인도네시아BII은행' 인수사례를 지적할 수 있다. 국민은행은 2003년 인도네시아 공적자금이 투입된 BII은행을 컨소시엄 구성방식을 통해 인수하였으며 2년 11개월 만에 925억원의 평가이익을 달성하는 성과를 거둔 바 있다.

2.5 철저한 현지화 전략 추구

한국계 기업 및 교민을 대상으로 하는 국지적 영업을 탈피하여 새로운 시장과 고객을 개척하는 전향적 자세전환이 필요하다. 우선 인력의 현지화를 위해 국내직원 현지파견을 지양하고 현지금융전문가를 적극적으로 채용해야 하며 국내직원 중 지역전문가(regional expert)도 육성해야 한다. 3~5년 주기로 해외근무자를 교체하는 현행 시스템을 탈피하여 장기간 국외에서 근무할 수 있도록 인사제도를 개선하고 인센티브를 제공할 필요가 있다.

또한, 영업의 현지화를 위해 현지 시장상황 및 고객니즈(customer needs)에 맞는 상품과 서비스를 개발하여야 한다. 특히, 현지 대중 소매시장을 목표로 한 '신금융상품', '신금융서비스', '신판매경로'를 개발해야 한다.

비록 분야는 다르나 유통부문에서 이마트가 세계적인 유통회사인 월마트(Wall-Mart), 까르푸(Carrefour)와의 경쟁에서 살아남은 것은 국내 소비자들의 소비행태를 파악한 차별화된 서비스 때문이었음을 인식할 필요가 있다.

2.6 금융기관간 상호협력 강화

해외진출 경험이 절대적으로 부족한 상황에서 각 은행이 독자적으로 해외진출을 추진하게 되어 중복투자 문제가 발생하고 있다. 금융기관 입장에서 어렵게 획득한 정보를 경쟁회사와 공유하는데 대해 공감하지 않을 수도 있다. 그러나 국내와 해외의 영업환경이 상이하다는 점을 인식해야 한다. 해외금융기관과 경쟁하기 위해서는 국내 금융기관간 연합전선을 형성할 필요가 있다. 은행들이 대승적 차원에서 현지 시장조사결과, 법규, 감독행태 등의 정보를 공유한다면 개별은행에도 도움이 되고 국가적 차원에서도 비용낭비를 축소시킬 수 있는 윈-윈 게임(win-win game)이 된다.

이와 함께 각 금융기관의 담당구역을 정하고 업무영역을 특화하여 지역 및 업무편중을 해소하기 위해 노력해야 한다. 해외진출에 있어 경쟁상대인 일본 금융기관의 경우 간사은행의 교통정리를 통해 은행 상호간 협업 및 분업이 활발한 실정이다.

해외진출 우수사례(Best Practice)를 발굴 · 공유하는 노력도 중요하다. 선진 금융기관의 해외진출 노하우(know-how) 및 국내 선도기관의 해외진출 경험을 벤치마킹(benchmarking)함으로써 그만큼 시행착오(trial and error)를 감소시킬 수 있다.

2.7 은행 자체적인 리스크관리 강화

은행들의 해외진출이 실패한 배경에는 리스크관리 실패(failure in risk management)가 존재하였다. 과거 종금사들이 해외진출에 실패한 이유는 단기외채를 차입하여 동남아 등지에서 투자를 하는 과정에서 적절한 리스크관리가 되지 않았기 때문이었다.

은행 본사 차원의 리스크관리시스템을 확립하고 해외 점포에 대한 엄격한 관리감독을 시행해야 한다. 또한, 해외진출 결정에 앞서 투자지역의 위험도, 투자위험(investment risk)에 대한 자체 현지 모니터링도 철저하게 이루어져야 할 필요가 있다.

제 14 장

BRICs 금융시스템 현황과 진출전략

제 1 절 BRICs 국가들의 금융시스템

1. 브라질 금융시스템

브라질 금융시스템은 크게 규제·감독기관과 일반 금융기관들로 구성되어 있으며 전통적으로 공적 금융기관에 의해 주도되어 왔다. 규제 및 감독기관으로는 브라질 중앙은행(Central Bank of Brazil), 증권거래위원회(Securities and Exchange Commission), 민간보험감독위(Private Insurance Superintendency), 보험보조사무국(Complementary Pension Secretariat)이 있다.[1)]

브라질의 금융산업은 최근 수년간 민영화(privatization) 및 합병(merger)이 진행되면서 금융시스템의 현대화 및 효율성(modernization and efficiency of financial system) 측면에서 발전하여 왔다. 국내 및 해외 대규모 은행들은 그동안 브라질 내 국내은행과의 합병을 통하여 통합금융기관으로의 형태를 구축하였다. 이에 따라 브라질 상업은행들은 남미금융기관 중 가장 건전한 재무구조와 높은 수익성을 갖춘 은행들로 성장하게 되었다. 상위 50대 은행들 중 50%가 외국소유은행이거나 합작은행들이다.

한편, 브라질 정부는 대규모 은행의 탄생과 함께 중소규모 은행들의 경쟁력을 제고시키기 위

1) 브라질에는 현재 약 100여개의 상업은행이 활동하고 있다. 이 중 40여개의 은행은 1억 달러 이상의 예치금을 보유하고 있다. 또한, 15개의 개발은행과 5개의 공공저축·대출은행, 20개의 투자은행, 그리고 800여개의 금융중개기관(financial intermediaries)이 있다(전국은행연합회, 금융, 2006. 10. pp. 21~31 요약·재구성).

한 노력을 지속하였으며 현재 이들 중소규모 은행의 역할이 증대될 것으로 예상된다. 또한, 정부의 금융부문 민영화 방침은 향후 금융산업의 효율성 제고에 지대한 기여를 하게 될 것으로 기대된다.

1.1 증권부문

(1) 주식

상파울루 증권거래소(Bovespa)는 2000년 브라질 9개 증권거래소들의 합병으로 설립되어 최근 연속 거래량이 증가하고 주식가격이 상승하는 등 활성화되고 있다. 시장거래량 규모는 남미 국가 중 최대 규모이며 2004년말 기준 1,000억 달러 규모로 전년 대비 50% 이상 증가하였다. 증가요인은 경제활성화(econimic vitalization)와 함께 기업들의 활발한 기업공개활동에 기인하였다. 2004년 11월에는 상파울루와 멕시코 증권거래소의 통합작업을 추진하여 양 국가 주식을 자유롭게 매매할 수 있도록 하고 있다. 선물 및 옵션시장은 브라질의 불확실한 경제환경으로 변동성이 큰 관계로 거래가 활발하게 이루어지고 있다. 상파울루 선물시장은 거래규모로 세계 5대시장에 속하고 있으며 거래상품은 통화 및 금리스왑 상품거래가 활발하다.

(2) 채권

채권시장의 경우는 여전히 국고채 중심으로 회사채발행 규모는 작으며 만기구조도 주로 단기가 대부분이다.

1.2 보험부문

보험업은 그 규모가 아직까지 미미하나 최근 급성장을 보이고 있다. 1996년 외국보험사의 진입이 허용된 이후 미국의 ITT Hartford International, 이탈리아의 Generali 등 대형 보험사들이 잠재성장성을 기대하고 진출하였다.

1.3 기타부문

자산운용 및 연기금 부문 역시 시장규모가 작지만 최근 정부의 혁신정책 등에 힘입어 향후 성장세를 보일 것으로 기대된다.

2. 러시아 금융시스템

러시아의 금융시스템은 1998년 금융위기(financial crisis) 이전까지만 해도 사회주의 금융시스템 답습으로 그 구조가 취약하였다. 금융위기 이후 러시아 중앙은행은 은행도산을 최소화하기 위하여 주력한 결과 소수의 중소은행들만 폐쇄되었다. 이후 지난 수년간 견고한 성장률과 함께 금융부문의 중개기능도 크게 발전하였다. 그러나 그 절대적 · 상대적 규모에 있어서는 아직까지 낮은 수준으로 평가할 수 있다. 2004년말 국내총생산(GDP) 대비 은행자본금 규모는 6%(자산규모는 GDP 대비 42%)로 선진국들에 비하여 현저히 낮은 수준을 나타내고 있다.

2.1 은행부문

(1) 개관

은행 수의 경우 2005년 기준 1,200여개에 이르고 있으나 실제로 은행 업무를 수행할 수 있는 적정자본금 규모 이상의 은행 수는 200개를 조금 넘는 규모이고 나머지는 거의 지역금고 수준의 은행들에 불과한 실정이다. 고객들도 은행소유 모회사 기업들인 경우도 있으며 업무도 예금업무만 담당하는 은행들도 많은 편이다. 외국계 은행의 참여 정도는 참여지분 제한은 없으나 아직까지 전체 은행 수의 3% 정도로 미약하며 주로 소재지는 Moscow와 St. Petersburg에 집중되어 있다.

〈표 14-1〉 러시아 은행 통계

(단위 : 연말기준, Rb십억)

구 분	2001	2002	2003	2004	2005
면허은행(개)	1,276	1,282	1,277	1,249	1,205
자본금Rb300 백만 이상 은행	133	170	208	234	243
총 예금	516	754	1,235	1,789	2,671
민간예금	115	134	206	254	351
총 외화예금	455	608	689	864	1,155
총 여신(loan)	973	1,284	1,927	3,012	4,220
기업여신	822	1,057	1,542	2,308	2,962
총 외화여신	495	745	983	1,216	1,779
총 여신(%/GDP)	16.4	18.8	22.0	24.9	27.7

자료 : Central Bank of Russia, Country Profile 2006, The Economist Intelligence Unit

(2) 은행구조

은행구조는 아직까지 정부은행의 독점체제(monopolistic system)를 유지하고 있다. 시장지배구조(은행별 자산현황 기준) 상황(2004년말 기준)을 보면 이전 소비에트 저축은행인 Sberbank(28%)와 소비에트 대외무역은행 Vneshtorgbank(VTB)의 비중(6%)이 여전히 높게 나타나고 있다. 연방 또는 지역정부가 20개 이상의 은행에 지분을 보유하고 있는데 이들 은행이 일반 예금의 70%, 대출의 40%를 차지하고 있다(Sberbank에서 총 기업여신의 30%를 차지). 또한, 다수의 은행을 국영기업이 소유하고 있다. 이에 따라 다수의 지역은행들은 지역정부 또는 모회사 국영기업의 지원으로 독점적 시장지위(monopolistic market status)를 점하고 있다. 따라서 은행의 민간투자에 대한 자금공급 비중은 5%에 불과하고 주로 공공부문에 대한 자금공급이 주요 기능이다.

〈표 14-2〉 은행별 구성 현황(2004년말 기준)

(단위 : %)

구 분	Sberbank	4대 국유은행[1)]	5대 은행[2)]	30대 은행
총 자산	28	40	43	66
총 여신	30	38	44	-
총 예금	42	52	54	72
가계예금	60	67	68	79
총 은행(개)	1,299	-	-	-
국유은행	6	-	-	-
외국소유은행	32	-	-	-

주 : 1) Sberbank, VTB, Gazprombank(Gazprom그룹소유), Bank of Moscow
2) 4대 은행 + Alfabank

자료 : Central Bank of Russia, 'Russian Federation : Selected Issues' 2005. 11., IMF

Sberbank의 경우 보유지점 수가 러시아 2위 상업은행보다 500배나 많이 가지고 있다. 이 같은 국유은행 독점체제의 은행구조는 수년 내에 변동이 없을 것으로 보인다. 2005~2008 은행전략보고서 상에도 2006년까지 상업은행 부문에서 국유은행의 비중을 감소시키고자 하는 절차 내용을 포괄하고 있으나 은행제도에서 정부의 지배권은 지속적으로 유지하는 원칙을 포함하고 있다. 동 보고서의 주요 내용은 5가지(① 은행부문의 경쟁력 제고, ② 금융중개기능의 효율성 제고, ③ 채권자 보호, ④ 은행의 업무분장과 개별은행의 투명성 제고, ⑤ 금융부문의 공적 신뢰도 제고)로 집약된다.

(3) 개혁조치

최근 예금보험제도(DIS : Deposit Insurance Scheme), 국제금융보고기준(IFRS : International Financial Reporting Standards)의 도입과 은행도산법 개정, 관료주의(bureaucratism) 철폐 등 일련의 개혁조치 추진으로 중장기적으로는 은행산업의 경쟁과 투명성(transparency)이 제고될 것으로 보인다. 2004년 도입된 예금보험제도의 목적은 3가지(① 금융기관 신뢰증대, ② 민간 및 국영은행의 역할 분담, ③ 안전한 은행시스템 구축)에 있다. 따라서 재정적으로, 윤리적으로 건전하지 않은 은행이 예금업무를 더 이상 할 수 없도록 함으로써 비건전 은행들을 제거하여 전체 은행 수를 감소시키고자 하는 것이다. 은행 부문에서 중소은행들의 이탈과 합병을 통한 견고화 작업과 규모의 경제(economies of scale)를 위한 효율성 제고 작업은 향후 불가피하게 발생할 것으로 보인다.

2.2 증권부문

(1) 주식

러시아 주식시장은 1995년 설립된 RTS 증권거래소를 중심으로 통합되어 있다. 최근 시장이 급성장하여 2001~2004년 기간 중 세계적으로 가장 높은 성장을 한 시장 중의 하나로 기록되었다. 2005년 중에는 더욱 성장하여 2005년 말에서 2006년 3월 말까지 1분기 동안 시가총액 규모가 1,500억 달러 증가하였다. 이에 따라 2006년 1분기 주식시장 시가총액 규모는 2004년말 GDP 대비 40%에서 80%로 급성장하였다. 이 같은 주식시장의 발전은 민영화(privatizaticn) 추진과 함께 러시아기업들의 기업공개(IPO) 활동의 활발함과도 연결되어 동 부문의 성장 가능성을 나타내고 있다.

(2) 채권

채권시장은 상대적으로 소규모(국채 370억 달러, 회사채 220억 달러)이나 2006년 6월 30일 이후 루블(Rouble)화 태환 자유화 및 채권투자에 대한 규제 철폐로 채권시장으로의 투자가 증가할 것으로 보인다.

2.3 보험부문

보험시장은 금융위기 이전 1992~1998년 기간 중 약 2,000여개의 보험회사가 감소하여 현재는 약 1,000개의 보험사와 45개의 재보험사가 있다. 2004년에 자동차보험 의무가입법안 채택은 보험업무를 더욱 활성화하는 데 기여하였다. 업계 구조는 약 50여개의 상위 보험사가 총 보험료의 70%를 차지하고 있으며 정부소유 보험사인 Rosgosstrakh가 전국에 판매망을 가지고 지배적 지위를 점하고 있다. 외국인은 자본금의 15% 이상 지분소유가 제한되어 있고 생명보험업은 금지되어 있다. 현재 동 업계의 외국인 참여 정도는 전체의 4% 정도를 나타내고 있다.

3. 인도 금융시스템

인도의 금융시스템은 사회주의적 경제정책(socialistic economic policy)의 영향으로 은행 · 보험 · 증권 등 주요 금융분야 전반에 걸쳐 엄격한 통제 및 규제가 시행되어 왔다. 1991년 이후 개방화 · 자유화 정책을 지속적으로 추진하고 있으나 BRICs 국가 중 러시아와 함께 아직까지 통제가 엄격한 것으로 평가되고 있다.

인도의 금융시스템은 크게 2가지(① 감독기관, ② 일반 금융기관들)로 구성된다. 감독기관에는 인도 중앙은행(RBI : Reserve Bank of India)과 증권거래위원회(Security and Exchange Board of India)가 있다.

3.1 금융부문

인도의 일반 금융기관은 크게 3가지(① 은행부문, ② 비은행부문, ③ 기타 금융기관)로 분류된다.

(1) 은행부문

은행부문은 상업은행(Commercial Banks)과 협동은행(Co-Operative Banks)으로 구분된다. 상업은행은 인도 정부 또는 중앙은행이 주식의 대부분을 보유하고 있는 공공은행과 민간은행으로 구분되며 민간은행으로는 일반 국내은행 및 외국계 은행으로 크게 구분된다. 인도에 진입해 있는 외국계 은행들로는 Citibank, ABN AMRO, BOA, Barclays Bank, Credit Agricole, Dresdner Bank, Bank of Tokyo Mitsubishi, Arab Bangladesh Bank 등이 진출해 있다.

(2) 비은행부문

비은행부문(Non-Banking Financial Institution)에는 Unit Trust of India, 생명보험협회(LIC : Life Insurance Corporation) 그리고 일반보험협회(GIC : General Insurance Corporation)가 있다.

(3) 기타 금융기관

기타 금융기관으로는 펀드 위주의 영업을 하는 비은행금융회사(NBFC : Non-Banking Financial Institutions)와 기타 비은행금융서비스회사(NBFSC : Non-Banking Financial Service Institutions)로 구분된다.

인도 정부는 최근 은행부문(banking sector)에 대한 외국인투자 확대정책을 시행하고 있으며 투자조건을 점진적으로 완화하고 있다. 세계표준(global standard)에 부합하기 위한 은행부문의 개혁조치는 크게 국영은행과 민영은행으로 나누어져 있는 국내 금융시스템의 통합과 외국계 은행 진출의 점진적인 확대에 중점을 두고 있다. 최근 은행부문의 외국인투자 확대조치로는 2004년 3월 발표한 '인도 민영은행에 대한 외국인 투자한도 확대(49% → 74%)'와 '외국계 은행의 자회사(subsidiary) 설립 허용' 그리고 2005년 2월 발표한 '외국계 은행의 진출에 관한 로드맵(Road Map)' 등이 있다.

외국은행 수는 40여개로 시장점유율(market share)은 아직까지 7%에 불과하나 금융상품 및 지점 보급률이 저조한 점을 고려할 경우 선점을 위해 외국은행들이 적극적인 진출을 추진하고 있다. 96개 상업은행이 국가 전체금융자산의 55%를 차지하고 있으며 이 중 27개 은행이 국영은행으로서 전체 상업은행자산의 75%를 보유하고 있다. 금융자산 규모는 7,000억~8,000억 달러 규모이며 부실여신의 규모는 총 금융자산의 15~20%를 차지하고 있다. 이들 국유은행 및 금융기관들은 기업의 차입 및 채권발행에 있어 주요 자금원이며 국유기관 투자자들도 기업 자금수요의 주요 공급원이 되고 있다.

현재 추진되고 있는 국영기업의 민영화와 연기금의 주식투자 허용, 그리고 외국인투자에 대한 문호개방 확대 등은 향후 금융시스템을 개발하고 확대시킬 수 있는 기회로 작용하게 된다. 인도 금융감독당국은 국영은행들의 해외 지점 또는 현지법인 설립, 국내 또는 외국은행의 국내시장에서의 인수합병(M&A) 등을 가능하도록 하는 규제완화책을 발표한 바 있다.

〈표 14-3〉 소유형태별 은행건전성 지표(2005년 3월말 기준)

(단위 : %)

	은 행	국유은행	민간은행	외국은행
시장점유율(총자산기준)	100.0	74.4	18.8	6.8
자본금/위험가중자산	12.8	12.9	12.2	14.0
Tier1자본/위험가중자산	8.4	8.0	8.5	11.2
부실여신/총여신	5.2	5.5	4.4	2.8
총자산이익률	0.9	0.9	0.8	1.3
총자본이익률	13.6	14.7	11.7	10.8

자료 : IMF Country Report, 2006. 2.

3.2 자본시장부문

자본시장은 아직 그 규모가 작은 편이나 시장유동성(market liquidity) 및 기업들의 시장참여도가 제고되면서 점차 발전하고 있다. 채권 및 주식거래는 대부분 National Stock Exchange(NSE)

와 Bombay Stock Exchange(BSE)에서 이루어지고 있다. 그러나 아직까지 대기업은 대부분 기업어음(CP : Commercial Paper)이나 채권발행을 통하여 자금을 조달하고 있다. 보험업은 문호가 개방되어 있어 민간기관들의 참여가 증가하는 가운데 시장규모가 확대되고 있는 추세를 보이고 있다.

3.3 외환시장

외환시장은 규제완화(deregulation)가 이루어지면서 파생상품(financial derivatives)이 도입되었으며 소매금융투자자들은 선물 및 옵션시장에 적극적으로 참여하고 있다. 한편, 인도 중앙은행(RBI)은 2006년 9월 1일 외국인 투자 유치 및 자국시장의 글로벌 경쟁력(global competitiveness) 제고를 위해 오는 2011년까지 외환거래 자유화를 단계적으로 추진할 예정임을 밝힌 바 있다. 이는 최근 연간 GDP 성장률이 8%를 상회하는 등 인도경제가 견실한 성장세를 유지함에 따라 인도 진출 및 투자를 원하는 해외기업들이 증가하고 있을 뿐만 아니라 국내에서도 산업발전 지속을 위한 설비투자 등을 위해 외자유치가 요구되고 있기 때문으로 분석된다.

4. 중국 금융시스템

중국의 금융시스템은 복수금융기관체제로 구성되어 있다. 중앙은행인 중국인민은행은 28개 정부부처 중 1개 부처로서 통화신용정책을 종합적으로 수립관리하고 나머지는 상업은행과 비은행금융기관으로 구성된다.

3대 핵심 금융업종(① 은행업, ② 증권업, ③ 보험업)간 상호겸업은 '상업은행법', '증권법', '보험법'에 의해 법적으로 금지하여 철저한 분업체제를 유지하고 있다. 예외적으로 외국계 금융기관의 중국 금융기관 지분인수를 통한 진출 및 은행 · 증권, 증권 · 보험, 은행 · 보험 간의 업무제휴 또는 외국계 겸업 금융기관과의 합작회사 설립 및 금융지주회사를 통한 겸업화 사례가 증가하고 있다. 光大集團, 中信集團, 上海國際集團 등이 금융지주회사 형태로 이에 포함된다.[2] 은행은 중앙은행, 정책성은행, 국유상업은행, 주식제 상업은행, 도시상업은행, 외국계은행 등으로 구성되어 있다. 중국 은행자산의 50%를 차지하고 있는 4대 국유상업은행(중국은행, 농업은행, 건설은행, 공상은행)은 현재 과거 4대 전업은행에서 수행하던 정책성 대출업무가 정책성은행의 설립과 함께 이관된 후 상업성 업무만 취급하고 있다.

2) 光大集團은 29개에 이르는 은행, 신탁, 증권 및 일반 기업을 소유하고 있는 금융지주회사이다. 中信集團은 은행, 증권, 보험, 신탁, 리스, 부동산, 무역, 관광회사 등 22개의 자회사를 보유하고 있고 외국 금융기관간 합자회사 설립도 적극적으로 추진되고 있다.

금융감독 기능은 과거 중앙은행의 감독기능을 2003년 은행 · 보험 · 증권 등 업종별 감독관리위원회로 이양, 업종별로 금융감독기관을 별도 설립하여 운영하고 있다.

4.1 은행부문

중국 금융산업은 은행 위주로 발달하였다. 정부가 경제발전을 위한 정책적 수단으로 은행부문에 크게 의존한 결과 자본시장은 상대적으로 미발달하였다. 2004년말 기준 중국 대출시장은 국내총생산(GDP)의 130.2%인 데 반해 주식시장과 채권시장은 GDP의 27.1%와 34.9%(2005년 기준) 수준을 나타내고 있다. 은행자산 규모로 보면 4대 국유상업은행이 압도적인 시장점유율을 차지하고 있다. 4대 국유상업은행의 광범위한 지점망, 정부의 암묵적 예금보장 및 국유기업과 국유상업은행 간의 밀접한 업무관계에 기인하고 있다.

은행업무 측면에서는 기업 및 개인저축 중심의 수신업무와 기업대출 중심의 전통적인 단순여 · 수신업무 중심으로 이루어지고 있다. 세계적인 경영컨설팅 기업인 맥킨지가 발표한 최근 보고서에 의하면 2004년말 기준 은행시장 규모는 340억 달러이나 2013년에는 58.8% 증가한 540억 달러 규모를 보일 것으로 예측하고 있다. 또한, 업무에 있어서도 가계 부(富)의 증대와 중소기업활동 증대로 소비자금융 및 중소기업대출이 증가하고 투자은행업무의 확대로 수수료 수입이 증가할 것으로 전망하고 있다. 중국은행들의 가장 큰 문제점은 제도적, 금융기법 미비로 누적된 상당한 규모의 부실채권 보유 문제이다. 중국은행들은 예대금리에 대한 규제, 신용기법 및 절차의 미비, 투자 과열 경기 하의 부실대출 증가 등 다수의 요인으로 인해 부실여신이 급증하였다. 현재 최우선 과제는 자산운용사를 설립하여 이들 은행의 구조조정과 부실여신을 처리하는 것이다.

한편, 중국의 취약부문인 금융부문의 개혁(reform of financial sector)을 위하여 적극적인 규제철폐와 외국인 투자 확대조치에 힘입어 투자은행들의 진출경쟁이 두드러지고 있다.

2007년 금융시장 개방계획에 따라 이전에 입지구축 및 목표시장 선점을 위한 외국은행들의 진출경쟁이 과열되고 있다. 해외투자자들의 중국계 은행에 대한 투자증가는 향후 고도성장을 보일 것으로 기대되는 중국 금융시장과 중국 소비자들에 대한 기대가 크기 때문인 것으로 분석된다.

〈표 14-4〉 최근 해외투자가의 중국은행 지분 참여 사례

시기	해외금융기관	투자대상	지분참여 내역
2004. 8.	HSBC 홀딩스	중국교통은행	지분 19.9%(17.5억 달러) 매입
2004. 11.	테마섹홀딩스 (싱가포르 정부산하투자기관)	중국민생은행 (CMB)	지분 4.6% 매입
2005. 1.	Standard Chartered	Bohai Bank	지분 19.99% 매입
2005. 3.	ING, IFC	북경은행	ING(19.9%), IFC(5%) 매입
2005. 6.	BOA, Temasek	건설은행	BOA(9%), Temasek(5.1%) 매입
2005. 8.	골드만삭스, 알리안츠 아메리칸익스프레스	공상은행	컨소시엄으로 지분 10%(30억 달러) 인수 MOU 체결
2005. 8.	스코틀랜드왕립은행(RBS)	중국은행	컨소시엄으로 지분 10%(31억 달러) 매입
2005. 8.	테마섹홀딩스	중국은행	지분 10%(31억 달러) 인수 합의
2005. 9.	Deutsche & Partner	Huaxia Bank	지분 14% 매입
2005. 10.	BNP파리바	난징시 상업은행	지분 20%(이 중 10%는 국제금융공사(IFC) 보유분) 인수계약 체결(2대 주주로 부상)
2005. 10.	싱가포르 DBS그룹	광동개발은행	지분매입협상 진행

4.2 증권부문

(1) 주식

중국의 증권시장은 1990년 12월 상해증권거래소, 1991년 7월 심천증권거래소 설립, 주식시장 시가총액이 1992년 GDP 대비 4%에서 2004년말 기준 27%로 급증하였다. 시장은 내국인 거래주식인 A주와 외국인 거래주식인 B주(2001년 이후 내국인 투자 가능)로 구분하여 거래되고 있다. 중국 정부는 주식구분의 제약을 해결하기 위하여 별도로 증권규제위원회(China Securities Regulatory Commission)를 발족하여 유통주식의 확대작업과 모든 상장기업의 비유통주 전환을 추진하고 있다. 현재 주식시장은 유통주식 제한으로 인한 유동성 부족(국유주 38%, 법인주 27%로 전체주식의 약 65%가 유동성 제약)과 개인 투자자 비중 과다와 이들의 단기투자 성향이 건전한 자본시장 발달에 주요 장애요인이 되고 있다. 한편, 중국에는 3개의 선물거래소(상해선물, 대련 · 정조 상품선물)가 있다.

(2) 채권

채권시장은 상대적으로 더욱 낙후되어 있어 주로 국고채가 중심이며 회사채 발행잔액은 2003년 기준 GDP 1%에 불과하다.

4.3 보험부문

중국의 보험산업은 개혁 · 개방 이전에는 중국인민보험공사가 독점하고 있었으나 1998년 3개의 회사(① 손해보험, ② 생명보험, ③ 재보험)로 분리하여 발전하였다. 1992년 외국보험사에 시장을 개방하였으며 2004년 11월말 기준 총 40개 외국보험사, 73개 지점이 영업 중에 있다.

주요 4대 보험회사는 中國人壽保險公司, 中國人民保險公司, 中國平安保險股分有限公司, 中國太平洋保險公司로 시장에서 과점체제(oligopolistic system)를 가지고 있다.

제 2 절 국내은행의 진출방안

1. 진출 Road Map의 작성

글로벌 투자은행(global investment bank)인 HSBC의 'Broadbrus' 25년 시나리오에 의하면 향후 25년간 세계경제 성장을 견인할 지역으로 미국 · 멕시코를 중심으로 한 북미자유무역협정(NAFTA) 지역과 중국 · 인도를 중심으로 한 아시아지역을 지목하고 있다. BRICs 국가들이 이들 지역에 모두 포함되어 있어 그 성장성은 크다고 할 수 있다.

그러나 BRICs 국가들의 금융시스템에서 알 수 있는 바와 같이 각국의 금융산업 환경은 규모 및 성숙도, 영업환경, 규제 및 개방화 정도 등에 있어서 많은 차이를 나타내고 있다. 따라서 이들 국가에의 진출 방안 수립시 BRICs 국가 진출이라는 명분 하에 동일하게 획일적인 진출방안을 수립하는 것은 타당하지 않다. 즉, 진출과 관련한 자세한 체크리스트(check list)를 작성하여 이의 비교를 통하여 우선 진출국을 선정해야 한다.

1.1 중국

국내은행들의 1순위 진출 대상국가는 중국으로 판단된다. 이미 국내 주요 금융기관들이 중국에 사무소, 지점, 현지법인 형태로 진출을 한 상태이다. 중국경제의 급성장에 따른 글로벌 기업들(global corporations)의 진출 확대, 중국이라는 거대시장의 잠재력, 그리고 2007년 예정된 금융개혁(financial reform) 이전에 사전 입지 구축을 위하여 외국 금융기관들의 진출이 활발하게 이루어지고 있다. 또한 홍콩, 싱가포르 등 주요 국제금융시장에서의 기존 영업포스트를 활용하여 중국에서 더욱 큰 시너지 효과(synergy effect)를 거둘 수 있다는 점이 유리하게 작용할 수 있다. 국내 금융기관도 이 같은 진출 배경과 외환위기에서 습득한 금융학습을 기반으로 새로운 블루오션(blue ocean) 창출기회를 모색하고자 중국에 대한 진출을 확대하였다. BRICs 국가 중 중국 금융시장에서 해외 선진 금융기관과의 경쟁에서 생존하여 입지를 구축할 수 있는 기관들만이 중국보다 못한 여건의 여타 BRICs 국가에 진출해서 성공할 수 있을 것으로 판단된다.

1.2 인도 · 브라질

다음 진출대상 국가로는 인도와 브라질을 고려할 수 있다.

(1) 인도

인도는 지리적으로 동북아의 중국에 이어 서남아시아 경제로 연결되어 아시아에서의 입지를 구축할 수 있는 기반을 제공하게 된다. 또한, 인도도 중국에 이어 금융개혁을 적극적으로 추진하고 있어 현재의 여러 진출 장애요인들이 향후 개선될 것으로 기대된다.

(2) 브라질

남미의 대표국가인 브라질로 진출하여 중남미지역의 국내금융기관 진출의 기반을 마련할 필요가 있다. 브라질은 특히 2003년 룰라(Lula) 정부의 취임 이후 적극적인 외국인 투자유치 정책과 민영화 · 개방화 추진에 힘입어 진출 여건이 보다 나은 상황이다. 2006년말 재선 이후 정국방향에 따라 현재의 경제정책이 변화할 수도 있으나 이전의 금융위기가 다시 발생할 가능성은 작은 것으로 판단된다. 현재 외환은행, 산업은행이 상파울루에 지점과 현지법인을 두고 있으며 향후 더 많은 국내은행들의 진출이 기대된다.

1.3 러시아

BRICs 국가 중 아직까지 신중하게 진출을 고려해야 하는 국가가 러시아로 판단된다. 푸틴(Putin) 정부의 경제개혁(economic reform)과 최근 오일머니(oil money)를 배경으로 경제가 급성장하고 있으나 여전히 사회주의체제 하의 관료주의(bureaucratism)와 부패(corruption), 국영금융기관 및 기업의 시장 독점, 시장원리에 입각한 자본시장활동 미비 등이 장애요인이 되고 있다. 지리적으로는 유리하나 국내금융기관이 러시아에 진출하여 성공할 수 있기 위해서는 다른 BRICs 국가 및 해외시장에서의 경험 축적이 선행되어야 한다.

2. 진출전략

진출 우선 대상국가 선정에 이어 진출전략 수립이 필요하다. 금융기관의 진출전략은 해당지역에서의 대상 영업에 따라 진출형태를 결정해야 한다.

선진 투자은행들이 최근 진출하고 있는 해외점포들의 비즈니스영역의 특징은 크게 도·소매은행 및 PB, 투자금융, 자산운용으로 분류하여 각 진출국가의 금융여건과 전망 분석에 기초하여 국가별 진출점포의 주요 비즈니스와 점포형태가 상이하게 나타나고 있다.

즉, 한국계 은행들처럼 도·소매은행업 중심의 일률적인 진출이 아닌 국가별로 시장특성(market characteristics)에 따라 진출영업 형태를 달리하고 있다. 예를 들면, 중국과 인도 주재점포의 경우 일반적인 도·소매은행기능 점포 외에 PB(Private Banking)와 카드·보험업을 포함한 자산운용전문 기능의 점포를 별도 운용하고 있다.

2.1 진출형태

진출형태에 있어서 일반적으로 가능한 방법은 3가지(① 지점(Branch) 설립, ② 현지법인 자회사(Wholly Owned Subsidiary or Partnership) 설립, ③ 현지 민영은행 매입 또는 지분참여)가 있다.

(1) 지점설립

지점설립의 경우 본점의 신용등급이 적용되므로 자금조달이 용이하고 자산 증가시 BIS 비율 등의 충족을 위한 신규자본 유입이 불필요하다는 점이 유리하다. 또한, 현지법인이나 현지은행 인수에 비해 조직의 의사결정 등이 용이하다고 할 수 있다.

(2) 현지법인 자회사 설립

현지법인 설립의 경우 자본금 및 지배구조(governance)의 부담과 자체 신용도로 영업해야 함에 따른 불이익을 감수해야 하는 부담이 있으나 영업에 대한 확신이 있을 경우 바람직한 현지화 영업이 가능할 수 있다.

(3) 현지 민영은행 매입 또는 지분참여

외국계 투자은행들은 BRICs 국가 진출에서 중·소규모의 민영화 대상은행에 대한 인수 또는 지분참여를 통한 진출에 관심을 두고 있다. 이러한 방법은 점포 수가 한정되어 있는 외국계 은행으로서 현지점포를 인수하여 기존 지점 영업망을 기반으로 현지영업 토착화기간을 최소한으로 단축하여 금융기법 전수 및 상품판매를 목표로 한 것으로 해석할 수 있다. 지분참여의 경우에는 초기 투자자금 축소도 동시에 추구할 수 있는 방법이 될 수 있다.

투자은행 사례에서 볼 때 일반 도·소매금융업 진출의 경우에는 지점형태의 단독 진출이 많은 반면에 PB, 자산운용, 투자은행업 등의 진출에 있어서는 합작투자 또는 지분참여에 의한 현지법인 형태의 진출을 한 것으로 나타났다. 이는 시장전망이 양호한 분야의 경우 투자를 더욱 적극적으로 하여 조기 영업기반 구축에 집중하는 전략을 구사해야 함을 시사하는 것으로 해석된다.

특히, 도매금융의 경우 이들 국가에 진출, 또는 진출계획을 수립하고 있는 기업들의 금융수요 패턴을 사전에 파악하여 이를 현지금융과 접목하는 거래를 시도할 필요가 있다. 최근 들어 국내 은행권에도 해외영업과 관련하여 변화의 움직임이 나타나고 있다. 현지 은행을 직접 인수하는 사례가 발생하고 있고 현지에 진출해 있는 국내기업과 교민만을 대상으로 하던 단순하고도 소극적인 영업에서 탈피하여 다양한 업무를 취급하고 있다.

2.2 진출대상 업무

진출대상 업무는 국가별로 경제발전단계(economic development stage) 및 금융산업 특성상 차이가 있어 이에 대한 검토와 우리의 비교우위(comparative advantage) 경쟁력을 비교하여 결정해야 한다. 예를 들면, 중국의 경우 현지진출 기업의 금융수요(financial demand)를 감안한 지점영업 확대도 중요하나 홍콩, 싱가포르 네트워크와 연계한 투자은행업무 강화도 중요하다고 판단된다. 특히, 중국의 부실자산 처리문제와 관련하여 외환위기(foreign exchange crisis)를 통해 학습경험을 가진 국내금융기관들이 중국에 진출하여 기업구조조정 관련 금융자문 또는 기업인수 활동의 적극적인 참여가 유망하다. 그러나 이는 선진 금융기관과의 경쟁에서 결코 용이한 분야는 아니다. 이와 관련하여 최근 한국자산관리공사(캠코)는 국내금융기관 및 기관투자가와 투자협의체(펀드규모 : 2,000억원)를 구성하여 중국 4대 자산관리공사(AMC)와 합작법인을 설립하는 방식으로 중국 부실채권시장에 본격적인 진출을 시도하고 있다.

인구가 많은 중국, 인도의 경우 전통적인 소매금융 업무의 확대도 필요하다. 소매금융업 전체보다는 특정업무에 특화한 틈새전략도 바람직하다. 예를 들면, 파생상품(financial derivatives) 개념에 기초한 소매금융상품 판매를 통하여 현지시장을 압박하는 가운데 수익 제고를 도모할 수 있다. 중국, 인도와 같이 아시아지역에서 보수적 투자가들의 위험기피 성향을 배제할 수 있고 동시에 고수익 투자가들을 목표로 한 전략이 될 수 있다. UBS, JP Morgan, BNP Paribas 등 투자은행들은 소위 structured note, 즉 일정 기간 내 고수익을 제공하도록 디자인된 파생연계채권들을 기관 및 PB고객들에게 판매함으로써 소매금융시장에서 영업기반을 확고히 구축하고 있다.

2.3 투자은행 업무

투자은행 업무와 관련해서는 동 지역에서 최근 급속히 활성화되고 있는 PF(Project Finance), 기업공개(IPO), 인수합병(M&A) 관련 비즈니스이다. 특히, BRICs 국가들의 M&A 활동은 급속히 확대되고 있는 것으로 나타났다. 각국 정부의 외국진출 규제완화와 기업, 금융기관들의 민영화 추진이 주요 요인이 되고 있다. 2006년 1~8월 기간 중에만 거래규모가 1,500억 달러를 상회하여 연간기준 최고치를 기록하고 있다. 이는 2005년의 1,129억 달러를 약 40% 초과하는 기록이다. IPO도 이를 반영하여 급속히 증가하고 있다. PF의 경우에도 이들 국가의 열악한 인프라 수준을 고려할 때 향후 선진금융기관과의 공동진출 확대 등 적극적인 진출이 필요하다.

제 15 장

글로벌 선진은행의 사례와 시사점

우리은행, 하나은행 등이 2007년 초부터 중국에 대규모 현지법인 설립을 발표하고 금융감독당국도 2007년도 업무계획에서 금융회사의 글로벌 네트워크(global network) 구축 지원을 통해 국내 금융회사들이 글로벌 플레이어(global player)로 성장하는 데 실질적으로 기여할 수 있도록 하겠다고 발표하면서 국내은행의 해외진출 문제가 금융업계의 주요 현안으로 부상하고 있다.

해외진출의 필요성과 함께 글로벌 선진은행들의 해외진출의 3대 투자기회와 그 성공 및 실패 사례들을 분석한 금융지 게재 보고서를 중심으로 살펴본다.[1)]

제 1 절 국내은행의 해외진출 배경

1. 신 성장동력의 확보

2000년대 초 7~8%에 달하던 국내경제의 성장세가 지난 수년간 4~5%로 하락하는 저성장 국면으로 진입하고 있다. 대기업들의 투자부진에 따른 대출수요 감소 및 부동산 대책 등에 따른 가계대출 억제 등으로 은행의 자산증가율도 2000년대 초 20% 수준에서 10% 이하로 상대적으로 둔화되는 양상을 나타내고 있다. 또한, 은행의 예대마진도 점차 축소되어 은행의 수익성(profitability) 저하 가능성도 증대되고 있다. 따라서 국내은행들은 해외진출을 통해 새로운 성장동력을 모색하지 않을 수 없는 상황에 직면해 있다.

---

1) 전국은행연합회, 금융, 2007. 3. pp. 13~21 요약 · 재구성

〈표 15-1〉 GDP 성장률 및 은행 관련 지표 추이

(단위 : %)

	2000	2001	2002	2003	2004	2005	2006. 12
GDP 성장률[1)]	8.5	3.8	7	3.1	4.7	4.0	5
은행대출자산 증가율[2)]	13.3	10.8	20.2	12.5	4	8.6	10.8[4)]
은행 예대마진[3)]	1.54	2.2	1.89	2.08	2.11	1.6	1.59

주 : 1) 한국은행 2) 은행감독원 3) 한국은행 4) 2006년 9월말 기준

2. 제조업, 금융업 양대 축의 글로벌화

국내 제조업은 1972년 '제3차 경제개발 5개년 계획'의 중화학공업 입국정책에 따른 민관 공동의 노력으로 이제는 반도체, 전자, 조선, 철강 등에서 세계 일류기업의 위상을 구축함으로써 글로벌화(globalization)의 '성숙단계'에 진입해 있어서 한국이 세계 10~11위권 경제대국으로 부상하는 가장 중요한 기반이 되고 있다.

한편, 국내 금융업의 글로벌화 수준은 아직 '초보단계'로 평가할 수 있다. 미국의 씨티은행(Citibank)이 일개은행으로 9,000개 해외점포, 27만여명의 인원으로 2006년 한 해 무려 92억 달러의 순이익을 해외에서 시현하고 있는 반면, 국내은행 전체(2006년 기준)는 94개 해외점포, 1,462명의 인원으로 연간 약 4억 달러 수준의 순이익을 내는 데 그치고 있는 실정이다. 더욱이 우리의 경우 해외에서의 영업 대상도 주로 현지 진출 한국계기업, 교포 등을 대상으로 영업함으로써 '국내영업의 연장, 현지 서비스' 수준에 머무르고 있는 실정이다.

따라서 이제는 본격적인 해외진출을 통해 현지기업, 현지인 대상의 '거대 해외금융시장'을 공략함으로써 금융업의 글로벌화를 통한 새로운 시장을 찾아야 한다. 이 같은 신시장의 발굴을 통해 제조업, 금융업 양대 축의 글로벌화를 이룸으로써 미래이윤을 창출함과 동시에 세계 일류국가의 기반을 공고히 해야 한다.

3. 선진은행들의 신흥시장 선점 가속화에 대한 대응

1902년 미국의 씨티은행(당시 International Banking Corporation)이 홍콩, 싱가포르, 상하이 등지에 해외지점을 개설한 이후 지난 100여년 동안 세계 각국의 주요 은행들은 해외시장으로 업무 영역을 확대하면서 글로벌화를 진행하여 왔다. 특히, 1990년대 이후 금융자유화(financial liberalization)의 가속화로 신흥시장(emerging market)이 개방되기 시작하였다. 이에 따라 글로

벌 은행들은 전략지역 국가의 주요 은행과 증권, 보험, 소비자금융회사 등과 국경간 결합을 이루면서 겸업화, 대형화로 글로벌 위상을 강화함과 동시에 신흥시장에의 선점을 가속화해 왔다. 이의 적절한 예로 1990년 동유럽의 개방에 맞추어 동 시장을 선점한 유럽과 미국은행들의 투자, 1995년 이후 중남미시장의 개방에 맞추어 동 시장에 대규모 투자를 진행한 스페인은행들과 미국, 영국은행들의 투자를 지적할 수 있다. 또한, 2000년 이후에는 중국, 베트남, 인도 등 아시아 신흥개발국으로 선진은행들의 대규모 투자가 진행되고 있다.

일반적으로 신흥개발국 시장의 경우 신속한 진출과 선점이 투자 후 승부와 글로벌 은행 도약의 핵심요인임을 고려할 때 국내은행들도 조속한 시일 내에 선진은행들의 신흥시장 선점 가속화에 적극적으로 대응할 필요가 있다.

제 2 절 선진 글로벌 은행들의 해외진출 기회와 성공사례

세계 은행산업에는 1990년 이후 약 5년 간격으로 세 번의 지역별 대규모 금융시장 개방과 그에 따른 해외진출 기회가 있었다. 이를 '3대 투자기회'로 구분하여 그 시사점을 도출해 본다.

1. 해외진출기회

1.1 제1 투자기회

'제1 투자기회'는 1990년 동유럽 개방에 이은 투자기회(investment opportunity)로 유럽과 미국은행들이 투자주체로 참여하였다. 이후 10여년 동안 지점 및 현지법인 설립과 현지은행 인수합병(M&A)을 통한 해외투자가 이루어진 경우를 지칭한다. 1990년 동유럽의 개방 이후 유럽과 동유럽 각국간 경제통합(economic integration) 진전에 따른 교역 및 투자규모의 급증과 동유럽 각국 은행시스템의 '복수은행체제(Two-Tier System)'로의 변경 및 민영화(privatization)와 자본확충 필요성의 급증으로 인근 서유럽 은행 및 미국은행들의 동유럽 진출이 활성화되었다.

동유럽의 개방 이후 10여년 만에 체코, 헝가리의 외국계은행 자산점유율은 2002년 기준 이미 90%를 초과하였다. 폴란드 역시 70%대를 초과하여 동 시장들은 더 이상의 외국은행 신규진입이 어려울 정도로 외국은행들에 의해 시장 선점이 이루어졌다고 평가할 수 있다.

〈표 15-2〉 동유럽 은행산업에 대한 국가별 투자비율

	오스트리아	이탈리아	벨기에	프랑스	독일	기타
투자비율	20%	17%	12%	11%	9%	31%
대표은행	Laiffeisen	UniCredit	Fortis	BNP	Commerz	Citi

자료 : A Note on Banking FDI in Emerging Markets, Farouk Soussa, Bank of England, 2004. 3.

1.2 제2 투자기회

'제2 투자기회'는 1995년 이후 중남미 국가에의 투자진출로 스페인과 미국, 영국의 주요 은행들이 투자 주체였고, 이후 5년여에 걸쳐 30여개 이상의 대규모 현지은행 M&A를 통한 해외진출이 이루어졌음을 지칭한다. 특히, 1980년대 은행산업 위기를 경험한 스페인은 구조조정 결과 은행산업이 회생하고 연이은 국내시장의 포화상태 및 경쟁격화로 1990년대부터 해외진출을 통한 새로운 성장동력을 모색하기 시작하였다. 1990년대 중반 경제위기로 중남미의 은행들이 심각한 신용 및 유동성 위기(credit and liquidity crisis)에 직면하면서 외국인 투자자들에게 은행산업을 개방하고 국영은행의 매각을 진행하게 되었다. 이 같은 수요가 스페인은행들의 해외진출 필요성과 맞물려 스페인은행들의 중남미 진출이 활발하게 이루어지게 되었다. 중남미는 과거 스페인의 식민지로서 문화적, 언어적으로 유사하여 스페인은행들의 중남미 진출이 용이한 점도 작용하였다.

2002년 기준 멕시코의 외국계 은행 자산점유율은 90%에 근접하고 있다. 그러나 칠레 54%, 아르헨티나 49%, 베네수엘라 45%, 페루 32%, 브라질과 콜롬비아는 각각 18%대의 외국계은행 자산점유율을 보이고 있어 동 시장들에의 신규진입의 가능성은 여전히 존재하고 있다.

〈표 15-3〉 중남미 은행산업에 대한 국가별 투자비율

	스페인	미국	영국	네덜란드	캐나다	기타
투자비율	46%	35%	8%	5%	4%	2%
대표은행	BSCH, BBVA	Citi	HSBC	ABN Amro	Nova Scotia	

자료 : A Note on Banking FDI in Emerging Markets, Farouk Soussa, Bank of England, 2004. 3.

1.3 제3 투자기회

'제3 투자기회'는 2000년 이후 도래한 중국, 베트남, 인도 등 아시아 신흥개발국에 대한 투자기회로써 세계 주요 글로벌 은행들이 투자주체로 참여하고 있는 현재진행형 투자 기회를 의미한다. 즉, 2000년 이후 중국, 베트남, 인도 등의 고도성장 지속과 세계무역기구(WTO) 가입 등

규제의 함정과 법률시스템의 미비, 영업 및 인사상의 제반 위험에 노출됨으로써 예상하지 못한 대가를 지불해야 하는 '와일드 오션'의 난관에 직면할 수도 있다.

1. 이스라엘 은행

1990년대 초반 헝가리에 합작은행을 설립하여 진출하였던 이스라엘의 한 은행의 경우 3년여 만에 부실자산의 급증 등으로 동 은행을 청산하였다. 이는 현지인 경영자의 선발에 문제가 있었을 뿐만 아니라 그의 방만한 여신운용 등을 본점에서 제어하지 못한 데 기인하였다. 현지인 경영자의 선발과 현지 여신운용에 대한 신용리스크관리(credit risk management)의 중요성을 대변하는 대표적인 사례로 지적할 수 있다.

2. 독일은행

2000년대 초반 독일의 한 대형 지방은행도 크로아티아에 약 6,000만 달러로 기존은행을 매입하여 진출하였다가 1년 만에 동 은행을 1달러에 해당정부에 매각하고 철수한 바 있다. 이는 현지인 딜러의 한도 외 불법 외환거래의 누적에 따른 대규모 손실에 기인하였다. 외환관리(foreign exchange management)의 중요성과 인적자원 관리(human resources management)의 중요성을 주지시키는 대표적인 사례로 지적된다.

3. 미국은행

폴란드에 진출하였던 한 미국은행의 경우 수년간 기업금융(corporate finance) 중심의 영업을 영위하다가 영업의 부진을 극복하지 못하고 수년 후 철수하였다. 이는 해당시장에 대한 충분한 전략을 수립하지 않은 채 단기적인 승부에 집착한 데 기인한다.

상기한 바와 같이 해외, 특히 신흥시장의 법적 시스템과 인사 및 영업상의 제반 리스크 요인들에 대한 사전 인지와 대응에 소홀할 경우 해외시장에서의 '블루오션(Blue Ocean)'은 '와일드오션(Wild Ocean)'으로 격변할 위험성을 내포하고 있음을 유념하여 해외진출의 준비와 관리에 역량을 결집시켜야 한다.

제4절 시사점

상기 3대 투자기회와 그에 동참한 선진 외국은행들의 성공사례와 일부 은행들의 해외진출 실패사례는 새로운 성장동력을 모색하기 위해 해외진출을 추진하고 있는 국내은행들에게도 다수의 시사점을 제공하고 있다. 향후 해외진출시 국내은행들의 전략방안은 다음 7가지로 요약할 수 있다.

1. 시장 동향 파악 및 투자의 시의성 포착

세계은행업의 동향을 살펴보면 지난 15여년간 3대 투자기회가 왔을 때 선진은행들은 신속하게 대규모 투자를 이행함으로써 신시장을 선점하고 글로벌 은행(global bank)으로의 위치를 확고히 하는 계기로 삼았음을 알 수 있다.

현재 국내은행들의 상황이 1980년대 후반 스페인은행과 유사하고 동시에 당시 중남미 국가들처럼 아시아 신흥개발국가들도 시장을 개방해 나가고 있어 아시아 신흥시장 개방이 지속되는 현재진행형 '제3 투자기회'에서 국내은행들은 투자의 적시기회를 상실하지 말고 만전을 기해야 한다.

2. 진출국가에서의 M&A로 중 · 상위 은행 공략

진출국 주요 은행의 인수합병(M&A)을 통해 해외투자의 규모의 경제(economies of scale)를 이룰 뿐만 아니라 진출국에서의 주요 은행(major player)의 하나로 확고한 위상을 정립해야 한다. 이와 관련하여 스페인은행들이 1990년대 후반 중남미 10개국 주요 대형은행과 유관 금융회사 등에 집중적으로 투자함으로써 '자산의 확대와 신규창출' 및 '과점적 경쟁우위 확보전략'을 추구하고 또 성공하였음을 주시할 필요가 있다. 이 외에도 HSBC의 미국 마린미들랜드은행(10.6억 달러, 1980년) 인수, 영국의 미들랜드은행 인수(60억 달러, 1987년), UniCredit의 폴란드 Pekao은행 인수(12억 달러, 1999년)도 성공사례로 지적할 수 있다.

그러나 이제까지 국내은행의 해외은행 M&A 실적은 거의 전무한 실정이다. 현재까지 국내은행이 추진하고 있는 소규모 지점 위주의 진출은 위험이 상대적으로 작은 반면 '성공의 스케일과 가능성'이 낮고 현지시장에서의 '주요 플레이어'나 '글로벌 플레이어'가 되기에는 역부족인 것이 사실이다.

3. 대형 M&A시 컨소시엄 구성

대형 M&A시 컨소시엄의 구성을 추진함은 기본적으로 인수자금의 부담을 경감시킬 수 있고 투자리스크(investment risk) 자체를 분산시킬 수 있다. 이의 좋은 예로 씨티그룹(Citigroup)이 2006년에 중국 광동개발은행의 지분 85.6%를 31억 달러에 인수할 때 중국 국영 전기배전회사, 중국 최대 생명보험회사인 중국생명, IBM 등과 컨소시엄을 구성하였던 경우를 들 수 있다. 동 컨소시엄의 성사를 통해 씨티그룹은 자회사 인수 분 5%를 포함하여 총 25% 지분인수에 약 9억 달러를 투자하고서도 총자산 460억 달러의 중국 대형은행의 경영권 인수에 성공한 것은 대표적인 투자자금 및 리스크 경감 사례로 지적할 수 있다.

또한, 컨소시엄의 구성을 통한 M&A는 복합금융 제공의 파트너 또는 현지시장에의 성공적인 정착을 위한 파트너의 물색을 용이하게 해준다. 특히, 국내 증권회사나 생명보험회사 등과의 해외진출 컨소시엄(consortium)의 구성은 현지에서의 복합금융을 제공하는 투자파트너로서 바람직한 것으로 판단된다. 씨티은행의 경우와 같이 현지의 국영 석유회사나 전력회사, 철강회사 등과의 컨소시엄 구성은 현지에서의 조기 정착과 현지 영업기반의 확보에 이상적인 파트너가 될 수 있다.

4. 현지 대중 소매금융시장 공략

현지인 대상 소매금융시장(mass retail market)을 공략하는 것이 중요하다. 스페인은행들이 중남미 시장에서 현지인 대상 소매금융시장에 전력을 경주하여 양호한 성과를 거두고 있음이 좋은 예이다. 특히, 국내은행들이 해외에서의 기업금융 경험의 일천과 상대적인 경쟁력(relative competitiveness)이 열세임을 고려할 때 국내에서 성공이 확인된 대표적인 소매금융상품(killing products)과 서비스 및 IT 시스템 등을 가지고 '현지인 대상 소매금융'으로 승부하는 것이 바람직하다. 즉, 현지인들에게 매력적인 신 금융상품과 신 금융서비스 그리고 신 판매채널을 제공하여 현지인과 시장의 양호한 평판(good reputation)을 얻으면서 조기에 경쟁력 있는 위상을 구축하는 전략을 구사해야 한다.

5. 장기적으로 소비자금융, 보험, 증권 등의 복합금융체제 구축

5.1 HSBC

HSBC의 미국 시장 진입은 마린미들랜드은행의 인수 후 2003년 대형 소비자금융회사인 하우스홀드 인터내셔널(Household International)의 추가 인수(164억 달러)로 미국 현지시장에서의 위상을 공고히 하게 되었다. 이는 2006년 상반기 HSBC의 미국 지역 이익 37억 달러 중 75%를 소비자금융 부문에서 나머지 25%를 은행부문이 낸 것을 보아도 그 중요성을 알 수 있다.

5.2 UniCredit, Raiffeisen, Nordea 은행

유럽의 UniCredit, Raiffeisen, Nordea 은행 등도 진출국에서 은행 이외에 리스회사, 생명보험회사 또는 증권업 등을 겸영함으로써 복합금융체제를 구축하고 있으며 동 체제를 통해 현지 시장에서의 수익성 확보와 동시에 안정적인 토착화를 추구하고 있다.

5.3 Commonwealth Bank

호주의 컴먼웰스은행(Commonwealth Bank)의 중국 진출 전략도 좋은 예가 될 수 있다. 동 은행은 2004년 지난시 상업은행과 항저우시 상업은행의 지분 11%(2,200만 달러) 및 19.9%(7,800만 달러)를 각각 인수한 이후에 상하이 소재 보험회사와 모기지(mortgage) 업체의 지분 전량을 인수하였다. 2006년 4월에는 중국의 투자회사와 함께 합작 펀드운용회사를 설립하는 등 중국시장 내에서의 복합금융제공 체제를 구축해 나가고 있다.

6. 리스크관리체제의 구축과 엄격한 통제시스템 가동

신흥시장에서의 신용 및 외환리스크 관리체제의 중요성은 전술한 실패사례들에서 알 수 있듯이 해외진출 자체의 존망에까지 영향을 미칠 만큼 전략적 중요성(strategic importance)을 가지고 있다. 따라서 모 은행의 리스크관리시스템 확립(establishment of risk management system)이 이루어져야 하며 이를 현지에 적용하고 관리하는 엄격한 통제시스템이 작동해야 한다.

7. 금융전문가 양성

해외 현지에서의 경영의 핵심은 인력의 정예화에 있다고 해도 과언이 아니다. 따라서 해외진출시 본점 파견 인력의 최정예화를 도모해야 하며 현지 인력도 타 외국은행이나 현지 은행에서 능력과 실적이 입증된 최우수 금융전문인력을 확보해야 한다. 특히, 현지 고급 금융인력 채용시 될 수 있는대로 현지 인력 컨설팅 기관의 자문을 받도록 하는 방안도 모색할 필요가 있다.

제4편

국내 금융기관의 지식경영과 리스크관리

1. 경쟁환경의 변화와 판매상품 다양화

IMF 관리체제 이후 대형 합병은행들의 진출과 시장지배력 확대, 자본시장통합법 시행 등의 영향으로 국내은행권의 경쟁환경은 외국은행들의 활발한 시장진입과 더불어 급변하고 있다. 이 같은 치열한 글로벌 경쟁(global competition)에서 생존하기 위해서 각 은행들은 새로운 상품과 서비스를 개발하고 마케팅 능력을 배양할 수 있는 지식자원(knowledge resources) 확보 및 구성원들의 지식경쟁력 강화의 필요성을 인식하게 되었다. 이에 따라 전통적인 지식관리 기법과 제도운영에서 탈피하여 조직 내 지식을 발굴하고 창출하여 성장의 에너지원으로 만들 수 있는 새로운 지식경영체제 구축이 그 어느 때보다 긴요한 시점이 되었다.

2. 고객의 니즈 변화

금융시장 주도권은 급격한 대내외 경쟁환경의 변화로 인해 과거 공급자 중심(seller's market)에서 소비자 중심(buyer's market)으로 이전되고 인터넷과 통신수단 발달 등으로 시장정보가 대중에게 실시간으로 제공되고 있다. 이 같은 변화로 은행의 고객들은 은행 직원보다 풍부하고 다양한 정보를 가지고 거래관계에서 우월적 지위를 확보함으로써 전문화되고 차별화된 맞춤식 서비스(tailored service)를 제공하는 은행을 거래은행으로 선택하게 되었다. 이에 따라 각 은행들은 내부에 축적된 경험과 노하우(know-how)를 고객에게 제공하고 고객의 니즈(customer needs)를 반영한 상품과 서비스를 개발하기 위해 지식경영이 필요하게 되었다.

3. 합병과 경영혁신의 시너지 창출수단

우리은행 · 국민은행 및 신한은행 등과 같은 합병은행들은 인수합병(M&A : Merger and Acquisition) 과정에서 이질적인 조직 구성원 간의 갈등을 해소하고 합병의 효과를 실현할 목적으로 전산통합 작업과 함께 지식경영을 도입하고 있다. 또한, 2000년 이후 합병은행을 포함한 대부분의 국내은행들이 급변하는 금융환경에 신속히 대응하기 위해 종합수익관리체제, 고객관계관리(CRM : Customer Relationship Management), 업무프로세스 재구축(BPR : Business Process Reengineering)과 같은 경영혁신 프로젝트들을 추진하고 있다. 이에 따라 이들의 시너지를 극대화시키고 직원들이 이러한 혁신과정에 신속히 적응하도록 하는 방안으로써 지식경영이 적합하다고 인식하게 되었다.

제 2 절 국내은행들의 지식경영 현황

국내은행들은 최근 들어 지식경영 관련시스템을 구축하고 시스템의 활성화를 추진하고 있다. 이미 지식경영 관련시스템을 구축한 시중은행들의 활용사례를 간략히 살펴본다.

1. 우리은행

국내은행 최초로 2003년에 지식경영시스템을 구축 완료한 우리은행은 도입 당시 비교적 성공적인 성과를 나타낸 것으로 알려졌다. 그 배경에는 한빛은행 등 5개 은행이 합병된 만큼 상이한 은행들의 조직문화를 통합하는 차원에서 경영진의 적극적인 지원 하에 지식경영이 추진되었기 때문이며 그 주요 특징은 다음 3가지로 요약할 수 있다.

1.1 독자적 지식경영시스템 구축

'우리샘'이라는 인터넷 포털(internet portal) 형식의 독자적인 지식경영시스템을 구축하였고 이를 통하여 다양한 지식경영활동을 전개하였다.

1.2 지식지도의 완성

지식유형별 · 업무기능별 · 대상고객별로 3차원의 지식분류체계를 가진 지식지도(knowledge map)를 완성하여 각 지식창고마다 지식전문가(knowledge expert)를 할당하고 등록된 지식의 검증과 평가를 전담하도록 하였다.

1.3 다양한 참여 프로그램 개발

일반직원들이 업무와 관련한 질의사항을 서로 응답하는 '살려주세요' 코너를 만들어 직원들에게 실질적인 도움이 되었으며 지금도 꾸준히 활성화되고 있다. 또한, 전략주제연구회 · 태스크포스팀 · 일반 동호회 등 3가지 범주로 구성하여 각 분야별 핵심지식의 창출과 개발을 주도하는 '우리연구회'라는 학습동아리 활동도 전개하였다. 그리고 업무지식은 아니지만 '우리광장'이란 코너에서는 음식점 소개, 도서정보 교환 등 직원 상호간 다양한 정보교환의 장으로 활용되고 있다.

상기한 바와 같이 다양한 참여 프로그램으로 초기에 활발하게 추진된 우리은행의 지식경영은 현재 다른 활성화 제도의 추가적인 개발없이 시스템으로 정착되어 운영 중에 있다.

2. 국민은행

주택은행과 합병한 국민은행은 2003년 말부터 지식경영 추진에 관한 외부 컨설팅을 시작으로 2004년 각 시스템을 포괄하는 포털(portal)을 구축하여 지식통합(knowledge integration)의 경로를 만들었다. 2005년부터는 동아리 활동, 업무별 전문가 제도 운영 및 제안프로세스 개선 중심으로 지식경영활동을 전개하고 있다. 최근에는 콜센터(call center)에서 대고객 업무처리용으로 따로 운영하던 지식관리시스템을 행내 지식포털에 흡수하였다. 특히, 규정이나 업무제도와 같이 본부에서 제공하는 업무지식은 관련내용이 변경되면 별도의 지식관리 전담직원 2명이 지식경영시스템에 있는 지식을 일괄 정비하고 있어 항상 정제된 최신의 지식이 등재되고 있다.

국민은행 지식경영의 특징으로 직원들이 부담을 가지지 않고 자발적으로 지식경영에 참여하는 것을 지적할 수 있다. 이는 특별한 인센티브가 없는 데도 분야별 지식전문가를 공모할 때에 다수의 직원들이 응모하고 있고 지식활동에 따라 부여하고 있는 개인별 지식마일리지(knowledge mileage)의 보상방안이 명확하지 않음에도 지식경영에 적극 참여하고 있는 점에서 알 수 있다.

3. 대구은행

지방은행 최초로 지식경영을 추진한 대구은행은 2006년 2월에 경제연구소가 주축이 되어 현업부서와 함께 추진팀을 구성하고 앞서 구축한 은행들을 벤치마킹(benchmarking)하여 2006년 7월에 핵심적인 내용만을 담은 지식경영시스템 'SKY'를 구축하였다. 그 주요 내용으로 국내 최초로 산업정보(industrial information)를 체계적으로 정비하고 과거 5년 간의 문서를 색인할 수 있는 검색기능 구축, 지식수집 캠페인 전개 등을 지적할 수 있다. 추진 초기라는 점에서 은행 내 지식정비활동에 집중하고 있다.

4. 기업은행

기업은행은 2005년 초에 지식경영체제 구축 프로젝트를 시작하였다. 2006년 1월에는 전직원의 공감대 형성과 추진력 확보 차원에서 전담조직을 종합기획부 내 팀에서 전무이사 직속기구인 '지식경영추진단'으로 확대 개편하였다. 이어 2006년 3월 지식경영 포털시스템인 '知 · CAMP' 운영 개시와 함께 전행(全行)적인 지식경영을 추진하게 되었다.[2)]

4.1 지식경영 도입의 기본사상

기업은행은 45년간 중소기업 전문 금융기관으로서의 위상을 확보하였다고 평가할 수 있다. 동 은행은 중소기업 금융지식과 노하우를 장기간 축적해온 소중한 무형자산(intangible asset)으로 인식하고 지식경영을 통해 관리되고 발전시켜 나가야 할 대상으로 인식하였다. 또한, 동 은행은 고도의 지식산업으로서 지식이 곧 영업경쟁력이므로 강한 조직이 되기 위해서는 지식경영이 지속적으로 추진되고 제도적, 문화적으로 정착되어야 한다는 기본사상에서 출발하였다.

4.2 지식경영 포털시스템(EKP : Enterprise Knowledge Portal) – '知 · CAMP' 구축

대부분의 국내은행들은 최근에 공통적으로 여러 종류의 경영혁신 프로젝트를 추진하면서 각 사업별로 독자적인 업무(경영)지원시스템을 경쟁적으로 구축하였다. 그 결과 각 시스템에 지식들이 산재되어 중복 관리되고 실시간으로 보완(update)되지 않아 지식을 체계적으로 관리하는데 어려움을 겪고 있다. 이에 따라 기업은행은 지식경영체제 구축의 우선 과제로 지식이 분산 관리되고 있는 유관시스템들을 지식경영 포털시스템으로 통합시키고 모든 지식은 이 시스템에서 관리되도록 하였다.

이는 일부 기업들이 지식경영시스템을 일개 하부시스템으로 운영하는 것과 달리 기업은행은 지식경영시스템인 知 · CAMP를 모든 시스템들의 주요 관문(portal)으로 격상시켰다. 그리고 구축 이전 30여개에 이르는 업무(경영)지원시스템 중에서 6개 시스템은 폐쇄하고 나머지 시스템들의 지식관련 컨텐츠(knowledge-related contents)를 모두 知 · CAMP로 이관시켜 복잡하고 다양한 지식을 직원들이 용이하게 찾아볼 수 있도록 구성하였다.

4.3 경험지식의 축적과 공유 활동

기업은행 지식경영의 핵심 내용으로는 영업현장에서 직원들이 경험한 활동사례와 업무노하우를 자발적으로 지식경영 포털시스템(知 · CAMP)에 등록하는 '지식경영 BP(Best Practice) 온라인 경진대회'를 지적할 수 있다. 知 · CAMP에 등록된 경험지식에 대해서는 분야별 본부전문가

2) 知 · CAMP는 기업은행의 지식경영 포털시스템의 고유명칭으로 '지식의 전진기지'를 의미하며 Creation(창조하는 지식경영), Assistance(도와주는 지식경영), Movement(활동하는 지식경영), Passion(열정을 가지는 지식경영)의 사상을 내포한다.

심사를 거쳐 매월 우수 BP를 선정하고 연말에 전직원 온라인 평가와 최종 심의를 통해 선정된 연간 우수 BP에 대해 포상을 실시하게 된다. 그리고 이렇게 수집된 영업현장의 우수사례는 전 직원에게 전파되어 은행 전체의 영업력을 제고시킴은 물론 실무경험이 부족한 신규인력에게 이론지식과 다양한 사례별 경험지식을 제공할 수 있어 이들의 조기 전력화에 크게 기여하고 있다.

4.4 제안범위 확대와 제안 특허제 도입

기업은행 직원들이 가장 많이 참여하는 지식경영 프로그램은 지식제안이다. 이는 기존의 제안제도를 다음과 같이 대폭 개선하였기 때문이다. 우선 신상품 아이디어와 단순개선 의견도 수시로 자유롭게 제출할 수 있도록 제안범위를 확대하였다. 그리고 현실적 여건으로 즉시 실행하기 힘든 우수제안은 별도 특허함에 보관하였다가 향후 제안내용과 동일한 내용의 제도가 시행될 경우 당초 제안자에게 포상하는 '제안 특허제'를 도입하였다. 또한, 이전에는 명시가 없었던 업무담당부서의 제안 심의를 20일 이내에 하도록 규정함으로써 신속한 심의를 통한 제안 활성화를 도모하였다. 그 결과 월 평균 제안건수가 450여건으로 전년 대비 3배 이상 증가함은 물론 다수의 부문에서 프로세스 개선이 이루어져 업무효율성을 제고시키는 데 기여하였다.

제 3 절　국내은행 지식경영의 문제점

국내은행들은 이제 지식경영을 도입하여 활성화시키는 단계에 이르렀다. 그러나 이를 성과로 연결시키는 데는 다수의 어려움에 직면해 있다. 이는 이미 혁신(innovation)을 추진하여 성공한 대기업과는 달리 국내은행들의 조직과 인력구조, 기타 제반 경영환경 부문과 지식경영을 인식하는 방법 등에서 은행별로 차이는 있으나 다음 4가지 공통적인 문제점을 가지고 있기 때문이다.

1. 보수적인 업무형태와 기업문화

지식경영 참여 활동이 원활하게 이루어지기 위해서는 구성원이 자유롭게 표현할 수 있고 이를 긍정적으로 수용할 수 있는 혁신적이고 유연한 기업문화(innovative and flexible corporate culture)가 형성되어야 한다. 그러나 규정의 준수와 안전성을 중요시하는 은행업무의 특성으로 인해 국내은행들은 제도나 업무 프로세스의 급격한 변화를 삼가는 경향이 있어 왔다. 이에 따라 국내은행들은 보수적인 기업문화를 형성하여 창의성과 적극성이 요구되는 지식경영이 제대로 정착되기 어려운 환경을 가지게 된 것이다.

2. 인력운영의 한계

국내은행들의 인사제도를 보면 전문분야에 대한 지식습득을 위한 노력이나 지식경영활동의 에너지를 충전할 기회가 제대로 주어지지 않았다. 이는 다른 유수 대기업과는 달리 직원 개개인에 대한 구체적인 경력개발 프로그램(CDP : Career Development Program)을 제대로 추진하지 않아 일부 전문부서의 직원들 이외의 다수의 직원들이 담당업무에 대한 전문성을 가질 수 없었기 때문이다. 따라서 막대한 예산을 들여 다양한 직원연수를 실시하였음에도 불구하고 부문별 전문가를 양성하기 어렵게 되었다.

또한, 영업점간 환경과 근무조건의 차이로 공평한 근무기회를 부여하고 금융사고도 예방한다는 차원에서 인사이동과 담당사무 변경을 빈번하게 실시함에 따라 개인이 축적한 경험지식이 제대로 관리되지 못하고 담당업무에 대한 중요한 노하우(know-how)가 후임자에게 제대로 인계되지 않는 문제점이 발생하게 되었다. 이는 궁극적으로 직원들의 지식활동 의욕을 약화시킴은 물론 조직 내 지식의 질적 수준도 저하시키는 요인이 되고 있다.

3. 획일적인 성과보상체계

대부분의 조직 구성원들은 자신이 축적한 귀중한 지식을 타인에게 전수하면 조직 내에서 자신의 존재가치가 저하된다는 인식을 가지기 쉽다. 따라서 많은 지식을 창출하고 공유하고자 하는 직원에 대해서는 그에 상응한 보상을 실시해야만 지식경영 활동이 촉진되게 된다. 그러나 국내은행들의 특성상 개인별 성과분석의 한계와 노동조합(labor union)의 영향력 등으로 지식경영에 열정적으로 참여한 직원이 우대받을 수 있는 차별적 성과보상체계를 마련하는 것이 현실적으로 어려운 실정이다.

따라서 국내은행의 참여직원에 대한 보상내용을 보면 성공적으로 추진하고 있는 국내기업들과 비교할 때 상당히 미미한 편이다. 다만 최근 국내은행들의 지식경영이 다소나마 활성화되고 있는 주요 요인은 단순히 지식마일리지를 기준으로 한 보상정책 때문이 아니라 직원들이 지식경영 참여를 통해 자기개발을 하고 조직에서 자신의 가치를 인정받으려는 의욕에 기인한 것으로 판단된다.

4. 지식경영 추진에 대한 명확한 이해 부족

지식경영의 본질은 조직과 구성원이 보유하거나 창출한 지식을 서로 공유하여 기업경쟁력(corporate competitiveness)을 제고시키고 기업가치(corporate value)를 창출하게 하는 경영혁신(business innovation)의 일환이다. 따라서 지식경영은 전행적인 차원에서 직원들의 공감대 형성과 활성화 프로그램에 의하여 효율적으로 추진되어야 한다. 그러나 현실은 지식경영을 특정부서의 단순 사업으로 인식하여 시너지(synergy)를 창출할 수 있는 보완제도 마련에 각 부서들의 협조가 미흡한 실정이다.

또한, 지식경영이 단기간에 뚜렷한 성과가 나오는 영업활동이 아님에도 불구하고 현재의 가시적인 영업성과를 중시하는 은행경영 특성상 시스템만 구축되면 직원들이 즉시 지식을 등록하고 새로운 지식도 창출되는 것으로 오해하는 경우도 있다.

따라서 추진 초기에 일시적인 보상책이나 강력한 제재수단으로 단기간에 활성화를 시도한다면 조만간 직원들의 관심에서 점점 멀어질 가능성이 존재하게 된다. 이 경우 지식경영은 일시적인 경영전략(business strategy)의 실험도구로 전락하게 되고 경영혁신 추진에 대한 직원들의 불신을 초래하여 향후 다른 혁신활동에 악영향을 미치게 된다.

제 4 절 발전방안

이제 지식경영을 추진하기 시작한 국내은행들이 이를 성공적으로 정착시켜 소기의 성과를 거두고 구미의 선진은행들과 경쟁하기 위해서는 지식경영 추진 초기부터 전술한 문제점을 철저히 분석하여 이를 제대로 극복하고 자신들의 은행에 적합한 추진전략을 수립하여 구체적으로 실천해야 한다.

지식경영의 발전방안으로 다음 4가지를 지적할 수 있다.

1. 지식경영 공감대 형성과 변화관리

지식경영을 은행 전체에 확산시키기 위해서는 우선 지식경영 추진에 대한 직원들의 공감대 형성에 노력하여 자발적 참여를 유도해야 한다. 공감대를 형성시키기 위해서는 은행의 지식경영 추진목적과 방향을 명확히 설정하고 직원들이 지식경영을 은행발전의 핵심전략으로 인식하도록 최고경영자(CEO : Chief Executive Officer)와 경영진의 적극적인 관심과 지원이 필요하다. 또한, 직원 스스로가 자신의 지식을 시스템에 등록하여 공유하고 학습동아리 활동에 참여하는 일들이 영업성과를 제고시키는 업무수행 과정의 하나로 인식할 수 있도록 변화관리 교육도 병행하여야 한다.

2. 개별은행의 문화에 적합한 단계별 지식경영 추진

다수의 기업들이 지식경영에 성공했다는 이유로 타사의 지식경영제도를 무분별하게 도입하는 것은 지양해야 한다. 우선 직원들의 창의성(creativity)을 촉진하고 지식공유와 참여가 중시되는 조직문화를 구축하는 데 노력해야 한다. 그 이후 개별은행의 문화에 적합한 것부터 하나씩 단계적으로 도입할 필요가 있다.

직원들의 참여를 유도할 수 있는 효과적인 프로그램부터 실행할 경우 직원들이 거부감 없이 적극적으로 지식경영에 참여하여 지속적이고 내실있는 성과를 거두게 된다.

3. 동기부여를 위한 차별적인 보상체계 마련

직원들이 지식경영 활동에 적극적으로 참여할 수 있도록 다양한 동기부여가 필요하다. 이를 위해서는 무엇보다도 참여활동에 투입한 노력과 시간에 대해 은행이 이를 인정하고 다른 직원과 차별화된 보상(differentiated reward)이 필요하다. 이는 바쁜 업무에도 불구하고 시간을 들여 지식경영 활동에 참여하는 직원들에게 그렇지 않은 직원들과 동일한 보상을 실시할 경우 지식경영에 매진할 직원을 찾기는 현실적으로 어렵기 때문이다.

4. 효율적인 지식경영시스템 구축과 타 시스템과의 연계 강화

지식경영이 직원들에게 용이하고도 편리하게 되기 위해서는 은행 특성에 적합한 편리한 지식경영시스템 구축과 더불어 은행 내 모든 지식유관시스템과의 연계가 효과적으로 이루어져야 한다. 그리고 이를 통해 지식과 정보가 부서 이기주의에 의해 단절되지 않고 은행 전체에 충분히 공유되도록 해야 할 필요가 있다.

제 17 장

국내 금융기관의 리스크관리 현황과 과제

1980년대 금융자유화(financial liberalization) 및 국제화의 진전으로 1987년 주식시장 폭락, 1992년 유럽 통화위기, 1997년 아시아 통화위기, 1998년 LTCM의 파산 등 국제금융시장의 불안정성(instability of international financial market)이 증가되었다. 이로 인해 리스크 요소의 변동성 확대와 금융위기(financial crisis)의 발생 등으로 금융기관의 파산 가능성도 증가했다.

1980년대 후반 미국의 상업은행과 저축대부조합은 고위험 대출자산 운용에 따른 신용리스크 및 자산 · 부채 불일치에 대한 금리리스크(interest rate risk) 등을 적절히 관리하지 못하여 파산이 급증했다. 또한, 리스크 헤지를 위한 파생상품(financial derivatives)에 대한 리스크 관리 실패로 인해 1995년 베어링 그룹이 파산하고 다이와 은행 등이 거액의 손실을 입은 바 있다.

국내에서도 외환위기로 인해 부실여신이 증가하여 다수의 은행들이 합병 · 퇴출되는 등 금융구조 조정을 경험하였다. 리스크관리 실패로 인한 거액의 손실 사례 및 국내의 외환위기 등의 경험으로 리스크관리가 은행의 존립을 결정하는 중요한 요소가 되고 있다.[1)]

1) 본장에서는 리스크 유형별로 국내은행의 리스크 측정 방법 · 현황 및 효율적인 리스크 관리를 위한 과제에 대하여 분석한 금융지 게재 보고서를 중심으로 살펴본다(전국은행연합회, 금융, 2006. 12. pp. 21~27 요약 · 재구성).

제 1 절 국내은행의 리스크관리 현황

1. 신용리스크 관리

신용리스크 관리는 거래 상대방에 대한 재무분석 및 신용평가를 통한 부도율(PD : Probability of Default) 및 손실률(LGD : Loss Given Default) 측정, 대출금리 결정, 한도설정과 같이 차주의 개별리스크 측정 부분과 개별차주 익스포져(exposure)와 차주 간의 부도 상관관계를 고려하는 신용포트폴리오 리스크 관리모형((예) Credit VaR)으로 구성된다.

대부분의 국내은행은 외환위기(foreign exchange crisis)를 겪으면서 신용리스크 관리를 위해 개인 및 기업의 신용평가모형, 포트폴리오 리스크 측정모형 등을 구축하여 운영하고 있다. 특히, 최근 2008년 1월부터 BaselⅡ 도입 예정(G10 선진국의 경우 Basel Ⅱ를 2007년부터 적용 예정이나 신용리스크 적용방법 중 고급내부등급법과 운영리스크의 고급측정법은 2008년 1월부터 적용 예정임)에 따라 2004년부터 BaselⅡ 기준을 반영한 신용평가 모형을 재구축 중에 있다.

1.1 개인신용평가모형

개인신용평가모형은 개인대출, 주택담보대출, 카드 등 개인 여신신청시 사용하는 신청평점모형(ASS : Application Scoring System)과 여신신청 후 차주의 신용리스크를 모니터링하는 행동평점모형(BSS : Behavior Scoring System)을 구축하여 활용하고 있다.

1.2 기업신용평가모형

기업신용평가모형은 대기업, 중소기업, 공공기관, 특수여신(프로젝트 파이낸싱, 리스금융 등) 평가모형 등으로 구분하여 구축, 운영 중에 있다. 대기업 신용평가모형은 해당 부도차주 표본이 충분하지 않아 통계적 모형구축이 용이하지 않은 관계로 주로 심사역의 전문가적 판단모형에 의존하여 신용등급을 부여하고 있다.

1.3 포트폴리오 리스크 측정 모형

포트폴리오 신용리스크를 측정하는 방법론도 차주의 신용등급별 전이확률을 리스크로 인식하는 MTM(Mark-to-Market) 방법론인 CreditMetrics와 차주의 부도만을 리스크로 인식하는

DM(Default Model) 방법론인 CreditRisk+, MOW(Mercer Oliver Wyman) 방법론, Michael Ong 방법론 등 다양한 방법론을 활용하고 있다.

그러나 손실률 데이터의 회수관련 정보가 부정확하여 신용평가시스템의 신뢰성(credibility)이 다소 부족하며 신용평가모형의 적합성 검증 및 신용등급별 부도율에 대한 사후검증(back-testing)이 제대로 이루어지지 않고 있어 이에 대한 시급한 보완이 필요하다.[2)]

또한, 소매익스포져의 신용리스크를 측정하는 방법론이 정형화되어 있지 않아 소매익스포져에 대한 포트폴리오 신용리스크(Credit VaR)를 측정하는 은행은 소수에 불과한 실정이다.

〈표 17-1〉 은행별 포트폴리오 신용리스크 측정 방법

방법론	시스템 구축 은행
CreditMetrics	우리, 대구, 광주, 산업, 농협, 수협
CreditRisk+	하나, 외환, 신한, 부산, 산업, 기업
Michael Ong 방법론[1)]	우리, SC제일
MOW 방법론[2)]	국민, 한국씨티

주 : 1) DM(Default Model) 방법으로 시뮬레이션을 통하여 차주 간의 상관관계 반영
2) MOW(Mercer Oliver Wyman)는 DM 방법으로 베타 손실분포를 가정하고 신용리스크를 측정

2. 시장리스크 관리

2.1 시장리스크 유형

시장리스크는 시장가격의 변동으로 인한 금융기관 대상포지션의 손실리스크로서 2가지(① 일반시장리스크, ② 개별리스크)로 구분된다.

① 일반시장리스크

일반시장리스크는 금리, 주가, 환율 등 시장가격의 일반적 수준 변화에 따른 금융기관 대상포지션의 손실리스크를 의미한다.

② 개별리스크

개별리스크는 일반적인 시장가격의 변화 이외에 채권 및 주식 발행자 등의 신용리스크 변동

2) 신용평가모형의 적합성 검증은 신용평가의 필수 요소인 부도율(PD)이 예상부도율과 실제부도율이 큰 차이가 없는지를 검증하는 부도율 사후검증(back-testing), 신용등급별 부도율의 역전현상이 없는지, 특정 등급의 부도율이 일정한 신뢰수준((예) 99%) 내에 있는지 등을 검증하는 것으로 영국의 FSA의 경우 GINI 계수와 같은 통계량을 활용하고 있다.

등에 의한 금융기관 대상 포지션의 손실리스크를 의미한다.

2.2 시장리스크 측정 방법

바젤위원회는 시장리스크 측정 방법에 대하여 2가지(① 표준방법, ② 내부모형)를 제시하고 있다.

① 표준방법

표준방법은 바젤위원회가 제시하는 세부적인 가이드라인에 따라 금리, 주식, 외환, 옵션리스크를 구조적으로 측정하는 방식이다.

② 내부모형

내부모형은 금융기관이 자체로 개발한 리스크 측정시스템에서 통계적인 기법을 이용해 트레이딩 계정 포지션의 최대손실예상액인 VaR(Value at Risk) 값을 측정하는 것을 의미한다. 금융기관은 내부모형으로서 분산 · 공분산모형, 역사적 시뮬레이션 모형, 몬테카를로 시뮬레이션 모형(Monte-Carlo Simulation Model) 등을 활용하고 있다.

대부분의 은행은 시장리스크 관리(market risk management)를 위한 트레이딩 정책지침 운용, 데이터베이스 구축, 데이터 검증(cleansing & validation), 손실한도 및 손절매한도 운용 등에 있어 상당한 수준에 이른 것으로 판단된다. 그러나 구조화된 파생상품의 가격결정시스템 구축, 사후검증(back-testing) 및 위기상황 분석의 실시 등은 보완이 필요한 실정이다. 시장리스크를 반영하여 BIS 비율을 측정하는 은행은 국내 18개 은행 중 10개 은행으로 국민, 하나, 우리은행은 감독당국으로부터 내부모형을 승인받아 활용 중에 있으며 그 외 은행(SC제일, 외환, 신한, 한국씨티, 산업, 기업, 농협)은 표준방법을 이용하고 있다.

〈표 17-2〉 은행별 내부모형 승인 현황

<table>
<tr><th rowspan="2">구분</th><th colspan="2">시장리스크 측정 대상 은행</th><th rowspan="2">비대상 은행[1)]</th></tr>
<tr><th>내부모형</th><th>표준모형</th></tr>
<tr><td>승인</td><td>국민(2005년 7월),
하나(2006년 7월),
우리(2006년 9월)</td><td rowspan="2">SC제일, 외환, 신한,
한국씨티, 산업, 기업, 농협</td><td rowspan="2">대구, 부산, 광주, 제주, 전북,
경남, 수출입, 수협</td></tr>
<tr><td>심사 중</td><td>기업</td></tr>
<tr><td>계</td><td>3개 은행</td><td>7개 은행</td><td>8개 은행</td></tr>
</table>

주 : 1) 트레이딩 포지션 합계가 1조원 미만이고 총자산의 10% 미만인 은행

3. 금리리스크 관리

금리리스크는 금리가 불리한 방향으로 변동할 때 발생하는 손실 가능성을 의미한다. 금리리스크는 대부분의 자산 · 부채가 이자율에 민감한 항목으로 구성된 은행의 가장 본질적인 리스크 중 하나로 평가할 수 있다. 금리리스크의 종류는 금리변경리스크(repricing risk, 자산 · 부채의 만기 또는 금리개정 시점의 차이로 인해 발생하는 리스크), 수익률곡선 리스크(yield-curve risk, 수익률곡선의 기울기 변화에 따라 발생하는 리스크로서 시장의 수익률곡선의 형태가 일반적인 우상향곡선에서 평평한 곡선이나 우하향곡선, 기울기가 가파른 우상향곡선으로 변화할 가능성으로 인해 발생하는 리스크), 베이시스 리스크(basis risk, 수입이자와 지급이자의 기준금리가 불완전한 상관관계를 가짐에 따라 발생하는 리스크), 옵션리스크(optionality risk, 자산 · 부채 및 부외거래 포지션에 내재된 옵션에서 발생하는 리스크((예) 조기상환, 조기인출, 내재 옵션 유가증권 등))로 구성되어 있다.

금리리스크가 금융회사에 미치는 영향은 일반적으로 2가지 관점(① 이익적 관점(Earnings Perspective), ② 경제가치적 관점(Econimic Value Perspective))에서 설명할 수 있다.

3.1 이익적 관점

이익적 관점에서는 금리변동은 순이자 이익(net interest income)과 여타 금리변동에 민감한 영업수익 및 비용의 변동을 통하여 금융회사의 이익에 영향을 미치게 된다. 금리 갭분석, 순이자 이익 시뮬레이션, 최대손익변동예상액(EaR : Earnings at Risk) 등을 통하여 리스크량을 측정 관리한다.

3.2 경제가치적 관점

경제가치적 관점에서는 자산 · 부채 및 부외거래로부터 발생하는 미래 현금흐름의 현재가치(present value of future cash flow)가 금리변동에 따라 변화하기 때문에 금리변동은 금융회사 순가치의 변동을 초래한다. 측정방법으로는 듀레이션갭(Duration Gap) 분석, 순자산가치(NPV : Net Portfolio Value) 시뮬레이션, 최대손실예상액(VaR : Value at Risk) 등을 통하여 리스크량을 측정 관리한다.

일부 은행은 금리리스크의 측정을 위해 금리갭, 금리 EaR을 활용하고 있으나 자본적정성 평가 및 리스크 통합의 관점에서 금리 VaR을 활용하는 것이 바람직하다고 할 수 있다. 경제가치적 관점인 금리 VaR은 금리변동에 따른 모든 미래 현금흐름의 현재가치에 미치는 효과를 고려하는 것이므로 이익적 관점에 비하여 금리변동의 장기효과를 보다 포괄적으로 파악할 수 있는 장점이 있다.

〈표 17-3〉 은행별 금리리스크 측정 방법

측정방법	은행명
금리 VaR	우리, 신한, 외환, 하나, SC제일, 국민, 부산, 광주, 전북, 농협, 수협, 제주[1)]
금리 EaR	대구, 기업
금리갭 비율	한국씨티, 경남, 수출입

주 : 1) BIS의 표준방법에 의한 금리리스크 측정

4. 운영리스크 관리

운영리스크의 개념은 얼마 전까지도 명확히 정립되지 않았다. 전통적으로 운영리스크는 시장, 신용, 유동성 리스크를 제외한 모든 리스크로 광범위하게 정의되어 왔으며 동 리스크에 대한 관리는 사전적(proactive) 관리의 개념이 아닌 사후적(reactive) 대응의 차원에서 수행되어 왔다. 즉, 영업과정상의 실수, 사기, 사고 등에 의한 주요 운영손실(operational loss)에 대해 사후적으로 리스크관리 정책이나 절차를 강화하는 방식으로 관리하였다.

그러나 운영리스크로 인해 대형은행에 거액의 손실이 발생하여 운영리스크에 대한 인식을 전환하는 계기가 되었다(운영리스크와 관련된 손실로는 Sumitomo($2.6 billion loss), Daiwa($1.3 billion loss), Deutsche Morgan Grenfell($720 million loss), Bank Trust($150 million loss), NatWest($127 million loss) 등이 있음). Basel Ⅱ에서 운영리스크에 대한 자기자본 규제를 도입하는 등 감독기구 차원의 대응도 가속화되었다.

Basel Ⅱ에 따르면 운영리스크는 '부적절하거나 잘못된 내부 절차, 직원 및 시스템 혹은 외부요인에 의해 발생하는 손실 위험'으로 정의되고 법적리스크(legal risk)는 포함되나, 전략 및 평판리스크(strategic and reputational risk)는 포함되지 않는다.[3)] 이러한 정의는 운영리스크와 기타 리스크(특히, 신용리스크)의 구분을 명확히 하고 운영리스크 중 계량화가 가능한 부분을 식별할 수 있도록 설정되었다.

3) Basel Ⅱ의 원문 : "Operational risk is defined as the risk of loss resulting from inadequate or failed internal processes, people and systems or from external events. This definition includes legal risk, but excludes strategic and reputational risk."

바젤위원회는 Basel Ⅱ에서 3가지 운영리스크 측정방법을 제시하였다. 동 방식은 기본적으로 은행의 운영리스크 소요 자기자본을 3개 요소(① 은행의 규모(size), ② 형태(shape), ③영업형태(behavior))와 연관시키고 각 요소에 대해 평균 총수익(average gross income), 영업활동의 유형(mix of business), 과거 손실기록(past record of loss) 등을 지표로 활용하였다. Basel Ⅱ의 접근방식은 은행이 운영리스크 측정에 있어서 보다 선진화된 방식을 사용할 경우 소요 자기자본 수준을 감소시킬 수 있는 특징이 있다.

바젤위원회는 소요자기자본 산출을 위한 운영리스크 산출방법으로 3가지 방법론(① 기초지표법(BIA : The Basic Indicator Approach), ② 운영표준방법(TSA : The Standardized Approach), ③ 고급측정법(AMA : Advanced Measurement Approach))을 제시하고 있다. 그러나 국제적으로 영업을 하는 은행 및 운영리스크에 과도하게 노출되어 있는 은행들은 기초지표법보다 정교한 방법을 사용할 것을 권고하고 있다.[4]

4.1 해외은행

ABN-AMRO, BNP Paribas, Deutsche Bank AG, JP Morgan Chase 등 선진 12개 은행은 운영리스크 관리모형의 개발과 발전에 필요한 자료의 문제를 해결하거나 감독당국의 규제에 대해 공동 의견을 제시하는 등의 활동을 위해 ORX(The Operational Riskdata Exchange Association)를 구성하였다. 개별 금융기관이 보유하고 있는 운영리스크 관련 손실자료를 정해진 기준에 적합하게 ORX에 제공함으로써 운영리스크 관리모형 개발에 기여하고 개발된 모형에 적합한 자료 제출기준과 범위를 조정하는 등 운영리스크의 관리와 규제에 공동으로 대응한다는 입장이다.

4.2 국내은행

국내은행의 경우 운영리스크 관리 전담조직(또는 전담자)을 설치하였으나 일부 은행만이 CSA(Control Self Assessment)를 실시하고 있다. 또한, 일부 은행에서는 신BIS 기준의 AMA(Advanced Measurement Approach)에 의해 운영리스크를 측정하기 위하여 준비를 하고 있다. 대형 시중은행을 중심으로 AMA 방법에 따라 운영리스크 측정 시스템 구축을 진행하고 있다.

---

4) 감독당국에서는 은행으로 하여금 가능한 부문부터 점진적으로 고급측정법을 조기 도입하도록 유도하기 위하여 각 방법에 대하여 혼용할 수 있도록 허용하고 있다. 그러나 기초지표법과 운영표준방법의 혼용, 기초지표법, 운영표준방법과 고급측정법을 모두 혼용할 수 있도록 허용하는 것은 규제자본 회피수단(regulatory arbitrage)으로 악용될 소지가 있으므로 원칙적으로 금지하고 있다.

〈표 17-4〉 은행별 운영리스크 측정 방법[1)]

측정방법 \ 은행구분	시중은행	특수은행	지방은행	은행수
고급측정법	조흥·신한[2)], 우리, 하나, 외환, 한국씨티, 국민	기업	-	7
운영표준방법	SC제일	산업, 농협, 수협	부산, 광주, 경남	7
기초지표법	-	수출입	대구, 전북, 제주	4

주 : 1) 2008년 1월 적용 예정
2) 2006년 합병한 조흥·신한은행은 1개 은행으로 간주

5. 한도관리 및 성과관리 체제

대부분 은행은 이사회(리스크관리위원회)의 위험성향(위험성향(risk appetite)은 영업행위 과정에서 필연적으로 수반되는 리스크에 대하여 경영진이 자기자본으로 수용가능하다고 판단하여 일정 수준의 리스크를 선호하는 성향임)을 반영하여 리스크유형별(신용, 시장, 운용리스크 등) 및 부문별(사업부, 데스크, 딜러 등)로 리스크 한도를 적정하게 배분하여 관리하고 있다. 대부분의 국내은행들은 가용자본 대비 85% 이내에서 리스크 한도를 배분하고 있다. 그러나 일부 은행은 가용자본의 95%까지 배분하고 있어 아직 계량화하지 못한 기타 리스크에 대한 한도배분이 어려운 실정이다.[5)]

리스크 유형별 한도 준수 여부를 점검하기 위하여 시장리스크는 일별로, 기타 리스크(신용, 금리, 운영 등)는 월별로 모니터링 중이며 한도초과 관련 사후절차를 내규 등에 반영하여 운영하는 등 한도관리 절차는 양호한 수준이다. 다만 일부 은행은 금리리스크 한도초과 관련 세부절차가 마련되어 있지 않아 이에 대한 개선이 필요한 실정이다.

사업본부, 영업점, 딜러 등의 성과평가시 리스크를 고려한 위험조정성과평가제도(RAPM)를 운영하기 위하여 현재 시스템을 구축하는 단계로서 동 시스템을 이용한 경영의사결정의 활용도는 아직 미흡한 수준으로 평가할 수 있다.[6)]

5) 국내은행의 경우 가용자본의 기준으로 가본자본, BIS자기자본 등 은행마다 상이한 기준을 적용하고 있어 위험성향을 단순히 비교하는 것은 주의를 요한다. 그러나 대부분의 선진은행들은 기본자본을 가용자본으로 활용하고 있다.

6) 위험조정성과평가체제(RAPM : Risk-Adjusted Performance Measurement)는 각 사업부 또는 딜러의 성과평가시 단순한 수익의 총액만을 평가하는 것이 아니라 투자자산의 리스크를 동시에 고려하여 평가하는 방법을 의미한다.

제2절 과 제

대부분의 국내은행은 리스크 측정 시스템 구축 등 기본적인 인프라를 구비하고 있으나 향후 Basel Ⅱ 도입 등의 환경변화에 적응하고 효율적인 리스크관리를 위하여 다음 4가지 과제를 지적할 수 있다.

1. 리스크 측정요소의 적합성을 위한 검증조직 및 관련 절차 마련

OCC, FDIC와 OTS 등은 금융기관의 무분별한 모형 사용에 따른 리스크를 최소화하기 위하여 모형 적합성 검증체제 및 강화된 리스크 측정모형의 통제구조를 제시하고 있다. 또한, 바젤위원회는 Basel Ⅱ에서 내부등급법을 적용하고자 하는 은행에게 신용 및 운영리스크 측정모형의 적합성 검증시스템을 구축하도록 요구하고 있으며 적합성 검증과 관련된 원칙을 제시한 바 있다. 따라서 국내은행에서도 적합성 검증과 관련된 절차 및 내규 등의 마련을 통해 리스크 측정요소의 적합성을 제고시켜야 한다.

2. 견제와 균형을 위한 효율적인 리스크 통제구조(risk governance)의 확립

Basel Ⅱ에서는 익스포져가 발생하는 영업부서, 등급부여 및 리스크 측정모형의 설계와 개발부서, 적합성 검증 부서, 적합성 검증에 대한 제3자 리뷰 등에 대한 통제구조의 확립을 매우 중요시 하고 있다.

즉, 리스크 측정모형의 개발과 적합성 검증은 영업조직과는 분리되어야 한다. 또한, 적합성 검증과 적합성 검증에 대한 제3자 리뷰도 분리되어야 한다. 일부 대형은행은 독립적인 적합성 검증조직을 구축하고 관련규정을 마련하고 있다. 그러나 대부분의 은행은 통제구조 확립을 위한 조직구조 및 관련 절차가 아직은 미흡한 실정이다.

3. 위기상황 분석

Basel Ⅱ가 도입되면 현행 제도보다 신용도에 따른 위험가중치가 차별화되는 등 리스크 민감도가 증가하게 되어 경기순응성(pro-cyclicality)(경기하락 → 신용등급 하락 → 위험가중치 증가 → 소요자기자본 증가 → 은행대출 감소 → 경기하락 심화)이 확대되어 금융시스템의 불안정성(instability of financial system)이 확대될 수 있다는 우려가 제기되고 있다. 이에 바젤위원회는 경기순응성 완화를 위하여 내부등급법 적용은행의 규제자본 산출시 위기상황 분석을 의무적으로 실시하도록 하여 경기침체기(recession)에 적정 자본을 유지하도록 하고 있다. 대부분의 은행이 시장리스크에 대한 위기상황 분석은 실시하고 있으나 신용리스크 및 전행적인 차원의 위기상황 분석에 대한 가이드라인이 마련되어 있지 않아 이에 대한 방법론 개발 및 관련 절차의 수립이 필요하다.

4. 리스크 측정치의 경영의사결정에 대한 활용도 제고

일부 은행은 사업부, 영업점, 딜러 등에 대해 리스크를 고려한 성과평가를 실시하고 있다. 그러나 대부분의 은행은 이를 시행하고 있지 않아 이에 대한 개선이 필요한 실정이다. 리스크를 고려한 성과평가를 보상과 연계시킴으로써 조직 구성원의 리스크에 대한 관심을 제고시키는 한편 영업행위의 고수익(high profit), 고위험(high risk) 위주의 영업형태의 방지에도 기여하게 된다.

제5편

국내 자본시장과 파생금융상품시장

제 18 장

자 본 시 장

제1절 개 관

자본시장(capital market)은 기업, 정부 또는 지방자치단체 등이 장기투자자금(long-term investment fund)을 조달하는 시장으로서 광의로는 은행 시설자금대출 등 장기대출시장(long-term loan market)을 포함하기도 하나 협의로는 국채, 회사채, 주식 등이 발행 유통되는 시장을 의미한다.

자본시장은 다수의 기능을 수행하고 있으나 가장 중요한 기능은 가계(household) 등의 여유자금을 투자수익성(investment profitability)이 높은 기업 등에 장기투자재원으로 공급함으로써 국민경제의 자금부족부문과 자금잉여부문의 자금수급 불균형을 조절하는 데 있다. 자본시장에서 미래 수익이 높을 것으로 예상되는 기업은 타 기업보다 저금리로 필요한 자금을 조달하여 생산능력을 확충할 수 있다. 이에 따라 국민경제는 이들 기업을 중심으로 생산효율성(production efficiency)이 극대화되고 경제전체의 부(富)도 증가하게 된다.

자본시장은 회사채 수익률과 주가 등 금융자산(financial asset) 가격을 결정함으로써 기업의 투자와 내부경영에 영향을 미친다. 기업은 회사채나 주식 발행을 통한 자금조달비용(financing cost)이 예상 투자수익률(expected profit rate of investment)보다 낮을 경우 투자를 확대하고 그렇지 않을 경우 투자를 기피하게 된다. 따라서 회사채나 주식 등 금융자산의 가격변동(price variability)에 따라 기업의 투자가 영향을 받게 된다. 또한, 기업은 회사채나 주식 등의 자금조달비용 등을 고려하여 최적의 자본구조(optimal capital structure)를 선택하게 되는데 이는 기업의 내부경영(internal management) 및 지배구조(governance)에 영향을 미치게 된다.[1]

한편, 투자자의 입장에서 볼 때 자본시장은 높은 수익률의 금융자산을 제공함으로써 자산운용상의 효율성을 제고시키게 된다. 회사채, 주식 등 자본시장에서 거래되는 금융자산은 금리변동에 따른 자본손실(capital loss) 위험 및 신용위험(credit risk)이 비교적 커서 일반적으로 이들 자산의 수익률은 단기금융상품에 비해 높은 편이다.

최근에는 경제주체들의 금리 민감도가 제고된 가운데 위험선호도(risk preference)가 높은 투자자를 중심으로 주식과 채권에 대한 수요가 확대되고 있으며 전체 금융자산 중 이들 장기금융자산의 비중도 높아지는 추세를 보이고 있다.

또한, 자본시장은 중앙은행의 통화정책(monetary policy)이 실물정책에 영향을 미치는 매개기능을 수행한다. 중앙은행이 정책금리를 변경하면 여러 경로를 통해 자본시장의 장기 수익률에 영향을 미치고 기업의 자본조달비용을 변동시킴으로써 궁극적으로 기업의 투자결정(corporate investment decision)에 영향을 미친다. 동시에 채권 및 주식의 자산가치 변동으로 인한 부의 효과(wealth effect)를 통해 가계소비에도 영향을 미치게 된다.

기업은 투자에 필요한 장기자금을 은행으로부터 차입하기도 하지만 자본시장에서 금융상품, 즉 회사채 또는 주식을 발행하여 자금을 조달함으로써 금융투자상품의 공급자 역할을 수행한다. 기업 이외에도 정부나 지방단체는 세수(稅收)로 충당하기 어려운 사회간접자본(SOC) 투자자금 등 대규모 자금을 조달하기 위하여 자본시장에 적극적으로 참여하고 있다. 자본시장의 투자자들은 자산운용회사, 뮤추얼펀드(mutual fund), 보험회사, 연기금 등 기관투자자와 개인이 주종을 이루고 있다. 최근에는 채권 및 주식 투자에 따른 위험을 최소화하고 예상수익을 극대화하기 위해 파생금융상품(financial derivatives)을 통한 헤지(hedge) 등 전문적인 자산관리기법이 발전되고 있어 개인들도 이들 자산에 기관투자자를 통해 투자를 증대시키고 있다.

자본시장에서 거래되는 증권은 크게 2가지(① 채권, ② 주식)로 구분된다.[2] 한국의 경우 채권(bond)은 발행주체를 기준으로 정부가 발행하는 국채, 지방자치단체가 발행하는 지방채, 특별법에 의해 설립된 법인이 발행하는 특수채, 금융기관이 발행하는 금융채 및 상법상의 주식회사가 발행하는 회사채로 구분하고 있다. 현재 발행되고 있는 국채로는 국고채권, 국민주택채권이, 지

1) 예를 들면, 주식발행을 통한 자금조달비중이 커지면 외부 주주의 영향력이 증대되면서 기업경영이 영향을 받게 되는 반면 내부유보를 통한 조달에 의존할 경우 기존 주주의 영향력이 높게 유지된다(한국은행, 우리나라의 금융시장, 2006. 12. pp. 155~280 요약・재구성).

2) 현행 자본시장 관련 금융법에는 금융투자상품의 범위가 사전적으로 열거(예를 들면, 유가증권은 국채, 지방채, 특수채, 주식, 수익증권 등 21개가 열거되어 있음)되어 있으나 2008년 시행예정인 자본시장과 금융투자업에 관한 법률(안)에서는 포괄주의 규율체제가 채택되어 유가증권을 채무증권, 지분증권, 수익증권, 증권예탁증권으로 분류하고 각각의 개념을 추상적으로 정의하고 있다.

방채로는 지하철공채, 지역개발공채가 대표적인 예이다. 또한, 특수채로는 한국전력채권, 예금보험기금채권, 부실채권정리기금채권 등을, 금융채로는 산업금융채권, 중소기업채권 등을 지적할 수 있다. 회사채는 보증 및 담보유무에 따라 보증사채, 담보부사채 및 무보증사채로 구분되며, 채권자의 권리를 기준으로 일반사채, 전환사채, 신주인수권부사채, 교환사채, 이익참가부사채 등으로 구분된다. 한편, 주식(stock)은 보통주와 의결권이 없는 대신 현금배당에 우선순위를 갖는 우선주 등으로 구분된다.

한국의 자본시장은 양(量)과 질(質)적으로 비약적인 발전을 이루어 왔다. 이 같은 발전과정을 간략히 살펴본다.

① 1950 · 1960년대

1956년 3월 대한증권거래소[3] 설립과 1962년 1월 증권거래법 제정을 계기로 자본시장의 기반이 마련되었다. 그러나 당시 주식시장은 규모가 작았을 뿐만 아니라 관리체계 허술 및 운영 미숙 등으로 증권파동 등의 혼란을 경험하였다. 채권시장의 경우에도 그 역할이 6 · 25 전쟁 후 복구사업을 위한 국채의 발행 및 거래에 국한되는 정도였다. 이 같이 초보단계에 있었던 자본시장은 1968년 '제2차 경제개발 5개년 계획'이 시작되면서 기업공개 촉진정책이 본격화됨에 따라 급속히 성장하게 되었다.

② 1970년대

기업공개촉진법이 제정(1972년 12월)됨으로써 일정 금액 이상의 금융지원을 받은 기업에 대해 정부가 기업공개를 명령할 수 있게 되었다. 1974년에는 계열기업군 여신관리협정 체결로 공개실적이 부진할 경우 금융지원이 제한되었으며 총액인수제도도 도입되었다. 이 같은 일련의 기업공개 촉진정책으로 인해 증권시장 상장기업수가 크게 증가하였다. 그러나 기업공개의 급속한 확대로 인해 주식시장이 과열되고 부실기업 등 공개요건 미달 기업이 공개되는 등 부작용이 발생하면서 1977년에는 기업등록제도의 도입 등을 통해 기업공개 요건을 강화하고 1978년에는 공개법인에 대한 세제 혜택도 축소하였다.

자본시장 육성정책이 주식시장 위주로 이루어지면서 채권시장의 발전이 상대적으로 지체되었다. 1970년대 중반까지 회사채 거래는 미미한 채 국채만이 일부 거래되었다. 회사채의 경우 1972년 2월 보증사채 발행 허용과 함께 일반공모 발행제도가 도입되고 1976년에는 신주인수권부사채, 전환사채 등의 발행이 허용되었으나 발행실적은 저조하였다. 회사채시장이 본격적으로 발전

3) 대한증권거래소는 1962년 1월 증권거래법 제정시 영리단체에서 주식회사로 조직형태가 전환되었다가 1963년 4월 증권거래법 개정에 따라 동년 5월 정부가 출자한 공영제 조직으로 개편되면서 한국증권거래소로 명칭이 변경되었다.

한 것은 1977년 2월 채권종류의 다양화 및 발행조건의 신축적 운용, 기채 조정, 채권의 유동성 제고 등을 주요 내용으로 하는 채권시장 육성방안이 발표된 이후부터라고 할 수 있다. 이어 보증사채의 발행조건 완화 및 무보증사채의 발행자격 강화(1979년 2월), 상장법인에 대한 회사채 발행한도 확대(1979년 12월), 증권회사의 환매조건부채권매매 업무 취급 허용(1980년 2월) 등으로 회사채 발행여건이 크게 개선되고 수요기반이 확대되었다.

③ 1980년대

1980년대 들어서는 주식시장 활성화를 위한 기업공개 유도 및 회사채시장 관련 각종 제도정비가 이루어졌다. 우선 우량법인에 대한 기업공개 및 상장요건이 완화(1983년 7월)된 데 이어 상법 개정(1984년 4월)으로 수권자본의 증액한도가 납입자본의 2배에서 4배로 확대되었다. 또한, 자본시장 육성에 관한 법률 개정(1987년 11월)으로 증권감독원이 유상증자 적격법인을 선정하고 기업공개를 권고할 수 있게 되었다. 회사채 시장과 관련해서는 상법 개정(1984년 4월)으로 회사채발행 한도가 자기자본 이내에서 자기자본의 2배 이내로 확대된 데 이어 장외거래에 관한 규정 제정(1984년 7월)으로 장외시장에서의 채권거래가 제도적으로 뒷받침되었다. 무보증사채 및 교환사채 발행요건 완환(1985년 5월) 및 보증사채 발행조건 자율화(1986년 3월)가 이루어지고 이익참가부사채 및 교환사채 등 신종사채의 법적 근거도 마련(1987년 11월)되었다.

④ 1990년대

1990년대 초반에는 주식 공급 물량의 급속한 확대 등으로 주식시장이 침체되고 투자신탁회사 등 주요 투자기관의 경영이 부실화되면서 시장안정 및 수요기반 확대와 이들 투자기관의 경영 정상화가 중요한 정책과제로 부상하였다. 기업공개와 관련하여 기업공개전 대주주 지분변동 금지 및 기업공개에 대한 실질심사제 도입(1990년 2월), 납입자본금과 자기자본 요건 등 기업공개 요건 강화(1991년 8월)가 이루어졌다. 또한, 증권시장안정기금을 설치(1990년 5월)하여 주식시장의 수요기반을 확대하는 한편 회사채 및 특수채의 발행물량을 조정하기 위하여 기채조정협의회(1992년 1월)가 설치되었다.

1997년말 외환위기(foreign exchange crisis) 이후 신용경색(credit crunch) 현상이 심화되자 기업자금도달을 원활히 하기 위해 회사채 발행한도를 자기자본의 4배로 확대(1997년 12월)하고 증권회사의 회사채 총액인수제도를 의무화(1998년 8월)하였다. 또한, 자산유동화에 관한 법률(1998년 9월)과 주택저당채권유동화회사법(1999년 1월)을 제정하여 자산유동화증권 발행을 통한 자금조달이 가능하게 되었다. 한편, 1999년 3월에는 국채전문유통시장이 설치되고 동년 7월 국채전문딜러제도가 도입되었다. 1999년 7월 이후에는 대우그룹의 유동성 문제로 인해 금융시장의 불안정(instability of financial market)이 발생되면서 투자신탁회사 수익증권 환매대책 등 금융시장 안정대책이 추진되었으며 이후 금융시장은 안정을 회복하기 시작하였다.

⑤ 2000년대

2000년대 들어서는 자본시장의 선진화를 위한 각종 제도정비가 이루어졌다. 우선 채권시장은 딜러간 채권중개회사 설립(2000년 2월), 국채전문딜러에 대한 금융지원제도 마련(2000년 3월), 민간채권평가회사 설립 허용(2000년 6월) 및 채권시가평가제도 전면 시행(2000년 7월), 복수금리결정방식에서 단일금리결정방식으로의 국채입찰방식 변경(2000년 8월), 당일에서 익일로의 채권결제일자 변경(2003년 6월) 등 채권시장의 활성화 및 효율성 제고를 위한 각종 제도개선이 이루어졌다. 또한, 양곡관리기금 채권의 국고채권으로의 통합(2000년 1월), 국채통합발행제도 도입(2000년 5월), 10년 만기 장기국채 발행(2000년 10월), 외국환평형기금채권의 국고채권으로의 통합(2003년 11월), 장기국채시장 육성 방안(5년 만기 국고채 발행비중 확대(30% → 40%) 등) 발표(2004년 5월), 20년 만기 국고채 발행(2006년 1월), 국고채 원금이자분리제도(STRIPS) 시행(2006년 3월) 등 제도개선도 함께 이루어졌다. 주식시장과 관련해서는 거래소 및 코스닥 시장에서 거래되지 않은 주식을 대상으로 한 장외주식호가중개시장(2000년 3월)이, 거래소와 코스닥(KOSDAQ)에서 거래되는 250개 종목을 대상으로 정규시장 종료 후에도 거래가 가능하도록 전자장외증권중개시장(2001년 12월)이 각각 개설되었다. 그러나 양 시장 모두 거래 부진이 지속되자 전자장외증권중개시장이 폐쇄(2005년 5월)되었으며 장외주식호가중개시장의 경우 일부 제도를 개선하고 명칭도 프리보드로 변경(2005년 7월)하였다.

2005년 1월에는 정부의 증권선물시장 선진화 계획 등에 따라 이전의 증권거래소, 코스닥증권시장 및 선물거래소를 통합하여 주식회사 형태의 영리법인인 (주)한국증권선물거래소가 새롭게 출범되었다. 최근 뉴욕, 런던 등의 증권거래소가 영리법인 성격을 띠고 있는 등 각국의 증권거래소는 이전의 사단법인 성격에서 영리법인화(demutualization)되어 가는 추세를 보이고 있다. 이에 따라 회원의 지위도 과거 단순한 참여자로부터 주주로서의 권리가 부가된 상태로 변화하였다. 한국의 경우 한국증권선물거래소에서의 거래는 주주인 회원에 대해서만 허용되어 있으며 회원 이외의 기관투자자, 일반고객 등이 증권을 매매하고자 할 경우에는 반드시 회원에게 거래를 위탁하여야 한다. 동 거래소의 증권거래회원 자격은 증권거래법에 의거하여 증권업 허가를 받은 법인(외국 증권업자의 국내지점 및 그 밖의 영업소 포함)에게 부여되고 있다. 2006년 6월말 기준 총 77개 증권회사가 증권거래회원으로 가입되어 있다. 선물거래회원으로는 56개사가 등록되어 있다.

한편, 국내 자본시장의 대외개방의 경우 1981년 1월 자본시장 국제화 장기계획이 발표된 이후 외국인전용수익증권 판매(1981년 11월), 코리아펀드(Korea Fund) 설립(1984년 5월) 및 이의 뉴욕증시(NYSE : New York Stock Exchange) 상장(1984년 8월), 해외전환사채의 발행(1985년 12월) 등 간접투자로 그 범위가 제한되어 있었다. 1988년 이후에는 직접투자 및 외국증권회사 국내진출 등에 대해서도 점진적으로 개방이 확대되었다. 이후 자본시장 개방은 1993년 6월 발표된 제3단계 금융자율화 및 시장개방계획과 1996년 9월 경제협력개발기구(OECD) 가입시 제시된 자본자유화계획(capital liberalization plan)을 통해 보다 체계적으로 추진되었다. 주식투자에 대해서는 개별종목 발행주식 총수의 10%(1인당으로는 3%) 내에서 외국인 직접투자가 허용(1992년 1월)된 후 단계적으로 확대되었다. 외환위기 직후인 1997년 12월 그 한도가 55%(1인당으로는 50%)까지 제고되었다. 이어 1998년 5월에는 공공법인을 제외하고는 상장주식 투자한도규제가 완전히 폐지(공공법인의 주식에 대해서는 외국인의 전체 투자한도를 30%, 1인당 한도를 3%로 제한)되었으며 동년 7월에는 증권거래소 및 코스닥시장에 상장되지 않은 주식에 대해 외국인의 투자를 자유화하였다.

이에 따라 외국인의 상장주식 보유액이 급증하여 1992년말 4.9%에 불과하던 외국인보유 상장주식 시가총액이 1998년말 18.6%에서 2006년 6월말 기준 39.3%로 크게 증가하였다.

〈표 18-1〉 외국인 주식 및 채권 보유현황(기말 잔액 기준)

(단위 : 10억원, %)

	1992	1994	1998	1999	2000	2006. 6
주식보유액	4,145.1 (4.9)	15,401.8 (10.2)	25,633.4 (18.6)	76,590.5 (21.9)	56,558.5 (30.1)	249,132.3 (39.3)
채권보유액	- -	38.6 (0.0)	968.3 (0.3)	1,156.7 (0.3)	692.1 (0.2)	3,900.4 (0.5)

주 : ( )안은 유가증권시장 상장주식 시가총액 또는 상장채권잔액 대비 비중
자료 : 금융감독원

채권시장의 경우 국내외 금리격차와 국내 채권수요기반 등을 고려하여 주식시장에 비해 개방이 늦게 이루어졌다. 1994년 7월 외국인의 중소기업 발행 무보증 상장 전환사채 매입이 허용된 이후 외국인 투자전용 중소기업 무보증 회사채 발행 허용(1997년 1월), 중소기업의 무보증 중장기 회사채 및 대기업의 무보증 전환사채 매입 허용(1997년 6월) 등 외국인에 대한 시장개방이 단계적으로 확대되었다. 1997년 12월에는 모든 상장채권에 대해 외국인의 투자한도 규제가 완전 폐지되었다. 그러나 채권시장의 전면 개방에도 불구하고 외국인 채권투자는 매우 부진하여 2006

년 6월말 기준 외국인 채권 보유액은 전체 상장채권잔액의 0.5%를 나타내고 있다.

한국 자본시장의 규모는 <표 18-2>에서 알 수 있듯이 2006년 6월말 기준 1,427.4조원으로 1990년말(114조)에 비해 약 13배 정도 확대되었다. 2006년 6월말 기준 채권시장은 730.5조원, 주식시장은 696.9조원을 나타내고 있다. 채권시장의 경우 회사채 비중이 1990년 63.0%에서 2006년 6월말 14.2%로 크게 감소한 반면 국채와 통화안정증권 및 특수채의 비중은 동 기간 중 크게 확대되었다. 이는 재정적자(fiscal deficit) 보전을 위한 국채 발행의 증가, 경상수지 흑자(current account surplus) 및 외국인투자자금 유입에 따라 증가한 통화를 흡수하기 위한 통화안정증권 발행의 증가, 예금보험기금채권 등 금융구조조정을 위한 채권 발행의 증가 등에 주로 기인한다고 할 수 있다. 주식시장의 경우 코스닥시장의 비중은 IT 호황으로 한 때 20%를 상회하기도 하였으나 2006년 6월말 기준 9.1%를 차지하는 데 그치고 있다.

<표 18-2> 한국의 자본시장 규모(기말 잔액 기준)

(단위 : 10억원, %)

	1990		1995		2000		2006. 6	
	금액	구성비	금액	구성비	금액	구성비	금액	구성비
채권[1]	35,005	100.0	111,915	100.0	397,115	100.0	730,535	100.0
국채	3,123	8.9	19,548	17.5	73,294	18.5	251,302	34.4
지방채	1,060	3.0	3,238	2.9	9,765	2.5	11,788	1.6
금융채	6,626	18.9	27,688	24.7	49,093	12.4	125,648	17.2
통화안정증권	0	0	506	0.5	39,890	10.0	131,810	18.0
특수채	2,128	6.1	4,479	4.0	97,195	24.5	105,951	14.5
회사채	22,068	63.0	56,456	50.4	127,878	32.2	104,037	14.2
주식[2]	79,020	100.0	141,151	100.0	217,057	100.0	696,910	100.0
유가증권시장	79,020	100.0	141,151	100.0	188,041	86.6	633,158	90.9
코스닥시장	-	-	-	-	29,016	13.4	63,752	9.1
전체	114,025	-	253,066	-	614,172	-	1,427,445	-

주 : 1) 상장채권 기준(다만 364일물 이하 통화안정증권은 제외)
2) 한국증권선물거래소의 유가증권시장 및 코스닥시장 상장주식의 시가총액

자료 : 한국증권거래소, 증권선물 각호
한국은행

제 2 절 채권시장

1. 개 관

1.1 의의

채권은 일반적으로 정부, 공공기관, 민간기업 등이 비교적 장기로 불특정 다수로부터 거액의 자금을 조달하기 위하여 정해진 이자와 원금의 지급을 약속하면서 발행하는 유가증권(fixed-income securities)을 의미한다. 그러나 만기가 되기 이전에 보유채권을 매각할 경우 주식과 같이 가격변동에 따라 자본이득(capital gain) 또는 자본손실(capital loss)이 발생하게 된다. 또한, 채권 발생자가 부도를 내면 원리금 회수가 어려워지는 채무불이행 위험(default risk)이 존재한다. 이 같은 점을 고려하면 채권도 사실상 투자시점에서 수익이 확정되는 것은 아니라고 할 수 있다.

채권의 발행 주체 및 한도는 관련법률에 의하여 결정된다. 국채의 경우 국회의 동의, 회사채의 경우에는 유가증권신고서의 금융감독위원회 제출 등 일정한 절차를 거쳐서 발행된다.[4] 발행된 채권은 증권거래법 등에 의해 유통시장(secondary market)에서 자유롭게 매매될 수 있다.

채권 발행자는 발행시장(primary market)을 통해 필요한 자금을 원활히 조달할 수 있으며, 채권 투자자는 채권을 발행시장에서 인수하거나 유통시장에서 매입할 수 있다. 채권 투자자는 이자소득 이외에 자본이득을 기대할 수 있을 뿐만 아니라 필요할 경우 시장에서 매각하여 현금을 확보할 수도 있다. 이에 따라 채권은 자산 포트폴리오(asset portfolio)를 구성하는 중요한 투자 수단이 된다.

한편, 채권의 가격(또는 수익률)은 기본적으로 채권에 대한 수요와 공급에 의해 결정된다. 또한, 채권 수익률은 경제성장률, 물가상승률 등 경제의 기초여건(economic fundamentals)과 채권시장 하부구조(market infrastructure)의 효율성과 같은 요인을 반영한다.

---

4) 일반 회사채, 은행채를 제외한 금융채, 자산유동화증권은 발행시 유가증권신고서를 제출해야 한다(종합금융회사, 여신전문금융회사 및 주택저당채권유동화회사가 발행한 채권은 특별법에 의해 설립된 법인이 발행한 채권임에도 불구하고 2001년 7월 증권거래법시행령 개정으로 유가증권 신고서를 제출해야 함).

1.2 채권의 종류

채권은 발생주체에 따라 정부가 발행하는 국고채권(이하 국고채), 국민주택채권 등 국채, 한국은행이 발행하는 통화안정증권, 지방자치단체가 발행하는 지하철공채·지역개발공채 등 지방채, 상법상의 주식회사가 발행하는 회사채, 은행·증권회사·리스회사·신용카드회사 등 금융회사가 발행하는 금융채, 한국전력공사·한국토지공사·예금보험공사 등 특별법에 의해 설립된 법인이 발행하는 특수채 등으로 구분할 수 있다. 일반적으로 국채, 지방채 및 특수채는 포괄하여 국공채로 지칭된다.

채권은 원리금에 대한 제3자의 지급보증 여부에 따라 2가지(① 보증채, ② 무보증채)로 분류된다. 보증채는 다시 보증주체에 의해 정부보증채와 일반보증채로 구분된다. 일반보증채는 신용보증기금, 보증보험회사, 은행 등이 지급을 보증하는 채권이다. 무보증채는 발행 주체의 자기 신용에 의해서 발행되는 채권을 의미한다.

채권 발행자의 담보제공 여부에 따라 담보부채권과 무담보부채권으로 분류할 수 있다. 담보부채권에는 일반담보부채권과 자산유동화증권이 있다. 일반담보부채권은 발행주체가 채권을 발행할 때 신용을 보강하기 위해 담보를 제공하는 채권을 말하며, 자산유동화증권(ABS : Asset-Backed Securities)은 유동화전문회사(SPC : Special Purpose Company)가 매입한 회사채, 은행대출채권, 카드매출채권 등의 자산을 기초로 발행하는 증권을 의미한다.

채권은 이자지급방법에 따라 할인채(discount bond, zero-coupon bond), 이표채(coupon bond), 복리채(compound interest bond) 등으로, 지급이자 변동여부에 따라 고정금리부채권과 변동금리부채권(FRN : Floating Rate Note)으로 구분된다.

그 밖에 회사채의 경우 발행회사의 주식으로 전환할 수 있는 권리가 부여된 전환사채(CB : Convertible Bond), 사채권자에게 발행회사의 신주를 일정한 조건으로 매수할 수 있는 권리를 부여한 신주인수권부사채(BW : Bond with Warrant), 발행회사가 보유한 제3자 발행 유가증권과 교환할 수 있는 교환사채(EB : Exchangeable Bond) 등 주식과 관련된 회사채도 발행된다.

이 같이 채권은 다양한 형태로 발행될 뿐만 아니라 동일한 종류의 채권이라도 잔존만기와 표면금리가 상이할 경우 각각 다른 종류의 채권으로 취급된다.

〈표 18-3〉 주요 채권의 발행기관, 근거법 및 발행한도

채권명	발행기관	발행근거법	발행한도
국고채권[1]	정부	국채법	국회동의를 받은 한도 이내
국민주택채권(제1종)	정부	주택법	국회동의를 받은 한도 이내
국민주택채권(제2종)	정부	주택법	국회동의를 받은 한도 이내
재정증권	정부	국고금관리법	국회동의를 받은 한도 이내
통화안정증권	한국은행	한국은행 통화안정증권법	총통화(구 M2)의 50% 이내
은행채	은행	은행법	자기자본의 3배 이내
회사채	주식회사	상법	순자산액의 4배 이내
산업금융채권	한국산업은행	한국산업은행법	자본금 및 적립금의 30배 이내
한국전력채권	한국전력공사	한국전력공사법	자본금 및 적립금의 2배 이내
예금보험기금채권 상환기금채권	예금보험공사	예금자보호법	국회동의[2]를 받은 한도 이내
부실채권정리기금채권	한국자산관리공사	한국자산관리공사법[3]	국회동의를 받은 한도 이내

주 : 1) 외국환평형기금채권은 2003년 11월부터 국고채권에 통합
2) 일반적으로 정부보증에 의해 발행되는 데 이 경우에는 국회동의가 필요함
3) 정식명칭은 '금융기관부실자산 등의 효율적 처리 및 한국자산관리공사의 설립에 관한 법률'임

1.3 제도변천

1950년 재정적자(fiscal deficit)를 보전하기 위해 건국국채가 최초로 발행된 이후 채권시장을 육성하기 위한 제도 개선이 지속적으로 이루어졌다. 그러나 기본적으로 채권발행은 시장원리(market principle)에 의해 이루어지지 않았다고 평가할 수 있다. 국채는 국채인수단에서 발행물량을 전액 인수하는 방식으로, 회사채는 기채조정협의회를 통하여 채권발행물량을 조정하는 방식으로 소화되었다.

1997년말 외환위기(foreign exchange crisis) 이후 채권 발행 및 유통 규모가 크게 증가하면서 제도개선 필요성이 크게 부각되었다.[5] 1997년 12월 회사채 발행한도 확대,[6] 외국인에 대한 채권시장 전면 개방, 1998년 8월 증권회사의 회사채 총액인수제도 의무화, 1998년 11월 채권시가평가제 일부 시행, 1999년 1월 국채발행의 정례화 및 신탁재산 신규 편입 회사채 등에 대한 신용평가기관의 평가 의무화, 1999년 3월 증권거래소 내 국채전문유통시장(IDM : Inter-Dealer

5) 외환위기 이후 재정적자 보전을 위한 국채, 금융구조조정을 위한 예금보험기금채권, 국외부문 통화 환수를 위한 통화안정증권, 은행들의 대출 기피로 기업들의 발행 필요성이 증가한 회사채 등이 활발하게 발행되면서 채권 발행잔액은 1997년말 약 230조원에서 2003년말 약 660조원으로 증가하였다. 2003년 이후에는 회사채 발행이 부진한 가운데 국채 발행이 크게 증가하였다.

6) 월별 발행한도를 1,000억원으로 제한하였으나 이를 폐지함에 따라 상법상의 규정대로 발행 총액이 순자산의 4배 이내에서는 기간별 제한없이 발행할 수 있게 하였다.

Market) 개설, 1999년 7월 국채전문딜러(2004년 6월 관련규정의 개정으로 명칭이 국고채전문딜러로 변경되었음)(PD : Primary Dealer) 제도 도입 및 대상기관 선정 등이 본격적으로 추진되었다.

〈표 18-4〉 채권 발행규모

(단위 : 조원)

	1998	2000	2002	2003	2004	2005
국채[1]	17.0	24.7	34.5	59.4	72.7	87.0
(국고채[2])	12.5	15.2	26.9	42.3	56.0	62.6
(재정증권)	-	-	-	10.0	10.8	16.0
지방채[3]	0.3	0.4	0.6	0.5	0.5	0.5
금융채[4]	31.4	38.8	84.4	69.5	86.4	87.8
(카드채)	6.0	14.3	20.0	9.6	8.4	5.5
특수채[5]	42.7	13.4	4.2	6.6	9.4	9.0
(예보채)	21.0	8.9	3.7	-	6.5	7.4
회사채[6]	56.0	58.7	77.5	61.8	50.4	48.1
(ABS)	-	49.4	39.8	39.9	27.0	28.6
통화안정증권	364.3	98.8	69.8	91.7	134.7	165.1
계	511.7	234.8	271.0	289.5	354.1	397.5

주 : 1) 국채 : 국고채권, 재정증권, 국민주택채권(1종, 2종, 3종), 보상채권 등
2) 양곡기금채권(2000. 1월 이후) 및 외국환평형기금채권(2003. 11월 이후) 포함
3) 지방채 : 서울도시철도채권
4) 금융채 : 은행채(산업금융채권, 중소기업금융채권 포함), 신용카드채권, 할부금융채권, 리스채권
5) 특수채 : 예금보험기금채권, 부실채권정리기금채권, 한국전력채권, 토지개발채권, 기술개발채권
자료 : 한국은행, 금융감독원(회사채)

그러나 1999년 7월 하순부터 대우그룹 사태로 채권시장 하부구조 등 제도의 개선보다는 투자신탁회사(현 자산운용회사) 수익증권 환매방지 등 금융시장 안정에 정책의 중점이 두어졌다. 채권수익률의 안정화를 위해 채권시장안정기금이 조정되었으며 수익증권 환매자금이 투자신탁회사로 다시 유입될 수 있도록 하기 위해 고수익펀드(high-yield fund) 및 후순위채펀드(CBO fund)가 허용되었다.[7] 또한, 이 기간 중 3년 국채선물시장이 도입(1999년 9월)되고 양곡관리기금채권이 국고채권으로 통합(2000년 1월)되었다. 그 후 금융시장이 안정되면서 2000년 5월 채권시장구조의 선진화계획을 발표하고 각종 제도개선을 본격적으로 추진하였다.

우선 발행시장에서는 2000년 5월 국채 통합발행제도(fungible issue)를 도입하여 만기 3년이상

7) 자산운용회사 보유 투기등급채권 등을 기초자산으로 채권담보부증권(CBO : Collateralized Bond Obligation) 선순위채 및 후순위채(1·2종)를 발행한 후 선순위채는 시장매각, 후순위채 중 1종은 후순위채펀드에 편입, 2종은 고유계정을 통한 자체상각의 방식으로 처리하였다.

국고채 및 외국환평형기금채권에 대해 3개월 단위로 단일종목으로 통합 발행하도록 하였다. 동년 8월 국채입찰방식을 이전의 복수금리방식(conventional auction)에서 단일금리방식(dutch auction)으로 변경하였으며 10월에는 10년만기 장기국채를 발행하면서 만기를 다양화하였다. 그리고 2003년 3월에는 통합발행기간을 3개월에서 6개월로 늘려 국채 지표채권의 물량공급을 확대하였다. 또한, 국채종목의 식별과 국채거래를 용이하게 하기 위하여 국채 표면금리를 0.01% 단위에서 0.25% 단위로 단순화하였다. 동년 11월에는 외국환평형기금채권을 국고채권에 통합하여 국채의 종류를 더욱 단순화하였다.

2004년 5월에는 장기 국채시장 육성방안이 발표되었다. 5년만기 국고채의 발행량을 연간 총 국고채 발행량의 40%로 확대하였다. 또한, 국고채의 신규 종목 발행시기를 분산시켜 국고채 원리금 지급시기가 연중 분산되도록 하였고 10년만기 국고채의 유동성을 제고하기 위하여 통합발행기간을 6개월에서 1년으로 확대하였다. 2006년 1월에는 최초로 20년만기 국고채를 발행하였다. 3월부터는 소액투자자의 시장접근성 제고를 위해 국고채 입찰단위를 종전 100억원에서 10억원으로 변경하였으며 20년만기 국고채 발행을 경쟁입찰방식으로 전환하였다.

유통시장에서는 2000년 2월 딜러간 채권중개회사(IDB : Inter-Dealer Broker) 제도가 도입되었다. 동년 6월부터 한국자금중개(주)가 IDB 업무를 겸영하였으며 그 후 KIDB증권중개(주)가 채권거래 중개업에 참여하였다. 2000년 3월부터는 국채전문딜러에 대해 국채인수금융을, 4월부터는 국채유통금융을 지원하는 제도를 도입하였다. 또한, 2002년 10월에는 채권거래의 투명성(transparency)과 공정성(fairness)을 제고하기 위해 국채전문딜러에 대해 국채 지표채권 거래시 장내거래를 의무화하였다. 2003년 2월에는 IDB의 거래 대상기관을 기관투자자까지 확대하였으며 2002년 12월 통화안정증권(364일몰) 금리선물시장이, 2003년 8월에는 5년국채선물시장이 추가로 도입되었다. 2004년 6월에는 장내시장 활성화를 위하여 국고채전문딜러의 국고채 장내거래 의무비율을 총 국고채 거래량의 40%에서 50%로 확대하는 한편 자본규모가 일정수준 이상인 전문딜러를 육성하기 위해 반기별 평균 1,000억원 이상의 국고채를 보유하도록 하였다.

채권시장의 하부구조를 개선하기 위해 2000년 6월 민간 채권평가회사의 설립을 허용하였으며 7월에는 채권시가평가제도를 본격적으로 도입하였다. 한편, 기업들이 회사채 만기도래 증가로 차환발행에 어려움을 겪을 것으로 예상됨에 따라 primary CBO 발행이 가능하도록 하기 위해 채권형펀드를 조성하고 회사채 부분보증제도를 도입하였다(primary CBO는 2000년 7.3조원, 2001년 5.5조원이 발행되었으나 2004년 1.0조원, 2005년 0.7조원으로 발행이 감소하였음). 2002년 6월에는 기업 및 시장의 공시내용 확충을 통해 신용평가회사에 대한 시장규율을 강화하였고 2003년 6월에는 외국인의 국채시장 참여확대, 증권대금동시결제제도(DVP : Delivery versus Payment)의 이용을 촉진하기 위해 채권 결제일자를 당일결제(T + 0)에서 익일결제(T + 1)로 변경하였다. 2004년 4월에는 자산운용회사의 사모사채 투자한도를 확대하였으며 2005년 9월에는 MMF 운용 규제를 완화하였다(산업은행, 기업은행, 수출입은행 발행채권의 편입한도를 5%에서 30%로 확대하고 국고채금리 등을 기준으로 사용하는 변동금리부채권의 편입을 허용하였음).

또한, 2005년 7월에는 채권이자소득에 대한 종전 의제원천징수제도(채권을 중도매매할 때에는 이자소득세를 원천징수하지 않고 보유기간에 해당하는 경과이자에 대한 이자소득세를 채권가격에서 차감한 가격으로 거래하고 이자지급시 채권보유자로부터 경과이자 전체에 대한 이자소득세를 원천징수함)가 폐지되고 보유기간 과세제도(채권을 중도매매하는 경우 경과이자를 포함한 가격으로 거래하고 채권 매도자가 자신의 보유기간 동안에 해당하는 이자소득세를 납부함)로 변경되는 한편 금융기관의 채권이자소득에 대한 원천징수가 면제되었다. 그러나 2006년 1월 금융기관에 대한 원천징수는 재개되었다. 2005년 11월 법인투자자의 MMF 환매시의 기준가격은 종전 매도청구일 전일종가에서 당일종가로 변경되었으며 매입시의 기준가격도 2006년 7월부터 동일한 방식으로 변경되었다. 2006년 3월에는 5년물 이상의 국고채를 대상으로 국고채 원금·이자 분리제도(STRIPS)가 시행되었다. 또한, 한국증권선물거래소는 채권지수를 개발하여 발표하였으며 장내 국채 전자거래시스템을 개선하여 호가 및 체결 정보의 실시간 자동조회가 가능하도록 하였으며 한국은행은 4월부터 대금융기관 RP거래를 종전 담보부 자금대차방식에서 채권매매방식으로 변경하였다.

2. 발행 및 거래 메커니즘

2.1 발행시장

채권의 종류는 국채, 지방채, 회사채, 특수채 등 다양하며 그 종류에 따라 발행 방식 및 요건 등에 차이가 있다.

(1) 국 채

① 발행 종목 및 조건

국채는 자금용도에 따라 4가지 종류, 즉 국고채권[8), 재정증권[9), 국민주택채권[10), 보상채권[11)

8) 국채의 발행·상환업무를 종합적으로 관리하기 위해 만들어진 공공자금관리기금의 부담으로 발행하는 국채이다. 2000년 1월에는 양곡증권이, 2003년 11월에는 외국환평형기금채권이 국고채권으로 통합되었으며 2004년 12월까지는 외환시장 안정을 위해 발행될 경우 '외환시장 안정용'이라는 부기가 별도 표시되었다.

9) 정부가 일시적인 재정부족자금을 보전하기 위해 발행하는 채권으로서 1994년 이후 발행이 중단되었다가 2003년 4월 발행이 재개된 바 있다.

으로 분류되며 종목에 따라 발행방식 및 이자지급방식 등이 상이하다.

가. 발행방식

발행방식을 살펴보면 국고채권과 재정증권은 경쟁입찰[12]을 통해 발행되며 국민주택채권은 인허가와 관련하여 의무적으로 매입하도록 하는 첨가소화방식으로, 보상채권은 당사자 앞 교부방식으로 각각 발행된다.

나. 이자지급방식

이자지급방식을 살펴보면 국고채권은 6개월마다 이자가 지급되는 이표채이며 재정증권은 할인채이다. 국민주택채권과 보상채권은 원리금이 만기에 일시 상환되는 복리채이다.

다. 발행만기

발행만기별로는 국고채권의 경우 3년, 5년, 10년 및 20년으로 분류된다. 2006년 6월말 기준 만기별 국고채 발행잔액을 살펴보면 3년물 47.0조원(23.7%), 5년물 82.8조원(41.8%), 10년물 65.3조원(32.9%), 20년물 3.3조원(1.7%)이다. 재정증권은 만기가 1년 미만이나 실제로는 3개월 이내로 발행되고 있다. 제1종 국민주택채권의 경우 5년, 제2종 국민주택채권의 경우 20년 만기로 발행된다. 2006년 8월에는 주택채권입찰제도가 시행되면서 판교 신도시 분양권 당첨자를 대상으로 제2종 국민주택채권(10년만기 무이표채)이 10월부터 발행되었다.

---

10) 부동산 등기 및 각종 인허가와 관련하여 매입의무를 부과하는 국민주택채권(1종)과 투기 과열지구 내에서 국민주택규모 초과 주택을 공급받을 경우 매입해야 하는 국민주택채권(2종)이 있다. 국민주택채권(2종)의 경우 1999년 7월 발행이 중단되었으나 2005년 정부의 8·31 부동산대책으로 2006년 2월 재도입되었다. 국민주택채권(3종)은 택지를 공급받는 자로부터 개발이익을 환수할 목적으로 발행되었으나 2종 채권의 재도입으로 2006년 2월 발행이 중단되었다.

11) 2000년 6월 이후 신규발행은 없었으며, 2003년 1월 시행된 공익사업을 위한 토지 등의 취득 및 보상에 관한 법률에 의거하여 공공용지보상채권의 명칭이 보상채권으로 변경되었다.

12) 재정증권의 경우에는 일반적으로 경쟁입찰방식으로 발행하나 필요시 금융기관, 정부출자기관, 보험회사 등에 대하여 상대매매방식으로 발행하는 것이 가능하다.

〈표 18-5〉 국채의 종류 및 발행조건

<table>
<tr><th rowspan="2"></th><th rowspan="2">관련법률</th><th rowspan="2">발행목적</th><th colspan="4">발행조건</th></tr>
<tr><th>발행방법</th><th>표면금리</th><th>금리지급</th><th>만기</th></tr>
<tr><td>국고채권</td><td>국채법</td><td>회계·기금에의 자금 예탁</td><td>경쟁입찰</td><td>낙찰수익률</td><td>이표채 (매6개월)</td><td>3~20년</td></tr>
<tr><td>재정증권</td><td>국고금관리법</td><td>재정부족자금 일시 보전</td><td>경쟁입찰[1]</td><td>낙찰할인율</td><td>할인</td><td>1년 이내</td></tr>
<tr><td>국민주택 채권(1종)</td><td>주택법</td><td>국민주택건설 재원 조달</td><td>첨가소화</td><td>연 3%</td><td>연 단위 복리후급</td><td>5년</td></tr>
<tr><td rowspan="2">국민주택 채권(2종)</td><td>주택법</td><td>주택투기수요 억제</td><td>첨가소화</td><td>연 3%</td><td>연 단위 복리후급</td><td>20년</td></tr>
<tr><td>주택법</td><td>주택매입자의 시세차익 환수</td><td>첨가소화</td><td>연 0%</td><td>-</td><td>10년</td></tr>
<tr><td>국민주택 채권(3종)[2]</td><td>주택법</td><td>주택건설사의 개발이익 환수</td><td>첨가소화</td><td>연 0%</td><td>-</td><td>10년</td></tr>
<tr><td>보상채권</td><td>공익사업을 위한 토지 등의 취득 및 보상에 관한 법률</td><td>용지보상비</td><td>교부발행</td><td>실세금리[3]</td><td>연 단위 복리후급</td><td>5년 이내[4]</td></tr>
</table>

주 : 1) 필요시 상대매매로도 발행
2) 제3종 국민주택채권은 2006년 2월 발행 중단
3) 시중은행 3년 만기 정기예금 금리
4) 실제로는 3년 만기로 발행

② 입찰방식

국채 중 국고채권 및 재정증권은 경쟁입찰 방식으로 발행되는 데 2000년 8월 금리결정방식이 복수금리결정방식(conventional auction)에서 단일금리결정방식(dutch auction)으로 변경되었다. 단일금리결정방식의 경우 복수금리결정방식에 비해 국채발행자인 정부의 입장에서는 전반적으로 저금리(높은 가격)로 발행하여 자금조달비용(financing cost)을 절감할 수 있다. 입찰자의 입장에서도 승자의 불행(winner's curse) 가능성을 감소시킬 수 있어 적극적으로 입찰에 참여할 수 있는 이점이 있다(복수금리결정방식에서는 저금리로 국채를 응찰한 기관이 성공적으로 국채는 인수하였으나 결과적으로 인수가격면에서는 여타 낙찰기관보다 손해를 보는 현상이 발생하여 응찰기관이 적극적으로 입찰에 참가하지 않는 경향이 있음).

국고채의 입찰에는 국고채전문딜러(딜러별 응찰한도는 발행액의 30% 이내로 제한되어 있음)와 일반인(국고채전문딜러를 제외한 개인, 금융기관, 기타 법인 등을 의미함)이 참여할 수 있는데 일반인의 입찰참가는 국고채전문딜러를 통하는 경우에만 가능하며 이 경우 입찰금리를 별도로 제출할 수는 없다. 국고채가 신규 발행되는 경우 표면금리는 낙찰금리를 반올림하여 0.25%의 배수가 되도록 표기하며 국고채발행에 관한 계획은 연간 및 월간으로 사전에 공표된다.

③ 국채 통합발행제도

국고채를 발행할 때 이전에는 만기일이 상이하고 표면금리가 낙찰수익률에 따라 다르게 결정되어 국채종목이 과도하게 많아지고 개별 종목당 발행금액이 작아져 유동성(liquidity)이 저하되는 문제점이 있었다.

이 같은 문제점을 해결하기 위해 2000년 5월 국채 통합발행제도(fungible issue)를 도입하여 3년이상 만기 국고채의 경우 3개월 범위 내 추가 발행시에는 만기일과 표면금리를 직전 발행 국고채와 동일하게 적용하여 발행하도록 하였다. 이에 따라 동일한 조건의 국채 발행물량이 확대됨으로써 국채의 유동성이 제고되고 지표금리가 보다 안정적으로 형성되게 되었다. 또한, 국채 통합발행시 세금으로 인해 발생하는 국채 간의 차이를 해소하기 위하여 국채의 표면금리만을 이자소득으로 과세하도록 관련세법을 개정하였다(국채 추가발행시 낙찰수익률이 이전 낙찰수익률보다 높게 결정되는 경우에도 표면금리가 이전 수준으로 결정되므로 동 금리차이만큼 할인발행차금이 발생하게 되는 데 이에 대해 과세하게 되면 추가 발행된 국채가 이전에 발행된 국채와 상이해지는 문제점이 발생하게 됨).

한편, 2003년 3월에는 국채 지표채권(만기별로 가장 최근에 발행된 국고채권)의 발행 물량을 늘려 지표채권에 대한 유동성을 제고하기 위하여 통합발행기간을 이전의 3개월에서 6개월로 확대하였다. 또한, 2004년 5월에는 5년물 국고채의 신규 발행시기를 변경하여 국고채 원리금 지급시기를 연중 분산시키고 10년물 국고채의 통합발행기간을 1년으로 확대하였다. 2006년 1월 최초 발행된 20년물 국고채 역시 통합발행기간이 1년이다.

④ 국고채전문딜러제도

1999년 7월 국채의 원활한 소화와 국채시장의 활성화를 위해 국채전문딜러제도를 도입하여 국채자기매매업무 취급금융기관(은행, 증권회사, 종합금융회사) 중 국채 인수 및 유통실적이 우수한 금융기관을 국채전문딜러로 선정하였다. 2006년 7월말 기준 국고채전문딜러는 은행(9), 증권회사(10) 등 19개사이다. 국고채전문딜러는 지표종목별로 발행물량의 5% 이상 인수, 지표종목의 국채전문유통시장(장내시장)에서의 거래, 국고채 매수·매도 호가 공시, 국고채거래량 중 50% 이상 국채전문유통시장 이용 등의 의무 이외에 유통시장(장외거래)에서도 국고채의 거래 및 보유 등에 관한 의무를 지게 된다. 반면 국고채 경쟁입찰 참여, 국채금융, 국채 관련정책에 대한 정부와의 직접대화 등의 혜택을 부여받게 된다.[13)]

---

13) 국채금융의 지원기준 등은 다음과 같다.

〈표 18-6〉 국고채전문딜러 기관수

	1999. 7	2001. 12	2002. 8	2003. 7	2004. 11	2006. 2	2006. 7
기관수	24	23	22	20	22	20	19
은행	12	10	10	10	11	10	9
증권회사	11	13	12	10	11	10	10
종합금융회사	1	-	-	-	-	-	-

⑤ 국채 발행 및 상환 메커니즘

가. 발행

국채는 국채법에 따라 재정경제부장관이 중앙정부의 각 부처로부터 발행요청을 받아 발행계획안을 작성한 후 국회의 심의 및 의결을 거쳐 발행한다. 또한, 국채발행규모는 국회의 동의를 받은 한도 이내에서 정부가 결정하며 공개시장에서의 발행을 원칙으로 하고 있다.

현재 국민주택채권(국민주택채권은 국민은행(구 주택은행)이 관련 사무를 담당함)을 제외한 국채의 발행사무는 한국은행이 대행하고 있다. 국고채의 경우 일반적으로 낙찰금액 납입일 1영업일 전에 국고채전문딜러를 대상으로 BOK-Wire를 통해 경쟁입찰을 실시하여 발행한다(3년만기 국고채는 매년 6월과 12월, 5년만기 국고채는 매년 3월과 9월, 10년만기 국고채는 매년 9월, 20년만기 국고채는 매년 3월 신규종목을 발행함). 반면 재정증권의 경우에는 국고채전문딜러 이외의 금융기관, 정부출자기관 및 보험회사 등을 대상으로 발행할 수 있다.

나. 상환

국고채와 재정증권의 상환은 한국은행이 원리금 지급일에 증권예탁결제원의 한국은행 당좌예금계좌로 원리금 해당금액을 일괄 입금하면 증권예탁결제원은 국채 보유기관의 한국은행 당좌예금계좌 또는 거래은행의 한국은행 당좌예금계좌에 원리금을 입금함으로써 종료된다. 또한, 국민주택채권의 경우에는 동 채권 보유기관이 회사채의 원리금 상환 절차와 마찬가지로 만기일(또는 이자지급일)에 상환업무 대행기관인 국민은행 앞으로 채권과 이표를 교환에 회부하여 원리금을 회수하게 된다.

지원한도	개별 전문딜러에 대한 지원한도는 지원자금 총액의 15%
신청가능액	국고채 인수실적, 보유평잔, 거래실적 등을 기준으로 산정
지원금리	지원일 전일 한국자금중개회사에서 개래된 익일물 콜거래 평균금리에 0.7을 곱한 금리
지원방법	한국증권금융이 한국권선물거래소 내 환매조건부채권매수 형태로 지원
재 원	국고 및 공공자금관리기금 여유자금

(2) 회사채

① 발행방법 및 발행조건

가. 발행방법

회사채는 모집방법에 따라 2가지(① 공모발행(public issue), ② 사모발행(private placement))로 구분된다.

㉠ 공모발행

공모발행의 경우 인수기관인 증권회사, 종합금융회사, 한국산업은행 등이 총액을 인수하여 발행한다.

㉡ 사모발행

사모발행의 경우에는 발행기업이 최종매수자와 발행조건을 직접 협의하여 발행하게 된다.

나. 발행조건

발행조건을 보면 우선 추가 발행금액을 포함한 총 발행금액이 회사가 현재 보유하고 있는 순자산액의 4배 이내로 제한되어 있으며 발행인이 비상장법인인 경우 금융감독위원회에 등록(보증사채는 예외)을 해야 한다. 또한, 공모발행을 하는 경우 유가증권 신고서를 금융감독위원회에 제출해야 하며 상법상 사채 발행에 관한 이사회의 결의가 필요하다(증권거래법상 모집 또는 매출의 방법에 의하고(공모) 동시에 모집가액 또는 매출가액이 20억원 이상인 경우 유가증권신고서를 금융감독위원회에 제출해야 함).

만기를 보면 일반적으로 1, 2, 3, 5년 등으로 발행되는 데 현재는 3년물이 주종을 이루고 있다. 표면금리는 발행기업과 인수기업간 협의에 의해 자율적으로 결정되는 데 이전에는 표면금리가 관행적으로 유통수익률보다 1~2%포인트 낮은 수준에서 결정되었다. 이는 이자소득세가 표면금리에 대해 부과됨에 따라 투자자들이 표면금리가 낮은 회사채를 선호하는 데 주로 기인하며, 시장금리와의 차이는 회사채를 발행할 때 할인율로 조정하였다. 그러나 2003년 이후 시장금리 수준이 하락하면서 표면금리와 유통수익률 간의 괴리가 0.5%포인트 이내로 축소되었으며, 표면금리를 유통수익률에 맞게 발행하는 경우도 많아졌다. 이 경우 발행가격과 액면가격이 동일하게 된다.

② 회사채 신용평가제도

신용평가기관이 부여한 회사채 신용등급은 투자자에게 원리금 회수 가능성 정도에 대한 정보를 제공함으로써 회사채 발행금리 결정에 결정적인 영향을 미치게 된다. 회사채 발행기업의 입장에서는 신용평가 수수료의 부담에도 불구하고 객관적인 신용등급을 획득함으로써 잠재 투자자(potential investor)를 확보할 수 있기 때문에 총 자금조달비용이 작아지는 효과가 있다. 특히, 한국의 경우 선진국에 비해 회사채의 만기가 짧기 때문에 회사채를 발행할 때 부여된 신용등급이 더욱 중요하다(신용평가회사들은 회사채 발행시점에서 발행내용이 확정된 경우 신용등급을 공시하고 발행 후 통상 1년마다 새로 발표되는 재무제표(financial statements)를 근거로 신용평가등급을 조정하고 있음).

현재 무보증회사채 발행기업들은 2개 이상의 신용평가회사로부터 기업의 사업성, 수익성(profitability), 현금흐름(cash flow), 재무안정성(financial stability) 등을 기초로 회사채 상환능력을 평가받고 있다.

한편, 회사채 평가등급은 AAA~D까지 10개 등급으로 분류된다. AAA~BBB는 원리금 상환능력이 양호하다고 인정되는 투자등급, BB~C는 동 상환능력이 상대적으로 의문시되는 투기등급, D는 상환불능 상태를 나타낸다. 2005년 중 신용등급별 회사채 발행비중을 보면 A등급 이상 회사채(12조 2,850억원) 66.3%, BBB등급 회사채(6조 592억원) 32.7%로 투자등급이 99.0%에 이르고 있으며 BB 이하 투기등급(1,862억원)은 1.0%에 불과한 실정이다.

③ 투자자 보호제도

외환위기 이후 회사채 발행은 보증부에서 무보증부로 전환되었다. 회사채 발행회사의 채무불이행 위험(default risk)이 제고되면서 회사채 보증기관들이 지급보증을 기피한 데다 종합금융회사 등 일부 보증기관의 신인도 저하로 투자자도 회사채의 보증 여부보다는 발행기업의 신용도를 더욱 중시하게 되었다. 무보증사채의 일반화로 보증사채 발행시 보증기관이 일부 수행하였던 투자자 보호 기능이 약화되었다.

이에 따라 무보증사채 투자자에 대한 보호장치 강화 필요성이 대두되었으며, 무보증사채 발행시 기존 사채모집 위탁 계약서 대신 사채권자 보호를 강화한 표준무보증사채 수탁계약서 사용이 의무화되었다(2001년 12월 유가증권인수업무에 관한 규칙을 개정하여 2002년 2월 유가증권신고서 제출분부터 적용하였음). 동 계약서는 발행회사의 의무 및 책임, 회사채의 기한이익 상실사유, 수탁회사의 권한 등을 포함하고 있다. 다만 여신전문금융회사, 종합금융회사, 은행, 증권회사가 발행하는 무보증사채와 자산유동화에 관한 법률과 주택저당채권유동화회사법에 의해 발행되는 유동화증권 등은 표준무보증사채 수탁계약서 사용 의무가 면제되어 있다.

④ 발행 및 상환 메커니즘

발행회사는 인수기관(주로 증권회사)을 선정하여 발행사무 일체를 위임하며 인수기관은 발행회사채를 총액인수한 후 당일 매수자(은행, 자산운용회사, 보험회사 등 기관투자자)에게 매도한다. 이 때 인수기관은 인수부담을 감소시키기 위해 발행계획 수립시 미리 매수자를 찾게 된다. 매수자는 거래은행에 매매체결 내용을 통보하고 대금을 회사채 발행기업에게 지급할 것을 지시한다. 발행기업은 매수기관의 거래은행으로부터 회사채 발행자금을 거래 당일 수령한다.

한편, 회사채의 인수도는 증권회사가 회사채를 매수자 명의로 증권예탁결제원에 개설된 계좌에 등록함으로써 종료된다.

회사채의 원금상환 및 이자지급은 발행기업과 증권예탁결제원, 원리금지급 대행은행 및 채권교환 대행은행, 원리금상환 대행증권회사(예탁자)를 통해 이루어진다. 증권예탁결제원은 원리금지급 10일 전에 원리금지급 대행은행에 지급기일 도래를 알리고 지급일 전일에 만기회사채 또는 이표를 채권교환 대행은행을 통해 교환 청구한다(금융결제원(어음교환소)이 원리금지급 대행은행에 교환확인을 하여 결제금액이 확정된 후 원리금 지급이 이루어짐). 한편, 지급일 전일 발행기업이 원리금지급 대행은행에 입금한 원리금은 채권교환 대행은행을 통해 원리금상환 대행증권회사로 입금되고, 회사채 보유자는 증권회사로부터 원리금을 회수한다.

〈표 18-7〉 회사채 신용등급 현황[1](2006년 6월말 기준)

등급	정의	해당 기업수
투자등급		244
AAA	원리금지급 확실성이 최고 수준	33
AA	원리금지급 확실성이 매우 높지만 AAA 등급에 비해 다소 낮음	37
A	원리금지급 확실성이 있지만 장래의 환경변화에 대하여 다소 영향을 받을 가능성이 있음	69
BBB	원리금지급 확실성이 있지만 장래의 환경변화에 따라 저하될 가능성이 내포되어 있음	105
투기등급		54
BB	원리금 지급능력에 당면문제는 없으나 장래의 안전성면에서는 투기적 요소가 내포되어 있음	20
B	원리금지급 능력이 부족하여 투기적임	19
CCC	원리금의 채무불이행이 발생할 위험요소가 내포되어 있음	4
CC	원리금의 채무불이행이 발생할 가능성이 큼	0
C	원리금의 채무불이행이 발생할 가능성이 극히 큼	1
D	현재 채무불이행 상태	10
합 계		298

주 : 1) 한국기업평가주식회사의 무보증 선순위 회사채(금융채 포함) 신용등급 기준이며 위의 등급 중 AA 등급에서 B등급까지는 등급 내 상대적 우열에 따라 +, - 기호를 부가

2.2 유통시장

채권 유통시장은 2가지(① 장외시장, ② 장내시장)로 분류된다. 현재 대부분의 채권거래는 장외시장에서 주로 증권회사의 단순중개를 통하여 이루어지고 있다. 장내시장으로는 한국증권선물거래소 내에 일반채권시장과 국채전문유통시장(또는 국고채전문딜러간 경쟁매매시장)이 개설되어 있다. 일반채권시장에서는 전환사채와 소액국공채의 장내거래가 의무화되어 있어 채권 거래가 비교적 활성화되어 있다. 국채전문유통시장에서의 거래는 개설 초기에는 저조하였으나 국고채권전문딜러의 국고채 지표채권의 장내거래 의무화 등 지속적인 제도 개선으로 인해 2003년 이후 대폭 증가하였다.

(1) 장외시장

채권거래는 대부분 증권회사(Inter-Dealer Broker 포함)를 중개기관으로 하여 장외에서 이루어진다(2005년 중 장내시장에서의 채권거래는 전체 거래실적의 10%에 불과할 정도로 채권거래의 대부분이 장외시장에서 이루어지고 있음). 이는 채권의 종목이 다양하고 거래조건이 표준화되어 있지 않아 한국증권선물거래소시장의 자동매매시스템을 통해 거래하기가 어렵기 때문이다.

현재 증권회사는 전화, 인터넷 메신저 등을 통해 매도 또는 매수를 원하는 투자자의 호가를 받은 후에 반대거래를 원하는 상대방을 찾아 거래를 중개한다. 따라서 매수·매도호가(bid-ask quotes)를 미리 제시하고 고객의 거래요청에 반드시 응하여야 하는 시장조성(market making) 의무가 없어 채권 재고를 유지하는 위험을 부담할 필요가 없다(증권회사는 동 중개거래를 상품계정을 통한 채권매수 또는 매도로 계정처리하므로 실제 중개수수료 수입(1억원당 10,000원을 채권매도자가 부담)은 회계상 채권매매차익으로 계리됨).

이 같이 증권회사들이 단순중개방식(brokerage)으로 채권거래를 중개하는 것은 증권회사들이 자체 채권 재고를 보유할 만큼 자금여력이 크지 않고 금리변동에 따른 위험을 충분히 헤지(hedge)할 만큼 다양한 파생상품이 많지 않은 데다 과거 채권딜링업무 수행과정에서 큰 손실을 경험하였던 데 따른 소극적 자세 등에 주로 기인한다.

한편, 장외시장의 경우 거래의 특성상 매매시간의 제한은 없으나 보통 09:00~15:30분 중 거래가 발생하며 거래단위는 관행적으로 100억원이다. 일단 거래가 체결되면 매수기관은 자기 거래은행에게 매도기관 앞으로 대금 지급을 지시하고 매도기관은 증권회사를 통해 증권예탁결제원에 계좌이체를 요청한다. 자금 및 채권 결제는 일반적으로 거래 익일(T+1)에 이루어진다.

〈표 18-8〉 채권 장외시장 및 장내시장 비교

	장외시장		장내시장(한국증권선물거래소시장)	
	증권회사 단순중개	IDB중개[1]	일반채권시장	국채전문유통시장
거래참가기관	제한없음 기금,	기관투자자[2] 정회원[3] 자산운용회사, 뮤츄얼펀드 등	한국증권선물거래소 예비딜러[4]	국고채전문딜러,
거래중개기관	증권회사	IDB	한국증권선물거래소	한국증권건물거래소
주요거래종목	모든채권	좌동	소액국공채 및 주식관련사채	국고채권, 통안증권 및 예금보험기금채권[5]
매매방식	상대매매	사실상 상대매매[6]	경쟁매매 (자동매매시스템)	좌동
매매시간	제한없으나 통상 09:00~15:30	좌동	09:00~15:00	좌동
결제시점	익일 결제	좌동	당일 결제	일일 결제
최소매매단위	제한없으나 통상 100억원	좌동	소액국공채 1,000원 기타 채권 10만원	10억원

주 : 1) 2003년 2월 증권거래법시행령 개정으로 IDB의 중개대상기관이 기관투자자로 확대됨에 따라 사실상 증권회사와 동일하게 채권을 중개하고 있음
2) 법인세법시행령 제61조 제2항 각호의 1에 해당하는 기관
3) 증권거래법에 의하여 증권업의 허가를 받은 법인의 경우 회원 가입이 가능하며 일반 투자자의 경우 증권회사를 통한 위탁매매 거래가 가능
4) 국채딜러 중 재무건전성, 인력 등 일정 요건을 갖춘 경우 예비국고채전문딜러(p-primary dealer, 예비딜러)로 지정되며 예비딜러로 지정된 날로부터 1년이 경과한 후 일정요건을 갖춘 자 중에서 전문딜러지정심의회의 심의를 거쳐 국고채전문딜러로 지정
5) 발행 당신 만기가 5년이고 종목당 발행액이 2,000억원 이상인 종목 중에서 최근 발행된 2종목
6) 당초 브로커의 개입 없이 전산스크린에 의한 완전 자동매매시스템을 이용한 거래형태를 지향하였으나 현재는 증권회사와 동일하게 단순중개하는 형태로 운용

(2) 장내시장

장내시장은 한국증권선물거래소에 상장된 채권을 대상으로 표준화된 거래방식에 따라 거래가 이루어지는 조직화된 시장이다. 장내시장은 크게 2가지(① 일반채권시장, ② 국채전문유통시장)로 분류된다.

① 일반채권시장

일반채권시장은 불특정 다수의 일반 투자자가 참여할 수 있는 시장으로서 국채전문유통시장에서 거래되는 국고채를 제외한 모든 거래소 상장채권이 거래대상이나 현재 소액국공채와 상장전환사채 위주로 거래가 이루어지고 있다.

국민주택채권1종, 서울도시철도채권, 지역개발공채, 지방도시철도채권 등 첨가매출 되는 소액

국공채(액면 5,000만원 이하)는 환금성을 제고하기 위하여, 전환사채는 수요기반 확충을 위해 각각 장내거래가 의무화되어 있다.

장내시장 참가자는 한국증권선물거래소의 회원 증권회사로 제한된다. 개인, 일반법인, 한국증권선물거래소 회원이 아닌 기관투자자, 외국인 등은 회원 증권회사에 위탁 계좌를 개설하여 장내시장에 참여할 수 있다.

② 국채전문유통시장

일반적으로 국채전문유통시장(IDM : Inter-Dealer Market)은 국고채전문딜러(Primary Dealer) 등 시장조성 활동을 담당하는 금융기관들만 참가하는 시장이다. 동 시장은 국채의 유동성(liquidity)을 제고시키는 데도 매우 중요한 역할을 하며 여기서 형성된 금리는 지표금리로 활용된다.

한국에서는 1999년 3월 증권거래소 내에 국고채전문딜러(PD), 예비국고채전문딜러(PPD), 국채딜러(국채에 대한 자기매매업을 영위하는 자를 지칭함) 등 기관투자자들의 국채도매거래를 위해 경쟁매매시장(국채는 종목당 발행금액이 비교적 대규모이고 종목이 표준화되어 있어 경쟁매매시장의 대상 유가증권으로 적합함)인 국채전문유통시장(IDM)이 개설되었다.

거래는 국고채전문딜러 등이 한국증권선물거래소가 운영하는 국채자동매매시스템(electronic brokerage system)을 통해 종목별로 매수·매도호가(two-way quotation)를 입력하면 거래조건이 맞는 주문끼리 자동적으로 체결된다.

국채전문유통시장의 거래실적은 개설 이후 극히 부진한 실정이었다. 우선 국고채전문딜러 등이 매수·매도호가를 실시각으로 제시하지 않음에 따라 국채자동매매시스템을 통한 가격 발견(price discovery) 기능이 발휘되지 못하였다. 또한, 자동매매시스템은 상대적으로 적은 주문건수에 거액거래가 수반되는 채권거래에는 가격복원력(일시적인 거래주문의 변동이 시장가격에 미치는 효과가 소멸되는 속도)이 저하되는 문제점이 노출되었다. 채권딜러 등이 채권거래정보의 노출을 꺼려 국채자동매매시스템의 이용을 기피한 것도 거래부진 요인으로 작용하였다.

그러나 채권거래의 대부분이 이루어지고 있는 장외시장에서 담합에 의한 가격 왜곡(price distortion) 등의 현상이 나타남에 따라 장내시장 활성화를 위한 노력을 지속하였다. 그 일환으로 2002년 10월 전문딜러(국채전문딜러 + 예비딜러)의 국고채 지표채권 거래는 장내시장에서만 이루어지도록 의무화하였다. 또한, 2004년 6월에는 국고채전문딜러의 국고채 장내거래 의무비율을 이전 40%에서 50%로 확대하였다. 이 같은 유통시장 육성방안 추진으로 2003년 이후 동 시장은 양적으로 크게 성장하였다(장내시장에서의 채권 거래량은 2002년 중 42.6조원에서 2003년 중 207.9조원으로, 2005년 중에는 337.7조원으로 크게 증가하였음).

2.3 채권시장의 하부구조

(1) 채권유통수익률 공시제도

증권업협회는 지정한 증권회사(증권업협회는 거래실적 등을 고려하여 6개월마다 지정하며 현재 10개의 증권회사가 지정되어 있음)로부터 장외시장에서 거래되는 채권수익률을 통보받아 홈페이지를 통해 최종호가수익률을 공시한다. 동 수익률이 현재 채권유통수익률로 이용되고 있다.

증권업협회가 발표하는 최종호가수익률은 증권회사가 보고하는 해당종목 채권의 장외시장 거래내역을 고려하여 대체로 적정하다고 판단하는 유통수익률의 평균 수준이며 실제 거래가 가능한 개별 채권의 유통수익률은 아니다. 또한, 거래실적이 없거나 미미한 경우에는 증권회사가 적정 유통수익률을 제시하기가 어렵다는 문제가 있다.

〈표 18-9〉 증권업협회 공시 최종호가수익률 종류

	종 류	비 고[1)]
국채	제1종 국민주택채권(5년)	4년 6월~5년 1월
	국고채(1년)	10월~1년
	국고채(3년)	2년 6월~3년
	국고채(5년)	4년 6월~5년
	국고채(10년)	9~10년
	국고채(20년)	18~20년
회사채	회사채(무보증 AA-, 3년)	2년 9월~3년
	회사채(무보증 BBB-, 3년)	2년 9월~3년
통화안정증권	통화안정증권(91일)	85~91일
	통화안정증권(364일물)	364일
	통화안정증권(2년)	1년 9월~2년
금융채	산업금융채권(1년)	10월~1년 1월
특수채	한국전력공사채권(3년)	2년 9월~3년

주 : 1) 증권회사들이 증권업협회에 보고하는 각종 최종호가수익률을 산출하는 데 참조하는 채권의 잔존만기

(2) 채권시가평가제도

채권시가평가(mark to market)는 금융기관이 보유하고 있는 채권의 가치를 적절한 가격[14)]으로 평가하는 것으로 2가지(① 금융기관 자체 보유채권에 대한 시가평가, ② 자산운용회사 및 은

14) 시장에서 거래가 활발한 채권은 시장가격(market value)으로, 거래부진으로 시장가격의 발견이 어려운 경우에는 보유채권을 시장에 매각할 경우 받을 수 있을 것으로 합리적으로 추정되는 공정가격(fair value)으로 평가한다.

행신탁 등의 간접투자상품에 대한 시가평가)로 구분된다.

① 금융기관 자체 보유채권

금융기관 자체 보유채권의 경우 은행과 종합금융회사의 고유계정 중 상품계정에서는 시가평가손익을 결산시점 영업손익에 반영하고 있다. 투자계정에서는 중도 매각 목적으로 보유한 채권에 대해서는 시가평가손익을 결산시점 자본조정항목으로 대차대조표에 반영하고 있으나 만기보유 목적으로 보유한 채권에 대해서는 시가평가를 하지 않고 있다.

② 간접투자상품

간접투자상품의 경우 채권시가평가가 1998년 11월부터 신규펀드에 한정하여 실시되었으며 2000년 7월부터 전면 시행되었다. 자산운용회사는 간접투자상품에 대한 평가를 원칙적으로 시가에 의해 해야 하며 일정한 요건을 구비한 경우에는 장부가에 의해 할 수도 있다(MMF 운용자산은 시가에 따라 평가한 기준가격과 장부가에 따라 평가한 기준가격과의 차이가 0.5% 이내인 경우 장부가에 따라 평가할 수 있으나 0.5% 이상 벌어지면 시가평가로 전환해야 함).

시가평가에 필요한 수익률은 증권업협회 또는 민간 채권평가회사(2000년 7월 한국채권평가, KIS채권평가, NICE채권평가 등 3개 민간 채권평가 전문회사가 설립되었음) 중 채권보유기관이 선택한 1개사가 제공하는 가격정보에서 이용하도록 하고 있다. 증권업협회가 고시하는 채권종류별 잔존만기별 최종호가수익률은 무료로 제공되는 반면 민간 채권평가회사의 시가평가 자료는 유료로 제공되기 때문에 대부분의 금융기관이 증권업협회 자료를 사용하여 왔다(증권업협회는 수익률보고대상 증권회사에서 신고한 수익률(16:30분 기준)을 기초로 매일 채권종류별 만기별로 370여개의 수익률로 구성된 채권가격표(matrix table)를 17시에 공시함).

그러나 증권업협회의 채권종류별 잔존만기별 최종호가수익률은 시장에서의 가격변동을 정확하게 반영하지 못할 뿐만 아니라 대상채권의 포괄범위가 제한적이고 정확도가 낮아 채권가격을 정확하게 평가하기 어려운 면이 있다. 반면에 민간 채권평가기관은 증권업협회로부터 채권거래정보를 제공받아 자전거래 등 비정상적인 거래를 제거한 후 각 기관의 고유한 평가모형을 이용하여 개별 채권의 수익률을 산정한다. 이 수익률을 이용할 경우 상대적으로 정확하게 시가평가를 할 수 있다. 이 같은 점을 고려하여 2001년 9월부터 자산운용회사 수익증권 편입 채권에 대해서는 3개 민간 채권평가회사 중 2개 이상의 기관이 제공하는 시가평가수익률을 기초로 하여 채권을 평가하도록 하였다. 2002년 1월부터 은행 신탁계정 편입 채권에 대해서도 동일한 방식을 적용하도록 하였다.

한편, 2001년 12월 31일부터는 은행, 증권회사, 보험회사, 자산운용회사, 종합금융회사, 상호저축은행 등이 보유하고 있는 시가평가대상 채권에 대해서는 증권업감독규정에 의거하여 지정된 채권전문딜러가 제시하는 수익률 또는 채권평가회사의 수익률을 기초로 하여 채권을 평가하도록 하였다.

(3) 증권대금동시결제제도

채권거래의 안정성과 효율성을 제고시키기 위해 채권거래시 채권 인도와 대금 결제가 동시에 이루어지도록 하는 증권대금동시결제제도(DVP)를 1999년 11월에 도입하였다.[15] 동 제도는 증권예탁결제원의 예탁자 계좌간 대체에 의한 채권결제와 한국은행 전산망(BOK-Wire)에 개설된 증권예탁결제원의 계좌를 통한 대금결제를 연계하여 동시에 처리하는 시스템이다.

장외시장 거래에서는 그동안 채권인도와 대금결제를 따로 처리해 왔기 때문에 채권시장 참가자들은 증권대금동시결제제도의 필요성을 크게 인식하지 않았다. 또한, 영업시간 중 자금관리가 종결되지 않기 때문에 결제일이 당일(T일)인 경우 동시결제가 번거로워 활용도가 매우 저조하였다. 그러나 기관투자자들이 증권결제리스크에 대해 점차 인식하게 되었다. 특히, 2003년 6월 채권결제일이 당일에서 익일로 변경되면서 동 제도의 이용도가 크게 제고되었다. 이에 따라 2000년 중 61조원에 불과하였던 증권대금동시결제제도 이용실적이 2002년 중에는 349조원으로, 2005년 중에는 1,732조원으로 크게 증가하였다.

(4) 채권 등록 및 예탁제도

채권 등록제도는 국채법 또는 공사채등록법에 따라 채권 실물을 보유하지 않고 등록기관이 관리하는 채권등록부에 채권자의 성명, 주소, 채권금액 등 권리내역을 등록(book-entry)하도록 하는 제도이다. 채권자는 등록절차를 마침으로써 채권자로서의 권리가 확정되며 채권의 매매, 질권 및 담보권의 설정, 신탁재산의 표시 등은 채권등록부 기재를 통하여 해당 채권의 발행자 및 제3자에게 대항할 수 있다.

이러한 등록제도는 채권실물을 보유하고 있어야만 채권자가 권리를 행사할 수 있는 것으로 규정한 민법 및 상법에 대한 특례이나 실물 발행비용이 절감되고 원리금을 지급할 때 실물 확인절차를 생략할 수 있는 등 업무처리가 간편해지는 이점이 있다. 채권자의 입장에서도 실물보

15) 증권대금동시결제제도(DVP : Delivery versus Payment)는 일반적으로 중앙은행의 자금 이체시스템과 중앙예탁기관의 증권계좌대체(book-entry)시스템을 연계하여 증권거래시 증권의 실물과 대금을 동시에 결제하는 제도를 의미한다. 동 제도는 종래 증권인도시기와 대금결제시기가 상이하여 거래당사자 중 일방이 계약을 불이행할 경우 발생하는 원금 손실위험(증권결제리스크)을 근본적으로 제거해 주기 때문에 증권결제리스크를 관리하는 데 가장 효과적인 수단이며 국제적으로도 증권결제시스템이 준수해야 할 표준이다.

관에 따른 위험부담이 없고 보관비용이 절감된다. 현재 대부분의 채권은 실물발행(physical issue) 없이 등록발행을 하고 있다. 대부분의 국채와 통화안정증권은 한국은행이, 공사채(지방채, 금융채, 회사채 등)는 증권예탁결제원이 각각 등록업무를 담당하고 있다.

한편, 채권 예탁제도는 등록 및 실물 발행 여부와 관계없이 채권의 보관 및 관리를 위해 증권예탁결제원이 예탁자로부터 채권을 예탁받고,[16)]예탁자는 예탁계좌부[17)]를 통해 예탁 채권에 대한 권리를 행사하도록 하여 채권의 매매 또는 원리금 수령 등의 편의를 도모하기 위한 제도이다.

상기한 바와 같이 등록제도는 채권자의 권리보호 및 발행사무에 있어서의 편의를, 채권 예탁제도는 매매과정에서의 편의를 목적으로 하고 있다. 이들 2가지 제도를 연계시킨 것이 바로 채권 일괄등록제도이다. 채권 일괄등록제도는 신규채권 발행시 등록기관의 채권등록부에 증권예탁결제원의 명의로 일괄등록을 하고 증권예탁결제원의 예탁계좌부에는 채권 인수자별 거래계좌에 기재하는 방식으로 채권 발행이 이루어지는 제도이다. 즉, 증권예탁결제원에 예탁계좌를 가지고 있는 채권 인수자는 별도의 등록절차를 거치지 않아도 되므로, 채권을 매매하기 위해 본인명의로 등록필증을 교부받아 증권예탁결제원에 이를 다시 예탁해야 하는 번거로움을 피할 수 있다.

현재 공사채의 경우 일반적으로 증권예탁결제원이 등록 및 예탁기관이 되는 일괄등록 발행방식으로 이루어지고 있다. 국고채 및 통화안정증권의 경우에는 한국은행이 증권예탁결제원 명의로 일괄등록하고, 증권예탁결제원에 인수자별로 예탁하는 방식으로 발행이 이루어진다(국고채 발행의 경우 한국은행의 국채등록부상에 소유권자가 증권예탁결제원으로 기록되고 실제 소유권의 관리 및 원리금 지급업무 등을 증권예탁결제원이 수행하게 되는데 국공채는 모두 증권예탁결제원에 일괄등록되어 계좌대체방식으로 결제되고 있음).

이 같이 투자자들이 증권예탁결제원 명의로 일괄등록하고 있는 것은 증권회사의 경우 증권거래법 및 증권업감독규정 등에 의해 보유채권의 증권예탁결제원 예탁이 의무화되어 있을 뿐만 아니라 이 예탁제도가 유통시장에서의 원활한 채권거래에 유용하여 채권 발행자나 인수자 모두가 선호하기 때문이다.

즉, 채권 투자자의 입장에서는 증권예탁결제원에 계좌를 개설하여 채권을 예탁한 후 채권의 매매 등에 따른 채권 및 자금결제를 실물의 이동없이 계좌간 대체로 처리할 수 있다. 채권 발행기관의 입장에서는 원리금을 증권예탁결제원으로 한꺼번에 지급하면 증권예탁결제원이 예탁자

16) 증권예탁결제원은 예탁받은 채권을 다른 동종의 채권과 혼합하여 별도 구분없이 보관하고 예탁을 종료할 때에도 권리의 차이가 없는 동일 종류의 채권으로 반환한다.

17) 채권 예탁자는 계좌부의 대체기재를 통하여 채권 점유자격 수여적 효력, 양도 및 질권설정 등 권리변동 효력, 제3자에 대한 대항력 등을 보유한다.

계좌를 통하여 개별 예탁자에게 원리금을 지급하게 되므로 사무처리 절차가 간소해지는 이점이 있다.

한편, 각 금융기관이 국채 및 통화안정증권을 증권예탁결제원 명의로 한꺼번에 등록함에 따라 한국은행은 금융기관의 채권보유현황을 적시에 파악하기 어려워 공개시장조작(open market operations)의 원활한 수행[18] 및 국채발행시장 감시[19] 등에 어려움을 겪는 일이 많았다. 이 같은 문제점을 해결하기 위해 2002년 2월 증권거래법시행령을 개정하여 한국은행이 증권예탁결제원으로부터 유가증권 예탁 및 계좌간 대체에 관한 정보를 제공받을 수 있도록 하였다.

(5) 채권 상장제도

채권의 상장은 일정 요건을 구비한 채권에 대하여 한국증권선물거래소 시장에서 거래될 수 있는 자격을 주는 제도를 의미한다. 현재 국내에서 발행된 모든 공모채권과 일부 사모채권이 한국증권선물거래소에 상장되어 있다. 일정액의 상장수수료를 지불해야 함에도 불구하고 대부분의 채권은 한국증권선물거래소에 상장되어 있다. 이는 우선 채권 상장이 발행회사의 대외공신력 제고에 기여할 뿐만 아니라 자산운용회사의 펀드 등 간접투자상품에 편입될 수 있는 채권이 관련 규정에 의해 상장채권으로 제한되고 있기 때문이다. 또한, 상장채권은 동시에 각종 보증금, 공탁금 및 선물·옵션 증거금을 납부할 때 현금을 대신할 수도 있다.

채권은 일반적으로 발행 당일에 가장 활발하게 거래되므로 발행과 동시에 한국증권선물거래소 시장에서 매매될 수 있도록 사전에 상장 신청을 하여 발행일에 상장하고 있다(채권의 상장은 채권발행인이 직접 신청하거나 주간사회사가 발행회사를 대행하여 신청할 수 있음). 유가증권신고서를 제출하는 채권의 경우에는 금융감독위원회에 유가증권신고서가 수리된 시점에 상장을 신청한다. 유가증권신고서 제출이 면제되는 채권의 경우에는 그 채권을 발행하는 달의 다음 달 10일까지 한꺼번에 상장을 신청하고 있다. 한편, 입찰을 통해 발행되는 국고채는 발행일 2일 전에 상장신청을 하여 발행일에 상장된다. 또한, 연중 계속 매출하고 매달 특정일에 발행하는 국민주택채권과 지방채 등은 매년 해당 채권 발행계획을 확정한 후에 그 해 발행예정금액을 한꺼번에 상장 신청할 수 있으며 매월 발행결과를 다음 달 20일까지 한국증권선물거래소에 통지하도록 되어 있다.

채권을 상장하기 위해서는 유가증권 상장 규정상의 제한이 있다. 우선 발행인의 자본금이 5억

18) 긴급유동성지원이 필요한 경우 각 기관별 RP 거래대상 증권의 보유현황 파악이 어려워 유동성 지원규모 등의 신속한 결정에 애로가 발생할 뿐만 아니라 마감시간 이후 담보증권취득 곤란으로 일시부족자금대출 등의 원활한 수행이 제약된다.

19) 국채 소유권 이전 상황을 상시적으로 파악할 수 없기 때문에 국채발행시 타인명의를 이용한 한도(국고채 전문딜러당 발행액의 30%) 초과 인수, 금융기관간 담합 등 국고채전문딜러의 불공정거래행위를 즉시 파악하기 곤란하다.

원 이상이어야 하며(보증사채, ABS는 예외) 해당 채권이 모집 또는 매출에 의하여 발행되어야 한다.[20] 또한, 발행되는 총액이 무보증사채의 경우에는 3억원, 보증사채 또는 담보부 사채의 경우에는 5,000만원 이상이어야 한다. 다만 국채, 지방채, 유가증권신고서를 제출하지 않는 특수채의 경우에는 특별한 심사요건 없이 상장신청서를 제출하는 것으로 상장이 이루어진다.

3. 외국 사례

3.1 미국

(1) 발행시장

미국의 채권발행잔액은 2006년 3월말 기준 22.4조 달러에 이르고 있다. 이 중 MBS(Mortgage-backed Securities)가 6.1조 달러로 전체 발행잔액의 27%를 차지하고 있다. 그 다음으로는 회사채 5.1조 달러(23%), 국채(정부 단기증권 포함) 4.3조 달러(19%) 등의 순으로 나타나고 있다.

〈표 18-10〉 미국의 채권종류별 발행잔액(2006년 3월말 기준)

(단위 : 10억 달러, %)

국채	지방채	정부기관채	MBS	ABS	회사채	계
4,321.7 (19.3)	2,255.9 (10.1)	2,641.2 (11.8)	6,095.2 (27.2)	1,965.5 (8.8)	5,095.1 (22.8)	22,374.6 (100.0)

주 : 1) ( )안은 구성비
자료 : Bond Market Association

미국 국채는 일반적으로 연방정부채 중 시장성국채인 T-Bills, T-Notes, T-Bonds 등 재무부채권을 말하며 단일 종목의 발행잔액으로는 세계 최대규모이다.[21] 국채 종류별로는 중기국채(T-Notes)의 발행규모가 2.4조 달러로 가장 큰 비중(56%)을 차지하고 있다.

국채는 정기적으로 경쟁입찰에 의해 발행되며 낙찰금리는 모두 단일금리결정방식에 의해 결정된다. 한편, 경쟁입찰에 앞서 입찰신청을 마감하는 비경쟁입찰에는 주로 국내 소액투자자, 외국 중앙은행, 국제금융기구(international financial institutions) 등이 참가한다.

20) 증권거래법상 '모집'은 50명 이상에게 신규 발행되는 유가증권 취득의 청약을 권유하는 행위를 말한다. '매출'은 50명 이상에게 이미 발행된 유가증권 매도 또는 매수 청약을 권유하는 행위를 의미한다(증권거래법시행령 제2조의 4).

21) 연방정부채는 크게 2가지(① 시장성국채, ② 비시장성국채)로 분류된다. 시장성국채는 일반적으로 재무부채권을 지칭하고, 비시장성국채는 만기전 매각불능조건으로 발행되는 채권으로 저축채권(US savings bonds)이 대표적이다.

〈표 18-11〉 국채종류별 발행잔액(2006년 3월말 기준)

(단위 : 10억 달러, %)

T-Bills	T-Notes	T-Bonds	기타	합계
1,039.1 (24.0)	2,408.3 (55.7)	526.5 (12.2)	347.8 (8.1)	4,321.7 (100.0)

주 : 1) ( )안은 구성비
자료 : Bond Market Association

이들 비경쟁입찰 참가자는 500만 달러(재정증권의 경우에는 100만 달러) 범위 내에서 응찰할 수 있으며 낙찰금리는 경쟁입찰에서 낙찰 범위에 든 응찰금리의 가중평균금리를 적용한다.

〈표 18-12〉 미국 국채의 종류

	Treasury Bills			Treasury Notes			
만기	4주	3개월	6개월	2년	3년	5년	10년
발행주기	매주 (화요일)	매주 (월요일)	매주 (월요일)	매월	매분기 (2, 5, 8, 11월)	매월	매분기 (2, 5, 8, 11월)
입찰방법	Dutch 방식(경쟁 및 비경쟁 입찰)						
발행조건	할인채			이표채			

	Treasury Bonds[1]	TIPS[3]		
만기	30년	5년	10년	20년
발행주기	반기[2] (2, 8월)	반기 (4, 10월)	반기 (1, 7월)	반기 (1, 7월)
입찰방법	Dutch 방식(경쟁 및 비경쟁 입찰)			
발행조건	이표채			

주 : 1) 만기 30년물(T-Bonds)은 2001년 10월 발행을 중단하였으나 2006년 2월 발행 재개
2) 2007년 2월부터는 분기별(2, 5, 8, 11월) 발행
3) 물가연동국채(Treasury Inflation Protected Securities)

한편, 회사채는 만기 10~30년의 장기채 발행이 대종을 이루고 있다. 신용등급이 높은 우량기업 발행채권이 대부분을 차지하며 1970년대 중반 이후 기업의 매수 합병 및 구조조정 과정에서 다수의 기업들이 경영악화와 부채증가 등으로 투자부적격 등급으로 하락하면서 정크본드시장(junk bond market)이 형성되기 시작하였다.

(2) 유통시장

유통시장은 2가지(① 장외시장, ② 장내시장(거래소시장))로 구분된다. 대부분의 거래는 장외시장에서 이루어지며 장내거래는 뉴욕증권거래소, 아메리칸증권거래소에서 소규모로 이루어지고

있다. 2006년 1분기 중 장외시장에서의 일평균 채권 거래액은 9,417억 달러이며 이 중 국채가 5,575억 달러로 59%를 차지하고 있다. MBS(28.0%)도 비교적 활발하게 거래되고 있으나 회사채의 거래 비중(2.5%)은 매우 낮은 수준을 보이고 있다.

〈표 18-13〉 미국의 채권종류별 일평균 거래규모(2006년 1분기 중)

(단위 : 10억 달러, %)

국채	지방채	정부기관채	MBS	ABS	회사채	계
557.5 (59.1)	20.7 (2.2)	76.8 (8.2)	263.4 (28.0)	n.a. (-)	23.3 (2.5)	941.7 (100.0)

주 : 1) ( )안은 구성비
자료 : Bond Market Association

미국의 경우 재무부 채권이 지표채권의 역할을 담당하고 있다. 지표종목은 신규채권 발행에 따라 최근물(on-the-run issue)로 신속하게 교체되며 신규발행 채권과 기존 지표종목과의 수익률 괴리도 1~2bp로 매우 작아 지표종목 변경에 따른 수익률 시계열의 불연속성 문제는 그다지 심각하지 않다. 2001년 10월 이전에는 만기 30년 장기국채(Treasury Bonds)가 지표채권의 역할을 수행해 왔으나 2001년 10월 이후에는 만기 10년 초과 장기국채의 발행이 중단되어 만기 10년 국채가 지표채권의 역할을 수행해 오고 있다.

3.2 일본

(1) 발행시장

일본의 채권 발행잔액은 2006년 3월말 기준 약 925조엔을 나타내고 있다. 국채(정부 단기증권 포함)가 764조엔으로 압도적으로 높은 비중(83%)을 차지하고 있으며 회사채와 금융채는 각각 64조엔(7%)과 26조엔(3%)이다.

〈표 18-14〉 일본의 채권종류별 발행잔액(2006년 3월말 기준)

(단위 : 조엔, %)

국채	지방채	정부보증채	금융채	회사채[1]	계
763.9 (82.6)	31.0 (3.4)	40.4 (4.4)	25.5 (2.7)	64.1 (6.9)	924.9 (100.0)

주 : 1) 전환사채 및 신주인수권부사채 포함
2) ( )안은 구성비
자료 : 일본은행, 금융경제통계월보

국채는 장기국채(만기 10년 이상) 위주로 발행되고 있다. 장기국채 발행잔액은 2006년 3월말 기준 410조엔에 달하여 전체 국채 발행잔액의 54%를 차지하고 있다. 특히, 10년 만기 국채는 1966년 1월부터 매월 정기적으로 발행되면서 일본 채권시장에서 지표채권의 역할을 담당하고 있다.

〈표 18-15〉 일본의 만기별 국채종류별 발행잔액(2006년 3월말 기준)

(단위 : 조엔, %)

장기국채 (10, 15, 20, 30년)	중기국채 (2, 3, 4, 5, 6년)	단기국채 (6, 12월)	정부단기증권 (3월이내)	계
410.2 (53.7)	204.7 (26.8)	51.4 (6.7)	97.6 (12.8)	763.9 (100.0)

주 : 1) ( )안은 구성비
자료 : 일본 재무성

한편, 1999년 30년 만기 이표채, 2000년 5년 만기 이표채, 변동금리부 이표채(15년), 2004년 10년 만기 물가연동국채가 각각 도입되었다. 반면 4년 만기 이표채 및 6년 만기 이표채는 2002년부터, 3년 만기 할인채는 2004년부터 발행이 중단된 바 있다. 또한, 2003년에는 개인투자자만 보유할 수 있는 10년 만기 국채를 도입하였다.[22]

국채 발행방법은 경쟁입찰 또는 비경쟁입찰(발행액의 10% 정도가 비경쟁입찰로 발행되며 금리는 경쟁입찰에서의 응찰가격을 가중평균하여 적용함)이며 채권 종류에 따라 단일금리결정방식과 복수금리결정방식이 혼용되고 있다(30년 만기 국채와 물가연동국채의 경우에만 단일금리결정방식을 적용하고 있음). 2004년 전문딜러제도를 도입한 데 이어 종전 10년 만기 국채의 국채인수단 인수제도(발행액의 90% 정도를 경쟁 또는 비경쟁입찰의 방식으로 인수하였음)는 2006년 3월 폐지된 바 있다.

22) 10년 만기 국채는 2003년 3월 개인투자자의 채권시장 참여를 활성화하기 위해 도입되었다. 동 국채는 매분기별로 발행되는데 액면가는 1만엔, 만기는 10년이다. 신규 발행되는 10년 만기 국채 금리에 반기별로 연동되는 변동금리부 채권이며, 2006년 1월부터는 5년 만기 고정금리로도 발행되고 있다.

〈표 18-16〉 일본 국채의 종류(2006년 3월말 기준)

	정부단기증권	단기국채		중기국채	
만기	3개월	6개월	1년	2년	5년
주기	매주	격월	매월	매월	매월
방법	경쟁입찰	좌동	좌동	좌동	좌동
종류	할인채	좌동	좌동	이표채	이표채
	장기국채	초장기국채			물가연동국채
만기	10년	15년	20년	30년	10년
주기	매월	격월	매월	분기	격월
방법	경쟁입찰	좌동	좌동	좌동	좌동
종류	이표채	변동금리 이표채	이표채	이표채	이표채

(2) 유통시장

유통시장은 2가지(① 장외시장, ② 장내시장(거래소시장))로 구분된다. 대부분의 거래가 장외시장에서 이루어지며 장내거래는 매우 미미하다. 장외시장에서의 채권 거래규모는 2006년 상반기 중 월평균 735조엔이며 이 중 국채가 716조엔으로 전체의 97%를 차지하고 있다. 회사채 및 지방채의 거래비중은 각각 1.0%와 0.6%로 매우 낮은 수준을 보이고 있다. 한편, 장내시장에서는 현재 일부 장기국채(10, 20년 만기 이표채), 전환사채, 정부보증채, 지방채 및 회사채 중 상장된 일부종목이 거래되고 있다.

일본의 지표채권은 만기 10년의 국채인 데 대형 증권회사 등 채권딜러 간의 거래가 특정종목으로 집중되면서 시장에서 결정되고 있다. 지표종목의 결정과정은 미국에서와 같이 최근월물로 결정되기보다는 최근월물 이전의 경과물이 수개월에 걸쳐서 지표종목의 역할을 수행하는 경우도 있다.

〈표 18-17〉 일본의 채권종류별 월평균 거래규모(2006년 상반기 중)

(단위 : 조엔, %)

국채	(단기할인)	(단기증권)	지방채	정부보증채	금융채	회사채	계
715.6 (97.3)	31.9 (4.3)	121.2 (16.5)	4.3 (0.6)	5.9 (0.8)	2.4 (0.3)	7.0 (1.0)	735.2 (100.0)

주 : 1) ( )안은 구성비
자료 : 일본은행, 금융경제통계월보

제3절 주식시장

1. 개 관

1.1 의의

주식시장은 주주권을 표시하는 유가증권인 주식이 거래되는 시장으로서 기업에게는 회사채시장과 더불어 장기자금 조달시장의 역할을 수행하고, 투자자에게는 자금운용시장으로서의 기능을 수행한다.[23] 또한, 주식시장은 기업이 자기자본을 조달하는 시장으로서 타인자본 의존도를 하락시켜 기업의 재무안정성(financial stability)을 제고시키는 역할도 수행한다(주식발행으로 조달된 자금은 자기자본으로서 기업의 재무구조(financial structure)를 개선시키는 한편 차입금이나 채권과 달리 상환의무가 없고 경영실적에 따라 배당만 하면 되기 때문에 기업 입장에서는 가장 안정적인 자금조달 수단이 됨).

주식시장은 기업공개 및 유상증자 등을 통해 2가지, 즉 주식이 새롭게 공급되는 발행시장과 이미 발행된 주식이 투자자 간에 거래되는 유통시장으로 분류된다. 유통시장은 유가증권시장, 코스닥시장(KOSDAQ : Korea Securities Dealers Automated Quotations) 및 프리보드(Free Board, 이전 제3시장)로 구분된다.[24] 극히 일부이기는 하나 인터넷게시판을 통한 순수 장외주식 거래도 존재하고 있다.

1.2 제도변천

주식시장은 1956년 3월 은행, 증권회사 및 보험회사의 공동출자로 대한증권거래소가 설립되면서 비로소 조직화된 시장의 모습을 가지게 되었다. 그 후 대한증권거래소는 1962년 1월 증권거래법 제정시 주식회사 조직으로 전환되었다가 1963년 4월 증권거래법 개정에 따라 동년 5월 명칭이 한국증권거래소로 변경되었다. 한편, 주식시장을 통한 기업의 자금조달을 원활히 하기 위해

---

23) 주식은 이익배당 및 잔여재산분배 등에 있어서 우선적 지위가 인정된다. 주식은 의결권이 제한되는 우선주와 표준적 성격의 보통주로 분류된다. 한편, 우선주는 우선배당 이후 잔여이익분배에의 참여 여부 및 우선배당권의 차기이월 허용 여부에 따라 참가적·비참가적 우선주 및 누적적·비누적적 우선주로 다시 분류된다.

24) 프리보드는 유가증권시장 및 코스닥시장에서 거래되지 않는 주식을 대상으로 하는 장외주식호가중개시장으로 2000년 3월 개설된 제3시장을 모태로 하여 2005년 7월 개장하였다.

1967년 11월 자본시장 육성에 관한 법률과 1972년 12월 기업공개촉진법이 제정되었다. 1977년 2월에는 증권관리위원회와 증권감독원이 발족되면서 감독·관리체계도 구축되었다.[25)]

유가증권시장과는 별도로 중소기업과 벤처기업을 대상으로 한 주식 장외시장이 1987년 4월 증권업협회 내에 개설되었다. 동 시장은 1997년 1월 증권거래법 개정에 따라 협회중개시장(코스닥시장)으로 법적 지위를 가지게 되었다.

2000년 3월에는 유가증권시장과 코스닥시장에서 거래되지 않는 주식을 대상으로 장외주식호가중개시장(제3시장)이 개설되었다. 동 시장은 당초 기대와는 달리 거래가 부진하였으며 2005년 7월에는 일부 제도개선(결제전 매매를 도입하고 가격제한폭을 축소(±50% → ±30%)하는 등 제도를 개선하였음)과 함께 프리보드로 명칭이 변경되었다. 2001년 12월에는 유가증권시장과 코스닥시장에서 거래되는 250개 종목을 대상으로 정규시장 종료 이후에도 거래가 가능하도록 전자장외증권중개시장(ECN : Electronic Communication Network)이 개설되었다. 그러나 ECN시장은 출범 이후 지속된 거래 부진으로 2005년 5월 폐쇄된 바 있다(2005년 5월 폐쇄되면서 시간외거래 마감시간을 연장(오후 4시 → 오후 6시)하여 장마감후의 거래수요를 흡수하였음). 2005년 1월에는 정부의 증권선물시장 선진화 계획 등에 따라 이전의 증권거래소, 코스닥증권시장, 선물거래소 등을 통합하여 (주)한국증권선물거래소가 새롭게 출범하였다. 동년 12월에는 주식워런트증권(ELW)시장이 개설되었으며, 2006년 1월에는 주식워런트증권의 거래를 활성화시키기 위해 유동성공급자(liquidity provider) 제도가 도입되었다.

한편, 주식시장의 대외 개방은 1980년대 초부터 단계적으로 추진되기 시작하여 1990년대에 들어 본격화되었다. 1980년대에는 1981년 1월 발표한 자본시장 국제화 장기계획에 따라 시장개방을 점진적으로 추진하면서 외국인전용수익증권, 컨트리펀드(country fund)와 같은 간접적인 형태의 투자만 허용하였다.[26)] 1992년 1월에는 외국인에 대하여 일정한도(외국인 전체로는 개별종목 발행주식 총수의 10%, 외국인 1인 기준으로는 3%) 내에서 국내 상장주식에 직접 투자할 수 있도록 허용하였다. 이후 외국 국적의 개인, 외국법인 등으로 제한하던 외국인투자자의 범위를 1992년 1월 및 3월 두 차례에 걸쳐 외국정부, 연기금 등으로 확대하였다. 또한, 1992년 7월부터는 국내진출 외국 금융기관에 대해 내국인 자격의 주식투자를 허용하였다. 1993년 이후에는 제3단계 금융자율화 및 시장개방계획과 경제협력개발기구(OECD) 가입시 제시한 자본자유화(capital liberalization) 계획에 의거하여 외국인의 주식투자한도를 더욱 확대하였다.[27)] 특히, 외환위기 이

---

25) 1998년 4월 금융감독기구의 설치 등에 관한 법률에 의거하여 은행감독원, 보험감독원 및 신용관리기금과 함께 금융감독원으로 통합되었다.

26) 1981년 11월 외국인전용수익증권이 국내 투자신탁회사에 의해 발매되기 시작하였다. 1984년 7월에는 Korea Fund가 최초의 country fund로 설립되었다. 이후 Korea Europe Fund(1987년 4월), Korea Asia Fund(1991년 4월)가 각각 추가로 설립되었다.

후에는 1997년 12월 종목별 전체한도를 55%, 1인당 한도를 50%까지 대폭 증가시킨 데 이어 1998년 5월에는 일부 공공법인에 대한 투자를 제외하고는 한도 규제를 완전히 폐지하였다.

〈표 18-18〉 주식시장 관련제도 변천

	주 요 내 용
1956년 3월	· 대한증권거래소 개장(시중은행과 한전 등 12개사 주식상장)
1962년 1월	· 증권거래법 제정
1963년 5월	· 대한증권거래소를 한국증권거래소로 명칭 변경
1964년 1월	· 종합주가지수 산출(주가평균방식)개시
1968년 11월	· 상장기업을 세제상 우대하기 위해 자본시장육성에 관한 법률 제정
1972년 12월	· 기업공개를 통한 재무구조 개선에 주안점을 두고 기업공개촉진법 제정
1977년 2월	· 증권관리위원회 및 증권감독원 설립
1981년 11월	· 외국인전용수익증권(3,000만 달러) 최초 발매
1983년 1월	· 종합주가지수 산출방식 변경(주가평균방식→시가총액방식)[28]
1987년 4월	· 증권거래소에 상장되지 않은 주식 중 증권업협회에 등록된 주식을 대상으로 장외시장 개설
1991년 10월	· 증권업협회 내에 주식장외거래 중개실 설치
1992년 1월	· 외국인의 국내주식 직접투자 허용(일반상장법인 10%, 공공적법인 8%)
1996년 7월	· (주)코스닥증권시장을 설립하여 증권업협회 등록주식의 거래방식을 상대매매 방식에서 경쟁매매방식으로 변경
1997년 1월 1월 12월	· 증권거래법을 개정하여 증권업협회 등록주식 대상시장을 협회중개시장(코스닥시장)으로 법제화 · 코스닥시장 주가지수 발표 · 외국인 주식투자한도 확대(종목별 전체한도 55%, 1인당 한도 50%)
1998년 5월 9월 10월 12월	· 외국인 주식투자한도 폐지(다만 일부 공공법인에 대해서는 제외) · 증권투자회사법 제정 · 코스닥위원회 설립 · 뮤추얼펀드(mutual fund) 최초 설립
2000년 3월	· 증권거래소 및 코스닥시장에 상장·등록되지 않은 주식을 대상으로 장외주식 호가중개시장(제3시장) 개설
2001년 12월	· 전자장외증권중개시장(ECN) 개설
2002년 10월	· 증권거래소 장상지수펀드(ETF : Exchange Traded Funds)시장 개설
2003년 10월	· 증권투자신탁업법 및 증권투자회사법 등을 통합하여 간접투자자산 운용업법 제정

27) 1996년 9월 OECD에 제시한 자본자유화 계획 중 주식시장에 대한 외국인 투자한도는 다음과 같다.

1997	1998	1999	2000
23%	26%	29%	한도 폐지

28) 주가지수의 산정방식은 크게 2가지(① 주가평균식(다우존스산업평균지수, 니케이255지수 등), ② 시가총액식(코스피지수, 코스닥지수, 나스닥지수, S&P500지수 등))로 구분할 수 있다. 주가평균식은 대상종목의 주가합계를 대상종목수로 나누어 산출하는 데 유무상증자, 액면분할, 감자 등 시장외적인 요인이 발생하면 대상 종목수를 조정한다. 시가총액식은 비교시점의 시가총액을 기준시점의 시가총액으로 나누어 산출한다.

〈표 18-18〉 이어서

2004년 1월 12월	· 증권관련 집단소송법 제정 · 한국증권선물거래소법 제정 · 사모투자전문회사(PEF) 설립 허용
2005년 1월 5월 6월 12월	· 이전의 증권거래소, 코스닥증권시장, 선물거래소 등을 통합하여 (주)한국증권선물거래소 설립 · 전자장외증권중개시장 폐쇄 및 시간외 거래 마감시간 연장 (오후 4시 → 오후 6시) · 한국증권선물거래소, KRX100지수 산출 · 발표 · 주식워런트증권(ELW) 시장 개설
2006년 1월 6월	· 유동성공급자(LP : Liquidity Provider) 제도 도입 · 섹터 ETF 신규 상장

2. 발행시장

주식의 발행은 주식회사가 설립자본금을 조달하거나 자본금을 증액할 때 이루어진다. 자본금 증액을 위한 주식발행에는 금전의 출자를 받아 자본금을 증가시키는 유상증자 이외에 무상증자, 주식배당 및 전환사채의 주식전환 등이 포함된다. 주식 발행시장은 광의로는 신규발행 주식이 최초의 투자자에게 매출되는 모든 시장을 의미하나 일반적으로 유상증자나 신규공개 기업의 주식매각 등을 위하여 조직된 시장을 말한다. 발행시장(issuing market)은 새로운 주식이 최초로 출시되는 시장이라는 점에서 제1차 시장(primary market)으로 지칭된다.

2.1 기본구조

발행시장은 자금수요자인 발행인, 자금공급자인 투자자, 주식발행사무를 대행하고 발행위험을 부담하는 인수인으로 구성된다.

(1) 발행인

발행인에는 기업, 금융회사 등이 포함된다.

(2) 투자자

투자자는 개인투자자, 외국인투자자, 기관투자자, 기타 법인으로 구분되며 기관투자자에는 은행, 증권회사, 자산운용회사, 보험회사 등 금융기관과 연기금이 포함된다.[29)]

29) 증권거래법 시행령 제2조의 4 제3항 6호와 법인세법시행령 제17조 제1항에서 기관투자자의 범위를 명시하고 있다. 세부적으로는 증권회사, 보험회사, 자산운용회사, 은행(특수은행, 농 · 수협중앙회 포함), 종합금융회사, 상호저축은행, 정부관리기금, 민간기금 및 각종 공제회를 포함한다. 또한, 외국은행 및 외국증

(3) 인수인

인수인의 역할은 일반적으로 증권회사(종합금융회사도 인수인의 역할을 수행할 수 있음)가 담당한다.

2.2 발행형태

주식의 발행은 기업공개, 유상증자, 무상증자, 주식배당 등 다수의 형태로 이루어진다.

(1) 기업공개

기업공개(IPO : Initial Public Offering)는 주식회사가 신규 발행 주식을 다수의 투자자로부터 모집하거나, 이미 발행되어 대주주 등이 소유하고 있는 주식을 매출하여 주식을 분산시키는 것을 의미한다. 기업공개는 선행조건, 예비절차, 본절차의 순서로 이루어진다.

① 선행조건

기업공개를 추진하는 기업은 선행조건으로 금융감독위원회에 등록하고 증권선물위원회가 지정하는 감사인에게 최근 사업연도 재무제표에 대한 회계감사를 받아야 하며 대표주관회사를 선정해야 한다.

② 예비절차

예비절차에는 발행주식 종류, 전환사채 및 신주인수권부사채 발행 등과 관련한 정관 개정 및 우리사주조합 결성 등이 있다.

③ 본절차

기업공개의 본절차는 신주의 종류, 수와 발행가액에 대한 이사회의 결의, 인수가액 결정, 유가증권신고서 제출 등의 순서로 진행된다. 최종적으로는 납입일에 주금납입 후 신주발행기업이 자본금 변경 등기와 금융감독위원회에 대한 유가증권 발행실적보고서 제출을 마치고 한국증권선물거래소에 상장신청을 함으로써 공개절차가 종료된다.

(2) 유상증자

유상증자는 회사가 신주를 발행하여 회사의 자본금을 증가시키는 것으로 기업의 재무구조(financial structure)를 개선하고 타인자본 의존도를 낮추는 가장 대표적인 방법이다. 유상증자시 신주인수권의 배정 방법에는 주주배정방식, 주주우선공모방식, 제3자배정방식, 일반공모방식 등

권사의 국내지점, 외국보험사 등도 금융감독위원회 규정상 외국인이 아니기 때문에 내국인으로 취급하여 기관투자자에 포함된다.

이 있다.

① 주주배정방식

주주배정방식은 주주와 우리사주조합에게 신주를 배정하고 실권주가 발생하면 이사회의 결의에 따라 그 처리방법을 결정하는 것이다.

② 주주우선공모방식

주주우선공모방식은 주주배정방식과 거의 동일하나 실권주 발생시 일반투자자를 대상으로 청약을 받은 다음 청약이 미달되면 이사회의 결의에 따라 그 처리방침을 정한다는 점에서 상이하다.

③ 제3자배정방식

제3자배정방식은 주주 대신 관계회사나 채권은행 등 제3자가 신주인수를 하도록 하는 방식이다.

④ 일반공모방식

일반공모방식은 주주에게 신주인수권리를 주지 않고 일반투자자를 대상으로 청약을 받는 방식이다. 유상증자의 절차는 신주인수권 배정방식에 따라 약간의 차이가 있다. 일반적인 주주배정방식의 경우 ⓐ 이사회의 신주발행 결의, ⓑ 금융감독위원회에 유가증권신고서 제출, ⓒ 신주발행 및 신주배정기준일 공고, ⓓ 신주인수권자에 신주배정 통지, ⓔ 신주청약 접수, ⓕ 실권주 처리, ⓖ 주금의 납입 및 신주발행등기, ⓗ 신주 상장신청 또는 등록신청 순으로 이루어진다. 유상증자시 신주발행가액[30]은 주식시장에서의 가격, 즉 시가를 기준으로 결정된 이론권리락주가[31]에 기업이 정하는 할인율[32]을 적용하여 산정한다.

(3) 무상증자

무상증자는 주금의 납입없이 이사회의 결의로 준비금 또는 자산재평가적립금을 자본에 전입하고 전입액 만큼 발행한 신주를 기존 주주에게 소유 주식수에 비례하여 무상으로 교부하는 것이다. 무상증자의 절차는 주주배정방식에 의한 유상증자의 절차와 유사하나 주금 납입절차가 필요없고 유가증권신고서를 제출하지 않는 등의 차이가 있다.

---

30) 발행가가 액면가보다 높고 시장가보다 낮은 할인발행이 일반적이다. 한편, 액면가 이하 발행은 주주총회의 특별결의가 있거나 구조조정이 필요한 기업에 한해 제한적으로 허용되고 있다.

31) 주주배정방식 및 주주우선공모방식에 해당되며 (기준주가 + 1주당 발행가 × 유상증자비율) ÷ (1 + 유상증자비율)로 구한다. 동 산식 중 기준주가는 신주배정기준일전 3거래일을 기산일로 하여 소급한 1개월 평균종가, 1주일 평균종가 및 기산일종가를 산술평균하여 산정하되 동 산정가액이 기산일종가를 상회할 경우에는 시간일종가로 한다.

32) 상장법인이 임의로 정할 수 있으며 일반적으로 20~30% 수준의 할인율을 적용하고 있다(다만 일반공모방식의 경우에는 30% 이내, 제3자 배정방식의 경우에는 10% 이내로 제한).

(4) 주식배당

주식배당은 현금 대신 주식으로 배당을 실시함으로써 이익을 자본으로 전입하는 것을 의미한다. 이 때 신주 발행가격은 액면가로 정해진다. 주식배당은 배당가능이익의 50% 이내로 제한하는데 주식의 시장가격이 액면가 이상인 상장법인에 대해서는 이를 배당가능이익의 100%까지 허용하고 있다(배당가능이익은 대차대조표상의 순재산액에서 자본금 및 이익·자본준비금을 차감하여 구함).

2.3 발행방식

주식의 발행방식은 주식의 수요자를 선정하는 방법에 따라 2가지(① 공모발행, ② 사모발행)로 구분된다. 또한, 발행에 따르는 위험부담과 사무절차를 담당하는 방법에 따라 2가지(① 직접발행, ② 간접발행)로 구분된다.

(1) 주식의 수여자를 선정하는 방법

① 공모발행

공모발행(public offering)은 발행회사가 투자자에 제한을 두지 않고 동일한 가격과 조건으로 주식을 다수의 투자자(50인 이상)에게 발행하는 방식으로 증권거래법상 모집과 매출이 이에 해당한다('모집'은 50명 이상에게 신규로 발행되는 유가증권의 취득 청약을 권유하는 행위이며, '매출'은 50명 이상에게 이미 발행된 유가증권 매도 또는 매수 청약을 권유하는 행위를 의미함(증권거래법 시행령 제2조의 4)). 공모발행은 다수의 투자자를 상대로 복잡한 업무처리를 해야 하므로 간접발행 방식을 취한다.

② 사모발행

사모발행(private placements)은 발행회사가 특정한 개인 및 법인을 대상으로 주식을 발행하는 방법이다. 일반적으로 사모발행은 비용을 감소시킬 수 있는 직접발행 방식을 취한다.

(2) 발행에 따르는 위험 부담과 사무절차를 담당하는 방법

① 직접발행

직접발행은 발행회사가 자기 명의로 인수위험 등 발행위험을 부담하고 발행사무도 직접 담당하는 방식으로 직접모집 또는 자기모집이라고도 한다. 이 방식은 미청약분이 발생하면 발행규모를 축소하거나 재모집해야 하므로 발행규모가 소화에 무리가 없는 경우에 주로 이용된다. 한국에서는 회사 설립시에 활용되고 있다.

② 간접발행

간접발행은 발행회사가 전문적인 지식, 조직 및 경험을 축적하고 있는 증권회사 등 시장중개기관을 통해 주식을 발행하는 방식이다. 이 경우 발행회사는 원칙적으로 주식발행과 관련한 위험을 시장중개기관에 부담시키고 그 대가로 수수료를 지급하게 된다. 한국에서는 기업공개 및 유상증자시 이 방식에 의존하고 있다.

한편, 간접발행 방식은 시장중개기관의 발행위험 부담 정도에 따라 다시 3가지(ⓐ 모집주선, ⓑ 잔액인수, ⓒ 총액인수)로 구분한다.

가. 모집주선

모집주선(best-effort basis)은 발행회사가 스스로 발행위험을 부담하고 발행사무만 시장중개기관에 위탁하는 방법이다.

나. 잔액인수

잔액인수(stand-by agreement)는 응모총액이 모집총액에 미달할 경우 시장중개기관이 미소화분(매도 잔량)의 인수 의무를 부담하는 방법이다.

다. 총액인수

총액인수(firm-commitment)는 발행금액 전액을 시장중개기관이 매입(인수)하는 방식이다(한국은 1974년 7월 잔액인수제에서 총액인수제로 전환하였음). 총액인수는 시장중개기관의 입장에서 인수에 따른 자금부담이 있는 데다 인수한 주식을 매출할 때까지 보유해야 하므로 다른 방식에 비해 위험부담이 큰 편이다.[33]

(3) 주당 발행가액

이 밖에 발행방식은 주당 발행가액에 따라 2가지(① 액면발행, ② 시가발행)로 구분된다. 시가발행은 다시 2가지(ⓐ 발행시점의 시장가격 그대로 발행하는 방식, ⓑ 시가에서 일정률을 할인하여 발행하는 방식)로 분류된다. 한국에서는 1983년 12월 시가발행제도가 도입되어 이후 모든 상장법인이 시가방식에 의하여 유상증자를 할 수 있게 되었으며 시가발행 할인율은 1991년 6월부터 자율화되었다.

33) 간접발행방식으로 주식을 발행하는 경우 시장중개기관의 역할이 매우 중요하다. 발행사무처리, 인수 등 주식발행과 관련한 책임과 위험을 분산하고 발행주식의 매출을 원활히 하기 위하여 일반적으로 다수의 기관이 공동으로 시장중개기관이 된다.

2.4 시장동향

주식발행시장을 통한 기업의 자금조달 규모(유상증자 및 기업공개)는 1980년대 중반 이후 대폭 증가하기 시작하여 1987년 처음으로 1조원을 초과하였으며 1990년에는 약 3조원에 달하였다. 이 기간 중 유상증자 및 기업공개 건수도 크게 증가하였다. 특히, 1985년까지만 해도 연간 10건 내외에 머물렀던 기업공개의 건수가 1988~1989년 중에는 연간 100건을 초과하였다(이 시기에 포항제철(1988년)과 한국전력공사(1989년)의 정부소유 주식이 국민주로 매각된 바 있음). 그러나 단기간에 주식공급이 급증하여 발행시장의 수급 불균형이 초래되어 1990년부터는 발행시장에 대한 정책이 주식공급 억제로 전환되었다.

한편, 1994년부터 유통시장이 활성화되어 금융기관의 유상증자를 3년 만에 다시 허용하는 등 유상증자 및 기업공개에 대한 규제완화(deregulation)가 단행되었다. 그 결과 유상증자 및 기업공개 규모가 1994~1995년 중에는 연간 6조원 수준으로 증가하였다. 그러나 1997년에는 연이은 대기업 부도, 외환시장 불안정(instability of foreign exchange market) 등으로 유통시장의 침체가 심화되어 주식발행을 통한 기업의 자금 조달액은 다시 감소하였다.

외환위기 이후에는 기업 및 금융기관의 구조조정이 추진되면서 금융기관 및 대기업이 각각 자기자본 확충 및 부채비율 축소를 위하여 유상증자를 크게 증가시키게 되었다. 이에 따라 1998년 중 유상증자를 통한 자금조달 규모는 1997년에 비해 5배 이상 확대된 13조원을 기록하게 되었다. 특히, 1999년에는 주식시장 활황 등으로 유상증자를 통한 자금조달 규모가 33조원에 이르렀으며 기업공개 규모도 1조 7,000억원을 초과하였다.

그러나 2000년대에 들어서는 주가가 큰 폭의 등락을 거듭하여 발행 여건이 악화되고 기업의 현금흐름(cash flow) 개선으로 발행수요도 감소한 데다 경영환경의 불확실성(uncertainty of business environment) 등으로 기업의 투자수요가 저조하였다. 이에 따라 주식발행은 최근까지 감소세가 지속되고 있다.

〈표 18-19〉 주식 발행현황(기간 중)

(단위 : 10억원, 건)

	유상증자[1]	기업공개			합계
		모집	매출	소계	
1990	2,582(169)	316(33)	20(3)	336(36)	2,918(205)
1995	5,584(163)	531(35)	49(1)	580(1)	6,164(164)
1996	3,652(146)	1,391(40)	-	1,391(40)	5,043(186)
1997	2,676(109)	479(23)	-	479(23)	3,156(132)
1998	13,452(124)	37(3)	-	37(3)	13,489(127)
1999	33,427(250)	1,720(15)	-	1,720(15)	35,146(265)
2000	5,789(86)	-	-	-	5,779(86)
2001	5,098(99)	218(3)	-	218(3)	5,316(102)
2002	6,207(124)	595(8)	633(3)	1,228(11)	7,432(135)
2003	7,166(100)	525(9)	36(1)	561(10)	7,727(110)
2004	4,526(57)	556(8)	86(2)	642(10)	5,168(67)
2005	1,877(44)	449(10)	3(1)	452(11)	2,329(55)
2006. 1~6	93(16)	100(4)	-	100(4)	193(20)

주 : 1) 상장기업 기준
2) ( )안은 건수

자료 : 금융감독원, 금융통계월보 각호

3. 유통시장

유통시장은 이미 발행된 주식이 매매되는 시장으로 제2차 시장(secondary market)이라고도 한다. 유통시장에서의 거래는 투자자 상호 간의 거래이므로 기업의 자금조달과 직접적인 관련은 없다. 그러나 유통시장이 발달되어 있지 못하면 주식의 시장성이 없어 발행시장이 위축된다. 즉, 유통시장은 발행된 주식의 시장성과 환금성을 제고시켜 일반투자자의 투자를 촉진시키고 자유경쟁(free competition)을 통해 공정한 가격(fair price)을 형성하는 기능을 한다. 한국의 주식 유통시장은 3가지 종류(① 유가증권시장, ② 코스닥시장, ③ 프리보드)가 있다.

유통시장에서 투자자의 매매주문은 위탁회사인 증권회사를 거쳐 한국증권선물거래소에서 체결되며 이에 따른 결제는 매매일로부터 3일째 되는 날(T+2일) 증권예탁결제원을 통해 이루어진다. 매매계약의 체결은 원칙적으로 한국증권선물거래소가 투자자별 호가를 접수하여 일정한 매매체결원칙에 의거하여 일치되는 호가끼리 거래를 체결하는 개별경쟁매매 방식에 의해 이루어진다. 현행 매매체결에는 4가지 원칙이 적용되고 있다.

① 가격우선의 원칙

매수주문에는 고가의 호가가 우선하고 매도주문에는 저가의 호가가 우선하는 것을 의미한다.

② 시간우선의 원칙

동일가격호가에 대하여 먼저 접수된 호가가 우선하는 것을 의미한다.

③ 수량우선의 원칙

동시호가나 동일가격호가에 대하여 수량이 많은 호가가 우선하는 것을 의미한다.

④ 위탁매매우선의 원칙

고객의 호가가 증권회사의 자기매매호가에 우선하는 것을 의미한다.

한편, 증권사는 투자자의 주문을 이행하기 위한 담보로 위탁증거금을 받고 있다. 유가증권시장과 코스닥시장의 경우에는 증권사가 자율적으로 결정하는 반면 프리보드에서는 100%를 받도록 의무화되어 있다.

3.1 유가증권시장

(1) 상장요건

유가증권을 시장에서 매매하기 위해서는 이를 사전에 등록하여야 한다. 이것을 상장이라고 하는데 주식을 신규로 상장하려면 일정요건을 갖추어야 한다.

① 자기자본 및 상장주식 수 요건

증권시장에 주식을 신규로 상장하고자 하는 기업은 자기자본이 100억원 이상, 상장주식 수가 100만주 이상이어야 한다.

② 주식분산 요건

의결권 있는 주식을 소유하고 있는 소액주주의 수가 1,000명 이상일 것, 최대주주의 소유주식수가 70% 이하일 것(정부 등이 최대주주인 공공적법인인 경우 이 조항은 예외가 인정됨) 등 주식분산 요건을 충족해야 한다.

③ 경영성과 요건

영업이익, 경상이익, 당기순이익 중 적은 금액이 최근 사업연도말 현재 자기자본의 5% 이상일 것(최근 3개 사업연도의 동 비율의 합이 10% 이상) 등 경영성과 요건도 충족해야 한다.

유가증권시장에 유가증권을 상장한 기업은 영업활동을 하는 과정에도 일정 요건을 지속적으로 충족해야 한다. 한국증권선물거래소는 상장 유가증권의 상장요건 충족 여부와 기업내용의 적시공시 실시 여부를 관찰하여 상장기업이 이를 준수하지 못한 경우 상장을 폐지할 수 있다. 상장 폐지되기 전에는 일정 기간 동안 관리종목으로 지정하여 상장폐지를 유예할 수 있다.

〈표 18-20〉 관리종목지정 및 상장폐지 기준

구 분	관리종목지정 기준	상장폐지 기준
영업활동정지	해당시	6개월 내 미해소
부도 · 은행거래정지	-	해당시
자본잠식	50% 이상	자본전액 잠식 또는 50% 이상 2년 계속
주식분산기준 미달[1)]	해당시	2년 계속
불성실공시	고의 · 상습위반(1년 2회)	6개월 내 추가 1회
월평균거래량 1% 미만	3개월 계속	6개월 계속
매출액	50억 미만	매출액 50억 미만 1회 추가시
주가	액면가 20% 미만 30일 계속	90일 중 액면가 20% 이상 10일 계속 및 누적 20일 요건 미충족
시가총액	25억 미만 30일 계속	90일 중 25억 이상 10일 계속 및 누적 30일 요건 미충족

주 : 1) 주식분산기준 미달 : ① 소액주주수가 200인 미만이거나 소액주주비율 10% 미만 또는 ② 최대주주 등의 소유비율 80% 이상(공공적법인, 정부가 최대주주인 경우 제외)
자료 : 한국증권업협회

(2) 매매거래제도

① 개장일 및 매매거래시간

유가증권시장은 현재 토요일, 공휴일, 근로자의 날 및 연말일(연말일이 공휴일이나 토요일인 경우에는 직전의 매매거래일임)을 제외하고 매일 개장된다. 매매거래시간 기준[34)]으로 보면 09:00~15:00의 정규시장과 장 개장전 시간외시장(07:30~08:30) 및 장 종료 후 시간외시장(15:10~18:00)으로 구분된다(시간외종가매매의 경우에는 15:10~15:30이고 시간외단일가매매의 경우에는 15:30~18:00임).

② 매매거래단위

매매거래단위는 호가의 경우 주식가격에 따라 5원(5,000원 미만 종목)~1,000원(50만원 이상 종목)이고 수량단위는 10주가 원칙이다.[35)] 매매계약의 체결은 한국증권선물거래소가 투자자별

34) 호가접수시간은 정규시장의 경우 08:00~15:00이며, 시간외시장의 경우 개장전 시간외시장은 07:30~08:30, 장 종료 후 시간외시장은 15:10~18:00이다.

35) 2004년 12월 이후 10만원 이상 종목에 대해 단주매매를 허용하였으며 2006년 6월 이후 5만원 이상의 종목에 대해서도 단주매매를 허용하였다. 한편, 시간외시장에서는 종목가격에 관계없이 단주거래가 가능하다.

호가를 접수하여 일정한 매매체결원칙에 의거하여 일치되는 호가끼리 거래를 체결하는 개별경쟁매매 방식에 의해 이루어지고 있다.

③ 주가의 급격한 변동을 방지하기 위한 제도

가. 가격제한폭제도

이는 개별종목 주가의 급등락으로 인하여 일반투자자가 과도한 손실을 입지 않도록 하루 중에 변동할 수 있는 개별종목 주가의 폭을 일정 한도로 제한하는 것이다. 현재 동 한도는 전일 종가의 상하 15%로 되어 있다.

나. 매매거래중단제도

1998년 12월에 코스피(KOSPI)지수가 하루 중에 일정 수준 이상 급락하는 경우 매매거래를 일시적으로 중단함으로써 시장의 안정을 도모하는 매매거래중단제도(circuit breaker)가 도입되었다. 동 제도는 코스피지수가 전일 대비 10% 이상 하락하여 1분 이상 지속되는 경우 발동된다. 발동시점부터 20분간 모든 종목의 호가접수 및 매매거래가 중단되며 20분 경과 후에는 10분간 동시호가 접수 후 단일가격에 의한 매매계약이 체결되면서 거래가 재개된다.

다. 프로그램매매체결지연제도

주가지수선물시장의 가격 급변동시 유가증권시장에서의 프로그램매매를 일시 정지시키는 프로그램매매체결지연제도(side car)가 운용되고 있다.

④ 결제시기 및 결제방식

가. 결제시기

결제시기는 일반적으로 매매계약을 체결한 날을 포함하여 3일째 되는 날(휴장일 제외)이다.

나. 결제방식

결제방식은 현재 한국증권선물거래소에서 증권거래의 결제를 집중적으로 처리하는 집중결제방식을 취하고 있다. 그리고 한국증권선물거래소 회원 간에는 차감결제방식을 사용하고 있다. 구체적으로 보면 대금결제는 회원별 총매도 대금에서 총매수 대금을 차감한 금액을 한국증권선물거래소 결제계좌를 통해 회원의 은행계좌로 이체함으로써 이루어진다.

증권결제는 회원별·종목별 총매도 수량에서 총매수 수량을 차감한 수량을 한국증권선물거래소 예탁계좌를 통해 회원의 예탁계좌로 대체하는 방법으로 이루어진다. 이 과정에서 자본시장의 규모 확대에 따른 유통물량의 급증 및 그 이동에 따르는 위험성 증대를 고려하여 증권의 집중예탁 및 계좌간 대체결제방식을 사용하고 있다. 즉, 증권 매매거래에 있어 이용자들은 소유 유가증권을 미리 증권예탁결제원에 집중적으로 예탁하여 매매거래에 수반되는 유가증권의 인수도를 실물로 하지 않고 이용자의 계좌간 대체로 결제를 종료하게 된다.

(3) 시장동향

코스피지수는 1986년 이후 경기활황과 투자저변 확대 등에 힘입어 1989년 1,000을 돌파한 이후 2003년 3월까지 15년간 대체로 500~1,000대에서 큰 폭으로 등락하는 모습을 보였다.

기간별로 살펴보면 1987~1992년 중에는 3저(저금리, 저달러, 저유가) 호황, 올림픽 특수 등으로 1989년 4월 1,007.77까지 상승하였으나 이후 경제성장 둔화, 걸프전(Gulf War) 발발 등으로 1992년 8월에는 459.07을 기록하였다. 1993~1998년 중에는 경기회복과 함께 무역수지 흑자(trade surplus) 전환 등의 경제여건 호조로 1994년 11월에 사상최고치(1,138.75)를 기록하였으나 이후 경기둔화 및 외환위기(foreign exchange crisis) 등으로 급락세를 보여 1998년 6월 280.00까지 하락하였다. 1998년 하반기 이후에는 금리인하, 기업·금융 구조조정 추진, 국가신용등급 상향조정 및 IT산업 성장으로 2000년 1월 1,059.04까지 상승하기도 하였으나 기술주에 대한 거품론, 9·11 테러 발생 등으로 다시 하락세로 전환되어 2001년 9월에는 468.76을 기록하였으며 그 이후에는 1,000아래에서 등락을 거듭하였다.

2004년 하반기부터는 다시 상승세를 보였으며 2005년 들어서는 경기회복에 대한 기대감과 적립식펀드 등 중장기 투자자금의 견조한 유입 등으로 더욱 큰 폭으로 상승(+54.3%)하여 1,000선에 안착하면서 사상최고치를 계속 경신하였다. 그러나 2006년 5월 11일 사상최고치(1,464.70)를 기록한 이후에는 조정국면이 이어지면서 2006년 6월말 기준 1,295.15를 기록하고 있다.

한편, 유가증권시장 참가자별 거래 비중(거래대금 기준)을 보면 개인투자자는 1997년 중 73.9%에서 2006년 상반기 중에는 54.5%로 크게 감소한 반면 동 기간 중 기관투자자는 17.4%에서 17.7%로 소폭 상승하였고 외국인 투자자는 6.7%에서 24.3%로 급증하였다.

상장기업수는 유가증권시장 개설 이후 지속적으로 증가하여 1997년 말에는 776개사(958개 종목)에 이르렀다. 그러나 1998년 이후 기업·금융구조조정에 따라 상장폐지 기업이 증가하면서 2004년말 683개사(844개 종목)까지 감소하기도 하였다. 2006년 6월말 기준 상장기업은 718개사(873개 종목)로 다소 증가하였다.

한편, 상장주식의 시가총액은 1996년말 117조원에서 2006년 6월말에는 633조원으로 대폭 증가하였으나 명목 국내총생산(nominal GDP) 대비 상장주식 시가총액 비율(2005년말 기준)은 90.5%로 여전히 주요 국가에 비해서는 낮은 상태이다.

〈표 18-21〉 명목 GDP 대비 상장주식 시가총액 비율(2005년말 기준)

(단위 : 10억 달러)

	한국	미국	일본	영국	독일	대만	싱가포르
상장주식 시가총액(A)	718.0[1)]	16,914.6	4,572.9	3,058.2	1,221.1	476.0	257.3
명목 GDP(B)	793.1	12,485.7	4,571.3	2,201.5	2,797.3	346.1	117.9
A/B(%)	90.5	135.5	100.0	138.9	43.7	137.5	218.2

주 : 1) 유가증권시장 및 코스닥시장 상장주식 시가총액

자료 : IMF, World Federation of Exchange

3.2 코스닥시장

(1) 상장요건

코스닥시장은 유가증권시장 상장요건에 미달하는 유망 중소기업, 벤처기업 등에게 자본시장을 통한 자금조달 기회를 제공하는 한편 투자자에게는 고위험(high risk) · 고수익(high profit) 투자수단을 제공하는 시장으로 평가할 수 있다. 코스닥시장은 1987년 3월 증권관리위원회의 '중소기업 등의 주식장외거래에 관한 규정'이 제정되면서 제도적 기반이 마련되었다. 코스닥시장은 1996년 7월 개설된 이래 정부의 중소벤처육성 의지와 정보통신(IT) · 인터넷 등 첨단산업에 대한 투자자의 관심 고조로 크게 성장하였다. 코스닥시장은 한국증권업협회에 의해 운영되어 왔으나 2005년 1월 한국증권선물거래소가 설립됨에 따라 동 거래소 내로 편입되었다.

코스닥시장에 주식을 신규로 상장하고자 하는 기업에게는 유가증권시장보다 다소 완화된 기준이 적용된다. 해당 기업은 자기자본이 30억원 이상이어야 하며 의결권 있는 주식을 소유하고 있는 소액주주의 수가 500인 이상이어야 하는 등 주식 분산요건도 충족하여야 한다. 또한, 최근 사업연도에 경상이익이 있어야 하며 최근 사업연도말 기준 자기자본이익률이 10% 이상이어야 한다.

코스닥시장에 상장된 기업도 유가증권시장에 상장된 기업과 마찬가지로 상장 후 영업활동과정에서 일정한 요건을 충족하여야 하며 부실화된 기업과 공개기업으로서의 의무를 충족하지 못하는 기업은 상장폐지된다. 코스닥시장에서도 기업이 상장폐지되기 전까지 일정 기간을 투자유의종목(투자유의종목의 해당사항으로는 거래실적 부진, 주식분산의무 미충족, 공시의무 미충족 등이 있음)과 관리종목(관리종목의 해당사항으로는 일정비율 이상의 자본잠식비율, 일정금액 미만의 시가총액 등이 있음)으로 지정하여 유예기간을 축소시킬 수 있다.

(2) 매매거래제도

코스닥시장의 거래시간은 유가증권시장과 동일하며 매매 단위는 1주이고 호가 단위는 주식가

격에 따라 5원(5,000원 미만 종목)~100원(5만원 이상 종목)이다. 유가증권시장과 마찬가지로 개별종목의 일중 주가변동률은 전일종가의 ±15%로 제한되며 코스닥지수가 전일 대비 10% 이상 하락하여 1분간 지속될 경우에는 모든 종목의 매매가 중단된다.

(3) 시장동향

코스닥시장은 1997년 7월 개설한 이래 정부의 중소벤처기업 육성의지와 전세계적인 정보통신·인터넷 등 첨단산업에 대한 투자자들의 관심 고조로 비약적으로 성장하였다.

코스닥지수는 1990년대 후반 미국 정보통신(IT : Information Technology) 산업의 호황과 국내 벤처기업(venture corporation)에 대한 정책적인 지원 등으로 1998년 10월 7일 607.00에서 2000년 3월 10일 2,834.40까지 상승하였다.[36] 이후 정보통신산업의 부진과 경기침체(recession), 코스닥시장에 대한 투자자의 신뢰도 저하 등으로 하락세로 전환되어 2004년 8월 4일 사상최저치인 324.71을 기록하였다.[37] 그러나 2005년 들어서는 실적호전 기대, 바이오 및 DMB 등 테마 관련주들의 부상 등으로 급등(+84.5%)하였다. 이후 2006년 1월 16일 754.97까지 상승하다가 조정국면이 이어지면서 6월말 기준 590.68을 기록하고 있다.

코스닥시장의 일평균 거래규모는 유가증권시장에서와 같이 day trading이 가능해진 영향 등으로 1997년 중 16만주(거래금액 기준으로 40억원)에서 2006년 상반기 중 5억 7,443만주(1조 9,447억원)로 대폭 확대되었다. 상장기업수는 1997년말 359개사(408종목)에서 1998년 말에는 기업구조조정 등의 영향으로 331개사(350종목)로 감소하기도 하였으나 1999년 이후 정보통신산업의 급성장과 함께 대폭 증가하여 2006년 6월말 기준 932개사(944종목)에 이르고 있다.

한편, 코스닥시장에서 거래되는 종목의 시가총액은 1998년말 8조원에서 1999년 말에는 99조원으로 대폭 증가하였다가 2000년초 이후 주가가 하락세를 보임에 따라 2004년말에는 31조원까지 감소하였다. 그러나 2005년 코스닥(KOSDAQ)지수 상승 등으로 회복되면서 2006년 6월말 기준 64조원을 기록하고 있다.[38]

---

36) 코스닥지수는 원래 지수단위가 100이었으나 지수체감도 및 변별력 제고 등을 위하여 2004년 1월 26일부터 지수단위를 1,000으로 상향 조정하여 발표하기 시작하였다. 예를 들면, 이전에 45.80이던 지수는 458.00으로 상향 조정되었다.

37) 이에 따라 정부는 2002년 12월에 코스닥 진입 및 퇴출기준 강화, 부정거래자에 대한 처벌 강화를 핵심 내용으로 하는 코스닥 신뢰회복방안을 발표한 바 있다.

38) 투자자별 상장주식소유 비중(2005년 기준)은 시가총액기준으로는 개인투자자(61.6%), 외국인투자자(13.5%), 기관투자자(9.0%)의 순이며, 주식수 기준으로는 개인투자자(71.7%), 외국인투자자(6.8%), 기관투자자(6.1%) 등의 순을 나타내고 있다.

3.3 프리보드

(1) 지정요건

프리보드(Free Board)(2000년 3월 개설된 제3시장의 활성화와 기능 제고를 위하여 2005년 7월 프리보드로 시장명칭을 변경하였음)는 유가증권시장 및 코스닥시장에 상장되지 아니한 기업 주권의 매매를 위해 운영되는 시장을 지칭한다. 프리보드는 비상장 주식의 유동성 부여, 벤처기업의 육성, 투자자에게 다양한 투자수단 제공 등의 기능을 가지고 있다.

프리보드에서 유가증권이 거래되려면 일정한 지정(금융감독위원회 등록을 필한 법인에 대하여 증권업협회가 프리보드에서 거래가 가능하도록 자격을 부여하는 것으로 유가증권시장에서의 상장과 같은 개념임) 요건을 구비해야 하며 그 요건은 매매거래질서 유지에 필요한 기본적인 사항으로 국한되어 있다.

① 최근 사업연도 재무제표에 대한 외부감사인의 감사의견이 적정 또는 한정일 것
② 주식을 증권예탁결제원에 예탁할 수 있고 양도 제한이 없을 것
③ 발행회사의 명의개서업무를 명의개서대행회사에 위탁하였을 것

(2) 매매거래제도

프리보드의 매매거래시간은 09:00~15:00이며 상대매매방식에 의해 거래가 체결된다.[39] 매매단위는 1주이고 시간외시장이 개설되지 않으며 가격제한폭은 매매기준가격 대비 ±30%이다.[40] 또한, 매매주문시 100%의 위탁증거금이 필요하고 결제전 매매도 허용된다.

이 밖에도 프리보드에서 거래하여 얻은 양도차익에 대해서는 유가증권시장 및 코스닥시장과 달리 양도소득세가 부과된다(양도차익에 대해 대기업 발행주식은 20%, 중소기업 발행주식은 10%를 양도소득세로 납부하며 2개월 내 자진 납부시 세액의 10%를 공제받게 되며 매도자는 양도차손이 발생할 경우 기납부액 범위 내에서 환급을 받게 됨). 프리보드의 경우 주가수준을 체계적으로 나타낼 수 있는 지수는 없으나 시가총액을 지정주식수로 나누어 산출되는 가중주가평균을 발표하고 있다(제3시장의 가중주가평균은 2000년 3월 최초 개설시 73,664원에서 2006년 6월말 기준 1,573원으로 하락하였음).

---

39) 가격이 일치하는 매도·매수 주문에 한해 자동적으로 매매가 체결되며, 동일가격의 호가의 경우 먼저 접수된 호가가 우선하며, 가격 또는 수량조건이 일치하지 않는 경우 체결을 원하는 투자자가 상대호가를 탐색하여 자신의 호가를 정정해야 한다.

40) 매매기준가격은 직전일에 거래가 형성된 경우 거래량가중평균주가(직전일의 총거래대금 ÷ 직전일의 총거래주식수)를 적용하며 직전일에 거래가 형성되지 아니한 경우에는 직전 전일의 기준가격을 적용한다.

(3) 시장동향

프리보드는 2000년 3월 27일 코스닥 진입 전의 예비시장, 퇴출기업의 회생시장, 장외기업의 자금조달 시장 등의 취지로 출범하였다. 그러나 출범 이후 유가증권시장 및 코스닥시장의 부진, 경기침체(recession), 정보통신(IT)산업의 불황에 따른 기업실적 악화, 투기적 거래 및 공시제도 미비에 따른 투자자의 신뢰 저하, 제3시장 지정에 따른 기업이미지(corporate image) 제고효과 미미 등으로 기업들이 적극적으로 지정을 추진하지 않아 활성화되지 못하였다.

지정기업수는 개장일인 2000년 3월 27일 9개사에서 2002년 말에는 183개사까지 증가하였으나 벤처기업에 대한 기대 하락, 지정취소 요건 강화 등으로 2006년 6월말 기준 58개사로 감소하였다.

〈표 18-22〉 프리보드 지정기업수 현황[1)]

(단위 : 개)

구 분	2000	2001	2002	2003	2004	2005	2006. 6
총 지정기업수	132	176	183	107	69	62	58
신규지정	134	55	30	11	2	11	4
지정해제	2	11	23	87	40	18	8

주 : 1) 총 지정기업수는 기말 기준, 신규지정·지정해제는 기간 중

일평균 거래대금은 개설 첫해인 2000년 중 6억 7,400만원에서 지속적으로 감소하여 2004년 중 4,100만원으로 저점을 보였으나 프리보드 출범 이후 거래가 다소 증가하여 2006년 상반기 중에는 6,800만원을 기록하였다. 지정주식 시가총액 또한 2002년말 1조 4,000억원을 정점으로 지속적으로 감소하여 2004년에는 3,800억원을 기록하였으나 2006년 6월말에는 4,900억원으로 다소 증가하였다.

〈표 18-23〉 주식유통시장별 매매거래제도 비교

	유가증권시장	코스닥시장	프리보드
거래시간	정규시장 09:00~15:00 시장외시장 07:30~08:30 15:10~18:00	좌동	09:00~15:00
가격제한폭	전일종가±15%	좌동	매매기준가격±30%
매매방식	경쟁매매 동시호가매매	경쟁매매 동시호가매매	상대매매
위탁증거금	증권회사 자율 결정	증권회사 자율 결정	매수 : 현금 100% 매도 : 주식 100%
결제전 매매	가능	가능	가능
양도소득세	면제	면제	대기업주식 : 20% 중소기업주식 : 10%
증권거래세[1]	거래세 0.15%	거래세 0.3%	거래세 0.5%
주 문	농특세 0.15% 지정가, 시장가 조건부지정가 최유리지정가 최우선지정가	좌동	지정가
기준가	전일종가	전일종가	전일거래량가중평균주가
매매단위	10주	1주	1주
신용공여	가능	가능	불가능

주 : 1) 주식매도시에만 부과되며 세율은 매도금액 기준

〈참고 1〉 한국의 주가지수

주가지수는 주식시장 전체의 동향을 파악하기 위하여 개별주식의 주가변동을 종합하여 작성한 지수로서 한국의 주요 주가지수로는 5가지(① 코스피지수, ② 코스닥지수, ③ KRX100지수, ④ 코스피200지수, ⑤ 코스닥스타지수)가 있다.

① 코스피지수

코스피지수(KOSPI : Korea Composite Stock Price Index)는 유가증권시장에 상장되어 있는 873개 종목(2006년 6월말 기준)을 대상으로 산출되는 종합지수로 유가증권시장의 대표지수이다. 동 지수는 1980년 1월 4일을 기준시점으로 하여 이 날의 주가지수를 100으로 하고 개별종목의 주가에 상장주식수를 가중한 기준시점의 시가총액과 비교시점의 시가총액을 대비하여 산출되는 시장총액방식 주가지수이다. 동 주가지수는 1972년부터 발표되어 온 한국종합주가지수를 대체하기 위해 1983년 1월 4일부터 발표되고 있으며 유가증권시장 전체의 주가 동향을 측정하는 지표 등으로 이용되고 있다.

② 코스닥지수

코스닥지수(KOSDAQ Index)는 코스닥시장에 상장되어 있는 944개 종목(2006년 6월말 기준)을 대상으로 산출되는 종합지수로 코스닥시장의 대표지수이다. 동 지수는 코스피지수와 동일한 시가총액 방식으로 산출되며, 1996년 7월 1일을 기준시점(주가지수 = 1,000)으로 하여 1997년 1월 3일부터 발표되고 있다.

③ KRX100지수

KRX100지수(Korea Exchange 100)는 유가증권시장과 코스닥시장의 우량 종목을 고루 편입한 통합주가지수로 유가증권시장 90개 종목, 코스닥시장 10개 종목 등 총 100개 종목으로 구성된다. KRX100지수의 구성종목은 수익성(profitability), 건전성(soundness) 및 안정성(stability)이 양호한 우량 기업으로서 시장을 대표하고 유동성이 풍부한 종목들을 대상으로 매년 6월 둘째주 금요일에 정기적으로 조정된다. 동 지수는 최대주주지분, 자기주식, 정부지분 등을 제외한 유동주식만의 시가총액을 합산하여 계산된다. 동 지수는 2001년 1월 2일을 기준시점(주가지수 = 1,000)으로 하여 2005년 6월 1일부터 발표되기 시작하였으며 상장지수펀드(ETF), 인덱스펀드 등 다양한 상품에 이용되고 있다.

④ 코스피200지수

코스피200지수(KOSPI 200 : Korea Stock Price Index 200)는 유가증권시장에 상장된 주식 중 시장대표성, 업종대표성 및 유동성 등을 고려하여 선정되는 200개 종목을 대상으로 산출되는 지수이다. 동 지수는 주가지수 선물 및 옵션거래에 활용하기 위해 개발되었으며 1994년 6월 15일부터 발표되고 있다. 동 지수는 주가지수선물 및 주가지수옵션 거래대상으로 활용될 뿐만 아니라 인덱스펀드(Index Fund)), ETF(Exchange Traded Fund), 인덱스 워런트(Index Warrant) 등 다양한 방면에서 활용되고 있다.

⑤ 코스닥스타지수

코스닥스타지수(KOSTAR Index)는 코스닥시장에 상장된 주식 중 유동성(liquidity), 경영투명성(business transparency), 재무안정성(financial stability) 등을 고려하여 선정되는 30개 우량 종목을 대상으로 산출되는 지수이다. 동 지수는 기존의 코스닥 우량 종목 지수인 '코스닥50'을 대체하기 위해 2004년 1월 26일부터 산출되어 발표되고 있다. 기준시점은 2003년 1월 2일이며 기준지수는 1,000이다. 동 지수는 주가지수선물, 상장지수펀드(ETF), 인덱스펀드 등의 거래대상으로 활용되고 있다.

이 밖에 유가증권시장의 IT 업종 주식을 대상으로 산출되는 KOSPI IT 지수, 코스닥시장의 50개 IT 종목을 대상으로 산출되는 KOSDAQ IT 50 지수, 유가증권시장에 상장된 주식 중에서 배당실적이 우수한 20개 종목을 대상으로 산출되는 KODI지수(Korea Dividend Stock Price Index) 등이 있다.

한국의 주요 주가지수

유가증권시장			코스닥시장		
지수	기준시점	최초발표일	지수	기준시점	최초발표일
코스피지수	1980.1.4=100	1983.1.4	코스닥지수	1996.7.1=1,000	1997.1.3
코스피200지수	1990.1.3=100	1994.6.15	코스닥스타지수	2003.1.2=1,000	2004.1.26
KRX100지수	2001.1.2=1,000	2005.6.1	KOSDAQ IT 50 지수	2001.1.2=1,000	2001.10.29
KOSPI IT 지수	2000.1.4=1,000	2000.3.2			
KODI지수	2001.7.1=1,000	2003.7.21			

〈참고 2〉 **주요 국가 주가지수 개요**

	지수명	기준일	포괄종목	적성기관
미국	DJIA	1896.5.26=40.96	NYSE 및 NASDAQ 상장 30개 우량 종목	다우존스사
	NASDAQ	1971.2.5=100	NASDAQ 상장 전종목(3,206개)	나스닥(주)
	S&P 500	1941~1943년=10	NYSE, NASDAQ, AMEX 상장 500개 우량 종목	Standard & Poors사
	필라델피아 반도체지수(SOX)	1993.12.1=200	Intel, TSMC 등 반도체 관련 19개 종목	필라델피아 증권거래소
일본	NIKKEI 225 (日經지수)	1949.5.16=176.21	동경거래소 1부 상장 225개 우량 종목	일본경제신문사
영국	FTSE 100	1983.12.31=1,000	런던거래소 상장 100개 시가상위 종목	FTSE(Financial Times와 런던거래소의 합작회사)
독일	DAX	1987.12.31=1,000	프랑크푸르트 거래소 상장 30개 시가상위종목	프랑크푸르트 거래소
프랑스	CAC40	1987.12.31=1,000	Euronext Paris 상장 40개 시가상위 종목	Euronext(프랑스 주축 4개국 통합거래소)
대만	가권지수 (Weighted 지수)	1966.12.31=100	대만거래소 상장 전종목 (은행 및 보험 제외)	대만증권거래소
홍콩	Hang Seng	1964.7.31=100	홍콩거래소 상장 33개 시가상위 종목	Hang Seng Index Service Inc.(HSBC 손회사)
	H지수(HSCEI)	2000.1.3=2,000	홍콩거래소 상장 중국기업 (94개) 중 37개 우량종목 (에너지·소재기업 중심)	Hang Seng Index Service Inc.(HSBC 손회사)
싱가포르	STI	1966.12.31=100	싱가포르 거래소 상장 30개	Straits Times사 시가상위 종목
중국	상해B[2]지수	1992.2.21=10	상해 B 거래소 전상장 종목(55개)	상해증권거래소

1) 약어설명 : DJIA(Dow Jones Industrial Average), SOX(Semiconductor Sector Index), FTSE(Financial

Times Stock Exchange), DAX(Deutscher Aktienindex), CAC(Compagnies des Agents de Change), STI(Straits Times Index), HSCEI(Hang Seng China Enterprise Index), Weighted Index(Taiwan Stock Exchange Weighted Price Index)
2) 상해 B : 외국인전용거래소, 상해 A : 내국인전용거래소(외국인은 인가를 받아 일부 투자 가능)

4. 외국 사례

4.1 미국

(1) 개관

미국의 주식시장은 증권거래법에 의해 증권거래위원회(SEC : Securities and Exchange Commission)에 등록을 요하는 전국증권거래소(NSE : National Securities Exchange)시장과 장외시장으로 구분된다.[41] 장외시장으로는 대표적인 점두거래시장인 나스닥시장(NASDAQ : National Association of Securities Dealers Automated Quotations)을 들 수 있다.[42] 이 외에도 대체거래시스템으로서 전자거래소인 ECN(Electronic Communication Networks)이 있다.

(2) 뉴욕증권거래소

미국의 대표적인 주식시장인 뉴욕증권거래소(NYSE)는 거래소에서 배정받은 특정종목을 전문적으로 취급하면서 시장조성의 역할을 수행하는 스페셜리스트(Specialist) 제도를 운영하고 있다.[43] 매매제도에 있어서는 경쟁매매 원칙에 따라 100주 단위(거래소가 지정하는 종목(매매가 극히 부진한 종목 등)은 100주 미만으로도 거래가 가능함)로 거래가 이루어지며 결제는 일반적인 보통거래의 경우 매매계약체결일 다음 3영업일(T+3)에 이루어진다. 정규매매거래시간은 토요일을 제외한 모든 영업일의 09:30~16:00까지이며 시간외시장(CS : Crossing Session)은 16:00~17:15까지이다. 시간외시장은 시간외종가매매가 이루어지는 CS Ⅰ(16:15~17:00)과 시간

41) 2006년 6월말 기준 NYSE(New York Stock Exchange), AMEX(American Stock Exchange), BSE(Boston Stock Exchange), Chx(Chicago Stock Exchange), NSE(National Stock Exchange), Phlx(Philadelphia Stock Exchange), PCX(Pacific Exchange, Inc.), The Nasdaq Stock Market의 8개 증권거래소와 CBOE(Chicago Board Options Exchange), ISE(International Securities Exchange)의 2개 옵션거래소가 전국증권거래소시장이다.

42) 나스닥은 증권업자의 규제·감독을 위해 조직된 미국증권업협회(NASD : National Association of Securities Dealers)에 의하여 개설된 장외시장이다.

43) 스페셜리스트는 다른 회원으로부터 받은 일반고객의 지정가주문을 집행하는 브로커의 브로커로서 뿐만 아니라 자기계산으로 거래하는 딜러로서의 역할도 수행한다. 또한, 시장의 공정성(fairness), 경쟁성(competitiveness) 및 효율성(efficiency) 유지의 역할도 담당하고 있다. 한편, 나스닥 시장은 경쟁적으로 마켓메이커(market maker)들이 자신의 계산으로 주식을 매매하는 전형적인 딜러시장의 형태를 지니고 있다.

외 대량매매 및 바스켓매매가 이루어지는 CS Ⅱ(16:00~18:15), 약정가격매매가 이루어지는 CS Ⅲ 및 CS Ⅳ(16:00~18:30) 등으로 구분된다.[44)]

그 밖에 한국과는 달리 개별종목에 대한 일중 가격제한제도를 두지 않고 있다.[45)] 다만 주가 폭락의 예방조치로 다우존스산업평균지수(DJIA : Dow Jones Industrial Average)가 일정기준 이상 하락하는 경우 시장 전체의 매매거래를 일정시간 동안 중단하는 매매거래중단제도(Circuit Breakers)를 운영하고 있다.

〈표 18-24〉 매매고래 중단 요건 및 중단시간

매매거래 중단요건	매매거래 중단시간
다우존스산업평균지수 전일 대비 10% 하락시	· 오후 2시 이전 : 60분간 거래중단 · 오후 2시 30분 이전 : 30분간 거래중단 · 오후 2시 30분 이후 : 거래중단 없음
다우존스산업평균지수 전일 대비 20% 하락시	· 오후 1시 이전 : 120분간 거래중단 · 오후 2시 이전 : 60분간 거래중단 · 오후 2시 이후 : 당일 장종료
다우존스산업평균지수 전일 대비 30% 하락시	· 당일 장종료

(3) 주가지수

미국 주식시장의 동향을 종합적으로 나타내는 대표적인 주가지수로는 3가지(① 다우존스산업평균지수, ② S&P500지수, ③ 나스닥지수)가 있다.

① 다우존스산업평균지수

다우존스산업평균지수는 뉴욕증권거래소와 나스닥시장에 상장·등록된 30개 대형종목(이 중 나스닥 등록 종목은 Intel, Microsoft 2종목임)을 대상으로 하며 다우존스사에 의해 주가평균방식(1896. 5. 26 = $40.96)으로 산출된다.

② S&P500지수

S&P500지수는 뉴욕증권거래소, 미국증권거래소(AMEX) 및 나스닥시장에서 거래되는 500개

44) CS Ⅲ 및 CS Ⅳ 시장은 2004년 6월 추가되었으며 거래시간은 양 시장 모두 16:00~18:30이다.
45) 가격변동에 대한 별도의 제한을 두지 않고 있으나 스페셜리스트나 딜러임무를 담당하여 유동성을 제공하는 한편 가격안정화(price stabilization)를 위해 자기계산으로 매매하도록 함으로써 가격급변을 완화시키고 있다. 또한, 매수 또는 매도주문이 과도하게 편중될 때 시장감독관(Floor Director)에게 시가결정의 연기 및 매매거래 중단의 승인권 등을 부여하여 가격의 급등락을 완화시키고 있다.

대기업을 대상으로 하며 S&P사에 의해 시가총액방식(1941~1943년 = 10)으로 작성된다.

③ 나스닥지수

나스닥지수는 나스닥시장에 등록된 모든 종목을 대상으로 하며 시가총액방식(1971. 2. 5 = 100)으로 산출된다.

한편, 2005년말 기준 뉴욕증권거래소에 상장된 기업은 2,270개사이고 나스닥시장 등록기업은 3,164개사이며, 시가총액은 뉴욕증권거래소가 13.3조 달러, 나스닥시장이 3.6조 달러에 이르고 있다.

〈참고 3〉 다우존스산업평균지수 연혁

1882년 찰스 다우, 에드워드 존스, 찰스 버그스트리저 3인은 공동으로 Dow Jones & Co를 설립하였으며 1883년 찰스 다우는 「Wall Street Journal」의 원형인 「Customer's Afternoon Letter」라는 2면 신문을 창간하였다.

1884년부터 동 신문에 최초로 주식시세를 게재하기 시작하였으며 1896년 5월 26일 찰스 다우는 뉴욕증권거래소에 상장된 12개 우량기업(철도회사 제외)의 주식을 대상으로 평균주가지수를 산정하기 시작하였는 데 이것이 현재의 다우지수의 시초가 되었다. 다우지수는 설탕, 가죽, 담배, 가스 생산기업 등 12개 기업의 주식을 대상으로 산정되었다. 1896년 9월부터는 철도회사 주식을 대상으로 별도의 평균주가지수가 산정되었다. 1896년 5월 26일 최초 산정시 다우지수는 40.96이었다.

다우존스산업평균지수는 1972년 11월 1,000을 기록한 후 1,100을 돌파(1983년 3월)하는 데 10년 이상의 기간이 소요되었다. 이후에는 지속적으로 상승하여 2,000(1987년 1월), 5,000(1995년 11월), 10,000(1999년 3월)을 차례로 돌파하면서 상승세를 지속하고 있다.

4.2 일본

(1) 개관

일본의 주식시장에는 동경거래소(TSE : Tokyo Stock Exchange) 등 5개의 거래소시장(동경, 오사카, 나고야, 후쿠오카, 삿포로)과 일본증권업협회가 설립한 점두거래시장[46]인 JASDAQ (Japanese Association of Securities Dealers Automated Quotations), MOTHERS(Market of the

46) 일본 점두거래시장의 매매체결방식은 2가지(① 경쟁매매방식에 의한 매매, ② 시장조성자(market maker)에 의한 매매)로 구분된다.

High-growing and Emerging Stocks) 등이 있다.[47)]

(2) 동경증권거래소

일본의 대표적인 증권거래소인 동경증권거래소의 매매거래는 결제기간과 조건에 따라 다양하게 구분된다. 일반적인 보통거래는 매매계약체결일 다음 3영업일(T+3)에 결제가 이루어진다. 정규시장은 오전장(09:00~11:00)과 오후장(12:30~15:00)으로 구분된다. 시간외시장은 ToSTNeT(Tokyo Stock Exchange Trading Network System)을 통해 이루어지는 데 시간외대량매매 및 시간외바스켓매매를 대상으로 하는 ToSTNeT-1과 시간외종가매매의 ToSTNeT-2로 구분된다.

〈표 18-25〉 시간외시장의 주요 내용

	ToSTNeT-1	ToSTNeT-2
목적	시간외 대량매매 및 바스켓매매	시간외 종가매매
거래시간	08:20~09:00, 11:00~12:30, 15:00~16:30	08:45, 12:15, 16:00 (08:20~16:00 주문접수시간)
매매체결	매도자와 매수자간 합의된 가격에 의해 체결	08:45(전일종가), 12:15(전장종가), 16:00(당일종가)

개별 종목의 일중 가격변동폭은 주가수준별로 29단계로 구분하여 정액제로 가격제한폭을 정하고 있다.[48)] 매매거래중지제도는 개별 종목의 공시와 관련하여서만 적용되며 시장 전체에 대한 매매거래중지제도는 없다.

(3) 주가지수

일본 주식시장의 대표적인 주가지수로는 3가지(① TOPIX(Tokyo Stock Price Index), ② NIKKEI225지수, ③ JASDAQ지수)가 있다.

① TOPIX

TOPIX는 동경증권거래가 제1부에 상장된 자국 주식을 대상으로 시가총액방식(1968. 1. 4 = 100)에 의해 작성하는 지수이다.

47) 마더스(MOTHERS)는 1999년 11월 동경증권거래소 내에 개설된 신흥기업 대상 신시장으로 IT, 생명공학 기업이 중심이다. 2005년말 기준 총 151개사가 거래되고 있으며 시가총액은 약 7조 40억엔 규모이다. 당초 외국기업 상장은 불가능했으나 2000년 말부터 시장국제화 차원에서 외국기업 상장제도를 신설하였다.

48) 가격제한폭제도는 2가지(① 정률제, ② 정액제)로 구분된다. 한국이 채택하고 있는 정률제는 가격대와 관계없이 일률적으로 동일한 율의 제한폭을 설정하는 방식인 데 반해 정액제는 기준가격대별로 차등하여 제한폭을 설정하는 방식이다. 가격제한폭을 등락률로 환산하여 보면 동경증권거래소의 경우 가격대마다 등락률의 차이는 있으나 평균은 전일종가 대비 ±18% 수준이다.

② NIKKEI225지수

NIKKEI225지수는 일본경제신문이 동경증권거래소 제1부에 상장된 225개 종목을 대상으로 주가평균방식(1949. 5. 16 = ¥176.21)에 의해 산출하는 지수이다.

③ JASDAQ지수

JASDAQ지수는 JASDAQ시장에 등록된 모든 종목을 대상으로 시가총액방식(1991. 10. 28 = 100)에 의해 산출하는 지수이다.

한편, 2005년말 기준 동경증권거래소에 상장된 기업은 2,351개사이며 JASDAQ시장에 등록된 기업은 946개사이다.

4.3 중국

(1) 개관

중국의 주식시장은 1984년 주식 발행이 시작된 이후 1990년 상해증권거래소, 1991년 심천증권거래소가 개설되고 1992년 감독기관인 중국증권감독위원회(CSRC)가 설립되면서 본격적으로 발전하였다.

중국 주식시장은 A주시장, B주시장(1992년 자본자유화 및 외환자유화가 안된 상태에서 외국인 투자 유치 목적으로 B주가 발행되었음), 그리고 홍콩거래소에 개설된 H주시장(HSCEI : Hang Seng China Enterprise Index)과 Red Chip시장(HSCCI : Hang Seng China-affiliated Corporations Index)이 있다.

(2) A주 · B주 및 제2증권시장

A주시장은 내국인을 대상으로 위안(Yuan)화로 거래 및 결제가 이루어지는 시장이며, B주시장은 외국인을 대상으로 외국통화(상해는 미 달러화, 심천은 홍콩 달러화)로 거래 및 결제가 이루어지는 시장이다. 2001년 2월부터 내국인의 B주시장 투자를 허용하였으며 2002년 12월 QFII 제도를 도입하여 2003년 5월부터 외국 기관투자자의 A주시장 진출을 허용하였다.[49] 이 밖에 2004년 5월에는 심천증권거래소에 미국의 Nasdaq과 유사한 첨단기술주 중심의 제2증권시장(Chasdaq : SME Board)을 개설하였다.

49) QFII(Qualified Foreign Institutional Investor)는 중국 금융당국의 심사를 거쳐 중국 내 증권시장에 투자할 수 있도록 인가를 받은 해외 기관투자자를 의미한다.

(3) H주 및 Red Chip시장

홍콩의 H주시장에서는 중국기업의 홍콩 달러표시 주식(대부분 국유기업)이 거래되며 Red Chip시장에서는 중국자본의 홍콩기업 주식(전자, 통신, 금융, 부동산 등 첨단산업 위주)이 거래된다.

〈표 18-26〉 중국의 주식시장 규모(기말 기준)

(단위 : 개, 10억 위안, p)

	1992	2000	2001	2002	2003	2004	2005
국내 상장기업수	53	1,088	1,160	1,224	1,287	1,377	1,381
상장주식 시가총액	104.8	4,809.1	4,352.2	3,832.9	4,245.8	3,705.6	3,243.0
상해 종합지수	780	2,073	1,646	1,358	1,497	1,267	1,161
심천 종합지수	241	636	476	389	379	316	279

제 19 장

파생금융상품시장

제1절 개 관

파생금융상품(financial derivatives)은 기초자산(underlying asset)의 가치변동에 따른 위험을 회피하기 위해 만들어진 금융상품이다. 거래기법에 따라 선도, 선물, 옵션, 스왑 등으로(또한 선물, 옵션, 스왑이 혼합된 형태(swaptions, callable swaps 등)와 증권과 파생상품이 혼합된 형태(inverse floaters, warrants 등)도 있음), 기초자산에 따라 통화, 금리, 주식, 신용관련 상품 등으로 분류된다. 또한, 거래장소에 따라 장내거래와 장외거래로 구분된다.

〈표 19-1〉 파생금융상품 장내거래와 장외거래 비교

	장내거래	장외거래
거 래 조 건	거래단위, 결제조건 등이 표준화	거래당사자가 협의하여 결정
거 래 장 소	거래소	대부분 딜러나 브로커를 통해 전화 등으로 계약 체결
거래참가자	거래소 회원만 거래, 기타 참가자는 회원의 중개로 거래	제한 없음
계약상대방	거래소	상대편 거래당사자
결 제	일일정산하며 대부분 만기전 반대거래를 통해 차액만 정산	대부분 만기에 현물을 인・수도
증 거 금	거래소에 증거금 예치	딜러나 브로커가 고객별 신용한도를 설정하거나 담보금 예치를 요구

1. 파생금융상품의 기본상품

파생금융상품의 기본이 되는 상품은 4가지(① 선도, ② 선물, ③ 옵션, ④ 스왑)로 구분된다.

1.1 선도 · 선물거래

선도거래(forwards)와 선물거래(futures)는 기초자산을 미래 특정시점에 특정가격으로 매입 · 매도하기로 현재 약정하는 계약이다. 기본성격은 동일하나 일반적으로 선도거래는 장외시장에서 거래당사자 간에 직접 이루어지거나 딜러(dealer)나 브로커(broker)를 통해 이루어지는 반면 선물거래는 거래소에서 정형화된 형태로 이루어진다는 점에서 차이가 있다.

1.2 옵션

옵션(options)은 기초자산을 미래의 특정시점 또는 특정기간 내에 특정 행사가격으로 매입(call)하거나 매각(put)할 수 있는 권리를 의미한다. 이는 기초자산 가격의 변화에 대해 비대칭적 손익구조(asymmetric payoffs)를 가진다.[1] 옵션거래는 거래시작시점에 프리미엄(premium)을 지급한다는 점에서 선도거래나 선물거래와 상이하다(선도 및 선물은 거래시점에는 단순히 계약만 이루어지며 매매에 따른 프리미엄을 지급하지 않음. 그러나 계약이행을 보증하기 위한 증거금을 거래소에 납입해야 하는 등 자금운용 제약에 따른 기회비용(opportunity cost)은 존재함).

1.3 스왑

스왑(swaps)거래는 2개의 채무(또는 금융자산)에 대한 미래의 현금흐름(future cash flow)을 교환하기로 약정하는 거래이다. 스왑은 금리스왑(interest rate swaps)과 통화스왑(currency swaps)으로 크게 구분할 수 있다.

(1) 금리스왑

금리스왑거래는 동일통화 표시의 변동금리와 고정금리 자금간 교환을 약정하는 거래를 의미한다.

---

1) 예를 들면, 콜옵션의 경우 기초자산의 가격이 행사가격(exercise price)에 프리미엄(옵션가격)을 더한 가격보다 높을 경우 그 차액이 순이익이 된다. 따라서 기초자산 가격이 상승하게 되면 그에 비례하여 수익이 증대되는 반면 기초자산 가격이 하락할 경우 매입권리 행사를 포기함으로써 손실규모가 프리미엄 수준으로 한정된다(한국은행, 우리나라의 금융시장, 2006. 12. pp. 283~381 요약 · 재구성).

(2) 통화스왑

통화스왑거래는 이종통화 표시 자금간 교환으로 이자는 물론 원금 교환까지 약정하는 거래를 의미한다.

2. 파생금융상품시장의 변천과정

파생금융상품시장의 변천과정을 간략하게 살펴본다.

2.1 1970년대 이전

대공황(Great Depression) 직전 미국 뉴욕증권시장에 등장하였던 옵션의 일종인 신주인수권 거래를 시초로 볼 수 있으나 파생금융상품거래가 본격화된 것은 제2차 세계대전 이후라고 할 수 있다. 전쟁종료 이후 그동안 제한되었던 국제자본이동이 증가하면서 런던을 중심으로 은행간 선물환거래가 활성화되었다.

〈표 19-2〉 주요 파생금융상품의 종류

	장내거래	장외거래
통화 관련	· 통화선물(currency futures) · 통화선물옵션(currency futures options) · 통화옵션(currency options)	· 선물환(forward exchange) · 통화스왑(currency swaps) · 통화옵션(currency options)
금리 관련	· 금리선물(interest rate futures) · 금리선물옵션(interest rate futures options)	· 선도금리계약(forward rate agreements) · 금리스왑(interest rate swaps) · 금리옵션(interest rate options) -caps, floors, collars · 스왑션(swaptions)
주식 관련	· 주식옵션(equity options) · 주가지수선물(index futures) · 주가지수옵션(index options) · 주가지수선물옵션(index futures option)	· 주식옵션(equity options) · 주식스왑(equity swaps)
신용 관련	-	· 신용파산스왑(credit default swaps) · 총수익스왑(total return swaps) · 신용연계증권(credit linked notes)

2.2 1970~1980년대

1970년대 이후 변동환율제도(flexible exchange rate system)로의 이행으로 금융자산 가격의 변동성이 확대되면서 거래규모가 크게 증가하였다. 1972년에는 시카고상업거래소(CME : Chicago Mercantile Exchange)에 통화선물이 상장되었다. 주식관련 파생상품은 1973년 시카고옵션거래소(CBOE : Chicago Board Options Exchange)가 설립되면서 그동안 장외에서 당사자 간에 직접 거래되던 주식옵션거래가 표준화되었다. 이후 1982년 캔사스시티상품거래소(KCBT : Kansas City Board of Trade)에 주가지수선물이, 1983년 시카고옵션거래소에 주가지수옵션이 등장하였다.

2.3 1980년대 이후

1980년대에 들어서는 금리관련 파생상품거래가 급격히 증대되었다. 장외거래에서는 1980년대 초 금리스왑을 필두로 선도금리계약(forward rate agreements)과 금리상한계약(caps), 금리하한계약(floors), 금리상하한계약(collars)과 같은 금리옵션이 등장하였다. 장내거래로는 주요국 장기국채, 유로달러채권 등의 금리를 대상으로 하는 금리선물상품이 개발되었다. 1980년대 후반 이후에는 신종옵션(exotic options), 구조화채권(structured notes), 신용파생상품(credit derivatives) 등 새로운 상품들이 등장하였다.

이 같이 파생금융상품시장이 급속히 발전하게 된 것은 수요측면에서는 국제자본이동 확대로 금융거래가 크게 증가하는 가운데 금융상품의 가격 변동 폭이 확대되어 그 위험을 헤지(hedge)할 필요성이 발생하였기 때문이다. 더욱이 공급측면에서도 정보통신기술(ICT)의 급속한 발전 등으로 인해 기초자산에 수반되는 위험의 평가 · 분리 · 이전이 용이해짐으로써 다양한 상품을 개발할 수 있게 되었기 때문이다.

파생금융상품에 대한 투자는 기초자산에 투자하는 것보다 간편하고 다수의 특성을 지니고 있다. 파생금융상품거래는 소액의 증거금 또는 프리미엄만으로 훨씬 규모가 큰 기초자산 거래 전체에 영향을 미칠 수 있을 뿐만 아니라(이를 지렛대효과(leverage effect)라고 함) 투자원금을 주고받지 않으므로 자금관리의 탄력성을 제고시킬 수 있다. 이와 더불어 옵션을 비롯한 파생금융상품의 다양한 거래기법을 이용하면 기초자산만으로는 불가능한 다양한 포트폴리오(portfolio)를 구성할 수 있는 장점이 있다.

이 같은 특성으로 파생금융상품시장은 보다 높은 수익률을 원하는 투자자에게는 고수익 투자수단을 제공하고 있으며, 안정적인 재무관리(stable financial management)를 필요로 하는 기업이나 금융기관에는 효과적인 위험관리(efficient risk management) 수단을 제공함으로써 장기적인 투자 및 재무계획을 수립할 수 있게 한다.

파생금융상품거래는 거래상대방의 채무불이행 위험(counter-party risk)이 크거나 지렛대효과(leverage effect)가 크고 거래구조가 복잡하다.[2] 따라서 투기적 거래(speculative transaction)에 대한 효과적인 내부통제(effective internal control)가 이루어지지 않을 경우 대형 금융기관이라 하더라도 용이하게 재정적 어려움에 직면하게 될 가능성이 큰 편이다.[3] 최근에는 거래규모가 대형화되고 금융시장간 연계성(linkage)이 심화되어 개별 금융기관이 위험관리에 실패하는 경우 그 영향이 전체 금융시스템으로 파급될 가능성도 증대되고 있다. 따라서 미국, 영국을 비롯한 세계 주요 국가에서는 파생금융상품거래의 장점을 최대한 활용하면서 상기한 잠재적 위험(potential risk)을 최소화하기 위해 금융하부구조 및 감독체계를 정비하고 있다.

3. 파생금융상품의 장내거래 규모

전세계 파생금융상품 장내거래 규모는 〈표 19-3〉에서 알 수 있는 바와 같이 명목원금(notional principal) 기준으로 1988년말 1.3조 달러에 불과하였으나 2005년 말에는 57.8조 달러로 44배 이상 증대되었다.[4] 장외거래의 경우 통계 미비로 전체 거래규모를 정확히 비교하기는 어려우나 동 기간 중 장내거래에 비해 상대적으로 빠른 증가세를 보이고 있다. 금리스왑거래는 1988년말 1.0조 달러에서 2005년말 172.9조 달러로 171배 증가하였으며 금리옵션거래는 동 기간 중 0.3조 달러에서 27.9조 달러로 85배 증가하였다. 이 같이 장외거래가 장내거래에 비해 더욱 빠른 속도로 증가한 것은 장외에서 거래되는 상품은 수요자 니즈에 맞추어 거래조건을 거래당사자 간에 결정할 수 있어 더욱 더 복잡·다양해지는 금융거래의 위험에 효과적으로 대응할 수 있기 때문이다.

---

2) 장내거래의 경우에는 상품의 표준화, 일일정산 및 증거금 적립, 거래소의 이행보증 등을 통해 이러한 신용위험이 대부분 제거된다.

3) 예를 들면, 영국 베어링사는 1994년 12월 일본 닛케이(Nikkei)지수의 변동성이 크지 않을 것으로 예상하고 동 지수의 풋옵션과 콜옵션을 동시에 매도하는 숏 스트래들(short straddle)을 구성하였으나 1995년 1월 일본 고베에서의 지진으로 닛케이지수가 예측했던 범위를 벗어나 급락하면서 손실이 급증하여 결국 파산하게 되었다.

4) 파생금융상품의 시장규모를 나타내기 위해 일반적으로 명목원금(notional principal)이 사용되고 있다. 명목원금은 거래의 대상이 되는 기초자산의 원금을 나타내는 것으로 파생금융상품 거래시 발생하는 자금흐름과는 상이하다. 예를 들면, 고정금리 채권과 변동금리 채권의 현금흐름(원금 및 이자)을 서로 교환하는 금리스왑의 경우 실제 자금흐름은 두 이자의 차액에 불과하나 명목원금은 원금전체를 표시하게 된다.

〈표 19-3〉 전세계 파생금융상품 거래
(기말 명목원금[1] 기준)

(단위 : 10억 달러, 배)

	1988(A)	1998	2000	2002	2004	2005(B)	B/A
장내거래[2]	1,305	13,975	14,624	23,856	46,592	57,816	44.3
금리관련	1,175	12,655	12,642	21,715	42,769	52,297	44.5
통화관련	60	81	96	74	164	174	2.9
주식관련	70	1,239	1,526	2,066	3,659	5,354	76.4
장외거래[3]	..	79,901	94,538	140,743	250,055	281,211	..
통화관련	..	18,011	15,666	18,448	29,289	31,609	..
(통화스왑)	(317)	(2,253)	(3,194)	(4,503)	(8,223)	(8,501)	(26.8)
금리관련	..	50,015	64,668	101,658	190,502	215,237	..
(금리스왑)	(1,010)	(36,262)	(48,768)	(79,120)	(150,631)	(172,869)	(171.2)
(금리옵션)	(327)	(7,997)	(9,476)	(13,746)	(27,082)	(27,885)	(85.3)
주식관련	..	1,488	1,891	2,309	4,385	5,057	..
기 타[4]	..	10,387	12,313	18,328	25,879	29,308	..
계	..	93,876	108,802	164,599	296,647	339,027	..

주 : 1) 명목원금(notional principal)은 각 파생상품 계약의 명목가치(face value)에 계약수를 곱하여 산출, 주가지수 관련 상품의 명목가치는 해당지수에 지수당 가격을 곱하여 산출
2) FLOW TRADEdata, Futuress Industry Association, 기타 선물옵션거래소 등의 통계
3) BIS에서 G10 국가의 주요 은행 및 딜러를 통해 입수한 자료를 바탕으로 작성. 다만 1997년 이전은 ISDA 통계
4) BIS에서 3년마다 전세계 52개국에 걸쳐 실시하는 'Central Bank Survey of Foreign Exchange and Derivatives Market Activity'에 근거한 추정치 포함

자료 : BIS, Derivatives Statistics(http://www.bis.org)
ISDA, Market Statistics(http://www.isda.org)

4. 한국의 파생금융상품시장

한국의 파생금융상품시장은 1990년대 중반 이전에는 선물환거래 이외에는 별다른 시장이 형성되지 못하였다. 이는 주로 1990년대 중반까지 국내 금융시장에 대한 정부의 광범위한 규제로 금융자산 가격이 경직성을 보여왔기 때문에 가격변동 위험 헤지를 위한 파생금융상품의 필요성이 크지 않았던 데 기인하였다. 그러니 대외거래와 관련해서 환율변동 위험을 헤지할 필요성이 증대되면서 1968년 외국환은행에 대해 선물환거래가 일부 허용되었으며 이후 금리스왑이나 선물, 옵션 등의 거래도 허용되었다. 특히, 1999년 4월 외국환거래법의 실수요원칙 폐지를 계기로 외환관련 파생상품거래가 대폭 자유화되어 현재 외국환은행은 외환관련 신용파생상품을 제외한 모든 외환관련 파생상품을 자유롭게 거래할 수 있게 되었다. 일반기업의 경우에는 일부 거래를

제외하고는 원칙적으로 외국환은행을 거래상대방으로 하여 외환관련 파생상품거래를 하도록 하고 있다.

주가지수 및 금리관련 파생상품도 1990년대 중반 거래소에 상장된 이후 빠르게 증가하고 있다. 이는 금융자율화 및 개방화의 진전으로 가격변수의 변동성(variability of price variable)이 증대됨에 따라 파생금융상품에 대한 수요가 점차 확대되고, 다른 한편으로 이에 대응한 파생금융상품 관련제도의 정비가 이루어지는 등 주변 환경이 크게 개선되었기 때문으로 분석된다.

한국의 파생금융상품시장을 장내거래와 장외거래로 나누어 살펴본다.

4.1 장내시장

장내시장의 경우 한국증권거래소(현재 한국증권선물거래소)에서 1996년 5월과 1997년 7월에 주가지수(코스피200)를 대상으로 선물과 옵션시장을 개설함에 따라 한국도 장내시장이 형성되게 되었다. 또한, 1999년 4월 한국선물거래소가 개설되면서 CD금리선물, 미국달러선물, 미국달러옵션, 금선물이, 이어 9월에는 3년국채선물이 도입되었다. 2001년에는 코스닥50선물(1월), 코스피200선물스프레드(9월), 코스닥50옵션(12월)이 도입되었다. 2002년에는 개별주식옵션(1월), 3년국채선물옵션(5월), 통안증권금리선물(12월)이 차례로 도입되었다. 이후 5년국채선물(2003년 8월), 스타지수선물(2005년 11월)[5], 스타지수선물스프레드(2005년 11월), 엔선물(2006년 5월), 유로선물(2006년 5월) 등이 추가로 상장되었다.

한편, 한국증권거래소와 한국선물거래소의 통합에 앞서 2004년 1월부터 한국증권거래소에서 거래되었던 주가지수선물·옵션, 주가지수선물스프레드, 개별주식 옵션 등이 한국선물거래소로 이관되었다. 2005년 1월부터 선물거래소, 증권거래소, 코스닥증권시장을 통합한 (주)한국증권선물거래소가 출범하여 장내 파생금융상품은 동 거래소 선물시장에서 거래되게 되었다.

장내 파생금융상품 거래추이를 살펴보면 〈표 19-4〉에서 알 수 있듯이 KOSPI200 선물 및 옵션은 활발하게 거래되어 2006년 6월 중 일평균 거래량이 각각 22만 계약 및 984만 계약을 기록하고 있다(코스피200선물 및 옵션은 2005년 전세계 주가지수선물 및 옵션상품 거래량 중 각각 4위 및 1위를 기록하였음). 반면 기타 장내 파생금융상품 중에서는 3년국채선물 및 미국달러선물이 비교적 활발하게 거래되고 있을 뿐 나머지 상품의 거래는 매우 저조한 실정이다.

5) 스타지수선물은 코스닥스타지수를 거래대상으로 하며 거래가 부진한 코스닥50선물, 코스닥50옵션을 폐지하면서 2005년 11월 새롭게 도입되었다. 코스닥스타지수는 재무안정성, 경영투명성 및 시장대표성이 우수한 코스닥기업 30개를 대상으로 하여 산출된다.

〈표 19-4〉 한국의 장내 파생금융상품 거래

종 목	도입일자	일평균거래(2006년 6월 중)	
		계약수	계약금액(10억원)[1)]
코스피200선물	1996년 5월	222,596	18,016.6
코스피200선물스프레드	2001년 7월	11,445	943.1
코스피200옵션	1997년 7월	9,843,133	714.2
주식옵션	2002년 1월	0	0
스타지수선물	2005년 11월	206	242.2
스타지수선물스프레드	2005년 11월	41	48.2
3년국채선물	1999년 9월	49,630	5,378.1
3년국채선물옵션	2002년 5월	0	0
5년국채선물	2003년 8월	0	0
CD금리선물	1999년 4월	0	0
통안증권금리선물	2002년 12월	14	2.7
미국달러선물	1999년 4월	13,346	638.7
미국달러옵션	1999년 4월	0	0
엔선물	2006년 5월	162	6.8
유로선물	2006년 5월	264	16.0
금선물	1999년 4월	0	0

주 : 1) 선물은 명목원금(계약수×거래가격×거래승수를 곱한 금액)이고, 옵션은 거래계약에 수반하여 지불된 대금(프리미엄)으로 선물과 옵션의 계약금액을 단순 비교할 수 없음
자료 : 한국증권선물거래소, 증권선물

4.2 장외시장

장외 파생금융상품시장의 경우 통화관련 파생상품과 금리관련 파생상품시장이 활성화되어 있으며 주식관련 파생상품시장은 활성화되지 않았다(일부 외국은행 국내지점이나 증권회사 등을 통해 거래가 이루어지기도 하는 것으로 알려지고 있으나 아직 하나의 공식적인 시장으로서의 위치는 확립되어 있지 않음). 통화관련 파생상품시장의 주요 참가자는 외국환은행이며 〈표 19-5〉에서 알 수 있듯이 선물환거래[6)]가 대부분을 차지하고 있다. 이는 1999년 4월부터 허용되어 지속적으로 증가해 온 차액결제선물환(NDF : Non-Deliverable Forwards) 거래[7)]와 이에 수반되는 외환스왑(FX Swaps) 거래수요의 확대에 주로 기인한다.

금리관련 파생상품시장에서는 금리스왑, 금리옵션, 선도금리계약 등이 거래되고 있다. 이 중 금리스왑은 국내 대형은행과 외국은행 국내지점을 중심으로 2000년경부터 본격적으로 거래되기

6) Outright 선물환과 외환스왑(FX Swaps)을 포함한다. 외환스왑이란 현물환과 선물환(spot-forward swap), 만기가 상이한 선물환과 선물환(forward-forward swap) 등을 동일한 거래상대방과 서로 반대방향으로 동시에 거래하는 일종의 선물환계약으로서 이종통화채무의 원리금을 서로 교환하기로 약정하는 통화스왑(CRS : Currency Swaps)과 상이하다.

7) 만기시 계약금액 전체를 결제하는 일반적인 선물환거래와는 달리 약정환율과 만기시 환율 간의 차액만큼을 계약당사자간 수수하는 거래를 의미한다.

시작했다. 자산운용회사, 보험회사 등이 포트폴리오 듀레이션(portfolio duration) 조정을 위해, 은행이 금리변동 위험 헤지 등을 위해 적극적으로 참여함에 따라 시장규모가 크게 증가하는 추세를 보이고 있다. 그러나 금리옵션 및 선도금리계약의 경우에는 시장이 형성되고 있으나 기간물 단기금융시장(term money market)의 취약, 위험헤지 수단의 미비 등으로 거래가 크게 활성화되지 않고 있다.

상기한 바와 같이 한국의 파생금융상품시장은 주식관련 선물 및 옵션시장, 금리관련 선물 및 스왑시장, 통화관련 파생상품시장 등이 활성화되어 있다. 따라서 이들 시장을 중심으로 그 구체적인 내용을 살펴본다.

〈표 19-5〉 한국 금융기관[1])의 장외 파생금융상품 거래[2])
(기관 중 자기계정거래 및 명목원금 기준)

(단위 : 10억원)

	2001	2002	2003	2004	2005
통화관련	942,973 (817,319)	1,081,686 (892,946)	1,767,483 (1,362,596)	3,343,609 (2,664,717)	3,415,333 (3,048,829)
선물환	877,229 (768,201)	977,340 (814,063)	1,583,213 (1,216,889)	3,096,260 (2,447,515)	3,153,274 (2,813,091)
통화스왑	39,616 (31,692)	67,192 (55,386)	112,452 (84,274)	124,796 (108,767)	138,569 (117,728)
통화옵션	26,128 (17,426)	37,155 (23,497)	71,819 (61,432)	122,553 (108,435)	123,490 (118,010)
금리계약	78,219 (51,833)	229,576 (180,989)	297,980 (202,008)	345,880 (212,650)	549,206 (400,670)
선도금리계약	5,591 (-)	6,482 (50)	29,931 (7,649)	46,498 (1,915)	48,076 (14,849)
금리스왑	71,602 (50,859)	208,439 (168,695)	240,209 (168,846)	281,419 (194,990)	470,661 (357,457)
금리옵션	1,026 (974)	14,655 (12,244)	27,841 (25,513)	17,973 (15,745)	30,468 (28,364)
주식관련	2 (2)	933 (933)	17,491 (17,420)	28,472 (26,407)	43,983 (43,236)
주식선도	- (-)	- (-)	275 (275)	- (-)	- (-)
주식스왑	- (-)	15 (15)	39 (16)	471 (469)	2,450 (2,447)
주식옵션	2 (2)	918 (918)	17,177 (17,129)	28,000 (25,938)	41,533 (40,789)

주 : 1) 2003년 이후 집계대상으로 '은행, 증권회사, 보험회사, 종합금융회사'에 '은행신탁, 자산운용회사, 신용카드회사, 선물회사'를 추가

자료 : 금융감독원

제 2 절 주식관련 파생상품시장

1. 주가지수선물시장

1.1 개관

주가지수선물시장은 주가지수를 대상으로 선물거래가 이루어지는 시장이다. 주가지수선물시장은 주가변동에 대한 헤지(hedge)수단 등을 제공하기 위하여 1982년 2월 미국 캔사스시티상품거래소(KCBT : Kansas City Board of Trade)에 최초로 개설되었다. 한국의 경우 1996년 5월 코스피200지수를 거래대상으로 하는 코스피200선물시장이, 2001년 1월에는 코스닥50지수를 거래대상으로 하는 코스닥50선물시장이 개설되었다. 2005년 11월에는 코스닥50선물시장이 거래부진 등으로 폐지되고 코스닥스타지수를 거래대상으로 하는 스타지수선물시장에 새로 개설된 바 있다.[8)]

〈표 19-6〉 주요 국가의 주가지수선물시장 개요

	대상지수	개설시기	거래소
미 국	S&P500	1982년 4월	시카고상업거래소(CME)
영 국	FTSE100	1984년 5월	Euronext-LIFFE
일 본	Nikkei225	1988년 9월	오사카증권거래소(OSE)
프랑스	CAC40	1988년 11월	Euronext-Paris
독 일	DAX	1990년 11월	Eurex

1.2 특징

주가지수선물시장은 기초상품이 실물형태가 아닌 주가지수라는 점에서 결제수단과 결제방식이 일반 선물시장과 상이하다. 결제수단은 실물의 양수도가 불가능하므로 거래시 약정한 주가지수와 만기일의 실제 주가지수 간의 차이를 현금으로 결제하게 된다. 따라서 만기시 실제 주가지수가 거래시 약정한 주가지수를 상회할 경우에는 선물매수자가 이익을 수취하게 되는 반면에 반대의 경우에는 선물매도자가 이익을 수취하게 된다.

---

8) 한국증권선물거래소의 코스닥시장에 상장된 주식 종목 중에서 시장대표성, 유동성 및 재무건전성이 우량한 30개 종목을 구성종목으로 하는 주가지수로 2004년 1월 26일부터 작성되어 발표되고 있다(2003. 1. 2 = 1,000).

거래계약은 약정금액의 일부분을 증거금으로 납부함으로써 성립하며 적은 투자자금으로 큰 규모의 거래가 가능한 선물거래의 특성상 결제불이행 위험을 방지하기 위한 장치로서 일일정산제도가 운영되고 있다.[9]

주가지수선물시장에서는 가격결정이 합리적으로 이루어질 수 있도록 이론가격이 작성되어 발표된다. 이론가격은 주가지수선물 대신 현물시장에서 실제로 주식을 매입하는 경우를 가정하여 현물지수에 주가지수선물 결제일까지의 자금조달비용(financing cost)과 배당수익을 가감하여 산정된다. 이 같은 이론가격에 근거하여 투자자들은 선물가격의 고평가 또는 저평가 여부를 판단하게 된다.

〈참고 1〉

주가지수선물 이론가격(기본모형) = S × 〔1+(r-d) × T/365〕

S : 기초자산의 현재가격　　R : 차입 이자율(연율)
d : 기초자산의 배당수익률(연율)　　T : 만기일까지의 잔존일수

1.3 코스피200선물시장

(1) 기본구조

코스피200[10] 선물시장은 3월, 6월, 9월 및 12월의 두 번째 목요일(휴장일인 때에는 순차적으로 앞당김)을 최종거래일로 하는 4개 결제월물을 대상으로 한다(결제월물을 기준으로 선물거래 종목을 구분하는 이유는 결제월이 상이할 경우 거래할 수 있는 기간뿐만 아니라 결제월간 가격도 상이하여 투자자의 이해 등 권리내용이 달라지기 때문임). 주식시장과 동시에 거래를 개시(09:00)하고 미결제포지션을 정리할 수 있도록 주식시장 종료 15분 후(15:15)에 거래를 종료한다. 다만 최종거래일에는 14:50에 선물거래가 종료되고 10분 후 주식시장이 마감될 때 최종결제가격이 확정된다.

거래는 '계약' 단위로 하는데 최소 거래단위는 1계약이고 1계약의 거래금액은 선물가격(약정

9) 일일정산제도는 매일 매일의 기초자산가격 변동에 따른 평가손익을 개별투자자의 증거금에 가감하여 결제이행을 담보하는 제도이다. 증거금이 일정수준 이하가 되면 추가적으로 증거금을 납입(margin call)하게 함으로써 증거금이 항상 일정수준 이상으로 유지되도록 한다.

10) 한국증권선물거래소 내의 유가증권시장에 상장된 주식 종목 중 시가총액, 업종대표성 및 유동성 등을 고려하여 선정한 200개 종목을 대상으로 1994년 6월 15일부터 작성되어 발표하는 시가총액방식의 주가지수(1990. 1. 3 = 100)이며 Korea Stock Price Index 200(KOSPI200)의 약어를 의미한다. 동 지수 구성종목은 매년 1회(6월 두 번째 목요일의 다음 거래일) 재편되며 개별종목의 상장폐지, 관리종목 지정, 합병 등의 사유 발생시에는 종목대체가 이루어진다.

지수)에 거래단위승수 50만원을 곱한 금액이다. 최소 가격 변동폭은 0.05포인트이다. 따라서 최소 가격 변동금액은 거래단위승수 50만원에 0.05를 곱한 25,000원이 된다.

(2) 결제이행 담보장치

코스피200선물시장의 결제이행 담보장치로는 2가지(① 기본예탁금, ② 주문증거금)가 있다.

① 기본예탁금

기본예탁금은 처음 주문하거나 미결제약정을 보유할 때 요구되는 최소한도의 예탁금이며 현재 1,500만원이다.

② 주문증거금

주문증거금은 계약당 납입하는 금액으로 주문위탁금액의 15% 이상을 납부하여야 한다.

한편, 거래체결 이후 증거금은 항시 미결제포지션의 10% 이상이 되도록 유지하여야 하는데 이를 유지증거금률이라고 한다. 만약 증거금이 유지증거금률보다 작을 경우 선물투자자는 다음날 12:00까지 주문증거금률 수준으로 추가로 증거금을 납부할 것을 요구(margin call)받는다. 이를 이행하지 않으면 한국증권선물거래소가 미결제약정의 반대매매 또는 대용증권을 처분하게 된다(다음날 12:00 이전에 미결제약정을 해소하여 주문증거금 기준을 충족하면 추가납부로 간주됨).

(3) 투자자 보호장치

코스피200선물시장에서도 현물시장과 같이 투자자 보호(investor protection)를 위한 가격제한폭제도와 매매거래중단제도가 운용되고 있다. 개별 종목의 일중 가격 변동폭은 전일종가 대비 10% 이내로 제한된다. 시장 전체로는 전날 최대 거래량을 기록한 종목의 가격이 전일종가 대비 5% 이상 변동하고 이론가격[11]과의 괴리율[12]이 3% 이상인 상태가 1분 이상 지속되면 모든 선물거래가 5분간 중단되는 매매거래중단제도(circuit breakers)가 발동된다(매매거래중단제도는 1일 1회에 한정되며 14:20 이후에는 발동되지 않음).

이 밖에도 선물시장의 가격 급변동이 현물시장에서의 매매에 의해 증폭되지 않도록 프로그램매매체결지연제도(side car)가 운영되고 있다. 즉, 선물시장에서 전날 최대 거래량을 기록한 종목의 가격이 전일종가 대비 5% 이상 변동하여 1분 이상 지속되면 현물시장에서 프로그램매

11) 한국증권선물거래소가 작성・발표하며 전술한 기본모형과 원리는 동일하나 현실적인 배당수익 추정을 위해 약간 변형된 공식을 적용한다.

12) (선물가격/이론가격 - 1) × 100

매[13] 호가의 효력이 5분간 정지된다(가격 상승시 매수호가의 효력을 정지하며 가격 하락시 매도호가의 효력을 정지함).

〈참고 2〉 코스피200선물의 이론가격 산정공식

① 이론가격 = S × 〔1 + r × (T / 365)〕 - 선물배당액지수의 합계

S : 코스피200지수
r : 증권업협회가 산출하는 CD(91일물) 유통수익률
T : 이론가격 산정일로부터 최종거래일까지의 일수

② 선물배당액지수 = (C/V) × 〔1 + r ×(t / 365)〕 × 100

C : 코스피200 구성종목 중 이론가격 산출 대상기간 중 배당락되는 종목의 직전사업연도 현금배당액
V : 전일 코스피200의 기준시가 총액
t : 배당락일로부터 최종거래일까지의 일수

(4) 제도변천

코스피200선물시장은 1996년 5월 개설 이후 시장기능을 제고하고 투자자 보호를 강화하는 방향으로 제도가 개선되어 왔다.

① 시장기능 제고

시장기능을 제고하기 위해 가격 제한폭을 1998년 중에 5%에서 10%로 확대하였으며 거래를 개시할 때 요구되는 기본예탁금을 2000년 3월부터 2003년 3월 중 3차례에 걸쳐 조정(3,000만원→1,000만원→500만원→1,500만원)하는 외에 호가유형도 다양화하였다.

② 투자자 보호

투자자 보호에 있어서는 1996년 5월 개설당시의 매매거래중단제도에 더해 동년 11월에는 프로그램매매체결지연제도(side car)를 도입하고 1998년 12월에는 유가증권시장의 현물거래(이하 현물시장)에 대한 매매거래중단제도 발동시 선물거래도 중단되도록 하였다.

13) 프로그램매매는 선물거래와 연계된 차익거래 및 선물거래와 관련 없이 동일인이 일시에 코스피200 구성종목 중 15종목 이상을 거래하는 비차익거래를 의미한다.

〈표 19-7〉 코스피200선물시장 제도 변천

1996년 5월 1996년 11월	한국증권거래소에 코스피 200선물시장 개설 프로그램매매체결지연제도(side car) 도입
1997년 7월 1996년 12월	정산자금 입출금일 변경(T+2일→T+1일) 증권회사의 미결제약정수량 제한(5,000계약)
1998년 3월 1998년 5월 1998년 9월 1998년 12월	가격변동 제한폭 확대(±5%→±7%) 외국인 투자한도 폐지 위탁자의 미결제 약정수량 제한(5,000계약) 가격변동 제한폭 확대(±7%→±10%) 현물시장의 매매거래중단제도(circuit breakers) 발동시 선물거래 중단 조치, 토요일 휴장 및 전장 매매거래시간 변경(09:30~11:30 → 09:00~12:00)
2000년 3월 1998년 5월	선물 · 옵션 기본예탁금 인하(3,000만원 → 1,000만원) 전 · 후장 구분 폐지(09:00~12:00 및 13:00~15:15 → 09:00~15:15)
2001년 2월 1998년 9월	선물 · 옵션 기본예탁금 인하(1,000만원 → 500만원) 호가유형 다양화(시장가 · 조건부지정가 · 최유리지정가호가 도입), 선물스프레드거래제도 도입
2003년 3월	선물 · 옵션 기본예탁금 인상(500만원 → 1,500만원)

1.4 스타지수선물시장

스타지수선물시장은 거래가 부진한 코스닥50선물시장을 대체함으로써 코스닥시장에 효율적인 위험관리 수단을 제공하고 시장의 질적 수준을 제고시키기 위해 2005년 11월 개설되었다.

거래단위승수는 1만원이며 이에 따른 최소 가격 변동금액은 5,000원이다. 결제이행담보장치에 있어서는 코스피200선물시장과 동일한 증거금제도를 채택하고 있다(다만 코스피200선물에 비해 계약당 거래금액(약정지수×거래승수)이 작기 때문에 선물스프레드증거금은 코스피200선물의 50%인 75만원(주문)과 50만원(유지)이 적용됨). 기본예탁금(1,500만원)은 코스피200선물 · 옵션 및 주식옵션과 통합하여 적용된다. 가격 제한폭은 전일 종가의 10%이고 결제월물, 최종거래일, 개장시간 등은 코스피200선물시장과 동일하다.

〈표 19-8〉 코스피200선물과 스타지수선물비교

	코스피200선물	스타지수선물
거래단위	코스피200지수×50만원	코스닥스타지수×1만원
결제월	3월, 6월, 9월, 12월	
최소 가격 변동폭	0.05포인트	0.50포인트
최소 가격 변동금액	25,000(50만원×0.05)	5,000원(1만원×0.50)
거래시간	09:00~15:15(최종거래일 09:00~14:50)	
최종거래일	각 결제월의 두 번째 목요일 (휴장일인 경우에는 직전 영업일)	
결제방법	현금결제	
가격 제한폭	기준가격 대비±10%	
위탁증거금	기본예탁금 : 1,500만원 주문증거금률 : 15% 유지증거금률 : 10%	
매매거래 중단제도 (circuit breakers)	· 전날 거래량이 가장 많은 종목의 가격이 전일종가대비 5%(스타지수선물의 경우 6%) 이상 변동하고 괴리율이 3% 이상 확대되어 1분 이상 지속→ 모든 선물거래를 5분간 중단(1일 1회) · 주가지수(코스피지수 또는 코스닥지수)가 10% 이상 하락한 상태가 1분간 지속되어 주식시장의 매매거래가 20분간 중단되는 경우 → 모든 선물거래를 20분간 중단(1일 1회)	
프로그램매매 채결지연제도 (side car)	· 전날 거래량이 가장 많은 선물 종목의 가격이 전일종가 대비 5%(스타지수선물의 경우 6%) 이상 변동하여 1분 이상 지속되는 경우 → 주식시장에서의 프로그램매매 호가의 효력을 5분간 정지(1일 1회)	

〈참고 3〉 주가지수선물의 거래유형

주가지수선물의 거래유형으로는 4가지(① 헤지거래, ② 투기거래, ③ 차익거래, ④ 스프레드거래)가 있다.

① 헤지거래

헤지거래는 현물(주식)포지션과 반대방향으로 선물을 매수 또는 매도함으로써 현물시장에서의 주가변동에 따른 위험을 회피하는 것을 의미한다. 헤지거래자는 주가변동 위험을 회피할 수 있지만 한편으로 헤지거래를 하지 않았다면 주가 상승시 이익을 얻을 수 있는 기회도 상실하게 된다.

② 투기거래

투기거래는 현물포지션 보유여부에 관계없이 선물 자체의 매매차익을 목표로 하여 거래에 참여하는 것을 의미한다. 기본적으로 약정대금의 15%만으로 선물을 매매할 수 있어 약 6.7배의 지렛대효과(leverage effect)가 발생함으로써 현물투자시에 비해 위험이 큰 편이다. 한편, 투기거래자는 선물포지션 보유기간에 따라 30분 내외의 단기투자자(scalper), 장마감시까지 포지션을 청산하는 당일거래자(day trader) 및 익일로 포지션을 이월하는 포지션거래자(position trader)로 분류된다.

③ 차익거래

차익거래는 선물가격과 현물가격(코스피200지수)간 차이가 적정수준을 초과할 경우 선물과 현물(코스피200 구성종목 basket) 중 상대적으로 고평가된 것을 매도하고 저평가된 것을 매수한 후 양자간 가격차가 해소 또는 역전되었을 때 청산거래(반대매매)를 함으로써 무위험 차익을 얻는 기법이다. 차익거래는 현물포지션을 기준으로 매수차익거래 및 매도차익거래로 구분된다. 매수차익거래는 선물가격이 이론가격보다 고평가된 경우 고평가된 선물을 매도함과 동시에 저평가된 현물을 매수하는 거래이다. 매도차익거래는 선물가격이 이론가격보다 저평가된 경우 저평가된 선물을 매수함과 동시에 고평가된 현물을 매도하는 거래이다. 이 같은 차익거래에 있어 현물은 코스피200 구성종목 중 일부 혹은 전부로 구성된 인덱스 포트폴리오(Index Portfolio)를 사용하게 된다.

④ 스프레드거래

스프레드거래는 상이한 주가지수선물 간의 가격차이를 이용하여 수익을 획득할 목적으로 양 종목의 매입·매도포지션을 동시에 보유하는 것을 의미한다. 기초자산이 동일한 주가지수선물의 결제월물별 가격차이를 이용하는 만기간 스프레드(calendar spread) 거래와 코스피200선물 및 스타지수선물과 같이 기초자산이 상이한 주가지수선물을 대상으로 하는 시장간 스프레드(inter-market spread) 거래로 구분된다.

1.5 시장동향

(1) 코스피200선물시장

코스피200선물가격(최근월물 기준)은 현물시장의 주가지수(코스피지수)와 움직임을 같이 하면서 2001년 9월 26일 57.35에서 2006년 5월 11일 191.05까지 상승하였으며 2006년 6월말 기준 168.70을 기록하고 있다.

일평균 계약수량은 2003년 중 25만 계약에서 2006년 상반기 중 20만 계약으로 감소하였으나 일평균 거래대금은 10.8조원에서 17.8조원으로 증가하였다(2005년 중 코스피200선물 거래규모는 계약수량 기준으로 시카고상업거래소의 E-mini S&P500, Eurex의 DJ Euro STOXX50, 시카고상업거래소의 E-mini NASDAQ100에 이어 세계 4위를 차지하였음).

한편, 현물시장의 거래대금과 코스피200선물시장의 거래대금을 비교해 보면 선물시장의 거래규모가 개장 이후 급격히 증가하여 2003년 이후로는 현·선배율이 4~5 수준을 나타내고 있다.

코스피200선물시장 참가자별 거래비중(거래계약 기준)을 보면 개인이 2003년 중의 55.1%에서

2006년 상반기 중 43.5%로 감소한 반면에 외국인이 16.4%에서 22.3%로 증가하였으며 증권회사도 22.1%에서 28.9%로 증가하였다.

〈표 19-9〉 코스피200선물시장의 현·선배율(기간 중 일평균)

(단위 : 10억원, 배)

	유가증권시장 주식 거래대금(A)	코스피200선물 거래대금(B)	현·선배율(B/A)
1999	3,481.6	3,298.8	0.95
2000	2,602.2	3,567.3	1.37
2001	1,997.4	4,587.9	2.30
2002	3,014.6	8,194.3	2.69
2003	2,216.6	10,842.1	4.89
2004	2,232.1	11,961.9	5.36
2005	3,157.7	12,233.7	3.87
2006. 1~6	3,858.6	17,830.5	4.62

자료 : 한국증권선물거래소

(2) 스타지수선물시장

스타지수선물가격(최근월물 기준)은 2006년 1월 9일 최고치인 1,506.00을 기록하였으며 2006년 6월말 기준 1,130.00을 나타내고 있다.

2006년 상반기 중 스타지수선물시장의 일평균 거래규모는 612계약(81억원)에 그치고 있으며 현·선배율도 0.004에 불과한 실정이다.

〈표 19-10〉 스타지수선물시장의 거래규모 및 현·선배율(일평균 기준)

(단위 : 계약, 10억원, 배)

	코스닥시장 주식 거래대금(A)	스타지수선물		현 · 선배율 (B/A)
		거래수량	거래대금(B)	
2006. 1~6	1,831.9	612	8.1	0.004

자료 : 한국증권선물거래소

스타지수선물시장 참가자별 거래비중(거래계약 기준)을 보면 2006년 상반기 중 증권회사가 63.7%, 개인이 22.8%로 대부분을 차지하였다.

1.6 외국 사례

(1) 미국

미국의 주가지수선물시장은 주가변동 위험에 대한 효율적인 관리수단을 제공할 목적으로 1982년 2월 캔사스시티상품거래소(KCBT : Kansas City Board of Trade)에 밸류라인종합주가지수(Value Line Composite Index)를 기초자산으로 하여 최초로 도입되었다. 2006년 6월말 기준 시카고상업거래소(CME : Chicago Mercantile Exchange)의 S&P500선물을 중심으로 4개 거래소에서 총 34개의 주가지수선물이 거래되고 있다.

〈표 19-11〉 미국의 주가지수선물시장 현황[1)](2006년 6월말 기준)

(단위 : 개, 천계약)

거래소	상품수	거래규모[2)]	주요상품
CME (Chicago Mercantile Exchange)	20	378,748	S&P500선물 E-mini S&P500선물 NASDAQ100선물 E-mini NASDAQ100선물
CBOT (Chicago Board of Trade)	3	26,680	DJIA선물
KCBT (Kansas City Board of Trade)	1	7	밸류라인선물
NYBOT (New York Board of Trade)	10	906	Russell1000선물

주 : 1) 각 거래소의 2005년 및 2006년 2분기 보고서에 근거하여 집계
2) 2005년 중 거래량

미국의 대표적 주가지수선물시장인 시카고상업거래소의 경우 S&P500, NASDAQ100 등을 대상으로 하여 거래체결 기준으로 08:00~15:15에 개장되는 정규시장과 15:30~다음날 08:15의 시간외시장으로 구분된다. 정규시장에서는 전통적인 공개발성호가(open outcry)에 의해 거래가 체결되며 시간외시장에서는 전산시스템인 Globex®을 통해서만 거래가 체결된다.

① 결제월 및 결제가격

개별 지수선물의 결제월물은 3월, 6월, 9월 및 12월을 기준으로 현 시점에 근접한 8개 월물로 구성되며 각 결제월의 세 번째 금요일을 만기일로 하여 직전 영업일에 최종거래가 이루어진다(2006년 7월 3일의 경우 2006년 9월물, 12월물, 2007년 3월물, 6월물, 9월물, 12월물, 2008년 3월물, 6월물이 거래됨). 최종 결제가격으로는 만기일 개별 주식종목의 시초가를 기준으로 산출되는

특별결제지수(special opening quotation)가 적용된다.

② 거래금액 및 호가단위

거래금액 및 호가단위는 선물 종목별로 상이하다. S&P500선물의 경우 거래단위인 계약이 0.1포인트를 최소 변동폭으로 하여 포인트당 250달러에 의해 금액으로 환산된다. NASDAQ100선물의 경우에는 0.25포인트를 최소 변동폭으로 하여 포인트당 100달러에 의해 금액으로 환산된다. 한편, 시카고상업거래소에는 소액투자자를 위해 S&P500선물과 NASDAQ100선물의 포인트당 금액환산치를 20%로 축소한 E-mini S&P500선물 및 E-mini NASDAQ100선물 등이 상장되어 있다. 이들 Mini형 주가지수선물은 Globex®을 통해 거의 하루 종일(15:30~다음날 15:15) 거래가 이루어진다.

③ 투자자 보호장치

투자자 보호장치에 있어서는 일중 가격 하락폭이 최대 20%로 제한된다. 가격 하락폭이 5%, 15% 및 20% 도달시 10분간 그 가격수준 이상으로만 거래가 허용되고 10분이 지나서도 그 가격수준이 지속되면 2분간 거래를 정지한 후 다음 단계의 가격 변동제한폭이 적용된다. 다만 시간외시장의 경우에는 가격 변동제한폭이 정규시장 종가의 상하 5%로 설정되고 있다. 한편, 선물가격 하락폭이 10% 및 20%에 도달하고 뉴욕증권거래소에서 서킷브레이커가 발동되면 선물시장의 거래도 동시에 중단된다.

〈표 19-12〉 미국 시카고상업거래소의 주가지수선물 개요(2006년 6월말 기준)

	S&P500선물	NASDAQ100선물
결 제 월	3월, 6월 9월 및 12월을 기준으로 현 시점에 근접한 8개월물	3월, 6월, 9월 및 12월을 기준으로 현 시점에 근접한 3개월물
최종 거래일	각 결제월의 세 번째 금요일(만기일)의 직전 영업일	
거 래 시 간	정규시장 : 08:30~15:15 시간외시장 : 15:30~익일 08:15(휴일 : 17:00~ 익일 08:15)	
거래단위(금액)	계약(선물가격 × $250)	계약(선물가격 × $100)
호 가 단 위	0.1포인트	0.25포인트
최 종 결 제 가 격	만기일 해당주식의 시초가를 기준으로 산출되는 특별결제지수 (special opening quotation)	
거 래 체 결 수 단	정규시장 : 공개발성호가(open outcry) 시간외시장 : 전자거래시스템(Globex®)	
투 자 자 보 호 장 치	(정규시장) · 일중 최대 가격 하락폭 : 20% · 가격 하락폭이 5%, 10% 및 15% 도달시 10분간 동 가격수준 이상으로만 거래가 허용되며 10분 경과 후에도 동 가격수준이 지속되면 2분간 거래를 정지한 후 다음 단계의 가격변동 제한폭 적용 · 가격 하락폭이 10% 및 20%에 도달하고 뉴욕증권거래소에서 서킷브레이커가 발동되면 선물시장의 거래도 동시에 중단 (시간외시장) · 일중 가격변동 제한폭 : 정규시장 종가±5.0%	
Mini형 상품	E-mini S&P500선물	E-mini NASDAQ100선물

(2) 일본

일본의 주가지수선물시장은 1988년 9월 오사카증권거래소에 Nikkei225선물과 도쿄증권거래소에 TOPIX(Tokyo Stock Price Index)선물이 상장되면서 도입되었다(1987년 6월 오사카증권거래소에 50개 종목의 개별주식 바스켓을 거래대상으로 하여 실물인수도가 이루어지는 '株先50'이 도입되었으나 1992년 3월에 신규상장이 폐지되었음). 2006년 6월말 기준 오사카증권거래소의 Nikkei225, Nikkei300, RN Prime Index 선물과 도쿄증권거래소의 TOPIX 및 S&P/TOPIX 150 선물 등 2개 거래소에서 총 9개 주가지수선물이 거래되고 있다.

일본의 대표적 주가지수선물시장인 오사카증권거래소에서는 Nikkei225와 Nikkei300선물거래(체결 기준)가 09:00~11:00 및 12:30~15:10(Nikkei300선물은 15:15) 사이에 이루어지며 시간외거래는 실시되지 않는다.

① 결제월 및 결제가격

개별 지수선물의 결제월물은 3월, 6월, 9월 및 12월을 기준으로 현 시점에 근접한 5개 월물로 구성되며 각 결제월의 두 번째 금요일을 만기일로 하여 직전 영업일에 최종거래가 이루어진다(2006년 7월 3일의 경우 2006년 9월물, 12월물, 2007년 3월물, 6월물, 9월물이 거래됨). 최종 결제가격은 만기일 개별 주식종목의 시초가를 기준으로 산출되는 특별결제지수(special opening quotation)가 적용된다.

② 거래금액 및 호가단위

계약당 거래금액 및 호가단위는 종목별로 차이를 보이고 있다. Nikkei225선물의 계약당 거래금액은 엔(Yen)으로 표시되는 선물가격에 1,000을 곱한 금액으로 표시되며 선물가격의 최소 변동폭인 호가단위는 10엔이다. Nikkei300선물의 계약당 거래금액은 포인트로 표시되는 선물가격에 10,000엔을 곱한 금액으로 표시되며 선물가격의 최소 변동폭인 호가단위는 0.1포인트이다(Nikkei225는 주가평균방식으로 산정됨으로써 엔단위로 표시되며 Nikkei300은 시가총액방식(1982. 10. 1 = 100.0)에 입각하여 포인트로 나타냄).

③ 투자자 보호장치

투자자 보호장치에 있어서는 일중 가격변동 제한폭을 전일 종가수준에 따라 8단계로 설정하고 있다(Nikkei225선물은 2,000~9,000엔(천엔 단위), Nikkei300선물은 30~100포인트(10포인트 단위)로 설정됨). 서킷브레이커는 일중 가격변동 제한폭의 50%에 이르고 이론가격과의 괴리 값이 일중 가격변동 제한폭의 10%에 해당할 경우 발동되며 15분간 선물거래가 중단된다. 서킷브레이커의 발동은 1일 1회에 제한되며 14:45 이후에는 발동되지 않는다.

〈표 19-13〉 일본 오사카증권거래소의 주가지수선물 개요(2006년 6월말 기준)

	Nikkei255선물	Nikkei300선물
결 제 월	3월, 6월 9월 및 12월을 기준으로 현 시점에 근접한 5개 월물	
최종 거래일	각 결제월의 두 번째 금요일(만기일)의 직전 영업일	
거 래 시 간	09:00~11:00, 12:30~15:10	09:00~11:00, 12:30~15:15
거래단위(금액)	계약(선물가격 × 1,000)	계약(선물가격 × 10,000엔)
호 가 단 위	10엔	0.1포인트
최 종 결 제 가 격	만기일 해당 주식의 시초가를 기준으로 산출되는 특별결제지수 (special opening quotation)	
투 자 자 보 호 장 치	· 일중 가격변동제한폭 : 전일 종가수준에 따라 8단계로 설정 · 서킷브레이커 : 일중 가격변동 제한폭의 50%에 이르고 이론가격과의 괴리값이 일중 가격변동 제한폭의 10%에 해당하면 발동되며 15분간 선물거래를 중단(1일 1회, 14:45 이후 발동되지 않음)	
Mini형 상품	Mini Nikkei225선물	

2. 주가지수(주식)옵션시장

2.1 개관

주가지수옵션시장은 주가지수선물시장과 마찬가지로 현물시장의 주가지수를 대상으로 미래의 일정시점에 사전에 약정한 가격으로 매입 · 매도할 수 있는 권리가 거래되는 시장이다.

주가지수옵션시장은 주가변동 헤지 등 다양한 투자동기를 충족시키기 위해 1983년 3월 미국의 시카고옵션거래소(Chicago Board Options Exchange)에 S&P100지수를 대상으로 최초로 개설되었다. 한국에서는 1997년 7월에 코스피200옵션시장이, 2001년 11월에 코스닥50옵션시장(거래부진 등으로 2005년 11월 폐지되었음)이, 2002년 1월에는 개별주식을 기초자산으로 하는 주식옵션시장에 개설되었다.

〈표 19-14〉 주요 국가의 주가지수옵션시장 개요

	대상지수	개설시기	거래소
미 국	S&P100 S&P500	1983년 3월 1983년 7월	시카고옵션거래소(CBOE)
영 국	FTSE100	1984년 5월	Euronext-LIFFE
일 본	Nikkei225	1989년 6월	오사카증권거래소(OSE)
프랑스	CAC40	1988년 11월	Euronext-Paris
독 일	DAX	1991년 8월	Eurex

2.2 옵션거래의 유형 및 특징

(1) 거래유형

주가지수옵션은 주가지수(이하 기초자산)를 만기일에 약정가격(이하 행사가격)으로 매입 또는 매도할 수 있는 권리를 나타내는 증서로서 매입권리인 콜옵션(call option)과 매도권리인 풋옵션(put option)으로 구분된다[14] 옵션거래시 매도자는 매수자에게 옵션을 제공하고 매수자는 그 대가로 프리미엄(옵션가격)을 지급한다.

① 콜옵션

콜옵션 매수자는 만기일에 기초자산가격(코스피200 종가 등)이 행사가격을 초과하면 권리를

14) 옵션은 만기일에만 권리행사가 가능한 유럽형 옵션(European options)과 만기일 이전에도 언제든지 권리행사가 가능한 미국형 옵션(American options)으로 구분된다. 한국은 유럽형 옵션을 채택하고 있다.

행사하게 된다. 이 경우 기초자산가격이 행사가격과 지급한 프리미엄의 합과 일치하는 수준에서 손익분기점(break-even point)이 형성된다. 즉, 콜옵션 매수로 순익을 얻기 위해서는 기초자산가격이 행사가격과 프리미엄의 합을 초과해야 된다.

〈표 19-15〉 주가지수콜옵션 만기일의 손익구조

	주가지수 〉 행사가격	주가지수 ≤ 행사가격
매수자	〈권리행사〉 손익 : 〔주가지수-행사가격〕 -지급한 프리미엄	〈권리포기〉 손실 : 지급한 프리미엄
매도자	〈의무이행〉 손익 : 수취한 프리미엄 - 〔주가지수-행사가격〕	〈의무소멸〉 이익 : 수취한 프리미엄

② 풋옵션

풋옵션 매수자는 만기일에 기초자산가격(코스피200 종가 등)이 행사가격 보다 낮아야만 권리를 행사할 유인이 발생하며 기초자산가격이 행사가격에서 지급한 프리미엄을 제한 값을 하회하는 경우에만 이익을 얻을 수 있다.

〈표 19-16〉 주가지수풋옵션 만기일의 손익구조

	주가지수 〈 행사가격	주가지수 ≥ 행사가격
매수자	〈권리행사〉 손익 : 〔행사가격-주가지수〕 -지급한 프리미엄	〈권리포기〉 손실 : 지급한 프리미엄
매도자	〈의무이행〉 손익 : 수취한 프리미엄 - 〔행사가격-주가지수〕	〈의무소멸〉 이익 : 수취한 프리미엄

(2) 특징

주가지수옵션은 주가지수선물과 마찬가지로 실물이 존재하지 않는 주가지수를 거래대상으로 하고 있으나 거래의 목적물이 권리라는 점에서 주가지수선물과 상이하다.

또한, 주가지수옵션은 주가지수선물과 달리 기초자산의 가격변동에 따른 투자자의 손익(profit and loss)이 비대칭적인 구조(asymmetrical structure)를 가지고 있다. 옵션매수자의 경우 손실이 프리미엄으로 한정되는 반면 이익은 기초자산가격에 비례하며, 역으로 옵션매도자에 있어서는 이익이 프리미엄에 국한되는 반면 손실에는 제한이 없다.

주가지수옵션 매수시 매수자는 프리미엄(premium)을 지불하므로 추가의무가 없어 일일정산 방식이 적용되지 않는다. 그러나 매도자의 경우 상황변화에 따라 증거금의 수준이 변하게 되고 증거금이 인상될 경우 추가증거금 납입의무가 발생하게 된다.

한편, 주가지수옵션은 기초자산가격의 변동에 따른 손익구조의 비대칭성(asymmetry) 및 풋·콜옵션간 손익의 상반성 등으로 인하여 다양한 투자전략을 실행하는 것이 가능하다.[15] 특히, 결제월 및 행사가격이 동일한 콜옵션과 풋옵션을 반대방향으로 동시에 매매하면 선물거래와 같은 효과를 가지게 된다. 콜옵션을 매수하고 동시에 풋옵션을 매도하는 것을 합성선물 매수라고 하며 콜옵션을 매도하고 동시에 풋옵션을 매수하는 것을 합성선물 매도라고 한다.

한편, 주가지수옵션시장에서는 옵션투자와 주식투자의 기대수익(expected profit)이 동일하다는 전제 하에 이론가격이 작성되어 발표되고 있다.[16]

2.3 코스피200옵션시장

(1) 기본구조

코스피200옵션시장은 최근 연속 3개월 및 3, 6, 9, 12월 중 6개월 이내의 4개 결제월물을 대상으로 거래가 이루어진다(예를 들면, 2006년 9월 2일의 경우 최근 연속 3개월물인 9월, 10월, 11월물 및 12월물이 거래됨). 각 결제월물의 최종거래일은 두 번째 목요일이고 최종거래일의 다음날 새로운 결제월물이 상장된다.

거래개시일의 결제월물별 행사가격 최초 설정은 연속 3개월물의 경우 전일 코스피200 종가에 가까운 2.5포인트의 정수배 수치인 등가격과 이를 기준으로 2.5포인트 단위로 구해지는 내가격(콜옵션(풋옵션)의 권리행사가격이 당시의 기초자산가격보다 낮아(높아) 옵션매수자가 권리행사를 할 경우 이익이 발생하는 옵션을 의미함) 4개와 외가격(내가격과 반대로 옵션매수자가 권리 행사할 경우 손실이 발생하는 옵션을 의미함) 4개 등 총 9개로 구성된다. 다만 새롭게 거래가 시작되는 원월물(3월물, 6월물, 9월물, 12월물)의 경우에는 상장후 3개월까지는 5포인트 간격으로 등가격 1개, 내가격 2개 및 외가격 2개만 설정된다(원월물이 처음으로 연속 3개월물이 되는 날에는 기존 5포인트 간격 사이에 2.5포인트 간격으로 추가 설정함).

---

15) 옵션의 결합을 통한 투자전략은 크게 2가지(① 스프레드형, ② 콤비네이션형)로 구분된다. 스프레드형은 콜옵션과 풋옵션 중 한 가지 유형만을 선택하여 만기나 행사가격이 상이한 복수의 종목을 동시에 매매하는 것으로서 기초자산의 변동방향을 예측하여 투자를 실행한다는 점에서 방향성전략(directional strategy)이라고 한다. 콤비네이션형은 만기가 동일한 풋옵션과 콜옵션을 동시에 매매하는 것으로서 주가의 변동성을 목표로 한다는 점에서 변동성전략(volatility strategy)이라고 한다.

16) 대표적인 이론가격 산정방식으로는 블랙-숄즈모형(Black-Scholes Model)과 이항모형(Binomial Model)이 있다. 한국의 코스피200옵션 및 주식옵션은 이항모형으로 이론가를 산정하고 있다.

거래개시일 다음 날부터는 전일 코스피200 종가의 변동으로 등가격이 변동되면 연속 3개월물의 경우에는 내가격 또는 외가격이 4개가 될 때까지 2.5포인트 간격으로 권리행사가격을 추가로 설정한다. 원월물의 경우에는 내가격 또는 외가격이 2개가 될 때까지 5포인트 간격으로 권리행사가격을 추가로 설정한다.

코스피200옵션의 계약당 거래금액은 포인트로 표시되는 옵션가격(프리미엄)에 10만원(거래승수)을 곱하여 구해지며 옵션가격의 최소 변동폭인 호가단위는 0.01포인트(1,000원, 옵션가격이 3포인트 이상시)와 0.05포인트(5,000원, 옵션가격이 3포인트 미만시)로 이원화되어 있다. 그 밖의 매매거래시간, 거래체결방식 등은 코스피200선물시장과 동일하다.

(2) 결제이행 담보장치

코스피200옵션시장에서는 결제이행을 위한 담보로서 코스피200선물시장과 동일하게 거래단계별로 3가지 제도(① 기본예탁금, ② 주문증거금, ③ 유지증거금)를 운영하고 있다.

① 기본예탁금

기본예탁금은 코스피200선물, 스타지수선물 및 주식옵션을 통합하여 1,500만원으로 설정되어 있다.

② 주문증거금

주문할 때 요구되는 주문증거금은 신규위탁증거금, 옵션가격증거금, 옵션가격변동증거금 및 당일옵션순매수금액으로 구성된다(실제로는 코스피200선물과 연계하여 선물가격변동증거금 및 체결선물스프레드증거금과 합산하여 구해짐).

가. 신규위탁증거금

신규위탁증거금은 옵션매수의 경우 프리미엄으로, 옵션매도의 경우 코스피200 전일 종가의 15% 변동시 최대이론가격에서 옵션 전일 종가를 차감한 수치에 10만원을 곱한 금액으로 구해진다.[17)]

나. 옵션가격증거금

옵션가격증거금(옵션의 미결제약정을 전일의 옵션종가로 반대매매하여 처분할 때 소요되는 비용임)은 종목별 순매도수량에 전일의 옵션종가 및 10만원을 곱하여 산출된다.

다. 옵션가격변동증거금

옵션가격변동증거금은 계약당 1만원을 하한으로 하여 코스피200이 전일 종가 대비 15% 범위

---

17) 옵션매수와 옵션매도시 신규위탁증거금을 차등화하는 것은 옵션매수의 경우 최대손실이 프리미엄으로 한정되는 반면 옵션매도시 최대손실이 무한정 발생할 수 있기 때문이다.

내 변동할 경우의 최대손실액으로 산출된다.

라. 당일옵션순매수금액

당일옵션순매수금액은 그날 중 매매거래가 성립된 옵션거래의 각 종목에 대한 매수의 약정금액 합계액에서 매도의 약정금액 합계액을 차감하여 구해지며 다음날 결제에 대한 일시적 충당금의 성격을 가지게 된다.

② 유지증거금

유지증거금은 다음날 거래주문이 없을 경우에도 위탁증거금이 결제담보기능을 다할 수 있도록 장이 종료된 후 미결제약정을 대상으로 그날의 종가를 적용하여 구해지며 옵션가격증거금 및 옵션가격변동증거금으로 구성된다(실제로는 코스피200선물과 연계하여 선물가격변동증거금 및 체결선물스프레드증거금과 합산하여 구해짐).

가. 옵션가격증거금

옵션가격증거금은 주문증거금을 산출할 때와 마찬가지로 종목별 순매도수량에 그날의 옵션종가 및 10만원을 곱하여 구해진다.

나. 옵션가격변동증거금

옵션가격변동증거금은 계약당 1만원을 하한으로 하여 코스피200이 그날의 종가 대비 10% 범위 내에서 변동할 경우 최대 손실액으로 산출된다.

한편, 옵션매도자의 경우 다음날의 예탁금 추산액이 유지증거금을 하회하는 것으로 나타나며 주가지수선물과 마찬가지로 자금을 추가로 납입하여야 한다.

(3) 투자자 보호장치

코스피200옵션시장에서는 투자자를 보호하기 위해 주문가격을 전일 코스피200 종가의 15% 변동시의 이론가격 이내로 제한[18]하는 한편 코스피200선물시장에서 매매거래중단제도가 발동되면 코스피200옵션시장 거래도 자동적으로 중단된다.[19] 한편, 옵션매수자는 최종거래일 옵션거래가 종료된 다음 90분 이내에 권리행사 신고를 하여야 하나 권리행사로 인하여 0.01포인트(1,000원) 이상의 행사이익이 발생하는 경우에는 신고가 없더라도 자동적으로 권리행사가 실행된다.

---

18) 옵션가격은 하루에도 몇십, 몇백배 등락할 수 있으므로 옵션시장에서는 현물시장이나 선물시장처럼 가격변동 제한폭을 설정하지 않는다. 그 대신 착오매매 등에 의한 거액의 투자손실을 방지하기 위하여 호가한도가격을 설정하여 이를 벗어나는 호가는 접수가 불가능하도록 되어 있다.

19) 코스피200선물시장에서와 마찬가지로 시스템 장애가 10분 이상 지속되어 정상적인 거래가 불가능하거나 현물시장의 시스템 장애가 10분 이상 지속되어 코스피200 구성종목 중 100종목 이상의 거래가 이루어지지 않을 경우 매매가 일시 중단된다. 동 사유가 해소되면 지체없이 거래가 재개된다.

(4) 제도변천

코스피200옵션시장은 1997년 7월 개설 이후 코스피200선물시장과 연계하여 시장기능을 제고하고 투자자 보호를 강화하는 방향으로 제도개선이 이루어져 왔다. 시장기능을 제고하기 위해 기본예탁금을 조정하였으며(2000년 3월, 2001년 2월, 2003년 3월), 호가유형을 다양화하고 옵션 결제월별 권리행사가격의 수를 확대하였다(2001년 9월). 또한, 투자자보호를 위해 자동권리행사 기준을 종전 0.02포인트에서 0.01포인트로 낮추어 권리 미행사에 따른 이익상실 가능성을 최소화하였다(2000년 5월).[20]

〈표 19-17〉 코스피200 옵션시장 제도 변천

	주 요 내 용
1997년 7월	한국증권거래소에 코스피200옵션시장 개설
1998년 7월	결제월수 축소(6개 월물 → 4개 월물)
1998년 12월	호가한도 확대(코스피200 10% 변동시 이론가격 → 15% 변동시 이론가격) 토요일 휴장 및 전장 거래시간 변경(09:30~11:30 → 09:00~12:00)
2000년 3월	선물·옵션 기본예탁금 인하(3,000만원 → 1,000만원)
1998년 5월	전·후장 구분 폐지(09:00~12:00 및 13:00~15:15 → 09:00~15:15)
2001년 2월	선물·옵션 기본예탁금 인하(1,000만원 → 500만원)
1998년 9월	호가유형 다양화(시장가·조건부지정가·최유리지정가 호가 도입) 권리행사가격의 수 확대(최소 5개 → 최소 9개)
2003년 3월	선물·옵션 기본예탁금 인상(500만원 → 1,500만원)

2.4 주식옵션시장

주식옵션시장은 한국증권선물거래소의 유가증권시장에 상장되어 있는 보통주식 중에서 시가총액이 큰 삼성전자, 국민은행, SK텔레콤, POSCO, KT, 한국전력공사 및 현대자동차 등 30개 회사가 발행한 주식[21]을 기초자산으로 하는 옵션시장이다.

주식옵션은 코스피200옵션과 옵션의 종류, 권리행사유형, 결제방식,[22] 결제월물, 최종거래일,

20) 코스피200 옵션 매수자는 권리행사이익이 있을 경우 최종거래일 매매거래시간 종료후 1시간 30분 이내에 권리행사를 하겠다는 의사표시를 하여야 하나(권리행사의 신고) 손익계산의 최소단위인 0.01포인트 이상의 권리행사이익이 있으면 권리행사의 신고가 없더라도 신고한 것으로 간주하여 처리하므로 이익상실이 발생하지 않는다.

21) 한국증권선물거래소에서 유통주식수, 소액주주수, 거래대금 등을 고려하여 선정하며 2002년 1월에 7개 회사 주식을 대상으로 출발하였으나 주식옵션거래의 수요를 확대하기 위해 2005년 9월에 23개 회사 주식을 추가로 선정한 바 있다.

호가의 종류 등은 동일하나 기초자산이 보통주식이므로 행사가격 설정, 거래단위 등에서 다수의 차이점이 있다. 주식옵션의 거래단위는 옵션 1계약당 주식수량을 10주로 하고 있다. 이는 기초주권이 상장되어 있는 한국증권선물거래소의 주식매매수량 단위와 일치시키기 위한 것이다.

〈표 19-18〉 코스피200옵션과 주식옵션 비교

	코스피200옵션	주식옵션
권리행사유형	유럽형	
결제월	연속 3개월물 3개와 3월 · 6월 · 9월 · 12월물 중 근월물 1개	
최종 거래일	각 결제월의 두 번째 목요일(휴장일인 경우 순차적으로 앞당김)	
결제일	최종거래일의 다음 거래일	
결제방법	현금결제	
권리행사 의제	내가격옵션 중 0.01포인트 이상	계약당 권리행사이익이 5원 이상
매매거래시간	09:00~15:15(최종거래일에는 09:00~14:50)	
거래단위	계약(프리미엄 × 10만원)	계약(프리미엄 × 10주)
행사가격간격 및 설정수	2.5포인트 단위로 9개*(등가격 1개, 내가격 4개, 외가격 4개) * 다만 원월물은 5개	권리행사가격에 따라 행사간격이 차등되며 9개(등가격 1개, 내가격 4개, 외가격 4개)
호가단위	· 3.00포인트 이상 : 0.05포인트 · 3.00포인트 미만 : 0.01	옵션가격 수준에 따라 5단계로 포인트 구분(10~200원)
호가유형	지정가, 시장가, 조건부지정가 및 최유리지정가	
호가한도	기초자산가격이 전일종가 대비 15% 변동시 이론가격 이내	
위탁증거금	기본예탁금 : 1,500만원 개시증거금률 : 15% 유지증거금률 : 10%	
매매거래 중단	선물시장 거래 중단시	선물시장 거래중단시 대상주식 매매중단시

〈표 19-19〉 주식옵션시장 거래규모(기간 중 일평균)

(단위 : 계약, 백만원)

	거래량	거래대금
2002	256	31
2003	33	1
2004	0	0
2005	15	1
2006. 1~6	8	1

22) 당초 주식옵션의 결제는 실물(주권)인수도방식을 채택하였으나 거래를 활성화시키기 위해 2005년 10월에 현금결제방식으로 변경하였다.

2.5 외국 사례

(1) 미국

미국의 주가지수관련 옵션시장은 2가지 형태(① 주가지수옵션시장, ② 주가지수선물옵션시장)로 분류된다(주가지수관련 옵션시장이 거래소별로 이원화된 것은 주가지수옵션은 증권거래위원회(SEC)에, 주가지수선물옵션은 상품선물거래위원회(CFTC)에 관할권이 귀속되어 있는데 기인함). 주가지수옵션은 1983년 3월 시카고옵션거래소(CBOE)에 S&P100옵션이 도입된 데 이어 동년 7월 S&P500옵션이 상장되면서 활성화되기 시작하였다. 주가지수선물옵션은 1983년 1월 시카고상업거래소(CME)에서 S&P500선물옵션이 거래되면서 본격화되었다(주가지수옵션 도입에 앞서 1973년 4월 시카고옵션거래소(CBOE)에서 개별 종목(16개)을 대상으로 콜옵션이 개시되었음). 2006년 6월말 기준 9개 거래소에서 총 210개 주가지수옵션과 주가지수선물옵션이 거래되고 있다.

① 주가지수옵션시장

미국의 대표적 주가지수옵션시장인 시카고옵션거래소는 S&P500, S&P100, NASDAQ100 등 총 70개 상품을 대상으로 하여 08:30~15:15에 개장되며 거래체결수단은 투자자의 선택에 따라 공개발성호가(open outcry) 또는 전자거래방식(screen-based)이 병행되고 있다.

〈표 19-20〉 미국의 주가지수옵션시장 현황[1](2006년 6월말 기준)

(단위 : 개, 천계약)

<table>
<tr><th></th><th>거래소</th><th>상품수</th><th>거래규모[2]</th><th>주요 상품</th></tr>
<tr><td rowspan="6">주가지수옵션</td><td>CBOE
(Chicago Board Options Exchange)</td><td>70</td><td>192,537</td><td>S&P500옵션,
S&P100옵션,
NASDAQ100옵션</td></tr>
<tr><td>AMEX(American Stock Exchange)</td><td>26</td><td>46,745</td><td>모건스탠리옵션</td></tr>
<tr><td>PHLX(Philadelphia Stock Exchange)</td><td>19</td><td>23,556</td><td>Oil Service부문옵션</td></tr>
<tr><td>ISE(International Securities Exchange)</td><td>25</td><td>64,674</td><td>ISE100옵션</td></tr>
<tr><td>PCX
(Pacific Exchange)</td><td>48</td><td>17,159</td><td>iShares S&P500
Index Fund옵션</td></tr>
<tr><td>BOX
(Boston Options Exchange)</td><td>3</td><td>16,884</td><td>iShares Russell2000
Index Fund옵션</td></tr>
<tr><td rowspan="3">주가지수선물옵션</td><td>CME
(Chicago Mercantile Exchange)</td><td>11</td><td>15,106</td><td>S&P500선물옵션
NASDAQ100선물옵션</td></tr>
<tr><td>CBOT(Chicago Board of Trade)</td><td>2</td><td>728</td><td>DJIA선물옵션</td></tr>
<tr><td>NYBOT(New York Board of Trade)</td><td>6</td><td>214</td><td>Russell 1000선물옵션</td></tr>
</table>

주 : 1) 각 거래소의 2005년 및 2006년 2분기 보고서에 근거하여 집계
2) 2005년 중 거래량

가. 결제월물 및 최종거래일

결제월물 및 최종거래일은 주가지수옵션 종류별로 상이하다. S&P500옵션의 경우 3월, 6월, 9월, 12월 중 현 시점에 가까운 3개 월물과 이를 제외한 최근 3개 월물을 대상으로 하며 각 결제월물의 만기일은 세 번째 토요일이고 만기일의 전전 영업일(세 번째 목요일)에 최종거래가 이루어진다. S&P100옵션은 최근 4개 월물과 이를 제외한 3월, 6월, 9월, 12월 중 현 시점에 가까운 1개 월물을 대상으로 하며 각 결제월물의 만기일은 세 번째 토요일이고 최종거래일은 만기일의 직전 영업일(세 번째 금요일)이다.

나. 거래금액 및 호가단위

S&P500옵션과 S&P100옵션의 계약당 거래금액은 포인트로 표시되는 옵션가격(프리미엄)에 100달러(거래승수)를 곱하여 계산된다. 옵션가격의 최소 변동폭인 호가단위는 옵션가격에 따라 0.05포인트(옵션가격이 3포인트 이하시) 및 0.10포인트(옵션가격이 3포인트 초과시)로 이원화되어 있다.

다. 투자자 보호장치

투자자 보호장치에 있어서는 일중 가격변동에 대한 제한은 없으나 뉴욕증권거래소(NYSE)에서 서킷브레이커가 발동되면 동시에 거래가 중단된다.

② 주가지수선물옵션

주가지수선물옵션은 주가지수옵션과 대체로 비슷하나 권리를 행사할 경우 현금결제 대신 주가지수선물의 매수 또는 매도가 이루어진다는 점에서 차이가 있다.[23] 주가지수선물옵션은 거래절차가 복잡하여 선물과의 연계거래를 제외하고는 거래가 그다지 활발하지 않은 편이다.

---

23) 선물옵션과 해당 선물의 만기가 동시에 도래하는 경우에는 현금결제를 실시한다.

〈표 19-21〉 미국의 주요 주가지수옵션 개요(2006년 6월말 기준)

	시카고옵션거래소(CBOE)		시카고상업거래소(CME)
	S&P500옵션	S&P100옵션	S&P500선물옵션
결제월	3월, 6월, 9월, 12월을 기준으로 현 시점에 근접한 3개 월물과 이를 제외한 최근 3개 월물	최근 4개 월물과 이를 제외한 3월, 6월, 9월, 12월 중 근접한 1개 월물	3월, 6월, 9월, 12월을 기준으로 현 시점에 근접한 4개 월물과 이를 제외한 최근 2개 월물
최 종 거래일	만기일(세 번째 토요일)의 전전(前前) 영업일	만기일(세 번째 토요일)의 직전(直前) 영업일	3, 6, 9, 12월물은 S&P500옵션과 동일하며 기타 월물은 S&P100옵션과 동일
거래시간	08:30~15:15		정규시장 : 08:30~15:15 시간외시장 : 15:30~익일 08:15(휴일 : 17:00~익일 08:15)
거래단위 (금액)	계약(프리미엄 × U$100)		계약(프리미엄 × U$250)
최 종 결제가격	세 번째 금요일의 시초가로 산출한 특별결제지수	세 번째 금요일의 종가로 산출한 특별결제지수	현금결제를 실시하는 3, 6, 9, 12월물의 경우 세 번째 금요일의 시초가로 산출한 특별결제지수
호가단위	옵션가격 3포인트 초과 : 0.10포인트 옵션가격 3포인트 이하 : 0.05포인트		옵션가격 5포인트 초과 : 0.10포인트 옵션가격 5포인트 미만 : 0.05포인트
거래체결 수 단	Hybrid Trading System : 공개발성호가와 전자거래방식 병행		정규시장 : 공개발성호가 시간외시장 : 전자거래 (Globex®)
투 자 자 보호장치	일중 가격변동 제한폭 없음 뉴욕증권거래소에서의 서킷브레이커 발동시 거래중단		일중 가격 변동제한폭 없음 S&P500선물이 가격 변동제한 폭에 도달하면 거래중단
권리행사 시 기	만기일에만 가능	만기일에만 가능한 종목과 만기일 이전에도 가능한 종목을 별도 상장	만기일 이전에도 가능

(2) 일본

일본의 주가지수옵션시장은 1989년 6월 오사카증권거래소에 Nikkei225 옵션이 상장되면서 도입되었다. 2006년 6월말 기준 오사카증권거래소(Nikkei225 및 Nikkei300옵션), 나고야증권거래소(名證옵션25) 및 도쿄증권거래소(TOPIX옵션)에서 총 4개 주가지수옵션이 거래되고 있다.

일본의 대표적인 주가지수옵션시장인 Nikkei255옵션과 Nikkei300옵션시장은 거래체결 기준으로 09:00~11:00 및 12:30~15:10(Nikkei300옵션은 15:15)에 개장되며 시간외거래는 이루어지지 않고 있다.

① 결제월물 및 결제가격

결제월물은 주가지수옵션 종류별로 상이하다. Nikkei225옵션의 경우 3월, 6월, 9월, 12월을 기준으로 현 시점과 가까운 5개 월물과 이를 제외한 최근 3개 월물로 구성된다. Nikkei300옵션은 3월, 6월, 9월, 12월 중 현 시점과 가까운 4개 월물과 이를 제외한 최근 2개 월물로 이루어진다. Nikkei225옵션 및 Nikkei300옵션의 권리행사는 만기일에만 가능하며 최종거래는 결제월의 두 번째 금요일인 만기일의 직전 영업일에 이루어진다. 한편, 최종결제가격은 주가지수선물과 마찬가지로 특별결제지수가 적용된다.

② 거래금액 및 호가단위

거래금액 및 호가단위는 주가지수선물과 마찬가지로 기초자산의 가격산정방식에 따라 주가지수옵션 종류별로 차이를 보이고 있다. Nikkei225옵션의 계약당 거래금액은 엔으로 표시되는 옵션가격(프리미엄)에 1,000(거래승수)을 곱하여 계산되며 옵션가격의 최소 변동폭인 호가단위는 옵션가격에 따라 1~10엔으로 차등화되어 있다. 한편, Nikkei300옵션의 계약당 거래금액은 포인트로 표시되는 옵션가격(프리미엄)에 10,000엔(거래승수)을 곱하여 구해지며 옵션가격의 최소 변동폭인 호가단위는 0.1포인트(1,000엔)이다.

③ 투자자 보호장치

투자자 보호장치에 있어서는 기초자산이 전일 종가수준에 따라 8단계로 설정된 가격변동 제한폭에 도달하였을 경우의 이론가격을 일중 호가제한치로 설정하는 한편 주가지수선물시장에서 서킷브레이커가 발동될 경우 옵션거래를 중단시키고 있다.[24)]

〈표 19-22〉 일본 오사카증권거래소의 주가지수옵션 개요(2006년 6월말 기준)

	Nikkei225옵션	Nikkei300옵션
결제월	3월, 6월, 9월, 12월을 기준으로 현 시점에 근접한 5개 월물과 이를 제외한 최근 3개 월물	3월, 6월, 9월, 12월을 기준으로 현 시점에 근접한 4개 월물과 이를 제외한 최근 2개 월물
최 종 거래일	각 결제월의 두 번째 금요일(만기일)의 직전 영업일	
거래시간	09:00~11:00, 12:30~15:10	09:00~11:00, 12:30~15:15
거래단위 (금액)	계약(프리미엄 × 1,000)	계약(프리미엄 × 10,000엔)
최 종 결제가격	만기일 해당 주식의 시초가를 기준으로 산출되는 특별결제지수	
호가단위	옵션가격 수준에 따라 1~10엔	0.1포인트
투 자 자 보호장치	· 일중 가격변동 제한폭 : 전일 기초자산의 종가수준에 따라 8단계로 설정 · 서킷브레이커 : 주가지수선물시장에서의 서킷브레이커 발동시 거래 중단	
권리행사 방 식	만기일에만 가능	

24) Nikkei225옵션은 2,000~9,000엔(천엔 단위), Nikkei300옵션은 30~100포인트(10포인트 단위)로 설정된다.

제 3 절 금리관련 파생상품시장

1. 금리선물시장

1.1 개관

금리선물(interest rate futures)은 그 가치가 기초자산인 금리로부터 파생되는 금융상품을 의미한다. 즉, 기초자산인 금리를 거래대상으로 현재시점에서 정한 가치로 미래의 특정시점(maturity)에서 매입하거나 매도할 것을 약정한 계약이라 할 수 있다.[25] 실제로 거래대상이 되는 기초자산은 국채, 페더럴펀드금리, 유로달러금리 등으로 다양하며 이들 거래대상의 만기에 따라 2가지(① 단기금리선물, ② 장기금리선물)로 분류된다.

금리선물시장은 1975년 10월 미국 시카고상품거래소(CBOT : Chicago Board of Trade)에서 미국정부주택저당채권증서(GNMA[26] mortgage certificates)를 대상으로 최초로 거래된 이후 미국장기국채선물(1977년), 유로달러금리선물(1981년) 등의 다양한 금리선물이 나타나고 있다. 이에 따라 전세계 선물시장에서 금리선물거래가 차지하는 비중도 점차 증대되고 있다.

금리선물거래가 활발한 대표적인 선물거래소로는 미국의 시카고상품거래소(CBOT)와 시카고상업거래소(CME), 그리고 독일 EUREX 등을 지적할 수 있다. 미국 시카고상품거래소와 독일 EUREX는 해당 거래소에 상장된 모든 선물거래 중 국채선물거래가 차지하는 비중이 76%이며 미국 시카고상업거래소는 3개월유로달러금리선물의 거래비중이 47%를 나타내고 있다.

25) 개념적으로 금리를 산다(long interest rate)는 것은 금리를 수취하는 것, 즉 채권 등에 투자하는 것과 동일하며, 금리선물을 산다(long interest rate futures)는 것은 현재시점에서 정한 금리를 주고 만기시점의 금리를 수취하는 것이라 할 수 있다. 반대로 금리를 판다(short interest rate)는 것은 금리를 지급하는 것, 즉 채권 등을 팔거나 발행하는 것과 동일하며, 금리선물을 판다(short interest rate futures)는 것은 현재시점에서 정한 금리를 받고 만기시점의 금리를 지급하는 것을 의미한다.

26) GNMA는 Government National Mortgage Association의 약자로 대출기관 등으로부터 주택저당채권을 인수하여 유동화한 후 투자자들에게 판매하는 미국정부 소유기관이다. 원리금 지급이 미국정부에 의해 보장되기 때문에 수익률이 다른 유사기관의 유동화채권(mortgage back securities) 수익률보다 낮은 편이다.

〈표 19-23〉 주요 선물거래소의 금리선물 거래 규모(2005년 중)

(단위 : 백만계약, %)

시카고상품거래소(CBOT)		시카고상업거래소(CME)		독일유렉스(EUREX)	
거래대상	거래량	거래대상	거래량	거래대상	거래량
30년미국국채선물	86.9 (15.5)	3개월유로달러 금리선물	410.4 (46.5)	10년독일 국채선물	299.3 (38.1)
10년미국국채선물	215.1 (38.3)	3개월유로엔 금리선물	0.2 (0.0)	5년독일 국채선물	158.1 (20.2)
5년미국국채선물	121.9 (21.7)	1개월달러 리보선물	1.0 (0.1)	2년독일 국채선물	141.3(18.0)
30일페더럴펀드 금리선물	11.6 (2.1)				
소 계	435.5 (77.6)		411.6 (6.6)		598.7 (76.3)
합 계	561.1 (100.0)		883.1 (100.0)		784.8 (100.0)

주 : 1) ( )안은 해당거래소에 상장된 모든 선물거래 중 금리선물거래가 차지하는 비중
자료 : Futures Industry Association

금리선물은 미래의 특정시점에 인도할 금리부 상품의 가격을 현재시점에서 고정시킨다는 측면에서 금리관련 선도거래와 매우 유사하다. 그러나 금리관련 선도거래는 계약당사자 중 어느 일방에 의한 결제불이행 등으로 거래상대방 위험(counterparty risk)이 잠재되어 있는 반면 금리선물은 이러한 거래위험을 제도적으로 보완한 상품으로 볼 수 있다.

금리선물과 금리관련 선도거래의 차이점은 다음 4가지로 요약될 수 있다.

① 금리선물은 장외시장(over-the-counter market)에서 쌍방 간에 거래조건을 합의하는 금리관련 선도거래와는 달리 조직화된 거래소(organized exchange)에서 거래대상, 계약단위, 계약만기, 결제방법, 가격표시 등 표준화된 거래조건으로 거래가 이루어진다. 계약만기의 경우 금리선물은 상대적으로 단기인 반면 금리관련 선도거래는 계약만기를 거래당사자 간에 협의하여 정하며 장기거래가 일반적이다(장외시장에서 활발하게 거래되는 단기 금리관련 선도거래로는 시장금리와 약정금리와의 차이를 교환하는 FRA(Forward Rate Agreement)가 있음).

② 금리선물은 청산소(clearing house)라는 중개기관을 두어 선물거래의 체결 및 인도를 보장하고 있다. 즉, 청산소는 모든 선물거래자의 거래상대방으로서 선물매매를 함으로써 선물거래자는 거래상대방위험에 대한 부담없이 거래할 수 있다.

③ 결제와 관련하여 금리관련 선도거래는 대부분이 만기에 한번만 결제가 이루어지는 반면

금리선물은 증거금제도와 일일정산제로로 선물거래에 수반된 결제위험을 감소시키고 있다.[27]

④ 금리선물 및 금리관련 선도거래는 모두 향후 일정시점에 기초자산을 인도하는 계약조건을 정하고 있으나 금리선물은 거래자가 만기 이전에 반대매매를 통하여 대부분의 포지션을 청산하는 반면 금리관련 선도거래는 기일까지 쌍방이 계약한 포지션을 유지해야 한다는 점에서 상이하다.

〈표 19-24〉 선물거래와 선도거래 비교

구 분	선물거래	선도거래
거래 방식	조직화된 거래소를 통한 장내거래	중개기관(브로커)을 통한 장외거래
거래 조건	계약단위, 만기일 등 모든 거래조건이 표준화	당사자간 합의에 따라 거래조건을 신축적으로 조정
거래상대방 위험	없음(거래소가 이행 보증)	있음(당사자의 신용에 의존)
결제 시기	가격변동에 의한 손익 금액을 결제기관을 통해 매일 정산(일일 정산 제도)	매매자금결제일 또는 만기일에 정산
기초자산 인도 여부	만기이전에 대부분 반대 매매	만기시점에 기초자산 인도

상기한 금리선물의 거래특성을 고려하여 시장참가자들은 주로 4가지 목적(① 금리위험 축소, ② 무위험 차익거래, ③ 투자수익 제고, ④ 채권 포트폴리오 관리)으로 금리선물을 활용하고 있다.

① 금리위험 축소

금리선물을 이용하는 가장 일반적인 경우는 금리위험 축소(hedge trading)로 향후 금리변동에 따른 불확실성(uncertainty)을 금리선물 매도·매수 거래로 감소시킬 수 있다. 즉, 채권 현물시장에서 발생하는 손익이 금리선물시장에서의 손익으로 상쇄(相殺)되어 금리변동에 따른 위험을 제거할 수 있게 된다. 국고채전문딜러, 자산운용회사, 연기금, 보험회사 등 현물채권 보유가 큰 시장참가자들(market particpants)은 향후 금리상승으로 인한 채권가격 하락시 입게 될 손실을 감소시키기 위하여 선물매도(short hedge) 거래를 함으로써 금리선물 만기시점 기준 보유 국고채권 가격을 현재의 금리선물가격으로 고정한다. 이와는 반대로 채권가격 상승에 따른 손실위험에 대비하고자 하는 시장참가자의 경우에는 채권대차거래 등을 이용하여 국채선물을 매수(long hedge)할 수도 있다.[28]

27) 증거금제도(margin requirement)는 선물거래자의 계약이행을 위한 담보성격으로 최초 선물거래 계약시 정한 개시증거금(initial margin)과 이후 일일정산에 따른 손익변동시 일정 금액이상으로 유지해야 하는 유지증거금(maintenance margin)으로 구분한다. 특히, 자기 계좌의 예치금액이 유지증거금을 하회하여 마진콜(margin call)이 발생할 경우 개시증거금 수준으로 자기계좌에 예치해야 한다.

② 무위험 차익거래

금리선물거래는 금리선물가격이 저평가 또는 고평가되는 경우 현물 채권거래와 결합하여 무위험 차익거래(arbitrage opportunity trading)에 활용할 수 있다. 예를 들면, 국채선물가격의 이론가 대비 저평가 폭이 비정상적으로 확대될 경우 선물을 매수하고 현물을 매도하여 만기까지 유지할 경우 무위험 차익을 획득할 수 있다.

③ 투자수익 제고

금리선물거래는 채권거래시보다 적은 투자금액으로 큰 기대수익을 얻는 지렛대효과(leverage effect)를 이용한 투기거래로 투자수익을 제고할 수 있다.[29] 즉, 채권가격의 방향성을 예상하여 금리선물가격이 상승할 것으로 예상하면 금리선물을 매수하고 금리선물가격이 하락할 것으로 예상하면 금리선물을 매도하여 단기 투자수익을 극대화하는 수단으로 활용한다. 이 때 금리선물시장에서 투기거래자는 기대수익을 기반으로 헤지거래자의 노출된 금리위험을 전가받아 반대포지션을 취함으로써 선물시장의 유동성(liquidity)을 제고시키는 역할을 수행하게 된다.[30]

④ 채권 포트폴리오 관리

금리선물을 이용하여 채권 포트폴리오의 듀레이션(duration)을 조정할 수 있다. 향후 금리하락(채권가격 상승)이 예상될 경우 현물채권을 매입하는 대신 금리선물을 매수함으로써 포트폴리오의 듀레이션을 증가시킬 수 있다. 반면 금리상승(채권가격 하락)이 예상될 경우 금리선물을 매도함으로써 채권 포트폴리오의 듀레이션을 감소시킬 수 있다.

이 밖에 금리선물은 향후 특정시점(즉, 만기일)에 현물금리에 대한 기대치로서 미래의 단기금리를 예측하는 데 활용된다.[31]

---

28) 채권대차거래는 일정기간 동안 채권을 빌린 후 다시 되돌려 주는 거래로 채권차입자(단기 딜링에 치중하는 증권회사 등)는 채권대여자(채권을 만기까지 보유하는 보험회사, 연기금 등)에게 채권대여기간 동안의 수수료를 지급한다.

29) 한국증권선물거래소에 상장된 국채선물의 지렛대효과는 개시증거금을 기준으로 볼 때 3년 국채선물은 1.5%의 개시증거금으로 1계약을 매입할 수 있으므로 약 67배(1/0.015)이며, 5년국채선물은 개시증거금이 1.8%로 약 56배(1/0.018)이다.

30) 선물거래는 제로섬게임(zero-sum game)과 같아 거래를 위해서는 반대의 포지션을 취하는 상대방이 있어야 한다.

31) 선물가격에는 시장참가자들의 기대가 반영되는 데 금리에 대한 예측능력은 장기로 갈수록 저하되므로 3개월 이내의 단기금리 예측에 주로 이용된다. 이의 대표적인 예로 3개월유로 달러금리선물과 30일페더럴펀드금리선물을 들 수 있다.

1.2 제도변천

한국의 금리선물시장은 1999년 2월 한국증권선물거래소가 설립되고 동년 4월 CD금리선물이 상장되면서 시작되었다(한국증권선물거래소 설립시 4개 파생금융상품(① CD금리선물, ② 미국달러선물, ③ 금선물, ④ 미국달러옵션)이 동시에 상장되었음). 이후 국고채권 발행물량이 증가하고 유통시장에서 거래가 활발해지면서 동년 9월에는 3년국채선물이 추가로 상장되었다. 그러나 CD금리선물의 경우 현물유통시장에서 CD거래가 부진하여 2001년 이후 사실상 중단되었다. 이에 따라 한국증권선물거래소는 2002년 12월에 CD금리선물을 보완하는 단기금리선물로 통화안정증권금리선물을 상장하였다.

또한, 2003년 8월에는 만기 5년 이상인 국고채권의 장기물 발행물량이 증가하면서 5년국채선물도 상장하였으나 CD금리선물과 마찬가지로 통화안정증권금리선물과 5년국채선물도 거래가 계속 부진하였다. 금리선물거래 도입초기에는 선물거래가 가지고 있는 잠재적 위험(potential risk) 때문에 관련법률 및 감독규정 등에서 금융기관의 금리선물거래를 제한하거나 금지하는 경우가 많았다. 이에 따라 금리선물거래에 참가하는 기관투자자는 선물회사와 일부 은행으로 국한되어 거래가 전반적으로 부진한 가운데 개인투자자의 투기적 거래가 전체거래의 상당부분을 차지하는 현상도 발생하였다.

결국 정부는 기관투자자들의 참여 확대를 통한 시장 활성화(market vitalization)를 위해 2000년 이후 개별 금융기관의 금리선물거래를 제한하는 규제들을 폐지하여 왔다. 현재는 포괄적으로 파생상품투자거래에 포함하여 관리하고 있다.[32)]

한편, 3년국채선물 상장 이후 시장금리가 하향 안정되면서 선물가격의 변동성이 감소되어 한국증권선물거래소는 국채선물거래와 관련된 증거금을 최초 상장 이후 2002년 6월까지 두 차례에 걸쳐 인하하였다. 즉, 국채선물거래를 체결하기에 앞서 고객이 선물회사에 예탁해야 하는 주문증거금(preliminary margin)을 상장초기 계약당 250만원에서 200만원(2000년 8월) 그리고 170만원(2002년 6월)으로 인하하였다. 또한, 거래체결 이후 거래계좌에 일정금액 이상을 유지해야 하는 유지증거금(maintenance margin)도 상장초기에 전일 기초자산 가치의 1.5%에서 1.2%(2000년 8월) 그리고 1.0%(2002년 6월)로 인하하였다. 다만 2003년 8월에는 시장금리 하락으로 국고채선물 기초자산인 가상채권의 표면금리(8%)가 실세금리보다 훨씬 높아지는 상황이 발생하여 국채선물가격이 상승하면서 주문증거금이 개시증거금(initial margin)을 하회할 가능성

32) 자산운용회사의 일반 증권투자펀드(파생상품펀드 제외)는 위험 평가액이 자산총액의 10% 이내, 보험업은 분기말 총자산의 0.5% 이내, 불특정금전신탁은 장내파생상품의 경우 운용자산의 50% 이내, 장외파생상품의 경우 운용자산의 10% 이내로 파생상품투자가 제한된다.

이 증대되어 주문증거금을 이전 170만원에서 180만원으로 상향 조정하였다.

시장운영방식과 관련하여 2001년 1월부터는 국채 현물시장과 선물시장의 개장시각을 일치시켰다. 국채현물의 상당부분이 거래되는 채권 장외시장이 관행적으로 9시부터 개장되는 반면 장내 국채선물시장 개장시각은 2000년말까지 9시 30분으로 운영되어 왔다. 이 같은 개장시각의 불일치는 국채 현·선물시장 간의 연계거래를 위축시키는 요인으로 작용하였다. 이 같은 문제를 해소하기 위해 한국증권선물거래소는 2001년 1월부터 국채선물시장의 개장시각을 오전 9시로 결정하게 되었다.

〈표 19-25〉 금리선물시장 관련제도 변천

	주 요 내 용
1999년 2월 1999년 4월 1999년 9월	· 선물거래소 설립 · 금리선물시장 개장 및 CD금리선물 상장 · 3년국채선물 상장
2000년 8월	· 3년국채선물 증거금제 완화(주문증거금 250만원 → 200만원, 유지증거금률 1.5% → 1.2%, 개시증거금률 2.25% → 1.8%)
2001년 1월	· 3년국채선물 개장시각 조정(9시 30분 → 9시)
2002년 4월 1999년 6월 1999년 11월 1999년 12월	· CD금리선물 개장시각 조정(9시 30분 → 9시) · 3년국채선물, CD금리선물의 주문가격 제한범위를 전일 종가기준 대비 상하 ±6.00과 ±2.00에서 ±4.00과 ±1.50으로 각각 축소 · 3년국채선물 증거금제 완화(주문증거금 200만원 → 170만원, 유지증거금률 1.2% → 1.0%, 개시증거금률 1.8% → 1.5%) · CD금리선물 증거금제 완화(주문증거금 100만원 → 50만원, 유지증거금률 0.5% → 0.2%) · 통화안정증권금리선물 상장
2003년 3월 8월	· 국채선물거래 대상채권 변경(분기 이자지급 → 반기 이자지급)에 따라 최종결제 기준채권 요건 변경(2개 이상 채권 → 하나 또는 복수 채권) · 12월 31일을 선물거래일로 지정 · 5년국채선물 상장 · 3년국채선물 주문증거금 변경(170만원 → 180만원)
2005년 9월	· 3년국채선물 협의대량거래제도 도입 · 적격기관 투자자에 대한 사후위탁증거금제도 도입 · 12월31일을 휴장일로 재지정 · 주문증거금 변경 : 통안증권금리선물(100만원→70만원), 5년국채선물(280만원→230만원) · 개시증거금률 변경 : 통안증권금리선물(0.45%→0.3%), 5년국채선물(2.25%→1.8%) · 유지증거금률 변경 : 통안증권금리선물(0.3%→0.2%), 5년국채선물(1.5%→1.2%) · 주문가격제한범위 변경 : 3년국채선물(±4.00→±3.00), 5년국채선물(±6.00→±4.50)

2003년 3월부터는 국고채 통합발행(fungible issue)의 기간과 국고채의 이자지급주기가 3개월

에서 6개월로 연장됨에 따라 국채선물의 거래대상 채권을 3개월 이자지급 국고채권에서 6개월 이자지급 국고채권으로 변경하였으며 최종결제 기준채권도 복수의 채권에서 하나 이상의 채권으로 변경하였다. 또한, 2005년에 들어 금리선물의 가격변동성(price variability)이 감소된 데다 주문입력 오류의 가능성을 감소시키기 위해 주문가격 제한범위를 전일 선물정산가격 기준으로 3년국채선물은 ±4.00에서 ±3.00로, 5년국채선물은 ±6.00에서 ±4.50로 각각 축소하였다.

1.3 거래소제도

금리선물시장은 거래소, 금리선물거래회원(선물회사) 및 고객으로 구성된다.[33] 선물거래는 거래소에서 정한 표준화된 매매계약에 따라 이루어지므로 금리선물거래의 메커니즘을 이해하기 위해서는 거래소 제도를 이해해야 한다. 한국에서는 한국증권선물거래소법에 의하여 설립된 한국증권선물거래소에서 금리선물이 거래되고 있다. 한국증권선물거래소는 법률적으로 회원들로 구성된 사단법인의 형태로 회원들로부터 조성한 출자금, 연회비 및 선물거래에 대하여 징수하는 거래수수료 등으로 운영된다(2006년 7월말 기준 금리선물의 경우 수탁거래는 계약당 850원이며 자기거래는 550원으로 정하고 있음).

(1) 주문매매방식

주문매매방식과 관련하여 한국증권선물거래소는 주문접수, 거래체결 및 통보과정이 전산시스템에 의하여 자동적으로 수행되는 전자거래방식을 채택하고 있다. 미국 시카고상품거래소(CBOT) 등 역사가 긴 선물거래소에서는 아직도 일부 거래를 특정장소(trading pit)에 거래원(broker)들이 모여 육성 또는 수신호로 체결하는 공개호가방식(open-outcry auction system)을 취하는 경우도 있다. 그러나 정보기술의 발달과 함께 1990년대 중반 이후부터는 전자거래방식을 채택하는 거래소가 점차 증가하는 추세를 보이고 있다.

(2) 결제업무

결제업무와 관련하여 미국 등 선진국과는 달리 한국의 경우 별도의 독립된 청산기구를 두지 않고 한국증권선물거래소가 청산 및 결제기능을 담당하는 부서를 두어 운영하고 있다. 또한, 회원사의 파산 등으로 계약 이행이 불가능할 경우에 대비하여 한국증권선물거래소는 다른 회원들

33) 금리선물거래회원은 선물거래에 대한 결제이행책임의 부담 여부에 따라 결제회원과 거래전문회원으로 구분한다. 결제회원은 자기의 명의로 성립된 선물거래 또는 거래전문회원으로부터 결제를 위탁받은 선물거래의 결제를 자기명의로 하는 회원이며, 거래전문회원은 자기의 명의로 성립된 선물거래에 따른 결제를 결제회원에게 위탁하는 회원이다. 따라서 결제회원은 거래의 체결, 청산책임을 지는 반면 거래전문회원은 거래에만 직접 참가하고 청산책임은 지지 않는다. 2006년 7월말 기준 11개 선물회사가 결제회원으로, 1개 선물회사가 거래전문회원으로 가입되어 있다.

이 연대책임을 지도록 하고 있다. 이를 위해 결제회원들에게 손해배상공동기금을 적립하도록 하고 있다.

(3) 가격결정방식

한국증권선물거래소에 상장된 금리선물거래의 체결가격은 주가지수선물의 거래시간 중 가격결정방식[34]과 같이 가격 및 시간우선의 원칙[35]에 따라 결정된다. 또한, 한국증권선물거래소는 금리선물거래에 있어서 주문가격 제한폭을 두고 있으나 주가지수선물시장과는 달리 매매거래중단제도(circuit breakers)를 운영하지 않고 있다. 이는 주가지수선물의 거래대상인 주식은 거래소에서 매매거래중단제도를 운용하는 반면 금리선물은 거래대상인 채권, CD 등이 주로 장외시장에서 거래되기 때문이다.

1.4 한국의 금리선물시장

한국증권선물거래소에 상장되어 있는 금리선물은 기초자산(underlying asset)의 만기에 따라 2가지(① 장기금리선물(3년국채선물, 5년국채선물 등), ② 단기금리선물(통화안정증권금리선물, CD금리선물 등))로 구분한다.

5년국채선물의 경우에는 기초자산의 만기, 주문가격 제한폭 및 도입시기 등을 제외하고는 모든 거래조건이 3년국채선물과 동일하며, CD금리선물과 통화안정증권금리선물은 사실상 거래가 없거나 미미한 상황이다.

(1) 거래조건

3년국채선물의 기초자산은 최종결제일 기준 만기 3년, 액면금액 1억원, 표면금리 8%로 반기별로(semi-annually) 이자를 지급하는 가상의 국고채권이다.

선물가격의 표시방법은 액면금액 1억원을 100으로 환산하여 소숫점 둘째자리까지 표시한다.[36] 일례로 가상 국고채권의 가격이 1억 450만원일 경우 104.50으로 표시한다. 한편, 최소 가격 변동폭인 1 tick의 크기는 0.01로 국채선물가격 1 tick의 가치는 가상채권 가격의 10,000원(=

34) 거래시간 이외의 거래에서는 거래량이 최대가 될 수 있는 수준에서 거래가 체결되는 단일가격에 의한 개별경쟁매매 거래방식을 따른다(예 : 시가 또는 종가 결정시). 이러한 거래는 시장상황에 대한 구체적 정보를 가지지 못하는 경우에 수요와 공급을 집중하여 가격을 결정하는 방식이다.

35) 매도주문의 경우 최저매도가격, 매수주문의 경우 최고매수가격을 우선으로 거래를 체결시키고 동일한 가격의 주문에 대해서는 먼저 접수된 주문부터 거래를 체결시키는 원칙이다.

36) 장기금리선물과 달리 단기금리선물의 가격표시방법은 Index Price = '100.00 - 단기금융상품 수익률(연%)'으로 나타낸다. 이는 미국 시카고상업거래소(CME) 내 국제단기금융시장(International Money Market)에서 채택하는 방법으로 단기금융상품 수익률이 8.90%이면 가격은 91.10(= 100.00 - 8.90)으로 표시한다. 한국의 단기금리선물인 CD금리선물, 통화안정증권금리선물도 위의 가격표시방법을 따른다.

0.01 × 1억 × 1/100)에 해당된다.

최종결제방법은 현금결제(cash settlement) 방식을 채택하고 있다. 만기일에 현물채권을 직접 인도하는 대신에 거래소가 정한 최종결제가격과 선물계약가격과의 차액만을 정산하는 것이다. 이는 국채선물 도입 당시 기초자산인 국채의 유동성 부족에 따른 실물인도(physical delivery)의 어려움과 거래 편의성 등을 고려하여 현금결제방식을 채택했기 때문이다. 가상국고채의 최종결제가격 산정에는 실제채권의 수익률이 사용되는 데 이들 채권을 최종결제 기준채권이라 한다.

최종결제 기준채권은 상장일 직전 영업일에 한국증권선물거래소가 미리 정해진 기준에 따라 선정하며 만기 최종결제가격이 최종거래일 현재 최종결제 기준채권의 수익률을 기초로 산정된다. 특히, 가격조작을 방지하기 위하여 최종거래일 3개 시점(10시, 10시 30분, 11시)의 최종결제 기준채권 수익률 중 중간수익률과 11시 30분 현재 수익률을 산술평균한 수익률(소수점 넷째자리에서 반올림)을 가상국고채 가격식에 대입하여 선물의 최종결제가격을 정한다.

국채선물의 결제월 주기는 3개월 단위로 3, 6, 9, 12월이며 이 중 2개 최근월물만 상장되어 거래되고 있다. 예를 들면, 2006년 7월 31일 기준 2006년 9월물과 2006년 12월물 2개 종목이 상장되어 거래된다. 최종결제일은 해당 결제월의 세 번째 수요일로 휴장일인 경우 익영업일로 순연된다. 거래시간은 월요일부터 금요일까지는 오전 9시부터 오후 3시까지이며, 결제일 직전영업일인 최종거래일에는 오전 9시부터 오전 11시 30분까지만 거래한다.

(2) 증거금제도

투자자가 선물거래를 하기 위해서는 거래단계별로 정해진 증거금을 선물회사에 개설된 자기계좌에 예치하여야 한다. 이러한 증거금에는 4가지(① 주문증거금, ② 개시증거금, ③ 유지증거금, ④ 추가증거금)가 있다.

3년국채선물의 경우 주문증거금은 주문을 위하여 국채선물 1계약당 180만원을 예탁(5년국채선물은 230만원)하고 개시증거금은 거래유지를 위하여 직전영업일 기준 최종결제 기준채권 가격의 1.5%를 예탁(5년국채선물은 1.8%)한다. 한편, 유지증거금은 거래유지를 위하여 해당거래일의 최종결제 기준채권 가격의 1.0%를 예탁(5년국채선물 1.2%)한다. 이 때 예탁평가액이 선물가격 하락에 따른 정산 등으로 유지증거금을 하회하게 될 경우 마진콜(margin call)이 발생한다.

마진콜은 선물회사가 거래고객에게 추가증거금을 납입하도록 통보하는 행위로 추가증거금의 요구가 있을 경우 거래고객은 유지증거금이 부족해진 날 익영업일 12시까지 개시증거금 수준으로 증거금을 예탁하여야 한다. 추가증거금 미납시에는 선물회사가 고객의 미결제약정을 임의로 반대매매하여 처분한다.

〈표 19-26〉 금리선물의 증거금 현황

	3년국채선물	5년국채선물	CD금리선물	통화안정증권금리선물
주문증거금	180만원	230만원	50만원	70만원
개시증거금[1)]	1.5%	1.8%	0.3%	0.3%
유지증거금[2)]	1.0%	1.2%	0.2%	0.2%

주 : 1) 개시증거금은 직전 영업일 기준 해당 최종결제 기준채권 가격에 대한 비율
2) 유지증거금은 해당 거래일 기준 해당 최종결제 기준채권 가격에 대한 비율

(3) 일일정산제도

금리선물거래는 매일 시가로 산정된 선물가격, 즉 일일정산가격을 기준으로 정산하게 된다(일일정산가격은 당일 거래 마감직전 1분 동안 체결된 선물가격에 거래량을 가중평균한 가격으로 당일 최종가격(the last price)과는 상이할 수 있음). 선물가격 상승시 선물매수자는 전일 선물포지션의 선물가격과 금일 일일정산가격과의 차이만큼 금액을 수령하고 선물매도자는 동 차이만큼 금액을 지급하게 된다.

(4) 선물가격과 현물가격의 관계

선물가격과 현물가격 간의 관계는 이론적으로 보유비용(cost of carry) 관점에서 파악할 수 있다. 일반적으로 현물보유와 관련한 비용(c)이 현물보유에서 발생하는 수익(y)보다 크다면 선물가격이 현물가격을 상회하게 된다. 반대의 경우에는 선물가격이 현물가격을 하회하게 된다. 채권의 경우 수익률 곡선이 우상향하면 현물채권 보유 편익(장기금리)이 기회비용(단기금리)보다 커 미래의 현물가격인 선물가격이 현물가격보다 낮게 되는 경향이 있다.

국채선물가격은 만기시점에 거래대상인 현물채권의 가격이므로 기본적으로 현물채권가격의 동향에 영향을 받게 된다. 이에 따라 국채선물가격과 현물가격과의 관계, 즉 베이시스(basis)의 동향을 이해하는 것이 중요하다. 베이시스는 현물가격(spot price)과 선물가격(futures price)의 차이(현물가격-선물가격)로 정의된다(주가지수, 환율 등에 기초한 경우 베이시스 표기는 금리선물과 달리 '선물가격-현물가격'으로 정의됨).

베이시스는 시장상황에 따라(+) 또는 (-)로 나타날 수 있으나 만기일에는 선물가격이 현물가격과 같아지면서 0에 수렴한다.

〈표 19-27〉 금리선물 거래조건

구분	5년국채선물	3년국채선물	통화안정증권 금리선물	CD금리선물
기초 자산	국고채 (액면 1억원, 5년만기, 금리 8%)	국고채 (액면 1억원, 3년만기, 금리 8%)	통화안정증권 (액면 2억원, 만기 364일)	CD (액면 5억원, 만기 91일물)
가격표시 방법 (소수 둘째자리)	액면가 1억원을 '100.00'으로 환산하여 표시	좌동	100-R* *통화안정증권 유통수익률	100-R* * CD 유통수익률
최소가격 변동폭(tick)	0.01	좌동	좌동	좌동
최소가격 변동가치	10,000원 (1억원×0.01×1/100)	좌동	20,000원 (2억원×0.01×1/100)	12,500원 (5억원×0.01×1/100×91/364)
결제월주기 (상장결제월)	3, 6, 9, 12월 (2개)	좌동	3, 6, 9, 12월 (4개)	좌동
최종결제일 (최종거래일)	결제월의 3번째 수요일(t-1)	좌동	좌동	좌동
최종결제방법	현금결제	좌동	좌동	좌동
가격제한폭 (주문가격제한[1)])	없음 (±4.50)	없음 (±3.00)	없음 (±1.50)	없음 (±1.00)
도입시기	2003. 8. 22	1999. 9. 29	2002. 12. 6	1999. 4. 23

주 : 1) 주문오류 방지를 위해 주문가격 제한폭을 둠

특히, 한국은 국채선물가격이 현물가격을 하회하는 현상이 지배적으로 나타나고 있다. 이는 국채선물시장에서 매도헤지거래가 매수헤지거래보다 많은 점에 기인한다. 즉, 채권거래에 있어서 공매도(short sale)가 제한되어 선물매수헤지(long hedge) 거래가 위축된 반면 현물채권 보유에 따른 선물매도헤지(short hedge) 거래는 활발한 편이다.[37)]

정상 백워데이션(normal back-wardation)이론에 따르면 상품의 공급자와 같이 가격하락에 따른 위험을 회피하기 위한 헤지수요가 클 경우 매도헤지거래자(short hedger)는 선물계약에 따른 위험축소의 대가로 일정규모의 헤지비용을 감수하려 하고 투기거래자는 기대수익이 양(+)일 경우 가격하락의 위험을 떠안는 매수포지션(long position)을 취함으로써 선물거래가 이루어진다.[38)] 따라서 이러한 선물매도 헤지수요가 큰 시장에서는 선물가격이 미래의 기대현물가격보다

37) 유가증권의 위탁매매업이 허용된 증권사에게만 공매도가 허용되고 있다. 이 경우에도 시장교란(market disturbance)을 최소화하기 위해 일정 공정가격 이하로는 호가를 할 수 없도록 하고 있다. 또한, 은행은 2006년 5월부터 채권을 차입하여 위험회피, 차익거래, 결제 거래 등을 위해 사용할 수 있다.

38) 백워데이션(back-wardation)은 선물가격이 현물가격보다 낮은 현상을 의미한다. 금리선물시장에서는 정상적인 경우(수익률곡선이 우상향하는 경우) 항상 백워데이션이 발생하게 된다. 반면 주가지수선물시장에서는 주가전망에 따라 선물가격이 현물가격보다 높은 콘탱고(contango)도 자주 발생한다.

낮은 수준을 유지하여 선물가격의 저평가상태가 장기간 지속되는 경향이 있다.

1.5 외국 사례

(1) 미국

미국의 금리선물시장은 1975년 10월에 시카고상품거래소(CBOT)에서 최초로 미국정부주택저당채권증서(GNMA mortage certificates)를 대상으로 한 금리선물이 거래되면서 시작되었다. 그러나 본격적인 금리선물시장은 1977년 8월 시카고상품거래소(CBOT)에 상장된 장기국채선물이 성공적으로 거래되면서 형성되었다. 또한, 1981년 12월에는 시카고상업거래소(CME)에서 3개월 유로달러금리선물이 거래되면서 단기금리선물도 크게 활성화되었다. 미국의 금리선물시장은 양거래소, 즉 단기금리선물거래가 활발한 시카고상업거래소와 장기금리선물 위주의 시카고상품거래소로 양분되어 있다.

시카고상업거래소에 상장된 3개월유로달러금리선물의 2005년 거래량은 4억여 계약으로 전세계 거래소에 상장된 금리선물 상품 중 단일품목으로는 최대를 기록하였다. 한편, 시카고상품거래소에 상장된 국채선물은 만기별로 2년물, 5년물, 10년물, 30년물이 있다. 2005년 거래량을 보면 10년국채선물이 2억여의 계약으로 가장 활발하게 거래된 것으로 나타났다.

〈표 19-28〉 미국의 주요 금리선물 상품(2005년말 기준)

거래소	금리선물상품명	계약당 거래금액	도입시기	2005년 중 거래량 (계약수)
시카고 상품거래소 (CBOT)	30일페더럴펀드금리선물	500만달러	1988. 10	11,602,282
	2년국채선물	20만달러	1990. 6	21,205,359
	5년국채선물	10만달러	1988. 5	121,908,830
	10년국채선물	10만달러	1982. 5	215,124,076
	30년국채선물	10만달러	1982. 5	86,926,569
시카고 상업거래소 (CME)	1개월리보선물	300만달러	1990. 4	1,048,468
	3개월국채금리선물	100만달러	1976. 1	-
	3개월유로달러금리선물	100만달러	1981. 12	410,355,384
	3개월유로엔리보선물	1억엔	1999. 4	-

자료 : Futures Industry Institute, 2006. 3.

미국 금리선물시장은 세계에서 가장 오랜 역사를 가지고 있으며 전세계 선물거래량의 44.7%를 차지하고 있다. 다만 단일거래소로는 독일의 EUREX가 30.8%로 가장 높은 비중을 차지하고 있으며 미국의 CBOT, CME가 그 뒤를 잇고 있다. 특히, EUREX는 장기금리선물 위주로 취급하고 있는데 장기금리선물의 경우 전세계 총 거래량의 50% 이상을 차지하고 있다.[39)]

39) EUREX는 전자매매방식과 함께 자동화 결제기능까지 제공하고 있다. 특히, EUREX Exchanges,

〈표 19-29〉 주요 거래소별 금리선물 거래규모 비교(2005년 중)

(단위 : 1,000계약, %)

거래소	장기금리선물	단기금리선물	합 계
시카고상품거래소(CBOT)	446,066 (39.9)	11,602 (1.4)	457,668 (23.5)
시카고상업거래소(CME)	0 (0.0)	411,707 (49.8)	411,707 (21.2)
EUREX	599,621 (53.6)	689 (0.1)	600,310 (30.8)
EURONEXT	19,078 (1.7)	248,663 (30.1)	267,741 (13.8)
한국증권선물거래소(KRX)	11,224 (1.0)	3 (0.0)	11,227 (0.6)
시드니선물거래소(SFE)	36,886 (3.3)	18,501 (2.2)	55,387 (2.8)
동경증권거래소(TSE)	79 (0.0)	10,978 (1.3)	11,057 (0.6)
기 타[1]	5,138 (0.5)	124,903 (15.1)	130,041 (6.7)
합 계	1,118,092 (100.0)	827,045 (100.0)	1,945,138 (100.0)

주 : 1) MexDer, Singapore Exchange 등
2) ( )안은 구성비

자료 : World Federation of Exchange

① 국채선물

국채선물은 만기별로 2년물, 5년물, 10년물, 30년물이 있다. 이 중 정부의 기준물로 채택된 10년국채 선물(10-Year Treasury Note Futures)의 거래가 가장 활발한 편이다. 10년국채선물의 거래대상은 액면금액이 10만 달러, 표면금리가 6.0%, 만기가 10년인 국채이다.

10년국채선물의 가격표시는 액면금액 10만달러를 100으로 환산하여 나타내므로 1포인트의 가치는 1,000달러이다. 또한, 최소가격변동(tick)의 크기는 1/64이므로 1 tick의 가치는 계약당 15.625달러이다($100,000/100 × 1/64 = $15.625).

최종결제방법은 현물결제(delivery settlement) 방식으로 선물만기일에 인도할 거래대상 채권은 최종결제월의 첫 영업일 기준으로 잔존만기가 6.5년 이상 10년 이하인 모든 국채를 10년국채선물의 인도대상 채권으로 정하고 있다. 이 때 거래대상 채권과 인도할 채권 간의 만기와 표면

EUREX Bonds, EUREX Repo 뿐만 아니라 Frankfurt Stock Exchange, Irish Stock Exchange 등의 거래에 대한 청산역할도 담당하고 있다.

금리의 차이는 전환계수(conversion factor)를 이용하여 조정한다.

국채선물 거래에서 현물인도(물론 만기이전에 반대거래를 통해 선물포지션을 청산할 수도 있음)는 다음과 같이 3일 간에 걸쳐서 이루어진다. 첫째 날(position day)은 국채선물 매도자가 현물인도를 결정하고 이를 거래소에 통보한다. 둘째 날(notice of intention day)에는 거래소가 최종결제를 위하여 선물매수자를 찾아 주선하고 선물매도자는 선물매수자에게 결제금액을 청구한다. 셋째 날(delivery day)에는 선물매매 당사자간 자금과 채권의 교환이 이루어진다.

한편, 시카고상품거래소는 인도할 채권을 구하기 어렵기 때문에 선물매도자에게 유리한 3가지 선택권(option)을 부여하고 있다.

가. 최저인도가격 채권 선택(quality option)

최종결제월 기간 중 선물매도자는 자신의 수익을 최대로 하는 최저인도가격(CTD : Cheapest-to-Deliver) 채권을 선택(quality option)하여 인도할 수 있다. 최저인도가격 채권을 구하는 과정은 다소 복잡해 보이나 실제로 블룸버그(Bloomberg)나 실무 전산프로그램을 이용하여 용이하게 구할 수 있다. 이에 따라 선물시장 참가자들은 선물거래시 CTD의 가격을 확인하면서 거래하게 된다.

나. 와일드카드 옵션(wildcard option)

선물매도자의 두 번째 선택권은 와일드카드 옵션(wildcard option)이다. 시카고상품거래소의 선물거래시간은 오후 2시에 종료되나 현물시장은 이 시간 이후에도 계속 거래되고 있으며 선물매도자는 오후 8시까지 거래소에 현물인도를 통보할 수 있다. 따라서 선물매도자는 오후 2시 이후 채권가격이 하락할 경우 현물인도를 통보하여 가격하락에 따른 이익을 얻을 수 있다.

다. 인도시기 옵션(timing option)

최종거래일까지 반대매매를 통하여 포지션을 청산하지 않은 경우 선물매도자는 최종결제일까지의 7영업일 기간 중에 현물을 인도할 날을 임의로 선택할 수 있다. 이를 인도시기 옵션(timing option)이라고 한다. 이 경우 선물매도자는 7영업일 동안 인도할 채권의 가격하락에 따른 이익을 획득할 가능성이 발생한다.

② 단기금리선물

단기금리선물은 3개월국채금리선물(Treasury Bill Futures), 3개월유로달러금리선물(Eurodollar Futures)과 초단기금리선물인 30일페더럴펀드금리선물(Federal Funds Futures)이 있다. 도입시기로 보면 3개월국채금리선물이 먼저 상장되었으나 현재 거래가 전무하여 단기금리선물의 대표적인 형태는 3개월유로달러금리선물이다.

가. 3개월유로달러금리선물

3개월유로달러금리선물은 LIBOR(London Inter-Bank Offered Rate)에 의존하는 90일 만기 유로달러정기예금을 거래대상으로 하는 금리선물로서 거래금액(명목금액)은 100만 달러이며 가격표시는 100 - '90일물 LIBOR'로 한다. 따라서 90일물 LIBOR가 2.0%일 경우 3개월유로달러금리선물의 가격은 98.00으로 표시된다. 한편, 3개월유로달러금리선물의 최소가격변동단위(tick)는 0.5bp(= 0.00005)로 1 tick의 가치는 12.50달러이다($1,000,000 × 0.00005 × (90/360) = $12.50). 결제방식에 있어 3개월유로달러금리선물은 현금결제방식을 따른다. 즉, 최종결제일에 90일물 LIBOR를 이용하여 최종결제가격(= 100 - '90일물 LIBOR')을 산출한 다음 이 최종결제가격과 당초 거래한 매매가격과의 차이에 12.50달러를 곱한 금액으로 정산한다. 상장종목수에 있어서도 최장 10년에 이르기까지 총 44개의 종목이 상장되어 있다.

나. 초단기금리선물

초단기금리선물로는 페더럴펀드금리(Federal Funds Rate)를 대상으로 하는 30일페더럴펀드금리선물(Federal Funds Futures)이 있다. 페더럴펀드금리는 미국페더럴펀드시장(Federal Funds Market)에서 은행 간에 익일물 자금거래를 할 때 적용되는 금리(overnight rate)로 여타 단기금리(short-term interest rate)의 기준이 되고 있다. 동 금리선물의 가격은 100 - R[40])로 표시한다. 거래단위는 500만 달러이며 최소가격변동단위(tick)는 0.5bp(= 0.00005)로 1 tick의 가치는 20.835달러이다.

40) FRB New York에서 고시하는 익일물 Federal Funds Rate(연 %)를 결제월(만기는 해당 월의 마지막 영업일)의 30일 동안 단순평균한 금리이다.

〈표 19-30〉 미국의 금리선물 개요

	30일페더럴펀드금리선물	3개월유로달러금리선물	10년국채선물
취급 거래소	CBOT	CME	CBOT
도입시기	1988년 10월	1981년 12월	1982년 5월
거래대상	결제월 중 Fed Funds Rate(익일물기준)의 30일간 단순평균금리	90일물 유로달러금리	만기 10년, 표면금리 연 6%인 미국국채
거래단위	500만 달러	100만 달러	10만 달러
가격표시방법	100 - R(해당 금리, 연 %)		액면가를 '100'으로 환산하여 표시
최소가격변동폭 (1 tick의 가치)	0.5bp (20.835달러)	0.5bp (12.5달러)	1/64 (15.625달러)
가격제한폭	없음		
거래시간	7시 20분 ~ 14시		
결제월	1~12월	3, 6, 9, 12월	
상장결제월	24개	44개	5개
최종결제일	최종결제월의 마지막 영업일	최종결제월의 세 번째 수요일	최종결제월의 마지막 영업일
최종거래일	최종결제일	최종결제일 전일	최종결제일 이전 7영업일
결제방법	현금결제		현물결제 (결제월 첫 영업일 현재 잔존 만기 6.5년~10년인 국채)

(2) 일본

일본의 금리선물시장은 1985년 10월 동경증권거래소에 10년국채선물이 상장되면서 시작되었다. 일본 금리선물시장은 여타 선진국에 비해 역사가 짧고 거래되는 금리선물의 종류와 거래량이 많지 않은 편이다.

또한, 선물거래를 규제하는 법률이 상품별로 유가증권거래법, 금융선물거래법 및 상품거래소법 등으로 나뉘어져 있으며 이들 상품을 거래하는 거래소도 각각 상이하다. 즉, 채권이나 주식 등 유가증권과 관련된 선물거래는 동경증권거래소에서, 외한 및 단기금융상품과 관련된 선물거래는 동경금융선물거래소에서 각각 취급한다. 따라서 국채선물은 동경증권거래소에서, 3개월유로엔금리선물 등 단기금리선물은 동경금융선물거래소에서 각각 거래되고 있다.

① 국채선물

10년국채선물의 거래대상은 만기 10년, 액면금액 1억엔, 표면금리 6%인 일본 국채이다. 결제방법은 현물결제방식으로 선물매도자는 최종결제일 현재 잔존만기 7년 이상 11년 미만의 국채를 인도하게 된다. 선물가격의 표시는 액면금액 1억엔을 100.00으로 환산하여 표시한다. 선물가격의 최소가격변동단위(tick)는 1bp로 1 tick의 가치는 10,000엔이다(￥100,000,000 × 0.0001 = ￥10,000).

② 단기금리선물

단기금리선물로는 현재 한 가지(3개월유로엔금리선물)가 있다. 유로엔(Euroyen) 금리의 기준에 따라 TIBOR(Tokyo Inter-Bank Offered Rate)유로엔선물과 LIBOR(London Inter-Bank Offered Rate)유로엔선물 2가지 상품이 있으나 주로 TIBOR유로엔선물이 거래되고 있다.

TIBOR유로엔선물의 경우 거래단위는 1억엔이고 가격표시는 100 - R(3개월물 유로엔 TIBOR)로 표시한다. TIBOR선물의 최소가격변동단위(tick)는 0.5bp이므로 1 tick의 가치는 1,250엔이 된다(￥100,000,000 × 0.00005 × (90/360) = ￥1,250). 3개월물 TIBOR유로엔선물의 결제는 국채선물과는 달리 현금결제방식을 따른다.

〈표 19-31〉 일본의 금리선물 개요

	10년국채선물	5년국채선물	3개월TIBOR유로엔선물
취급 거래소	동경증권거래소		동경금융선물거래소
도입시기	1985년 10월	1996년 2월	1989년 6월
거래대상	만기 10년, 표면금리 연 6%인 일본국채	만기 5년, 표면금리 연 3%인 일본국채	유로엔TIBOR 3개월물
거래단위	1억엔		
가격표시방법	액면가를 '100.00'으로 환산하여 표시		100 - R(금리)
최소가격변동폭 (1 tick의 가치)	1bp (10,000엔)		0.5bp (1,250엔)
가격제한폭	전일종가의±2.00		없음
거래시간	9시~11시, 12시 30분~15시 15시 30분~18시		9시~11시 30분, 12시 30분~ 15시 30분, 15시 30분~18시
결제월	3, 6, 9, 12월		
상장결제월	3개 결제월		22개 결제월
최종결제일	각 결제월(3, 6, 9, 12월)의 20일		최종거래일 익일
최종거래일	최종결제일 기준 7영업일전		(결제월 제3수요일 기준 2영업일전)
결제방법	현물결제 (결제일 현재 잔존만기 7년 이상 11년 미만 국채)	현물결제 (결제일 현재 잔존만기 4년 이상 5.25년 미만 국채)	현금결제

2. 금리스왑시장

2.1 개관

금리스왑(IRS : Interest Rate Swap)은 차입금에 대한 금리변동 위험의 헤지(hedge)나 차입비용을 절감하기 위하여 두 차입자가 각자의 채무에 대한 이자지급의무를 상호 간에 교환하는 계약으로서 일반적으로 변동(고정)금리를 고정(변동)금리로 전환하는 형식을 취한다.

금리스왑거래는 통화, 원금 및 만기가 같은 부채구조를 가지고 있는 두 당사자 간의 거래가 대부분으로 통화스왑거래와는 달리 계약당사자 간에 이자지급 의무만 있고 원금상환 의무가 없다. 자금의 흐름도 원금의 교환없이 이자차액만 주고받는 것으로 당초의 자금조달과는 관계가 없는 별도의 계약에 의해 거래가 성립된다. 금리스왑은 원금을 교환하지 않기 때문에 채권투자 등에 비해 자금부담과 신용위험(credit risk)이 낮은 편이다.

일반적으로 금리스왑시장의 가장 중요한 기능은 금리변동 위험을 헤지할 수 있는 수단을 제공하는 것이다. 즉, 고정금리부 자산과 부채의 듀레이션(duration) 불일치로 인하여 발생하는 금리변동 위험을 헤지하기 위해 금리스왑거래가 이용된다. 예를 들면, 고정금리부 자산이 부채보다 많은(적은) 경우 금리스왑거래에서는 채권매도(매수)와 같은 효과를 가지는 고정금리 지급부(수취부) 거래를 실시하면 금리변동 위험이 감소된다.

〈표 19-32〉 보유자산 및 부채의 금리변동 위험 헤지를 위한 거래

고정금리부 자산 및 부채의 듀레이션	금리스왑거래		효과
	변동금리	고정금리	
자산 〉 부채	수취	지급	금리변동 위험 감소
자산 〈 부채	지급	수취	금리변동 위험 감소

채권 현·선물과 금리스왑시장 간의 가격 차이를 이용한 거래를 통해 이익을 획득할 수도 있다. 즉, 저평가된 채권의 현물 또는 선물을 매입함과 동시에 고정금리지급부 금리스왑을 거래하거나 고평가된 채권의 현물 또는 선물을 매도함과 동시에 고정금리수취부 금리스왑을 거래함으로써 거래차익을 획득할 수 있다.

〈표 19-33〉 현·선물 및 금리스왑간 차익획득 목적 거래

채권 현·선물		금리스왑거래		효 과
평 가	거 래	변동금리	고정금리	
저평가	매입	수 취	지 급	거래차익 확보 가능
고평가	매도	지 급	수 취	거래차익 확보 가능

향후 금리전망을 기반으로 금리스왑을 할 경우 투기적인 이익(speculative profit)을 실현할 수 있다. 즉, 금리상승이 예상되는 경우에는 고정금리지급 스왑포지션을, 반대로 금리하락이 예상되는 경우에는 고정금리수취 스왑포지션을 취하는 것이 이익을 획득할 수 있는 방법이다. 다만 금리전망이 틀릴 경우에는 손실을 감수해야 한다.

〈표 19-34〉 금리전망에 따른 투기적 거래

금리전망	금리스왑거래		효 과
	변동금리	고정금리	
상승예상	수 취	지 급	변동금리와 고정금리간 차익 획득 가능
하락예상	지 급	수 취	고정금리와 변동금리간 차익 획득 가능

2.2 거래조건

금리스왑의 거래만기는 1~10년물이 가능하나 1~5년물이 주로 거래된다. 일반적으로 최소거래단위금액은 100억원이며 100억원 단위로 추가된다(최소거래단위금액은 은행간시장의 경우이며 대고객 거래의 경우 대부분 고객의 요구를 수용하는 입장이어서 별도로 정한 최소거래규모는 없음). 고정금리와 변동금리는 3개월마다 교환되며 동 변동금리는 증권업협회가 발표하는 최종호가수익률 기준 CD(91일물) 금리를 주로 이용한다.

한편, 금리스왑시장에서는 변동금리와 교환되는 고정금리를 스왑금리(swap rate)라고 한다. 한국에서는 자금중개회사가 발표하는 offer금리와 bid금리를 평균하여 사용하고 있다.[41)]

41) 부가가치통신망인 인포맥스(infomax)는 자금중개회사인 한국자금중개 및 서울외국환중개의 호가를 게시하고 있다. 로이터(Reuters)는 Tullet Prebon Korea, KIDB-ICAP, Tradition, 한국자금중개 등의 호가를 제공하고 있다. 블룸버그(Bloomberg)는 Tullet Prebon Korea KIDB-ICAP, 한국자금중개, 서울외국환중개 등 국내외 중개회사 및 은행의 호가와 평균치를 게시하고 있다.

① Offer금리

Offer금리는 스왑시장 조성은행(market maker)이 고객(market user)에게 변동금리를 주는 대신 받고자 하는 고정금리를 위미한다.

② Bid금리

Bid금리는 스왑시장 조성은행이 변동금리를 받는 대신 지급하고자 하는 고정금리이다.

③ 금리스왑스프레드

금리스왑시장에서 금리스왑 스프레드라는 용어도 자주 사용된다. 이는 스왑금리와 무위험채권 수익률 간의 차이를 의미한다. 금리스왑 스프레드는 현재 3년 만기 스왑금리와 3년 만기 국고채 수익률 간의 차이가 주로 이용되고 있다. 1 · 2 · 5 · 10년 만기 스왑금리와 1 · 2년 만기 통화안정증권 및 5 · 10년 만기 국고채 수익률과의 차이가 종종 이용되기도 한다.

상기한 금리스왑시장에서의 스왑 금리 및 스프레드는 금리전망, 거래상대방의 신용위험, 국채 및 스왑시장의 수급 등 다양한 요인에 의해 변동한다. 예를 들면, 스왑시장 조성은행이 시장금리가 하락할 것으로 예상하여 변동금리를 지급하고 그 대신 고정금리를 받고자 할 경우 고정금리 수취 스왑수요 증가로 스왑시장 조성은행이 받고자 하는 고정금리가 하락하면서 국고채 수익률과의 스왑 스프레드가 축소된다. 반대로 스왑시장 조성은행이 시장금리가 상승할 것으로 예상하여 변동금리를 받고 고정금리를 지급하고자 할 경우 고정금리지급 스왑수요 증가로 스왑시장 조성은행이 지급하고자 하는 고정금리가 상승하게 되고 스왑 스프레드도 확대된다.

2.3 참가기관

금리스왑시장은 크게 2가지(① 대고객시장, ② 은행간시장)로 구분된다.

(1) 대고객시장

자산운용회사, 보험회사, 연기금 및 신용도가 높은 기업 등 고객들이 스왑시장 조성은행, 즉 산업은행, 국민은행 등 신용도가 높은 국내은행이나 Deutsche, Barclays, UBS, HSBC, JP Morgan Chase 등 외국은행 국내지점 등과 사전계약을 통해 스왑거래 한도를 설정한다. 그리고 고객이 금리변동 위험을 헤지하고자 스왑시장 조성은행 앞으로 금리스왑 거래계약을 요청하고 동 은행이 이를 수용하면서 거래가 성사된다.

(2) 은행간시장

스왑시장 조성은행은 대고객거래에서 발생한 금리스왑 포지션 변동 또는 자기보유 자산의 헤지 및 투기목적 등을 위해 포지션을 조정할 필요성을 가지게 된다. 이 때 새로운 고객과의 반대 방향 거래(offset transaction)를 하거나 은행간시장을 통해 포지션조정을 하게 된다. 이러한 은행간거래에서는 직접거래보다는 상호 간의 탐색비용(searching cost)을 감소시키기 위해 주로 중개거래를 하고 있다. 중개기관으로는 4개의 국내중개회사(① 서울외국환중개, ② 한국자금중개, ③ Tullet Prebon Korea, ④ KIDB-ICAP)와 외국계 중개회사(Tradition, GFI 등)가 주로 이용된다. 이들 중개회사는 금리변동 위험을 부담하지 않기 위해 단순중개방식으로 거래를 주선하고 있다.

2.4 외국 사례

(1) 미국

미국의 금리스왑시장은 1982년 학자금 대출을 주로 하는 Sallie Mae에 의하여 최초로 거래가 이루어진 이래 성장을 지속하고 있다. 특히, 최근에는 금융기관 등이 MBS나 회사채 등의 보유에 따른 헤지수단으로 미국 국채(T-Notes) 대신 금리스왑을 선호하면서 금리스왑거래가 급속히 증가하고 있다.[42] 즉, 위험채권을 보유한 투자자들은 스왑시장 조성은행과 고정금리지급부 금리스왑거래를 체결하여 금리상승에 따른 보유채권 가격의 하락위험을 감소시키고, 스왑시장 조성은행은 고객과의 스왑거래에 따른 위험을 회피하기 위해 다른 스왑시장 조성은행과 반대방향의 스왑거래를 체결하면서 스왑시장이 크게 확대되고 있다.

금리스왑에 있어 변동금리는 주로 6개월 LIBOR가 사용되나 때로는 3개월 LIBOR가 사용되기도 한다. 한편, 변동금리와 교환되는 고정금리(스왑금리)는 은행간시장의 경우 주로 미국 국채(T-Notes) 수익률에 스프레드를 가산한 방식(T+spread)으로, 대고객시장의 경우에는 총금리방식(all-in)으로 고시되고 있다.[43] 금리스왑시장의 주요 참가자는 상업은행 등 스왑딜러이며 이 외에도 금융기관, 기업, 세계은행(World Bank)과 같은 국제기구, 정부투자기관, 채권딜러, 헤지

42) 과거에는 MBS나 회사채 등을 보유한 미국 투자자들이 주로 유동성이 풍부한 미국 국채를 공매도하여 금리 상승에 따른 보유채권의 가격하락 위험을 헤지하였다. 그러나 국채로 헤지시 1998년 LTCM(Long Term Capital Management Co.) 사태와 같이 신용위험 우려로 안전자산 선호경향이 나타나는 경우 보유채권의 수익률 상승에 따른 손실과 미국 국채수익률 하락에 따른 공매도의 손실이 동시에 발생하기도 하였다. 반면에 금리스왑은 스왑시장 조성은행의 신용위험이 반영되어 있어 위험채권의 수익률과 동일한 방향으로 움직이므로 헤지효과가 높아 금리스왑을 통한 헤지를 선호하게 되었다.

43) 총금리방식은 일반고객들의 거래편의를 위해 스왑금리를 '미국 국채수익률 + 스프레드' 방식으로 고시하는 것이 아니라 구체적 숫자로 고시하는 방식을 의미한다.

펀드(hedge fund) 등이 적극적으로 참여하고 있다.

2004년 4월 중 미국의 금리스왑시장의 일평균 거래액은 1,967억 달러로 2001년 4월에 비해 2배 이상 증가하였으며 영국에 이어 2번째로 많은 거래량을 기록하고 있다(국제결제은행(BIS)은 1995년부터 3년마다 각국 중앙은행의 조사 결과를 기초로 전세계 외환 및 파생상품시장 서베이 결과를 발표하고 있음). 거래당사자별로 보면 상업은행 등 딜러가 52.8%로 가장 높으며 기타 금융기관 39.2%, 비금융기관 8.0%의 순서를 나타내고 있다.

〈표 19-35〉 미국의 금리스왑 거래규모[1]

(단위 : 백만 달러, %)

	딜 러	기타 금융기관	비금융기관	합 계
2001. 4	60,068 (73.7)	16,445 (20.2)	5,030 (6.2)	81,543 (100.0)
2004. 4	103,966 (52.8)	77,068 (39.2)	15,686 (8.0)	196,720 (100.0)

주 : 1) 기간 중 일평균, ( )안은 구성비
자료 : BIS, Triennial Central Bank Survey

(2) 일본

일본의 금리스왑시장은 1990년대 초반부터 본격적으로 이루어지기 시작하였다. 그 후 금융기관의 자산부채종합관리(ALM : Asset Liability Management)에 활용되면서 크게 확대되었다.[44] 그러나 1990년대 후반부터 일본은행의 제로금리정책(zero interest rate policy)과 양적완화정책 등으로 콜금리가 사실상 0%로 유지되는 등 금리변동 가능성이 축소되면서 금리스왑시장은 부진한 모습을 나타내었다. 그러나 최근 금리 변동성이 증대되면서 금리스왑시장은 다시 확대되고 있다(국제결제은행(BIS)의 서베이 결과에 따르면 일본의 금리스왑 일평균 거래액은 1995년 4월 128억 달러에서 1998년 4월 176억 달러로 확대된 후 2001년 4월에는 다시 126억 달러로 감소하였으나 2004년 4월에는 220억 달러로 증가한 것으로 나타났음).

금리스왑에 있어 변동금리는 은행간시장의 경우 주로 6개월 엔화 LIBOR가, 대고객 시장은 6개월 TIBOR가 주로 이용되고 있다. 변동금리와 교환되는 고정금리(스왑금리)는 주로 총금리방식(all-in)으로 고시하고 있다.

---

44) 자산부채종합관리는 금융기관이 보유하고 있는 자산과 부채의 구성을 종합적으로 관리함으로써 미래에 발생가능한 금리, 환율 및 유동성 등 제반 리스크를 최소화하거나 수익을 도모하는 관리기법이다. 금융기관들은 운용 및 조달금리, 기간 등을 분석한 후 금리스왑을 통하여 금리변동 리스크를 헤지함으로써 재무구조의 안정화(stabilization of financial structure)를 기할 수 있다.

일본의 금리스왑시장의 일평균 거래액은 2004년 4월 중 220억 달러이며 거래기관별로는 은행 등 딜러가 65.3%로 가장 높으며 기타 금융기관 29.6%, 비금융기관 5.1%의 순서를 나타내고 있다.

〈표 19-36〉 일본의 금리스왑 거래규모[1)]

(단위 : 백만 달러, %)

	딜 러	기타 금융기관	비금융기관	합 계
2001. 4	10,353 (82.4)	1,357 (10.8)	852 (6.8)	12,562 (100.0)
2004. 4	14,377 (65.3)	6,510 (29.6)	1,119 (5.1)	22,006 (100.0)

주 : 1) 기간 중 일평균, ( )안은 구성비
자료 : BIS, Triennial Central Bank Survey

제 4 절 통화관련 파생상품시장

1. 통화스왑시장

1.1 개관

통화스왑(CRS : Currency Swaps) 거래는 2개 또는 그 이상의 거래기관이 사전에 정해진 만기와 환율에 의해 상이한 통화로 차입한 자금의 원리금 상환을 상호 교환하는 거래를 의미한다.

통화스왑은 환리스크(foreign exchange risk) 헤지 및 필요 통화의 자금을 조달하는 수단으로 주로 이용되고 있다.[45)] 금리변동에 대한 헤지 및 특정시장에서의 외환규제나 조세차별 등을 회피하기 위한 수단으로 활용되기도 한다.

1970년대 영국정부가 외환통제를 실시하면서 영국기업들의 미 달러화 매입이 어려워지자 영국기업들이 미국소재 자회사로 하여금 미국기업으로부터 달러화를 차입하도록 하는 대신 동 미국기업의 영국 내 자회사에 대해서는 파운드화를 대출하면서 통화스왑이 크게 발달하는 계기가 되었다(이를 평행대출이라 함).[46)]

45) 예를 들면, 한국의 A 보험사가 100만 달러를 투자하여 미 달러화 표시 채권을 매입할 당시 환율이 1,000원이었으나 이후 900원으로 하락한다면 원금은 10억원에서 9억원으로 감소하게 된다.

46) 당시 영국은 경상수지의 대규모 적자와 파운드화 약세의 어려움에 직면해 있었다. 이에 따라 자본유출(capital outflow)을 억제하기 위해 해외투자용 달러 구입에 대해 프리미엄(premium)을 부과하였다.

1.2 거래조건

거래만기는 1~10년물이 가능하나 주로 1~5년물이 거래된다. 최소거래단위는 1,000만 달러이며 1,000만 달러 단위로 추가할 수 있다(금리스왑시장처럼 은행간시장 기준이며 대고객 거래의 경우 별도로 정한 최소거래단위는 없음). 시장에서는 주로 고정금리부 원화와 변동금리부 외화를 교환하게 되는데 변동금리로는 만기 6개월 LIBOR가 이용된다.

(1) Offer금리

통화스왑시장에서의 offer금리는 스왑시장 조성은행(market maker)이 고객으로부터 달러화를 받고 원화를 줄 때 받고자 하는 원화고정금리를 의미한다.

(2) Bid금리

Bid금리는 스왑시장 조성은행이 원화를 받고 달러화를 줄 때에 지급하고자 하는 원화고정금리를 의미한다.

〈표 19-37〉 만기별 통화스왑 호가 금리(2006년 6월말 기준)

(단위 : 연 %)

만기	1년	2년	3년	4년	5년	7년	10년
offer	4.420	4.500	4.560	4.640	4.680	4.790	4.890
bid	4.440	4.480	4.530	4.620	4.660	4.770	4.860
평균	4.410	4.490	4.545	4.630	4.670	4.780	4.875

자료 : Bloomberg

1.3 참가기관

통화스왑시장도 금리스왑시장과 마찬가지로 2가지(① 대고객시장, ② 은행간시장)로 구분된다. 신용카드회사 및 보험회사 등 고객들과 통화스왑시장 조성은행(통화스왑시장 조성은행은 금리스왑시장의 경우와 비슷함) 등은 사전계약을 통해 스왑거래 한도를 설정하고 환율 및 이자율 변동 위험을 부담하면서 고객의 스왑 요구를 스왑시장 조성은행이 수용하면서 거래가 성사된다.

스왑시장 조성은행은 중개기관(중개회사도 금리스왑시장의 중개회사와 동일함)을 통해 대고객거래에서 발생한 통화스왑 포지션 변동규모 등을 반대방향 거래를 통해 조정하거나 투기목적 등을 위한 포지션 조정을 위해 통화스왑거래를 하고 있다.

1.4 거래규모

국내중개회사에서 1999년 9월 통화스왑거래를 처음으로 중개하기 시작한 후 통화스왑시장은 지속적으로 성장하여 2005년에는 월평균 거래규모가 12조원 수준으로 증가했다. 기관별로 보면 금리스왑시장과 비슷하게 은행이 전체거래의 대부분을 차지하는 가운데 은행 중에서는 국내은행에 비해 외국은행 국내지점의 거래가 활발한 편이다.

〈표 19-38〉 통화스왑 거래현황(2005년 중)

(단위 : 10억원, %)

은 행	증권회사	보험회사	신 탁[1)]	기 타	합 계
124,907	6,394	5,895	440	933	138,569
(90.1)	(4.6)	(4.3)	(0.3)	(0.7)	(100.0)

주 : 1) 은행신탁 및 자산운용회사
2) ( )안은 구성비
자료 : 금융감독원

1.5 주요 투자자별 거래내용

(1) 은행

은행은 주로 생명보험회사, 신용카드회사, 공기업 등 대고객거래에서 발생한 스왑포지션을 조정하기 위한 목적으로 통화스왑거래를 하고 있다.

(2) 생명보험회사

장기보험계약을 많이 보유하고 있는 생명보험회사들은 자금운용상 장기채권에 대한 투자수요가 크지만 국내 채권시장에서는 투자대상 채권을 확보하기 어려워 만기 10년 내외의 장기 외화채권에 투자하고 있다. 이에 따라 생명보험회사들은 외화채권 투자에 따른 환위험(foreign exchange risk) 및 금리위험 등을 헤지하기 위해 통화스왑거래를 이용하고 있다. 통화스왑거래 활용시 외화기준 변동금리부 자산이 원화기준 고정금리부 자산으로 전환되는 효과가 발생하게 된다. 예를 들면, 국내 생명보험회사들은 다른 국내기관이 해외에서 발행한 변동금리부 달러화표시 채권 등을 많이 매입하고 있는데 외화변동금리 수취분을 통화스왑을 통해 원화고정금리로 변경하고 있다.

(3) 신용카드회사

신용카드회사는 부채와 관련하여 통화스왑거래를 시행하고 있다. 달러화표시 변동금리부 자산유동화증권의 해외 발행을 통해 확보한 외화자금을 원화자금으로 전환하기 위해 통화스왑거래를 이용하고 있다. 즉, 신용카드회사는 자산유동화증권발행으로 수취한 달러화 자금을 스왑시장 조성은행에게 지급하고 스왑시장 조성은행은 대신 신용카드회사에게 이에 상응하는 원화를 지급함으로써 신용카드회사는 필요한 원화자금을 조달하게 된다. 통화스왑거래 기간 중 신용카드회사는 원화 고정금리를 스왑시장 조성은행에게 지급하고 스왑시장 조성은행으로부터 달러화 변동금리를 받아 해외투자자에게 지급한다. 그리고 자산유동화증권의 만기가 되면 신용카드회사와 스왑시장 조성은행은 원화자금과 달러화자금을 상호 교환하고 신용카드회사는 동 달러화자금을 자산유동화증권의 상환자금으로 지급하면서 통화스왑거래가 종료된다.

(4) 장기채권 투자기관

국내 보험회사, 연기금 등 주로 장기채권 투자기관들이 장기 외화채권에 투자하는 경우 스왑시장 조성은행은 이들 투자기관과 외화표시 변동금리를 받고 원화표시 고정금리를 지급하는 통화스왑 계약을 체결하게 된다. 그 결과 보유하게 된 원화 고정금리 지급포지션을 헤지하기 위해 스왑시장 조성은행은 고정금리수취부 통화스왑거래를 하게 된다. 이 때 통화스왑시장에서 유동성이 풍부하지 못할 경우 스왑금리가 크게 하락하게 된다. 또한, 통화스왑시장에서 헤지가 어려울 경우 국채 현 · 선물 매입 수요가 증가하면서 국채 현 · 선물시장에도 영향을 미치게 된다.

1.6 외국 사례

미국과 일본의 통화스왑시장은 1980년대 이후 외화채권 발행 확대에 따른 환리스크 헤지를 위해 통화스왑이 이용되면서 크게 성장하였다.[47] 1990년대까지는 이종(異種)통화의 고정금리를 서로 교환하는 fixed-for-fixed 통화스왑이 일반적인 형태였다. 그러나 최근에는 이종통화의 변동금리와 고정금리를 서로 교환하는 fixed-for-floating 통화스왑(cross-currency swap 또는 currency coupon swap이라고도 함)이 주종을 이루고 있다.[48] Fixed-for-floating 통화스왑 거래의 경우에는 주로 미 달러화의 변동금리인 6개월 LIBOR와 기타 통화의 고정금리간 교환이 이루어지는 것이 일반적이다.

통화스왑의 경우 금리스왑과는 달리 이자뿐만 아니라 원금 자체도 교환되므로 리스크 및 자금부담이 커서 금리스왑에 비해 거래가 매우 부진한 편이다(국제결제은행(BIS)에 따르면 2004년 4월 중 전세계 금리스왑 거래액은 일평균 6,206억 달러인 반면 통화스왑 거래액은 일평균

---

47) 1981년에 세계은행(World Bank)과 IBM 사이의 미 달러화와 독일 마르크화 및 스위스 프랑화 채무 간의 통화스왑을 국제적인 투자은행인 살로먼 브라더스(Salomon Brothers)가 연결해 준 것이 국제금융시장에서 통화스왑이 정형화되고 공신력을 얻게 되는 계기가 되었다.

48) 이외에 이종통화의 변동금리를 서로 교환하는 floating-for-floating 통화스왑도 있다.

211억 달러에 불과하였음). 미국과 일본의 통화스왑시장 일평균 거래액을 보면 2004년 4월 중 미국 17.6억 달러, 일본 9.7억 달러로 각각 금리스왑시장의 0.9% 및 4.4% 수준에 불과하다.

〈표 19-39〉 미국과 일본의 통화스왑 거래현황[1](2004년 4월 중)

(단위 : 백만 달러, %)

	딜 러	기타 금융기관	비금융기관	합 계
미국	1,321 (75.2)	307 (17.5)	129 (7.3)	1,757 (100.0)
일본	490 (50.7)	295 (30.5)	182 (18.8)	967 (100.0)

주 : 1) 일평균 기준, ( )안은 구성비
자료 : BIS, Triennial Central Bank Survey, 2004.

2. 기타 통화파생상품시장

통화파생상품으로는 통화스왑(currency swaps) 이외에도 선물환(forward exchange), 통화선물(currency futures), 통화옵션(currency option) 등이 있다.

2.1 선물환시장

선물환거래는 일방적인 선물환 매입 또는 매도거래인 단순선물환(outright forward)거래와 선물환거래가 스왑거래의 일부분으로서 발생하는 외환스왑(swap forward)거래로 구분된다. 단순선물환거래는 다시 만기시점에 실물의 인수도가 발생하는 일반선물환거래와 만기시점에 실물의 인수도 없이 차액만을 정산하는 차액결제선물환(NDF : Non-Deliverable Forward)거래로 나누어진다.

(1) 단순선물환거래

① 일반선물환거래

일반선물환거래는 만기시 당초 약정한 환율에 의해 특정 통화를 인도 또는 인수한다. 예를 들면, A 기업이 B 은행으로부터 100만 달러를 선물환율 950원에 1개월 후 매입하기로 하였다고 하자. 이 경우 1개월 후 정해진 결제일에 A 기업은 B 은행에 9억 5,000만원(950×100만 달러)을 지급하고 B 은행은 A 기업에 100만 달러를 지급함으로써 거래가 종결된다.

② 차액결제선물환거래

차액결제선물환거래는 만기에 계약원금의 교환없이 약정환율과 만기시 현물환율인 지정환율(fixing rate) 간의 차이로 인한 금액만 지정통화로 결제하는 거래를 의미한다. 차액결제선물환거래는 차액만 결제하기 때문에 일반선물환거래에 비해 결제위험이 작다. 또한, 적은 금액으로 거래가 가능하므로 지렛대효과(leverage effect)가 커 환리스크 헤지수단으로는 물론 환차익을 얻기 위한 투기적 거래에도 광범위하게 이용되고 있다. 차액결제선물환거래의 경우 결제통화로 미 달러화가 주로 이용되고 있다. 따라서 원화와 같이 국제화 되지 않은 통화도 비거주자가 해당 통화를 보유하거나 환전할 필요없이 자유롭게 선물환거래를 할 수 있는 장점이 있다.

(2) 외환스왑거래

외환스왑거래는 거래 쌍방이 현재의 환율에 따라 상이한 통화를 교환하고 일정기간 후 계약(선물)환율에 따라 원금을 재교환하기로 하는 거래를 의미한다. 즉, 외환스왑거래는 동일한 거래상대방과 현물환과 선물환(spot-forward swap) 또는 만기가 상이한 선물환과 선물환(forward-forward swap) 등을 서로 반대 방향으로 동시에 매매하는 거래이다.

예를 들면, A은행이 B은행과 현물환율 950원, 1개월 선물환율 940원에 100만 달러의 현물환 매도/선물환매입(sell&buy) 외환스왑거래를 체결하였다고 가정한다.[49] 최초거래시점에서 A은행은 B은행에 100만 달러를 지급하는 대가로 9억 5,000만원(950원 × 100만 달러)을 수취하게 된다. 이후 만기시점에서 A은행은 B은행으로부터 100만 달러를 돌려받고 원화 9억 4,000만원(940원 × 100만 달러)을 상환함으로써 거래가 종결된다. 이 경우 A은행은 단기적으로 부족한 원화 유동성을, B은행은 외화유동성을 각각 확보할 수 있게 된다.

외환스왑과 통화스왑(CRS)은 양 당사자가 상이한 통화를 교환하고 일정기간 후 원금을 재교환하는 거래라는 점에서 유사하나 스왑기간과 이자지급방법에서 차이가 있다. 외환스왑은 1년 이하의 단기자금 조달 및 환리스크 헤지 수단으로 이용되는 반면 통화스왑은 1년 이상의 중장기 환리스크 및 금리리스크 헤지 수단으로 이용된다. 이자지급 방법에 있어서도 외환스왑은 스왑기간 중 해당 통화에 대해 이자를 교환하지 않고 만기시점에 환율(계약시점의 선물환율)로 원금을 재교환하나 통화스왑은 계약기간 동안 이자(매 6개월 또는 매 3개월)를 교환한다.

국내 외국환은행의 선물환거래는 기업들의 환리스크 헤지 수요 및 비거주자의 NDF 거래 증가로 지속적으로 늘어나고 있다. 외환스왑 거래규모는 2002년 중 일평균 19.6억 달러에서 2006년

49) 외환스왑거래에서 매입, 매도는 원일물(far date)을 기준으로 구분한다. 따라서 외환스왑 매입은 근일물을 매도하고 원일물을 매입하는 sell&buy swap거래를 의미한다. 이와 반대로 외환스왑 매도는 근일물을 매입하고 원일물을 매도하는 buy&sell swap거래를 의미한다.

2분기 중에는 78억 달러로 크게 확대되었다.

〈표 19-40〉 외국환은행의 선물환 거래규모(기간 중 일평균)

(단위 : 억 달러)

	2001	2002	2003	2004	2005	2006	
						1분기	2분기
outright 선물환	11.3	12.5	20.7	29.6	36.0	45.5	52.7
(NDF[1)])	(5.1)	(6.7)	(13.4)	(17.0)	(26.1)	(37.1)	(45.1)
외환스왑	19.5	19.6	30.1	51.6	64.7	65.6	78.0
현 물 환[2)]	53.2	50.7	56.1	86.1	96.8	121.8	135.1

주 : 1) 국내 외국환은행과 비거주자 간의 거래 기준
2) 외국환은행의 현물환거래 기준

자료 : 한국은행

2.2 통화선물시장

통화선물거래는 거래소에 상장되어 있는 표준화된 특정통화를 시장참가자간 호가방식에 의해 결정되는 선물환율로 미래의 일정시점에 인수도할 것을 약속하는 계약을 의미한다.

통화선물거래는 계약시에 약정된 가격으로 미래의 일정시점에 특정통화를 매입 · 매도한다는 점에서 장외시장의 선물환거래와 유사하다. 그러나 통화선물은 거래조건이 표준화(standardization) 되어 있고 거래소가 거래계약의 이행을 보증하며 매일 매일 거래대상 통화의 가격변동에 따라 손익을 정산하는 일일정산제도, 계약불이행 위험에 대비하기 위한 증거금 예치제도 등이 있다는 점이 선물환거래와 상이하다.

한국에서 통화선물은 1999년 4월 23일 한국선물거래소(현 한국증권선물거래소)에 미국달러선물이 상장되면서 처음 거래되기 시작하였다. 이후 수출입 및 외국인 투자 확대에 따른 엔(Yen)화와 유로(Euro)화의 거래 증가, 환율의 급격한 변동 등으로 이들 외화에 대한 적극적인 환리스크 헤지 필요성이 대두되면서 2006년 5월 26일 엔선물, 유로선물이 추가로 상장되었다.

한국증권선물거래소에서의 미국달러선물 거래규모는 2002년 이후 지속적으로 증가하여 2006년 2분기 중에는 일평균 6.5억 달러(계약수 × 50,000달러)를 기록하였다. 그러나 선물환 거래규모에 비해서는 크게 작은 수준으로 평가할 수 있다. 이 같이 미국달러선물거래가 부진한 것은 비거주자들이 선물거래보다 거래조건이 상대적으로 자유로운 NDF거래를 선호하고, 국내기업들도 환리스크 헤지를 위해 선물환, 외환스왑 등 장외거래를 이용하고 있기 때문이다.

한편, 최근 상장된 엔선물 거래규모는 2006년 6월 중 일평균 8.1억엔(계약수×500만엔), 유로선물은 1,300만 유로(계약수×50,000유로) 수준이다.

〈표 19-41〉 통화선물 거래규모(기간 중 일평균)

(단위 : 억 달러)

	2001	2002	2003	2004	2005	2006	
						1분기	2분기
미국달러선물[1)]	3.4	2.9	3.0	5.2	5.4	5.6	6.5
선 물 환[2)]	11.3	12.5	20.7	29.6	36.0	45.5	52.7
현 물 환[3)]	53.2	50.7	56.1	86.1	96.8	121.8	135.1

주 : 1) 계약수×U$50,000, 한국증권선물거래소 기준
2) 외국환은행의 outright 선물환거래 기준
3) 외국환은행의 현물환거래 기준
자료 : 한국증권선물거래소, 한국은행

2.3 통화옵션시장

통화옵션은 미래의 특정시점(만기일 또는 만기 이전)에 특정통화(기초자산)를 미리 약정한 가격(행사가격)으로 매입 또는 매도할 수 있는 권리를 나타내는 증서로서 매입권리인 콜옵션(call option)과 매도권리인 풋옵션(put option)으로 구분된다.

한국에서는 1999년 4월 23일 미국달러옵션이 한국증권선물거래소에 상장되었으나 거래가 거의 이루어지지 않고 있다. 장내시장에서 거래가 부진한 것은 활발한 시장조성자(market maker)가 없어 유동성(liquidity)이 부족한 데다 만기, 행사가격 등 거래조건이 정형화됨에 따라 고객의 다양한 수요를 충족시키기 어렵기 때문이다.

반면 장외 통화옵션시장은 급속히 성장하고 있다. 장외시장에서의 통화옵션 거래규모는 2001년 중 일평균 0.8억 달러 수준이었으나 2006년 2분기 중에는 10.5억 달러로 크게 증가하였다. 이는 옵션의 손익구조상 다양한 상품을 개발할 수 있어 주로 수출기업들이 환리스크 헤지를 위해 장외시장에서 통화옵션거래를 확대한 데 기인한다.

〈표 19-42〉 외국환은행의 통화옵션 거래규모(기간 중 일평균)

(단위 : 억 달러)

	2001	2002	2003	2004	2005	2006	
						1분기	2분기
통 화 옵 션[1)]	0.8	1.0	3.0	4.3	5.3	8.2	10.5
선 물 환[2)]	11.3	12.5	20.7	29.6	36.0	45.5	52.7
현 물 환[3)]	53.2	50.7	56.1	86.1	96.8	121.8	135.1

주 : 1) 장외거래 기준
2) 외국환은행의 outright 선물환거래 기준
3) 외국환은행의 현물환거래 기준
자료 : 한국은행

제6편

동아시아 금융협력

제 20 장

동아시아 금융통합의 과제

제1절 개 관

아시아 금융통합(Asian Financial Integration)은 이 지역의 금융효율성(financial efficiency) 제고를 통한 자원배분(resource allocation) 개선, 외부충격(external shock)의 흡수력 증대 등 다수의 이점을 제공할 것으로 기대된다. 그러나 이에 수반되는 자본유출입의 변동성 확대, 금융혁신(financial innovation)에 따른 투자위험 증가, 국가간 위험의 전염(contagion) 가능성 등 새로운 위험에 대하여는 사전 대비와 관리가 필요하다.

금융통합이 갖는 장점과 위험관리(risk management)의 양면을 고려하면서 효율적인 아시아 금융통합을 위해 필요한 과제들을 살펴본다.[1)]

1) 본장은 IMF Working Paper(2006/196)에 게재된 "Financial Integration in Asia : Recent Developments and Next Steps"의 제Ⅱ장 'Role of Institutions and Markets to Foster Financial Integration (Brian Bell et al. 2006. 9)'의 주요 내용을 정리한 한국은행의 보고서를 참조하였다(한국은행, 한은정보, 2006. 10. pp. 53~57 요약·재구성).

제2절 과 제

1. 자본시장 육성

아시아 자본시장 규모 및 역내 금융투자 규모는 매우 미미한 실정이다. 자본시장의 발달 부진에 따라 국내저축은 역외로 투자되고 기업의 자금조달은 주로 은행 자금중개에 의존하는 불균형이 발생되고 있다. 이 같은 불균형을 해소하기 위해서는 기관투자자 육성, 기업지배구조 개선, 재무정보의 투명성 · 일관성 확립 등의 개혁을 통해 자본시장을 육성해야 한다.

〈표 20-1〉 지역별 역내외 포트폴리오 투자 규모(2003년 기준)

(단위 : 10억 달러)

		Investment from				
		NAFTA	EU 15개국	동아시아	기타	합계
Investment to	NAFTA	545	1,776	747	1,620	4,688
	EU 15개국	1,614	6,058	804	1,455	9,931
	동아시아	476	415	110	165	1,166
	기타	823	1,292	566	492	3,173
	합계	3,458	9,541	2,227	3,732	18,958

1.1 기관투자자 육성

자산운용사, 보험사, 연기금 등 기관투자자의 역할을 강화하기 위한 정책은 투자저변의 확대를 통하여 장기저축을 증가시키고 자본시장 발전을 촉진하는 데 긴요하다.

* 장기 금융상품에 대한 합리적 세제(tax treatment), 금융상품의 투명성 제고, 외국기관의 진입 확대 등이 있음

특히, 아시아권 연기금의 경우 국가지원을 받는 확정급부 방식이 대부분인 데다 국내 정부채에 편중 운용되고 있어 개선 여지가 많은 편이다. 따라서 정부 주도형 연금제도 탈피, 확정급부형(DB : Defined Benefit)과 확정기여형(DC : Defined Contribution)간 선택 허용, 연기금의 효율적 위험관리를 위한 규제완화(deregulation) 등이 필요하다.

> * 민간 연금제도 도입과 복수 연금시스템 구축은 재정부담을 감소시키고 제도의 유연성을 제고시켜 줄 수 있으며 장기저축 증대와 자본시장 발달에 기여하게 됨

1.2 기업지배구조 개선

기업지배구조의 투명성(transparency of corporate governance)은 우호적인 투자환경 조성 및 자본시장 발전에 필수 요소이나 아시아에서는 가족 등에 의한 기업지배가 만연하여 소액주주 보호 및 지배구조 개선을 위한 조치가 요구되고 있다.

> * 지배구조 개선을 위한 조치로는 의결권 대리행사제, 기존 주주의 증자참여 우선권 부여, 지분보유구조의 공시 의무화, 배당권의 법적 보장, 이사회 권한·책임 강화, 내부자거래 규제 강화 등이 있음

1.3 재무정보의 투명성 제고

역내기업의 국제자본시장(international capital market) 접근성과 외국 투자자의 역내시장 접근성을 제고시키기 위해서는 국제회계기준(IFRS : International Financial Reporting Standards) 이행을 통하여 재무보고의 책임성 및 투명성을 강화할 필요가 있다. IFRS 이행을 위해서는 국제표준(international standard)에 기초한 외부감사가 시행되어야 하며 감사의 질과 일관성(consistency) 유지를 위한 감독도 중요하다고 할 수 있다.

2. 금융하부구조 확충

2.1 아시아 금융통합(Asian Financial Integration)을 지원하기 위한 금융하부구조 관련 과제로는 자본시장의 심화 및 유동성 증대, 청산결제시스템간 연계, 역내 신용평가기구 설립 등을 지적할 수 있음

2.2 아시아 자본시장을 심화시키고 유동성을 제고시키기 위해서는 채권시장의 투명성 제고, 다양한 자본거래의 활성화, 규제의 적절성에 대한 재검토 등을 추진할 필요가 있음

채권 발행시장에서는 시장참가자들(market participants)의 투자전략 수립이 용이하도록 발행계획을 사전에 공시하고 유통시장에서도 채권평가기관 설립 등을 통해 거래정보를 즉시 공개하도록 하는 것이 중요하다.

또한, 다양한 투자포트폴리오(investment portfolio) 및 위험관리 전략(risk management strategy)을 제공하는 한편 시장 유동성(market liquidity)을 제고시키고 거래활동을 촉진하는 선

물, 스왑, Repo, 증권대차 등과 같은 다양한 형태의 거래들을 활성화할 필요가 있다. 한편, 높은 유동자산 의무보유비율, 보유자산에 대한 평가시 저가주의 회계원칙(자산평가시 원가와 시가 중에서 더 낮은 가치를 적용하는 원칙임) 적용 등의 규제는 증권거래의 활성화를 저해하는 요인이 되므로 재검토가 요구된다.

2.3 역내 채권시장의 유동성을 제고시키고 투자자를 유치하기 위해서는 국가간 청산결제시스템의 구축이 중요함

국경간 증권거래가 증가하면서 효율적이고 안전한 증권결제에 대한 요구가 증대되고 있으나 역내 각국 중앙증권예탁기구(Central Securities Depositories)간 연계는 아직 활발하지 않은 편이다.

2.4 역내 신용평가기관들 간의 통합이 이루어진다면 규모의 경제(economies of scale) 및 표준화(standardization)의 이점이 실현되어 보다 많은 중소기업까지 신용평가를 받을 수 있게 됨

3. 금융통합 관련 위험의 최소화

금융통합이 진전되면 통화불일치 위험(currency mismatch), 국가 위험(country exposure) 뿐만 아니라 금융기관의 지리적 활동영역 확대 및 업무범위 다양화에 따른 금융그룹 내 위험 전이(risk transfer) 등에 대해서도 대비할 필요가 있다.

3.1 리스크중심 감독체제로의 전환

(1) 리스크 중심 감독체제는 새로운 투자자들과 복잡해진 금융상품으로부터 발생하는 위험을 효과적으로 관리하는 데 필수적임

예를 들면, 헤지펀드(hedge fund)나 증권화 상품 등의 등장으로 새로운 자본 확충 및 위험관리 기법들이 제공되었으나 투자실패나 원리금상환 중지 등에 따른 위험도 증대된 만큼 주의가 요구되고 있다. 아시아권에서도 이미 리스크중심 감독체제 도입 필요성에 대한 인식은 보편화되어 있으나 위험요인을 파악하여 이를 효과적으로 관리하는 수준에 이르는 데는 시간이 소요될 것으로 보인다.

(2) 은행부문의 리스크중심 감독체제를 강화하는 Basel Ⅱ 도입시 국가별로 요구자본 기준이

상이할 경우 규제차익(regulatory arbitrage)이 발생할 수 있으므로 이를 최소화하기 위한 역내 협력이 긴요함

3.2 부문간 · 국경간 통합감독

(1) 다각화를 추구하는 금융그룹의 등장으로 부문간 통합감독의 필요성이 증대되고 있음

내부거래, 평판효과(reputation effect) 등으로 인해 금융그룹 내 특정부문의 위험이 그룹 전체로 용이하게 파급될 수 있다.

(2) 국경간 연계가 증대되고 다국적금융기관(multinational financial institution)이 늘어나면서 국가간 감독정책 협력의 필요성이 점증하고 있음

감독당국간 협력은 정보공유, 공동 모니터링은 물론 위기대응 및 최종대부 계획까지 포괄할 수 있으며 협력방법으로는 국가간 양해각서(MOU) 체결 등이 있다.

4. 국경간 경제활동의 장애요인 제거

4.1 아시아권에서는 그간의 자본자유화(capital liberalization)에도 불구하고 국가에 따라 여전히 국경간 투자를 저해하는 규제들이 상존하고 있으며 건전성을 저해하지 않는 범위 내에서 추가적인 자유화가 필요함

예를 들면, 중국에서는 포트폴리오 투자 유입이 통제되고 있으며 내국인 전용 증시(A-share)의 경우 자격요건을 갖춘 외국인 기관투자자에 한해서만 투자를 허용하고 있다.

4.2 금융서비스, 특히 상업적 주재(commercial presence)의 추가 개방요구에 적극적으로 대응할 필요가 있음

세계무역기구(WTO)의 GATS 양허안(1997)에 따르면 아시아는 은행부문에서는 가장 낮은 수준의 개방을, 보험부문에서는 남미에 이어 두 번째로 낮은 수준의 개방을 양허한 상태이다. 현재 지분보유, 의결권, 영업허가 및 지점 설치 등 금융서비스의 상업적 주재와 관련한 제약이 잔존해 있다.

※ GATS는 서비스교역에 관한 일반협정(General Agreement on Trade in Services)을 의미함

4.3 대부분 아시아 국가들이 연기금과 생명보험사의 투자와 관련하여 투자지역 및 보유자산에 대한 양적 규제를 부과하고 있는 것도 재검토의 대상임

이 같은 양적 규제는 양질의 투자자산에 대한 공급 부족과 맞물려 국내 정부채에만 편중된 왜곡된 자산보유구조를 초래함으로써 궁극적으로 신탁저축자의 수익을 저해하고 있다.

5. 법규의 통일성 도모 및 국제표준과의 조화

5.1 국가간 법규 및 세제 차이는 투자자들의 범아시아 포트폴리오 구성을 저해하는 요인이므로 상호협력을 통해 국제표준(international standard)과 선진 입법례에 부합하도록 규정을 조율해 나가야 함

5.2 보험, 연기금, 공제기금, 자산운용업 등 비은행금융기관 관련 규제 · 감독체제 보강이 필요함

(1) 공제기금 및 연기금 부문은 대부분 독점공급체제로 전담기구조차 거의 없는 상황임

(2) 자산운용, 생명보험, 연기금 등 계약저축(contractual savings) 부문은 향후 '신중인의 원칙(prudent man rule)'이 도입되는 방향으로 자산운용 규제가 완화될 경우 위험관리가 더욱 강화되어야 함

※ 신중인의 원칙은 투자에 대해 양적 규제를 부과하는 대신 포트폴리오 운용자나 피신탁인으로 하여금 투자의사결정시 지적이고 분별력 있게 행동하여 합리적 수입과 자본금 유지를 추구할 것을 요구하는 미국 '종업원퇴직소득보장법'(1974)상의 원칙임

(3) 고객에게 위험이 전가될 수 있는 실적배당형 상품 판매 또는 연기금의 확정기여형 전환의 경우에는 공시제도와 직무수칙의 정비가 뒷받침되어야 함

5.3 자본시장 발달을 저해하고 있는 불합리한 세제에 대한 전반적인 재검토가 필요함

(1) 자본시장 거래 관련 세금 중 거래세는 투자자원 배분의 비효율과 왜곡을 초래하고 배당금과 자본이득(capital gain)에 대한 과세는 이중과세의 소지를 내포하고 있으며 보유세는 납세자간 차별대우 문제를 발생시킬 수 있음

(2) 국가간 상이한 세제로 인해 자유로운 역내 자본이동이 제약되고 있음

5.4 역내 금융법규의 조율은 각국 제도를 국제표준으로 수렴시키는 것이 목표이나 아시아금융시스템의 수준과 금융시장 규모 차이 등을 고려하여 유럽연합(EU)과 같이 유연한 방식으로 추진하는 것이 바람직함

EU의 금융협력은 법적 강제력이 있는 조약에 의한 것이 아니라 자발적인 참여와 신뢰를 기초로 모범사례(best practices)를 확산시켜 나가는 방식으로 이루어졌다. 아시아의 경우에도 이처럼 분권적인 방식(decentralized manner)으로 점진적인 제도 조율을 해나갈 수 있다.

중앙집중식으로 진행시키려 할 경우 필요한 강력한 정치적 추진력과 공감대 형성이 용이하지 않다.

〈참고〉 **EU의 금융서비스 실행계획**

① 1999년 5월 EU위원회는 공통의 법규와 관행이 적용되는 EU 역내 단일 금융서비스시장 창출을 위해 금융서비스 실행계획(FSAP : Financial Services Action Plan)을 수립하였음
② FSAP의 규정들은 법적 명확성과 신뢰성을 보장할 수 있도록 엄격하게 설정되었으면서도 금융기관들이 적응해 나갈 수 있는 융통성을 허용하고 있음
③ 2004년까지 도입하기로 예정된 총 42개 이행조치 중 39개를 도입 완료하는 등 큰 성과를 거두고 있음
④ FSAP는 금융부문 법규 조율뿐만 아니라 유럽 내 금융기관 및 시장참가자간 협력 분위기 조성에도 크게 기여하고 있음

제3절 평 가

국내 및 역내시장 발전, 감독방식 개선, 금융분야 협력 강화 등의 노력을 통하여 아시아 금융통합은 촉진될 수 있다. 금융통합의 과정은 많은 시간이 소요되고 다수의 난관에 직면하게 되겠지만 이를 통해 역내에 견실한 금융기관과 금융시장이 육성되고 위험을 적절히 평가·관리할 수 있는 역량을 키울 수 있게 된다.

제 21 장

동아시아 금융협력

1980년대 이후 전세계적으로 자본자유화(capital liberalization)가 진행되기 시작했으며 이러한 진행속도는 1990년대 이후 세계화가 급추진되면서 가속화되고 있다. 자본자유화의 가속화로 장기 외국인직접투자(long-term FDI), 중장기 해외차입, 단기투자증권의 형태로 국제투자자본이 전세계 각국의 금융시장에 자유롭게 진입할 수 있게 되었다. 또한, 각국 국내금융시장이 상호주의원칙(principle of reciprocity)에 근거하여 개방됨으로써 거시경제변수들, 특히 금리와 환율 등이 큰 폭으로 변동하게 되었다.

이러한 국제금융시장의 환경변화는 동아시아지역에도 예외없이 발생되고 있다. 특히, 단기외채를 많이 가지고 있는 신흥시장(emerging market)국들은 국제단기성투기자본(hot money)의 주요 공격대상이 되었다. 지난 1997년 태국을 시초로 하여 인도네시아, 한국에 자본을 투입했던 국제투자자들(international investors)이 경쟁적으로 자본을 회수하면서 이들 국가의 주가는 폭락하고 환율은 급등하면서 보유외환이 급속도로 고갈되어 동아시아외환위기는 발생된 것이었다.

1997년 이후 동아시아외환위기를 경험했던 국가들 뿐만 아니라 역내국가들은 외환위기의 재발을 방지하고 지속가능한 경제성장(sustainable economic growth)을 도모하기 위해 여러 형태의 노력을 경주하여 왔다. 동아시아국가들은 외환위기를 경험한 후 역내국가간 통화스왑협정(currency swap agreement)을 체결하였으며 향후 역내외환보유를 통합하여 '지역유동성기금'을 구축할 것과 역내투자재원을 조달하고 분배하는 '지역개발은행(Regional Development Bank)'을 설립할 것을 논의한 바 있다.[1)]

1) 동아시아국가들은 유럽연합(EU) 회원국들과는 달리 외채의 과다 뿐만 아니라 총외채에서 차지하는 단기외채의 비중이 높기 때문에 국내금융시장의 개방과 자유화는 환율·금리의 불안정성 제고를 초래하게 되었고 외채상환문제까지 발생하게 되었다.

〈그림 21-1〉 동아시아 금융통합 경로

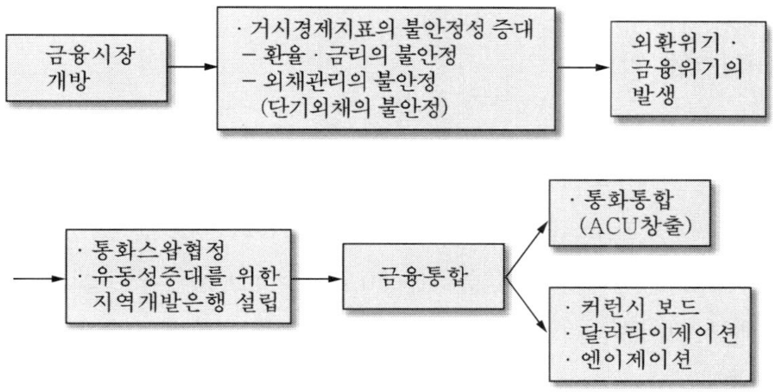

제 1 절 동아시아 금융통합 논의

동아시아 금융통합과 관련하여 그동안 논의된 대안들을 소개하면 다음과 같다.[2]

1. 남덕우 안

남덕우 박사(2001)는 북한을 포함한 동북아국가들의 공생적 경제개발을 위한 다자간 금융협력장치로서 동북아개발은행(NEADB : Northeast Asian Development Bank)의 설립을 제안하였다.[3] 남박사의 제안은 이미 1980년대 말에 제시되었으나 최근 들어 1997년 동아시아외환위기와 관련하여 다시 재론되고 있다. 남박사는 한 · 중 · 일 3국이 정치적 의지만 있다면 NEADB 설립을 위한 자본은 국제금융시장(international financial market)에서 용이하게 조달할 수 있을 것으로 지적하고 있다.[4]

NEADB는 역내외환을 부분적으로 풀링(pooling)하여 특별유동성기금을 조성할 수 있으며 이 기금으로 역내국가들의 일시적 외환부족(temporary shortage of foreign exchange)에 대처할 수 있을 것으로 진단하였다. 이 지역의 유동성문제 해결과 사회간접투자(SOC) 촉진 및 금융위기

2) 김인철, 동아시아금융통합과정과 향후 전망, 국제통상연구, 한국국제통상학회, 제6권 제2호, 2001, pp. 224~231 참조

3) 남덕우, 왜 동북아개발은행이 필요한가?, 1999, www.dwnam.pe.kr

4) 한 · 중 · 일 3국이 사회정치적 장애요인(sociopolitical obstacles)만 제거할 수 있다면 NEADB의 설립, 나아가서는 동아시아 경제통합을 위한 자유무역협정도 상당히 진전될 수 있으리라 판단된다.

(financial crisis)를 예방하기 위한 NEADB 설립은 다수 경제학자들에 의해 제기되고 있다.

2. 프레드릭 버그스텐 안

미국 워싱턴 D.C. 내에 소재하고 있는 국제경제연구원(IIE : Institute of International Economics)의 원장으로 있는 프레드릭 버그스텐박사는 1997년에 발생한 '동아시아외환위기'를 계기로 동아시아는 엄청난 양의 정치적 논의(political discussion)를 필요로 하는 무역협력에 비해 오히려 금융협력(financial cooperation)을 통해 경제공동체(Economic Community)의 기초를 확립할 수 있다고 주장하였다.

버그스텐박사가 제시한 안의 좋은 보기가 아세안 회원국들이 체결하고 있는 역내통화와 관련한 역내금융협력이라고 할 수 있다. 또한, 2000년 5월 아세안 + 3국(한·중·일)이 태국 치앙마이에 모여 역내통화스왑을 아세안 + 3국에 확대실시할 것에 합의한 '치앙마이 이니셔티브(CMI : Chiangmai Initiative)'도 버그스텐박사의 제안에 부합한다고 할 수 있다.

3. 존 빌슨 안

시카고대학교(University of Chicago)의 교수를 역임한 바 있는 존 빌슨(John Bilson)은 다른 학자들과는 상이한 시각으로 동아시아에서 향후 아시아통화단위(ACU : Asian Currency Unit) 제도를 고려할 수 있다고 주장하였다.[5] 그에 따르면 한국, 중국, 일본, 홍콩, 대만 등 주요 아시아국가들이 자국의 금융자산의 일정부분을 적립하여 '아시아자산기금'을 만들어 ACU를 창출할 수 있다고 지적하였다. 이렇게 되면 아시아지역의 역내환율이 안정되고 회원국이 ACU를 보유함으로써 대외결제수단으로 활용할 수 있다고 주장하였다.

빌슨은 ACU를 유럽통화단위(ECU : European Currency Unit)에 비해 다음 3가지 장점을 가지고 있다고 피력하였다.[6]

① 각 회원국의 달러나 금이 아니기 때문에 역내에 유동성을 추가적으로 창출할 수 있다.

② ACU의 구성자산으로 채택된 금융자산은 대외신인도가 높을뿐만 아니라 이러한 높은 대외신인도를 바탕으로 동아시아 회원국은 주요 선진금융시장에 비해 취약한 자국금융시장의

5) Bilson, John, Thoughts on ACU, 2001, memeo.

6) 유럽연합(EU)의 ECU는 회원국이 보유한 금과 달러의 20%를 모아서 만들어진 것인데 비해 빌슨이 구상하고 있는 ACU는 국제적으로 거래될 수 있는 회원국의 주식이나 채권 등의 금융자산을 모아서 만들어진다.

경쟁력을 제고시킬 수 있게 된다.

③ 타 지역에 비해 비교적 높은 수준을 보이고 있는 아시아의 높은 저축률을 근거로 금융자산에의 투자를 촉진시킴으로써 자본의 한계생산성(marginal productivity of capital)은 낮추고 노동의 한계생산성은 제고시킴으로써 고실업률의 폐혜를 감소시킬 수 있다.7)

제 2 절 엔블록

일부 경제학자들은 동아시아지역에서 엔이제이션(Yenization)을 채택하는 것이 좋을 것이라는 의견을 제시하고 있다. 유럽연합이 단일통화제 추구에 있어 공동통화(common currency)로서 유로(Euro)화를 선택하는 과정에서 제기된 국가간 갈등을 해소하기 위해 수많은 시간이 소요되었음은 주지의 사실이다.

유럽공동통화로서 독일의 마르크(DM : Deutsche Mark)화가 한때 채택될 뻔 했으나 결국 어느 일국의 통화가 공동통화가 되는 것은 적절치 못하다는 회원국들의 인식 하에 유로화로 결정되었던 것이다. 동아시아지역은 제2차 세계대전을 계기로 일본에 대한 좋지 않은 국민적 정서가 아직도 동아시아 내에 상존하고 있다고 볼 때 일본의 엔화를 역내통화로 채택한다는 것은 현실성이 매우 결여되어 있다고 할 수 있다. 더욱이 1990년대 이후 일본경제가 지속적인 침체상태이며 향후 중국 위안화와의 평가절하(depreciation) 경쟁을 할지도 모르는 취약한 일본 엔화를 역내 단일통화로 채택하는 것은 지금으로서는 가능성이 작다고 할 수 있다.

제 3 절 위안화

KOTRA는 2003년 4월 18일 발표한 '위안화 환율동향과 전망'이라는 보고서에서 아시아국제통화로 중국의 위안화가 부상할 것이라고 지적하였다. KOTRA의 보고서에 따르면 위안화는 중국의 지속적인 경제성장, 막대한 무역흑자(trade surplus), 외국인직접투자(FDI)의 확대 등에 힘입어 강세를 보이고 있어서 단기적으로는 평가절상(appreciation) 압력으로 현재 환율을 유지하겠

7) 동아시아는 유럽과는 달리 역내 노동이동성(labor mobility)이 낮아 고정환율제도(fixed exchange rate system)로 인한 실업문제가 더욱 심각할 수 있으나 통화론자(monetarist, 통화량이 민간인의 화폐수용 여부에 따라 내생적으로 결정된다고 봄)의 시각에서 볼 때 통화남발로 실업문제를 해결할 수는 없다는 주장도 설득력이 있다고 할 수 있다.

지만 조만간 아시아국제통화로 부상할 것으로 전망하였다.

실제로 위안화는 1994년 환율단일화조치 당시 미 달러당 8.7위안이었던 환율이 2002년 말에는 달러당 8.27위안으로 평가절상 추세를 보이고 있다. 위안화의 이 같은 강세는 중국의 외환보유고 증대, 단기외채 감소 등 주요 경제지표의 호전에 힘입은 것으로 분석되고 있다. 2002년 10%대를 기록했던 FDI 증가율은 2003년 들어 50%대로 급증하고 있고 2000년부터 2003년 2월까지 누적 무역흑자(accumulated trade surplus)는 770억 달러를 초과하였다. 외환보유고도 2007년 6월말 기준 1조 3,326억 달러로 세계 1위 수준을 유지하고 있다.

제4절 전 망

동아시아 금융통합과 관련하여 제시된 여러 안들 중에서 실현가능한 것들은 동아시아 내 다수의 국가들이 '통화스왑협정'을 체결하는 것과 세계 외환보유고 1, 2위국인 중국, 일본 5위국인 한국(2,507억 달러, 2007년 6월말 기준)의 보유외환을 통합하여 동아시아협력기금(EACF : East Asia Cooperation Fund)을 만드는 것이며 기존 국제통화기금(IMF)과 아시아개발은행(ADB)의 기능을 보완하는 차원에서 '지역투자은행' 또는 '지역개발은행'을 설립하는 것을 지적할 수 있다.

유럽연합이 실시하고 있는 단일통화제는 동아시아지역에는 장기적인 측면에서 접근되어야 하며 ACU 창설, 아시아통화지대 결성, 중남미국가들이 채택하고 있는 커런시보드제나 달러라이제이션이 동아시아에 적용될 수 있는지 살펴볼 필요가 있다.

1. 신ACU 창출

동아시아지역은 유럽연합이 채택한 단일통화제를 목표로 아시아통화단위(ACU)를 창출하는 것을 고려해 볼 수 있다. 우선 동아시아 역내국가들이 통화를 합성하여 ACU통화를 만들고 동시에 보유하고 있는 금과 달러의 일정부분을 동아시아외화기금(EAFCF : East Asia Foreign Currency Fund)에 출연하여 이 기금으로부터 일정비율만큼 ACU를 공급받아서 각국의 지불준비금으로 하게 되면 역내환율의 안정화와 지분준비금의 안정적 확보를 이룰 수 있다는 구상을 해 볼 수 있다.

그러나 동아시아지역에 있어서 ACU 창출은 현실적으로 여러 가지 어려움에 직면해 있는데 대표적인 2가지 장애요인을 지적하면 다음과 같다.

1.1 거시경제 수렴조건의 어려움

현재 동아시아지역은 일본의 엔화를 제외하고는 국제통화로 간주할만한 통화가 존재하지 않기 때문에 각국 통화가치가 안정을 유지하기는 어려울 것으로 판단된다. 또한, 유로화의 창설에서도 알 수 있듯이 동아시아 역내국가가 ACU시스템에 들어가기 위해서는 저인플레이션, 저재정적자, 저외채수준, 환율안정 등의 기준들이 역내국가에 공통적으로 적용되어야 하나 현재 이러한 기준들을 충족시킬 만한 국가가 별로 없다는 것이 장애요인이 되고 있다.

1.2 역내 노동이동성의 저조

동아시아는 유럽연합에 비해 역내 노동이동성이 매우 저조하다고 할 수 있다. 유럽연합이 유로화를 도입한 것처럼 동아시아지역도 ACU system을 구축할 경우 역내 각국의 환율이 안정적이 될 수 있다. 그러나 역내 환율의 안정성을 유지하기 위해서는 통화정책의 경직성(rigidity of monetary policy)이 용인되어야 하는데 이렇게 되면 국내 무역적자(trade deficit)로 인해 실업문제가 발생해도 확대금융정책을 실시할 수가 없게 된다. 유럽연합의 경우에는 회원국간 노동이동성이 매우 높기 때문에 통화당국이 정책적으로 환율안정화(stabilization of exchange rate)를 실시한다고 해도 실업문제가 크게 부각되지 않는다. 왜냐하면 일국의 취업상황이 좋지 않을 경우 취업 상황이 보다 양호한 국가로 근로자들이 용이하게 이동할 수 있기 때문이다.

그러나 동아시아지역의 경우 경제구조, 경제규모, 언어, 문화 등 경제 및 사회구조가 너무 상이하기 때문에 자국의 취업환경이 좋지 않다고 해도 타국으로 쉽게 이동할 수가 없는 것이 현실이다. 다라서 ACU 창설문제는 향후 동아시아 내 노동이동성이 충분히 제고되었을 때 고려해 볼 만 하다고 할 수 있다.

2. 아시아통화지대 결성

로버트 먼델(Robert Mundell)의 '최적통화지대론(Optimum Currency Area)'에 의하면 노동이동이 완전한 국가 간에는 고정환율제도를 채택하는 것이 바람직하며 노동이동이 완전하지 않은 경우에는 변동환율제도(flexible exchange rate system)를 채택하는 것이 실업을 포함한 거시경제조정(macroeconomic adjustments)을 위해 바람직하다고 지적하였다. 일반적으로 국가간 노동이동을 결정짓는 요인은 다음 3가지로 요약된다.[8)]

8) Mundell, Robert A., A Theory of Optimum Currency Area, American Economic Review, 1966.

① 언어

역내국가들이 공동언어(common language)를 사용하게 되면 노동이동성은 상당히 제고된다. 주권이 다른 회원국 간에도 동일한 언어를 사용할 경우 이웃나라로 직장을 옮기는 것은 그리 어려운 일이 아닌데 이의 적합한 예로 미국과 캐나다 간의 경제관계를 들 수 있다.

② 문화

동일한 언어를 사용한다고 하더라도 문화가 근본적으로 상이할 경우에는 국가간 노동이동은 어려워진다. 따라서 동일한 언어와 문화를 공유할 경우에는 노동이동은 그만큼 용이해진다고 할 수 있다.

③ 종교

동일한 언어와 문화를 공유하고 있어도 종교가 상이할 경우 노동이동성은 더 이상 높아지지 않는 것으로 나타난다. 따라서 동일한 언어, 문화, 종교를 공유하게 되면 역내 노동이동성의 극대화(maximization of regional labor mobility)가 이루어지게 된다.[9)]

한·중·일 3개국과 아세안 10개국이 '역내통화지대'를 결성할 수 있을지 또는 역내금융협력을 유지할 수 있을지의 가능성을 김인철교수(2001)의 논문을 중심으로 살펴보고자 한다. 김교수는 이러한 가능성을 이들 국가의 수입의존도와 금융심화(financial deepening) 정도를 비교해서 분석하였다.

2.1 수입의존도 비교

김교수는 1994년부터 1999년까지 6년간 IMF 발간자료를 이용해서 동아시아 각국간 수입의존도와 관련하여 다음 부등식을 제시하고 있다.

싱가포르(1.382) 〉 홍콩(1.216) 〉 필리핀(0.42) 〉 라오스(0.41) 〉
태국(0.396) 〉 대만(0.373) 〉 한국(0.279) 〉 인도네시아(0.201) 〉
중국(0.171) 〉 호주(0.165) 〉 인도(0.098) 〉 일본(0.068) 〉
베트남·캄보디아(0.00)

싱가포르와 홍콩이 수입의존도가 가장 큰 것으로 나타났으며 베트남과 캄보디아가 가장 낮은

9) 유럽의 경우 동일한 종교, 즉 기독교문화의 뿌리를 공유하고 있으나 언어는 상이하다고 할 수 있다. 그러나 각국의 언어도 영어와 같은 뿌리를 가지고 있어서 실제로 영어 하나로 의사소통이 가능하다고 할 수 있다. 따라서 유럽은 세계 어느 지역보다 역내 노동이동성이 높다고 할 수 있다. 그러나 동아시아지역에 있어서 이 세 가지 기준이 충족되기는 실질적으로 불가능한 것이 현실이다.

것으로 나타났다. 일본은 0.068로 베트남, 캄보디아 다음으로 수입의존도가 낮은 것으로 나타났는 데 한·중·일 3개국 중에서는 한국(0.279)이 수입의존도가 가장 높았다. 수입의존도가 높다는 것은 그만큼 역내국가와의 무역이 활성화되고 있는 것과 아울러 금융협력의 가능성도 크다는 것을 의미한다.

2.2 금융심화도 비교

동아시아국들의 금융심화도(M1통화/GDP)를 비교하면 다음 부등식을 얻을 수 있다.

호주(5.40) 〉중국(3.46) 〉말레이시아(1.76) 〉싱가포르(1.45) 〉
홍콩(0.90) 〉필리핀(0.70) 〉인도네시아(0.66) 〉태국(0.63) 〉
한국(0.58) 〉캄보디아(0.28) 〉베트남 · 대만(0.00)

싱가포르는 무역의존도와 마찬가지로 금융심화도(1.45)도 높은 국가로 나타났으며 호주는 통화량이 국내총생산(GDP)의 5배 이상으로 금융심화도가 가장 높은 것으로 조사되었다. 한국은 금융심화도(0.58)에 있어서 13개국 중 비교적 낮은 수준인 10위로 나타났다. 유럽연합(EU)의 경우 2007년 기준 27개 회원국 중 13개국만이 유로화를 단일통화로 채택하고 있는 현실을 감안할 때 동아시아의 경우 역내 모든 국가가 동시에 다 참여할 필요는 없다고 생각된다. 즉, 동아시아 각국이 가장 유리한 시점에 '아시아통화지대'에 참여할 수 있으나 한·중·일과 같은 역내 주요 경제대국들이 아시아통화지대의 창설에 주도적인 역할을 담당해야 어떤 행태로든 역내금융협력체나 역내통화지대의 창설이 가능할 것으로 판단된다.

한편, 백인계 영어권국가인 호주의 참여문제와 관련하여 동아시아 일부국들이 반대하고 있는 것이 사실이나 호주의 경우 NAFTA의 핵심 회원국들인 미국과 캐나다와의 경제적 연계(economic linkage)가 강하기 때문에 호주의 참여가 실질적으로 역내 공동통화단위의 구축에 기여할 것으로 기대된다.

3. 달러라이제이션

동아시아국들이 자국통화가치의 안정과 국제지불준비금의 충분한 보유를 위한 방편의 하나로 에쿠아도르 등 중남미 일부 국가가 채택하고 있는 달러라이제이션(dollarization)을 생각해 볼 수 있다. 그러나 달러라이제이션의 도입은 국제외환시장에서 달러환율의 변동에 따라 국내상품의 달러가격은 변하게 되며 달러금리에 따라 국내금리가 결정되기 때문에 금리정책에 의한 국내경기

조절기능은 상실된다는 것을 의미한다. 또한, 달러라이제이션 하에서는 화폐주조이익(seigniorage)을 전혀 기대할 수 없기 때문에 동아시아국들에 있어서 달러라이제이션은 현실적으로 가능성이 극히 작다고 할 수 있다.

4. 커런시보드

커런시보드시스템(Currency Board System)은 국내 화폐발행을 국내외환보유고에 연계시킴으로써 국내통화가치를 안정시키는 것이다. 통화당국(monetary authorities)이 이러한 규칙을 엄격히 집행하게 되면 화폐가공의 안정을 기할 수 있으나 경기조절을 위한 통화정책을 제대로 사용할 수 없다는 단점을 가지고 있어서 이 역시 동아시아지역에서는 채택되기 어려울 것으로 전망된다.

제 22 장

치앙마이 이니셔티브

치앙마이 이니셔티브(CMI : Chiangmai Initiative)는 1997년에 있었던 동아시아통화위기(East Asian Currency Crisis) 이후 2000년 5월 태국의 치앙마이에서 개최된 'ASEAN+3 재무장관회의'에서 도입한 위기 발생시 통화스왑(currency swap)을 통해 자금을 지원해 주는 제도이다. 이 제도는 자국통화를 담보로 외국통화를 차입하고 일정기간 후 환매하는 중앙은행간 단기 신용공여계약으로서 출범한 지 3년 만에 총 320억 달러 규모의 스왑계약(swap contract)이 체결되는 등 가시적인 성과를 거두었다.[1)]

역내 통화금융협력(currency and financial cooperation)의 일환으로 그동안 AMF(Asian Monetary Fund)의 도입이나 미야자와플랜 등 다양한 제안과 시도가 있었으나 실행되지는 못하였다. 이는 역내 이해관계의 상이성이나 기존 국제금융기구 및 미국의 반대 등을 주요 요인으로 지적할 수 있다. CMI는 상기한 상황 하에서도 역내 국가들이 제도화에 성공한 사례이므로 다수의 전문가들은 보다 적극적인 금융협력의 발판으로 활용해야 한다는 주장을 제기하고 있다.

1) CMI는 아시아 국가들의 경제협력(economic cooperation) 필요성이 강조되면서 각종 역내회의에서 자주 거론되는 주요 주제가 되고 있다. 그 이유는 이 제도가 아직 단기금융지원을 통한 외환위기 발생저지라는 목표를 달성하기에는 다수의 제한을 내포하고 있기 때문이다. 그러나 또 한편으로는 향후 더욱 광범위한 아시아지역 금융협력을 위한 기반으로 활용될 수 있는 제도적 협력으로 인식될 수 있기 때문이기도 하다(대외경제정책연구원, 세계경제, 2005. 9. pp. 54~61 요약 · 재구성).

제 1 절 CMI의 구조 · 한계 · 발전

1. CMI의 구조

CMI는 기존의 ASEAN Swap Arrangements(ASA)에 중국, 일본, 한국이 참여하여 확대된 형태라고 간주할 수 있다. ASA는 ASEAN 국가들이 한시적인 유동성 부족이나 경상수지 적자(current account deficit) 문제에 직면한 국가에 대해 단기자금을 지원하기 위해 1977년에 도입된 스왑제도이다. 이 제도는 기본적으로 다자간 자본공여시스템이었으나 한국, 중국, 일본이 참여하면서 양자간 스왑제도(BSA : Bilateral Swap Arrangements)가 추가되었다.

따라서 CMI의 자본공여시스템은 ASA와 BSA의 연계망으로 구성되었다. CMI는는 3가지 자금지원제도를 가지고 있다.

1.1 ASA

이는 ASEAN 국가들 간의 다자간 자금지원제도로 10억 달러의 지원이 가능하다.

1.2 양자간 지원제도

양자간 지원제도는 ASEAN+3로 지칭되는 13개 국가가 상호 간의 협약에 의해 자금을 지원하는 제도로 2005년 7월 기준 총액 기준으로 495억 달러의 자금지원이 가능하다.

1.3 REPO

환매조건부 자금지원협약(REPO)으로 해당국 통화를 제공하였다가 다시 구매하는 방식으로 추가적인 10억 달러의 지원이 가능하도록 되어 있다.

상기한 3가지 지원방식 중 양자간 지원방식의 규모가 다른 자금지원제도에 비해 압도적으로 큰 규모를 차지하고 있어서 CMI는 양자간 지원제도가 중심이 되고 있다.

CMI는 기본적으로 참여를 강제할 수 없는 것이 특징이다. ASA 내에서는 어떤 국가라도 도움이 필요한 국가에 대하여 불참하겠다는 의사를 통보하기만 하면 참여를 피할 수 있다. 양자간 협정에서도 유동성 지원이 필요한 국가에 대한 자금공여가 스왑을 제공하기로 계약한 국가들간 합의를 통해 지원하게 되므로 부담의 조정이 가능하다. 협의과정에서는 스왑공여국 중 일국이 조정자의 역할을 담당하여 합의를 도출하는 구조이므로 각국이 계약금액 중 얼마를 제공할 것인지는 협의를 통해 조정된다.

양자간협약으로 공여되는 자금은 기본적으로 국제통화기금(IMF)의 동의를 받아야 한다. IMF의 동의없이 공여할 수 있는 금액은 스왑협약규모의 100%까지로 제한된다. 소위 'IMF 융자조건(conditionality)'으로 지칭되는 이 같은 제한규정은 2005년 5월 ASEAN+3 재무장관회의에서 20%까지로 확대된 바 있다.[2)]

양자간스왑에서 이용통화는 미국 달러화와 해당국 통화를 사용하며 일본과 중국 사이에만 엔(Yen)화와 위안(Yuan)화를 사용하게 된다. 그러나 신용리스크(credit risk)나 환율리스크(foreign exchange risk) 등 다른 조건들에 대해서는 공통으로 적용되는 규칙이 없다. 이는 CMI체제가 신용공급과 관련된 세부사안들을 가급적 모두 양자 간의 합의에 위임하는 방식을 취하고 있기 때문이다.

2. CMI의 한계

CMI는 자금공급장치로서 다수의 제한이 존재한다. CMI체제에서 자주 지적되는 주요 한계는 다음 3가지로 정리될 수 있다.

2.1 자금공급능력의 부족

CMI의 가장 심각한 문제로 가능한 자금공급규모의 부족을 지적할 수 있다. 위기시에 제공되는 자금은 투기적인 공격을 충분히 방어할 수 있다고 시장에서 신뢰할 수 있는 정도로 충분한 규모가 되어야 한다. CMI의 양자간 자금공급 계약규모(2005년 7월 기준)는 495억 달러에 불과하다. 또한, 계약금액은 쌍방 간의 금액을 이중계산하고 있으므로 실제로 일국이 활용할 수 있는 자금규모는 훨씬 감소하게 되며 국가별로 상당한 차이를 보이게 된다. 물론 CMI가 현재와 같이 IMF의 보조적 자금 공여장치에 그칠 경우면 자본규모가 큰 문제가 되지 않을 수 있다. 그러나 독립적인 동아시아지역의 금융안정을 위한 제도가 되기 위해서는 자금공여규모가 크게 증가해야 한다.

2) 양자간 지원으로 제공된 금액은 기본적으로 90일을 기한으로 한다. 필요시 6회에 걸쳐 연장이 가능하며 최대 2년 동안 활용할 수 있다. 이자율은 리보(LIBOR)금리를 기준으로 하며 연장횟수에 따라 조정될 수 있다. 최초의 자금공여와 첫 번째 연장시에는 리보금리에 150bp만큼 추가된다. 그 이후의 연장에서는 추가적인 금리인상이 있게 되는데 기본적으로 2회 추가연장마다 50bp가 추가된다. 양자간 자금 공여시 6회기와 7회기에는 리보금리보다 300bp가 높은 수준이 된다.

2.2 자의적 참여제도로 인한 제도적 불안정

CMI체제에서는 신용공여자가 스왑계약을 이행할지의 여부를 결정할 수 있다. 즉, 강제할 수 있는 메커니즘이 존재하지 않는다고 할 수 있다. 따라서 스왑계약이 존재하기는 하나 실제로 계약금액이 위기시에 제공될지의 여부에 대해서는 확실한 보장이 없는 편이다. 이는 파트너 국가가 언제라도 이행을 거절할 수 있기 때문이다.

2.3 IMF 융자조건 문제

CMI는 IMF의 자금공여제도를 보완하기 위한 제도로 구상이 되었다. 따라서 90%의 양자간 스왑자금이 IMF의 동의가 있어야 지급될 수 있다. 이러한 IMF 융자조건에 의한 구속은 다음 2가지 문제를 야기한다.

(1) CMI가 지역금융협력제도로서의 실질적 의미를 상실할 수 있음

(2) IMF의 융자조건은 대상국가의 제도적인 개선조치 이행을 요구하므로 위기를 방지할 수 있기 위한 시의성을 상실할 수 있음

따라서 주로 위기에 직면한 국가를 다시 회복시키는 기능에 치우치고 있는 IMF의 금융지원과는 달리 위기예방을 목표로 하는 CMI는 신속한 지원이 가능하도록 구성되어야 하는 문제를 발생시킨다.

3. CMI의 발전

CMI는 2000년 5월에 설립된 이후 지속적인 발전을 보여 왔다. 처음 도입된 이후 지금까지 지속적으로 각국 간의 양자간 스왑계약이 증가하여 왔다. 그 결과 양자간 스왑계약의 수가 증가하였으며 규모도 확대되었다. 13개국이 참가할 경우 이론적으로 가능한 스왑계약의 합은 33건이다.[3] 이 중 50%를 초과하는 17건의 계약이 현재 체결되었다. 2005년 5월 터키의 앙카라에서 개최되었던 '제8차 ASEAN+3 재무장관회의'에서는 양자간스왑을 통한 자금공여규모를 현재의 495억 달러에서 790억 달러로 확대하는 것에 합의한 바 있다. IMF 융자기준에 대한 구속도 완화하기로 하여 10%에서 20%로 자율적인 지급기준을 확대하였다. 또한, 자금공여의 불확실성 문

3) 한국은행은 2005년 5월 기준 아시아 6개국과 총 130억 달러 규모의 스왑계약을 체결한 바 있으며 통화스왑 대상국가와 규모를 지속적으로 증가시킬 계획이다.

제를 해결하기 위해 양자간 스왑계약을 다자간 지원체제로 전환하기로 합의하였다. 이를 위해 실무그룹이 다자간 금융지원시스템과 이를 도입하기 위한 규정을 준비하도록 합의한 바 있다. 실무그룹은 또한 동아시아의 독자적인 감독시스템을 강화하기 위한 방안도 연구하도록 위임받은 상태이다. 이러한 모든 개선노력은 CMI체제가 내재하고 있는 한계들을 극복하기 위한 것으로써 지속적인 발전노력의 일환으로 추진되고 있다.

제 2 절 CMI의 발전영향

1. 역내 금융지원체제 측면

CMI가 명실상부한 역내 금융체제로 기능할 수 있기 위해서는 다자간 스왑체제로 전환되어야 할 필요가 있다. 다자간 스왑체제는 ASEAN+3 국가가 자금지원을 하기 위한 구체적인 목적, 조건, 이용통화, 자금공여기간, 자금규모, 각국의 부담비율, 이자율, 행정기구와 절차, 분쟁 해결 방식 등에 대한 합의를 필요로 하게 된다. 이를 위해서는 사무국의 설치가 필요하며 실제 자금 요청을 하는 국가에 대한 경제상황을 점검할 수 있는 감독(surveillance)기구의 설립도 필요하다. 물론 이러한 기구들은 사안이 발생할 경우 한시적으로 설치할 수도 있으나 충실한 감독기능을 수행할 수 있으려면 상설기구로서의 사무국과 감독기구의 도입이 필요하다고 할 수 있다.

자금공여규모에 대해서는 일정 수준의 한도를 정할 수도 있고 무제한으로 하여 투기적 공격자가 자금공여의 한계를 인식하지 못하도록 할 수도 있다. 그러나 일단 다자간 지원체제로 전환하는 것만으로도 모든 국가가 지금공여에 참여하게 되므로 상당한 정도의 자금 공급규모 확대의 효과를 야기시킬 수도 있다.

자금부담은 균일부담을 원칙으로 하는 ASA와는 달리 각국의 경제규모에 연동하여 지원자금을 부담하도록 하는 것이 보다 현실적인 방안이 될 수 있다. 그러나 위기에 직면하지 않은 모든 국가는 공여해야 할 자금규모가 크지 않을지라도 일단 의무적으로 참여하는 것을 원칙으로 정할 필요가 있다.

IMF 융자조건에 대한 적용 여부는 다음 2가지 문제와 관련이 있다.

1.1 회원국들이 얼마나 많은 자금을 공여할 의사가 있는가의 문제

이는 참여국들이 역내에서 발생하는 금융위기에 대해 충분히 방어할 수 있는 수준의 자금을 공급할 의사와 능력이 있는가의 문제가 해결되어야 IMF로부터 독립적인 지원체계를 운영할 것인지의 여부를 결정할 수 있기 때문이다.

1.2 자금지원을 요청하는 국가의 거시경제적 상황을 정확히 파악할 수 있는 감독기구의 설치문제

지원요청국의 거시경제상황을 정확히 인식해야 자금지원조건과 규모를 결정할 수 있으며 모럴해저드(moral hazard, 도덕적 해이) 문제도 방지할 수 있다. 따라서 CMI와 IMF 간의 관계설정은 정치적 의지와 현실적인 비용의 문제에 대한 참여국들의 고려가 관건이 된다. 그러나 역내 금융지원기구로서 위기발생을 방지하기 위한 것이 목적이라면 IMF로부터 독립적인 금융지원체제로 전환하는 것이 설립목적에 부합하는 형태라고 할 수 있다.

2. 역내 금융협력 측면

CMI는 긴급자금을 지원하기 위한 동아시아 역내기구로서의 기능을 수행하기에도 현실적으로 다수의 한계를 내재하고 있다. 그럼에도 불구하고 CMI가 세계적으로 주목받고 있는 이유는 이것이 동아시아에서 최초로 제도화에 성공한 금융협력의 한 형태이기 때문이다. 동아시아에서 통화 및 금융분야만이 아니라 실물분야에서도 다양한 협력이 시도되어 왔다. 그러나 집단적으로 일정한 협력의 틀을 갖추는 데 성공한 것은 CMI가 최초라고 할 수 있다. 동아시아지역은 역내협력에 대한 필요성과 가능성에 대한 관심이 지속적으로 증가되어 왔는데 주요 요인으로는 다음 4가지를 지적할 수 있다.

2.1 경제적인 상호 의존성의 증가

동아시아지역에서는 역내 경제적 상호 의존성(economic interdependence)이 지속적으로 증가되어 왔다. 이러한 상호 의존성은 1997년의 경제위기시에 발생한 위기의 전염효과로 더욱 중요시 되었다.

2.2 정책협력의 실패 가능성

역내 통화간 환율의 안정과 통화당국 간의 밀접한 정책협조는 국가간 경쟁력(competitiveness)유지를 위해서도 반드시 필요하다. 특히, 동아시아국가들은 수출주도의 성장정책(export-driven growth policy)을 추구하고 있어서 상호 간의 경쟁적 평가절하는 심각한 문제를 야기시킬 수 있다.

2.3 거래비용의 절감

환율의 변동성 저하는 환율의 불확실성(uncertainty of exchange rate)을 감소시키기 위한 헤지(hedge)비용을 감소시키게 된다. 이는 결국 거래비용을 절감할 수 있는 환경을 제공하게 된다.

2.4 자구적 메커니즘의 도입

1997년의 외환위기는 역내 금융위기에 대한 효과적인 예방과 관리를 위한 자구적 메커니즘의 필요성을 인식시켰다. 이는 글로벌화된 경제환경에서 위기를 방지하기에는 개별국가의 힘이 충분하지 못하기 때문이다.

상기 요인들은 동아시아 통화 및 금융협력을 더욱 적극적으로 시행하도록 요구하고 있으며 CMI가 단순한 단기금융 지원을 능가하는 기구로 발전하도록 기대하는 근거를 제공하고 있다.

CMI가 동아시아지역의 통화 및 금융협력을 위한 기구로 발전하기 위해서는 향후 3가지 중요한 조건(① 거시경제적 감독기능, ② 금융지원제도, ③ 환율협력 메커니즘)을 갖추어야 한다. 현재 CMI를 다자간 지원기구로 전환할 경우 감독기능과 금융지원제도는 더욱 강화되어질 것이다. 여기에 새롭게 추가해야 할 협력분야는 환율협력 메커니즘의 도입이다. 현재 ASEAN+3에 참여하는 국가들은 상이한 환율제도를 운용하고 있다. 각국의 환율제도는 경제환경이나 경제발전의 정도 등에 따라 정책적 선호도가 달라질 수 있다. 따라서 경제적 발전수준이나 규모 등 서로 많은 차이를 보이는 동아시아에서 공동의 환율제도(common exchange rate system)를 도입하는 것은 다수의 저항에 직면할 가능성이 크다. 이러한 이유로 아직까지 동아시아지역에서 공동환율제도의 도입을 어느 정부도 공식적으로 제안하지는 않고 있다.

환율협력이 상호 간의 이해충돌을 유발할 수도 있지만 여러 단계로 나누어 점진적으로 시행할 경우 각국의 이해관계를 조정할 수도 있다. 초기에는 정보공유와 제도적 협력으로 시작하여 점차 역내 환율안정을 목표로 한 거시경제적 조정과정을 거쳐 유럽과 같은 공동환율제도나 심지어 통화통합(currency integration)과 같은 단계로 이행하는 것이 가능하다(Kawai(2005)는 '느슨한 정책협조→긴밀한 정책협조→완전한 정책협조'의 단계로 구분하여 점진적인 환율협력의 추진을 제안한 바 있음).

동아시아의 역내 경제협력 및 통합에 대한 필요성이 제기되고 관련된 논의가 활성화되면서 다수의 경제전문가들은 CMI가 금융 및 통화통합을 위한 토대가 되기를 기대하고 있다. 실제로 CMI가 다자간 금융지원체제로 변화될 경우 이미 감독기능과 금융지원기능을 갖추게 되므로 환율협력 메커니즘만 도입하면 역내 금융 및 통화협력기구로 전환하는 것이 용이하다고 할 수 있다.

그러나 이 경우 감독기능을 지속적으로 수행할 수 있는 상설기구의 설치가 필요하며 금융지원도 다양화해야 한다. 금융지원을 단순한 위기 방지의 수준을 넘어서는 환율협력을 위한 시장개입방식과 이에 필요한 지원까지 가능하도록 구성하는 것도 고려할 필요가 있다. 이 같은 방향으로 CMI를 재편하기 위해서는 비용부담에 대한 참여국들의 동의와 장기적인 협력목표에 대한 공감대가 형성되어야 한다. 또한, 유럽의 사례에서 알 수 있듯이 수십년간 동일한 목표를 향해 협력구도를 견인해갈 수 있는 주도적인 국가가 필요하다. 아직은 역내에서 이러한 조건들이 구비되지 않은 관계로 CMI에 대한 논의가 매우 다양한 방향으로 전개되고 있다.

〈그림 22-1〉 치앙마이 이니셔티브(CMI) 계약 체결 현황(2005년 7월 기준)

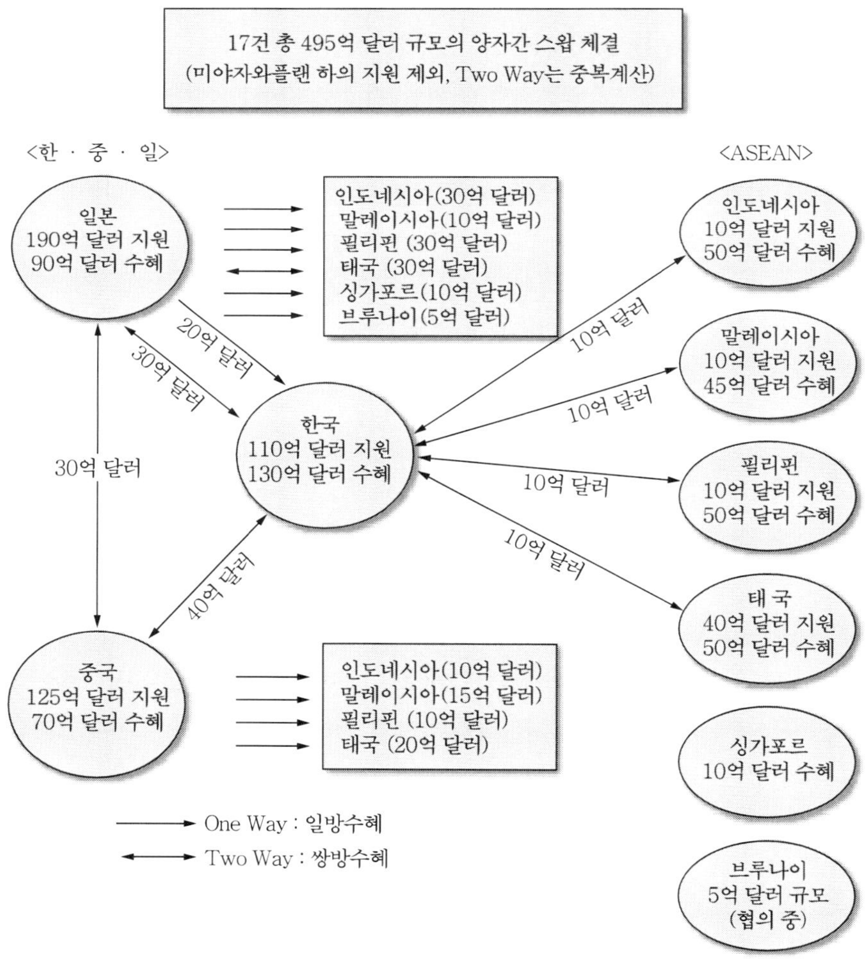

제3절 시사점

CMI는 동아시아국가들이 금융분야 협력을 제도화한 첫 번째 사례라고 할 수 있다. 역내 경제협력의 강화(intensification of regional economic cooperation)가 세계적인 흐름일 뿐만 아니라 외환위기 이후 지역협력의 필요성이 강조되고 있는 환경에서 CMI의 제도화 성공사례는 동아시아협력에 중요한 모형이 되고 있다.

CMI는 기본적으로 '역내 금융위기 방지'라고 하는 구체적인 위험회피장치로 구상되었기 때문에 다수의 국가가 용이하게 동조할 수 있었던 측면이 있다. 그러나 적극적인 측면에서의 협력을 추구하는 역내협력의 기반이 되기 위해서는 다수의 한계가 존재한다. 참여국들이 역내협력의 강화를 기대하면서도 아직 그 비용이나 정치적 부담에 대해 적극적인 의사표명을 하지 않고 있는 것이 현실이다. 이러한 이유로 CMI는 일단 역내 단기금융지원이라는 목표에 부합하는 역할을 중심으로 다자간 지원방식과 감독기능을 도입하는 방향으로 진전될 것으로 보인다. 이 같은 과정에서 역내 국가들 간의 환율안정이 대외환율의 안정보다 더욱 중요하게 될 만큼 역내 교역 및 상호 의존성이 제고되게 되면 더욱 높은 단계의 협력구도로 발전될 것으로 보인다.

제 23 장

EIB 운영과 동북아 금융협력

세계 최초의 지역개발은행(RDB : Regional Development Bank)이라고 할 수 있는 유럽투자은행(EIB : European Investment Bank)은 1958년 초창기 유럽연합(EU) 통합과정에서 설립되었는 데 현재 EU 역내외에서 '정책 주도의 공적은행'으로서의 역할을 충실히 하고 있는 것으로 평가되고 있다. EIB는 2003년에 EU의 어려운 경제여건 하에서도 대출규모를 전년 대비 6.8% 증가한 423억 유로로 확대하였다. EIB 융자활동의 가장 중요한 분야는 EU의 경제사회결속(economic and social cohesion)과 지역개발 활성화(vitalization of regional development)이며, 이에 대한 융자는 계약액의 66%를 기록하였다.[1)]

동북아지역의 금융협력과 지역개발을 위해서는 지역개발은행으로서의 동북아개발은행의 설립이 긴요하다. 이에 대한 논의는 지난 10여년 전부터 동북아경제포럼(Northeast Asian Economic Forum)을 중심으로 진행되고 있다. 또한, 2002년 일본에서는 동 주제와 관련해 최초의 정책보고서(동북아개발은행의 창설과 일본의 대외협력정책에 관한 조사연구 프로젝트)가 작성되어 고이즈미 총리에게 제출되었으나 채택되지는 않았다. 한국에서는 2003년 참여정부의 출범 이후 동북아의 평화와 번영이 핵심적인 국정과제로 채택되었는 데 그 일환으로서 동북아개발은행의 설립을 추진할 의지를 보였으나 아직까지 구체적인 움직임은 나타나지 않고 있다.

지역개발은행으로서 기(旣) 설립된 유럽투자은행의 현황과 특징을 살펴봄으로써 동북아개발은행의 설립과 관련하여 동북아 금융협력에 대한 시사점을 도출하고자 한다.

---

1) 유럽투자은행(EIB)은 1958년 로마조약에 따라 설립되어 주로 지역개발 관련 프로젝트에 금융지원을 수행하고 있다. 최근 들어 유럽투자은행과 유럽투자기금을 구성원으로 하는 EIB그룹이 설립되었는 데, 유럽투자은행은 중소기업에, 그리고 유럽투자기금은 벤처기금(venture fund)에 지원하는 것으로 역할이 분담되어 있다(대외경제정책연구원, 세계경제, 2004. 8. pp. 61~74 요약 · 재구성).

제 1 절 유럽투자은행의 설립배경과 조직

1. 설립배경

유럽투자은행(EIB)은 1958년에 로마조약[2]에 따라 EU의 통합, 균형적인 발전 및 경제사회적 결속에 기여하기 위해 장기자금 대부기관으로서 설립되었다.[3] 이러한 목적을 위해 EIB는 비영리적으로 다음 3가지 프로젝트에 자금을 지원하였다.

① 낙후지역의 개발 프로젝트
② 공동시장 설립을 위해 요구되는 근대화 또는 전환사업 프로젝트
③ 회원국들의 공통 관심 프로젝트

실제로 EIB는 상기한 3가지 프로젝트를 포함해서 모든 경제분야에 자금을 지원하였다. 따라서 자금의 지원범위가 저개발지역으로 한정되어 있지 않고 광범위하며 재원도 공동체의 간섭없이 운용할 수 있었다. 세계 최초의 지역개발은행이라 할 수 있는 EIB에 신청 가능한 프로젝트로서는 도로, 철도, 비행장, 항만, 관계수로 건설 등의 사회간접자본(SOC) 사업이나 에너지, 공업, 농업, 서비스에 관련된 사업이 있다.

그러나 대규모 프로젝트의 지원방식이 오히려 과잉설비문제를 야기시키게 되어 EIB는 기존의 지원전략을 수정하여 1968년부터 지역개발에 기여하는 중소규모의 산업투자 프로젝트에도 대부를 제공하는 글로벌 론(Global Loan)제도를 도입하였다. 1988년부터 공동체는 지역정책에 사용되고 있는 기금들 간의 조정을 시작함에 따라 EIB도 같이 개정되어 공동체의 다른 지역정책수단들과 더욱 긴밀히 연관되었고 공동체의 지역문제 해소를 위한 5대 목표[4] 모두에 기여하게 되

2) 1957년 3월 체결된 로마조약(the Treaty of Rome)은 유럽경제공동체(EEC) 창설을 위한 기본 조약으로 유럽원자력공동체(EURATOM) 창설조약과 함께 총칭하여 로마조약(Treaties of Rome)이라고 한다. 로마조약 체결국은 프랑스, 독일, 이탈리아, 베네룩스 3국 등 6개국이다. 로마조약은 회원국들 간에 관세철폐, 공동역외관세(CET: Common External Tariff) 실시, 운송·농업 분야의 공동정책 실시, 유럽투자은행의 설립, 유럽사회기금의 설립을 주요 내용으로 한다.
3) EIB는 공동체 체제 내에서 독립적 법인으로서 재정자율권을 가지고 있다.
4) EU는 지역개발의 체계적인 수행, 예산의 효율적인 집행 및 지원대상사업의 파급효과 제고 등을 목적으로 '목표'라는 명칭 하에 일정기준을 충족시키는 특정 우선지역들을 선정하여 집중적으로 지원한다. 현재 이 목표 수는 3개로 축소되었다.

었다.

한편, 1992년 에든버러(Edinburgh)에서 개최된 정상회담에서는 유럽투자기금(EIF : European Investment Fund)을 신설하여 유럽투자은행의 산하에 두기로 결정하였으며 기금은 낙후지역의 개발과 경제 · 사회결속을 위한 유럽수송망(trans-European networks) 건설, 중소기업 지원 등에 사용하기로 하였다. 이후 EIF는 1994년에 설립되었는 데, 벤처자본(venture capital)과 중소기업 보증에 특화(specialization)한 금융기관이라고 할 수 있다.

또한, 2002년 말부터는 새롭게 자문서비스 활동도 시작하였다. EIF의 주주는 2003년말 기준 EIB(59.6%), 유럽위원회(30%), 29개 유럽은행 및 금융기관(10.4%)으로 구성되어 있다.

2. 자본금 구조와 조직

2.1 자본금 구조

(1) 청약자본금 규모

EIB 회원국은 EU의 새로운 정치적 이상을 실현하기 위해 EIB의 규정을 개정하고 있다. 2004년 5월 기준 EU 확대의 결과로서 은행의 청약자본금(subscribed capital)[5)]은 1,500억 유로에서 9.13%가 증가한 1,637억 유로로 확대되었다. 각 회원국이 실제로 지급해야 하는 납입자본금(paid-in capital)은 청약자본금의 5% 규모로서 기존 75억 유로에서 이제는 81억 8,500만 유로로 확대되었다. 신규회원 10개국은 납입자본금을 8회에 걸쳐 분할하여 납입하여야 한다. 청약자본금의 나머지 95%는 최고자본금(callable capital)에 해당된다.

(2) 청약자본금의 분담비율

EIB 청약자본금의 회원국별 분담비율은 각국의 가입시 국내총생산(GDP) 규모를 기준으로 결정된다. 각국의 비중을 살펴보면 독일 · 프랑스 · 이탈리아 · 영국이 각각 16.284%로 최대 주주에 해당되며 다음으로 스페인이 뒤를 잇고 있다. 스페인의 경우 2004년 5월 1일 추가적인 자본기여를 통해 청약자본금에서의 비중을 약 10% 수준으로 제고시켰다. 2004년 5월에 신규로 가입한 중 · 동부 유럽국가들의 경우 비중이 매우 낮음을 알 수 있다.

---

5) 은행자본금 구조에서 청약자본금(subscribed capital)은 실제로 참가국들이 인수를 약정한 주식 총액을 의미하는 데, 이것은 다시 납입자본금(paid-in capital)과 최고(催告)자본금(callable capital)으로 구분된다. 참가국은 주식을 약정함으로써 주주로서의 권리와 의무가 발생하게 된다.

〈표 23-1〉 EIB 청약자본금 및 각국 신용등급 현황

(단위 : 유로)

	금액	%	신용등급
독일	26,649,532,500	16.284	AAA
프랑스	26,649,532,500	16.284	AAA
이탈리아	26,649,532,500	16.284	AA
영국	26,649,532,500	16.284	AAA
스페인	15,989,719,500	9.770	AAA
벨기에	7,387,065,000	4.514	AA
네덜란드	7,387,065,000	4.514	AAA
스웨덴	4,900,585,500	2.994	AAA
덴마크	3,740,283,000	2.285	AAA
오스트리아	3,666,973,500	2.241	AAA
폴란드	3,411,263,500	2.084	A
핀란드	2,106,816,000	1.287	AAA
그리스	2,003,725,500	1.224	A
포르투갈	1,291,287,000	0.789	AA
체코	1,258,785,500	0.769	A
헝가리	1,190,868,500	0.728	A
아일랜드	935,070,000	0.571	AAA
슬로바키아	428,490,500	0.262	A
슬로베니아	397,815,000	0.243	AA
리투아니아	249,617,500	0.153	A
룩셈부르크	187,015,500	0.114	AAA
키프러스	183,382,000	0.112	A
라트비아	152,335,000	0.093	A
에스토니아	117,640,000	0.072	A
몰타	69,804,000	0.043	A
합계	163,653,737,000	100.000	

주: 신용등급이 평가기관에 따라 차이가 있는 경우 최우수 등급을 적용
자료: EIB, EIB Group-Activity Report 2003, 2004.

2.2 조직

(1) 총재단

EIB의 총재단(Board of Governors)은 회원국의 재무장관으로 구성(총 25명)되며 그 역할은 5가지로 정리될 수 있다.

① 신용정책에 관한 일반적 방향 결정
② EU 역외에 대한 EIB 활동 인정
③ 감사위원회 보고서 채택 및 재무제표 승인
④ 자본금 확대결정
⑤ 이사회 · 경영위원회 · 감사위원회 구성

(2) 이사회

이사회(Board of Directors)는 총재단에서 임명되는 25명의 이사와 13명의 대리이사로 구성된다. 회원국에서는 24명의 이사와 12명의 대리이사를 지명 · 추천하며, 유럽위원회에서 이사와 대리이사 각 1명씩을 지명 · 추천한다. 이사회는 월 1회 개최되며 다음 4가지 역할을 수행한다.

① EU조약 준수 이행
② 융자 승인
③ 보증 및 차입 결정
④ 총재단에 대한 은행신용정책의 전환 권고

이사회 의장은 은행총재인 경영위원회 의장이 겸직하게 된다.

(3) 경영위원회

경영위원회(Management Committee)는 은행의 전임(full-time) 집행기구이다. 경영위원회는 일상적인 업무를 감독하고 이사회에 대해 차입 · 융자 결정을 권고한다. 경영위원회는 총재 1인과 부총재 8명으로 구성되어 있으며 위원의 임기는 6년이다. 2003년말 기준 EIB 전체 직원은 1,213명으로 전년 대비 9% 증가하였다.

〈그림 23-1〉 EIB의 조직도

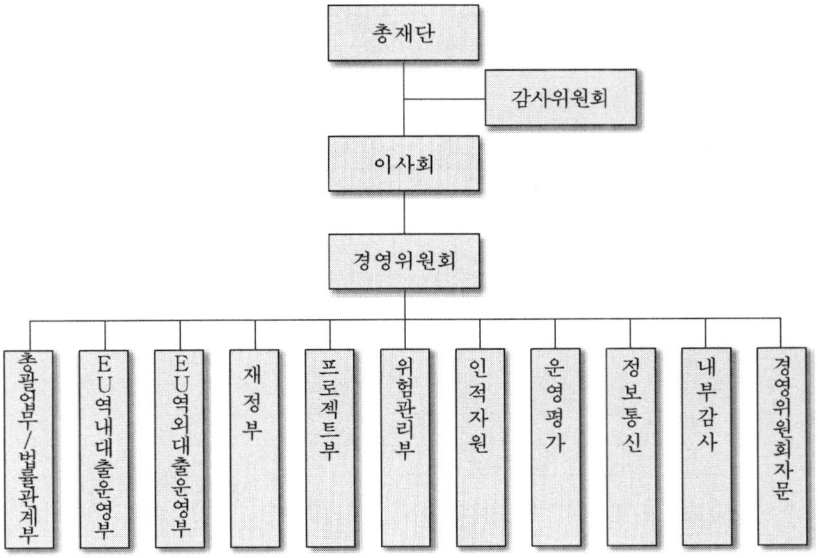

제 2 절 유럽투자은행의 활동 현황

1. EIB의 융자활동

EIB의 총융자액(계약 기준)은 2003년에 423억 유로를 기록하였다. 이는 2002년의 396억 유로에 비해 6.8% 증가한 수치이다. EIB의 대출은 EU 회원국에 342억 유로(80.8%), 가입후보국에 46억 유로(10.8%), EU 개발지원 및 파트너국가와의 협력정책에 36억 유로(8.4%)가 이루어졌다. 특히, EU 역내에의 융자(342억 유로)에 필요한 자금은 자본시장 차입뿐만 아니라 EIB의 납입자본금 및 유보금의 자체 재원에서 조달되었다. 또한, EIB는 다수의 금융기관 및 상업은행과 긴밀하게 협력하여 공업, 서비스, 의료, 교육 및 인프라 부문에서의 중소규모 프로젝트에 대한 자금조달을 위해 글로벌 론을 융자해 주었다.

〈표 23-2〉 EIB Group의 주요 지표(2003년말 기준)

(단위 : 100만 유로)

① 유럽투자은행(EIB)	
2003년 실적	
융자계약액	42,332(100.0%)
EU 역내	34,187(80.8%)
가입후보국가	4,589(10.8%)
파트너국가	3,556(8.4%)
융자승인액	46,614
EU 역내	37,273
가입후보국가	5,731
파트너국가	3,610
2003년말 누적 실적	
잔고 기준	
은행재원의 융자	247,600
은행보증	392
단기, 중기, 장기 차입	194,505
자체 기금	25,984
대차대조표 총계	234,078
당기순이익	1,424
청약자본금	150,000
(납입자본금)	7,500
② 유럽투자기금(EIF)	
2003년 실적	
벤처자본(14건)	135
보증(31건)	2,251
2003년말 누적 실적	
벤처자본(189건)	2,480
보증(126건)	6,351
청약자본금	2,000
(납입자본금)	400
당기순이익	20
적립 · 충당금	178

자료: EIB, EIB Group-Projects financed in 2003 and Statistics, 2004.

한편, EIB는 2003~2005년 은행운영계획(Corporate Operational Plan)에 따라 2003년에는 5대 융자활동(① EU 내 지역개발 및 경제사회결속, ② 혁신 2010년 구상(I2I : Innovation 2010 Initiative) 실시, ③ 환경보호 및 삶의 질 향상, ④ EU 확대 준비, ⑤ 공동체 개발지원 및 파트너 국가와의 협력정책)에 중점을 두었다.

이들 5대 융자활동에 대해 살펴보면 다음과 같다.

1.1 EU 내 지역개발 및 경제사회결속

EU 내 경제사회결속 및 지역개발 활성화(vitalization of regional development)는 EIB 융자의 중점과제였다. 따라서 2003년에 개별 론(236억 유로)의 69%(163억 유로)가 지역개발에 대한 프로젝트에 지원되었으며 글로벌 융자(106억 유로)의 61%(64억 유로)가 이러한 프로젝트에 지원되었다. 여기에 가입후보국(Acceding and Accession Countries)에 대한 운영자금(46억 유로)을 포함할 경우, 2003년 EIB의 지역개발에 대한 기여는 전체적으로 274억 유로(총융자 계약액의 64.8%) 이상이었다.

〈표 23-3〉 EIB의 EU 역내 부문별 대출현황

(단위 : 100만 유로, %)

	2003		1999~2003	
	금액	%	금액	%
에너지 및 인프라	17,713	51.8	79,588	50.8
에너지	2,679	7.8	13,255	8.5
생산	1,879	5.5	6,257	4.0
전력	1,059	3.1	3,980	2.5
석유 및 천연가스	243	0.7	1,120	0.7
난방	577	1.7	1,157	0.7
공급	801	2.3	6,998	4.5
전력	771	2.3	5,614	3.6
석유 및 천연가스	30	0.1	1,131	0.7
난방	-	-	253	0.2
수송	9,425	27.6	42,286	27.0
도시수송	2,755	8.1	8,040	5.1
철도	2,594	7.6	9,846	6.3
도로	2,326	6.8	13,620	8.7
항공	1,174	3.4	7,780	5.0
해운	450	1.3	1,669	1.1
국제화물터미널 등	126	0.4	151	0.1
기타	-	-	1,182	0.8
통신	1,052	3.1	7,740	4.9
네트워크, 국제케이블	762	2.2	5,281	3.4
이동전화	290	0.8	2,326	1.5
위성, 지상기지국	-	-	133	0.1
수자원, 하수처리, 고형폐기물	1,009	3.0	6,402	4.1
하수처리, 폐기물 관리	632	1.8	2,838	1.8
저수시설 관리	377	1.1	3,564	2.3
도시 인프라	3,548	10.4	9,905	6.3
도시재개발	2,374	6.9	7,178	4.6
도시개발계획	1,174	3.4	2,727	1.7
공업, 서비스, 의료, 교육, 농업	5,871	17.2	22,780	14.6

공업	2,350	6.9	11,333	7.2
수송장비	985	2.9	4,311	2.8
펄프, 종이제품 등	320	0.9	1,459	0.9
전기전자	263	0.8	1,707	1.1
화학, 화학제품	221	0.6	1,024	0.7
정유제품	150	0.4	394	0.3
기타 비금속광물	146	0.4	201	0.1
기계장비	100	0.3	130	0.1
기초금속, 금속제품	96	0.3	1,593	1.0
목공예, 목제품	69	0.2	302	0.2
고무, 플라스틱	-	-	65	0.0
식음료	-	-	146	0.1
서비스	885	2.6	3,583	2.3
의료, 교육	2,636	7.7	7,764	5.0
의료	1,353	4.0	3,748	2.4
교육, 훈련	1,283	3.8	4,016	2.6
농어임업	-	-	100	0.1
개별 론 합계	23,584	69.0	102,368	65.4
글로벌 론 합계	10,603	31.0	54,187	34.6
총합계	34,187	100.0	156,556	100.0

자료: EIB, EIB Group-Projects financed in 2003 and Statistics, 2004.

1.2 혁신 2010년 구상(I2I : Innovation 2010 Initiative)

혁신 2010년 구상을 위해 EIB는 2010년까지 지식기반 및 혁신 주도의 경제발전을 촉진하기로 하였다. 이를 위해 2003년에는 동 구상(I2I) 중 3대 분야의 58개 프로젝트에 62억 유로가 지원되었다(교육훈련부문 27억 유로, 연구개발 21억 유로, 정보통신기술의 발명 · 보급 14억 유로). 이와 관련하여 2002년에는 36억 유로가 지원되었다. 2000년 5월 동 구상이 시작된 이후 EIB는 이미 170억 유로에 상당하는 융자계약을 체결하였다. 또한, I2I는 2003년 12월 EU이사회에 의해 승인된 유럽성장구상(EGI : European Growth Initiative)과 긴밀하게 연계되어 있다. 유럽성장구성의 핵심은 혁신과 R&D분야에의 투자에 있다.

1.3 환경보호 및 삶의 질 향상

EIB의 환경 및 삶의 질에 대한 개별 론은 123억 유로를 기록하였다. 이 중 연내에 108억 유로, 가입후보국과 파트너국가에 각각 8억 유로가 융자되었다. 이 가운데 환경부문에 대한 융자는 약 50억 유로로 41%를 차지했다. 또한, EU 역내에서 도시환경에 26억 유로, 수질관리 및 공기오염 개선에 15억 유로, 자연환경에 8억 6,900만 유로가 각각 할당되었다. 가입후보국가에서는 도시환경부문이 대부분을 차지했다. 한편, EIB는 최초로 러시아에 융자하였는 데, 상페테르스부

르그의 수질 관리 프로젝트에 2,500만 유로를 융자하였다 .

1.4 EU 확대 준비

EU 확대 준비의 차원에서 EIB는 가입후보국에 46억 유로를 융자하였다. 이 중 수송인프라가 37%, 자동차산업 등 공업이 19%, 의료 · 교육이 14%, 환경이 18%의 융자를 각각 차지하였다.

1.5 공동체 개발지원 및 파트너 국가와의 협력정책

EU 개발지원 및 파트너국가와의 협력정책부문에는 36억 유로가 지원되었다. 지중해 동맹국과 관련하여 EIB는 바르셀로나 EU 정상회의에 따라 2002년 설립된 '유로-지중해 투자파트너십 기금(FEMIP)'을 통해 민간부문 발전을 위한 분야에 총 21억 유로를 융자하였다(2002년 16억 유로), 또한, EIB는 발칸지역의 재건과 개발에 3억 7,200만 유로를 지원하였다. 여타 세계에 대한 EU 개발지원과 협력정책의 촉진을 위한 융자 활동으로 아프리카 · 카리브해 · 태평양 국가(ACP)에 4억 6,300만 유로, 남아프리카에 2억 6,000만 유로, 아시아 및 라틴아메리카에 3억 4,800만 유로, 러시아에 2,500만 유로를 지원하였다.

〈표 23-4〉 EIB의 EU 내 국가별 부문별 대출 현황

(단위 : 100만 유로, %)

	합 계		인프라						공업 · 서비스 · 농업		의료 · 교육		글로벌 론	
			에너지		수송 통신		수자원 및 기타 인프라							
	2003	1999~2003	2003	1999~2003	2003	1999~2003	2003	1999~2003	2003	1999~2003	2003	1999~2003	2003	1999~2003
벨 기 에	540(1.6)	2,112(1.3)	70	70	123	380	275	575	47	74	-	-	25	1,014
덴 마 크	898(2.6)	4,979(3.2)	135	644	397	3,110	124	131	94	335	-	349	148	408
독 일	6,443(18.8)	30,449(19.4)	300	777	1,237	4,084	428	2,646	1,267	4,278	463	3,021	2,748	15,643
그 리 스	1,190(3.5)	7,061(4.5)	225	664	715	4,390	-	1,050	150	306	-	424	100	227
스 페 인	6,282(18.4)	24,471(15.6)	300	2,105	3,223	11,421	595	1,850	160	1,503	312	565	1,692	7,026
프 랑 스	4,061(11.9)	19,472(12.4)	-	-	695	4,890	100	344	406	2,040	885	919	1,975	11,280
아일랜드	6,02(1.8)	2,000(1.3)	-	717	253	478	31	31	-	-	68	68	250	707
이탈리아	5,913(17.3)	26,976(17.2)	1,285	4,275	810	6,861	1,694	4,007	227	2,048	25	207	1,873	9,578
룩셈부르크	184(0.5)	572(0.4)	-	80	-	179	184	184	-	130	-	-	-	-
네덜란드	522(1.5)	2,391(1.5)	-	-	-	650	206	625	66	66	-	-	250	1,050
오스트리아	900(2.6)	4,031(2.6)	14	211	153	564	158	408	95	505	115	550	365	1,793
포르투갈	1,645(4.8)	8,662(5.5)	70	647	700	5,242	205	686	120	387	-	-	550	1,700
핀 란 드	780(2.3)	3,257(2.1)	7	37	60	556	35	498	195	996	383	644	100	525
스 웨 덴	890(2.6)	3,708(2.4)	-	328	442	1,876	51	269	60	547	175	381	163	306
영 국	3,239(9.5)	15,424(9.9)	274	2,314	1,593	5,174	450	2,970	346	1,499	211	636	364	2,830
기 타[1)]	99(0.3)	991(0.6)	-	386	76	17.3	23	33	-	300	-	-	-	100
합 계	34,187(100)	156,556(100)	2,679	13,255	10,476	50,027	4,557	16,306	3,235	15,016	2,636	7,764	10,603	54,187

주: 1) 기타는 역외에서 진행된 프로젝트이더라도 그것이 유럽차원에서 행해진 것임

자료: EIB, EIB Group-Projects financed in 2003 and Statistics, 2004.

2. EIB의 차입활동

EIB는 최대의 초국적 채권발행자로서의 입지를 강화하고 자금조달활동을 전세계 주요 자본시장으로 확대하고 있다. 2003년 EIB의 차입액은 전년 대비 11% 증가한 421억 유로였으며 15개국 통화로 310건의 계약이 이루어졌다. 단기차입을 제외한 부채잔고 현황(2003년말 기준)은 1,890억 유로로 증가하였다 .

유로(Euro)화가 도입된 이후 EIB의 차입활동을 살펴보면 유로화 발행의 강세, 달러화 발행 약세가 두드러졌다고 할 수 있다. 또한, 3대 통화 이외의 여타 통화로의 발행이 점차 확대되는 추세를 보이고 있다. 금리유형에 따른 채권 발행은 고정금리(fixed interest rate)로의 발행이 90% 이상을 차지하고는 있으나 점차 감소하는 추세를 보이고 있는 반면에 변동금리(flexible interest rate)로의 발행이 점차 증가하고 있다.

〈표 23-5〉 EIB의 EU 역내 국가별 목표별 대출현황1)

(단위 : 100만 유로, %)

	지역개발				인적자본				유럽통신인프라				환경 및 삶의 질				에너지				I2I			
	2003		1999~2003		2003		1999~2003		2003		1999~2003		2003		1999~2003		2003		1999~2003		2003		1999~2003	
벨기에	300	1.8	513	0.7	-	-	-	-	23	0.3	280	0.7	445	4.1	745	1.9	70	2.5	70	0.5	47	1.0	91	0.6
덴마크	-	-	1,159	1.7	-	-	349	3.8	491	6.0	2,989	7.2	258	2.4	907	2.4	177	6.4	687	5.1	284	5.9	1,177	8.0
독일	2,694	16.6	10,402	14.9	473	13.0	3,146	34.1	965	11.7	3,581	8.6	1,011	9.4	4,831	12.6	326	11.8	782	5.8	957	19.8	2,938	19.9
그리스	1,090	6.7	6,834	9.8	-	-	430	4.7	675	8.2	3,700	8.9	415	3.9	2,101	5.5	225	8.1	664	4.9	150	3.1	710	4.8
스페인	4,590	28.2	16,350	23.4	512	14.0	875	9.5	2,990	36.3	9,198	22.1	1,125	10.5	5,156	13.4	300	10.8	2,205	16.3	812	16.8	2,486	16.8
프랑스	740	4.5	3,867	5.5	885	24.3	944	10.2	180	2.2	3,121	7.5	625	5.8	2,413	6.3	-	-	-	-	466	9.6	1,432	9.7
아일랜드	352	2.2	1,294	1.9	68	1.9	68	0.7	193	2.3	318	0.8	91	0.8	91	0.2	-	-	717	5.3	68	1.4	168	1.1
이탈리아	3,229	19.8	11,645	16.7	797	21.9	1,134	12.3	1,129	13.7	7,975	19.2	3,025	28.1	8,256	21.5	1,285	46.4	4,362	32.2	697	14.4	1,477	10.0
룩셈부르크	-	-	210	0.3	-	-	-	-	-	-	179	0.4	184	1.7	314	0.8	-	-	80	0.6	-	-	10	0.1
네덜란드	-	-	30	0.0	-	-	-	-	-	-	650	1.6	206	1.9	625	1.6	-	-	80	0.6	66	1.4	66	0.4
오스트리아	212	1.3	795	1.1	115	3.2	550	6.0	130	1.6	510	1.2	247	2.3	907	2.4	40	1.4	297	2.2	175	3.6	922	6.2
포르투갈	1,095	6.7	6,962	10.0	-	-	-	-	460	5.6	3,778	9.1	445	4.1	1,840	4.8	70	2.5	693	5.1	100	2.1	422	2.9
핀란드	90	0.6	1,178	1.7	410	11.2	705	7.6	75	0.9	583	1.4	175	1.6	1,316	3.4	-	-	-	-	605	12.5	868	5.9
스웨덴	82	0.5	800	1.1	175	4.8	381	4.1	135	1.6	924	2.2	380	3.5	1,557	4.1	-	-	328	2.4	168	3.5	558	3.8
영국	1,796	11.0	7,759	11.1	211	5.8	636	6.9	723	8.8	3,604	8.7	2,107	19.6	7,323	19.0	274	9.9	2,243	16.5	236	4.9	1,137	7.7
기타2)	-	-	-	-	-	-	-	-	76	0.9	173	0.4	23	0.2	62	0.2	-	-	356	2.6	-	-	300	2.0
합계	16,269	100	69,797	100	3,645	100	9,218	100	8,244	100	41,563	100	10,762	100	38,444	100	2,767	100	13,564	100	4,830	100	14,762	100

주: 1) 일부 융자는 다수의 프로젝트에 대해 이루어지고 있어, 전체 합계가 2003년 합계액(423억 유로)을 초과하고 있음

2) 기타는 역외에서 진행된 프로젝트이더라도 그것이 유럽차원에서 행해진 것임

자료: EIB, EIB Group-Projects financed in 2003 and Statistics, 2004.

한편, 2003년 EIB의 차입에서 유로화로의 채권발행은 173억 유로(전체의 41%)로 최대를 차지하였다. 3대 통화(유로화, 달러화, 파운드화)로의 발행이 각각 41%, 29%, 17%로 전체 채권발

행의 87%를 차지하였으며, 스왑후 규모로는 전체의 95%(유로화 55%, 달러화 23%, 파운드화 17%)를 차지하였다. 여타 12개 통화로의 채권발행에는 가입후보국(체코 코로나, 헝가리 포린트, 폴란드 즐로티, 슬로바키아 코로나), 여타 유럽통화(스위스 프랑, 스웨덴 크로네, 노르웨이 크로네), 아시아·태평양 지역 및 일본(호주 달러, 홍콩 달러, 일본 엔, 대만 달러) 및 아프리카(남아프리카공화국 란드)의 통화가 포함되어 있다.

이 같이 EIB는 채권발행 활동의 다양성을 지속적으로 강화하고 있다. 또한, EIB는 채권발행 전략에서 일관성(consistency)과 혁신(innovation)을 지속적으로 추구하고 있다. 여기에는 3대 핵심통화의 대규모 유동성 벤치마크의 생성을 포함하고 있다. 벤치마크로서의 채권발행은 투자가에게 유동성을 확대하고 만기구조를 다양화시키는 역할을 하고 있다.

〈표 23-6〉 EIB의 1999~2003년간 채권 발행 현황(스왑거래 이전)

(단위 : 100만 유로, %)

통화유형	1999		2000		2001		2002		2003	
	금액	비중	금액	비중	금액	비중	금액	비중	금액	비중
유로화	11,646	41.1	6,607	22.8	10,398	32.2	13,305	35.0	17,318	41.1
파운드화	6,974	24.6	14,352	49.5	6,862	21.2	6,180	16.3	7,175	17.0
달러화	6,447	22.8	5,975	20.6	13,092	40.5	14,383	37.8	12,375	29.4
기타 통화	3,267	11.5	2,068	7.1	1,953	6.1	4,144	10.9	5,222	12.5
합 계	28,334	100.0	29,002	100.0	32,305	100.0	38,012	100.0	42,090	100.0
(고정금리)	27,046	95.5	28,308	97.6	31,713	98.2	35,189	92.6	38,852	92.3
(변동금리)	1,288	4.5	694	2.4	591	1.8	2,823	7.4	3,238	7.7

자료: EIB, EIB Group-Projects financed in 2003 and Statistics, 2004.

EIB가 2003년에 조달한 총 173억 유로의 채권 중 주요 벤치마크 계약은 만기 5년물과 10년물로 각 50억 유로가 발행되었다. 채권 전자거래시스템의 한 종류인 EuroMTS를 통해 유로화 벤치마크의 총액이 확대되었고, 인플레이션 연동형 및 최고채권(callable bonds)형의 발행이 크게 확대되었다. 또한, 달러화의 채권발행은 136억 달러(124억 유로에 상당)에 달했는데 주요 확대분야는 최초의 글로벌 최고채권(callable bonds)을 포함한 구조적 발행(structured issuance)으로 2002년의 110억 달러에 비해 2배 이상 증가한 260억 달러에 이르렀다. 달러화 벤치마크 채권의 총잔고는 360억 달러를 기록하였는 데 EIB는 영국 파운드화(GBP) 채권시장 지분의 8%, 49억 파운드화(72억 유로에 상당)를 발행함으로써 최대의 해외 발행자가 되었다(2002년 39억 파운드, 즉 62억 유로 상당액을 발행). 이 중 1억 5,500만 파운드는 영국의 보건 및 도로 프로젝트에의 조달을 위해 사용되었으며 영국 파운드화 벤치마크 잔고의 총액은 350억 파운드를 기록하였다.

또한, EIB는 EU 가입국의 대출확대를 지원하기 위해 현지 통화로의 채권발행을 지속적으로 확대하고 있다. EU 가입국에서의 채권 발행은 전년 대비 2배 이상 증가한 130억 유로에 상당하는 현지 통화로 이루어졌다. EIB는 이를 통해 4대 시장(체코 코로나화, 헝가리 포린트화, 폴란드 즐로티화, 슬로바키아 코로나화)을 비롯한 각 가입국 채권시장에서 최대 비정부 채권발행자가 되었다.

한편, 여타 유럽통화 채권시장에서의 특징은 장기간 소외되었던 스웨덴 채권시장에의 복귀를 지적할 수 있다. EIB는 2003년에 총 40억 스웨덴 크로네(4억 4,200만 유로)의 채권을 발행하였다. 또한, EIB는 아시아 · 태평양 지역과 일본에서도 채권발행을 확대하였는 데 2002년 1,460억엔(120억 유로)에서 2,910억엔(220억 유로)으로 채권발행이 크게 확대됨으로써 최대의 발행주체가 되었다.

〈표 23-7〉 EIB의 차입(채권발행) 현황(2003년 기준)

(단위 : 100만 유로, %)

	스왑 이전		스왑 이후	
유로	17,318	41.1	22,931	54.7
파운드	7,175	17.0	7,393	17.6
스웨덴 크로네	442	1.1	659	1.6
EU 전체	24,935	59.2	30,983	73.9
호주 달러	470	1.1	0	0.0
스위스 프랑	161	0.4	161	0.4
체코 코로나	678	1.6	521	1.2
홍콩 달러	122	0.3	0	0.0
헝가리 포린트	339	0.8	270	0.6
일본 엔	2,201	5.2	0	0.0
노르웨이 크로네	226	0.5	0	0.0
폴란드 즐로티	156	0.4	174	0.4
슬로바키아 코로나	94	0.2	94	0.2
대만 달러	180	0.4	0	0.0
미 달러	12,375	29.4	9,665	23.1
남아공 란드	153	0.4	44	0.1
비EU 전체	17,155	40.8	10,928	26.1
합계	42,090	100.0	41,911	100.0

자료: EIB, EIB Group-Financial Report 2003, 2004.

제 3 절 시사점

전술한 유럽투자은행(EIB)의 특징은 다음 3가지로 정리할 수 있다.

1. 여타의 다자간 개발은행(multilateral development bank)과 달리 EIB는 회원국이 EU 역내국으로 한정되는 폐쇄성을 가지고 있음

세계은행(IBRD), 미주개발은행(IDB), 아시아개발은행(ADB) 등의 주요 다자간 개발은행은 회원국이 전세계 또는 역내외에 걸쳐 다양하게 구성되어 있으나 EIB의 회원국은 2004년 5월 기준 EU 역내 25개국으로 구성되어 있다. 일반적으로 국제기구(international institutions)의 설립에는 참여국가 및 이해관계의 다양성으로 인해 합의도출이 용이하지 않은데 EIB는 로마조약에 근거하여 EU 통합에의 기여라는 목표 하에서 추진되었기 때문에 유럽국가 간의 합의에 의해 보다 용이하게 설립되었다고 평가할 수 있다.

2. EIB의 EU 역내에 대한 융자는 대부분 지역개발 및 경제사회결속(economic and social cohesion)에 집중되어 있음

EU 역내에 대한 EIB의 융자는 2003년에 342억 유로를 기록하였는 데 이 중 66%가 상기 분야에 투입되었다. EU는 공동지역정책(common regional policy)의 차원에서 이들 분야에 EIB 이외에도 구조기금 및 결속기금(2003년 EU 예산의 35% 수준)을 통해 지원하고 있다.

3. EIB와 EIF는 최근 들어 역할을 분담하여 각각 중소기업과 벤처자본(venture capital)의 지원에 역점을 두고 있음

리스본에서 2000년에 개최된 유럽이사회에서는 EIB와 EIF를 함께 묶어 EIB그룹을 설립한 바 있다. EIB와 EIF는 이처럼 역할을 분담함으로써 중소기업 지원에 대한 전문성을 제고시키는 시너지효과(synergy effect)를 기대하고 있다.

한편, 상기한 유럽투자은행과 이제까지 동북아에서 논의되어 온 동북아개발은행(NEADB) 간에는 여러 가지 점에서 상이한 측면을 보이고 있다. 즉, EIB는 NEADB와 비교해 은행의 성격은 지역개발은행(regional development bank)이라는 측면에서는 같으나 창설목적, 참여국가 수, 자본금규모, 조직 등의 측면에서는 훨씬 다양하고 대규모라는 점을 인식할 수 있다.

EU는 경제통합의 추진과정에서 요구되는 지역개발과 각국간 협력의 긴밀화를 위해 EIB를 설립한 바 있다. 전세계의 지역주의(regionalism) 추세 하에서 EU와 같은 경제통합의 수준은 아니더라도 동북아시아에서 경제협력의 강화(intensification of economic cooperation)는 필수적이다. 동북아시아의 역내 협력을 통한 공동 발전이라는 목표 하에서 막대한 개발재원을 조달하기 위해서는 NEADB의 설립이 긴요하다고 할 수 있다. 현재 NEADB의 창설에 관한 이니셔티브(initiative)를 취할 수 있는 가장 적합한 국가로 한국을 지적할 수 있다. 이러한 근거로 일본의 경우 복잡한 과거사 문제 및 국제관계에 얽매여 있고, 중국은 관심을 보이면서도 신중한 자세를 견지하고 있는 상황을 지적할 수 있다.

이 같은 상황 하에서 한국 정부는 동북아의 평화와 번영 건설을 핵심과제로 삼고 NEADB의 설립 추진에 적극적인 관심을 보이고 있다. 현재 시점에서 중요한 것은 동 이슈에 대한 활발한 국내 공론화와 이의 수렴화라고 할 수 있다. NEADB 설립의 실현 가능성이 보다 증대되기 위해서는 이 문제가 동북아시아 경제공동체와 같은 큰 틀 내에서 모색되는 것이 바람직하다고 할 수 있다.

〈표 23-8〉 유럽투자은행과 동북아개발은행의 유사 · 차이점

	EIB	NEADB[1)]
은행 성격	지역개발은행	지역개발은행
창설 목적	EU의 통합, 균형적인 발전 및 경제사회적 결속에의 기여	교통시설, 통신시설, 사회시설 등의 프로젝트 지원
참여 국가	25개 EU 회원국	동북아 관련국(한국, 일본, 중국, 러시아, 몽고, 북한), 여타 국가
청약자본금 규모	1,637억 유로	60억~400억 달러
납입자본금 규모	82억 유로(청약자본금의 5%)	(청약자본금의 25~50%)
설립 시기	1958년	미정

주: 1) 동북아개발은행의 경우는 논의 차원의 내용임

제 24 장

남북한 금융협력

2000년 6월 15일 역사적인 '남북정상회담' 이후 남북경협은 정치적 요인에 의해 소강국면을 보인 적도 있지만 일부 부문에서는 가시적인 성과도 거두면서 나름대로 진행되어 왔다고 평가할 수 있다. 그러나 대북정책에 관한한 클린턴 행정부 때와는 달리 강경책을 표방하고 있는 부시 행정부 출범 이후 악화된 북미관계로 인해 남북경협은 활성화되지 못하고 어느 정도 위축되어 왔던 것이 사실이다.

최근 북한이 핵무기 보유 시인과 재처리 등으로 다시금 한반도의 긴장을 고조시키고 있다. 2003년 5월에 개최된 '한미 정상회담'에서 두 정상은 국제협력에 기반하여 평화적인 수단으로 북한의 핵무기 개발 프로그램을 완전하고 검증가능하며 불가역적인 방법으로 제거하기 위해 공동 노력할 것임을 합의한 바 있다. 노무현 정부는 이전 김대중 정부의 일관된 햇볕정책과는 달리 핵문제 해결에 있어서 전향적인 자세를 보이고 있다. 즉, 노 대통령은 향후 남북교류와 협력을 북한 핵문제의 전개상황에 비추어 추진할 것임을 언급한 바 있다. 따라서 북한이 핵문제에 대해 전향적인 자세를 취하지 않는 한 남북협력관계와 북한의 대외관계에 영향을 미칠 수밖에 없게 되었다. 향후 북핵문제를 해결하기 위해 한국과 국제사회는 김대중 정부와는 상이한 경제협력수단을 강구할 필요가 있다. 김대중 정부의 대북지원 방식이 긍정적 경제협력이었다면 앞으로는 경제적 압박에 대한 고려가 필요하다.

사실 그동안 대북경협방식은 국민적인 합의가 이루어지지 않았음에도 불구하고 한반도의 긴장완화와 북한의 시장경제체제를 유도해서 궁극적으로 통일비용을 줄인다는 명분 하에 추진되어 왔다고 할 수 있다. 그러나 최근의 대내외적인 여건변화로 인해 대북경협은 입지가 상당히 좁아져 있으며 북한이 이 문제를 성실하고도 신뢰성있게 해결하지 않는다면 향후 남북교류 및 경제·금융협력은 심각한 차질을 입게 될 것이 분명하다. 최근 북한은 계획경제 틀 내에서 개혁을 추진하고 있는 것으로 알려지고 있다. 이는 경제운영에 있어서 시장경제적 요소를 도입하는 것으로 해석할 수 있으나 현재까지 가시적인 성과는 거두지 못하고 있는 것으로 나타나 남북경협은 새로운 전기를 맞이하게 될 것으로 기대되고 있다.[1)]

남북경협에 있어서 새로운 전기가 마련되면서 남북경협이 효과적인 결실을 맺기 위해서는 남북금융협력이 어느 때보다 중요하게 부각되고 있다. 남북한간 금융부문의 협력사항은 1992년의 '남북부속합의서'에 명문화되어 있음에도 불구하고 아직까지 가시적인 진전은 없었다고 평가할 수 있다. 따라서 남북한간 경협이 실질적인 성과를 거두기 위해서는 남북한간 금융부문의 교류가 시급하며 북한금융제도와 남북한금융협력에 대한 여러 측면 및 진출방안에 대한 심도있는 논의가 학계・업계・정계 간에 이루어져야 한다.

남북한 금융협력에 대한 거시적 및 미시적 분석과 더불어 제도적 측면의 보완과제에 대해 살펴보고자 한다.

제 1 절 남북한 금융협력의 거시적 및 미시적 분석

2000년 6월 15일 역사적인 '남북정상회담' 이후 그동안 답보상태에 있었던 남북경협이 본격화되었다고 평가할 수 있다. 주지하는 바와 같이 남북경협의 활성화는 남한의 유휴설비 및 사양산업의 설비, 자본, 우수한 기술력을 북한의 풍부하고도 저렴한 노동력과 결합시켜 동남아와 중국 등 후발개도국들에 비해 국제경쟁력이 저하되고 있는 남한의 노동집약적 산업의 경쟁력을 제고시키는 긍정적인 역할을 할 것으로 기대되고 있어 중장기적으로 남북한 모두에게 이익이 되는 윈윈 게임(win-win game)이 될 것이다.

결국 이러한 실물부문의 남북경협이 본궤도에 진입하기 위해서는 북한의 열악한 투자여건, 과다한 물류비, 투자와 관련한 제도적 장치 및 대금결제체제의 미비 등에 대한 남한금융기관의 지원이 필수적이라고 할 수 있다. 즉, 남북경협에 참여하고 있는 남한기업의 고물류비용, 남북간 청산결제시스템 미비로 인한 추가적인 비용부담 및 기타 남북관계의 변화에 따른 리스크 증대 등과 관련하여 실물부문에 대한 자금지원과 남북당국이 수긍하는 제도적 장치의 마련뿐만 아니

1) 재일본조선인총연합회의 기관지인 조선신보(朝鮮新報)는 2002년 7월 26일자에서 북한이 7월 들어 물가와 임금을 대폭 인상하는 등 일련의 경제개혁을 단행하였다고 보도하였다. 조선신보는 이번 경제개혁이 시장경제원리도입이라는 일부 평가에 대해 국가가격제정국에서 실무를 담당하고 있는 이번 개혁은 철저하게 사회주의원칙에 기초하여 단행된 조치라고 밝히고 있으나 영국의 경제주간지 이코노미스트는 북한의 이번 경제개혁조치에 대해 시장경제체제를 향한 작지만 의미있는 첫걸음을 내디딘 것으로 평가하고 있다.

라 진출기업에 대한 재정적 지원도 절실히 요구되고 있다. 이와 관련하여 은행을 포함한 국내 금융기관들은 남북교역에 따르는 대금결제시스템의 구축과 대북진출기업에 대한 자금제공기능을 효과적으로 수행해야 한다.

한편, 남북한 금융협력을 모색함에 있어서 동서독의 금융통합사례는 중요한 시사점을 제공하게 된다. 1989년 11월 베를린 장벽이 무너지면서 독일통일은 가능하게 되었는 데 이 때까지만 해도 동서독 간의 금융부문에서의 협력은 거의 존재하지 않았다.[2] 그러나 동서독은 베를린 장벽 붕괴 직후 금융통합에 착수하여 1990년 3월에 동독은 독일신용은행을 설립하여 동독의 중앙은행인 독일국립은행의 대출업무를 이관하는 등 서독의 은행제도인 이원적 은행제도를 도입하였으며 1990년 7월 1일 동서독간 '통화·경제·사회통합조약'을 발효시키면서 금융개혁을 본격적으로 추진하게 되었다. 그러나 동서독의 금융협력은 점진적인 과정이 아닌 급진적으로 추진되어 금융시장에 몇 가지 부정적인 문제점들(동독기업에 대한 시장가치기준에서의 기업평가의 불가능 문제, 시장에서 유통되지 않는 무담보 유동화 증권 발생, 신용경색으로 인한 역금리구조의 발생)이 발생되어 금융시장의 불안정이 상당기간 지속되었다. 따라서 독일의 경험에 비추어 볼 때 남북한 금융협력은 급진적 과정이 아닌 점진적 과정에 의해 추진되어야 되며 여러 요인들(남북간 경제력 격차 문제, 남북간 경제체제의 이질성 문제, 경제적 통합과 정치적 통합 간의 조화 및 우선순위 문제, 남북통화간 태환성 문제 등)을 고려하여 신중히 접근하여야 한다.

남북한 금융협력과 관련하여 최근 활발하게 논의되고 있는 국내외적 이슈를 거시적 및 미시적 측면으로 나누어서 살펴보고자 한다.[3]

1. 거시적 분석

1.1 북한개발지원을 위한 자금조달

북한의 경제개발을 지원하기 위해서는 남한의 역할이 중요할 수 밖에 없는데 만성적인 경제난으로 생산시설 및 사회간접자본시설(SOC)이 매우 낙후되어 있고 비효율적인 경제구조를 지니고 있는 북한경제의 현실 하에서 남한의 경제력만으로는 무리일 수 밖에 없다. 남한의 경제현실 역시 지난 1997년말 외환위기 이후 금융 및 기업구조조정에 투입된 막대한 공적자금으로 인해 공공부문의 부채를 상환하기 위한 국채이자지급 비용만도 연간 국내총생산(GDP)의 3~4%

2) 분단 당시 서독은 이원적 은행제도(two-tier banking system)를, 동독은 단일은행제도(mono-bank system)를 각각 채택하고 있었다(한국은행, 통일경험에 비추어 본 남북한 금융통합 방향, 2002. 5. 10. 참조).

3) 전국은행연합회, 금융, 2000. 10. pp. 18~31 참조
장형수 외, 국제협력체 설립을 통한 북한개발지원방안, 대외경제정책연구원, 2000. 12. pp. 21~51 참조

에 이르고 있어 재정운영에 부담을 주고 있는 실정이다.

이러한 남북한의 경제적 현실을 고려할 때 자금조달은 해외에 의존할 수 밖에 없다. 해외자금조달은 국제민간 상업베이스에 의한 조달, 원조국 지원자금, 국제금융기구의 장기저리자금 등 국제공적자금을 통한 조달로 분류할 수 있다. 우선 북한의 국제민간상업베이스에 의한 해외자금조달 가능성을 살펴보면 북한은 1970년대 중반 이후 서방차관에 대한 채무불이행(default) 상태에 있기 때문에 북한의 현재 대외신용도 하에서 국제사회로부터 상업차관을 제공받는 것은 불가능한 일이며 한국이 참여할 경우 국제금융기관으로부터 상업차관 도입, 외화채권 발행, 프로젝트 파이낸싱(project financing) 등의 방식이 고려될 수 있다.

(1) 상업차관

북한에 대한 투자자금조달을 위해 국내금융기관을 중심으로 컨소시엄을 구성하여 국제금융시장에서 상업차관을 차입하고 한국정 부가 지급보증을 서는 방안이 고려될 수 있으나 북한의 현 경제상황을 고려할 때 국내금융기관이 해외에서 자금조달을 하려고 하면 상당한 가산금리를 요구받게 될 것으로 예상되며 한국 정부의 지급보증방안도 대북정책에 대한 국민적 합의(consensus) 등 여러 가지 국내정세를 고려할 때 난관에 직면하게 될 것으로 보인다.

(2) 프로젝트 파이낸싱

프로젝트 파이낸싱은 특정 프로젝트의 사업성과 자산, 사업주의 신용을 참고하여 자금을 지원하는 금융기법이므로 금융기관은 대여자금의 회수에 대한 위험부담이 크기 때문에 대여에 대해 고율의 이자율을 요구하게 되며 일반적으로 신디케이트 구성을 통해 위험을 분산하게 된다.

이 방법의 적용도 북한의 경제사정을 고려할 때 실현되기 힘들 것으로 보인다. 북한과 같이 세계경제체제에 편입되어 있지 않은 상황에서는 투자위험이 크고 투자의 수익성이 지극히 불투명하기 때문에 국제금융공사(IFC : International Finance Corporation) 등과 같이 공신력있는 국제금융기관의 참여가 필요하다. 북한은 현재 IFC의 비회원국으로서 비회원국에 대한 IFC의 프로젝트 파이낸싱 참여는 아직 전례가 없기 때문에 현실적으로 실현되기가 어렵다고 할 수 있다.

따라서 남북한의 현재 여건을 고려할 때 북한의 경제재건을 위한 외부자금조달은 북한에 대한 국제사회의 무상지원(grants) 또는 양허성(concessional) 자금지원 등 국제공적자금 조달이 중심이 되어야 된다. 국제민간자본의 제공에 있어서 실질적인 영향을 미치는 기관은 IMF, World Bank 등 국제금융기구이다. 결국 북한개발에 필요한 대규모 국제민간자본의 유치는 북한의 국제금융기구 가입이 선결되어야 가능하다고 할 수 있다.

1.2 북한의 국제금융기구 가입

북한에 대한 국제공적자금 지원을 위한 다자간 국제협력 방안 중 국제금융기구를 활용하는 방안이 중요하게 부각된다. 그 이유는 이들 국제금융기구가 자금 및 기술지원 등의 직접적 효과 이외에도 국제민간부문의 북한지역에 대한 직접투자를 유도하는 간접적인 효과도 수반할 수 있을 것으로 기대되기 때문이다.[4)]

북한이 국제금융기구에 가입한다면 국제통화기금(IMF)으로 부터는 빈곤감소 및 성장지원제도(PRGF : Poverty Reduction and Growth Facility) 자금을, 세계은행(WB)으로 부터는 국제개발협회(IDA : International Development Association) 자금을, 아시아개발은행(ADB)으로 부터는 아시아개발기금(ADF : Asian Development Fund) 자금 등 양허성 자금지원을 받을 수 있을 것으로 예상되나 현재 북한이 이들 국제금융기구에 가입하는 데 가장 큰 문제가 되는 것은 미국이 북한을 테러지원국에서 배제시키지 않고 있다는 점이다. 미국 국내법은 테러지원국에 대한 국제금융기구의 자금지원에 대해 국제금융기구 의사결정회의에서 미국대표가 반드시 반대의사를 표명하도록 하고 있다. 부시 대통령은 이라크를 포함하여 북한을 '악의 축(axis of evil)'에 비유하고 있어 이러한 상황은 개선되고 있지 않은 실정이다.

1.3 북한신탁기금의 설립

북한의 국제금융기구 가입은 한반도를 둘러싼 국제정치・외교 관련 변수에 의해 크게 영향을 받게 된다. 특히, 클린턴 행정부때와는 달리 부시 행정부 등장이후 미국의 대북정책 방향이 기본적으로는 강경한 입장을 견지하고 있어서 조속한 시일 내에 실현될 가능성은 희박하다고 할 수 있다. 따라서 북한의 국제금융기구 가입 이전이라도 북한이 국제금융기구 또는 국제사회로부터 지원을 받을 수 있는 방안들이 강구될 필요가 있는데 그 중의 하나로서 '북한신탁기금(Trust Fund for DPRK)' 설립이 검토될 수 있다.

북한신탁기금은 일반적인 신탁기금과는 달리 세계은행의 비회원국에도 세계은행의 자금지원이 가능하게 하는 기능을 하고 있으며 비회원국에 대한 자금지원은 네 차례나 행해진 바 있다.[5)]

---

4) 국제민간자본의 북한 내 유치와 관련하여 국제금융기구의 북한경제에 대한 인정(endorsement)이 필수적이기 때문에 이들 기구에 대한 선가입이 국제민간자본의 유치에 효과를 유발시킬 것은 자명한 사실이다.

5) 일반신탁기금은 지원국이 자금을 기탁하여 세계은행이 운영하게 되는데 비해 특별신탁기금인 '북한신탁기금'은 세계은행 자체의 자금이 지원되며 일반신탁기금이 대부분의 경우 기술지원 등에 집중되는 데 비해 특별신탁기금은 도로, 항만 등 인프라 기반 확충에도 자금이 지원되는 특징을 가지고 있다. 세계은행의 비회원국에 대한 자금지원 사례는 팔레스타인신탁기금(Trust Fund for Gaza and West Bank), 동티모르신탁기금(Trust Fund for East Timor), 보스니아-헤르체고비나신탁기금(Trust Fund for Bosnia and Herzegovina), 코소보특별신탁기금(Special Trust Fund for Kosovo)이 있다.

그러나 '북한신탁기금' 역시 국제금융기구의 자금지원이 수반된다는 점에서 미국의 대북 테러리스트 지원국 지정에 의해 영향을 받게 될 수 밖에 없다는 점에서 북한의 국제금융기구 가입 문제와 더불어 그 한계성은 가지고 있다고 평가할 수 있다.

1.4 동북아개발은행의 설립

최근 들어 아시아・태평양 지역의 경제협력을 위한 동북아개발은행(NEADB : Northeast Asian Development Bank) 설립의 필요성과 그 설립방안이 활발히 논의되고 있다.[6] 동북아개발은행 설립과 관련한 원래의 취지는 중국 동북부 및 연해주 개발을 위한 것이었으나 최근에는 북한지원을 위한 국제공적자금조달의 중요한 방안으로서 검토되고 있다. 북한에 대한 자금지원과 관련하여 동북아개발은행의 설립 전망에 대해서는 낙관론적 시각과 비관론적 시각이 공존하고 있는 실정이다.

(1) 낙관론적 시각

우선 동북아개발은행의 설립 필요성에 대해 언급할 필요가 있는데 동북아지역은 세계에서 가장 역동적인 경제성장을 하고 있는 지역으로서 전세계의 주목을 받고 있다. 이러한 동북아지역 국가들의 경제개발을 촉진하기 위해서는 막대한 자금이 필요한 상황이다. 따라서 국제투자자금을 동북아로 유치하기 위한 제도적 장치의 필요성이 그 어느 때보다 증대되고 있으며 결국 동북아개발은행의 설립이 필요하게 된다.[7]

동북아개발은행 설립의 가장 핵심적인 역할을 할 국가로 미국과 일본을 들 수 있으나 이들은 출자부담 및 기타 정치적인 상황을 고려하여 현재 어느 국가도 주도적인 역할을 하고 있지 않는 실정이다. 우선 출자부담과 관련하여 실제로 동북아개발은행의 설립에 대규모의 자금이 소요되는 것은 아니다. 아시아개발은행(ADB)의 경우 청약자본은 수차례의 증자를 거쳐 약 478억 달러에 이르렀는데 1999년 9월말까지 16개 회원국이 부담한 현금출자는 33억 달러에 불과하다.[8] ADB는 1966년 설립된 이후 불과 33억 달러의 현금자본을 가지고 1999년 9월까지 1,000억 달러 이상의 자금을 조달하여 역내국가들의 경제성장 및 경제안정을 위해 지원하였다. 일례로 ADB의 경우를 참작하면 동북아개발은행의 청약자본금을 400억 달러로 정할 경우 미국과 일본의 부

6) 아시아개발은행(ADB)이 세계은행(WB)과 더불어 아시아지역국가의 경제개발자금을 지원하고 있듯이 중국동북부, 연해주, 몽고, 북한 등을 지원대상으로 하는 새로운 지역개발은행을 설립하자는 논의이다.
7) 한경, 2000. 10. 13. 참조
8) 아시아개발은행 16개 회원국이 부담한 현금출자가 33억 달러에 불과한 데는 청약자본이 5년 분할 납입의 현금자본과 은행이 위급한 상황에 처할 때 은행의 요구에 의해 요청받을 시 납입약속을 하는 대기자본(callable capital)으로 구성되어 있는 상황 하에서 대기자본이 전체의 93%를 차지하고 있는데 기인하고 있다.

담액은 5년간 매년 10억 달러 정도로 추정되며 한국과 중국의 출자부담은 5년간 3~4억 달러에 불과할 것으로 예상되고 있어 이들 국가의 경제여건을 고려할 때 출자부담이 동북아개발은행의 설립에 큰 문제가 되지는 않을 것으로 판단된다.

정치적 상황과 관련하여 일본의 경우 동북아지역에서 막대한 무역흑자를 시현하고 있기 때문에 과거에 이 지역 국가들에 대한 가해국(加害國)으로서 불행한 역사를 청산해야 하는 정치적 부채를 제거하기 위해서도 무역흑자의 일부분을 동북아지역에 지원해야 하는 충분한 명분이 있다. 또한, 향후 북・일수교에 따른 전쟁배상금 문제와 더불어 유상원조의 경우에도 동북아개발은행을 통해 공여하는 것이 유리할 것으로 판단된다. 미국의 경우에도 이 지역에 대한 안보 등 정치적 이해관계가 지대하므로 은행설립에 참여함으로써 동북아지역에 제도적 거점을 확보하게 된다.

결국 동북아지역은행의 설립 및 북한에 대한 지원문제는 한국과 중국이 동북아개발은행 설립의 가장 중추적 역할을 하게 될 미국과 일본을 어떻게 끌어들이느냐에 달려있다고 할 수 있다.

(2) 비관론적 시각

일부 전문가들은 동북아개발은행의 설립방안은 현재로서는 북한에 대한 자금지원 측면과 관련하여 큰 도움이 되지 못할 것으로 예상하고 있다. 현재 북한의 소득수준(2004년 기준 1인당 국민소득은 약 914달러로 추정됨)을 감안할 때 IBRD, ADB 등 세계 주요 개발은행이 제공하는 정규차관을 받을 수는 없으며 세계은행의 국제개발협회, 아시아개발은행의 ADF 자금지원 등 양허성 자금지원만 받을 수 있는 국가에 속한다.[9)]

북한자금지원과 관련한 동북아개발은행의 제약조건은 다음 4가지로 정리될 수 있다.

① 자본조달에 있어서 고비용이 초래될 가능성이 큼

동북아개발은행이 성공적이기 위해서는 최상위 신용등급(AAA)을 획득하여 국제금융시장에서 최상의 조건으로 자금을 조달할 수 있어야 한다. 동북아개발은행이 최상위 신용등급을 획득하기 위해서는 미국, 일본, EU 등이 은행의 설립에 적극적으로 참여하여 국제금융체제에 편입될 수 있도록 역할을 해 주어야 하는데 현재로는 이들 국가의 적극적인 지지를 얻기는 어려울 것으로 판단된다. 또한, 동북아개발은행의 경우 지역적 특성상 타 지역개발은행보다 참여국수가 제한적이기 때문에 실질적으로 국제금융시장에서 최상위 신용등급을 부여받기는 어려울 것으로 전망된다.

9) IDA 자금은 IBRD 차관(국제금융시장 금리수준으로 제공됨)과는 달리 대체적으로 1인당 국민소득이 매우 낮은 저소득국가에 제공되고 있는데 북한의 1인당 국민소득이 현재 이러한 수준에 이르고 있다.

② 국제금융체제의 개편논의 방향

1997년 동아시아외환위기(East Asian Foreign Exchange Crisis) 이후 국제금융체제(international financial architecture) 개편 논의 중의 하나는 국제개발은행의 역할 축소이다. 실제로 1990년대 중반이후 세계화가 급속도로 추진되면서 국제민간자본시장이 비약적으로 발전하고 있어 국제개발은행의 역할은 축소되어 가고 있다.

③ 동북아개발은행 자금제공의 주요 수혜국에서 배제될 가능성

동북아개발은행이 설립된다고 하더라도 최대수혜지역은 중국의 동북부지역, 러시아의 연해주 및 시베리아 지역이 될 가능성이 높다. 따라서 북한의 경우 상대적으로 불이익을 받게 될 가능성이 클 것으로 전망된다.

④ 동북아개발은행 내 양허성 자금지원창구의 설치 문제

동북아개발은행 설립 논의안에는 양허성 자금지원창구 설치문제가 포함되어 있지 않는데 북한의 경우 양허성 자금지원이 절대적으로 필요한 실정이어서 현 상황 하에서 동북아개발은행이 설립된다고 하더라도 실질적으로 북한에 대한 자금지원효과는 크지 않게 된다. 따라서 북한에 대한 경제개발자금 지원이 효과적으로 이루어지기 위해서는 세계은행의 IDA, 아시아개발은행의 ADF와 같은 양허성 자금지원창구가 동북아개발은행에도 설치되어야 한다.

1.5 북한의 외채

북한의 외채문제는 국제사회에서 경제개발자금을 조달하는 데 있어서 결정적 영향을 미칠 정도로 심각한 상황에 직면해 있다. 북한은 1970년대 이후 경제개발의 주요 재원으로 서방세계로부터 차관을 도입하여 왔으나 북한경제의 구조적인 비효율성과 1970년대 초기에 발생했던 석유파동(oil shock)으로 인해 1974년 이후 서방세계로부터 차입한 차관의 원리금 상환을 연체하기 시작하였다. 1989년 구소련이 붕괴된 이후에는 구소련으로부터 제공받던 원조가 중단되면서 이러한 상황은 더욱 더 악화되었으며 기존의 외화채무원리금을 거의 상환하지 못하고 있다. 따라서 현재 북한은 국제금융시장에서 담보나 보증이 없는 신규차입은 불가능한 실정에 있다.

따라서 북한경제가 대외자금을 제공받기 위해서는 외채문제의 해결이 무엇보다 시급하며 외채경감협의 채널을 위한 해결방안이 가장 현실성 있는 대안으로 부각되고 있다.

(1) 외채현황

한국은행이 발표한 자료에 의하면 북한의 외채는 2000년 기준 125억 달러에 달하는 것으로 추정되고 있다. 이 중 러시아와 중국에 대한 외채가 50%를 초과하고 있다.

북한의 상대적인 외채구성에 대해서 보다 정확한 추계가 가능했던 구소련 붕괴직전인 1989년 말을 기준으로 할 때 북한의 총채무는 67.8억 달러였다. 이 중 구소련에 대한 채무는 31.3억 달러로 전체의 46.2%를 차지하고 있었으며 서방세계에 대한 채무는 27.4억 달러로 40.4%, 중국에는 9억 달러(13.3%)의 채무를 가지고 있었다. 국제금융센터의 자료에 따르면 1995년 기준으로 북한의 대외채무는 러시아에 43억 달러, 111개 서방세계의 은행권에 23.3억 달러, 중국에 22억 달러, 일본에 9억 달러, 기타 채무 20.8억 달러 등 모두 약 118억 달러에 달하였으며 이후 지속적으로 증가하여 2000년에는 125억 달러에 이르고 있다.[10)]

〈표 24-1〉 북한의 외채현황

(단위 : 십억 달러)

연도	1975	1980	1986	1989	1992	1993	1994	1995	1996	1998	1999	2000
합계	2.10	3.46	4.06	6.78	9.72	10.32	10.66	11.83	12.0	12.1	12.3	12.5

(2) 외채경감협의 채널의 활용

북한이 국제금융기구에 가입하여 IMF와 세계은행 개혁프로그램을 성실히 이행하였을 경우에는 이들 기관이 주도하는 중(重)채무국 외채문제해결전략(쾰른 이니셔티브 : KÖln Initiative)을 활용하여 외채를 탕감받을 수 있는 방법이 존재한다.[11)] 그러나 현재 북한이 국제금융기구에 가입되어 있지 않은 여건을 고려할 때 보다 현실성 있는 방안으로 북한의 요청이 전제된 상황에서 파리클럽(Paris Club) 및 런던클럽(London Club)을 통한 외채상환조건조정(debt rescheduling)과 외채경감(debt reductions)을 위한 다자간 협의를 '다자간지원메커니즘'의 틀안에서 논의하는 것이 필요하다. 즉, 공식적인 외채경감메커니즘을 이용하여 북한의 외채를 경감시키기 위한 노력을 기울여야 한다. 이를 위한 전제조건은 북한의 재건을 통해 남북간 화해분위기 조성에 대한 전향적인 태도, 이를테면 남북경협의 성실한 진행을 통해서 한반도의 평화정착에 실질적으로 기여하고 있다는 국제사회의 동의가 필수적이다.

이상 살펴본 남북한 금융협력의 거시적 측면을 종합적으로 분석할 때 북한에 대한 남한의 금융협력은 현실적으로 국제기구와의 협력에 의한 지원이 가장 실효성 있다고 평가할 수 있으나 북한의 국가신용도 문제, 최근의 한반도 긴장고조 등으로 인해 인도적인 지원조차도 제한받고

10) 국제금융센터, 국제기구가 집계한 북한대외채무현황, 2000. 6. 2. 참조
한국은행, 한은정보, 2001. 6. 참조

11) 장형수・박형곤, 빈곤국 외채탕감 논의와 우리의 대응, 대외경제정책연구원, 1999. 참조

있는 상황이어서 극히 불투명한 실정이다. 남북한 금융협력, 나아가서는 경제협력에 있어서 최우선 고려요소는 한반도의 긴장완화를 위한 북한의 성실한 노력과 이러한 노력을 근거로 한 국가신용도 제고 및 시장경제체제로의 순조로운 이행이라고 할 수 있다.

2. 미시적 분석

2.1 국내금융기관의 대북진출현황 및 방안

(1) 은행권

은행권의 대북진출은 1994년 북미 핵협상 타결과 정부의 남북경협활성화 조치로 남한기업들의 대북진출이 활발히 추진되면서 각 은행마다 북한전담팀(Task Force Team)을 구성하여 대북진출을 모색해 왔으나 남북관계의 교착상태 지속, 1997년 외환위기 등으로 은행의 대북진출은 정체상태를 보여왔다. 그러나 분단 반세기만에 2000년 6월 15일 개최된 역사적인 '남북정상회담'의 성사로 남북경협은 새로운 전기를 맞이하게 되었다. '남북정상회담'을 계기로 국내은행들도 북한 내 합영·합작은행의 설립, 북한 내 금융전문가 양성, 북한의 국제금융기구 가입 등에 있어서 나름대로의 역할을 수행할 수 있으며 금융협력을 통해 궁극적으로 남북경제의 통합에도 기여할 수 있게 되었다. 이에 따라 각 은행들은 북한관련 정보의 수집, 지점 및 합작은행 설립추진, 코레스 업무제휴 등 다양한 부문에서 대북금융협력을 모색하고 있다.

〈표 24-2〉 국내은행들의 대북사업 추진현황

은 행	주 요 내 용
산 업	· 유엔공업개발기구(UNIDO)와의 업무제휴를 통해 대북공동사업 추진 - UNIDO와 협력하여 대북사회간접자본(SOC) 투자사업 타당성 평가 - 북한투자상담회를 개최하여 참가기업 선정 등 공동지원체제 구축 예정 · 북한 SOC 지원사업에 투자할 통일복권 발행 추진 · 국내기업의 대북투자 증대에 대비한 종합지원시스템 구축 예정
농 협	· 농민협동조합이라는 특성을 살려 북한 내 진출 추진 - 향후 농축산물 유통과 신용사업 등 금융사업 확대 계획 · 국제농업개발기금(IFAD) 등 국제기구, 정부와 공동자금을 출연하여 북한 농민에게 저리 대출하는 업무 추진
수출입	· 남북경제협력기금 및 경수로사업기금 수탁기관으로서 이를 활용한 대북사업 추진 - 대북 금융지원 및 구 소련 등 사회주의 국가와의 풍부한 거래경험을 바탕으로 대북진출 추진 · 북한 진출기업에 대한 유상대출 활성화 · 남한의 청산결제은행 역할 및 북한 내 사무소 설치 추진

조 흥	· 북한 화려은행의 서울지점 개설 협력, 향후 합작은행 설립 검토 · 코레스 계약 추진 · 대북금융상품 개발 및 대북 교역관련 설명회 개최 · 북한관련 연구기관과의 제휴를 통해 북한 진출기업에 북한 경제관련 정보 및 경영컨설팅 제공
우 리	· 북한 고려상업은행과 제3국 외국은행을 경유하는 3각 업무제휴 추진 · 코레스 계약 추진 · 유니온 커뮤니티사와 제휴하여 이산가족찾기 관련 대북 송금 추진 · 남북한 통일음악회 공동주최 등 다각적인 대북 교류사업 지원을 통해 이미지 제고 및 북한 내 점포 설치 추진
외 환	· 한반도에너지개발기구(KEDO)의 경수로 사업과 관련하여 함경남포 신포에 국내은행 최초로 "금호출장소" 개설 - KEDO 직원 및 근로자 대상으로 송금·임출금, 결제업무 담당 · 코레스 계약 추진 · 남북경제협력관련 대금결제 방식 등에 대한 연구·조사 업무 강화

(2) 보험권

남북금융협력과 관련하여 보험권에서는 경제협력 및 식량지원 등을 포함한 구상무역, 금강산 관광, 여행, 각종 대규모 행사 등과 연관된 대북 보험시장이 형성되고 있다. 예를 들면, 금강산개발 및 관광과 관련하여 건설공사, 신변안전, 동산종합, 주민왕래 등에서 수십건의 보험계약이, 한반도에너지개발기구(KEDO)의 경수로건설공사와 관련하여 건설공사 보험, 배상책임보험, 동산종합보험, 자동차보험 등에서 약 1,000억원 규모의 보험이 체결되었다. 대북경협 및 금융협력이 본격적으로 추진되면 향후 10년간 200억 달러에 이를 것으로 전망되므로 이와 관련된 보험시장의 규모도 4,000~5,000억원 대에서 최대 수조원에 달할 것으로 기대되고 있다.

남북경협과 관련된 보험시장규모가 증가함에 따라 국내대형 보험사들은 대북보험사업에 대한 마케팅을 강화시키고 있다. 대북경협에 있어서 금강산관광을 비롯하여 각종사업을 추진 중인 현대를 비롯하여 삼성, LG, SK 등 대기업 계열 보험사를 중심으로 전담창구 신설 및 북한 내 사무소 설치 등 다양한 진출방안을 모색 중에 있다.[12)]

12) 현대해상, 삼성화재, LG화재 등 국내 대형보험사들은 대북보험거래가 본격화되기 전에 북한과의 시장정보교환, 인력교환 등 금융협력관계의 구축에 힘쓰고 있으며 남측 보험계약자에 대한 현지보험 서비스의 제공과 보험사고 조사, 북한보험기관과의 순조로운 업무협조를 위한 상주사무소의 개설을 추진 중에 있다.

〈표 24-3〉 국내보험사들의 대북협력사업 추진현황

회 사 명	주 요 내 용
현대해상	· 대북관련 사업에 있어서 현대그룹의 주도적인 역할을 활용하여 보험업 진출 - 향후 북한 내에 조성될 공단(서해안, 신의주 등) 근처에 지점을 설치하여 이와 관련된 물건 및 근로자 대상 개인보험 인수 추진 · 현대생명의 경우 남북이산가족 상봉 관련 상품 개발
삼성화재	· 북한진출에 앞서 중국 보험시장에 우선 진출하여 북한 진출 교두보로 활용 · 그룹의 대북경협과 연계하여 북한시장 진출을 위한 전담팀 구성 - 삼성전자 및 가전 등의 생산설비 관련 보험상품 개발에 주력
LG화재	· 그룹의 대북경협과 연계하여 북한 진출 예정 - 미국 보험그룹(JC Penny사)과 합작으로 북한에 보험대리점 진출 추진 · 경수로 건설의 보험주간사회사로 선정되어 대북관련 보험시장 선점 및 이를 북한 진출에 적극적으로 활용함 · 남북이산가족 상봉 및 대북사업관련 북한지역에 근무하는 남한근로자들의 각종 위험 관련 보험상품 개발
동양화재	· 민족자본으로 세워진 보험회사라는 점을 내세워 북한 진출 추진
외 국 계	· 북한 보험시장 진출을 위해 국내 보험사와 합작 모색 · 북한진출에 있어 현재 알리안츠 등 몇몇 외국계보험사들이 활발하게 추진 중임

(3) 남북경협과 관련한 금융기관의 역할

'남북정상회담'의 성사로 남북당국간 대화채널이 구축되었으며 이러한 대화국면의 조성으로 한반도 긴장완화, 경제・사회・문화 부문의 교류 활성화, 특히 이산가족의 상호방문 등 가시적인 결실을 거두고 있다. 따라서 이러한 남북당국자간 안정적이고도 지속적인 대화에 이은 정부 및 민간부문의 경협이 활성화되기 위해서는 무엇보다도 실물부문에 대한 자금지원을 하는 금융부문의 역할이 중차대하다고 할 수 있다.

이러한 측면에서 국내 금융기관의 역할을 2가지 관점, 즉 대금결제체제의 구축과 자금지원이라는 관점에서 파악하고자 한다.

① 대금결제체제의 구축

대금결제체제의 구축과 관련하여 남북경협 투자자금 송금 등 자금결제 방식이 구축되어야 하며 이를 위해 청산결제방식 또는 환결제방식, 청산결제에 의한 대월제도의 도입 등이 검토될 수 있다. 또한, 대금결제의 효과를 극대화시키기 위해 남북한 은행간 직・간접의 환거래 계약을 체결할 필요가 있다.

② 자금지원

남북경협의 자금지원과 관련하여 국내외 금융기관을 이용한 다양한 방법이 모색될 수 있으나 보다 현실성있는 방법으로 '남북협력기금'에 의한 지원확대가 우선적으로 고려될 수 있으며 대북경협에 직접 참여하는 기업에 대한 특별자금 지원책도 필요하다. 또한, 국제금융기관과 연계하여 프로젝트 파이낸싱 등을 통한 자금지원책도 강구될 수 있다.

2.2 국내금융기관의 대북진출방안

국내금융기관의 대북진출은 향후 남북경협이 단순물자교역에서 생산부문 중심으로 경제협력단계가 발전되고 이산가족상봉 등 인적교류가 확대되게 되면 더욱 더 활발해질 것으로 예상된다. 통일전 동서독과 현재의 대만·중국 사례에서 알 수 있듯이 남북당국의 상호신뢰 증진과 경제협력에 실질적인 기여를 할 것으로 기대되나 국내금융기관의 대북진출은 한반도 정세변화와 같은 여러 가지 제약조건과 대북경협에 참여하는 국내기업의 진출형태 등에 크게 영향을 받는 만큼 신중하게 접근해야 한다. 국내금융기관의 대북진출방안을 2가지 측면, 즉 진출환경과 경제협력 유형으로 나누어서 살펴보고자 한다.

(1) 대북진출환경

① 사전준비단계

사전준비단계란 북한의 개방정책은 지속되고 있으나 제도적 기반이 미비하여 금융지원의 필요성이 부각되는 단계라고 할 수 있다. 이러한 단계에서는 대북접촉창구의 확보 및 국내기업의 대북반출입 지원과 국내은행의 효과적인 북한진출을 위해 북한 금융기관과의 환거래 계약을 추진해야 하며 북한의 국제금융기구 가입에 나름대로의 역할을 수행해야 한다.[13]

② 제한적 진출단계

제한적 진출단계란 북한의 개방정책이 경제의 여러 부문에서 진행되고 남북경협이 활성화되면서 금융지원이 본격화되는 단계라고 할 수 있다. 이러한 단계에서는 남북금융협력의 실효성을 제고시키기 위한 국내금융기관의 북한 내 출장소 및 지점이 설치되고 남북한 유망기업에 대한 자금지원이 확대되며 북한 내 남한기업의 자산운용에 참여하게 된다.

③ 본격적 진출단계

본격적 진출단계란 북한시장의 완전개방 및 이로 인한 남북의 다방면에 걸친 전면적인 교류가 이루어져서 경제통합(economic integration)의 분위기가 확산되는 단계라고 할 수 있다. 이 단계에서 국내금융기관의 진출형태는 단독 또는 합작 등 현지법인을 설립하여 북한 내의 금융

13) 현재 남북간 자금거래는 남북한이 해외은행(중국, 홍콩, 싱가포르 등)에 계좌를 개설하여 대금을 결제하는 원시적인 수준에 머무르고 있어 자금거래의 신속성 및 효율성을 제고시키기 위해 환거래 계약의 체결이 시급한 실정이다.

관련 인적·물적 인프라를 구축하는 것이라고 할 수 있다.

(2) 경제협력유형

① 단순교역

남북경협의 주요 형태가 단순물자교역에 머무를 때에는 국내은행의 진출방안은 북한에 기(旣) 진출 또는 진출예정인 기업의 주거래은행화 및 북한진출 외국금융기관 및 대기업과의 업무제휴 등을 통해 해당기업에 필요한 정보를 비롯하여 여러 가지 편의를 제공하는 데 주안점을 두어야 한다.

② 소규모 합작 또는 단독투자 형태

남한기업의 진출이 이러한 형태를 보일 때는 북한 진출기업의 현지금융업무를 취급하게 될 소규모 출장소 내지는 지점을 개설하여야 할 필요성이 증대된다. 북한진출 금융기관의 경영효율화를 위해 최소 인원으로 특화된 업무를 전담하는 방안이 강구되어야 하며 합작투자에 의한 대북진출을 통해 현지 적응력을 제고시켜야 한다.

③ 대규모 합작 및 대형단독투자 형태

이 경우에는 전액출자에 의한 자회사 형태의 현지법인 또는 합작은행의 설립이 바람직하며 프로젝트 파이낸싱 등 중장기업무에 대한 자금지원 또는 남북경협에 참여하고 있는 북한기업에 대한 직접투자도 고려할 만하다. 장기적으로는 북한주민을 대상으로 한 리테일 뱅킹(retail banking)으로까지 업무를 확대할 수 있다.

제 2 절 남북한 금융협력의 과제

남북경협을 성공적으로 추진하기 위해 무엇보다 남북금융협력이 중요하게 부각되고 있으나 결제방식 등 경제적 요인과 더불어 북한 내 상황변화로 인한 한반도 정세의 변화 등 비경제적 요인에 의해 지대한 영향을 받게 된다. 향후 남북간 금융협력을 진행하는 데 있어서 당면하게 될 과제를 제도적 측면을 중심으로 살펴보고자 한다.

1. 북한의 국가신용도 문제

현재 북한은행의 자체신용만으로 발행된 신용장은 국제적으로 통용되지 못하고 있다. 즉, 대부분의 외국은행은 북한은행이 발행한 신용장에 대해 타국은행의 확인을 요구하고 있어서 남북 금융협력이 실효를 거두기 위해서는 북한의 국가신용도 개선이 무엇보다 시급한 과제로 부각되고 있다. 북한에 대한 국제평가기관들의 신용평가에 따르면 북한은 평가대상 국가 중 최하위 수준을 기록하고 있어서 북한의 신용상태를 근거로 한 자료가 북한 내 장기투자재원의 조달자료로 활용될 가능성은 극히 희박하다고 할 수 있다.

북한의 신용도 개선은 경제 및 경제외적 요인들, 예를 들면 한반도의 긴장완화 및 평화정착에 관한 북한의 성실한 노력에 대한 남한 및 국제사회의 인정, 중국을 모델로 한 시장경제체제로의 순조로운 이행 등에 의해 크게 좌우되기 때문에 무엇보다도 북한 당국이 이에 대한 사실을 정확히 인지하고 적극적으로 이를 시행하여야 하며 이러한 노력이 가시적인 효과에 의해 뒷받침될 때 국내외 금융기관 및 투자자들의 신뢰를 얻을 수 있다.

〈표 24-4〉 북한의 국가신용도 평가 현황

평가기관	평가일	평가순위
ICRG (International Country Risk Guide)	2000. 11.	132(140)
	2001. 10.	136(140)
Euromoney	2001. 3.	185(185)
	2001. 9.	183(185)
I I (Institutional Investor)	2001. 3.	140(145)
	2001. 9.	144(145)

주 : ( )안은 평가대상국가의 수를 나타냄

2. 결제방식

현재 남북경협에 있어서 남북간 결제는 직접결제가 아닌 다른 형태로 이루어지고 있다. 남북간 거래는 국가간 거래가 아닌 민족 내부간 거래임을 표시하기 위하여 '남북교류협력에 관한 법률' 제2조에 의거하여 남북간 물품이동에 대해 수출·수입이라는 용어 대신 반출·반입이라는 용어를 사용하고 있다. 2002년말 기준 남북간 결제방식은 북한으로부터의 반입의 경우 T/T방식(45.4%), 무상방식(26.9%), L/C방식(13.0%) 등이며, 반출의 경우에는 무상방식(52.5%), 위탁가공무역에 의한 임가공료 지급방식(16.4%) 등으로 이루어지고 있다.

이전에 북한은 2가지 결제방식(청산결제, 경화결제)을 사용하여 왔으나 구사회주의권의 붕괴 이후 청산결제 형태는 사용되지 않고 있다. 북한은 1987년 8월 영국, 오스트리아, 뉴질랜드, 일본 등 140개 서방은행 대표단에 의해 채무상환불이행(default) 국가로 공식발표된 이후 국제신용도가 회복되지 않고 있으며 무역거래는 신용장 방식이 아닌 현금방식에 의해 주로 이루어지고 있는 실정이다.

남북 간에 이용되고 있는 신용장 및 송금 결제의 경로는 주로 중국, 홍콩, 마카오 소재 은행이 활용되고 있어서 거래의 신속성 및 정확성이 결여되어 있다. 따라서 2000년 12월 16일 남북 당국 간에 서명된 '남북사이의 청산결제에 대한 합의서'를 조속히 발효시켜 매 교역 시마다 대금결제를 하지 않아도 되는 체제를 구축하여 결제방식의 편리성 및 교역업체의 손실위험문제를 해소해야 한다.[14)]

〈표 24-5〉 결제형태별 반입실적

(단위 : 천 달러, %)

결 제 형 태	2001			2002		
	금액	구성비	증감률	금액	구성비	증감률
단순송금방식(T/T 등)	98,303	55.8	32.0	123,281	45.4	25.4
COD, CAD	244	0.1	-68.8	12	0.0	-95.0
D/A	135	0.1	-76.2	62	0.0	-51.7
D/P	151	0.1	-91.1	452	0.2	199.1
임가공료지급방식의 위탁가공무역	12,653	7.2	5.4	32,372	11.9	155.8
일람출급 L/C	15,331	8.7	75.2	29,469	10.9	92.2
기한부 L/C	4,387	2.5	42.4	5,638	2.1	28.5
기타무상	41,027	23.3	-15.5	72,966	26.9	77.8
기타유상	3,939	2.2	62.2	7,321	2.7	85.8
총 계	176,170	100.0	15.6	271,575	100.0	54.2

자료 : 한국무역협회, KOTIS

14) 북한은 2001년에 국제무역결제망인 SWIFT(Society for Worldwide Interbank Financial Telecommunication)의 정회원으로 가입한 바 있다. SWIFT에 가입한 북한은행으로는 조선무역은행, 황금의 삼각주 은행, 조선대성은행, 금강은행, 창광신용은행, 조선통일발전은행, 조선합영은행 등이 있다. 향후 남북 당국간 합의가 있을 시에는 남북은행간 환거래 계약체결이 가능하여 남북간 환결제가 이루어질 수 있게 된다.

〈표 24-6〉 결제형태별 반출 실적

(단위 : 천 달러, %)

결 제 형 태	2001			2002		
	금액	구성비	증감률	금액	구성비	증감률
단순송금방식(T/T 등)	7,486	3.3	6.5	13,158	3.6	75.8
COD, CAD	4,169	1.8	-71.3	2,533	0.7	-39.2
D/A	170	-	-81.5	21	0.0	-87.9
D/P	210	0.1	451.8	144	0.0	-31.4
임가공료지급방식의 위탁가공무역	39,944	17.6	7.9	60,890	16.4	52.4
일람출급 L/C	2,620	1.2	-15.8	1,395	0.4	-46.8
기한부 L/C	57	-	-66.7	85	0.0	48.9
분할영수방식	1,532	0.7	-62.5	-	-	-100.0
계좌이체(상호계산방식)	0	-	-100.0	-	-	-
기타무상	164,316	72.5	-17.1	194,239	52.5	18.2
기타유상	6,283	2.8	-15.6	97,691	26.4	1,454.8
총 계	226,787	100.0	-16.9	370,155	100.0	63.2

자료 : 한국무역협회, KOTIS

3. 남북협력기금 지원제도 개선

정부는 2001년 12월 20일 '제88차 남북교류 협력추진협의회'의 의결을 통해 대출비율의 상향조정, 대출기간 확대, 신용대출 실시, 대출이자율의 인하 등을 주요 내용으로 '남북경제교류협력에 대한 남북협력기금지원지침'을 개정한 바 있다. 이번 지원지침 개정은 시중금리의 하향추세, 교류협력촉진지원자금으로서의 성격 등을 참작하여 이루어졌다고 볼 수 있다. 그러나 최근 발생된 북핵사태 등에 따른 한반도정세의 변화 등 남북경협의 진전이 경제적 요인뿐만 아니라 경제외적 요인에 대해 크게 좌우되고 있어 그 어느 때보다 불확실성이 커지고 있다. 즉, 남북경협에 실질적으로 참여하고 있는 민간기업 및 이를 자금지원 측면에서 뒷받침해야 하는 금융기관의 입장에서는 투자의 리스크가 그 어떤 프로젝트보다 크며 투자의 회수기간도 극히 불투명하다고 할 수 있다.[15] 따라서 남북협력기금지원제도의 개선은 이러한 경협참여기업 및 금융기관의 사업추진에 실질적인 도움을 줄 수 있는 혁신적인 내용으로 대폭 개선되어야 한다.

이와 관련하여 정부는 2002년 12월 31일 '제108차 남북교류협력 추진협의회'의 의결을 통해

15) 한국개발연구원(KDI)이 대북교역업체 155개와 남북경협전문가 48명을 대상으로 2002년 5월 13~17일 실시한 '상반기 남북경협 설문조사' 결과 대북교역업체의 44.9%만이 이윤을 내고 있는 것으로 나타나서 남북경협에 참여하는 남한기업의 경영리스크가 그 만큼 크다는 것을 나타내고 있다.

남북협력기금법시행세칙, 기금운용관리규정, 기금지원방침을 개정하고 2003년 2월 6일부터 시행하고 있다.[16] 개정된 남북협력기금 지원제도의 주요 내용을 요약하면 〈표 24-7〉과 같이 나타낼 수 있다.

〈표 24-7〉 남북협력기금 지원제도의 개선내용

개선 부문	이전 내용	개선 내용	비고
대출절차	· 신청→ 수출입은행심사→관계부처협의→협의회의결→통일부승인	· 신청→수출입은행심사→통일부승인	대출절차의 간소화
대출상담 및 접수창구	· 그동안 대출상담은 수출입은행에서 이루어지고 대출신청서는 통일부에서 접수하여 지방소재 대북사업 추진기업의 경우 정보입수와 신청서 제출에 애로를 겪었음	· 기금수탁관리자인 수출입은행 창구에서 대출신청서 접수 처리가 가능해짐	대출상담 및 접수창구 다변화로 인해 대출편의가 크게 제고됨
교역실적 인정	· 매 계약사업별로 대출신청을 하여 대출신청의 번거로움과 제출서류 부담이 가중되었음	· 반출입자금 대출의 경우 교역실적을 기준으로 대출한도를 산정하여 6개월 소요자금을 포괄금융방식으로 제공함[17]	실적한도대출 방식을 도입하여 남북경제협력기금의 자금사용이 보다 용이해질 것으로 기대됨
중소기업에 대한 신용대출	· 중소기업에 대한 신용대출이 일반적인 상업금융과 동일하게 설정되었음	· 신용대출 취급기준이 대폭 완화되었으며 신용평가절차도 체크리스트 방식에 의한 심사방식으로 바뀌어 한결 간편해졌음[18]	신용대출 요건 완화
대출금리 결정방법	· 대출금리는 3년물 국고채 유통금리를 기준금리로 하여 대출기간, 담보 등에 따른 차이를 두지 않고 단일금리가 적용되었음	· 기준금리가 대출기간에 따라 차등화되고 담보력에 따라 가감되는 방식이 적용되었음[19]	기업금리부담의 경감 효과
대기업집단에 대한 경제협력사업 자금 대출	· 경제협력 사업자금대출에 있어서 대기업집단은 대출제외대상으로 분류됨	· 대기업집단이 일정분야의 경제협력사업을 추진하는 경우 이에 대한 지원근거 마련[20]	대기업에 대한 지원 강화

16) 남북협력기금 대출제도는 그동안 1999년 10월 기금지원방침 제정과 함께 시작되어 2000년 11월 및 2001년 12월 두 차례에 걸쳐 개정되었으며 이번 관련법규 전반에 대한 개정을 통하여 대출절차의 간소화, 대출신청창구 다변화, 교역실적에 따른 포괄금융방식 도입, 신용대출 확대, 대출금리 인하, 대규모기업집단에 대한 대출제한 완화 등 지원절차와 조건이 대폭 개선됨으로써 향후 대북사업을 추진하는 민간기업의 자금확보가 한결 수월해질 것으로 예상된다(수출입은행, 수은정보, 2003. 3. 참조).

17) 교역실적 인정비율은 다음과 같다.

4. 남북경협과 관련한 제도적 보장장치의 마련

남북경협관련 제도적 보장장치 문제는 2000년 12월 '제4차 장관급회담'에서 투자보장, 이중과세방지, 상사분쟁해결, 청산결제제도의 시행 등 남북경협관련 4개 분야에 대한 합의가 이루어진 바 있으나 이를 구체적으로 제도화시키고 실행시키기 위한 실무적 접촉이 답보상태에 있어 제도적 장치의 마련은 여전히 미비되어 있는 상황이다. 이러한 제도적 장치의 미비는 남북경협의 가장 주요한 장애요인 중의 하나가 되고 있다.

5. 남북한의 금융협력을 담당할 통합기구의 창설

동서독 간의 금융협력과정은 금융시장의 통합단계를 거치지 않고 곧바로 금융제도의 통합이 이루어진 급진적 통합이었다고 할 수 있으며 이로 인해 앞에서 지적한 몇 가지 부작용이 발생한 바 있다. 따라서 남북한 간의 금융통합은 점진적인 통합이 바람직하며 이를 위해 적정환율시스템의 구축 등 세부사항들을 담당할 '통화금융정책기구'의 창설이 필요하다.

왜냐하면 한반도의 통일은 급진적으로 이루어지기보다는 경제・금융협력, 경제적 통합 및 정

교역시행기간(최근 5년 이내에서)	교역실적 인정비율
3년 이상 교역시행	교역실적의 70%(중소기업 80%)
3년 미만 교역시행	교역실적의 50%(중소기업 60%)

18) 중소기업에 대한 신용대출 특례요건으로는 업력 3년 이상, 남북교역실적 3년 이상(연평균 교역규모 5만 달러 이상), 부채비율 동종업계 2배 이내, 기금수탁관리자가 평가한 재무등급이 6등급 이상일 것 등이 있다.

19) 변경된 대출금리의 결정체계는 다음과 같다.

- 결정체계 : 기준금리(기간물 국고채 유통수익률) ± 신용위험가산율
- 기준금리
  - 대출기간 1년 이하 : 6월물 국고채 유통수익률
  - 대출기간 1년 초과 : 1년물 국고채 유통수익률
  - 대출기간 3년 초과 : 3년물 국고채 유통수익률
- 신용위험가산율 : 담보물 및 신용도에 따라 -1%~0.5% 가산
- 중소기업 우대금리 : 최종 대출이율에서 0.5% 포인트 차감 적용

20) 대기업집단은 다음 2가지 경우에 해당될 경우 경제협력사업자금 대출 지원이 가능해졌다.

① 사회간접자본 개발분야(항만, 공단조성 등)에 진출하는 경우임

② 2개 이상의 중소기업과 동반진출하는 경우에 남북교류협력추진협의회에서 지원의 필요성을 인정받는 경우임

이번 개선조치로 향후 북한 내 산업기반확충에 대비하여 사업수행 능력을 갖추고 있는 대기업집단의 참여기반 확대와 무상위주의 사회간접자본 개발방식보다는 민간자본의 참여유도를 통한 재정부담 완화효과가 예상된다.

치적 통합이라는 점진적이고도 장기적인 과정을 거치게 될 가능성이 크므로 상당기간 남북한이 공존하게 될 것으로 예상된다. 따라서 유럽연합(EU)의 경우처럼 남북한 전체의 금융 및 통화정책을 효과적으로 추진하기 위해서 이를 담당하게 될 새로운 정책협의기구의 창설이 시급히 요구된다고 할 수 있다.

역사적인 남북정상회담이 개최된 지 7년이 흘렀다. 남북정상회담이 개최될 때만 해도 남북경협에 대한 관심이 크게 고조되었으나 조지 W. 부시 미국 대통령의 '악의 축'(axis of evil) 발언과 남북대화 중단, 북핵사태 등 최근 들어 한반도에 긴장분위기가 고조되면서 대북사업도 크게 위축되고 있는 실정이다.

최근에 북한은 임금 및 물가를 대폭 인상하고 생필품 배급제를 개편하는 등 시장경제도입을 위한 개혁을 추진하고 있어 전세계의 이목을 집중시키고 있다.[21] 이러한 상황 하에서 남북한간의 화해무드가 조성될 경우 남북경협은 다시 활성화될 수 있을 것으로 전망되며 남북한 금융협력도 중요한 의미를 가지게 된다. 현재 남북한의 경제상황을 고려할 때 북한의 경제개발을 위한 자금은 국제사회로부터 자금을 지원받아 필요재원을 조성해야 한다. 주지하는 바와 같이 북한은 1970년대 중반 이후 서방차관에 대한 채무불이행으로 인해 국제금융시장으로부터 격리되어 있으며 Moody's, S&P, Fitch 등 주요 국제신용평가기관들의 신용평가대상 국가에 포함되어 있지 않은 상태이다. 따라서 이러한 현실을 감안할 때 북한에 대한 자금지원은 국제금융기구를 통할 수밖에 없다. 북한은 1997년 아시아개발은행(ADB)을 위시하여 주요 국제금융기구에 가입을 신청하고 있으나 미국의 반대로 성사되지 못하였다.

한편, 북한의 핵개발과 관련하여 체제유지비용이 관심을 끌고 있다. 체제유지비용에 대한 개념이 명확하게 정의되어 있지 않기 때문에 북한 당국이 체제를 유지하기 위해 지출하는 비용을 계산하기는 현실적으로 어렵다고 판단된다. 그러나 북한의 총예산에서 군사비가 차지하는 비중을 살펴봄으로써 체제유지비용에 대해 어느 정도는 파악할 수 있다고 판단된다. 1999년 이후 해마다 예산의 14.5% 안팎을 방위비로 지출해온 북한은 최근 핵개발 프로그램 파문 속에 '선군정치'를 강조하면서 2002년 군사비 비중(14억 9,000만 달러)을 14.9%로 약간 증가하여 발표한 바 있다. 정부의 정보자료에 따르면 실제 군사비는 북한측의 발표와는 달리 전체예산(2002년 : 102억 8,000만 달러, 2003년 : 115억 달러)에서 차지하는 규모는 2002년 50억 달러(48.6%)에 이어 2003년에도 50억 달러(43.5%)로 파악되어 경제회생을 위해서 군사비 지출의 감축이 절실히 요구되고 있다.

---

21) 영국의 경제주간지 이코노미스트(The Economist) 보도에 의하면 북한은 2002년 7월부터 임금 및 물가 인상조치에 들어가 주요 생필품의 가격을 암시장에서 거래되는 가격과 비슷한 수준으로 현실화시키고 있는 것으로 나타났다.

결국 남북금융협력을 위해 필수적인 북한의 국제금융기구 가입은 국제금융기구의 양대 출자국인 미국과 일본이 공동으로 요구하고 있는 미사일 개발문제와 북핵사태의 해결 등 한반도 긴장완화를 위한 실질적이고도 성의있는 북한의 태도에 달려 있다고 할 수 있는데 북한이 이러한 요구에 순순히 응할지는 불투명한 상황이다. 다만 남한의 입장에서는 북한의 국제금융기구 가입을 꾸준히 추진하되 북한의 국제금융기구 가입이전이라도 자금을 지원받을 수 있는 대내외적인 방안을 강구할 필요가 있다. 우선 대외적으로는 북한개발을 위한 특별기금 등을 활용할 필요가 있으며 대내적으로는 남북협력기금의 확충을 고려할 수 있다.

제 7 편

글로벌 및 지역금융기관

제 25 장

글로벌 금융기관

제 1 절 국제통화기금

1. 연혁

국제통화기금(IMF : International Monetary Fund)은 1944년 7월에 체결된 브레튼우즈(Bretton Woods) 협정의 일환인 국제통화기금협정에 의거하여 1945년 12월에 설립되어 1947년 3월부터 업무를 개시하였다. IMF의 설립목적은 국제금융 질서유지, 세계무역 확대, 경제성장 촉진, 가맹국의 국제수지 불균형을 보전하기 위한 신용공여이다.

IMF는 2000년 5월에 세계은행과 함께 고채무빈국(HIDC : Highly Indebted Poor Countries)의 지원과 빈곤퇴치 프로그램(Poverty Reduction Strategy Program)의 지원 확대를 위한 공동실행위원회 설치 계획을 발표한 바 있다.

2. 회원국

2002년 11월 기준 184개국이며 한국은 1955년 8월에 가입하였다.

3. 조직

3.1 총회(Board of Governors)

총회는 최고 의사결정기구이며 구성은 각 회원국을 대표하는 위원(Governor) 및 대리위원 각 1명(통상 재무부장관, 중앙은행 총재)으로 되어 있으며 대리위원은 위원의 부재시 투표권을 행사한다. 총회는 일체의 권한을 부여받고 있으나 ① 신규가입승인 및 가입조건의 결정, 회원국에 대한 탈퇴 요구, ② IMF 협정개정, 출자지분(Quota)의 결정, 특별인출권(SDR) 신규배분 등의 중요사항을 제외하고는 대부분의 권한을 이사회에 위임하고 있다. 회의 개최는 통상 연 1회 세계은행과 연차총회를 개최한다.

3.2 이사회(Executive Board)

이사회는 통상 업무 집행기관으로 구성은 총 24명이며 임명이사(5명)는 5대 출자국인 미국, 일본, 독일, 영국, 프랑스가 각 1명이며 선임이사(19명)는 상기 5개국을 제외한 모든 회원국을 19개 그룹으로 구성하여 각 그룹별 1명씩 호선(互選)을 통해 선출한다. 임기는 2년(러시아, 중국, 사우디아라비아는 상임선임이사국)이다. 회의 개최는 주 3회의 정기 이사회 외에 특별 의제가 있을 경우 수시로 개최하고 있다.

3.3 총재(Managing Director)

총재는 이사회에서 선출한다. 총재는 이사회의 의장직을 수행하며 임기는 5년이다.

3.4 국제통화금융위원회(IMFC : International Monetary and Financial Committee)

국제통화금융위원회는 총회의 자문기관(1974년 설립)인 데 다음 3가지 사항에 대해 총회에 권고 및 보고 업무를 수행한다. 회의 개최는 연 2회(봄, 가을) 실시하고 있다.

① 국제통화제도의 운영 및 개선
② IMF 이사회의 협정개정안 검토
③ 국제통화제도 위기에 대한 대응책 강구

3.5 개발위원회(Development Committee)

개발위원회는 1974년에 설립되었으며 개도국 원조문제에 관하여 IMF와 세계은행에 권고 및 보고한다. 회의 개최는 연 2회(봄, 가을) 실시하고 있다.

3.6 직원수

IMF의 직원수는 2003년 4월말 기준 2,681명에 이르고 있다.

4. 재원

4.1 재원의 관리

재원으로 일반조건의 대출을 위한 일반회계와 양허적 조건의 대출을 위한 PRGF(Poverty Reduction and Growth Facility) 신탁기금회계가 있으며 각각 독립적으로 관리되고 있다.

〈표 25-1〉 IMF의 재원(2003 회계연도말)

(단위 : 백만 SDR)

구분		금액
일반회계		221,531
	일반자금계정(GRA)	210,699
	출자납입액(Quota)	212,731
	준비금 등	4,287
	특별출연금계정(SDA)	2,727
PRGF 신탁기금		11,503
	대출금계정	7,439
	이자보급금계정	1,866
	준비금계정	3,067

주: 회계연도 : 전년도 5월~해당연도 4월

4.2 출자지분(Quota)

출자지분은 IMF의 가장 중요한 자금원이다. 회원국의 출자금인 동시에 ① 회원국의 의결권 수, ② IMF 자금의 이용한도액, ③ SDR의 신규 배분시 산정 근거, ④ 임명이사국의 결정 기준이 된다. 납입방법은 신규가입의 경우에는 출자지분의 25% 또는 미 달러화 표시 회원보유고 중 적은 금액을 SDR 또는 IMF가 지정하는 회원국 통화로 납입하고 잔액은 자국 통화로 납입하며 증액의 경우에는 증액분의 25%를 SDR 또는 IMF가 지정하는 회원국 통화로 납입하고 잔액은 자국 통화로 납입한다.

〈표 25-2〉 주요 회원국별 출자액 및 의결권 현황(2004년 3월말 기준)

(단위 : 백만 SDR, %)

국 명	출 자 액	의 결 권
미 국	37,149.3	17.11
일 본	13,312.8	6.14
독 일	13,008.2	6.00
영 국	10,738.5	4.95
프랑스	10,738.5	4.95
사우디아라비아	6,985.5	3.23
러시아	5,945.4	2.75
중 국	6,369.2	2.94
기 타	108,483.9	51.93
합 계	212,731.3	100.0

주: 의결권은 1개국별 기본 250표에 출자액 10만 SDR당 1표씩 증가함

4.3 신차입협정(NAB : New Arrangements to Borrow)

NAB는 1962년 선진 10개국과 체결한 이전의 일반차입협정(GAB)을 보완하여 1998년 11월에 IMF가 25개 나라(지역)와 체결한 신차입 협정이다. NAB 참가국이 IMF로부터 자금 인출시, IMF자금이 일시적으로 부족할 경우 발동된다(다만, 국제통화제도가 위협받을 정도의 위기 상황에서는 NAB 비참가국에 대해서도 발동됨). 상위 5개국을 포함하여 협정 총액의 85%(289억 SDR)를 차지하는 참가국이 자국 내 승인절차를 완료하면 발효된다.

NAB에 대한 신규 참여는 매 5년마다의 갱신 시기에 총협정액의 80%를 차지하는 국가가 동의하거나, 또는 NAB 개정시 총협정액의 85%를 차지하는 국가가 동의하면 가능하다.

5. 주요 업무

5.1 IMF의 역할

IMF의 목적은 국제금융질서의 유지(maintenance of international financial order), 세계무역의 확대(expansion of global trade), 경제성장의 촉진(promotion of economic growth), 그리고 IMF 자금에 의한 국제수지 불균형의 해소(settlement of BOP imbalance)이다.

(1) 국제통화 관련 협의

외환시장 안정 및 자금이동의 제한 철폐를 위한 의견 교환의 장으로서의 기능과 함께 각 회원국에 대한 자문을 통해 회원국의 외환정책 및 관련 경제정책에 대해 협의한다.

(2) IMF 자금 지원

회원국의 국제수지 적자가 지속되고 외환보유고가 급감하는 경우 이사회의 승인을 얻어 회원국이 납입한 출자금(통상자금) 및 IMF가 차입하였던 자금(차입금)을 지원한다. 특히, 1980년대 이후 전세계적으로 국가채무 문제가 심각해지면서 IMF는 채무국의 구조조정 계획의 수립 및 시행을 조건으로 이를 지원하기 위한 대출을 제공하고 있다.

(3) 기술지원

재정, 금융, 국제수지, 외환 · 무역시스템과 관련하여 회원국에 자체전문가를 파견하여 기술지원을 제공하고 있다.

5.2 대출제도

(1) Credit Tranche(일반회계재원)

구 분	목 적	이용조건	기간 · 인출방식	인출한도 (쿼터대비)	상환방법	수수료
대기성 차관 (SBA : Stand-by Arrangements) 1947년 3월 도입	단기적인 국제수지 불균형 지원	적당한 기간 내에 국제수지 개선을 위한 신뢰할만한 정책 수립	12~18개월 (인출은 실적 기준 준수 등을 조건으로 매분기마다)	연간 : 100%	최장 5년(인출개시 3년 3개월 후부터 매분기마다)이나 2년 3개월~4년 내 상환이 권장됨	기본이자율 +추가수수료 (Quota 대비 200% 초과시 : 100bp, 300% 초과시 : 200bp)
확대신용 (EFF : Extended Fund Facility) 1974년 9월 도입	경제구조 변화 등으로 인한 장기 · 거액의 국제수지 불균형 지원	구조적 목표 및 향후 12개월 간의 상세한 정책을 포함한 3개년 프로그램 수립	3년 (인출은 실적기준 준수 등을 조건으로 반년마다)	누적 : 300%	최장 10년 (인출개시 4년 6개월후부터 6개월마다) 단, 4년 6개월~7년 내 상환이 권장됨	

주: 1) 쿼터 대비 25%까지 인출시 Fast Credit Tranche, 그 이상 인출시 Upper Credit Tranche로 호칭. Credit Tranche는 통상 대기성차관 또는 확대신용공여조치의 형태로 행해짐
2) 기본이율은 주요 국제통화시장에서의 단기금리수준을 근거로 매주 개정되는 SDR금리를 기초로 결정됨(2003년 1월 기준 약 1.95%). 추가수수료 제도는 2000년 12월 도입되었음

(2) 특별융자제도(일반회계재원)

구 분	목 적	이용조건	기간 · 인출방식	인 출 한도 (쿼터대비)	상환방법	수수료
보상대출제도 (CFF : Compensatory Financing Facility)	수출의 일시적 급락이나 곡물수입대금 급증으로 회원국의 지불능력에 문제가 발생할 때 대출보장	Upper Credit Trance 조건을 만족하고 있거나, 이것이 없으면 국제수지가 건전한 경우	통상 6개월 이상, 일반적으로 SBA, EFF와 병용	수출, 곡물수입 각각에 대하여 45%, 양자가 결합되는 경우 55%	최장 5년(인출개시후 3년 3개월부터 매 분기마다 상환) 2년 3개월~4년 내 상환이 권장됨	기본금리
보완적 준비제도 (SRF : Supplemental Reserve Facility) 1997년 12월 설립	급격한 시장신뢰상실이 자본계정 및 외환보유고에 영향을 미치고, 대규모 단기지원이 필요할 정도의 특별한 국제수지 어려움에 처한 회원국에 금융지원 제공	시장의 신뢰상실을 불식할만한 강력한 정책을 동반하는 관련프로그램 및 정규협정이 있는 경우 이용가능	1년 (2회 이상 인출시 분할 사용)	한도 없음 (단, 필요자금이 SBA와 EFF의 이용한도를 초과하는 경우에 이용가능)	인출개시 2년~2년6개월부터 매반년마다 상환, 그러나 인출 후 1년~1년 6개월 이내에 상환되는 것이 기대됨(상환기간은 이사회의 결정에 따라 최대 1년간 연장될 수 있음)	기본금리+추가수수료 (승인후 1년 간은 300bp, 이후 6개월마다 50bp씩, 최대 500bp까지 인상될 수 있음)
예방적크레딧라인 (CCL : Contingent Credit Line)	SRF와 유사하나 SRF가 회원국이 이미 위기상황에 직면했을 때 지원되는데 대하여, CCL은 예방의 성격을 갖고 위기확대를 미연에 방지하기 위하여 지원	① 국제수지위기가 없을 것 ② IMF에 의한 평가가 긍정적일 것 ③ 상호채권기관과 관계가 양호하고 대외적인 취약성을 제한하는 개선책이 진행 중일 것 ④ 충분한 경제프로그램이 있을 것	1년 (소액의 경우 지원 승인 후 즉시 이용가능)	한도는 정해져 있지 않으나 출자지분의 3~5배 수준		기본금리+추가수수료(첫해말에 150bp, 이후 6개월마다 50bp씩 최고 350bp까지 인상될 수 있음)

주: 이외에 일반회계재원의 융자제도로서 긴급지원(Emergency Assistance)이 있고, IMF는 자연재해에 따라 일시적으로 국제수지 어려움에 직면한 회원국에 대하여 출자지분 대비 25% 상당의 자금을 제공함

(3) 양허성 대출제도(PRGF 신탁회계재원)

구 분	빈곤퇴치 · 성장 금융(PRGF : Poverty Reduction and Growth Facility) - 기존의 확대구조조정금융(ESAF)을 대신하여 1999년 11월 설립
목 적	빈곤국의 만성적 국제수지 위기를 해결하기 위한 목적으로 설립된 EASF와 설립목적은 동일함. 다만, PRGF는 EASF와 비교하여 상대적으로 빈곤퇴치에 대한 지원을 강조하고 있음
이용가능국	1인당 GNP를 기준으로 결정된 77개국 - 1인당 GNP가 매우 낮아서(1999년 GNP 기준 885달러) 국제개발협회(IDA)의 지원 대상국이 되는 국가 (2001년 3월 기준)
이용조건	① 장기간 국제수지 위기를 경험하고 있으며 ② 3년 간의 조정 구조조정 프로그램을 작성하여 매년 이사회로부터 승인을 받아야 하며 이행실적 기준을 준수해야 함
기간 · 인출형태	3년(차입은 매 반기마다)
인출한도 (쿼터대비)	140% (특별한 경우 185%까지 가능)
상환기간	10년(차입개시 5년 6개월 후부터 매 반기마다 균등상환)
수수료	차입잔액에 대해 연 0.5%

주: PRGF는 회원국으로부터의 차입이나 출현으로 조성된 PRGF 신탁계정을 재원으로 함. 일반적으로 IMF의 지원은 다른 회원국의 통화를 해당국 통화와 교환(purchase)함으로써 이루어지나 PRGF의 경우 회원국에 대한 IMF의 대출(loan)의 형태로 이루어짐

6. 지원실적

6.1 형태별 대출승인실적

(단위 : 백만 SDR)

구 분	2001	2002	2003
대기성차관	13,093	39,438	28,597
EFF	-9	-	794
SAF	-	-	-
PRGF	1,249	1,781	1,180
합 계	14,333	41,219	30,571

6.2 대출집행실적

(단위 : 백만 SDR)

구 분	2001	2002	2003
형태별 대출집행액	10,229	30,146	23,002
인 출	9,493	29,068	21,682
SBA	4,395	17,219	9,664
EFF	1,013	958	1,451
BSFF	-	-	-
CCFF	-	-	-
SRF	4,085	10,891	10,566
SAF 및 PRGF	630	952	1,218
SAF	-	-	-
PRGF	630	952	1,218
지역별 대출집행액	10,229	30,146	23,002
선 진 국	-	-	-
개 도 국	10,229	30,146	-
아프리카	445	677	842
아시아	4,781	1,119	1,604
유럽	730	16,631	617
중동	335	99	2,318
중남미	3,918	11,620	17,621
상 환 액	23,067	19,984	8,712
환 매	22,486	19,207	7,784
SAF, PRGF 등	577	777	928

주: reserve tranche는 제외

6.3 대출잔액

(단위 : 백만 SDR)

구 분	2001	2002	2003
SBA	17,101	28,612	34,241
EFF	16,108	15,538	14,981
CCFF	2,992	745	413
STF	1,993	1,311	664
SAF	432	341	137
PRGF	5,951	6,188	6,676
신탁기금	89	89	89
합 계	48,691	59,699	72,879

주: Fast Credit Tranche와 긴급지원 잔액 포함

6.4 대출상위 5개국

(단위 : 백만 SDR)

	2001	국 명	2002	국 명	2003
아르헨티나	3,834	터키	16,000	브라질	15,316
터 키	3,711	아르헨티나	5,922	터키	2,246
인도네시아	591	브라질	5,277	우루과이	1,243
파키스탄	255	인도네시아	585	인도네시아	1,170
필리핀	238	파키스탄	382	아르헨티나	973

제 2 절 세계은행그룹

1. 국제부흥개발은행(www.worldbank.org)

1.1 연혁

국제부흥개발은행(IBRD : International Bank for Reconstruction and Development)은 1944년 7월에 체결된 브레튼우즈(Bretton Woods) 협정의 일환인 국제부흥개발은행협정을 근거로 1945년 12월에 탄생되었다. IBRD는 장기개발자금의 공여를 통해 전후경제의 부흥을 도모함과 동시에 중소득 개도국의 경제개발을 지원하기 위해 설립되었다. 일반적으로 세계은행은 IBRD와 IDA를 통칭하며, 세계은행 그룹은 5개 기구(IBRD, IDA, MIGA, IFC, ICSID)로 구성된다.

1.2 회원국

회원국은 2004년 6월말 기준 184개국이며 한국은 1955년 8월에 가입하였다.

1.3 조직

(1) 총회(Board of Governors)

총회는 최고의사결정기구이며 각 회원국을 대표하는 위원(Governor) 및 대리위원 각 1명(통상 재무부장관, 중앙은행 총재)으로 구성되어 있는데 대리위원은 위원의 부재시 투표권을 행사한다. 총회는 일체의 권한을 부여받고 있으나 신규가입승인, 자본의 증감, 회원국의 자격정지 등의 중요 사항을 제외하고는 그 대부분의 권한을 이사회에 위임하고 있다. 회의 개최는 연 1회

IMF와 합동으로 개최한다.

(2) 상무이사회(Board of Executive Directors)

상무이사회는 통상 업무 집행기관이며 임명이사 5명(5대 출자국인 미국, 일본, 독일, 영국, 프랑스 각 1명), 선임이사 19명(상기 5개국을 제외한 모든 회원국을 19개 그룹으로 구성, 각 그룹당 1명씩 선출, 임기 2년)으로 총 24명(러시아, 중국, 사우디아라비아는 상임선임이사국임)으로 구성되어 있다. 회의 개최는 주 1회의 정기 이사회가 있으며 기타 수시로 개최하고 있다.

(3) 총재(President)

총재는 이사회에서 선출한다. 총재는 이사회 의장직을 수행하며 임기는 5년이다.

(4) 직원수

IBRD의 직원수는 2004년 6월말 기준 약 9,300명에 이르고 있다.

1.4 재원(2004년 6월말 기준)

(1) 출자자본금

출자자본금은 1,897억 달러이며 자본금은 각 회원국의 출자로 구성된다. 납입자본금은 115억 달러이다.

〈표 25-3〉 주요 회원국별 자본금과 의결권 비율

(단위 : 백만 달러, %)

	자 본 금	자본금 비율	의결권 비율
미 국	31,965	16.85	16.41
일 본	15,321	8.08	7.86
독 일	8,734	4.60	4.49
프랑스	8,372	4.41	4.30
영 국	8,372	4.41	4.30
기 타	116,954	61.65	62.64
합 계	189,718	100.0	100.0

(2) 차입금

차입금은 125억 달러이며 국제자본시장에서 채권발행 등을 통해 자금을 조달하고 있다.

(3) 이익잉여금

이익잉여금은 240억 달러이며 특별준비금, 일반준비금, 잉여금, 당기미처분순이익 등으로 구성된다.

1.5 주요 업무

(1) 대출업무

① 대출대상

가. 투자대출

투자대출은 개별 프로젝트 또는 투자 프로그램에 대한 지원을 의미하며 다음 7가지로 분류할 수 있다.

ⓐ 특정투자대출(Specific Investment Loans)
ⓑ 장기프로그램대출(APLs: Adaptable Program Loans)
ⓒ 긴급복구대출(Emergency Recovery Loans)
ⓓ 부문투자 · 관리대출(Sector Investment and Maintenance Loans)
ⓔ 기술지원대출(Technical Assistance Loans)
ⓕ 예비대출(LILS: Learning and Innovation Loans)
ⓖ 금융중개대출(Financial Intermediary Loans)

나. 조정대출

조정대출은 가맹국의 정책개혁(policy reform)을 지원하기 위한 대출로 일정한 정책목표 달성을 조건으로 하며 다음 6가지로 분류할 수 있다.

ⓐ 구조조정대출(Structural Adjustment Loans)
ⓑ 부문조정대출(Sector Adjustment Loans)
ⓒ 프로그램구조조정대출(Programmatic Structural Adjustment Loans)
ⓓ 특별구조조정대출(Special Structural Adjustment Loans)
ⓔ 외채감축대출(Debt Reduction Loans)
ⓕ 재건대출(Rehabilitation Loans)

다. 제한대출(Enclave Lending)

제한대출은 저소득 개도국이 상당 규모의 외환수입을 발생시키는 프로젝트를 진행하는 경우 역외 escrow 계정 개설과 부채상환 준비금 등을 조건으로 실시되는 대출이다.

라. 협조대출(Co-financing)

협조대출은 타 기관과 합작으로 대출을 실시하는 것을 의미한다.

② 차입자

IBRD의 차입자는 회원국 정부와 회원국 정부기관, 공공단체, 민간기업으로 구성되어 있다(회원국 정부기관, 공공단체, 민간기업의 경우에는 회원국 정부의 지급보증이 필요함).

③ 대출형태 및 금리

가. 고정스프레드 대출(FSLs : Libor-based Fixed-spread Loans)

IBRD 가능통화(유로, 엔, 달러 등) 중 단수 또는 복수 통화를 차입자가 선택하며 해당통화의 6개월 리보금리에 스프레드는 대출기간 내내 고정되어 있다. 대출통화 변경가능, 인출액에 대해 금리 변동가능, 미인출액에 대해 금리의 상·하한선 지정 가능 등 차입국이 대출기간과 상환조건 결정의 유동성을 확보하고 있다.

나. 변동스프레드 대출(VSLs : Libor-based Variable-spread Loans)

IBRD 가능통화(유로, 엔, 달러 등) 중 단수 또는 복수통화를 차입자가 선택하며 해당통화의 6개월 리보금리+조달비용 및 마진+스프레드로 스프레드는 6개월마다 재계산된다. 원금상환 조건과 기간은 해당 국가의 카테고리에 따라 상이하다.

다. IBRD가 제공해 오던 Currency Pool Loans, Single Currency Pool Loans, Fixed-rate Single Currency Loans 등은 1999년 3월 이후 신규승인이 중단되었음

차이점	FSL	VSL
스프레드 산정기준	IBRD 조달금리의 마진에 준하는 달러 리보, 리스크 프리미엄, 스왑 조정(달러가 아닌 경우) 등	6개월 해당통화 리보금리, IBRD 일반 대출 스프레드
통화 변경	· 미인출액 : 전부 또는 일부분에 대해 가능 · 인출액 : 전부 또는 일부에 대해서 가능하며 현지통화로도 변경가능	원칙적으로 대출기간 내에 통화변경은 불가하나 IBRD와의 통화스왑(currency swap) 거래를 통해서 변경할 수 있음
기본금리 변경	· 차입자는 대출기간 동안 모든 인출액 또는 인출잔액에 대해서 금리를 고정 또는 변동으로 변경 가능 · 차입국은 주기적인 자동 금리조정 가능(automatic rate fixings)을 이용할 수 있음	원칙적으로 대출기간 내에 기본금리 변경은 불가하나 IBRD와의 금리스왑(interest rate swap)거래를 통해서 변경할 수 있음
약정 수수료	약정일 60일 이후부터 4년간 미인출액에 대해 0.85%, 이후에는 0.75%	약정일 60일 이후부터 미인출잔액에 대해 0.75%

(2) 보증업무

① 보증형태

가. 부분리스크보증

프로젝트 및 금융과 관련된 특정 프로젝트(특히, 민간 인프라 프로젝트 등)에 대한 당해국 정부의 지원약속이 이행되지 않는 채무불이행에 대하여 보증한다.

나. 부분신용보증

시장에서 장기자금을 조달하기 어려운 프로젝트에 대해 대출상환기간보다 늦은 부분에 대해 보증을 지원, 차입기간의 장기화를 도모한다.

② 보증대상

대출적격국의 신규 투자프로젝트와 관련된 상업대출(출자, 공적 기관대출은 보증대상에서 제외)이며 차입자는 정부, 정부기관, 민간기업(다만, 보증 제공시에는 세계은행에 대한 복보증이 필요)이다.

③ 보증범위

부분리스크보증은 원금의 100%이며 부분신용보증은 프로젝트 실행에 필요한 최소범위에 대해 보증한다.

④ 보증요율

보증 승인후 미실행 부분에 대하여 연 0.25%이며 보증이행 요구 후의 기본 요율은 연 0.25%+프리미엄(연 0.15~0.75%)이다.

(3) 기타 업무

기타 업무로 다음 3가지를 지적할 수 있다.

① 기술지원

② 대개발도상국의 원조협의 그룹 개최

③ 개도국의 경제개발 및 대외채무 문제 등에 대한 연구 활동

1.6 지원실적

(1) 대출실적

(단위 : 백만 달러)

	승인건수	승인액	대출실행액	대출잔액
2002	96	11,452	11,256	121,589
2003	99	11,231	11,921	116,240
2004	87	11,045	10,109	109,610

주: 회계연도는 전년도 7월 1일부터 당해연도 6월 30일까지임

(2) 지역별 대출승인액

(단위 : 백만 달러)

	2002	2003	2004
아프리카	41.8	15.0	0.0
동아시아 · 대양주	982.4	1,767.1	1,665.5
남아시아	893.0	836.0	439.5
중앙아시아	4,894.7	2,089.2	3,012.9
중남미	4,188.1	5,667.8	4,981.6
중동 · 북아프리카	451.8	855.6	946.0
합 계	11,452.0	11,231.0	11,045.0

(3) 부문별 대출승인액

(단위 : 백만 달러)

	2002	2003	2004
농업, 어업, 산림업	572.6	561.535	662.7
법적 공정성 및 정부기관	3,550.1	2,583.1	2,650.9
정보통신	114.5	112.3	110.5
교육	801.6	1,347.7	552.3
금융	2,061.3	1,123.1	1,215.0
보건 및 타 공공 서비스	1,374.2	2,021.5	1,767.3
산업 및 무역	572.6	449.2	662.7
에너지 및 광산	687.1	561.5	331.4
교통	1,488.7	1,684.6	2,540.4
수자원, 위생 및 홍수예방	220.9	898.5	662.7
총 승인액	11,451.8	11,230.7	11,045.4

2. 국제개발협회(www.worldbank.org/ida)

2.1 연혁

국제개발협회(IDA : International Development Association)는 저소득 개발도상국에 대한 양허적 조건의 금융지원을 통해 IBRD를 보완함으로써 이들 국가의 경제개발 촉진과 생산성 증대를 달성하는 데 목표를 두고 있다. 1960년 9월 국제개발협회 협정이 발효되어 11월부터 업무가 개시되었다.

2.2 회원국

회원국은 2004년 6월말 기준 165개국이며 Ⅰ부 가맹국(선진국)은 27개국, Ⅱ부 가맹국(개도국)은 138개국이다. 한국은 1961년 5월에 가입하여 현재 Ⅱ부 가맹국에 속해 있다.

2.3 조직

IDA는 IBRD와 완전히 독립된 별개의 법인체로서 기금적 성격을 가지고 있다. 총회 위원, 상무이사, 총재 및 직원 등은 IBRD에서 겸직하며 IDA의 정책수립과 업무집행도 IBRD가 주관하고 있다.

2.4 재원

재원은 2004년 6월말 기준 1,279억 달러이다.

(1) 출자 · 출연액(2004년 6월말 기준) : 1,177억 달러
(2) IBRD로부터의 이전수입(2004년 6월말 기준) : 77억 달러

〈표 25-4〉 주요 회원국별 출자·출연 약정액 및 투표권 분포

(단위 : 백만 달러, %)

	출자·출연 약정액	투표권 분포
Ⅰ부 회원국	119,114.0	61.76
미 국	28,691.8	14.27
일 본	26,515.2	10.89
독 일	14,196.9	6.99
영 국	9,750.3	5.05
프랑스	8,667.3	4.32
Ⅱ부 회원국	3,915.7	38.24
합계	123,029.7	100.00

(3) 출연

IDA의 활동자금을 보충하기 위해 3년마다 일부 회원국(주로 선진국)을 중심으로 재원보충회의를 개최하여 필요한 재원을 조달하고 있다.

〈표 25-5〉 IDA의 출연 현황

(단위 : 백만 SDR)

구 분	재원보충기간	공여국 부담액	한국 출연액 (분담비율)
최초 출자	1961	808	0.13(0.02)
제1차~7차 재원보충	1966~1987	41,566	13.74(0.03)
제8차 재원보충(IDA8)	1988~1990	12,436	17.25(0.14)
제9차 재원보충(IDA9)	1991~1993	14,710	36.54(0.25)
제10차 재원보충(IDA10)	1994~1996	17,974	52.59(0.29)
제11차 재원보충(IDA11)	1997~1999	12,226	36.68(0.30)
제12차 재원보충(IDA12)	2000~2002	8,650	78.62(0.91)
제13차 재원보충(IDA13)	2003~2005	10,020	91.18(0.91)
합 계		118,390	326.73(0.28)

주: 회계연도 당해연도 7월 1일~익연도 6월 30일

2.5 주요 업무

(1) 지원 대상국

지원 대상국은 2004년 6월말 기준 1인당 GNI 865 달러(2002년 기준) 이하의 저소득 개도국으로 한정된다.

(3) 이익잉여금

이익잉여금은 54.2억 달러이다.

3.5 업무내용

(1) 출자 및 대출

① 출자

자본은 참여하되 경영에는 관여하지 않는다. 통상 8~15년간 출자후 시장에서 매각한다.

② 대출(A Loan)

IFC 자체자금에 의한 대출을 하며 대출기간은 통상 12년이다. 프로젝트의 현금흐름(cash flow)에 따라 상환방법, 거치기간(최장 4년)을 설정하며 시장금리(고정 또는 변동)로 대출된다.

(2) 민간자금 동원

① 대출참가프로그램(B Loan)

민간은행과 협조대출을 하며 민간은행은 참가지분 만큼의 리스크 및 자금을 부담하지만 계약상 대주 의무는 IFC가 부담한다. IFC는 원리금 회수 및 대출의 관리를 한다.

② 증권발행

개발도상국 기업의 주식 및 채권을 인수한다.

(3) 자문 및 기술지원

① 자본시장 개발 지원

② 민영화(privatization), 환경 · 사회정비 관련 자문

③ 외국인직접투자(FDI) 관련 자문

④ 사업제안서 작성, 자금조달 방법, 기술조사 등

3.6 지원실적

(1) 승인실적

(단위 : 십억 달러, 건)

구 분	2002	2003	2004
승인건수	204	204	217
투자 및 대출 승인액	3.6	5.0	5.63
IFC 자금	3.1	3.9	4.75
타 기관 자금	0.5	1.1	0.88

주: 회계연도는 전년도 7월 1일~해당연도 6월 30일

(2) 상품별 승인실적

(단위 : 백만 달러)

구 분	2002	2003	2004
대 출	1,982	2,604	3,396
지분투자 및 후순위채권	776	712	1,126
보증[1)]	281	429	171
리스크관리상품[2)]	54	106	60
신디케이션	518	1,181	880

주: 1) 2004회계연도부터 스트럭처드 파이낸스로 분류되어 부분보증과 자산유동화를 포함
2) 외환, 이자율 및 상품에 대한 헤징 서비스

(3) 지역별 승인실적

(단위 : 백만 달러)

	2002	2003	2004
사하라이남아프리카	252	167	405
동아시아 및 대양주	740	583	763
남아시아	267	422	514
중앙아시아	739	1,394	2,030
중남미	1,474	2,180	1,593
중동 및 북아프리카	137	279	236
기 타	2	9	91

4. 국제투자보증기구(www.miga.org)

4.1 연혁

국제투자보증기구(MIGA : Multilateral Investment Guarantee Agency)는 1986년 10월 세계은행 총회에서 기구의 설치가 결정되어 1988년 4월에 설립되었으며 1990년에 업무를 개시하였다. 설립목적은 세계은행그룹과 IMF 및 기타 국제개발금융의 활동을 보완하고 민간투자가의 비상위험(emergency risk)을 보증하여 개도국으로의 해외직접투자(FDI)를 촉진하는 것이다.

4.2 회원국

회원국은 2004년 6월말 기준 164개국이며 한국은 1987년 11월에 가입하였다.

4.3 조직

(1) 총회

총회는 최고의사결정기구이며 가맹국의 가입승인, 자본의 증감, 협정문 개정 및 가맹국의 자격정지 등 중요사항을 의결한다. 각 회원국별로 위원과 대리위원 각 1명씩으로 구성되어 있다.

(2) 이사회

이사회는 업무 집행기관이며 임명이사 6명(6대 출자국인 미국, 일본, 독일, 프랑스, 영국, 중국 각 1명), 선임이사 18명(상기 6개국을 제외한 모든 회원국을 18개 그룹으로 구성, 각 그룹당 1명씩 선출, 임기 2년)으로 총 24명(러시아와 사우디아라비아는 상임선임이사국임)으로 구성되어 있다. 의장은 IBRD 총재가 겸임하고 있다.

(3) 총재 및 부총재(President, Executive Vice President)

총재는 세계은행총재가 겸직하나 실질적 운영은 부총재가 수행하고 있다.

4.4 재원(2004년 6월말 기준)

(1) 자본금 · 납입자본금

자본금은 3.5억 달러이며 납입자본금은 18.2억 달러이다.

〈표 25-7〉 주요 회원국별 자본금과 의결권 분포

(단위 : 천 달러, %)

	자본금	의결권 분포
미 국	345,039	16.27
일 본	97,153	4.56
독 일	96,688	4.62
영 국	92,673	4.44
프랑스	88,756	4.25
중 국	59,835	2.90
기 타	1,037,843	62.96
합 계	1,817,987	100.00

(2) 이익잉여금

이익잉여금은 2.3억 달러이다.

4.5 업무내용

(1) 보증

① 대상위험

대상위험은 송금제한, 수용, 대상국 정부의 계약 위반, 전쟁 및 내란 등이며 보증은 상기한 4가지 위험 각각 또는 동시에 부보 가능하며 보증계약일 전까지 결정하면 된다. 1건당 부보 상한은 2억 달러이다.

② 대상이 되는 투자

가. 대상국의 경제개발에 투자한 신규 직접투자

나. 기존 프로젝트의 확장 및 현대화, 국영기업의 민영화, 재무 리스트럭처링(financial restructuring)에 따른 지분 취득 등

다. 출자, 주주 앞 대출(3년 초과), 주주 앞 보증, 기술지원 및 경영관리와 관련된 계약 등

③ 대상이 되는 투자자

가. 투자대상국 이외의 회원국 국적을 보유한 투자자(투자대상국의 국적을 보유한 투자자에 대해서는 이사회의 승인이 필요)

나. 회원국에 의해 설립되었거나 또는 회원국에 주요 영업장을 보유하고 있거나 과반수의 자본을 회원국 국적으로 보유한 자가 보유하고 있는 법인

다. 상업베이스로 사업을 수행하는 법인이면 가능함(민간법인 여부는 무관)

④ 보증요율

보증대상 리스크 및 프로젝트 종류에 따라 연 0.3~1.5%이다.

⑤ 보상규모

출 자	대 출	기술지원 등
출자액 대상시 : 출자액의 90% 출자액 및 수익대상시 : 출자액의 450%	대출 원금 대상시 : 대출액의 95% 대출원금 및 발생이자 대상시 : 대출액의 135%	지원액의 90%

⑥ 보증기간

보증기간은 최장 15년이며 프로젝트 내용에 따라 20년까지 연장이 가능하다.

⑦ 보증대상통화

보증대상통화는 달러, 엔 등 주요 국제통화로 구성되어 있다.

(2) 협조인수(Cooperative Underwriting)

개발도상국 프로젝트에 민간보험회사들의 참여를 유도하기 위해 프로젝트전체의 보험액에 대하여 MIGA가 계약상의 보험자가 되고 이 계약에 따라 민간보험회사가 일부의 보험을 인수한다.

(3) 투자마케팅 서비스

대개도국 투자를 촉진하기 위한 기술지원, 정보제공, 심포지엄 개최 등을 수행한다.

4.6 보증실적

(단위 : 건, 백만 달러)

구 분	2002	2003	2004
보증승인건수	58	59	55
보증승인액	1,357	1,372	1,076

제 3 절 국제결제은행(www.bis.org)

1. 연혁

국제결제은행(BIS : Bank for International Settlements)은 1930년 1월에 벨기에, 프랑스, 이탈리아 등 7개국이 독일 전쟁배상금 결제의 전담기구로서 '국제결제은행에 관한 협정'을 체결하고 동년 2월에 동 6개국의 중앙은행과 미국의 민간상업은행이 BIS의 설립헌장에 서명함으로써 정식으로 발족하였다. BIS는 각국 중앙은행을 회원으로 하는 기구로서 스위스 국내법에 의해 설립된 주식회사인 동시에 국제법에 의해 설립된 국제은행이다.

2. 가입은행

2004년 10월말 기준 가입 중앙은행은 55개이며 한국은 1997년 4월에 가입하였다.

3. 조직

3.1 총회(General Meeting)

총회는 기업은행 총재들로 구성되며 의장은 이사회 의장이 겸임하고 있다. 총회는 정관개정, 준비금 및 특별기금의 적립 등을 결정하며 업무운영의 실질적인 권한은 이사회에 위임하고 있다.

3.2 이사회(Board of Directors)

이사회는 ① BIS 창설시 가입 중앙은행 총재로 구성되는 당연직 이사, ② 당연직 이사가 자국의 금융대표 중에서 지명하는 지명이사, ③ 일반가입 중앙은행 총재 중에서 선출되는 선출이사로 구성되어 있다. 이사회는 자본증감 및 정관개정의 발의, 주식의 소유 및 양도 승인, 총재 및 사무국장 임명, 주요 업무 운영정책 결정 등을 수행한다.

3.3 총재

총재는 이사회에서 선출되며 이사회가 결정한 제반 정책을 수행한다. 임기는 3년(연임 가능)으로 이사회 의장이 총재를 겸임하고 있다.

4. 재원

2004년 3월말 기준 납입자본금은 6억 8,400만 SDR이다.

5. 업무내용

5.1 결제기관으로서의 업무

1954년 유럽석탄철강공동체(ECSC)의 수탁자 및 1958년 유럽통화협정(EMA)의 이행대리인으로서의 기능을 수행한 바 있다. 현재 유럽통화제도(EMS) 가맹국의 중앙은행간 채권 · 채무의 결제를 대행하고 있으며 1986년 10월 이후 민간 유로(EURO)화의 결제대리 업무를 수행하고 있다.

5.2 금융기관으로서의 업무

(1) 수신업무

① 형태 : 당좌예금, 정기예금, 금(金)의 예수 등

② 대상 : 각국 중앙은행, 일반상업은행, 국제금융기구 등

③ 금리 : 국제금융시장 금리동향에 따라 결정되나 일반적으로 동 금리 수준보다 낮음

(2) 투융자업무

① 형태 : 중앙은행에 대한 담보대출 및 어음할인, 환어음, 각국의 재정증권 및 단기채권 할인 등(각국 정부에 대한 대출, 민간기업의 지분취득 등은 금지)

② 대상 : BIS가맹은행(비가맹은행의 경우 동액의 담보 또는 가맹은행의 보증 필요)

③ 금리 : 국제금융시장 금리를 기준으로 결정되나 일반적으로 동 금리보다 낮은 수준에서 책정됨

④ 만기 : 3개월 이하가 대부분임

⑤ 기타 주요국 중앙은행 및 IMF 등에 시장개입자금과 신용재원의 공여 등

5.3 국제통화협력센터로서의 업무

(1) 은행감독의 국제표준화 지원

1974년 12월 G10(벨기에, 캐나다, 프랑스, 독일, 이탈리아, 일본, 네덜란드, 스페인, 영국, 미국) 국가 중앙은행 총재회의의 결의에 따라 BIS산하에 바젤위원회가 설립되었다.

동 위원회는 은행 국외점포의 감독에 관한 일반원칙(Basel Concordat) 및 자기자본비율에 관한 국제적인 통일기준을 제정하였고 1992년 7월에는 다국적 은행 감독기준을 제정한 바 있다. 2001년 1월에는 현재의 적정자본비율규정(Capital Accord of 1998)을 대체할 'New Basel Capital Accord'를 제안하였다(2006년말 시행 목표).

(2) 각종 중앙은행회의 등 지원

가맹 중앙은행 총재회의 및 각국 중앙은행 고위 실무자회의 주최 또는 지원 등을 통해 국제통화협력(international monetary cooperation)을 강화한다.

(3) 조사연구 활동

국제경제 및 통화금융 전반에 관한 각종 통계 작성과 연구 · 분석활동을 수행하고 있다.

제 26 장

지역금융기관

제 1 절 아시아 · 중동 · 아프리카

1. 아시아

1.1 아시아개발은행(www.adb.org)

(1) 연혁

1963년 3월 제19차 아시아 · 극동경제위원회(ECAFE : Economic Commission for Asia and Far East) 총회에서 역내 회원국의 경제 및 사회개발(economic and social development) 촉진을 목적으로 개발금융기관 설립 추진을 결의하였으며 1965년 12월 제2차 아시아경제협력에 관한 각료회의에서 협정문 초안을 채택하였다. 1966년 8월 15개국이 동 협정문에 대한 비준을 완료함으로써 아시아개발은행(ADB : Asian Development Bank)이 정식으로 발족되었다.

1966년 11월에는 일본 동경에서 32개국 대표가 참석한 가운데 창립총회가 개최되어 12월부터 업무가 개시되었다. 1968년에는 기술원조특별기금(TASF), 1974년 6월에는 아시아개발기금(ADF), 1991년 5월에는 일본특별기금(JSF)이 설치되었다. 1991년 5월에는 Metro Manila 신축건물로 이전하였으며 1995년 국가중심의 조직개편이 단행되었다. 1996년에는 아시아개발은행연구소(ADBI)의 설립이 승인되었으며 2000년 5월 제33차 ADB연차총회(태국 치앙마이)에서 지역내 금융위기 재발방지를 위해 유동성 위기(liquidity crisis)시 외화자금을 긴급 지원하는 통화SWP협정을 체결(AMF 설립 사실상 무산)하였다.

2004년 5월에는 ADF에 무상원조(grant) 제도를 도입하여 ADF-IX의 재원보충기간(2005~2008)에 적용하기로 하였다.

(2) 회원국

① 회원자격

가. 아시아 · 태평양 경제사회위원회(ESCAP : Economic and Social Commission for Asia and Pacific) 회원국 및 준회원국

나. UN회원국 또는 그 전문기관에 가입하고 있는 역내국 또는 역외 선진국

② 회원가입

총회에서 총 투표권수의 3/4 이상을 대표하는 과반수 위원이 참석하여 행사된 투표권의 2/3 이상의 찬성이 필요하다.

③ 회원국 수

1966년 ADB 설립 당시 31개국에서 현재 63개국으로 증가(역내 45개국, 역외 18개국)하였으며 한국은 1966년 설립 당시부터 회원국으로 참여하고 있다.

(3) 조직

① 총회(Board of Governors)

가. 구성

각 회원국이 임명한 위원(governor)과 대리위원(alternate governor) 각 1명(임기는 임명국이 결정)으로 구성되어 있으며 의장은 위원 중에서 선출되며 차기 정기총회시까지 의장직을 수행한다.

나. 기능

최고 의사결정기구로서 협정문의 개정, 신규 가맹국의 승인 및 가맹국의 자격정지, 자본금의 증감, 총재 및 이사의 선임 등을 의결하며 기타 권한은 이사회에 위임하고 있다.

② 이사회(Board of Directors)

가. 구성

이사(executive director)는 12개 그룹(역내 8개 그룹, 역외 4개 그룹)별로 매 홀수년도 연차총회에서 각 1명씩 선출(임기 2년에 중임 가능)되며 최대 출자국으로서 단독그룹을 형성하는 일본과 미국은 단독으로 이사를 지명한다. 의장은 총재가 겸임하고 있다.

나. 기능

실질적인 정책결정기구로서 설립 협정 및 총회에 의하여 위임된 권한의 범위 내에서 은행업무의 전반을 관장한다. 주요 관장업무는 은행의 대출, 보증, 지분투자, 자금차입 및 기술원조 등이다.

③ 총재(President)

총회에서 선출되고 임기 5년에 중임이 가능하며 통상 역내 최대출자국인 일본출신 인사가 선출되는 것이 관례이다. 총재는 행정 최고책임자로서 일반 경상업무에 관한 지휘감독권 및 직원의 임명권을 가지며 이사회 의장을 겸임하고 있다.

(4) 재원

ADB재원은 일반재원(OCR)과 양허성 자금지원 재원인 특별기금(Special Funds) 등으로 구분되며 각 재원은 엄격히 분리되어 운용되고 있다.

① 일반재원(OCR : Ordinary Capital Resources)

역내 개발도상국(developing countries)의 개발사업에 대한 자금지원 등 통상 업무수행에 충당하기 위한 것으로서 3가지(출자자본금, 차입금, 준비금)로 구성되어 있다.

〈표 26-1〉 재원 현황(2003년말 기준)

(단위 : 백만 달러, %)

구 분	금 액	구성비
출자자본금	51,997	59.5
납입자본금	3,657	4.2
최고자본금	48,340	55.3
차입금	26,359	30.1
준비금	9,708	10.4
합 계	87,434	100.0

가. 자본금

회원국별 출자자본금은 총회에서 결정되며 이를 기준으로 투표권을 배분한다. 투표권수는 기본표(총 투표권수의 25%를 전체 회원국간 균등배분)와 비례표(출자자본금 1만 SDR당 1표)로 구성된다.

〈표 26-2〉 자본금 현황(연도말 기준)

(단위 : 백만 달러)

구 분	1999	2000	2001	2002	2003
수권자본금	47,945	45,485	43,834	47,288	51,997
출자자본금	47,597	45,271	43,628	47,234	51,997
(납입자본금)	3,348	3,184	3,069	3,322	3,657
(최고자본금)	44,249	42,087	40,559	43,912	48,340

나. 차입금

차입처는 회원국의 중앙은행 및 국제금융시장이며 차입한도는 회원국의 최고자본금 이내이나 실질적으로는 건전한 재무구조 유지(maintenance of the sound financial structure)를 위하여 gearing ratio(차입잔액 ÷ 회원국의 최고 자본금액)를 9% 이하로 유지한다.

다. 준비금

준비금 현황은 〈표 26-3〉에 나타나 있다.

〈표 26-3〉 준비금 현황(연도말 기준)

(단위 : 백만 달러)

구 분	1999	2000	2001	2002	2003
일반준비금	6,689	7,166	7,812	8,470	8,892
특별준비금	182	182	183	184	186
합계	6,871	7,348	7,995	8,654	9,078

② 특별기금(SFR : Special Funds Resources)

가. 아시아개발기금(ADF : Asian Development Fund)

ⓐ 설립 배경

일반재원(OCR)에 의한 대출은 개발도상국에게 이자부담이 크고 양적으로도 불충분하였으므로 이를 보완하기 위해 역내 후발개도국에 대한 양허성 자금지원을 목적으로 ADB 내의 특별기금으로 설립되었다.

ⓑ 설립시기

1974년 6월 업무를 시작하였다(1973년 4월 제6회 ADB 연차 총회에서 설립 결정).

ⓒ 출연국

최초 설립시(ADF-I : 1973~1975) 14개국(역내 3개국, 역외 11개국)에서 현재 28개국(역내 10개국, 역외 18개국)으로 증가하였으며 한국은 ADF-Ⅳ(1983~1986)부터 재원을 출연하기 시작하였다.

ⓓ 법적 성격

ADF는 독립된 별도기구(entity)가 아닌 ADB 내에 설치된 특별기금으로서 법인격을 가지고 있지 않으며 별도기구나 조직에 의해 관리되지 않고 ADB에 의해 직접 관리 · 운용되고 있다.

ⓔ 재원 구성

재원공여국의 출연금, OCR로부터의 이전수입, 기금의 운용수익 등으로 조달하나 대부분을 회원국의 출연에 의한 재원보충에 의존하고 있다.

ⓕ 재원 규모

2003년말 기준 267억 5,900만 달러를 나타내고 있다.

ⓖ 출연금 조달 방법

최초 출연(ADF-I)이후 재원공여국을 대상으로 보통 4년마다 실시되는 재원보충(replenishment) 회의를 통해 조달한다.

ⓗ 재원보충회의

재원공여국의 출연금 납입액과 기금의 주요 정책 등을 결정하기 위해 실시되는 회의로서 매 회의는 3~4차례의 실무자 회의로 구성된다. 동 회의는 ADF 설립시(ADF-I)부터 시작하여 2004년 5월에 종료된 ADF-IX(2005~2008)까지 총 9차례 실시되었다. ADF-IX(2005~2008)의 재원보충회의는 2003년 10월(제1차 회의 : 덴마크 코펜하겐)부터 시작하여 2004년 5월(제4차 회의 : 서울)까지 총 4차례의 회의를 거쳐 협상이 타결되었다.

〈참고〉 ADF-IX(2005~2008) 재원보충회의의 주요 합의 사항

· ADF-IX의 재원보충 규모 : 70억 달러

· 재원 조달 방안

- 37억 달러 : ADF 내부재원
- 32억 달러 : 회원국의 출연금
  (한국 분담액 : 총 107.2백만 달러(분담비율 3.35%))
- 1억 달러 : ADF 내부재원 또는 출연금

· 주요 특징

- 중국이 최초로 재원공여국으로 참여하였으며 말레이시아는 ADF-VII에 이어 2번째로 재원 출연을 약정하였다.
- 무상원조 지원비율을 21%(기술지원 3% 포함)로 한 무상원조(grant) 제도를 도입하여 ADF-IX

(2005~2008)부터 적용하기로 하였다.

나. 기술지원특별기금(TASF : Technical Assistance Special Fund)

ADB가 수행하는 기술지원 활동경비 및 용역비를 무상으로 지원할 목적으로 1968년에 설치되었으며 주로 프로젝트의 타당성 조사 및 사전준비를 지원하고 있다. 재원은 회원국의 출연금과 기타 재원으로 조달하며 재원규모는 2003년말 기준 1,006백만 달러를 나타내고 있다.

다. 일본특별기금(JSF : Japan Special Fund)

ADB회원국의 경제구조조정 및 투자확대를 지원할 목적으로 1988년 설치되었으며 산업화(industrialization), 자원개발(resource development), 기술이전(technology transfer) 등을 지원하고 있다. 재원규모는 2003년말 기준 10억 9,400만 달러(Asian Currency Crisis Support Facility 포함)로서 일본이 전액 출연하였다.

(5) 업무내용

ADB는 대출, 지분투자, 지급보증, 기술지원, 협조대출 등을 지원하고 있다.

① 대출(loans)

가. 대출대상

개발도상회원국의 정부 및 정부기관, 지방공공단체, 민간기업 등과 역내 경제개발에 관련된 국제 또는 지역기구 및 단체이며 1인당 GNP(per capita GNP), 경제규모(economic size), 경제적 특수성(economic specialty) 등을 고려하여 역내 개도국을 3개 그룹(OCR-only 국가, Blend 국가(OCR과 ADF 동시 수혜 가능), ADF-only 국가)으로 나누어 대출을 지원하고 있다.

나. 대출형태

ADF를 포함하여 ADB가 제공하는 대출형태에는 프로젝트 대출, 프로그램 대출, 부문 대출 등이 있다.

ⓐ 프로젝트 대출(project loans)

도로 및 발전소 건설 등 국가적 또는 지역적 개발계획의 일환으로 추진되는 특정사업에 소요되는 자금을 제공하는 대출형태로서 가장 보편적이다. ADB가 직접 취급하기 곤란한 소규모 프로젝트의 경우에는 지역금융기관에 신용한도를 설정하고 전대금융(relending) 방식으로 대출한다.

ⓑ 프로그램 대출(program loans)

프로젝트 대출처럼 특정사업을 대상으로 지원하는 것이 아니라 역내 개도국의 경제효율성(economic efficiency) 제고 및 성장촉진을 위한 정책, 제도 및 투자환경(investment environment) 개선 등 중장기적 과제에 대해 수혜국 정부로 하여금 추진일정을 제시하도록 하고 수혜국과 정책

협의를 거친 후 실시하는 대출방식이다.

ⓒ 부문 대출(sector loans)

경제개발계획상 우선순위가 높은 부문, 예를 들면 에너지부문 등의 개발에 필요한 자금을 지원하는 대출형태로서 통상 특정부문 내 다수의 하위 프로젝트에 대출하는 방식으로 이루어진다(1980년 도입).

ADB가 기본적인 방향에 대해서만 차입국과 협의하고 세부 사업계획의 수립과 진행, 자금사용에 대해서는 차입국에 일임하므로 대출금의 신축적인 운용이 가능하다는 이점이 있으나 차입국 내 추진기관이 필요한 역량을 보유하고 있어야 하며 이를 위해 추진기관의 기능강화와 사업능력 제고를 위한 기술지원이 병행되기도 한다.

다. 대출조건

ⓐ 일반재원(OCR) 대출

대출기간은 3~6년 거치 포함 12~30년이다. 대출금리는 기본적으로 시장금리부 대출제도를 채택하여 6개월마다(매년 1월 1일과 7월 1일) 총 차입잔액의 평균조달 비용에 일정률의 스프레드를 가산하여 결정되며 미집행분에 대한 약정수수료는 연 0.75%이다.

ⓑ 아시아개발기금(ADF) 대출

대출기간은 8년 거치 포함 24~32년이며 대출금리는 거치기간 연 1%, 상환기간 연 1.5%의 이자수수료(interest charge)를 부과한다.

② 지분투자(equity investment)

가. 목적

역내 개도국에 대한 투자를 촉진하기 위하여 역내 개도국에서 활동하고 있는 기관이나 기업에 대해 지분투자를 실시한다.

나. 의의

사업의 필요성 및 경제적 타당성(economic validity)은 충분히 인정되나 민간자본으로는 소요재원을 충당할 수 없을 정도로 대규모 자본이 소요되는 경우 동 부족분을 ADB의 지분투자로 보완한다.

다. 투자대상

주요 소비재(비생필품 및 사치성 소비재는 제외) 생산업체, 개발에 필요한 제품 및 서비스 생산업체, 외화가득 또는 국내자원의 효율적 활용을 촉진하는 사업과 고용창출효과(job creation effect)가 큰 사업 등을 영위하는 기업, 개발금융기관 등이다.

라. 투자방법

투자방법은 3가지 형태(기업주식에 직접 투자하는 방법, 개발금융기관의 증자 및 신설에 참여하는 방법, ADB가 개발금융기관에 대하여 투자재원을 공여하고 개발금융기관은 동 자금을 비교적 규모가 작은 생산기업의 주식에 투자하는 간접투자 방법)가 가능하다.

③ 지급보증(guarantees)

가. 의의

ADB는 ADB가 참여하는 프로젝트와 관련하여 상업적 대출기관이나 자본시장투자자의 위험을 경감시켜 동 프로젝트에의 참여를 적극 유도하기 위하여 지급보증서를 발급한다.

나. 지급보증의 형태

지급보증은 2가지 형태(비상위험보증(PRG : Political Risk Guarantee), 부분신용보증(PCG : Partial Credit Guarantee))로 구분된다.

· 비상위험보증 : 협조대출을 원활히 하기 위해 협조대출의 참여자에게 국유화와 송금의 제한, 정치적 소요 등과 같은 비상위험을 담보하기 위해 발행된다.

· 부분신용보증 : 협조대출 참가자의 신용 및 비상 위험을 모두 담보하기 위하여 발행된다.

④ 기술지원(technical assistance)

가. 목적

경제개발(economic development)에 대한 지식과 경험이 부족한 역내 저개발국을 대상으로 개발계획의 수립과 집행 및 그에 따른 자문 등을 통하여 역내 최빈개도국에 대한 자원과 기술의 이전을 촉진시키고 기존 자원의 효율적인 배분을 제고시키며 역내 개도국 간에 개발전략을 수립하고 추진하는 데 있어서 상호 경제협력을 증진시키는 데 있다.

나. 지원유형

상환여부에 따라 유상 또는 무상 기술지원으로 구분할 수 있으나 지원내용을 기준으로 보면 4가지(사업준비 지원, 사업집행 지원, 자문용역 지원, 학술연구 지원)로 구분할 수 있다.

· 사업준비 기술지원 : 개발사업 선정 및 세부계획의 수립 등 개발사업을 준비하는 단계에 필요한 자문용역비를 지원하는 것으로 일정한도까지는 무상지원하고 그 이상은 대출 승인 후에 프로젝트 대출에 포함시킨다.

· 사업집행 기술지원 : 사업운용에 대한 자문, 사업의 관리 및 집행 등 개발사업의 집행과정에서 나타나는 기술 및 자문에 관련된 용역비용을 지원하는 것으로

대부분 유상으로 지원한다.

· 자문용역 기술지원 : 특정 개발사업과 관계없이 역내 최빈개도국을 대상으로 개발기관의 설립이나 기능보강, 경제개발의 종합계획 수립 및 연구활동 등과 관련한 자문비용을 지원하는 데 대부분 무상으로 지원한다.

· 학술연구 기술지원 : 경제개발에 관한 역내 회원국의 각종 연구, 학술회의, 세미나, 연수프로그램 등 다양한 학술 및 연구 활동에 대한 지원으로 전액 무상으로 지원한다.

다. 재원

기술지원은 유 · 무상 여부에 따라 사용되는 재원이 상이하다.

· 유상 기술지원(TA loans) : OCR, ADF 등 내부재원과 ADB 주선 또는 협조대출 방식에 의한 외부재원으로 지원하며 OCR 및 ADF의 대출조건을 준용한다.

· 무상 기술지원(TA grants) : TASF, JSF, 선진회원국 또는 UNDP 등의 공여재원으로 지원한다.

⑤ 협조대출(cofinancing)

가. 도입배경

역내 가맹국의 자금수요에 비해 대출재원이 크게 부족해짐에 따라 이를 보완하기 위해 1970년부터 도입되었다.

나. 의의

ADB가 특정 지원대상 사업에 대해 ADB 자체 재원과 선진국 정부, 수출금융기관, 상업은행, 보험회사 등으로부터의 타 재원을 결합하여 공동으로 대출하는 것으로 타 재원을 역내에 최대한 유입시키는 촉매역할을 수행한다.

다. 재원

선진국 정부를 중심으로 주로 저소득 개도국에 제공되는 공적재원, 수출금융기관이 제공하는 수출신용재원, 상업은행 · 신탁회사 · 보험회사 등을 중심으로 하는 상업재원 등으로 구분된다.

(6) 지원실적

지원실적은 〈표 26-4〉와 〈표 26-5〉에 나타나 있다.

〈표 26-4〉 승인실적

(단위 : 백만 달러, 건)

	대 출			지분투자	지급보증	무 상 기술지원	협조대출
	OCR	ADF	합계				
1999	3,908 (34)	1,070 (32)	4,979 (52)	7 (1)	- -	172 (313)	2,953 (27)
2000	4,015 (37)	1,567 (48)	5,583 (72)	78 (6)	371 (4)	169 (301)	2,855 (40)
2001	3,977 (30)	1,361 (46)	5,339 (60)	30 (3)	90 (1)	144 (253)	1,310 (24)
2002	4,008 (35)	1,650 (53)	5,658 (70)	36 (4)	882 (4)	179 (323)	2,832 (37)
2003	4,726 (38)	1,379 (47)	6,105 (66)	36 (3)	240 (3)	177 (315)	2,418 (28)

주: OCR과 ADF의 중복지원 프로젝트는 1건으로 계산하며 ( )안은 건수임

〈표 26-5〉 국가별 · 부문별 대출 승인실적(2003년)

(단위 : 백만 달러, %)

	금액(비중)	부 문	금액(비중)
인 도	1,532(25.1)	교통 및 통신	2,578(42.2)
중 국	1,488(24.4)	사회인프라	1,131(18.5)
파키스탄	870(14.3)	에너지	757(12.4)
방글라데시	532(8.7)	금융	483(7.9)
스리랑카	275(4.5)	농업 및 천연자원	392(6.4)
인도네시아	262(4.3)	기 타	764(12.5)
기 타	1,146(18.8)		
합 계	6,105(100.0)	합 계	6,105(100.0)

2. 중동

2.1 이슬람개발은행(www.isdb.org)

(1) 연혁

이슬람개발은행(IDB : Islamic Development Bank)은 1973년 12월 이슬람제국 재무장관회담에서 설립이 승인되었으며 1975년 7월 설립되었다(본부 : 사우디아라비아 Jeddah). 설립목적은 회원국 및 이슬람제국의 경제사회개발 촉진을 위해 개발원조를 제공하는 데 있다.

(2) 회원국

2003년말 기준 사우디아라비아, 말레이시아, 모로코 등 총 55개국이다.

(3) 조직

① 총회(Board of Governors)

최고의사결정기구로서 각 회원국의 대표 1인(주로 재무장관이 담당)으로 구성되어 있으며 연 1회 개최된다.

② 이사회(Board of Executive Directors)

은행운영상의 전권을 보유하며 임기 3년의 이사 11인으로 구성된다(5인은 출자금액 상위 5개국 대표이며 나머지 6인은 각국 대표자의 투표로 선출).

③ 총재(President)

총재는 은행의 통상업무를 집행하는 최고책임자이다.

(4) 재원(2003년 4월말 기준)

수권자본금은 150억 ID, 출자자본금은 81억 ID, 납입자본금은 26억 7,700만 ID이다(1 ID(Islamic Dinar) = 1 SDR).

(5) 업무내용

프로젝트 대출, 지분참여, 무역금융, 기술원조(대출, 증여), 리스제공 등을 수행한다.

(6) 지원실적(2004년 4월말 기준)

전체 승인실적은 28억 ID(39.7억 달러)인데 이 중 프로젝트 대출은 11억 3,400만 ID, 기술원조는 800만 ID, 무역금융은 14억 4,100만 ID, 특별기금 대출은 1,700만 ID이다.

3. 아프리카

3.1 아프리카개발은행(www.afdb.org)

(1) 연혁

AfDB(AfDB : African Development Bank)는 1964년 9월에 아프리카 각국의 경제·사회개발 촉진을 목적으로 설립(설립협정문 발효)되었으며 1964년 11월에 창립총회가 개최되었다. 1966년 7월부터 업무를 개시하였고 본부는 코트디부아르의 Abidjan에 소재하고 있다. 1973년 8월에는 별도 기구인 아프리카개발기금(AfDF)이 설립되었으며 1974년 7월에 아랍석유기금(Arab Oil Fund)이 설치되었다. 1979년 2월에는 나이지리아신탁기금(Nigeria Trust Fund)이 설치되었으며 1996년 AfDB Group의 구조조정이 단행된 바 있다.

2002년 9월에는 코트디부아르 내전발발로 2003년 2월 본부를 튀니지의 Tunis로 임시 이전하였다. AfDB는 자체 특별기금인 나이지리아신탁기금(NTF), 별도 기구인 아프리카개발기금(AfDF) 등과 함께 AfDB Group을 구성하고 있다.

(2) 회원국

① 회원자격

1964년 AfDB 설립 당시에는 가입자격이 역내국으로만 제한되었으나 1982년부터는 역외국에게도 가입을 허용하고 있다.

② 회원 가입

총회에서 총 투표권수의 3/4 이상을 대표하는 과반수 위원이 참석하여 행사된 투표권의 2/3 이상의 찬성이 필요하다.

③ 회원국수

2003년말 기준 총 77개국(역내 53개국, 역외 24개국)이다. 한국은 1982년 역외국 가입이 허용되면서 가입하였다.

(3) 조직

① 총회

회원국의 대표 1명씩으로 구성(임기는 5년임)되며 최고의사결정기구로서 통상 연 1회 개최된다.

② 이사회

총회에서 선출된 18명(역내 12명, 역외 6명)의 이사로 구성(임기는 3년임)되며 설립협정 또는 총회의 위임에 따라 전반적인 은행 업무를 수행한다.

③ 총재

총회에서 선출(임기는 5년임)되며 이사회 의장직을 수행하고 이사회의 지시에 따라 은행의 통상업무를 집행한다.

(4) 재원

AfDB재원은 일반재원(OCR)과 나이지리아신탁기금(NTF), 아랍석유기금 등의 특별기금으로 구분되며 각 재원은 엄격히 분리되어 운용된다.

① 일반재원(OCR : Ordinary Capital Resources)

역내 개발도상국의 개발사업에 대한 자금지원 등 통상 업무수행에 충당하기 위한 것으로서 출자자본금, 차입금, 준비금 등으로 구성된다.

〈표 26-6〉 재원 현황(2003년말 기준)

(단위 : 백만 UA)

구 분	금 액	구성비
출자자본금	21,564	73.6
납입자본금	2,181	7.5
최고자본금	19,383	66.2
차입금	5,778	19.7
준비금	1,919	6.5
합 계	29,261	100.0

주: UA(Unit Account) : AfDB 그룹이 사용하는 회계단위로 1 UA = 1 SDR

② 특별기금 및 신탁기금

(단위 : 백만 UA)

구 분	금 액
특별기금	508
나이지리아신탁기금(NTF)	375
특별구제기금(Special Relief Fund)	13
직원퇴직연금기금(Staff Retirement Plan)	120
신탁기금	5
Mamoun Beheiry[1] 기금	0.3
아랍석유기금(Arab Oil Fund)	0.7
긴급협조기금(SEAF)[2]	4
합 계	513

주: 1) 초대 총재 이름
　2) Special Emergency Assistance Fund for Drought and Famine in Africa

(5) 업무내용

AfDB는 대출, 지분투자, 지급보증, 기술지원, 협조대출 등을 지원한다.

① 대출

가. 대출대상

대출대상은 역내 회원국의 정부 및 정부기관, 지방공공단체, 민간기업 등과 역내 경제개발에 관련된 국제 또는 지역기구 및 단체이다. AfDB 그룹은 소득수준, 신용도, 경제적 성과 등을 기준으로 역내 개도국을 3개 그룹(AfDB-only 국가, Blend 국가(AfDB와 AfDF 동시 수혜 가능), AfDF-only 국가)으로 분류한다. AfDB는 AfDB-only 국가와 Blend 국가만을 대출 지원하고 있다.

나. 대출형태

AfDB 그룹이 제공하는 대출형태에는 프로젝트 대출, 정책관련 대출 등이 있다.

ⓐ 프로젝트 대출(project loans)

도로 및 발전소 건설 등 수혜국 단독 또는 주변국과 공동으로 추진되는 역내 특정 개발사업에 소요되는 자금을 제공하는 가장 보편적인 대출형태로서 특정 사업을 대상으로 사업 추진단계에 따라 지원되기 때문에 대출금의 사용용도가 제한된다. AfDB 그룹이 직접 취급하기 곤란한 소규모 프로젝트의 경우는 지역금융기관에 신용한도를 설정하고 전대금융 방식으로 대출하고 있다.

ⓑ 정책관련 대출(PBL : Policy-based Loans)

1986년에 도입된 제도로서 2가지 형태(부문조정 대출, 구조조정 대출)가 있다.

· 부문조정 대출 : 심각한 국제수지 적자 또는 경기침체(recession)에 직면하고 있는 역내국을 대상으로 농업, 에너지 등 특정 애로부문의 구조조정에 필요한 자금을 부문별로 지원하는 대출이다.

· 구조조정 대출 : 구조적인 국제수지 적자의 해소를 위하여 전반적인 경제구조의 조정이 필요한 경우에 지원하는 대출이다.

정책관련 대출은 프로그램 대출과 비교해 볼 때 대출금의 사용 용도가 사전에 지정되지 않기 때문에 탄력적인 운용이 가능하고 조기지급형태(fast disbursement)로 지원되기 때문에 대출금 지급이 비교적 단기간에 이루어지는 장점이 있다.

다. 대출조건

ⓐ 일반재원(OCR) 대출

대출기간은 공공부문 대출의 경우 5년 거치 포함 20년, 민간부문 대출의 경우 1~3년 거치 포함 5~15년이며 대출금리는 대출상품에 따라 다소 상이하나 대체로 자금조달비용을 기초로 하여 결정하거나 6개월물 Libor에 일정한 spread를 가산하여 결정한다. 미집행분에 대한 약정수수료는 연 1%이다.

ⓑ 나이지리아신탁기금(NTF) 대출

OCR 대출보다 유리한 조건으로 대출되며 대출기간은 5년 거치 포함 25년, 대출금리는 연 2~4% 수준이며 미집행분에 대한 약정수수료는 연 0.75%이다.

② 지분투자

AfDB는 일반재원과 특별재원의 일부를 AfDB 설립목적 달성에 기여할 수 있는 기관에 대하여 자본참여를 위한 지분투자를 실시한다. 지분투자는 일반재원에 포함되는 납입자본금, 적립금, 잉여금 합계의 10% 이내에서 가능하다.

③ 지급보증

AfDB는 AfDB가 참여하는 프로젝트와 관련하여 상업적 대출기관이나 자본시장투자자의 위험을 경감시켜 동 프로젝트에의 참여를 적극적으로 유도하기 위하여 지급보증을 제공하고 있다.

④ 기술지원

경제개발에 대한 지식과 경험이 부족한 역내 저개발국을 대상으로 개발계획의 수립과 집행 및 그에 따른 자문 등을 통하여 역내 최빈개도국에 대한 자원과 기술의 이전을 촉진시키고 기존자원의 효율적인 배분을 제고시키며 역내 개도국 간에 개발전략을 수립하고 추진하는 데 있어서 상호 경제협력을 증진시킨다.

상환여부에 따라 2가지 형태(유상 기술지원, 무상 기술지원)로 구분된다.

가. 유상 기술지원

OCR, NTF 등 내부재원과 AfDB 주선 또는 협조대출 방식에 의한 외부재원으로 지원하며 OCR 및 NTF의 대출조건을 준용한다.

나. 무상 기술지원

특별구제기금(SRF), 선진회원국 또는 UNDP 등의 공여재원으로 지원한다.

⑤ 협조대출

AfDB가 특정사업에 대해 AfDB 자체 재원과 AfDB 외의 다른 재원을 결합하여 대출하는 것으로 타 재원을 역내에 최대한 유입시키는 촉매역할을 수행한다. 협조대출에 참여하는 외부재원은 IBRD와 IDA 등 국제금융기구, 선진국 정부를 중심으로 주로 저소득 개도국에 제공되는 공적재원, 수출금융기관이 제공하는 수출신용재원, 상업은행 · 신탁회사 · 보험회사 등이 제공하는 민간재원 등이 있다.

(6) 지원실적

지원실적은 〈표 26-7〉과 〈표 26-8〉에 나타나 있다.

〈표 26-7〉 승인실적

(단위 : 백만 UA, 건)

	AfDB	AfDF	NTF	AfDB 그룹 합계
1999	769 (23)	426 (70)	- (-)	1,195 (93)
2000	408 (38)	652 (103)	11 (3)	1,070 (144)
2001	802 (26)	944 (107)	5 (1)	1,751 (134)
2002	880 (31)	697 (84)	10 (3)	1,587 (118)
2003	746 (28)	996 (112)	23 (5)	1,765 (145)

주: 승인실적은 대출, 무상원조, 지분투자, 지급보증, 채무구제 등 모든 실적을 포함하며 ( )안은 건수임

〈표 26-8〉 국가별 · 부문별 승인실적(2003년)[1]

(단위 : 백만 달러 UA, %)

	금액(비중)	부 문	금액(비중)
튀니지 모로코 남아프리카공화국 스위스 모잠비크 토고 기타	196(26.3) 177(23.7) 106(14.2) 50(6.7) 29(3.9) 15(2.0) 173(23.2)	금 융 상수도 및 위생 전 력 교 통 산업 및 광업 기 타	300(40.2) 177(23.7) 119(16.0) 108(14.5) 29(3.9) 13(1.7)
합 계	746(100.0)	합 계	746(100.0)

주: 1) AfDB 실적

3.2 아프리카개발기금(www.afdf.org)

(1) 연혁

아프리카개발기금(AfDF : African Development Fund)은 1972년 11월 설립협정문 서명과 1973년 3월 설립협정문 발효로 1973년 8월 업무를 시작하였다. 2002년 9월 AfDF-Ⅸ에서 무상원

조 비율을 기존의 7.5%(AfDF-Ⅷ)에서 18~21%로 대폭 확대하였다. 아프리카개발은행(AfDB), AfDB의 특별기금인 나이지리아신탁기금(NTF), 별도 기구인 아프리카개발기금(AfDF) 등으로 AfDB Group을 구성하고 있다.

(2) 설립배경

AfDB는 설립 초기에 자본이 부족한 역내국으로만 구성되어 충분한 재원조달이 불가능함에 따라 역외 자금의 조달을 통하여 역내국에 양허적 대출을 제공하기 위한 전담기구로서 AfDF를 설립하였다.

(3) 회원국

총 25개국 및 1개 기관(역외국 25개, 기관 AfDB)으로 구성되어 있다. 역내국 중 유일하게 남아프리카공화국이 가입 협상을 진행 중에 있다.

(4) 조직

AfDF는 AfDB로부터 독립된 별도기구로서 총회(Board of Governors), 이사회(Board of Directors), 총재(President) 등으로 구성되어 있으나 실질적으로 AfDB의 조직과 인원을 활용하고 그 대가로 AfDB에 운영비를 지급하고 있다.

① 총회

AfDB 회원국의 대표 및 역외 회원국이 임명한 대표에 의해 구성된 최고의사결정기구로서 통상 연 1회 총회를 개최한다.

② 이사회

12명의 이사(AfDB에서 6명, 역외회원국에서 6명, 임기는 3년)로 구성되며 업무전반을 감독하고 설립협정 및 총회로부터 위임된 사항에 대해 전반적인 업무를 수행한다.

③ 총재

AfDB 총재가 겸임하며 이사회를 주재한다.

(5) 재원

회원국의 출자, 기금의 운용수익, AfDB로부터의 순이익 이전 등을 통해 재원을 조달하거나 주로 역외 회원국의 출자에 의한 재원보충에 의존하고 있는 실정이다.

① 출자금 조달 방법

최초 출연 이후 회원국을 대상으로 보통 3년마다 실시되는 재원보충회의를 통해 조달하고 있다.

② 재원보충회의

재원공여국의 출연금 납입액과 기금의 주요 정책 등을 결정하기 위해 실시되는 회의로서 매 회의는 3~4차례의 실무자 회의로 구성된다. AfDF는 1975년 최초 재원보충 AfDF-Ⅰ(1976~1978) 이후 보통 3년에 한번씩 재원보충을 실시하여 2004년 12월에 종료된 AfDF-Ⅹ(2005~2007)까지 총 10차례 실시하였다. AfDF-Ⅹ(2005~2007)의 재원보충회의는 2004년 2월(제1차 회의 : 스위스 제네바)부터 시작하여 2004년 12월(제4차 회의 : 덴마크 코펜하겐)까지 총 4차례의 회의가 진행된 상황이다.

(6) 업무내용

AfDF는 대출, 무상원조 등을 통해 역내 최빈국을 지원하고 있다.

① 대출

가. 대출대상

역내 회원국의 정부 및 정부기관, 지방공공단체 등 정부지급보증부의 공공부문에 대한 대출만이 가능하다. AfDB 그룹은 소득수준, 신용도, 경제적 성과 등을 기준으로 역내 개도국을 3개 그룹(AfDB-only 국가, Blend 국가(AfDB와 AfDF 동시 수혜 가능), AfDF-only 국가)으로 분류한다. AfDF는 AfDF-only 국가와 Blend 국가만을 지원하고 있다.

나. 대출형태

AfDB 그룹이 제공하는 대출형태에는 프로젝트 대출, 정책관련 대출 등이 있다.

ⓐ 프로젝트 대출(project loans)

도로 및 발전소 건설 등 수혜국 단독 또는 주변국과 공동으로 추진되는 역내 특정개발사업에 소요되는 자금을 제공하는 가장 보편적인 대출형태로서 특정 사업을 대상으로 추진단계에 따라 지원되기 때문에 대출금리 사용용도가 제한된다. AfDB 그룹이 직접 취급하기 곤란한 소규모 프로젝트의 경우는 지역금융기관에 신용한도를 설정하고 전대금융방식으로 대출하고 있다.

ⓑ 정책관련 대출(PBL : Policy-based Loans)

1986년에 도입된 제도로서 2가지 형태(부문조정 대출, 구조조정 대출)가 있다.

· 부문조정 대출 : 심각한 국제수지 적자 또는 경기침체에 직면하고 있는 역내국을 대상으로 농업, 에너지 등 특정 애로부문의 구조조정에 필요한 자금을 부문별로 지원하는 대출이다.

· 구조조정 대출 : 구조적인 국제수지 적자의 해소를 위하여 전반적인 경제구조의 조정이 필요한 경우에 지원하는 대출이다.

정책관련 대출은 프로그램 대출과 비교할 때 대출금의 사용 용도가 사전에 지정되지 않기 때문에 탄력적인 운용이 가능하고 조기지급형태(fast disbursement)로 지원되기 때문에 대출금 지급이 비교적 단기간에 이루어지는 장점이 있다.

다. 대출조건

ⓐ 대출기간

프로젝트 대출의 경우 10년 거치 포함 50년, 신용한도의 경우 5년 거치 포함 20년이다.

ⓑ 대출금리

이자가 없으나 연 0.75%의 취급수수료와 연 0.5%의 약정수수료를 부과하고 있다.

② 무상원조(AfDF-Ⅸ)

무상원조 비율은 AfDF-Ⅸ 총재원의 18~21%이며 각 국가 앞 재원배분액의 최소 7.5%를 무상원조로 지원하고 있다. 1인당 GNI U$360 미만 국가에 대해서는 최고 27%까지 제공된다. 무상원조는 개별국가의 빈곤퇴치전략(Poverty Reduction Strategy)과 연계하여 우선적으로 지원하되 기술지원과 능력배양은 물론 HIV/AIDS 퇴치, 분쟁종식국 재건, 보건, 교육, 수자원과 위생, 자연재해 극복 등에 중점적으로 사용된다.

③ 기술지원

경제개발에 대한 지식과 경험이 부족한 역내 저개발국을 대상으로 개발계획의 수립과 집행 및 그에 따른 자문 등을 통하여 역내 최빈개도국에 대한 자원과 기술의 이전을 촉진시키고 기존 자원의 효율적인 배분을 제고시키며 역내 개도국 간에 개발전략을 수립하고 추진하는 데 있어서 상호 경제협력을 증진한다.

AfDF 자체재원과 협조대출을 통한 외부재원으로 AfDF의 대출조건을 준용하여 유상 기술지원을 제공하거나 AfDF 자체재원으로 미래의 상환부담이 없는 무상 기술지원을 제공하고 있다.

④ 협조대출

AfDF가 특정사업에 대해 AfDF 자체 재원과 AfDF 외의 다른 재원을 결합하여 대출하는 것으로 타 재원을 역내에 최대한 유입시키는 촉매역할을 수행한다. 협조대출에 참여하는 외부재원은 IBRD와 IDA 등 국제금융기구, 선진국 정부를 중심으로 주로 저소득 개도국에 제공되는 공적자금과 수출금융기관이 제공하는 수출신용재원, 상업은행 · 신탁회사 · 보험회사 등이 제공하는 민간자금이 있다.

(7) 지원실적

지원실적은 〈표 26-9〉와 〈표 26-10〉에 나타나 있다.

〈표 26-9〉 승인실적

(단위 : 백만 UA, 건)

	AfDB	AfDF	NTF	AfDB 그룹 합계
1999	769 (23)	426 (70)	- (-)	1,195 (93)
2000	408 (38)	652 (103)	11 (3)	1,070 (144)
2001	802 (26)	944 (107)	5 (1)	1,751 (134)
2002	880 (31)	697 (84)	10 (3)	1,587 (118)
2003	746 (28)	996 (112)	23 (5)	1,765 (145)

주: 승인실적은 대출, 무상원조, 지분투자, 지급보증, 채무구제 등 모든 실적을 포함함. UA(Unit Account)는 AfDB 그룹이 사용하는 회계단위로 1UA = 1SDR임. ( )안은 건수임

〈표 26-10〉 AfDF의 국가별 · 부문별 승인실적(2003년)

(단위 : 백만 UA, %)

	금액(비중)	부문	금액(비중)
에티오피아 부르키나파소 가나 세네갈 케냐 콩고 기타	102(10.3) 79(7.9) 78(7.8) 65(6.5) 53(5.3) 48(4.8) 571(57.3)	농업 및 농촌개발 교통 교육 수도 및 위생 보건 기타	226(22.7) 172(17.3) 155(15.6) 108(10.8) 36(3.6) 299(30.0)
합계	996(100.0)	합계	996(100.0)

제2절 미 주

1. 미주개발은행(www.iadb.org)

1.1 연혁

미주개발은행(IADB : Inter-American Development Bank)은 1959년 4월 중남미제국의 경제적·사회적 개발촉진을 위한 '지역 개발금융기관 설립협정' 발효로 설립되었으며 1960년 2월에 창립총회가 개최되었다. 1976년 6월부터 역외국의 회원가입을 허용하였으며 1986년 3월 산하기구로 미주투자공사(IIC)를 설립하였다. 1992년에는 다자간투자기금(MIF)을 설정하였다.

1.2 가맹국

2004년 3월 기준 46개국(역내국 28개국, 역외국 18개국)이다. 국가별 출자비율 한도는 미국 30.0% 이상, 캐나다 4.0% 이상, 중남미 역내국 합계 50.0% 이상, 역외국 합계 16.0% 이하로 규정되어 있다. 2004년 11월 IDB 총회원국들은 한국의 회원가입에 동의하였다. 이에 따라 한국이 관련법규를 개정하고 국회비준 동의를 얻어 가입절차를 완료하면 정식회원국이 된다.

1.3 조직

(1) 총회

총회는 각 가맹국이 임명하는 위원 1명, 대리위원 1명으로 구성되며 연 1회 개최된다. 각국은 출자지분에 따라 투표권을 행사한다. 총회는 최고의사결정기구이나 신규가입의 승인, 자본금의 증감, 총재 선출 등 중요사항을 제외하고는 권한의 대부분을 이사회에 위임하고 있다.

(2) 이사회

이사 또는 동 대리인 14명으로 구성(미국, 캐나다 각 1명, 중남미 국가 9명, 역외국가 3명이 배정되어 있으며 임기는 3년임)되어 있으며 총회로부터 위임된 범위 내에서 업무를 운영하고 있다.

(3) 총재

총재는 총회에서 선출되며 이사회를 주재하고 이사회 결정에 따라 업무를 수행한다. 총재는 대외적으로 은행을 대표하며 임기는 5년이다.

1.4 계정

IDB계정은 3가지(통상자본, 특별운용기금, 신탁기금)로 구분되며 각 재원은 별도로 운용·관리되고 있다. 통상자본은 회원국의 납입자본금(paid-in capital)과 최고(催告)자본금(callable portion)으로 구분되며 부족한 자금은 차입하고 있다. 특별운용기금은 저소득 회원국 앞 양허성 대출을 위해 역내외 각국 정부로부터 위임을 받아 관리하는 기금으로서 회원국의 출연금 및 경상이익으로 구성된다.

〈표 26-11〉 출자현황

(단위 : 백만 달러)

구 분	2002	2003
통상자본	100,951	100,951
특별운용기금	9,584	9,735
기타기금	1,571	1,775
합 계	112,106	112,461

〈표 26-12〉 회원국별 투표권 현황(2003년 12월 기준)

	투표권수	투표권(%)
(지역개도국)		
아르헨티나	900,289	10.752
바하마	17,533	0.209
바베이도스	10,902	0.310
벨리즈	9,313	0.111
볼리비아	72,393	0.865
브라질	900,289	10.752
칠레	247,298	2.953
콜롬비아	247,298	2.953
코스타리카	36,256	0.433
도미니카공화국	48,355	0.577
에쿠아도르	48,355	0.577
엘살바도르	36,256	0.433
과테말라	48,355	0.577
가이아나	13,528	0.162
아이티	36,256	0.433
온두라스	36,256	0.433
자메이카	48,355	0.577
멕시코	578,767	6.912
니카라과	36,256	0.433
파나마	36,256	0.433
파라과이	36,256	0.433
페루	120,580	1.440
수리남	7,477	0.089
트리니다드토바고	36,256	0.433
우루과이	96,642	1.154
베네수엘라	482,402	5.761
(소 계)	4,188,179	50.018
미국	2,512,664	30.008
캐나다	335,022	4.001
합 계	7,035,865	84.027

	투표권수	투표권(%)
(역외국)		
오스트리아	13,447	0.161
벨기에	27,573	0.329
크로아티아	4,153	0.050
덴마크	14,292	0.171
핀란드	13,447	0.161
프랑스	158,733	1.896
독일	158,733	1.896
이스라엘	13,261	0.158
이탈리아	158,733	1.896
일본	418,777	5.001
네덜란드	28,342	0.338
노르웨이	14,292	0.171
포르투갈	4,609	0.055
슬로베니아	2,569	0.031
스페인	158,773	1.896
스웨덴	27,403	0.327
스위스	39,482	0.472
영국	80,686	0.964
합 계	1,337,425	15.973
총 계	8,373,290	100.0
미지정	1,434	
총합계	8,374,724	

주: 투표권은 각국이 135표에 출자주식수를 더하여 계산

1.5 업무내용

(1) 통사자본대출(Ordinary Capital Loans)

① 형태 : 중장기 차관공여

② 대상

ⓐ 가맹국의 정부, 정부기관 및 민간기업이 행하는 각종 개발프로젝트

ⓑ 가맹국의 개발기관에 대한 전대자금 대출

③ 대출기간 : 통상 15~25년(거치기간 4~5년)

④ 금리 : 시장금리

⑤ 협조대출(Co-Financing)

1983년부터 시행되고 있으며 통상자본에 의한 대출이다. IDB가 단독으로 지원(통상자본대출)하기 어려운 대규모 프로젝트에 대해 공적수출신용기관, 국제금융기관 및 원조기관과 협조대출을 공여하고 있다.

(2) 특별운용기금 대출(Fund for Special Operations)

① 형태 : 중장기 차관공여

② 대상 : 외환보유고가 부족하고 대외지급이 어려워 통상자본에 의한 차관조건을 수용하기 힘든 역내 저개발국에 대한 양허적 조건의 자금지원

③ 대출기간 : 25~40년(거치 5~10년)

④ 금리 : 연 1~4%(10년 거치 이후에는 2.0% 인상)

⑤ 대출한도 : 후발개도국의 경우 통상 프로젝트 총비용의 80%

⑥ 중간대출제도(IFF : Intermediate Financing Facility)

1983년 10월부터 실시되고 있으며 특별운용기금의 이익금으로 적립된 재원으로 통상자본대출의 이자 일부(5% 이내)를 보전함으로써 금리부담을 경감시키고 있다.

(3) 신탁기금(Trust Fund)

① 형태 : 미국이 출연한 Social Progress Trust Fund 등 특정목적으로 회원국에 출연한 19개 기금이 있다.

② 대상 : 기금출연시 지정된 범위 내의 사업(생활조건 개선사업 또는 회원국 개발 project)에 대한 대출

③ 대출기간 : 차주와의 협의에 따라 결정된다.

1.6 업무실적

업무실적은 〈표 26-13〉과 같이 정리될 수 있다.

〈표 26-13〉 대출승인 및 집행실적

(단위 : 백만 달러)

구 분		2001	2002	2003
대 출 승인액	통상지분	7,411	4,413	6,232
	특별운용기금	443	406	578
	기타자금	-	-	-
	합계	7,854	4,549	6,810
대출집행액		6,459	5,837	8,902

2. 중미(中美)경제통합은행(www.cabei.org)

2.1 연혁

중미경제통합은행(CABEI : Central American Bank for Economic Integration)은 1960년 12월 13일 중미공동시장(CACM) 역내국의 경제발전과 동 지역의 경제통합의 촉진(promotion of economic integration)을 목적으로 엘살바도르, 니카라과, 온두라스 4개국이 공동 설립하였다. CABEI는 1961년 6월 8일 업무를 개시하였으며 1992년 1월부터 역외국의 회원가입을 허용하였다. 1922년 11월 10일에는 멕시코, 대만이 가입하였으며 1995년 3월 4일에는 아르헨티나, 1997년 4월 8일에는 콜롬비아, 2004년 3월 5일에는 스페인이 가입하였다.

2.2 회원국

2004년 3월말 기준 10개국(역내 5개국, 역외 5개국)이다.

① 역내국 : 온두라스, 코스타리카, 엘살바도르, 과테말라, 니카라과
② 역외국 : 멕시코, 대만, 콜롬비아, 아르헨티나, 스페인

2.3 조직

(1) 운영위원회(Assembly of Governors)

최고의사결정기관으로 출자국의 재무 또는 경제장관, 중앙은행장 등으로 구성된다.

(2) 이사회(Board of Directors)

총 9명으로 구성되며 5명은 각국 운영위원이 선출하며 나머지 4명은 역외국 운영위원이 선출한다. 이사의 임기는 역내국 이사는 5년, 역외국 이사는 2년이다. 총재(Executive President)는 이사회에서 선출되며 임기는 5년이다.

2.4 재원

① 수권자본금 : 20억 달러
② 출자자본금 : 14억 770만 달러
③ 납입자본금 : 3억 7,100만 달러(2003년 12월 31일 기준)

〈표 26-14〉 중미경제통합은행의 재원

(단위 : 천 달러)

구 분	출자자본금	납입자본금
역내국(최초설립국)	1,020,000	275,000
과테말라	204,000	55,000
엘살바도르	204,000	55,000
온두라스	204,000	55,000
니카라과	204,000	55,000
코스타리카	204,000	55,000
역외국	387,700	89,725
멕시코	122,500	30,625
대만	150,000	37,500
아르헨티나	57,600	14,400
콜롬비아	57,600	7,200
총 계	1,407,700	364,725

주: 스페인이 가입하며 2억 달러 출자예정. 증자의 경우 역내국의 지분은 적어도 51%를 유지하도록 함

2.5 업무내용

역내국의 경제발전과 지역경제통합을 위해 주로 통신, 에너지, 도로, 사회개발 등 사회간접자본(SOC) 투자에 대한 금융제공(1999년 3월말 기준 승인 누계 1,763건, 52억 3,800만 달러) 업무를 수행한다. 1991년부터는 역내국 중앙은행에 신용한도(Credit Line)를 설정하거나 상업금융기관과의 협조대출 등을 통하여 농업, 산업구조조정, 수출, 중소기업지원 등 민간부문에 대한 금융제공 업무를 개시하였다. 1999년 3월말 기준 부문별 여신비중은 공공부문 68%, 민간부문 32%이다.

① 통상기금(Ordinary Fund)

산업, 농업, 서비스업 분야의 기간시설 프로젝트 금융을 지원한다.

② 중미경제통합기금(Central American Fund for Economic Integration)

수송, 통신, 에너지, 기술교육, 천연자원관리, 보관시설, 관광, 사회 인프라 프로젝트 지원을 위해 역내국 정부, 지방정부, 자치기구, 공기업에 등에 금융지원을 한다.

③ 중미수출진흥특별기금 및 수출기반확대특별기금(Special Fund for the Promotion of Central American Exports and the Special Fund for the Strengthening of Central American Exports)

EU의 수출진흥자금지원 수탁기관 역할을 수행한다.

④ 기술지원기금(Fund for Technical Cooperation)

대형 지역프로젝트에 대한 기술지원을 위한 금융을 지원한다.

⑤ 외채전환지역기금(Regional Fund for the Conversion of External Debt)

외채전환 프로그램을 통해 교육 등 사회개발분야(social development sector)의 프로젝트를 지원한다.

⑥ 중미환경기금(Central American Fund for the Environment)

환경보호(environmental protection)와 천연자원(natural resources)의 합리적 사용을 위한 자금을 지원한다.

2.6 통화별 대출잔액

대부분의 대출은 달러표시이며 일부 회원국통화와 엔화표시 대출이 있다.

〈표 26-15〉 중미경제통합은행의 통화별 대출잔액

(단위 : 백만 달러)

	2002	2003
달러	2,474.5	2,788.6
유로	1.1	0.9
엔	23.4	14.4
중미국 통화	60.9	64.1
기타	0.3	0.2
합계	2,560.2	2,868.1

3. 카리브개발은행(www.caribank.org)

3.1 연혁

1967년 10월 카리브지역 수뇌회담에서 국제연합개발계획(UNDP)의 지원 하에 자본금 5,000만 달러 규모의 '카리브개발은행 설립안'이 채택되었다. 1969년 10월 자메이카 킹스턴(Kingston)에서 18개국 대표가 CDB 설립 협정문에 조인 후 1970년 1월에 카리브개발은행(CDB : Caribbean Development Bank)이 정식으로 발족되었다.

3.2 회원국

2004년 3월말 기준 25개국(역내 20개국, 역외 5개국)이며 한국은 Observer이다.

3.3 주요 기능

① 역내 경제성장 및 개발을 위한 금융지원
② 효율적인 자원개발정책 수립을 위한 가맹국 간의 경제협력 증진
③ 회원국의 개발계획 수립 및 집행을 위한 기술지원
④ 역내 자본시장 발전 촉진
⑤ 역내 후발 개도국에 대한 특별 · 긴급자금 지원

3.4 조직

(1) 총회(Board of Governors)

각 회원국의 위원(Governor : 통상 재무장관)으로 구성된 최고의사결정기관으로 CDB의 주요 정책을 결정한다. 정기총회는 연 1회 개최되며 임시총회는 회원국들(총 투표권수의 50% 이상)의 요청시 개최된다.

(2) 이사회(Board of Directors)

18명(역내 12, 역외 6)의 이사로 구성되며 이사의 임기는 2년(연임가능)이다. 총회로부터 위임받은 범위 내에서 CDB의 일반정책 및 업무운용 방향을 결정한다. 주요 관장업무는 은행의 대출, 보증, 투자, 자금차입 및 기술지원이다.

(3) 총재(President)

총재는 총회에서 선출하고 임기는 5년 이내(연임가능)이다. 총재는 이사회 주재(의장), 직원 임면, 대출심사를 포함하여 CDB의 조직 운영에 대한 책임을 진다.

3.5 재원

CDB의 재원은 통상자본재원(OCR)과 특별기금재원(SFR)으로 구분되며 각 재원은 별도로 운용 · 관리된다.

① 통상자본재원(OCR : Ordinary Capital Resources)은 회원국의 납입자본금, 준비금 및 경상이익, 차입금으로 구성된다.
② 특별기금재원(SFR : Special Fund Resources)은 베네수엘라가 카리브제국의 경제개발을 위해 CDB에 관리 · 위탁한 베네수엘라신탁기금(VTF), 양허적 조건의 대출을 제공하기 위한 특별개발기금(SDF) 및 기타특별기금(OSF)으로 구성된다.

〈표 26-16〉 재원조달현황

(단위 : 백만 달러)

구 분	2002	2003
통상자본재원(OCR)	554,459	651,292
납입자본금 및 준비금	401.9	426.2
차입금	250.2	317.3
특별기금재원(SFR)	-	660.3
특별기금액	-	619.9
차입금	-	40.4

3.6 주요 업무내용

(1) 통상자본대출 · 보증(Loans & Guarantees on Ordinary Capital)

① 대상

가맹국의 정부, 정부기관 및 민간기업의 경제개발에 기여하는 프로젝트가 대상이며 주요 대상국은 역내 전(全)국가이다.

② 대출기간

ⓐ 공공부문 : MDC국가 - 최대 17년(거치기간 5년 포함)
LDC국가 - 최대 22년(거치기간 5년 포함)

ⓑ 민간부문 : 최대 14년(거치기간 5년 포함)

③ 금리

ⓐ 공공부문 - 연 7.75%(1994년 7월 이후 적용)

ⓑ 민간부문 - 연 9.75%(1994년 7월 이후 적용)

④ 대출 · 보증한도

ⓐ 역내 MDC 정부대상 - 통상 프로젝트 소요비용의 70%

ⓑ 역내 LDC 정부대상 - 통상 프로젝트 소요비용의 80%

ⓒ 민간대상 - 프로젝트 소요비용의 40%

(2) 특별기금 대출 · 보증(Loans & Guarantees on Special Fund)

① 대상

ⓐ 가맹국 정부 및 정부기관이 수행하는 프로젝트

ⓑ 주요 대상국은 LCD(Less Developed Countries)임

② 대출기간 : 10~30년(거치기간 5~10년 포함)

③ 금리 : 연 2~5%

④ 대출 · 보증한도

ⓐ 역내 MDC 정부대상 : 통상 프로젝트 소요비용의 80%

ⓑ 역내 LDC 정부대상 : 통상 프로젝트 소요비용의 90%

(3) 대출승인 및 집행실적

(단위 : 천 달러)

구 분	2002		2003	
	승인액	집행액	승인액	집행액
통상자본재원(OCR)	78,742	74,009	144,531	79,690
특별개발기금(SDR)	31,434	38,650	29,042	36,206
기타특별기금(OSF)	4,833	6,366	15,671	6,703
합 계	115,009	119,025	189,244	122,599

〈표 26-17〉 회원국별 투표권 현황(2003년말 기준)

(단위 : 천 달러, %)

회 원 국		출자자본금	투표권
역내국가	자메이카	116,666	17.54
	트리니다드토바고	116,666	17.54
	바하마	34,399	5.27
	가이아나	25,134	3.88
	콜롬비아	18,807	2.93
	멕시코	18,807	2.93
	베네수엘라	18,807	2.93
	바베이도스	21,895	3.40
	벨리즈	5,181	0.91
	도미니카공화국	5,181	0.91
	그레나다	4,439	0.80
	세인트루시아	5,181	0.91
	세인트빈센트그레나딘	5,181	0.91
	앤티가바부다	5,181	0.91
	세인트키츠네비스	5,181	0.91
	앙길라	1,098	1.07
	영국령 버진군도	1,285	
	케이만 군도	1,285	
	몬테세라트	1,285	
	터크스앤케이코스제도	1,285	
	소 계	412,944	63.75

(단위 : 천 달러, %)

회원국		출자자본금	투표권
역외국가	캐나다	62,742	9.50
	영국	62,742	9.50
	이탈리아	37,608	5.75
	독일	37,608	5.75
	중국	37,608	5.75
	소계	238,308	36.25
추가출자국가	중국	18,804	-
	콜롬비아	1,810	-
	독일	12,546	-
	이탈리아	12,546	-
	멕시코	6,273	-
	베네수엘라	1,810	-
	소 계	53,789	-
총 계		705,041	100.00

제3절 유 럽

1. 유럽부흥개발은행(www.ebrd.org)

1.1 연혁

1989년 10월 유럽회의에서 프랑스 미테랑 대통령이 중 · 동부 유럽국가의 정치민주화(political democratization)와 경제개혁 지원을 위한 EBRD의 설립을 제안하였으며 동년 12월 EC 정상회담에서 동 은행의 설립원칙에 합의하였다.

유럽개발은행(EBRD : European Bank for Reconstruction and Development)은 1990년 5월 창립회원국의 각료급 대표가 설립협정문에 서명함으로써 정식으로 발족하였다. 1991년 4월 15일 영국 런던에서 41개 회원국 대표가 창립총회를 개최하고 업무를 개시하였으며 1993년 7월 러시아의 중소기업 지원을 위해 Russia Small Business Fund를 발족하였다.

1997년 4월 개최된 제6차 연차총회(런던)에서 수권자본금을 100억 ECU에서 200억 ECU로 증액하였으며, 1997년 12월 체르노빌 원전의 안정적 관리를 위한 Chernobyl Shelter Fund를 발족하였다. 1999년 9월에는 남부유럽의 경제회복을 지원을 위한 South Eastern Europe Action Plan

에 착수하였으며 2005년 5월 벨그라드에서 정기 연차총회가 개최되었다.

1.2 회원국

(1) 회원자격

① 유럽국가
② IMF에 가입한 비유럽국가
③ 2개 기구(EU 및 EIB)(의결정족수는 회원국 총 투표권의 3/4 이상을 대표하는 2/3 이상 위원의 찬성)

(2) 회원국

총 60개국 및 2개 기관(2004년 12월말 기준)이다.
① 국가 : 총 60개 회원국(EU 25개국 및 유럽권 23개국, 비유럽권 12개국)
② 2개 기관 : 유럽연합(EU) 및 유럽투자은행(EIB)

1.3 조직

(1) 총회(Board of Governors)

총회는 최고의사결정기관으로서 모든 권한은 총회에 귀속되며 각 가맹국이 임명한 위원(governor) 1명과 대리위원(alternate governor) 1명으로 구성된다(의사정족수 : 총투표권의 2/3 이상을 대표하는 위원의 2/3 이상 참석).

(2) 이사회(Board of Executive Directors)

실질적인 정책의결기관으로서 EBRD의 일반업무를 관장한다. 의장은 총재이며 이사회의 구성은 23명이다. 이사의 임기는 3년(연임가능)이다(의사정족수 : 가맹국 총투표권의 3/4 이상을 대표하는 이사의 참석). 이사는 자신을 선출한 가맹국들 간의 견해가 상이한 경우 투표권을 분리하여 행사하는 것이 가능하다.

(3) 총재단

① 총재

총재의 권한은 EBRD를 대표하며 EBRD의 최고책임자로서 일반사무에 관한 지휘감독권 및 직원의 임면권을 행사하는 것이다. 자격요건은 역내회원국 국민이면 되며 임기는 4년(연임가능)이다.

② 부총재

부총재는 총재의 제청에 의거 이사회에서 선출하며 임기는 이사회에서 결정한다.

1.4 업무활동

(1) 재원조달

① EBRD의 재원은 2가지(일반자본재원(ordinary capital resources), 특별기금재원(special fund resources))로 구성된다.

가. 일반자본재원 : 출자자본금, 차입금, 대출상환금, 기타 일반재원운용 수익금 등

나. 특별기금재원 : 특별출연금, 특별기금대출상환금, 기금운용관련 수익금 등

② 자본금 규모

자본금 규모는 수권자본금 200억 유로, 납입자본 50억 유로이다.

가. 수권자본금은 주당 액면가격 1만 유로(총발행주식수 : 200만 주)로 각 회원에 발행 배분되며 배분된 주식의 30%는 납입자본, 70%는 최고자본(催告資本)이다.

나. 국별 출자비중은 미국이 10%로 최대 출자국이며 프랑스, 독일, 이탈리아, 일본 및 영국이 각 8.5%이다. 수혜대상국인 CIS 및 중·동부 유럽국가의 총출자비중은 러시아(4%)를 포함하여 11.9%를 차지한다.

③ 국별투표권은 당해 회원국의 보유주식수에 비례하여 배분된다.

(2) 재원운용

① 지원방법 : 대출, 투자, 증권인수, 보증 및 기술지원 등

② 지원대상국 : 시장경제체제(market economic system)로 전환을 추진 중인 중·동부 유럽국가(독립국가연합(CIS : 구소련), 폴란드, 체코, 슬로바키아, 헝가리, 불가리아, 구(舊)유고, 루마니아, 발트 3국, 알바니아). 구소련국가들이 1992년에 정식 수혜대상국가로 인정되면서 수혜국가가 크게 증가하였음. 단 구소련 이외의 국가들에 대한 지원액이 총 지원액의 60% 이상이 되도록 하였음

③ 지원대상(투자, 대출, 보증의 경우) : 민간기업, 민영화추진 중인 국영기업, 정부의 인프라스트럭처 개발

④ 우선지원분야

가. 시장경제에 필요한 하부구조(법규, 통신, 수송, 에너지 등) 확충

나. 기존 은행의 구조조정(대출능력 제고 지원 등), 신규 금융기관의 설립, 자본시장개설 등

금융부문 개혁(reform of financial sector)

다. 국내 민간부문의 개발

라. 국영기업의 민영화(privatization)

마. 기업의 경쟁력 제고를 위한 공업부문 구조조정 추진

바. 외국인직접투자의 촉진(promotion of FDI)

사. 기술지원, 교육훈련 및 자본서비스

⑤ 지원조건

가. 지원통화 : 원칙적으로 유로, 달러, 엔, 스위스 프랑 등도 가능

나. 지원기간 : 3~15년(5년 이내의 거치기간 포함)

다. 지원금리 : 기준금리(LIBOR)에 적정마진 및 수수료 가산

라. 상환방법 : 매 6개월 단위 균등분할 상환

⑥ 재원 운용상 제한요건

은행의 일반재원업무로 행한 대출, 지분투자 및 보증의 합계액은 출자자본금과 준비금의 합계액 이내로 제한한다.

가. 지분투자한도 : 납입자본금과 준비금 범위 내

나. 국영부문에 대한 연간 투자·대출 및 보증한도 : 연간 투자·대출 및 보증총액의 40% 이내

다. 국가별 국영부문에 대한 지원한도 : 개별국가에 대한 5년간 평균금융지원총액의 40% 이내

⑦ 차관구매사업

국제경쟁입찰 방식을 통해 실시하며 입찰참여기업은 모든 국가에 개방한다.

〈표 26-18〉 EBRD의 주요 재무지표 추이

(단위 : 백만 유로)

구 분	2000	2001	2002	2003
당기순이익	152.8	157.2	108.1	378.2
총자산	21,290	20,947	20,112	22,045
자본금	5,186	5,197	5,197	5,197

1.5 최근 업무동향

(1) 증자문제

EBRD 설립협정 제12조는 경영의 건전성 유지를 위해 대출금액을 수권자본금 범위 내로 제한하고 있다. 그러나 대출 승인액이 100억 유로를 초과할 것으로 예상됨에 따라 1997년 제6차 연차총회에서 수권자본금을 100억 유로에서 200억 유로로 증액한 바 있다. 증자와 관련 회원국간 분담은 기존의 출자비율을 유지하되 각국의 어려운 재정사정을 반영하여 자본금은 증자분의 22.5%를 12년 간에 걸쳐 납입하는 방안이 검토되고 있다.

또한 체코, 폴란드, 헝가리 등의 경제협력개발기구(OECD) 가입을 계기로 중점지원 대상국을 중·동부 유럽국가로부터 CIS국가로 전환하는 문제 및 지원 졸업기준 제정과 관련한 논의가 진행되었다.

(2) EBRD의 업무실적

EBRD의 업무실적 추이는 〈표 26-19〉에 나타나 있다.

〈표 26-19〉 업무실적 추이

(단위 : 건, 백만 유로)

구 분	2000	2001	2002	2003
승인프로젝트수	95	102	102	119
약정금액	2,673	3,656	3,899	3,721
재원조달액	5,188	4,862	4,862	5,307

(3) 한국의 특별증자건

한국은 1996년 연차총회에서 특별증자를 통해 지분율을 0.65%에서 1.0%까지 증액해 줄 것을 요청하여 1997년 총회에서 승인을 받았다. 이에 따라 한국의 출자규모는 수권자본금 2억 유로, 납입자본금 5,250만 유로, 지분율은 1%이다.

2. 유럽투자은행(www.eib.org)

2.1 연혁

유럽투자은행(EIB : European Investment Bank)은 로마조약 129조 및 130조에 의거 EEC

공동시장의 안정적 균형발전에 기여하는 투자사업에 대한 대출 및 보증 지원을 목적으로 1958년에 설립되었다. 2000년 EIB와 EIF(European Investment Fund)로 구성된 EIB Group으로 조직개편되었다(EIF의 60.5% 지분을 EIB가 보유(유럽공동체 위원회 30%, 기타 유럽 금융기관 9.5%)).

2.2 회원국

EIB는 EU25개 회원국(2004년 5월 1일 기준)으로 구성되어 있다.

2.3 조직

(1) 총재

총재는 이사회장이 겸직하고 있다.

(2) 총회(Board of Governors)

① 기본정책규정, 역외업무참여결정, 증자결정

② 이사회, 운영위원회, 감사위원회 임명권

③ 각 회원국이 위원(통상 각국 재무장관) 1명을 임명함

(3) 이사회(Board of Directors)

이사회는 대출, 보증, 차입에 관해 단독 결정권을 가진다. 이사 26명 및 대리이사 16명으로 구성(임기 5년으로 재임가능, 겸직 불가능)되며 전문성을 강화시키기 위해 최대 6명의 전문가(이사 3명, 대리이사 3명) 선임이 가능하나 의결권은 없다.

(4) 운영위원회(Management Committee)

운영위원회는 경상업무의 관리, 이사회 결정사항을 집행한다. 이사회의 제청으로 총회가 임명하며 총재 1명 및 부총재 8명으로 구성(임기 6년으로 재임가능, 겸직 불가능)된다.

(5) 감사위원회(Audit Committee)

3명의 감사원과 3명의 옵서버로 구성된다.

(6) 직원수

EIB의 직원수는 2003년말 기준 1,213명에 이르고 있다.

2.4 재원

(1) 회원국의 납입자본금, 준비금 및 국제자본시장으로부터의 차입금으로 구성

① 역내 및 역외 지원업무 사용

② 회원국 납입부담률은 GDP 기준이며 신규 가입 10개국은 회원국 납입금의 5%를 분담(8회 걸쳐 분할 납입)

〈표 26-20〉 유럽투자은행의 재원 현황

(단위 : 백만 유로)

구분		금액
출 자 금		150,000
	최고자본금 납입자본금	142,500 7,500
차 입		192,501
	채권발행 기타차입	191,298 1,203
준 비 금		13,276

주: 2003년말 기준

2.5 업무내용

(1) 중소기업 지원을 기본으로 중장기 대출과 보증 업무를 담당

① 개별대출방식(individual loans) : 자본투자액이 2,500만 유로를 초과하는 프로젝트 대상, 투자금의 최대 50%까지 지원(통상 12년 만기, 최장 20년)

② 일반대출방식(global loans) : 금융기관과 크레디트 라인 개설하는 방식으로 중소기업이 추진하는 2,500만 유로 이하의 사업 지원. 최대 1250만 유로/투자비용의 50%까지 지원가능(통상 5~12년 만기, 최장 15년)

③ 스트럭처드파이낸스(structured finance) : 사회기간시설 관련 대형 프로젝트 지원

(2) 지원분야

① 교통, 에너지, 통신, 상하수도, 도시개발 등 사회기간시설 분야

② 농업, 임업, 수산업, 서비스업, 제조업

(3) 주요 업무실적(2003년 중)

EIB의 주요 업무실적은 〈표 26-21〉에 나타나 있다.

〈표 26-21〉 유럽투자은행의 주요 업무추진 현황

(단위 : 백만 유로)

구 분	실 적
지원계약체결 EU기존 15개국 신규가입 10개국 기타 지역	42,332 34,187 4,589 3,556
대출승인 EU기존 15개국 신규가입 10개국 기타지역	46,614 37,273 5,731 3,610
집행 조달	35,672 41,911
자기재원대출잔액 보증잔액 기타재원조달잔액 단기 및 중장기차입금잔액	247,600 329 2,497 194,505
준비금 총자산 출자자본금 납입자본금 당기순이익	13,276 234,078 150,000 7,500 1,424

부 록

Ⅰ. 국제금융제도의 변화
Ⅱ. IMF의 역할에 대한 평가
Ⅲ. ADB의 기업지배구조 논의
Ⅳ. 한국의 미주개발은행 가입
Ⅴ. 국내외 금융연표
Ⅵ. 약어표

Ⅰ. 국제금융제도의 변화

1. 국제금융제도 변화의 특징

1.1 규제체제에서 경쟁체제로의 이행

세계 각국의 금융제도는 최근 들어 규제체제(regulatory system)에서 경쟁체제(competitive system)로 이행되는 추세를 보이고 있다. 1970년대까지만 하더라도 선후진국을 막론하고 금융부문은 가장 규제가 심한 산업으로 평가되었다. 후진국의 경우 경제개발에 필요한 투자자금을 조달하기 위해 금리, 자산운용 및 인허가 등 금융 전반에 대한 규제가 시행되었다. 선진국의 경우에도 경제개발을 위한 저축동원의 필요성은 크지 않았으나 금융부문에 내재된 불안정성(instability)을 보완하기 위해 경쟁을 어느 정도 제한할 필요가 있었다. 이러한 금융규제(financial regulation)는 저축동원이나 금융안정에 기여한 측면이 없지 않지만 경쟁제한이 금융기관의 혁신노력을 제약함으로써 금융효율성(financial efficiency)이 저하되는 부작용을 초래하였다.

따라서 세계 각국은 각종 금융규제를 완화하거나 폐지하게 되었는 데 그 결과 신종금융상품이 개발되고 새로운 금융시장이 형성되는 등 금융혁신이 심화되었다. 이와 함께 금융기관의 업무영역 제한이 완화되면서 금융겸업화가 진전되었고 국가간 금융거래 규제가 대폭 완화됨에 따라 금융시장의 통합(integration of financial market)이 가속화되고 금융국제화가 진전되었다.

〈사례 1〉 경쟁과 금융안정의 연관성

금융업은 전통적으로 진입 규제가 엄격한 산업으로 평가된다. 이는 경쟁이 금융안정(financial stability)과 배치된다는 판단에 기초하고 있다. 즉, 타인자본에 의존하는 금융업의 특성상 경쟁 격화는 독점적 이윤(monopolistic profit) 감소를 통해 지속기업(going-concern)으로서의 가치를 저하시킴으로써 금융기관의 위험추구 유인을 강화시키게 된다.

그러나 경쟁이 금융안정과 상호 배타적이라는 인식은 최근 들어 많이 변화하고 있다. 경쟁이 금융기관의 위험추구 유인을 강화한다는 이전 가설이 실증분석(empirical analysis)에서 입증되지 않은 데다 경쟁이 가져오는 동태적 효과(dynamic effect)를 고려하면 경쟁의 활성화(vitalization of competition)가 금융안정에 기여할 수 있다는 주장이 제기되었기 때문이다. 즉, 경쟁은 한편으로 이윤을 낮추어 금융기관으로 하여금 과도한 위험을 추구하도록 하는 측면이 있지만 다른 한편으로는 금융혁신(financial innovation)을 통해 금융기관의 경영건전성을 제고시키는 효과가 있다는 것이다. 예를 들면, 자산유동화시장이나 파생금융상품(derivatives)의 발전은 채권의 유동성을 제고시키고 금융거래의 불완전성(incompleteness)을 축소시킴으로써 금융기관이 감내할 수 있는 위험의 폭을 확대시켰으며 위험관리기법(risk management technique)의 발달은 금융기관의 경영건전성을 제고시키는데 기여하였다.

1.2 금융제도의 수렴

세계경제를 주도하고 있는 미국, 일본, 독일 및 영국의 금융제도를 살펴보면 금융거래방식, 은행산업구조, 기업감시, 금융기관의 업무영역 등에서 커다란 차이를 보이고 있다. 금융거래 방식과 관련하여 미국과 영국은 자본시장을 통한 직접금융이 우위를 보이는 반면, 독일과 일본은 은행을 통한 간접금융방식이 중요한 역할을 담당하고 있다. 은행산업의 구조를 보면 미국은 소규모 은행이 난립하는 단위은행제도(unit banking system)를 채택하고 있으나 영국, 일본 및 독일은 전국적인 지점망을 갖춘 소수의 대형은행들에 의해 은행산업이 주도되고 있다. 기업감시 면에서는 미국의 경우 효율적인 자본시장이 기업감시의 중심이 되지만, 독일과 일본은 주거래 은행제도를 통해 은행이 기업감시 역할을 담당한다. 금융기관의 업무영역 면에서는 독일은 겸업주의로서 은행이 전통적인 은행업무뿐만 아니라 증권업무도 함께 영위하고 있지만, 미국과 일본은 분업주의 전통을 유지하여 왔다.

그러나 1990년대 이후에는 각국이 타국의 금융제도의 장점을 수용하면서 상기한 국가간 금융제도의 차이가 점차 축소되는 경향을 보이고 있다. 우선 전통적으로 분업주의 원칙을 고수하던 영국, 미국 및 일본이 금융기관의 업무범위 제한을 완화하게 되었다. 영국은 1986년 빅뱅(Big Bang)을 통해 일찍이 은행의 증권사 인수를 허용함으로써 분업주의 원칙을 수정한 바 있다. 일본은 1993년 금융개혁 관련 법률 시행을 통해 은행의 증권자회사 취득을 허용하였으며, 미국도 1999년 금융서비스 현대화법(Gramm-Leach-Bliley-Act)을 제정하여 금융지주회사가 은행 이외에 증권회사를 자회사로 둘 수 있게 하였다.

반면 은행 중심 금융제도를 가지고 있는 국가에서는 자본시장 발전을 위한 대책들이 추진되었다. 독일은 1990년대 들어 4차례에 걸친 자본시장 진흥법 정비를 통하여 투자자 보호와 투명성 면에서 획기적인 진전을 이루었다는 평가를 받고 있다. 일본은 아직 가시적 성과는 없으나 자본시장 발달을 위한 정책들을 지속적으로 추진하고 있다.

특히, 1990년대 이후 금융자유화(financial liberalization)를 배경으로 나타나고 있는 금융의 증권화(securitization)현상은 시장중심 금융제도의 거래방식이 은행중심 금융제도를 채택하고 있는 국가에까지 확산하고 있다.[1] 즉, 간접금융수단에서 직접금융수단으로의 대체, 대출채권의 유동화 등 금융의 증권화가 어느 나라에서나 일반화되면서 시장중심의 미국과 영국의 금융제도를 국제표준(international standard)으로 도입하는 경향이 발생하고 있다.

그러나 금융제도가 서로 수렴한다고 해도 모든 금융제도가 본질적으로 동일하게 수렴하기는 힘들다고 할 수 있다. 이는 금융제도에 경로의존성(path dependence)이 존재하는 데다 국가별로 일반법률체계 등 다른 제도와 정합성을 유지하기 위해 어느 정도 고유한 특징을 가지게 되기 때문이다.

〈사례 2〉 **금융제도의 경로의존성**

일국의 금융제도가 형성되기까지는 다수의 역사적 사건들이 복합적으로 영향을 미치게 된다. 금융제도의 경로의존성은 금융제도가 이러한 역사적 사건의 발생 순서에 따라 영향을 받는다는 것을 의미한다. 주요 선진국의 금융제도 변천사를 살펴 보면 산업화(industrialization) 당시 성장주도 산업의 특성, 경제력 집중에 대한 사회적 태도, 금융위기(financial crisis)경험 등이 복합적으로 영향을 미친 것으로 보인다.

1. 산업화시기 성장주도 산업의 특성

선진국 중 가장 먼저 산업화과정을 경험했던 영국은 산업화가 주로 경공업 위주로 이루어짐에 따라 기업의 외부자금 조달필요성이 크지 않았고 이로 인해 영국의 은행은 장기대출보다 단기무역금융에 특화하게 되었다. 반면에 독일은 산업화의 후발주자로서 중공업 위주의 산업화를 추구하였기 때문에 대규모 외부자금조달이 필요하게 되었다. 따라서 은행이 장기투자자금을 공급하는 투자은행업무를 수행하게 되었고 이러한 과정에서 은행의 기업감시 역할이 정착되었다고 평가할 수 있다.

2. 경제력 집중에 대한 사회적 태도

미국과 독일 모두 산업화의 후발주자였고 중공업 위주의 산업화로 대규모 외부자금이 필요하였으

1) 금융의 증권화현상으로 1980년대 후반 이후 기업의 단기자금 조달시장에서는 기업어음(CP : Commercial Paper)이 은행대출을 대체하였고 국제금융시장에서는 변동금리부채권(FRN : Floating Rate Note)과 전환사채 등이 신디케이트론(Syndicated loan)을 대체하게 되었다. 한편, 대출채권의 유동화는 1970년대말 주택저당채권담보부증권(Home Mortgage-Backed Securities)의 발행을 계기로 본격화되었다. 지금은 주택저당채권뿐만 아니라 자동차할부금융채권, 신용카드 대출채권, 리스채권 등 다양한 종류의 대출채권을 대상으로 유동화가 이루어지고 있다. 이러한 대출채권유동화는 자금공급에 필수적인 2가지 구성요소인 여신심사기능과 자금조달기능을 분리함으로써 금융기관의 자금조달 부담을 완화하고 자금공급을 활성화하는 효과를 가지고 있다(한국은행, 우리나라의 금융제도, 2005. 12. pp. 13~22 요약 · 재구성).

나 미국기업은 대규모 외부자금을 자본시장을 통해 조달한 반면에 독일기업은 은행을 통해 조달하였다. 이러한 차이를 가져온 가장 근본적인 원인은 산업화가 진행되던 19세기 후반 경제력 집중에 대한 사회적 견제가 미국에서는 발생하였던 반면 독일에서는 발생하지 않았다는 데 있다. 미국은 건국 초기 알렉산더 해밀턴의 주도 하에 전국적인 지점망을 가진 은행들을 설립한 바 있으나 곧이어 경제력 집중에 대한 정치적 반대여론이 증대되면서 전국적인 지점망을 갖춘 대형은행은 사라지고 지역에 기반을 둔 소규모 은행이 난립하게 되었다. 그런데 이러한 분절된 은행제도는 산업화를 위한 대규모 투자자금을 동원하기에 부적절하였고 빈번한 은행위기의 발생으로 투자자의 신뢰를 획득하기 어려웠다. 그 결과 미국의 경우 자금조달은 은행보다는 자본시장을 통해서 활성화되게 되었다.

〈사례 3〉 법률체계와 금융제도의 연관성

세계 주요 국가들의 법체계(legal system)는 대체로 영국법이나 프랑스법 전통을 따르고 있으며 전자에 기초한 법체계는 보통법(common law)이라고 하고, 후자에 기초한 법체계는 시민법(civil law)으로 지칭된다. 보통법 체계는 법의 원칙과 판례를 중시하는 반면에 시민법 체계는 법조문에 의존하게 된다. 이러한 특징은 양 체계의 투자자 보호 정도에 차이를 유발함으로써 법체계에 따라 각기 상이한 금융제도가 발달하게 되는 요인을 제공하게 된다. 이를 보다 구체적으로 살펴보면 다음과 같다.

보통법 국가의 법원은 특수한 상황을 해결할 수 있는 법조문이 부재할 경우 법을 제정할 수 있는 권리를 가지고 있기 때문에 투자자 보호와 관련한 분쟁을 보다 효과적으로 해결할 수 있다. 반면에 시민법 국가의 경우 법원이 법조문을 보수적으로 해석하는 경향이 있기 때문에 금융시장 참여자들(financial market participants)간 발생하는 각종 분쟁을 효과적으로 해결하지 못하는 경우가 다수 존재하게 된다. 이는 보통법 체계가 주주의 권리와 채권자의 권리를 보다 잘 보호할 수 있다는 것을 의미한다. 따라서 투자자의 권리 보호가 미흡한 시민법 체계에서는 법원의 개입 없이 분쟁을 해결하고 계약을 집행하는 기관으로 은행이 등장하게 된다.

결국 투자자 보호가 효과적인 보통법 국가의 경우 주식, 채권투자에 유입되는 자금이 상대적으로 풍부한 데다 기업도 은행대출보다 조건이 유리한 주식, 채권발행을 선호하게 되므로 시장중심의 금융제도가 발달하게 될 가능성이 커지게 된다. 반면에 시민법 전통을 가진 국가의 경우 투자자산 관리 및 기업 감시를 수행할 은행의 존재가 필요하므로 상대적으로 은행 중심 금융제도가 발달하게 된다. 전술한 바와 같이 일국의 법률체계는 금융제도 형성에도 영향을 미치게 된다.

1.3 금융시장의 통합화

금융자유화의 일환으로 각국이 자본거래에 대한 규제를 대폭 완화한 데다 정보통신(IT)산업의 비약적인 발전으로 금융거래비용(financial transaction cost)이 크게 감소됨에 따라 1990년대 이후 국경을 초월한 금융거래가 크게 증가하고 그 결과 각국의 금융시장이 점차 통합되는 추세를 보이고 있다.

대외자산과 부채의 동향을 살펴보면 선진국의 경우 대외자산은 1990년말 9조 7,010억 달러에서 2003년 말에는 36조 390억 달러로 대외부채는 동 기간 중 10조 5,310억 달러에서 39조 390억 달러로 각각 3.7배 증가하였다. 개발도상국(developing country)도 대외자산·부채의 절대규모가 선진국 수준에는 크게 미치지 못하지만 동 기간 중 각각 대외자산이 5.1배, 대외부채가 3.2배 증가하는 등 급속도로 증가하였다.

특히, 대외자산이나 부채 중 어느 한 부분만 증가한 것이 아니라 자산과 부채가 모두 크게 늘어난 것은 자본이동이 단순히 경상수지 불균형 보전보다는 포트폴리오(portfolio)관리 차원에서 적극적으로 수행되었음을 보여준다. 이 같은 측면은 대외자산 및 부채가 단순히 절대규모의 증가에 그치지 않고 전체 포트폴리오에서 차지하는 비중이 증가한 데에서도 확인된다. 예를 들면, 국내 유가증권(주식 및 채권) 시가총액 대비 해외유가증권 보유액의 비율을 살펴보면 1990~2003년 중 미국은 3.5%에서 7.4%로, 영국은 34.0%에서 48.1%로, 독일은 10.2%에서 31.1%로, 일본은 10.7%에서 16.7%로 4개 주요국의 비율이 모두 상승하였다.

〈표 1〉 대외자산 및 부채 추이

(단위 : 10억 미달러)

	1990(A)	1995	2000	2003(B)	B/A(배)
선진국					
대외자산	9,701	15,344	26,810	36,039	3.71
대외부채	10,531	16,139	28,419	39,039	3.71
개발도상국					
대외자산	366	711	1,479	1,849	5.05
대외부채	1,298	2,378	3,527	4,208	3.24

자료: IMF, World Economic Outlook, 2005. 4.

2. 선진금융제도의 전제조건

전술한 세계금융여건 하에서 금융제도의 효율성을 확보하고 선진금융제도를 이루는 데 필요한 다음 3가지 전제조건을 살펴본다.

2.1 공정한 경쟁여건의 조성

세계금융의 조류는 최근 들어 금융자유화에 의한 경쟁환경 조성에 있다. 각국 정부는 금융규제가 규제회피를 통해 시장왜곡(market distortion)을 유발하고 경쟁을 제한함으로써 금융효율성을 저하시키는 것으로 판단하고 1980년대 이후 금융거래에 관한 각종 규제를 완화하거나 철폐하였다. 이러한 금융자유화가 경쟁환경 조성이라는 목표를 달성하기 위해서는 무엇보다도 금융기관간 공정경쟁(fair competition)이 이루어지도록 여건을 조성할 필요가 있다.

공정한 경쟁여건을 조성하고 금융혁신을 도모하기 위해 각국 정부는 금융정책이나 금융감독정책을 수행함에 있어 시장기능을 저해할 가능성이 있는 직접적인 규제(direct regulation)를 가급적 지양하고 시장을 감시하고 필요시 개입하는 간접규제(indirect regulation) 방식으로 전환하고 있다. 금융관련 법체제도 이전에는 원칙금지 예외허용(positive system)을 기본으로 하였으나 금융혁신을 장려할 목적으로 원칙허용 예외금지(negative system)체제로 점차 전환되는 추세를 보이고 있다. 금융감독(financial supervision)에 있어서는 복합금융상품 및 종합금융서비스 제공 금융기관에 대한 감독이 새로운 과제로 부상하고 있으며 대마불사의 가능성이 있는 대형 금융기관에 대해서는 시장규율 강화로 대처하고 있다.

2.2 금융하부구조의 효율화

금융이 제대로 기능하기 위해서는 무엇보다 금융거래를 중개하는 금융기관의 역량이 제고되어야 하나 금융거래와 직·간접적으로 관련이 있는 금융하부구조(financial infrastructure)의 효율화도 이에 못지않게 중요하다고 할 수 있다. 금융하부구조의 효율화는 다음 3가지 측면에서 살펴볼 수 있다.

〈사례 4〉 시장규율(market discipline)과 대형은행회생조회

미국의 연방예금보험공사(FDIC : Federal Deposit Insurance Corporation)*는 1984년 7월에 미국에서 8번째 대형은행인 컨티넨탈 일리노이 은행(Continental Illinois Bank)이 대규모 대출손실로 부도위기에 직면하게 되자 약 10억 달러 규모의 금융지원을 하였다. 구체적으로는 동 은행의 지주회사인 컨티넨탈 일리노이사가 은행의 회생을 위하여 출자를 하되 출자자금은 지주회사가 발행한 우선주를 연방예금공사가 인수하는 방법을 사용하였다. 이러한 지원이 있은 지 수 개월 후 통화감독청장(Comptroller of the Currency)은 의회 증언에서 금융안정을 위해 향후 11개 대형은행에 대해서는 은행위기시 컨티넨탈 일리노이 은행과 유사한 지원을 할 것임을 표명하였다. 이 같이 미국 정부의 대형은행 회생 원칙이 공식화되자 11개 대형은행의 주식가격이 1.3% 상승하였다. 그리고 금융시장 참가자들 간에는 비록 후순위채권이라도 11개 대형은행이 발행한 경우 정부의 보호 하에 있을 것이라는 인식이 형성되었다.

그러나 전술한 대형은행 회생원칙은 1986년 7월 오클라호마시 제일국립은행(First National Bank of Oklahoma City) 부도사태시 인수은행이 부도은행의 모든 채무를 인수하되 부도은행의 지주회사가 발행한 채권을 인수대상 채무에서 제외하면서 수정되기 시작하였다. 이 같은 수정된 원칙은 이후 수 차례 확인되면서 대형은행이 발행한 후순위채권도 손실이 있을 수 있다는 인식이 확고해졌다.

Flannery와 Sorescu(1996)의 실증분석 결과에 따르면 은행이 발행한 후순위채권의 금리스프레드는 대형은행회생원칙이 적용된 1980년대 전반에는 발행기관의 위험에 반응하지 않았던 반면에 대형은행회생원칙이 폐기된 1980년대 중반 이후에는 반응한 것으로 나타나 대형은행회생원칙이 시장규율 작동에 중요한 요소임을 확인시켜 주고 있다.

* 미국의 은행감독기구는 여러 기관으로 분산되어 있다. 미국의 은행은 크게 2가지(국법은행, 주법은행)로 구분된다. 이 중 국법은행은 재무부 산하기관인 통화감독청(Office of Comptroller of the Currency)이, 주법은행 중 연방준비제도 가입은행과 금융지주회사에 대해서는 중앙은행인 연방준비제도(Federal Reserve System)가, 주법은행 중 연방준비제도에 가입하지 않았거나 연방예금보험제도에 가입한 은행은 연방예금보험공사(Federal Deposit Insurance Corporation)가, 그리고 주법은행 중 연방준비제도와 연방예금보험제도 모두에 가입하지 않은 은행은 주정부의 은행국이 주요 감독권을 가지고 있다.

(1) 적절한 법체계의 구비

금융거래는 미래상환 약속을 전제로 개인의 재산을 타인에게 이전하는 것인 만큼 개인의 재산권 보호와 이를 강제할 수 있는 효율적인 법체계가 필요하다. 또한, 금융혁신을 탄력적으로 수용할 수 있도록 법체계의 유연성도 겸비하여야 한다.

(2) 기업경영의 투명성 제고

이는 기업경영 그 자체가 금융과 직접적으로 관련되는 것은 아니나 기업 의사결정의 투명성(transparency of corporate decision making)이 이루어지지 않은 경우 기업의 차입행위에 대한 금융기관의 여신심사가 제대로 이루어질 수 없기 때문이다. 기업경영의 투명성 제고를 위해서는 소유주에 의해 기업경영이 좌우되는 경영문화가 시정되어야 하며 경영성과에 관한 정확한 회계정보가 제공되어야 한다. 특히, 외국인의 경우 내국인보다 현지 정보 취득이 어려워서 재무제표(financial statements)에 많이 의존하기 때문에 금융국제화로 외국인의 투자비중이 제고되면서 회계정보(accounting information)의 중요성은 더욱 커지고 있다.

(3) 전문 금융인력의 양성

금융중개의 효율성은 금융업에 종사하는 금융인의 역량과 직결되므로 전문 금융인을 양성하는 효율적인 교육시스템이 구축되어야 한다.

상기한 금융하부구조는 단기간에 육성되는 것이 아니므로 장기간에 걸쳐 일관성 있게 추진되어야 한다.

2.3 금융시장의 안정성 도모

금융자유화는 금융거래에 대한 정부개입을 최소화하고 시장기능에 의한 자금배분을 활성화함으로써 금융효율성이 크게 제고되는 계기가 되었다. 금리에 대한 인위적 규제가 철폐되면서 금리변동에 따른 자금수급조절이 보다 용이해졌고 자금공급에 대한 양적 규제가 완화되면서 경제주체들의 신용가용성도 제고되었다.

반면에 금리 등 자산가격의 가변성이 커지는 가운데 신용공급량의 변동량이 증대되고 있다. 더욱이 직접금융이 간접금융을 대체하는 금융의 증권화 현상이 심화되면서 금융의 기간간 위험분담(inter-temporal risk sharing) 기능이 점차 약화되고 있다.[2)] 또한, 금융기관 보유자산의 시가평가방식 확산으로 자산가격 급락시 금융기관 자산건정성이 급격히 악화될 수 있는 등 자산가격 변동에 따른 금융불안의 가능성도 커지고 있다.

따라서 금융자유화에 따른 효율성을 극대화시키기 위해서는 자산가격의 급변동이 없도록 자산의 수요와 공급에 미칠 제반 요인들을 적절히 조절함으로써 금융시장의 안정을 도모해야 한다.

2) 금융의 주요 기능 중 하나는 경제주체간 위험을 상호 분담하는 것이라고 할 수 있다. 금융의 위험분담기능은 2가지(횡단면적 위험분담(cross-sectional risk sharing), 기간간 위험분담(inter-temporal risk sharing))로 구분된다. 전자는 동일 시점의 다른 경제주체간 구매력 이전을 통해 소득이나 소비의 평활화(smoothing)를 기하는 반면, 후자는 다른 시점간 구매력 이전을 통해 소득이나 소비의 평활화를 도모한다. 옵션(option)이나 스왑(swap) 등 위험회피수단으로 활용되는 직접금융수단은 기본적으로 계약당사자간 구매력 이전을 통해 위험분산이 이루어지는 반면, 은행을 통해 간접금융에서는 예금금리나 대출금리의 변경을 최소화함으로써 예금이나 대출계약자의 소득을 일정하게 한다.

Ⅱ. IMF의 역할에 대한 평가

국제통화기금(IMF) 산하 독립평가국(IEO : Independent Evaluation Office)은 2003년 7월 28일에 'IMF와 최근 자본계정위기 : 인도네시아, 한국, 브라질(IMF and Recent Capital Account Crises : Indonesia, Korea, Brazil)'이라는 제목으로 인도네시아, 한국, 브라질을 대상으로 한 IMF의 구제금융 프로그램에 대한 자체평가 보고서를 발표한 바 있다. IMF는 이들 외환위기국으로부터 위기에 대한 진단 및 정책처방 등으로 다수의 교훈을 얻었으며 현재 추진 중에 있는 많은 IMF의 구제금융 프로그램 및 정책방향에 이를 잘 반영하고 있다. 이 같은 인식에도 불구하고 뒤늦게 외환위기(foreign exchange crisis) 처방에 대한 자체평가 보고서를 발표한 것은 초기대응부터 시작하여 최근까지 단행된 조치들에 대한 전체적이면서 구체적인 내부문서에 접근할 수 있는 유일한 기관일 뿐만 아니라 IMF의 내부 프로세스 전개과정을 투명하게 하는데 기여하기 때문이다. 더욱이 IMF의 경제위기 대처능력과 수습방식에 대한 자성과 향후 발생할지도 모를 경제위기(economic crisis)에 대해 보다 효율적이면서도 체계적인 대처를 할 수 있는 IMF의 역할을 제고하기 위해서라고 평가할 수 있다.[3]

동 보고서에서는 경제위기에 대한 IMF의 수습능력과 대응방식에 문제가 있었음을 지적하면서 이러한 문제점을 시정하고 경제위기국가가 국제사회에서 신속히 신뢰를 회복할 수 있도록 IMF가 취해야 할 다수의 고려사항을 지적하고 있다.

1. IMF의 감시기능 취약성

회원국에 대한 IMF의 감시기능(surveillance)은 전통적으로 거시경제적 접근방법에 의존하고 있었기 때문에 IMF는 당시 상대적으로 거시경제여건이 건전한 한국의 외환위기를 조기 발견하지 못하였음을 지적하였다. 즉, IMF는 한국정책당국이 추진했던 국내금융기관의 단기해외자금

3) 자체평가 보고서는 크게 경제위기 발생 이전의 감독체계의 효율성, 경제위기 극복처방 프로그램과 이의 평가, 그리고 효율적인 IMF의 역할 및 위기처방을 위한 고려사항으로 구성된 부분과 세 국가의 위기대응과 성과에 대한 각론부분으로 구성되어 있다. 동 보고서에는 이례적으로 외환위기 당시 IMF의 부적절한 일부 처방이 오히려 위기상태에 있는 경제를 더욱 악화시켰다는 것을 공식적으로 인정하였다. 더욱이 IEO는 1997년말 한국의 외환위기에 대한 부적절한 처방에도 불구하고 1999년 발생한 브라질 경제위기에도 거의 유사한 실수를 자행했음을 지적하였다(대외경제정책연구원, 세계경제, 2003. 9. pp. 41~98 요약 · 재구성).

차입의 자유화 조치 및 장기해외자금 차입 규제, 점진적인 주식시장 개방 및 채권시장 미개방 등 미시경제적 측면인 비대칭적인 자본자유화(asymmetrical capital liberalization)에 노출된 위험을 인식하지 못했다. 더욱이 한국 뱅킹시스템(banking system)의 취약성이 경제위기까지 발생시킬 만큼 큰 리스크를 가지고 있었음에도 불구하고 이를 인지하지 못했다고 지적하였다. 단적으로 국제금융기관(international financial institutions)은 1997년 7월 동남아시아 외환위기 발발 이전에 한국의 뱅킹시스템에 대한 취약성을 인식하고 일부 한국금융기관에 대한 대출을 재고(review)했으나 IMF는 위기발생시점까지 낙관적인 자세를 취하는 등 미시적 측면의 리스크를 무시했었다.

또한, IMF는 한국의 자본자유화 추진 당시 계획적이고 점진적인 자본자유화보다는 자유화의 속도와 국내금리를 세계금리수준으로 수렴시키는 데에만 초점을 두었기 때문에 자본자유화 추진과 더불어 반드시 이루어져야 할 효율적인 감독 및 감시체제정비에는 소홀했음을 지적하였다. 결국 IMF는 단기 해외자본의 차입 자유화 조치 및 이에 대응하는 감독체제 부재에서 유인되는 위험을 무시한 결과 한국의 외환위기를 조기에 식별하는 데 실패했음을 인정하였다.

1997년초 한국에 대한 IMF의 입장은 비록 한국금융산업이 취약하고 잠재적인 위험요소를 가지고 있는 것으로 인식되었으나 자본유출(capital outflow)을 야기시킬 정도로 큰 위험으로 간주하지는 않았다. 한보철강이 도산할 때에도 재벌실패가 뱅킹시스템의 건전성에 미치는 충격에 관심을 보이기보다는 정치적 문제로 간과했었음을 지적하고 있다. 이 같이 IMF의 입장은 한국의 외환위기 발생 직전까지 한국의 거시경제적 건전성(macroeconomic soundness)과 해외자금 조성능력에 초점을 두고 분석했기 때문에 위기를 조기에 식별하지 못한 한계를 노출시키게 되었다.

1997년 여름에 발생한 동남아시아 경제위기가 확산되기 시작하면서 IMF는 한국에 대한 입장을 재평가하기 시작하였다. 한국의 금융기관들은 해외자산과 부채의 만기불일치(maturity mismatch) 문제에 직면해 있으며 대다수의 금융기관 부채가 단기적이며 해외채권자들이 자금을 회수하거나 만기연장을 거부할 경우 해외채권자의 결정에 따라 경제위기가 초래될 수 있을 정도로 취약해있음을 인식하게 되었다.

그러나 1997년 10월 IMF의 보고서에 따르면 금융부문에서의 부실이 자본계정의 부실로 이전될 가능성을 인식함에도 불구하고 한국정책당국이 동남아시아 외환위기와 같은 대외충격(external shock)에 대응할 수 있을 것으로 평가하고 있었다. 이로 인해서 가용외환보유고가 거의 소진될 때까지 해외 단기자금에 노출된 한국경제의 취약성에 대한 분석은 전혀 이루어지지 않았다. 상기한 바와 같이 IMF의 거시경제적 분석관점은 경제위기를 조기에 식별하는 데 무리가 있었다고 지적하였다.

2. IMF의 구제금융 프로그램의 내용과 평가

IMF의 구제금융 프로그램 및 처방의 성공 또는 실패에 대한 판단여부는 성공에 대한 기준설정 여부에 따라 달라질 수 있다. IMF 구제금융 프로그램이 외환시장 및 주식시장 등 시장을 안정화시키고 자본유출(capital outflow)을 지연시키는 측면에서 볼 때 혹은 정책의 신뢰성(policy credibility)을 회복하여 자본유입(capital inflow)을 촉진시키는 측면에서 볼 때 초기의 구제금융 프로그램은 명백히 실패했음을 지적하였다. 한국의 경우 실질적인 구제금융의 지원은 이루어지지 않는 상황에서 IMF의 구제금융지원 선언과 정부의 위기대처능력을 믿고 시장에 위기상황을 발표한 것이 결국 위기상황을 더욱 악화시키는 결과를 초래시켰다고 평가하였다. 이후 발표된 구제금융 프로그램은 비교적 성공적인 것으로 평가를 내리고 있다.

IMF 구제금융 프로그램과 이에 대한 평가를 살펴보고자 한다.

2.1 통화 및 외환정책

통화정책(monetary policy)의 경우 IMF 내에서도 상당한 논쟁이 발생하였다. IMF 내의 연구부서(Research Department)는 환율이 어느 특정 범위 내에서 움직일 수 있도록 가이드되는 통화정책을 주장한 반면에 통화관리부서(Monetary and Exchange Affairs Department)는 당시 적정환율타깃팅(proper exchange rate targeting) 결정이 불가능했으므로 환율타깃팅의 위험이 크다고 주장하였다. 결국 통화가치의 약세를 방어하고 원화약세에 따른 인플레이션 충격(inflationary shock)을 완화하기 위해 긴축통화정책을 고려하게 되었다. 그러나 1997년 12월초 원화가치 하락저지, 인플레이션 5% 유지, 그리고 고금리 정책이라는 통화정책목표로 선회하였다.

고금리 정책 및 긴축통화정책의 실행은 통화가치의 하락 방지라는 측면에서 적절한 조치로 판단할 수 있으나 급격한 자본유출로 인해서 환율안정화(exchange rate stabilization)에는 이 자체만으로 불충분했음을 지적했다.

통화정책 중에서 가장 이슈화된 것은 과연 1997년말 외환위기 초기에 원화 가치의 안정을 위한 수단으로서 고금리정책의 정당성 문제이다. 긴축통화정책은 외환의 유출을 축소시키는 효과가 있었을 뿐만 아니라 급격한 외환시장의 붕괴를 방어했을 가능성도 지적하고 있으나, 한국의 경우 통화가치의 안정화라는 명시적 목적에는 성과를 거두지 못하였다고 지적하였다. 즉, 한국의 외환위기를 극복시키는 데 혹은 자본유출을 저지시키는 데 있어서 고금리정책의 효과는 실효성(effectiveness)이 없었던 것으로 분석하였다.

IEO는 IMF가 한국 자본시장의 속성을 보다 잘 인식하고 있었다면 초기에 작성된 통화정책을 덜 강조했을 가능성이 있었으며 단기적인 유동성 위기(liquidity crisis)에서 발생한 외환위기에 대처하는 다른 위기극복방안을 모색했을 가능성도 있었을 것으로 언급하였다.

2.2 재정정책

외환위기 당시 한국의 재정은 거의 균형상태에 있었다고 평가할 수 있다. 1997년에는 GDP 대비 0.2% 정도 적자를 예상했으며 1998년에는 0.25% 흑자를 기대했다. 이 같이 재정의 건전성에도 불구하고 IMF는 긴축재정정책을 권고하였다. 긴축재정정책은 경제위기를 극복하기 위해서 위기국가에게 조언하는 IMF의 전통적인 위기관리방식 중의 하나였다.

IMF가 긴축재정정책을 권고한 것은 한국경제에 대한 낙관적인 전망을 배경에 두고 있었기 때문이며 위기의 요인에 따라 선별된 정책적 선호보다는 위기국가에 대한 일반적인 IMF의 긴축정책에 대한 선호현상으로 인해 권고된 것으로 이해할 수 있다. 그러나 경제위기 발발 이후 경제성장이 프로그램 목표치 아래로 급락하게 됨에 따라 재정정책을 완화하기 시작하였다. 경제성장의 위축이 긴축재정정책으로 발생한 것은 아니지만 상대적으로 재정건전성 상태가 양호했던 한국의 경우 긴축재정정책은 불필요했다고 할 수 있다.

2.3 금융구조개혁

금융구조조정 프로그램은 부실은행의 청산과 부실채권의 신속한 제거, 그리고 대외충격(external shock)에 대한 경제시스템의 취약성을 감소시키는 데 크게 기여하였다. 부실은행 청산 등 급격한 은행구조조정과 높은 자기자본 유지는 1998년 경제성장을 하락시키는 요인으로 작용하였다. 그러나 부실은행의 청산 및 부실채권의 제거 등 일련의 클린업(cleanup) 작업이 지체됐다거나 점진적으로 진행되었다 하더라도 경제성장의 급락을 저지하지는 못했을 것으로 지적하였다. 더욱이 기업의 자금조달을 원활히 하기 위해 채권발행을 용이하게 만든 조치는 기업에 자금지원을 하는 또 다른 채널을 제공하였다. 이 같은 일련의 금융구조조정 프로그램은 채권자들의 의존성을 축소시킴으로써 은행부문의 건전성을 회복시키고 한국경제의 자생력을 강화시켰다고 평가했다.

그러나 선(先) 은행구조조정 및 후(後) 비금융기관구조조정이라는 비대칭적 구조조정은 감독체계의 취약성을 노출시켰다고 평가했다. 부실채권 청산 및 높은 자기자본 유지 등 은행의 구조조정은 기업대출 기능을 위축시켜 결국 기업의 자금조달창구가 위축되게 되었다. 이는 투자신탁회사로 하여금 기업대출창고를 확대시키는 역할을 제공해 줌으로써 기업채권시장의 급속한 신장을 촉진하는 계기가 되었다. 여기서 투자신탁회사는 투자자에게 보장된 수익률(a guaranteed return)을 제공하였는 데 1999년 대기업의 파산(a large corporate bankruptcy) 이후 기업채권가격이 급락함에 따라 수익률 보장을 충족시키지 못하게 되는 상황이 발생하였다. 이 같은 사건은 전반적인 투자 및 경제성장의 추세에 실질적인 영향을 미치지 못하였지만 이런 부문에 있어서 감독체계의 취약성이 노출되었으며 동 영역의 효율적인 감독체계 구축에 더 많은 노력이 필요했음을 상기시켰다.

한편, 비금융기관에 대한 구조조정(nonfinancial structural arrangements)이 경제성장의 기반을 제공하고 다른 구조조정과 연계되어 한국경제의 신뢰성을 구축하는 데 일조했다는 평가에 대해서는 상당한 논란이 있었다. 비금융기관에 대한 IMF 프로그램의 실효성에 의문을 제기하는 측은 비금융기관에 대한 핵심 구조조정조치가 이루어지기 전에 이미 경제회복을 시작했음을 지적한 반면에, 지지자 측은 금융 및 비금융기관에 대한 구조개혁프로그램이 국제투자자들에게 한국경제의 신뢰성을 회복시키고 보다 신속한 경제회복을 촉진시켰다고 주장하였다. 한국의 외환위기가 기업들의 단기자본차입과 유동성위기(liquidity crisis)에 있는 만큼 비금융기관에 대한 구조조정조치의 필요성이 있었는가에 대한 논의는 뱅킹시스템만큼 명확하지는 않은 것으로 평가하였다.

2.4 IMF의 자금지원정책

1997년 한국의 외환위기는 단기적인 유동성부족으로 인해 발생했기 때문에 성공적인 위기극복은 필요한 외환의 신속한 지원 여부에 의존한다고 할 수 있었다. 이 같은 측면에서 볼 때 구제금융자금의 지원지연과 자금지원을 위한 까다로운 이행조건들은 채권자들의 자금을 변제하는 데 역효과만을 초래하였다고 지적하였다.

경제위기시 위기 이전보다도 높은 리스크 프리미엄(risk premium)을 지불하게 되겠지만 즉각적인 신규 유동성 자금 지원은 채무자들의 상환기회를 제고시키고 신용위험(credit risk)이 심각한 상황에서도 해외채권자들이 투자자금을 회수하지 않거나 만기를 연장해 주는데 작용했을 것이다. 따라서 IMF의 공적구제자금의 불충분한 규모와 까다로운 이행조건은 경제위기 극복을 위한 부적절한 처방으로 평가되었다.

2.5 기타

경제위기 국가에 대한 경제현황 진단능력도 상당히 취약했음을 지적하였다. 경제위기 국가에 대한 IMF의 경제진단은 너무 상이했었는 데 이 같은 결과는 한국, 인도네시아, 브라질의 거시경제적 성과(macroeconomic performance)가 크게 상이했기 때문이지만 보다 근본적으로는 각국의 경제상황을 거시경제적 측면에서만 분석하는 IMF의 시각에서 그 원인을 찾을 수 있다. 상대적으로 거시경제지표가 건전했던 한국의 경우 초기 구제금융 프로그램(projections)이 매우 낙관적이었는 데 반해 브라질은 그렇지 못했다.

이 같은 진단은 IMF 구제금융지원 프로그램이 거시경제적 측면을 분석하고 반드시 협의체제를 거쳐 결정된 의사결정에 의해서 이루어지기 때문에 발생한 것이기는 하나 보다 근본적으로는 IMF의 경제예측능력(economic forecasting capability)이 취약했기 때문이라고 평가했다. IMF는 한국의 외환위기 당시 구제금융과 정책 수행으로 플러스 경제성장을 전망하였지만 실제로는 GDP 성장률이 1998년 -6.7%까지 급락하였다. 이처럼 IMF의 예측능력에 심각한 오류가 있었음을 지적하였다.

경제위기 상황에서 거시경제성과를 예측한다는 것은 상당히 어려운 작업이지만 거시경제적 측면을 강조했던 IMF의 경제예측능력은 민간투자에 영향을 미치는 핵심 요소에 대한 명시적인 고려만 있었어도 예측오차(forecasting error)는 상당히 감소했을 것이라고 지적했다.

더욱이 구제금융 프로그램의 성공을 위해서는 미국 등 IMF의 주요 출자국의 과도한 관여 및 역할도 IMF의 소신있는 정책수행을 방해하는 문제점으로 지적되었다.

3. IMF 구제금융 프로그램의 효율성 제고 방안

1990년대 말 발생한 각국의 외환위기는 IMF의 사전적인 위기감독 기능, 위기처방 등에 영향을 미쳐 현재 진행 중에 있는 다수의 경제위기 구제금융 프로그램에 반영되고 있다. 그럼에도 불구하고 IEO는 IMF의 감독과 위기관리에 대한 효율성을 제고하기 위해 추가적인 가이드라인(guidelines)의 필요성을 강조하고 있다. 새로운 가이드라인은 그 동안의 경제위기 극복 경험을 바탕으로 사전적인 위기감독 기능, 이행조건, 가능성 있고 실효성 있는 정책, 은행금융구조조정 전략, IMF와 세계은행(WB : World Bank)의 공조방안 등에 대한 광범위한 이슈들을 포괄하고 있다. 이들 이니셔티브(initiatives)는 IMF의 감독체계와 위기극복 정책의 효율성을 증진시킬 것으로 기대된다. 그럼에도 불구하고 이들 이니셔티브를 보다 정교하게 하기 위해서 사전적인 감독체계, 위기극복 정책, 그리고 IMF의 역할에 대해 IEO는 다음 4가지 고려사항을 제시하였다.

3.1 잠재적인 자본계정의 위기에 대한 노출분석

효율적이며 사전적인 감독체계 구축을 위해서는 우선 현행 추진 중인 연례보고서(Article IV

consultation)가 스트레스진단 접근법(stress testing approach)을 통해서 잠재적인 자본계정의 위기에 대한 노출을 분석해야 한다고 지적하였다. 현재 가이드라인에 따르면 감독체계는 시장을 교란시킬 수 있는 경제펀드멘털(economic fundamentals) 변수, 글로벌 시장(global market)으로부터 유래되는 외부위험변수(external risk variable), 자본이동에서의 급격한 변화를 초래시킬 수 있는 요소 등을 포함하는 포괄적인 평가를 포함하고 있다. 이 같은 포괄적인 감독체제 접근방법을 보다 확대할 뿐만 아니라 체계화하고 조직화할 것을 언급한 것으로 해석할 수 있다.

3.2 총재 및 이사회의 감독 권한 확대

총재 및 이사회(Management and Executive Board)는 감독에 대한 영향력을 확대하기 위한 추가적인 조치를 취해야 한다고 지적하였다. 예를 들면, IMF의 보고서 및 평가가 용이하게 해당국가(the public)에서 접근할 수 있게 하거나 적절한 제도적 인센티브(proper institutional incentive)를 제공함으로써 감독에 대한 영향력을 확대해야 한다는 것이다.

3.3 자본계정상의 위기에 대한 포괄적인 검토

효과적인 구제금융 프로그램을 구상하기 위해서는 자본계정상의 위기에 대한 포괄적인 검토(review)를 IMF가 책임지고 해야 한다고 지적하였다. 포괄적인 검토에는 크게 2가지 핵심요소가 포함되어 있다.

(1) 구제금융 프로그램의 목적은 우선적으로 위기국가의 신뢰회복에 있음

(2) 자본계정상의 취약성과 거시경제변수의 상호작용

이를 위해서는 자본계정상의 취약성과 거시경제변수의 상호작용과 총수요측면의 영향력(상호관계)에 관심을 두어야 한다고 지적하였다.

구제금융 프로그램이 바람직하지 않은 경제성과를 발생시키더라도 충분히 유연하게 반응할 수 있어야 한다고 지적하였다. 구제금융 프로그램 이니셔티브는 프로그램 구성(logic)과 갱신되는 구제금융 프로그램 정보를 시장참여자들(market participants)에게 대화를 통한 합의 전략(an agreed strategy)도 매우 중요한 요소로 지적하였다.

3.4 충분한 금융지원 프로그램

위기극복 처방이 위기국가에 대한 조속한 신뢰회복에 있다면 IMF의 역할은 금융지원 프로그램이 위기국가의 신뢰를 회복시킬 정도로 충분해야 한다고 지적하였다. 또한, IMF는 순행적인

역할을 해야 한다고 강조하였다.[4)]

전술한 고려사항 및 지적사항들은 실질적인 경제위기 극복을 위해서 효율적인 IMF의 의사결정과 실효성 있는 구제금융 프로그램 작성에 기여할 것으로 평가된다.

4) 여기서 순행적이란 미국과 같은 주요 출자국의 역할을 축소하고 구제금융 프로그램에 대한 IMF 평가국의 기술적 판단은 정치적 간섭에서 보호되어야 한다는 것을 의미한다.

Ⅲ. ADB의 기업지배구조 논의

기업지배구조(corporate governance)는 기업의 경영과 통제에 관한 시스템으로 기업경영에서 주주와 경영진 및 기타 이해집단간 이해관계를 조정하고 규율하는 제도적 장치와 운영메커니즘(operational mechanism)을 의미한다. 또한 이는 기업의 경쟁력, 나아가 국가경쟁력(country competitiveness)을 결정할 수 있는 중요한 요인으로 인식되고 있다. 이러한 기업지배구조의 문제는 지난 1997년 아시아금융위기(Asian Financial Crisis)를 계기로 우리에게도 주요한 과제로 부각되었다.

전세계 차원에서 기업지배구조에 대한 논의는 경제협력개발기구(OECD)에서 본격적으로 제기되었다. 즉, 세계경제의 글로벌화(globalization)에 대응한 안정적 국제투자관행의 확립과 기술혁신, 자본자유화(capital liberalization) 등 기업환경의 급속한 변화에 대응한 기업지배구조 확립의 필요성이 증가하면서 OECD는 1999년 '기업지배구조 원칙(OECD Principles of Corporate Governance)'을 마련하였다. 현재 OECD는 미국 엔론(Enron)사의 회계부정사건 등 일련의 기업경영 부정행위 발생 이후 시장자본주의(market capitalism)의 성숙을 도모하는 차원에서 기업지배구조 원칙을 보완 · 강화하고 있다.[5)]

한편, 아시아개발은행(ADB : Asian Development Bank) 역시 아시아 · 태평양 지역의 기업지배구조를 제고시키기 위한 노력을 지속적으로 해 왔다. ADB는 지난 20여년간 아시아 · 태평양 지역에서 100개 이상의 민간기업과 금융기관에 개발자금을 융자해 오면서 다양한 형태의 지배구조를 가진 기업을 경험할 수 있었다. 이를 바탕으로 ADB는 최근 아시아 · 태평양 지역의 특성에 적합한 건전한 기업지배구조 원칙을 마련하여 발표한 바 있다.

ADB가 제시한 기업지배구조 10대 원칙을 중점적으로 검토하고 OECD에서의 관련 논의도 함께 살펴봄으로써 취약한 기업지배구조로 인해 국제금융시장에서 코리아 디스카운트(Korea Discount)라는 불이익을 경험하고 있는 국내기업에 대한 시사점을 도출하고자 한다.

---

5) 최근 ADB는 아시아 · 태평양 지역의 특성에 맞는 건전한 기업지배구조를 위해 국제적인 기준에 부합하는 10대 원칙을 발표한 바 있다. 상기한 ADB 원칙들은 아시아 · 태평양 지역 기업들의 자체적인 기업지배구조 가이드라인 도입 · 정착, 투자대상기업의 지배구조 개선을 도모하는 기관투자가, 펀드매니저(fund manager) 등의 적극적인 역할, 각국 정부의 기업지배구조 관련 규제조항 설정 등에 있어서 벤치마킹(benchmarking)으로서 활용하는 데 그 목적이 있다. 또한, OECD에서도 1999년에 마련된 기업지배구조 원칙에 대한 개정작업이 상당히 진척되고 있다(대외경제정책연구원, 세계경제, 2004. 2. pp. 27~33 요약 · 재구성).

1. 아시아 · 태평양 지역에서의 기업지배구조의 의미

아시아 · 태평양 지역에서 기업지배구조는 1997년 금융위기 이후 가장 중요한 이슈 중의 하나로 부상하였다. 최근에 발생한 기업지배구조의 와해 규모의 빈도는 잘못된 지배구조가 단지 극복해야 할 사안일 뿐만 아니라 경제발전과 긴밀한 연관성이 있음을 의미하고 있다. 이 같은 사실은 다음과 같은 문제점을 야기시키고 있다. 즉, 기업들이 표면적으로는 기업지배구조와 관련되어 요구되는 규칙들을 준수하면서도, 실제로는 건전한 지배구조의 원리와 취지에 부합하지 않게 행동하는 것이 가능하다는 점이다.

따라서 투자자, 언론 및 기타 이해관계자가 기업지배구조와 관련된 분석능력, 원리, 도구들을 제대로 활용한다면 건전한 지배구조의 틀을 진정으로 준수하려는 기업과 외양만 그러한 기업들을 구분할 수 있게 된다. 이렇게 된다면 기업들은 점차 기존의 재무기준(financial criteria)으로는 투자자들을 유인하기가 용이하지 않게 되고 기업지배구조의 원칙에 충실한 경영을 실행해야 한다는 것을 인식하게 된다. 즉, 아시아 · 태평양 지역에서 기업지배구조의 원칙을 진정한 의미에서 수용하고 충실히 준수하는 기업들은 저비용의 풍부한 자본, 최고수준의 비즈니스 파트너(business partner)의 유인가능, 경쟁력 제고, 기업재무구조(corporate financial structure) 개선과 투명성 증가, 그리고 고용 및 환경에의 긍정적인 기여 확대 등의 여러 가지 측면에서 혜택을 누릴 수 있다.

아시아 · 태평양 지역을 비롯한 여러 지역의 최근 동향을 살펴보면 수준높은 기업지배구조는 투자자들의 신뢰를 형성하고 지속적인 성장을 가능하게 하기 위해서 필수조건이 됨을 인식할 수 있다. 기업지배구조와 투자성과(investment performance) 사이의 상관관계에 대한 연구에 따르면 투자자들의 적극성은 기업지배구조 향상을 유발하는 주요 동인 중의 하나이다. 또한, 다른 조건이 동일할 때 투자자들은 지배구조가 우수한 기업에 대해 프리미엄(premium)을 지불하는 형태로 보상하게 된다는 결과를 보이고 있다. 결국 기업지배구조 개선을 위해 노력하는 기업들은 장기적인 경쟁적 우위(the long-run competitive advantage)를 확보하게 된다.

2. ADB의 기업지배구조 10대 원칙

ADB가 제안하는 기업지배구조 원칙은 10가지로 구성되어 있으며 이들 원칙은 국제적인 최상위 기준에 부합하도록 설정되었다. 10대 원칙은 모두 '건전한 범위 내에서의 경영'이라는 큰 틀

내에서 상호 연관되어 있다. 기업지배구조의 개선은 이사회와 기업경영의 모든 부분에서 건전한 지배구조의 문화를 형성하려는 강력한 추진력을 필요로 한다. 이러한 문화를 조직 내에 정착시키기 위해서는 경영진에서부터 솔선수범하는 자세를 보이고 지향점을 설정해 주어야 한다.

2.1 제1원칙 : 성과 지향(Performance Orientation)

기업의 가장 중요한 목표는 자원의 효율적인 활용(efficient utilization of resources)으로 기업가치(corporate value)를 제고시켜 주주들의 이익을 증대시키는 것이다. 이처럼 주주들의 이익창출을 목표로 하는 기업은 내부적으로 형성된 자원(internally generated resources)의 비중이 보다 높게 된다. 이는 기업으로 하여금 환경, 지역사회, 그리고 사회에 대한 의무를 보다 충실히 수행하고 납세, 임원에 대한 교육, 보상 및 고용보장, 피고용인의 만족도 증진 등을 보다 효과적으로 충족시킬 수 있게 해준다. 기업의 인적자원(human resources) 관련 전략은 기업의 성공에 지대한 영향을 미치는 주요 지표로서 핵심적인 사안 중의 하나이다.

2.2 제2원칙 : 이사지명위원회 및 보수위원회(Nomination and Compensation Committees)

기업의 성공 여부에서 리더십(leadership)은 핵심적인 요소가 된다. 명시적인 위임장과 건전한 위탁사항들을 토대로 운용되는 이사지명위원회(Nomination Committee)의 존재는 훌륭한 이사 및 최고경영자(CEO)의 지명을 보장해 줄 수 있다. 위원회는 독립적인 이사들이 주축이 되고 객관적·주관적 기준에서 그 독립성이 문서로 보장되어 있어야 한다. 보수위원회(Compensation Committee)는 비교가 되는 산업을 벤치마크하면서, 경제적 부가가치 등을 핵심지표로 하여 이사 및 고위 경영진의 성과를 평가하는 보수지급 기준을 수립해야 한다.

2.3 제3원칙 : 공시(Disclosure)

투명성(transparency)의 확보를 위해서는 다음 7가지 사항이 확인되어야 한다.

① 기업의 연례보고에 제시된 회계정보(accounting information)가 건전한 기준에 따라 준비된 공정하고 거짓없는 정보여야 함
② 형식보다 내용을 강조하여 회계정보를 제시해야 함
③ 모든 실질적인 위험을 공개하고 논의해야 함
④ 모든 실질적인 추정치(material estimates)들에 대해 그 근거를 제시해야 함
⑤ 기준과 규칙을 준수하는 태도를 보여야 하며 기준과 규칙을 위반했을 경우 건전한 기업지배구조 원리를 근거로 그 이유를 설명해야 함

⑥ 목표, 계획, 진도를 논의해야 함
⑦ 기업을 실질적으로 소유(beneficial ownership)하고 있는 최종 수혜주주의 명부를 확인할 수 있게 해야 함

연례보고뿐만 아니라 기업들은 합당한 수시공시 요구에도 응해야 한다. 이러한 정보 공시는 투자자, 애널리스트, 평가기관들이 기업의 지배구조와 재무상황을 평가하는 데 지장이 없도록 신속하고 충분하게 이루어져야 한다.

2.4 제4원칙 : 감사위원회(Audit Committee)

다음과 같은 성격에 부합하는 감사위원회의 효율성을 제고시키기 위해서 다음 7가지 측면이 고려되어야 한다.

① 독립적인 이사들로만 구성되어야 함
② 이 중 적어도 둘 이상은 회계학, 재무분석(financial analysis), 재무보고에 대한 충분한 지식을 가지고 있어야 함
③ 최소한 한 명은 기업의 경영에 대해 잘 이해하고 있어야 함
④ 문서화된 위임장과 위탁사항들을 가지고 있어야 함
⑤ 위원회에 대해 책임을 지는 독립적인 사외이사들로만 구성되어야 함
⑥ 적절한 내부통제(proper internal control) 및 위험관리시스템(risk management system)이 기업에 구조적으로 정착되어 있어야 함
⑦ 잠재적인 거래들(underlying transactions)에 대해서도 초점을 맞출 수 있어야 함

2.5 제5원칙 : 경영준칙(Code of Conduct)

모든 기업은 명문화된 경영준칙을 가지고 이 준칙과 기타 모든 관련 법규가 철저히 준수되는 체제를 확립해야 한다.

2.6 제6원칙 : 이해관계의 상충(Conflicts of Interest)

이사들은 최대한 기업의 이익에 부합하는 방향으로 행동해야 하는 충실의무(fiduciary duty)를 지닌다. 잠재적인 것이든 이미 현실화된 것이든 모든 이해관계의 갈등은 그것의 부정적인 효과에 대해 유효한 판단이 가능하도록 충분히 파악 · 공개되고, 상세히 설명되어야 한다. 이해상충의 해결방향을 논의하고 결정하는 데 있어 직접적으로 갈등을 일으키고 있는 당사자들은 제외

되어야 하며, 관련된 모든 결정사항에 대해 투표권이 배제되어야 한다. 관련 당사자들의 계약사항들은 연례보고에 포함되어 공개되어야 한다.

2.7 제7원칙 : 환경 및 사회에 대한 의무(Environmental and Social Commitment)

기업경영(corporate management), 사회발전(social development), 그리고 환경보호(environmental protection) 간에는 필연적인 상관관계(the inevitable interrelationship)가 존재하며, 때로 이들 사이에는 대립관계가 성립하기도 한다. 지속가능한 기업이 되려면 상기한 3가지 사항에 대해 잘 인식하고 효과적으로 대처할 수 있어야 한다.

2.8 제8원칙 : 이사회의 운영(Conduct of the Board of Directors)

이사들은 주주에게 귀속되는 가치를 유지하고 제고시켜 줄 의무를 지게 된다. 이것이 효과적으로 수행될 수 있도록 하기 위해서는 이사들에게 법적인 권한과 충분한 보수, 이사회 안건을 상정할 수 있는 권한, 그리고 필요시 경영진 및 실무진이 배제된 상황에서 이사들끼리 의견을 교환할 수 있는 여건을 보장해 줌과 동시에 회의일정에 대한 공지, 이사들이 감독 및 경영진에 대한 평가 역할을 수행하는 데 필요한 정보가 충분하게 제공되어야 한다. 또한, 이사들에 대해 다음과 같은 사항이 요구되어야 한다. 즉, 소속된 이사회에 합당한 자격요건을 갖추고 있고 이사회에 충분한 시간을 투자할 수 있으며 이사로서의 활동에 대한 적절한 교육을 받았어야 하며 적극적이고 성실해야 한다.

2.9 제9원칙 : 투자자의 책임(Responsibilities of Investors)

투자대상기업이 건전한 지배구조를 가지도록 도모하는 것은 위험관리수단 중의 하나가 될 수 있다. 기관투자가, 투자파트너(investment partners), 그리고 펀드매니저(fund manager)들은 그들이 투자하고 있는 기업의 성공적인 경영에 영향을 미치는 핵심적인 사안들에 대해 감독하고 투표함으로써, 자신들에게 위탁된 자금을 보호할 충실의무가 있다. 기업 입장에서도 이들과 자주 접촉하고, 공정하고 사실에 입각한 보고를 적시에 제공하며, 현대적인 통신기술을 이용해 1주 1표(one-vote for one-share) 제도를 정착시켜 전체 주주가 투표권을 행사하는 데 지장이 없도록 해야 한다. 소액투자자에 대한 공정한 대우가 보장되어야 하며 대형 기관투자가들은 주주 권리를 확보하는 데 선도적 역할을 담당해야 한다.

2.10 제10원칙 : 기업회생작업시 이사들의 역할(The Role of Directors in Turnaround Situations)

어려움에 직면한 기업의 이사들은 기업회생작업에서 적극적인 역할을 수행해야 하며 특정 채권자에 대해 특혜성 대우를 해 주거나 기업이 파산상태일 때 성급하게 매매해서는 안 된다.

3. 시사점

전술한 ADB의 기업지배구조 10대 원칙은 기업지배구조의 특정 측면을 대상으로 하고 있다. 즉, 여기에는 이사회 및 주요 위원회, 이사들의 행동, 환경,[6] 기업회생작업(turnaround situations) 시의 이사들의 역할, 그리고 투자자들의 책임 등이 포함되고 있다. 이러한 ADB의 10대 원칙의 목적은 다음 3가지로 집약된다.

① 기업들이 이들 원칙을 벤치마킹하여 자체적인 기업지배구조 가이드라인을 도입 · 정착시킨다.
② 투자대상기업들의 지배구조 개선을 도모하는 국내 및 기관투자가들, 펀드매니저들, 그리고 ADB의 노력을 지원한다.
③ 각국 정부가 기업지배구조 관련 규제조항들을 설정하는 데 기여한다.

ADB는 아시아 · 태평양 지역의 기업지배구조 개선을 위해 여기에 제시된 원칙과 신념에 동조하는 기관투자가 및 민간기업들과 공동작업을 수행할 수 있기를 기대하고 있다.

한편, 현재 OECD의 기업지배구조 조정위원회에서는 1999년에 마련된 'OECD 기업지배구조 원칙'[7]의 수정 · 강화작업이 추진되고 있다. 이러한 개정작업은 2001년말 미국 엔론(Enron)사의 회계부정사건 등 일련의 기업경영부정행위가 적발된 이후 시장자본주의의 성숙을 도모한다는 차원에서 진행되고 있다. 현재 진행 중인 개정논의에서의 핵심내용은 지배주주(controlling shareholders)의 권한남용과 불공정행위(unfair practices)의 방지에 있다. OECD는 이를 위한 법적 장치로서 신주인수권 보호, 주총 특별결의 요건강화, 대표 · 집단소송제도 및 이사의 충실의무뿐만 아니라 회사가 아닌 지배주주에 대한 소액주주의 주식매수청구권을 예시하고 있다. 이외에도 주식가치를 저하시킬 가능성이 있는 스톡옵션(stock option) 등 주식 관련 보상(share-related remuneration)은 주총의 승인을 얻도록 하는 방안, 즉 'OECD 원칙'의 개정안이 마련되고 있다.[8]

---

6) ADB의 제7원칙(환경 및 사회에 대한 의무조항)은 ADB가 기업지배구조의 문제를 단순히 기업차원에 국한시키지 않고 상당히 포괄적인 개념으로 취급하고 있다는 점을 보여주는 것으로 이해할 수 있다. 또한, 이것은 OECD의 원칙과 구별되는 점이라 할 수 있다. 달리 말하면 ADB는 아시아 기업들에 대해 지금까지의 성장 지향뿐만 아니라 이제는 사회발전 및 환경보호까지 포괄하는 보다 성숙한 모습을 보여 줄 것을 요구하고 있는 것이라고 할 수 있다.

7) OECD 원칙은 서문(Preamble), 본문(Principles), 주석(Annotations)으로 구성되어 있다. 이 중 서문은 기업지배구조 원칙의 제정배경, 비구속성 등을 명시하고 있으며, 본문은 5대 항목(주주의 권리, 주주의 동등대우, 기업지배구조에서의 이해관계자 역할, 공시 및 투명성, 이사회의 역할)으로 구성되어 있다.

한국은 1997년 발생된 금융위기 이후 감사위원회 · 사외이사제 도입, 소액주주권 강화, 결합재무제표 도입 의무화, 그리고 증권집단소송대표제 도입 등 기업지배구조의 개선에 상당한 진전이 있었음에도 불구하고 외국투자자들은 여전히 우리의 기업지배구조에 대해 더욱 개선되어야 함을 지적하고 있다. 또한, 기업경영진에 대한 이사회의 효율적인 감독이 제대로 이루어지지 못하고 있다는 비판을 받고 있다.[9] 더욱이 2003년에 발생한 SK글로벌의 대규모 회계부정사태로 인해 기업경영의 투명성이 의심받고 있는 실정이다. 이에 따라 주식시장에서는 코리아 디스카운트(Korea Discount)라는 형태로 우리의 기업들이 저평가되는 상황이 지속되고 있다. 이러한 현실하에서 ADB나 OECD의 기업지배구조 원칙은 향후 우리기업의 지배구조 개선을 가속화하고 자본시장의 건전한 발전을 추진해 나가는 계기로 활용되어야 한다.

1990년대 이후 치열하게 전개되는 국제경쟁 하에서 국내외 투자자들은 기업경영의 투명성을 그 어느 때보다 중요하게 인식하고 있다. 따라서 향후 높은 수준의 기업지배구조를 구축한 기업만이 글로벌시장(global market)에서 생존할 수 있게 되리라는 것은 자명한 사실이다. 건전한 기업지배구조의 주요 원칙 중의 하나는 기업들이 주주들의 장기적인 이익에 부합하는 방향으로 경영되어야 한다는 것이다. 결국 이러한 경영을 수행하는 기업들이 해당기업의 주주뿐만 아니라 경제 전반에 긍정적 기여(positive contribution)를 하게 된다

8) OECD는 'OECD 원칙'의 이행을 아시아지역에서 촉진하기 위한 일환으로 '아시아 기업지배구조 원탁회의(Asian Roundtable on Corporate Governance)'를 구성한 바 있다. 이 원탁회의는 2003년 6월에 아시아 기업지배구조의 개혁을 위해 6대 과제를 제시한 '아시아 기업지배구조백서'를 발표하였다.

9) 공정거래위원회(Fair Trade Commission)에 따르면 여전히 대기업의 부당내부거래가 대규모로 이루어지고 있고, 4대 재벌 총수 일가는 보유지분(평균 8.8%)보다 최고 4배의 의결권(동 35.03%)을 행사하고 있다. 또한, 사외이사의 대다수가 대주주에 의해 추천되어 이사회 안건에 반대 또는 수정의견을 제시한 사례는 많지 않은 것으로 나타나고 있다.

Ⅳ. 한국의 미주개발은행 가입

미주개발은행(IDB : Inter-American Development Bank) 이사회는 2004년 11월 5일 한국의 IDB 가입을 승인하고 11월 18일 기준 총 36개 회원국, 91%가 찬성함에 따라 한국의 IDB 가입이 확정되었다.[10] 이로써 한국은 IDB의 47번째, 아시아에서는 일본에 이어 2번째로 회원국이 되었으며 2005년 4월에 개최되는 IDB 연차총회부터 정식 회원국으로 참석하였다.

IDB는 1959년 세계 최초로 창설된 다자간 지역개발금융기구로 중남미의 경제사회개발을 촉진시키기 위한 공공 및 민간투자지원과 역내 국가간 정책협력 및 투자재원창구 역할을 담당하고 있다. 한국은 그동안 중남미의 인프라 확대 수요와 IDB의 관련 역할 및 위상, 한국의 중남미 인프라 시장 진출기회 확대 등을 위해 IDB 가입을 추진해왔다.

1. 한국의 미주개발은행 가입 추진경과

한국은 1979년부터 IDB 가입의사를 표명하였으나 역외국가에 대해서는 세계은행(IBRD) 등 다른 국제금융기구(international financial institutions)로부터의 차입이 없어야 한다는 원칙을 요구해 IBRD차관을 졸업한 1992년까지 사실상 가입 자격이 없었으며 1987년 이래 옵서버 자격만을 유지해 왔다. 1992년 이후에도 IDB 조달시장에의 한국기업의 참여와 이로 인한 시장잠식을 우려한 일부 회원국의 반대로 어려움에 직면하였다.

한국은 IDB 가입을 위한 노력의 일환으로 2000년 중남미 저개발국가 지원을 위한 한국신탁기금(Korea Trust Fund)을 IDB에 위탁하는 한편 수출입은행은 IDB와 중남미 개발 프로젝트에 대해 적극적으로 협조융자를 추진하였다.[11] 대외경제협력기금(EDCF : Economic Development Cooperation Fund) 운영기관인 수출입은행은 IDB와 3건의 협조융자를 추진하면서 IDB와의 공동 심사출장 및 연례협의회 개최 등을 통해 IDB와 업무적으로 긴밀한 관계를 유지해 왔다. 이러

---

10) 총회 승인 요건은 역내회원국(28개국) 과반수 초과, 전체회원국(46개국) 과반수 초과, 투표권 75% 이상이다.

11) 세계 주요 선진국들은 중남미 저소득층 지원을 위한 무상원조 용도로 IDB에 신탁기금(Trust Fund)을 위탁하여 IDB가 집행·관리하도록 하고 있다. 현재 IDB에 위탁된 신탁기금은 50여개에 이르고 있다. 한국도 2000년에 허리케인으로 피해를 입은 중미 5개 국가들의 구호 및 복구공사와 콜롬비아의 내전으로 큰 피해를 입은 지역을 지원하기 위해 IDB에 2개의 신탁기금을 위탁한 바 있다(수출입은행, 수은해외경제, 2005. 1. pp. 82~86 요약·재구성).

한 사전 노력들이 IDB와 중남미 국가들로부터 한국의 IDB 가입 지지를 도출하는 데 크게 기여하였다.

〈표 2〉 수출입은행과 IDB의 Co-Financing 현황

(단위 : 천 달러)

	사업명	차관금액	진행상태
Bolivia	교량건설사업	23,000	승인후 입찰진행 중
Honduras	치안강화사업	2,500	승인후 정부협정 중
Nicaragua	치안강화사업	7,000	차관신청 준비 중
El Salvador 외	보건사업 등 5개 사업	-	실무협의 중

자료 : 수출입은행

한편, 2002년말 보스니아·헤르체코비나가 IDB 보유 지분을 포기함에 따라 한국은 지분인수를 통한 IDB 가입의 호기를 맞이하였으며 범정부적으로 적극적인 IDB 가입을 추진하였다. 이미 IDB와 업무적으로 긴밀한 유대관계를 맺고 있는 수출입은행도 막바지 가입 분위기 조성과 협상 지원을 적극적으로 추진하였다.

수출입은행은 한국의 IDB 가입에 부정적 입장을 보였던 브라질 정부 관계자들을 설득하기 위해 2004년초 스위스 제네바에서 개최된 브라질의 국가 기업설명회(IR) 행사에 행장이 직접 참석하는 한편, 브라질 기획예산부 장관과의 면담을 통해 한국의 IDB 가입지지를 적극적으로 설득하였다. 또한, 수출입은행은 2004년 2월에는 브라질 기획예산부차관을 한국으로 초청하여 브라질 투자설명회 개최를 지원하는 한편, 5월에 IDB 총재가 한국의 IDB 가입에 관한 협의를 위해 내한하였을 때와 7월말 사무총장이 이끄는 IDB 실무대표단이 방한하였을 때에도 IDB와의 기존 인맥을 활용한 지원 노력을 경주하였다.

〈표 3〉 IDB 차관 지원 현황

(단위 : 백만 달러)

	1998	1999	2000	2001	2002	2003
승인액	10,063	9,486	8,566	7,854	4,549	6,810
집행액	6,635	8,387	7,069	6,459	5,837	8,902
대출잔액	39,651	45,671	49,043	51,721	54,839	57,975

자료 : IDB, Annual Report, 2003.

한국의 IDB 가입이 성사된 후 수출입은행은 IDB와 협조융자 등 상호협력에 관한 협정서(MOU) 체결과 한국기업의 현지 진출 지원을 위한 수출입은행 직원의 IDB 파견을 추진하는 등 신속한 행보를 지속하고 있다.

2. 미주개발은행 가입 효과

IDB 가입의 가장 큰 경제적 효과는 IDB 차관지원 중남미 개발 프로젝트사업 참여자격의 획득이라고 할 수 있다. IDB가 제공하는 차관은 사용이 제한되어 있다. 차관은 프로젝트의 목적에 부합하는 비용에만 사용할 수 있으며 입찰자격과 원산지가 제한되어 있다. 즉, 입찰자는 반드시 회원국의 기업과 개인이어야 하며 제공하는 토목건설사업이나 재화와 용역은 반드시 회원국에서 생산된 것이라야 한다. 이러한 IDB 규정으로 인해 한국기업은 그동안 IDB 차관지원 중남미 프로젝트 참여가 원천적으로 봉쇄되어 있었다.

이제 한국이 IDB 회원국으로 가입함에 따라 한국기업의 IDB 조달사업 참여를 통한 중남미 시장개척 기회가 확대될 것으로 보인다. IDB는 2003년까지 총 2,950억 달러의 개발 프로젝트에 1,289억 달러의 차관을 제공하였다. 연간 차관 승인액도 1961년 2억 9,400만 달러에서 2003년에는 68억 달러로 증가하였으며, 2003년말 기준 대출잔액은 580억 달러에 이르고 있다.

〈표 4〉 IDB의 주요 차관 지원국

(단위 : 백만 달러)

2003년 승인액 기준			누적 승인액 기준		
국가	금액	비중	국가	금액	비중
아르헨티나	1,986.0	29%	브라질	26,134.1	20%
콜롬비아	1,814.0	26%	아르헨티나	19,634.3	15%
페루	524.6	8%	멕시코	17,220.0	13%
멕시코	510.0	7%	콜롬비아	10,978.5	7%
브라질	339.3	5%	페루	6,602.6	5%
IDB 총계	6,810.0	100%	IDB 총계	128,857.3	100%

자료 : IDB, Annual Report, 2003.

2003년 IDB의 차관 집행액은 89억 달러로 세계은행의 대중남미 차관 집행액인 64억 달러를 초과하였다. 상기한 차관규모에 근거해 볼 때 IDB는 연간 약 11,000~13,000개의 조달계약을 발주하고 있는 것으로 추정된다. 한편, IDB의 차관이 통상 프로젝트 총 투자액의 50%를 지원하고 있으므로 IDB 조달시장의 규모는 연간 집행액의 2배 규모인 180억 달러에 이르는 것으로 추정된다. 따라서 향후 한국기업의 IDB 차관지원조달계약을 통한 중남미 시장진출을 확대시킬 필요가 있다.

〈표 5〉 IDB 조달사업 현황(2004년 11월 26일 기준)

(단위 : 건)

국가별 분류		지원분야별 분류	
국가	건수	분야	건수
브라질	104	현대화	267
아르헨티나	71	사회투자	162
멕시코	53	보건 · 위생	114
콜롬비아	6	도로	88
페루	72	환경	164
우루과이	44	농업	82
베네수엘라	28	에너지	52
도미니카(공)	39	관광인프라	24
총계	1,315	총계	1,315

자료 : IDB

IDB 웹사이트(http://itsdc16.iadb.org/idbppi/asp/mainpage.asp) 자료에 따르면 2004년 11월 26일 기준으로 IDB 이사회 승인을 거쳐 입찰이 진행 중이거나 향후 예정되어 있는 IDB 조달사업은 총 1,315건에 이르고 있다. 국가별로는 브라질이 104건으로 전체의 25%를 차지하고 있다. 이어서 아르헨티나, 멕시코, 콜롬비아 등의 순서로 분포되어 있다. 지원분야는 국가현대화, 환경, 사회투자 부문이 각각 267건, 164건, 162건으로 가장 큰 비중을 차지하고 있다.

입찰 진행 중인 IDB프로젝트(2004년 11월 26일 기준)는 총 36건, 약 27억 2,000만 달러이며 개별 조달사업은 52건이다. 국가별로는 총 17개국에 걸쳐 입찰이 진행 중에 있다. 이 중 브라질이 총 10억 6,000만 달러의 IDB 프로젝트에 대해 9건의 조달사업을 진행하고 있다. 이외에도 아르헨티나(4건, 6억 달러), 우루과이(2건, 2억 3,000만 달러), 엘살바도르(3건, 1억 2,000만 달러), 파라과이(3건, 1억 달러), 아이티(3건, 9,000만 달러) 등이 IDB 차관지원 조달사업 입찰이 진행되고 있다. 지원분야별 조달사업은 도로(5건, 7억 3,000만 달러), 보건 · 위생(9건, 6억 2,000만 달러), 관광인프라(2건, 5억 8,000만 달러), 국가현대화(6건, 2억 9,000만 달러), 교육(3건, 2억 달러) 등 5개 부문의 비중이 큰 것으로 나타났다.

〈표 6〉 국가 및 분야별 IDB 조달사업 진행 현황(2004년 11월 26일 기준)

(단위 : %)

국가별 현황		분야별 현황	
브라질	39	도로	27
아르헨티나	26	보건위생	23
우루과이	9	관광인프라	21
엘살바도르	4	현대화	11
파라과이	4	교육	7
기타	18	기타	11

3. 과제

향후 한국의 과제는 IDB 회원국 자격을 적절히 활용하는 것으로 이를 위해서는 IDB 관련인사들과의 인맥구축과 중남미 전문인력 양성이 가장 중요한 사안이 될 것으로 판단된다. 이는 중남미 차입국들의 프로젝트가 정부부처에 의해서 실행되거나 IDB 이사회의 최종 대출승인을 획득하기 위하여 차입국 각료들이 IDB 본부에서 프로젝트 설명회를 개최하기 때문이다. 즉, 각료 혹은 대행기관이 프로젝트와 관련한 엔지니어링, 설계, 프로젝트 관리, 자본재 및 장비 구입 등 전과정에 참여하기 때문에 이들과의 접촉이 없이는 프로젝트에의 참여가 어려울 수 있다. 신속한 시장 정보의 입수와 대응을 위해 IDB의 3개 지역부(regional department) 직원과의 인맥형성과 IDB가 인터넷 등을 통해 제공하는 조달정보(procurement information)를 한국기업에게 적극적으로 제공할 필요가 있다.

V. 국내외 금융연표(1954~2003)

연도	일자	국 내	일자	국 외
1954	4. 1 8.15 8.16 9. 2 10. 1 10.14	한국산업은행 설립 은행법 시행(1950. 5. 5. 제정) 한국은행, 금융기관 감독규정 제정 한국은행, 조흥은행을 최초로 한국은행 외환업무 대리인으로 지정 한국신탁은행, 한국상공은행을 흡수·합병하고 상호를 한국흥업은행으로 변경 정부, 은행 귀속주 불하요강 발표 - 동 요강에 의한 6차 공매 모두 유찰	3.22 4.10 5. 1 5.15	영국, 런던 금 시장 15년만에 재개 일본, 외국환은행법 제정 그리스 화폐개혁 단행 - 1천 구 드라크마를 1신 드라크마로 변경 일본, 이자제한법 제정
1955	8.26 12.29	정부, 국제통화기금(IMF) 및 국제부흥개발은행(IBRD) 가입 한국은행, 중요기업체에 대한 생산자금 융자요강 제정(1956. 1. 1. 시행) - 전후 중요물자 생산시설을 복구 또는 신설한 기업에 원료구입 자금 등을 지원	3. 1 9. 8	중국, 화폐개혁 실시 - 구 1만 원을 신 1원으로 변경 오스트리아, 중앙은행법 제정
1956	3.15 3.29 4.10 5. 1	재무부, 제7차 은행귀속주 공매 실시요령 발표 - 입찰조건 완화, 구조선은행 및 식산은행 보유 귀속 주도 공매 대상에 포함 재무부, 은행귀속주 중 조흥은행주식 공매 실시 - 이후 4.12.까지 상업·흥업·저축은행 주식의 공매를 차례로 실시 - 대기업의 은행지배 등을 우려한 정부의 결정지연으로 주식양도는 1957년 2월에 이루어짐 한국은행, 서민금융요강 제정 농업은행 설립 - 금융조합 및 동 연합회의 금융업무를 인수	5.16 7.24 12. 4	미국, 은행지주회사법(Bank Holding Company Act)제정 - 2개 이상 은행의 지분을 25%이상 소유하는 은행 지주회사는 설립 합병 및 은행주식 취득시 연준의 승인을 받도록 규정 국제금융공사(IFC)*발족 - 개발도상국 민간기업에 대한 투자 및 융자지원 * International Finance Corporation 영국, 대외 금준비 감소에 대처한 긴급대책 발표 - 달러화 표시 증권 매각 등
1957	2.14 3.30	농업은행법* 제정 - 농업은행을 특수은행으로 전환 - 금융조합령(1918. 6. 27.)과 조선금융조합연합회령(1933. 8. 17.)은 폐지 *정부출자 등의 문제로 시행이 유보되다가 1958. 3. 7. 개정 시행 재무부, 귀속재산처리 특별회계 적립금 운용 요강 제정 - 정부는 동 적립금을 금융기관에 대여 - 금융기관은 정부대여금을 주택·중소기업 및 농업자금으로 융자	3.25 4. 1 5. 4 5.27 8. 1	서유럽 6개국, 유럽경제공동체(EEC) 조약 및 유럽원자력공동체(Euratom) 조약 조인(일명 로마 조약, 1958. 1. 1. 발효) - 참가국 : 프랑스, 서독, 이탈리아, 벨기에, 네덜란드, 룩셈부르크 일본 부동산은행 설립 - 일본내 조선은행 잔여재산을 기초로 장기신용은행법에 의한 은행으로 발족 SEANZA* 중앙은행 총재회의 설립 *South-East Asia, New Zealand and Australia 일본, 준비예금제도에 관한 법률 제정 *1959. 9. 11. 금융기관에 대한 지급준비율 최초 설정 서독, 독일연방은행 설립
1958	1.16 1.27 4. 1 12. 1 12.30	국채파동 발발 - 국채의 투기적 과다매수로 증권사들이 매수자금을 납부하지 못함에 따라 재무부는 동일자 국채매매를 무효화 한국은행, 국채파동에 따른 긴급수습자금 융자 농업은행, 특별법에 의한 특수은행으로 발족 한국저축은행, 제일은행으로 명칭 변경 한국은행, 금융부문 자금운용준칙 제정 (1959. 1. 1. 시행) - 금융기관의 자금운용 규제방식 간소화를 위해 금융부문 자금운용세칙과 금융기관 자금운용에 관한 준칙을 통합	7. 3 12.27	영란은행, 특별예금제도 도입 - 과잉유동성 흡수를 위해 최저유동성비율규제 이외에 특별예금 예치제도 도입 유럽 12개국, 유럽통화협정(EMA)*체결(12. 29. 시행) - 유럽기금을 설치하여 국제수지 적자국에 대해 신용공여 프랑스, 프랑화 평가절하 및 화폐개혁 단행 (1960. 1. 1. 시행) - 프랑화 14.9% 평가절하 - 구 100프랑을 신 1프랑으로 변경

연도	일자	국 내	일자	국 외
1959	4. 2	한국은행, UNKRA 중소기업 운영자금 융 취급	2.13	북한, 화폐개혁 실시
		세칙 제정(4. 10. 시행)		- 구 화폐 100원 대신 신 화폐 1원의 비율로 교
	5.20	정부, 미공법 제480호 잉여농산물 판매대전에 의		환
		한 쿠리자금 융자취급세칙 제정	2.17	일본, 전후 최초 미 달러표시 외채발행계약 조인
	10.20	한국은행, 10환 및 50환 주화 발행	8.19	영국, 래드클리프위원회(금융제도 심의위원회)
		- 광복 후 최초의 주화 발행		보고서 발표
	12. 1	서울은행 창립		- 금리중시 금융정책과 인플레이션 긴급조치 제
		- 순수 민간자본에 의한 최초의 지방은행(서울·		안
		경기)	9.11	일본, 예금지급준비제도 실시
1960	1. 1	한국흥업은행, 한일은행으로 상호 변경	1. 1	프랑스, 화폐개혁 실시
	7.14	한국은행, 콜시장 육성책 시행		- 구 100프랑을 신 1프랑으로 변경
		* 금융기관 여유자금 부족으로 거래 이루어지지	9.10	석유수출국기구(OPEC) 결성
		못함	10. 6	프랑스, 가변 유동비율제도 도입(1961. 1. 31. 시
	12.17	한국은행, 재일교포 중소기업육성기금 융자요강		행)
		제정		- 은행 유동비율을 일정수준으로 유지
		- 제일교포 중소기업 육성기금을 한국은행 재일	12.14	서방 20개국, 경제협력개발기구(OECD) 설립협
		지점에 설치하고 교포신용조합을 통하여 융자		약 조인
1961	2. 1	한국은행, 수출금융규정 제정(2. 2. 시행)	1.14	미국, 금 유출 방지를 위해 미국인 및 미국 기업
	5.16	군사정변 발발		의 해외 금 및 금증권 보유 금지 발표
		군사혁명위원회, 금융활동 동결	2.15	IMF, 영국·서독 등 10개국의 IMF 8조국*이행 승인
	7. 1	중소기업은행법 제정		* 경상거래 지급제한 금지, 차별적 통화협약 체
	7. 3	부정수표 단속법 제정(9. 1. 시행)		결 금지 등의 의무 이행
	7.29	예·적금 등 비밀보장에 관한 법률 제정	3.13	BIS, 바젤협정 체결
		농업협동조합법 제정		- 투기자금이동으로 어려움에 처한 통화 태환 유보
		- 농업협동조합과 농업은행을 통합	7.10	서독, 신용조작에 관한 법(은행법) 제정
	8. 1	중소기업은행 설립		(1961. 1. 1. 시행)
	8.15	농업협동조합 설립	8. 4	IMF, 영국에 대해 20억 달러의 대기성 차관 지원
	10.29	정부, 부정축재 처리법에 의거 대주주 은행주식 환수	9. 1	서독, 대외경제법 제정
		한국은행 통화안정증권법 제정		- 외환관리체제를 포지티브 시스템에서 네거티브
	11. 1	제1차 통화안정증권 발행		시스템으로 전환
	11.16	신탁업법 제정	9.30	경제협력개발기구(OECD) 발족
	12.31	국민은행법 제정		- 유럽경제협력기구(OEEC, 1948. 4. 16.)는 해체
		- 상호부금업무를 주업무로 하는 서민금융기관	10.	미국 및 서유럽 7개국, 금풀(Gold Pool)협정 체결
		설립		- 런던 금시장의 금 가격이 온스당 35.2달러
		우편저금법 제정(1977. 3. 1. 폐지)		이상으로 상승할 경우 할당된 금을 공동 매각
		외국환관리법 제정(1962. 1. 20 시행)		- 금 이중가격제 실시(1968. 3. 17.)와 함께 폐지
1962	1.15	이자제한법 제정(금리상한 : 연 20%)	1. 5	IMF 및 선진 10개국, 일반차입협정(GAB)*체결
		- 1911년 제정된 이식제한령을 대체		(10. 24. 발효)
	1.20	어음법 및 수표법 제정		- 동 협정 가입국이 일반차입을 요청할 경우
		수산업협동조합법 제정		IMF는 여타 가입국으로부터 외화를 차입하여
	2. 1	한국국민은행 설립		공여
		- 한국무진(주)이 한국중앙무진(주)을 흡수하여		* General Agreement to Borrow
		설립	1.19	IMF, 일본에 대한 대기성차관(3억 5백만 달러)
	3.13	재무부, 외국환은행 업무취급요령 제정		공여 승인
		- 신용장 개설은 모두 한국은행에 의뢰 등	3. 1	뉴욕 연준, 프랑스은행과 5천만달러의 스왑협정
	4. 1	수산업협동조합중앙회 설립		체결
	4. 6	성업공사 설립		* 이후 유럽 주요국과 캐나다,일본 등과도 스왑
		- 산업은행으로부터 부실기업채권 승계		협정 체결
	5.24	한국은행법 개정	5.28	미국, 주가 폭락
		- 금융통화위원회를 금융통화운영위원회로 변경		- 1929년 10월 이후 가장 큰 폭으로 하락
		- 외환정책 수립권한을 정부로 이관	6.11	일본, 외국환은행에 외환 지급준비금제도 실시
	6. 9	정부, 긴급통화조치 단행(6. 10. 시행)		- 1972. 6. 1. 폐지
		- 화폐단위를 환에서 원으로 변경(10환=1원)	7.20	미국, 미국인의 금화 수입 및 해외보유 금지
	6.10	한국은행, 긴급통화조치에 의한 원화 발행(6개		(1963. 1. 1. 시행)
		권종)	11. 1	일본, 신금융조절방식 실시
	6.16	정부, 긴급금융조치 단행		- 대출한도액제도 실시(한도액 초과시 고율의
		- 구권예금을 금액별 체증률에 따라 봉쇄계정에		재할인율 적용)
		동결하고 나머지는 지급제한이 없는 자유계정		- 환매조건부 채권매입조작을 통한 성장통화 공
		으로 전환		급
	9.26	서울은행, 시중 은행으로 승격		
	12. 7	국민은행법 제정		
		- 감독주체를 금통운위에서 정부로 변경		

연도	일자	국 내	일자	국 외
1963	2. 1	국민은행 설립 - 한국국민은행을 모체로 한국신흥무진(주) 및 대구무진(주)을 흡수 · 합병	1. 1 2.27 4. 1 5. 7 10.22	프랑스, 화폐단위 공식명칭 변경 - 신프랑(New Franc)→프랑(Franc) IMF, 보상금융제도(CFF)* 도입 - IMF 최초의 특별신용제도 - 1차산품 수출개도국의 국제수지 악화시 제공 * Compensatory Financing Facility 일본은행, 대형(예금 200억엔 이상) 상호은행 및 신용금고를 지급준비제도 대상기관에 추가 일본은행, 은행에 대한 창구규제 폐지 COMECON, 외국간 결제를 위한 국제경제 협력은행 설립협정 조인(1964. 1. 1. 발효)
1964	3.17 4.26 5. 3 11.27	정부, 국제금융공사(IFC)가입 신용협동조합연합회 발족 정부, 환율현실화 및 단일변동환율제도 채택 - 공정환율 절하 : 달러당 130원→255원 - 외환증서제도 도입 : 외환 및 금을 대가로 자유로운 거래가 허용되는 외환증서 교부 - 고정환율제에서 외환증서 매매환율에 의한 단일변동환율제로 전환 * 단일변동환율제는 외환증서시장의 미형성으로 시행되지 못하다가 1965. 3. 22.에 시행 재무부, 외국환관리규정 제정 - 현물환 포지션 관리제도 도입 - 대외무역외지급은 원칙적으로 재무부 승인 필요	1.10 4. 1 4.28 7. 6 9. 3 9.10 11.20 11.25	일본은행, 시중 은행에 대한 대출증가액 규제 재도입 일본, IMF 8조국 이행 - 아시아 국가로는 처음, IMF 가입국 중 25번째 일본, OECD 가입 EEC, 제1회 중앙은행총재회의 개최(바젤) 미국, 이자평형세법*제정(1963. 7. 18. 소급시행) - 외국 유가증권 구입시 조세부과로 내외금리차 축소 * Interest Equalization Tax 아프리카개발은행(AfDB) 설립 IMF, 일반차입협정(GAB)을 이용한 최초의 차관공여 결정 - 8개국 차입(4억 5천만 달러)으로 영국에 자금공여 영국, 선진 11개국 중앙은행 · BIS · 미국수출입은행 등과 총 30억 달러의 긴급차관협정 체결
1965	3.22 9.24	재무부, 단일변동환율제도 실시 - 거주자는 외환이나 금을 대가로 외국환은행에서 유효 기간 15일의 외환증서를 교부받아 자유로이 매매 · 양도 이자제한법 개정 - 금리상한 : 연 20%→연 40% 범위내에서 대통령령으로 결정* * 동일자 시행령 개정으로 연 36.5%로 결정	5.12 6.25 9.10 12.14.	IMF, 영국에 대한 14억 달러의 차관 승인 일본, 시중은행에 대한 대출증가액 규제 철폐(7. 1. 시행) 선진 10개국* 및 BIS, 국제금융협력에 관한 협약체결 * 오스트리아, 벨기에, 캐나다, 서독, 네덜란드, 이탈리아, 일본, 스웨덴, 스위스, 미국 영국, 10개국 중앙은행 및 BIS와 제2차 차관협정체결 인도, 화폐개혁 실시 - 1,000 루피→ 1신루피
1966	6. 3 7.28 11.24	재무부, 시중 은행의 부도산투자 억제대책 발표 한국외환은행법 제정 - 자본금 : 100억원(전액 한국은행 출자) - 한국은행은 외국환업무를 동 은행에 이관 정부, 아시아개발은행(ADB) 가입	2. 3 3. 1 9.21 10.14 11.18 12.19	동남아중앙은행기구(SEACEN) 발족* * South East Asian Central Banks 영국, 파운드화 단위의 10진법 이행 발표(1971. 2. 15. 시행) 미국, 금리억제법 제정 * 연준은 동 법에 의해 10만 달러 이하의 정기예금 최고금리를 연 5%로 결정(9. 26. 시행) 국제투자분쟁 해결본부(ICSID)* 설립 - 외국인 투자가와 자본도입국간 분쟁 해결을 위해 설치 * International Center for Settlement of Investment Disputes 프랑스, 외화 및 외국 주식 강제예탁제 폐지 - 국내 보유 외화 및 외국 주식을 금융기관에 예치하도록 하던 것을 폐지 아시아개발은행(ADB) 업무 개시 - 본점 : 필리핀 마닐라 - 가맹국 : 31개국

연도	일자	국 내	일자	국 외
1967	1.28	재무부, 외국환관리규정 개정 - 외국환은행을 가류와 을류로 구분* - 한국외환은행을 갑류 외국환은행으로 지정 * 갑류의 경우 대내외 외국환업무 모두 취급 을류는 대내 외국환업무만 제한적으로 취급	1.12	프랑스, 예금지급준비제도 도입(1. 21. 시행) - 국채보유의무제도(1948. 10 .1.) 및 가변유동비율제도(1960. 10. 6.)는 폐지
	1.30	한국외환은행 설립	2.17	프랑스은행, 일반 은행에 대한 창구지도 폐지
	3. 2	5개 시중 은행, 갑류 외국환업무 취급 개시	6. 6	일본, 제1차 자본자유화조치 발표(7. 1. 시행)
	3. 3	중소기업 신용보증법 제정	7. 1	유럽공동체(EC) 발족
	3. 4	한국은행, 통화안정계정 설치	9.11	IMF 이사회, 특별인출권(SDR)* 창출안 승인 - 추가출자 없이 IMF 쿼터에 비례한 특별인출권 창출 - IMF 연차총회 채택(9. 29.) 및 승인(1968. 5. 31.) 후 1969. 7. 28. 발효 * Special Drawing Rights
	3.30	한국주택금고법 제정 - 한국산업은행의 주택금융업무를 분리하여 한국주택금고 설립(7. 10 발족) - 주택자금운용법(1963. 12. 7.)폐지 외국환관리법 개정 - 외국환평형기금 설치 - 외환매입초과에 따른 해외부문 통화증발 흡수 도모	11.18	영국, 파운드화 평가 절하* 등 긴축조치 실시 - 파운드당 2.80달러 → 2.40달러(14.3% 절하) - 재정·금융긴축, 임금·물가동결, IMF자금지원 요청 등 * 1949. 9. 18.의 34.9% 절하에 이어 전후 두 번째
	6.29	한국은행, 수입금융규정 제정(7. 15. 시행)	11.22	유럽 자유금시장(런던, 파리), 제1차 금 파동 발생 - 금 수급 불균형 및 국제통화제도 불안이 파운드화 평가절하를 계기로 표면화 - 런던 금가는 온스당 35.199달러로 급등 - 금풀 가맹국의 금 매도 등으로 11. 29. 금 파동 종료
	7.10	한국주택금고 설립 - 1969. 1. 4. 한국주택은행으로 개편		
	8. 4	한국은행, 외국 은행과의 스왑거래 최초 실시		
	10. 7	대구은행 설립		
	10.25	부산은행 설립		
	11.24	재무부, 외국환관리 규정 개정(11. 25. 시행) - 한국은행 고시 대고객매매율을 외국환은행 자율고시	11.29	IMF, 영국에 14억 달러의 대기성차관 승인
			12.12	유럽 자유금시장, 제2차 금 파동 발생 - 미국 금 매입 규제 제안 등이 금 투기수요 자극 - 미국의 금가 유지 성명(12. 16.)을 계기로 12. 20. 종료
1968	4.22	충청은행 설립	2. 6	미국, 금 보유액 격감 - 119억 달러로 118억 달러(1937. 4. 28.)이래 최저
	11.20	광주은행 설립	2.29	유럽 자유금시장, 제3차 금 파동 발생 - 미국 상원의원의 금 매각 정지 주장, 남아프리카공화국의 금 공급지 이동(런던 → 파리) 등이 원인
	12. 2	한국신탁은행 설립 - 종전 5개 시중 은행에서 겸업하던 신탁업을 분리하여 전담	3.14	미국, 법정 금 준비(25%) 폐지법 제정(3. 18. 시행)
			3.15	영국, 런던 금시장 폐쇄
			3.17	미국 및 서유럽 7개국 금풀협정(1961. 10.) 폐지 및 금 이중가격제 채택
			6.24	미국, 은 매입증서제도* 폐지 - 법정 금 준비제도 폐지(3. 18.)와 동 조치에 의해 미국은 귀금속본위제에서 완전 이탈 * 미 재무성은 1929년부터 국내 산은업자로부터 은을 매입하는 대가로 증서(1온스=1.29달러)를 발행
			11.20	런던·파리외환시장 폐쇄(11. 21. 프랑크푸르트시장 폐쇄)
1969	1. 4	한국주택금고법을 한국주택은행법으로 개정 - 한국주택금고를 한국주택은행으로 개편	2. 7	일본, 제2차 자본자유화조치 실시
			5. 1	유럽 17개국, 유로수표(Eurocheck)제도 실시
	2.22	저축추진중앙회 설립 - 저축운동을 위한 임의단체	6.20	IMF, 영국에 대한 10억 달러 차관 승인
	6.27	본원통화 규제방식 채택(7. 1. 시행) - IMF 권고에 따른 간접통화관리방식 - 중심통화지표를 통화량(M1)에서 본원통화로 변경	7.14	미국, 고액권*발행 중단 발표 - 5백·1천·5천·1만 달러권 발행 중단 * 1918년 미 연준법 개정에 의해 주로 은행간 결제용으로 발행, 이용도 낮아 1946년 인쇄중단
	7.28	한국수출입은행법 제정 - 수출입은행 설립시(1976. 7. 1.)까지 한국외환은행이 수출입금융업무 대행	8. 8	프랑스, 프랑화 평가절하(8. 11. 시행) - 달러당 4.93706프랑 → 5.55419프랑(11.1% 절하) * 1958. 12. 27.의 14.9% 절하 이후 10년만의 평가절하
	8. 4	증권투자신탁회사법 제정 - 투신사 설립시(1974. 8. 8.)까지 한국투자공사가 증권투자 신탁업 겸업	9.19	IMF, 프랑스에 대한 9억 8,500만 달러의 대기성차관 승인
연도	일자	국 내	일자	국 외

연도	일자	국 내	일자	국 외
1969	9.19	제주은행 설립	9.29	서독, 변동환율제로 이행
	12. 8	인천은행 설립(1972. 6. 1. 경기은행으로 상호 변경)		- 2차대전 이후 유럽 최초의 변동환율제
	12.10	전북은행 설립	12. 5	일본, 주우은행이 최초로 연금자동지급기(CD)설치
1970	1. 1	저축증대에 관한 법률 제정	1. 1	IMF, 최초로 SDR창출 배분 실시
		- 저축기관의 무기명 저축채권 발행 허용	1.26	EEC, 회원국 중앙은행 간 단기통화지원제도 창설 (2. 9. 발효)
		- 국민저축조합 설립		- 기금조성으로 투기성자금 이동으로 어려움에 처한 회원국 지원
	4. 3	강원은행 설립		
	5.22	경남은행 설립		
	7. 1	사단법인 저축추진중앙위원회 설립	7.10	COMECON 참가국*, 국제투자은행 설립협정 조인
		- 임의단체(1969. 2. 22)를 승계		* 소련, 동독 등 7개 공산권 국가
	8.31	한국주택은행, 제1회 택지상환부 채권 발행	8.25	일본, 제3차 자본자유화조치 실시
			11.27	일본 ADB의 원화채권 발행계약 조인
				- 비거주자의 원화표시 채권(사무라이본드)최초 발행
1971	4.24	충북은행 설립	2.15	영국, 파운드화 단위를 10진법으로 변경
	4.	대한금융단, 콜거래 방식 변경	4. 1	일본, 예금보험법 제정
		- 종전의 한국은행 주선방식(1970. 8. 도입)에서 은행간 점두거래방식으로 환원		프랑스, 대출준비율제도 실시
			7. 1	일본, 예금보호기구 설립
	6.25	한국투자금융(주) 설립	8. 3	일본, 제4차 자본자유화조치 실시
		- 최초의 단기금융회사	8.15	미국 제1단계 긴급경제조치(닉슨독트린)* 발표
		- 국제금융공사(IFC) 및 한국개발금융주식회사(KDFC)의 합작투자로 설립		- 달러화의 금태환 정지, 수입과징금 부과 등
	9.29	재무부, 금융기관 점포조정위원회 규정 제정		* 달러화를 기축통화로 한 Bretton Woods 체제 붕괴
		- 금융기관 점포의 신설·이전·통합·폐지 등을 심의 조정		각국은 달러화에 연계된 고정환율제도를 폐지하고 변동환율제도로 전환
			12.18	선진 10개국 재무장관회의, 국제통화체제에 관한 합의사항 발표(스미스소니언 합의)
				- 미 달러화를 금 1온스당 35달러에서 38달러로 절하하고 각국 통화 평가조정
				- 환율변동폭을 상하 1%에서 2.25%로 확대 등
1972	1.15	대한금융단, 콜론에 관한 협정 제정	2. 3	IMF, 공적대외준비를 달러 및 SDR의 두 가지 단위로 발표
		- 콜거래 실행금리를 금융단 협정으로 결정		- 달러화와 SDR의 등가관계 상실에 기인
	8. 2	정부, 이자제한법 시행령 개정(8. 3. 시행)		- 3. 10.에는 회계단위를 미 달러에서 SDR로 변경
		- 금리상한 인하 : 연 36.5% → 25.0%		
		상호신용금고법 제정	4.24	EC, 스네이크 체제 출범
	8. 3	정부, 경제의 안정과 성장에 관한 긴급명령 (8. 3. 조치) 공포		- EC역내국 통화의 대미달러화 환율변동폭*을 상하 2.25%내에서 운용하되 역내통화 간 환율변동폭은 상하 1.125%로 축소
		- 8. 2.현재 기업부담 사채를 연 16.2%, 3년거치 5년	4.27	일본, 외화집중제 폐지(5. 8. 시행)
		분할 상환조건의 새로운 채권채무로 전환	6.23	영국, 변동환율제 실시
	8.17	단기금융업법 및 신용협동조합법 제정		- 최초로 스미스소니언 체제 이탈
	9.20	한국은행, 기업평가제도 도입	7. 6	홍콩, 파운드권에서 이탈하여 홍콩달러를 미 달러에 고정
		- 기업을 4개 등급으로 평가하여 신용대출확대 유도		
	12.21	재무부, 269개 상호신용금고 설립 인가		
1973	1. 5	재무부, 30개 상호신용금고 설립 추가 인가	3.19	EC 6개국, 공동 변동환율제 채택
		재무부, 248개 신용협동조합과 66개 마을금고 설립 인가		- 역내통화 간 환율변동폭 상하 1.125%는 유지하되 달러화에 대한 환율은 자유변동 허용
	3. 5	농업협동조합법 개정		- 스미스소니언 체제(1971. 12. 18) 붕괴
		-이·동조합 명칭을 단위조합으로 변경	5.14	국제 금가격 폭등
	3.22	새마을금고연합회 발족		- 런던시장에서 1온스당 100달러 돌파
	12.14	국민투자기금법 제정(1974. 1. 1. 시행)	10.16	OPEC 회원국 중 아랍6개국, 원유 공시가격 21% 인상
		- 국민투자채권 발행, 정부전입·예탁, 기금 잉여금 등으로 기금 조성		- 제1차 석유파동 발생
		- 중화학공업 등 중요 산업에 대해 융자	11.13	미국 및 유럽 6개국*, 금 이중가격제(1968. 3. 17.) 폐지
				* 서독, 영국, 벨기에, 스위스, 이탈리아, 네덜란드
			12.	영국, 보완적 특별예치제도(Corset) 도입
				- 특정 부리대상예금이 영란은행이 사전 설정한 증가율보다 더 빨리 증가할 경우 초과증가분의 5~50%를 영란은행에 무이자로 예치

연도	일자	국 내	일자	국 외
1974	2.20 5.29 5.31 8. 8 12.21	재무부, 국민투자기금 운용기준 제정 정부, 기업의 체질개선과 내자동원을 위한 조치(5. 29. 조치) 실시 - 계열기업군에 대한 여신관리 - 여신관리대상 기업군의 기업공개, 계열기업처분 비업무용 부동산 매각 유도 대산금융단, 계열기업군 여신관리협정 체결(7. 1. 시행) - 금융기관여신 50억 원 이상인 계열기업군 대상 - 기업공개, 비업무용 부동산 매각 등을 통한 기업재무구조 개선 유도 한국투자신탁(주) 설립 - 최초의 투자신탁 전업회사 신용보증기금법 제정 - 신용보증기금 설립(1976. 6. 10.) 이전에는 중소기업은행이 업무 대행 - 중소기업 신용보증기금법(1967. 3. 3.) 및 수출업자 신용보증법(1972. 12. 8.) 폐지	5.10 6.26 7. 1 8.22 9.25 12. 5 12.31	미국, Franklin National Bank of New York 파산위기 표면화(1974. 10. 5. 파산) 서독, Herstatt 은행이 대규모 외환손실로 인해 파산 - 은행간 결제리스크 노출 등 국제금융시장 혼란 야기 IMF, 표준 Basket에 의한 SDR 가치결정방식 채택 - 16개 주요국 통화의 가중평균에 기초 - 종전에는 미 달러화에 고정 IMF, 석유신용제도(Oil Facility) 도입 - 유가 상승으로 국제수지적자가 확대된 석유수입국을 위한 특별융자제도 미 연준, 특별 재할인제도 신설 - Franklin National Bank of New York 파산위기를 계기로 도입 - 고금리를 적용하는 긴급거액 장기자금 지원제도 서독 연방은행, 통화목표(연 8%) 공표 - 세계 최초로 통화목표관리(monetary targeting)에 의한 통화정책 운용방식 채택 미국, 민간의 금 보유 자유화
1975	4. 1 6.27 11. 1 12.31	서울은행집회소, 서울은행협회로 개칭 대한금융단, 금융기관 콜거래실 규약 제정 - 은행협회내에 콜거래실 설치 - 콜거래방식이 은행간 점두거래에서 집중거래방식으로 전환 서울은행협회, 전국은행협회로 개편 종합금융회사에 관한 법률 제정	4. 12.31	미국, 통화목표 최초 공표 - M1 중시 IMF, 영국에 대한 20억 달러 차관제공 승인
1976	3.31 4. 1 6.10 6.25 7. 1 8. 5 12.22	저축증대와 근로자 재산형성지원에 관한 법률 제정(4. 1. 시행) - 재형저축제도 도입 한국종합금융(주) 설립 - 최초의 종합금융회사 신용보증기금 설립 대한금융단, 주거래은행제 운용에 관한 협정 체결(7. 12. 시행) - 주거래은행제도 실시 한국수출입은행 설립 서울은행과 한국신탁은행 합병 - 서울신탁은행 설립 한국투자공사의 해산에 관한 법률 제정 - 증권감독업무는 증권감독원, 투자신탁업무는 대한투자신탁(주)에 인계	1. 8 9.28 10. 12.15	IMF 잠정위원회, 국제통화제도 개혁을 위한 IMF협정 개정에 합의(킹스턴 합의) - 국제통화제도에서 금의 역할 축소 및 SDR의 준비자산화 영국, 39억 달러의 IMF 대기성차관 신청 - 물가 및 임금 상승, 노동시장 불안 등에 따른 파운드화 시세 폭락 및 외환보유 감소에 기인 프랑스, 통화목표 최초 공표 영국, 긴급종합경제조치 발표 - IMF 차관 도입에 따른 경제조치 - 재정적자 감축, 고용 확대 및 투자 촉진 등
1977	2. 1 2.14 2.19 3. 1 4.21 6.22 6.30 9.16	금융기관 전자계산소, 은행지로제도 최초 실시 대한투자신탁(주) 설립 증권감독원 설립 우편저금법(1961. 12. 31.) 폐지 - 기존 우편저금은 농협이 승계 대한금융단, 자유적립예금제도 도입(5. 1. 시행) 대한금융단, 가계당좌예금제도 도입(5. 16. 시행) 은행지로관리소 설립 - 금융기관 전자계산소(1975. 10. 1.)를 개편 한국주택은행, 주택저축제도 신설(7. 1. 시행) 대한금융단, 개인신용정보 집중관리제도 시행	1. 3 6. 10.31	IMF, 영국에 39억 달러의 대기성차관 공여 승인 * 이외에 BIS가 30억 달러, 미국·서독 등 주요국 은행이 15억 달러 지원 합의 영국, 통화목표 최초 공표 일본, 엔화 시세 급등 - 달러당 250.35엔으로 전후 최고시세 기록 (1976년말의 293엔 대비 14.6% 절상)
1978	3. 2	한국은행, 양도성 정기예금(CD)제도 재도입 - 해외부문의 유동성 팽창으로 늘어난 단기부동자금 흡수 도모	4. 1	IMF, IMF 개정협정 발효 - 킹스턴 체제 출범 - 브레튼우즈 체제의 양대 기본이념인 고정환율제 및 금본위제도 붕괴

연도	일자	국 내	일자	국 외
1978		- 무기명 할인 발행 * 유통시장 미형성으로 발행실적이 부진하여 1981. 12. 29. 다시 폐지	7.11	일본은행, 통화목표 최초 공표
		한국보험공사 설립 - 보험사업자에 대한 검사업무와 보험 및 재보험 사업 영위	9.18	미국 국제은행법(International Banking Act) 제정 - 외국 은행의 미국내 영업활동 규제
	6.	대한금융단, 주거래은행 여신관리에 관한 협정 체결 - 계열기업군 여신관리협정(1974. 5. 31.) 및 주거래은행제 운용에 관한 협정(1976. 6. 25.)통합	12. 4	EC, 유럽통화제도(EMS)* 창설 합의 (1979. 3. 13. 발족) - 유럽통화단위(ECU)를 창출하여 준비자산 및 결제통화로 활용 - 가맹통화 간 환율조정메커니즘(ERM) 도입
			12.26	이란, 회교혁명의 전국 확산으로 석유수출 전면 중단 - 제2차 석유파동 발생 - 현물 유가는 배럴당 40달러선까지 급등 - 1979. 3. 5. 석유수출 재개
1979	7.26	재무부, 은행간 외환장외거래(Telephone Market) 허용	2.23	IMF, 보완금융제도(SFF)* 신설 - 석유파동 등으로 국제수지 악화된 가맹국 지원 * Supplementary Financing Facility
	8.22	대한금융단, 금융기관 콜거래실규약 개정(8. 23.시행) - 서울 소재 투자금융회사, 종합금융회사 및 투자신탁회사의 콜거래 참가 허용	3.13	EC, 유럽통화제도(EMS) 출범 - 가맹국 : 서독, 프랑스, 이탈리아, 네덜란드, 벨기에, 덴마크, 아일랜드
	12.28	장기신용은행법 제정(1980. 1. 1. 시행) - 장기신용채권 발행으로 조달한 자금으로 시설자금과 장기 운전자금 대여	4. 2	일본, 콜금리 완전 자유화
			5.16	일본, CD 발행 개시 - 최초의 자유금리 상품
			9.27	국제 금 가격 폭등 - 뉴욕시장에서 1온스당 4백 달러 기록
			10. 6	미 연준, 통화조절방식 변경 발표 - 금리 중시 → 지준지표 중시
			12.18	일본, 외환거래 규제방식을 포지티브 시스템에서 네가티브 시스템으로 전환(1980. 12. 1. 시행)
1980	1.12	정부, 이자제한법 시행령 개정 - 금리상한 : 연 25% → 40%	1.21	국제 금 가격 폭등 - 뉴욕시장에서 온스당 850달러 기록 * 1. 23. 금 선물시세는 온스당 1천 달러 돌파
	6. 2	한국장기신용은행 설립	3.17	국제 금 시세 하락 - 뉴욕시장에서 온스당 484달러로 하락
	10.27	은행지로관리소, 지로업무 확대 - 급여지급, 기업간 자금결제 업무, 학자금납부 등 추가	3.31	미국, 예금기관 규제완화 및 통화관리법(DIDMCA)* 제정 - 지준부과대상 확대, 예금금리 상한 규제 철폐, NOW계정의 전국 확대 실시(1980 12. 31.부터) 등 * Depository Institution Deregulation and Monetary Contral Act
			4.17	중국, IMF 가입(대만 탈퇴)
			5.15	중국, IBRD 가입
			12.19	미국, 프라임레이트 연 21.5%로 사상 최고 수준 기록
1981	7.20	정부, 국민주택기금 설치 - 국민주택채권 발행, 주택청약저축 및 정부출연금으로 조달한 자금을 주로 주택건설자금 대출에 운용 - 운용·관리업무는 한국주택은행에 위탁	3. 2	IMF, 중국에 대한 4억 5천만 SDR 융자 승인 - 중국 최초의 국제기구 차입
			3.11	IMF, 확대지원금융제도(EAP)* 도입 * Enlarged Access Policy on Fund Resources
			6. 1	일본, 신은행법 제정(1982. 4. 1. 시행) - 은행의 국공채업무 허용 등
			6.23	IBRD, 사상 최초로 중국에 대한 2억 달러 규모의 차관공여 승인
			8. 5	영국, 신통화관리방식 발표(8. 20. 시행) - 최저대출금리 발표 중지, 공개시장조작정책 활용 등
			9.23	프랑스, 예수금 10억 프랑을 초과 36개 은행 국유화
1982	7. 7	신한은행 설립	4.19	영국, 런던 금 선물시장 개설
	9. 8	재무부, 금융기관의 국공채 인수매출업무(환매조건부매매 포함) 취급 인가(11. 3. 시행) - 6개 시중 은행, 10개 지방 은행, 농·수협	6.21	국제 금 시세 온스당 300달러선 붕괴(런던시장 기준) - 1980. 1. 21. 온스당 838달러를 정점으로 계속 하락하여 6.21.에 298달러로 하락 - 유가하락으로 중동 산유국이 금 수요국에서 금 판매국으로 전환한 데다 소련 남아연방이 외환사정 악화로 금 판매를 확대한 데 기인
	12.31	금융기관에 대한 임시조치법(1961. 6. 20) 폐지		

연도	일자	국 내	일자	국 외
1982			8.13 8.25 9. 1 11.15	멕시코, 외환시장 폐쇄(8. 19. 재개) - 외채누증과 경기침체, 대외신인도 저하 등으로 페소화 시세 폭락 국제결제은행(BIS), 멕시코에 18억 5천만 달러 긴급융자 결정 멕시코, 은행 국유화 선언 미국, 은행에 MMDA 개설 허용(12. 14. 시행)
1983	2. 1 3.16 4.11 4.21 8.29 9. 5	은행, 팩토링업무 취급 개시 한미은행 설립 - 미국 Bank of America와 국내 기업들이 합작 투자 한국은행, 지방 은행의 신탁업무 겸영 인가 - 종전에는 서울신탁은행만이 취급 은행, 상호부금업무 취급 은행 확대 명성그룹 사건 발생 - 은행을 통해 1,066억 원의 사채를 변칙 조달 BC카드사 설립(9. 17. 영업 개시)	5.11 6.18 7.29 8.26 9.27 10.31	IMF, 석유신용제도(1974. 8. 22.) 폐지 에쿠아도르, 채권은행단과 25억 달러의 채무 재조정 칠레, 채권은행단과 34억 달러의 채무조정 및 27억 달러의 신규자금 차입에 합의 멕시코, 채권은행단과 114억 달러의 외채원금상환을 8년간 연기하기로 합의 브라질, 채권은행단과 총 110억 달러에 달하는 대외채무조정 및 구제금융 차입협상 타결 베네수엘라, 채권은행단과 184억 달러의 채무상환 연기에 합의
1984	1.19 4. 1 5. 9 5.10 7.20 11. 5	한국은행, 시중 은행의 신탁업무 겸영 내인가 (2. 1 시행) - 서울신탁은행과 10개 지방 은행이 취급하던 신탁업무를 여타 시중은행도 취급 시중 은행 및 지방 은행, 가계금전신탁 발매 개시 전국은행연합회 발족 - 전국은행협회를 개편한 사단법인 사단법인 전국어음교환관리소 발족 대한금융단, 금융단협정 일괄 폐지(7. 23. 시행) - 금융자율화 및 금융기관 책임경영체제 정착 도모 - 금융단협정으로 정하던 여·수신 실행금리를 한국은행이 정하는 최고금리 범위 내에서 은행이 자율 결정 - 콜거래 규약 등은 어음교환소 규약으로 흡수 전국어음교환관리소, 콜금리 자유화	4.14 5.10 5.16 5.30 9. 9 10. 1 12. 7	일본, 단계별 금리자유화 방침 발표 - 거액단기예금, 거액장기예금, 소액예금순으로 자유화 미국, 콘티넨털 일리노이은행 도산 우려에 따른 대규모 예금인출사태 발생 미국, 콘티넨털 일리노이은행에 대한 긴급금융지원계획 합의 - 연방예금보험공사 및 주요 상업은행 공동으로 후순위채 매입을 통해 20억 달러 지원 - 24개 민간은행은 동행에 대한 55억 달러의 긴급신용한도 설정 엔·달러위원회, 최종 보고서 발표 - 일본 금융·자본시장 자유화 및 개방 등 멕시코, 채권은행단과 485억 달러 규모의 채무재조정 영국, 존슨 매튜은행 긴급구조조치 발표 - 영란은행이 동 은행을 1파운드에 인수 - 이를 계기로 은행감독제도의 개선이 이루어짐 서독, 은행법 개정(1985. 1. 1. 시행) - 건전성 규제 강화 및 예금자 보호제도 도입
1985	2.21 9. 5	한국은행, 외국 은행 국내지점에 수출금융재할인 허용 한국은행, 11개 외국은행 국내지점에 신탁업무 겸영 내인가	3.15 8.27 9.17 11.21	미국, 오하이오주 71개 저축대부조합 영업정지 - Home State Savings Bank의 도산(3. 9.)에 따른 예금인출사태 파급에 대처 아르헨티나, 채권은행들과 139억 달러의 채무재조정 ECU 은행협회 설립 - 구성 : 9개국 18개 상업은행 - 목적 : 유럽통화단위(ECU) 결제제도 확립 미 연준, 뉴욕은행(Bank of New York)에 대한 긴급자금 지원 - 전산장애로 대규모 자금부족 발생
1986	3. 6 6. 2	한국은행, 양도성 정기예금(CD)발행 및 대출금리 자유화(3. 7. 시행) - 다만 과도한 금리상승 방지를 위해 필요한 경우 한국은행총재가 CD대출 최고금리 결정 가능 금융결제관리원 발족 - 전국어음교환관리소와 은행지로관리소를 통합 - 전국어음교환관리소의 신용정보 관리업무는 전국은행연합회로 이관	2.26 2.28 3. 2 3.26	베네수엘라, 채권은행단과 212억 달러의 채무조정 브라질, 통화개혁 단행 - 1천 Cruzeiro를 1Cruzado로 변경 브라질, 민간채권은행단과 310억 달러의 채무조정 IMF, 구조조정 금융제도(SAF)* 도입 - 개도국의 만성적 국제수지적자 및 외채문제를 경제구조조정에 의한 지속적 성장기반 조성을 통해 해결 * Structural Adjustment Facility

연도	일자	국 내	일자	국 외
1986	7.10 9.11	한국은행, 외국 은행 국내지점에 대한 상업어음 재할인 허용(8. 1. 시행) 전국종합신용평가(주) 설립 - 시중 은행 및 지방 은행이 출자 설립 * 1991. 1. 1. 한국신용정보(주)로 상호 변경	9.30 10.20 11.19	멕시코, 채권은행단과 437억 달러의 채무재조정 프랑스, 신금융조절방식 발표(12. 1. 시행) IMF, 멕시코와 125억 달러의 신규융자 및 523억 달러의 채무조정을 주요 내용으로 하는 종합자금 지원계획에 합의
1987	2.12 5.30 8.28 9.14	한국은행, 양도성예금증서(CD) 발행 단위금액 인하 - 1억 원 → 5천만 원 신용카드업법 제정 재무부, 기업금전신탁제도 도입(9. 1. 시행) - 통화조절용 채권에 조성자금의 80% 이상 운용 재무부, 금융선물거래 규제 완화(10. 1. 시행) - 통화선물, 통화옵션, 통화스왑, 선물, 금리옵션, 선도금리계약 등 새로운 거래방식 허용(종전에는 금리스왑만 허용)	4.30 8.10 8.21 9.18 10.19 12.28	미 연준, 은행지주회사에 대하여 증권 자회사를 통한 CP 및 주택저당증권 인수・딜링업무인가 미국, 경쟁균등은행법(Competition Equality Banking Act) 제정 - 비은행금융기관 규제 등 아르헨티나, 채권은행단과 340억 달러의 채무재조정 베네수엘라, 채원은행단과 203억 달러의 채무재조정 미국, 주가폭락(Black Monday) - 다우지수가 전일대비 22.6% 하락 - 세계적인 주가파동 유발 IMF, 확대구조조정 금융제도(ESAP)* 도입 * Enlarged Structural Adjustment Facility
1988	6.30 7. 1 9.19 12. 1	한국은행, 금융기관 수수료율 자유화(7. 1. 시행) - 금융기관의 지급보증료 및 내국신용장 취급수수료 최고율 폐지 등 금융결제관리원, 현금자동인출기(CD) 공동이용망 가동 개시 재무부, 한국산업은행 및 한국장기신용은행의 신탁업무 취급 허용(1989. 1. 4. 시행) 한국은행, 금리자유화*(12. 5. 시행) - 2년 이상 만기 정기예금 금리 - 프라임레이트제도 도입 - 재정자금, 각종 기금대출 및 농・수・축산 자금을 제외한 모든 대출금리 * 1989년 초반 물가불안으로 금리가 급격히 상승하는 등 부작용 심화에 따라 창구지도에 의한 규제 재개로 실효를 거두지 못함	1.21 7. 1 8.29 9. 3 10.18	서독, 중심통화지표 변경 - 중앙은행통화 → M3 국제결제은행(BIS), 은행의 자기자본규제에 관한 국제통일기준(1988 Accord) 발표 - 1992년말까지 자기자본비율을 8% 이상으로 제고 - 총자산 산정시 위험도에 따라 가중치 부여 IMF, 확대보상금융제도(CCFF)* 신설 - 외부 충격으로 IMF와 합의한 경제구조조정계획 시행이 어려운 중소득채무국 및 제3세계 최빈국 지원 * Compensatory and Contingency Financing Facility 일본, 주가지수 선물거래 개시 미국 증권거래위원회, 주식거래 일시 중단제도(circuit breaker) 도입(10. 19. 시행) - 다우지수가 전일보다 250포인트 하락할 경우 1시간 거래 중단
1989	4. 1 4.19 9. 5 11. 1 11. 7 11.15 12.16	기술신용보증기금 설립 금융결제관리원, 자동응답서비스(ARS) 공동망 가동 개시 동화은행 설립 - 이북5도민 출자은행 동남은행 설립 - 부산에 본점을 두고 전국을 영업구역으로 하는 중소기업금융 전담 은행 금융결제관리원, 금융결제원으로 명칭 변경 대동은행 설립 - 대구에 본점을 두고 전국을 영업구역으로 하는 중소기업금융 전담 은행 한국보증보험(주) 설립 금융결제원, 타행환 공동망 가동 개시	1. 9 3.10 6.15 8. 9 10.20	일본, 신 단기 프라임레이트 도입(1. 23. 시행) - 대출금리를 재할인율에 연동 - 삼릉은행이 최초로 도입 브래디 미국 재무장관, 개도국 외채위기 타개 방안(Brady Plan)제시 * 개도국 외채의 원금삭감과 대출금리 인하 및 신규융자 제공 등 일본, 주가지수 옵션거래 개시(대판증권거래소) 미국, 금융기관개혁 구제법* 제정 * 저축금융기관 구제를 위한 법률 - Financial Institution Reform, Recovery and Enforcement Act 일본, 주가지수 옵션거래 개시(동경증권거래소)
1990	4. 1 6.22 8.27	보험감독원 설립 - 한국보험공사(1978. 3. 2.) 해산 전국은행연합회, 소비자 금융거래약관 제정(7.21. 시행) - 종전의 여신거래 기본약관은 기업금융에만 적용 은행의 사모사채 인수업무 허용	5.18 6.21 10. 8	동・서독, 통화・경제・사회통합조약 서명(7. 1. 발효) - 서독 마르크화를 동・서독 공통의 단일통화로 채택 싱가포르 국제금융거래소, 아시아 최초로 원유선물거래 개시 영국, 유럽통화제도(EMS)내 환율조정메커니즘(ERM)* 가입 * Exchange Rate Mechanism
1991	3.13	한국은행・24개 국내 은행 및 24개 외국은행 국내지점, SWIFT* 가입 * 국제 자금결제를 위한 금융기관 전용 통신망	3.28 6.27	유럽부흥개발은행(EBRD) 설립 일본은행, 금융기관에 대한 대출증가액 규제(창구지도) 폐지

연도	일자	국 내	일자	국 외
1991	7. 5	하나은행 설립 - 한국투자금융이 은행으로 전환	11.26	프랑스, 1년 이상 만기 정기예금에 대한 지준율 폐지(12. 1. 시행)
	8.23	한국은행·재무부, 금리자유화 추진계획 발표 - 1996년까지 일부 단기 수신금리를 제외한 모든 금리 자유화 - 4단계에 걸쳐 단계적으로 시행하되 여신금리 → 수신금리, 장기·거액상품 → 단기·소액상품 순	12.19	미국, 연방예금보험공사 개혁안(FDICIA)* 제정(1992. 12. 19. 시행) - 부실은행에 대한 감독당국의 조기 시정조치 의무화, 예금보험료율 차등화 등 * FDIC Improvement Act
	9. 2	보람은행 설립 - 금성투자금융과 한양투자금융이 합병하여 은행으로 전환		미국, 외국 은행 감독강화법* 제정 - 미 연준에 주인가 외국 은행에 대한 규제 및 감독 권한 부여 * Foreign Bank Supervision Enhancement Act
	11.16	한국은행·재무부, 제1단계 금리자유화 실시(11. 21. 시행) - 여신금리 : 은행의 당좌대출, 상업어음 할인 등 - 수신금리 : 은행의 3년만기 정기예금, 거액 CD 등		
1992	3. 6	정부, 은행법 시행령 개정 - 지방 은행 주식 동일인 소유한도(15%) 신설 - 한도초과 소유주식의 정리를 위해 3년간 유예기간 인정	2. 7	유럽공동체(EC)회원국, 마스트리히트조약* 체결 - 역내 경제·통화 통합 단계적 추진 * 유럽연합(European Union : EU) 설립조약
	7. 1	금융결제원, 외은 국내지점의 금융결제원 가입 허용 - 어음교환 지로 및 금융전산망사업 참여	4. 2	미국, 저축금융기관의 타주 지점설치 의무화
	7. 7	한국수출보험공사 설립	6.26	일본, 은행법·증권거래법 등 16개 금융제도개혁 관련 법률 개정(1993. 4. 1. 시행) - 자회사 설립을 통한 금융기관 간 상호업무진출 허용
	11. 2	평화은행 설립	7. 4	북한 화폐개혁 실시 - 구화폐를 신화폐와 1 : 1의 비율로 교환
			8.21	일본은행, 중심통화지표 변경 - 보조지표로 사용하던 광의의 유동성을 M2+CD와 병행하여 중심통화지표로 활용
			9.15	미국, 예금보험료율 차등화 - 리스크 정도에 따라 차등보험료율 적용
			10.	영국, 물가안정목표제(Inflation Targeting)도입
1993	2. 1	재무부, 부동산담보 신탁제도 도입	4. 1	홍콩, 통화청* 신설 * 중앙은행과 유사한 기능 수행
	5.10	한국은행, 은행장 선임에 관한 지침 제정 - 은행장 추천위원회에 관한 규정	4.30	BIS, 신자기자본 규제에 관한 제안 공표 - 자기자본 규제대상 자산에 종전의 신용위험대상 자산뿐만 아니라 시장위험대상 자산 추가 - 시장위험 측정을 위한 기준 제시
	8.12	정부, 금융실명제 실시(금융실명거래 및 비밀보장에 관한 대통령 긴급재정경제명령 공포) - 8. 13. 이후 모든 금융거래는 실명으로만 가능 - 비실명자산은 10. 12.까지 실명전환 의무화 - 금융자산소득종합과세의 단계적 실시 등	7.24	러시아, 화폐개혁조치 발표 - 유통화폐의 표준화 및 위폐 제거를 위해 1992년 말까지 발행된 루블화의 유통금지
	10.28	한국은행·재무부, 제2단계 금리자유화 실시 - 2년 이상 만기 수신금리 자유화 등 - 모든 여신금리 자유화(재정지원 및 한국은행 재할인 대상 제외)	8. 4	미국, 은행보유 유가증권에 대한 시가평가제 도입(1994 회계연도부터 시행)
			11. 1	마스트리히트조약 발효 - 유럽공동체(EC) → 유럽연합(EU)
	12.28	한국은행, 일반은행 배당률 결정 자율화(12. 31 시행) - 자기자본비율 8% 등 배당자율화 요건 충족 은행은 세후 당기순이익의 40% 이내에서 자율결정	12.30	중국, 환율일원화(1994. 1. 1. 시행) - 국가고시환율과 외환조절센터환율로 이원화되어 있던 것을 관리변동환율로 일원화
1994	1.25	금융결제원, 금융전산망과 무역자동화망 연결 가동	1. 1	EU, 2단계 유럽 경제·경제 통화 통합조치 시행 - 유럽통화기구(EMI) 설립
	2. 1	금융결제원, 현금자동입출금기(CD/ATM)를 이용한 계좌이체제도 실시(2. 5. 시행)	3. 4	멕시코, OECD 가입 - 25번째 회원국
	3.17	한국은행, 금융기관 점포설치 자율화(4. 1 시행)		
	7.16	한국은행·재무부, 제3단계 금리자유화의 부분조기 시행(7. 18. 시행) - CD, 거액 RP, 거액 CP 만기제한 완화 (91일 이상 만기 → 60일 이상 만기 등) 한국은행, 표지어음제도 도입(7. 18.)	6.27	일본, 동경외환시장에서 최초로 엔화의 대미 달러 환율이 100엔을 돌파 - 종가 99엔 93전
			7. 1	브라질 화폐개혁 단행
	11.24	한국은행·재무부, 제3단계 금리자유화 부분 조기 시행(12. 1. 시행)	7.26	BIS 바젤 은행감독위원회, 파생금융상품 리스크 관리에 관한 가이드라인 공표

연도	일자	국 내	일자	국 외
		- 1년 이상 2년 미만 만기 수신금리 자유화 등)		
1994	12.15	한국은행, 한국은행 금융결제망(BOK-Wire) 가동 - 한국은행 당좌계정을 통한 실시간 총액결제제도	12. 1	미국 캘리포니아 오렌지카운티, 파생금융상품 거래에 따른 거액의 손실(14억 달러) 발표
	12.27	국민은행법 폐지 - 은행법상 일반 은행으로 전환	12.22	멕시코 통화위기 발생 - 인위적 고평가를 유지하던 페소화 시세가 자유변동환율제(12. 22.)이후 폭락 - 국제금융시장 혼란 야기
	12.31	은행법 개정 - 자기자본의 20% 범위내에서 자회사 출자자율화 - 동일인 대출한도 축소(자기자본의 20% → 15%) 등		
1995	5.11	한국은행, 정기 예·적금의 최장만기 확대(3년 → 5년)	2. 4	선진 7개국(G-7), 멕시코 통화위기 극복을 위해 총 528억 달러의 금융지원 결정
	5.16	재정경제원, 은행신탁제도 개선 - 일반 불특정금전신탁의 신규수탁 중단 (1996.1.1. 시행)	2.26	영국, Baring사 파산 - 파생금융상품 거래에서 5억 파운드 손실
	7.20	한국은행·재정경제원, 제3단계 금리자유화 부분시행(7. 24. 시행) - 6개월 이상 1년 미만 만기 수신금리 자유화 - 한국은행 총액한도대출 대상자금 대출금리 자유화	3.28	일본, 동경은행과 삼릉은행의 합병 발표 - 자산규모(7,610억 달러) 세계 1위의 동경삼릉은행 설립(1996. 4. 1.)
			6. 2	일본, 금융기구 점포설치규제 완전 철폐
			7.	영국, Mondex 전자화폐 시범 실시
	11.17	한국은행·재정경제원, 제3단계 금리자유화계획 조기 완료(11. 20. 시행) - 6개월 미만 만기 정기예탁금 금리 자유화 등	8.29	미국, Chemical 은행과 Chase Manhattan 은행 합병 발표 - 이에 따라 Chase Manhattan 은행은 자산규모 미국내 1위
	12.19	재정경제원, 은행 직불카드업무 허가(1996. 2.1. 시행)	10.18	미국, 인터넷 가상은행 최초 개업 - Security First Network Bank가 세계 최초로 인터넷상에서 은행업무를 할 수 있는 가상은행 개업
	12.26	한국은행, 금융규제 추가 완화(1996. 1. 1. 시행) - 현금자동입출금기 설치제한 폐지 등		
	12.29	예금자보호법 제정(1996. 6. 1. 시행) - 예금보험제도 도입 및 예금보험공사 설립 - 보험료율 : 연 0.05% 이내	11.14	유럽통화기구(EMI), 유럽통화통합 달성을 위한 4단계 방안 발표 - 2002년 7월에 완전한 통화통합 달성
1996	1.18	한국은행, 은행대출가산금리 자유화(1. 19. 시행)	1.10	BIS, 신 자기자본 규제안 확정(1997. 12. 시행) - 1993 4. 30. 발표한 자기자본 규제안에 시장위험 측정을 위한 은행 내부모델(VaR) 사용을 추가
	4.18	재정경제원, 은행신탁제도 개선방안 발표 - 최단만기 연장 : 1년 → 1년 6개월 - 원본보전 대상을 장기연금신탁으로 한정		
	5.28	정부, 예금자보호법 시행령 제정(6. 1. 시행) - 보험금 지급한도를 1인당 2천만 원으로 규정	1.16	일본은행, 대출한도액제도 폐지 - 금융조절을 공개시장조작 방식으로 일원화
	6. 1	예금보험공사 설립	1.24	미국, Wells Fargo 은행이 First Interstate 은행 인수 발표 - 사상최대 규모의 인수가액(116억 달러)
	7.18	한국은행, 일반 은행 국외점포 신설규제 완화 - 신설인가기준을 포지티브시스템에서 네거티브시스템으로 변경	2.22	IMF, 러시아에 102억 달러 차관제공 발표
	10. 2	한국은행, 은행경영평가방식 변경 - 은행본점에 대해 자본적정성, 자산건전성, 경영관리능력, 수익성, 유동성 등 5개 부분 CAMEL 방식	4.19	영란은행, 실시각 총액결제시스템(CHAPS) 가동
			7.24	영란은행, 은행감독 강화계획 발표 - Baring사 도산(1995. 2. 26.)을 계기로 파생금융상품 등에 대한 감독 강화
			10. 4	네덜란드 은행, 세계 최초로 전국을 대상으로 스마트카드 상용계획 발표
			11.10	일본, 금융개혁 추진계획 발표 - 2001년까지 은행·증권·보험회사 간 상호진입 허용
1997	1.13	은행법 개정 - 비상임이사 중심의 이사회제도 도입 - 대출최장만기 규제 폐지	1.27	IMF, 신차입협정(NAB)* 도입(1998. 11. 17. 발효) - 신용공여한도(credit line) 형태로 긴급자금 필요시 협정체결국(25개국)으로부터 차입하여 지원 * New Arrangement to Borrow
	2. 6	한국은행, 금융기관의 CD 및 표지어음 발행한도 폐지(2. 17. 시행) 한국은행, 은행예금 만기규제 완화 - 은행예금의 최장만기(5~10년)제한 폐지 등	5.20	영국, 통합 감독기구 설립계획 발표 - 1997. 10. 28. 통합감독기구인 금융감독청(FSA)이 공식출범하고 1998. 6. 1. 영란은행법 개정으로 영란은행의 은행감독권을 금융감독원으로 이관
	7. 4	한국은행·재정경제원, 제4단계 금리자유화 일부시행(7. 7. 시행) - MMDA 발행 허용, CD·CP 등의 최저발행금액 폐지		
	8.22	한국은행, 일반 은행의 금융채 발행 허용(7. 7. 시행) 금융기관 부실자산 등의 효율적 처리 및 성업공사의 설립에 관한 법률 제정(11. 23. 시행)	5.21	미국, 금융개혁방안 발표 - 금융기관 업무영역규제 철폐 등
			6.16	일본, 금융감독청 설치법 제정 - 은행·증권·보험회사에 대한 감독 및 검사
			7. 1	홍콩, 중국으로 반환

연도	일자	국 내	일자	국 외
1997		- 한국산업은행법에 의한 성업공사를 특별법에 의한 성업공사로 전환	7. 2	태국, 환율제도 변경 및 IMF 긴급자금지원 요청
	8.30	한국주택은행법 폐지	7.14	- 복수통화바스켓제도 → 관리변동환율제도
	11.21	정부, IMF에 긴급구제금융 지원 요청	8.11	IMF, 필리핀에 11억 달러 긴급자금 지원
	12.16	재정경제원, 환율의 1일변동폭 제한(기준환율 상·하 10%) 폐지	8.20	IMF 등, 태국에 172억 달러의 긴급자금 지원 국제결제은행(BIS), 태국에 약 33억 달러 규모의 일시단기자금(bridge loan) 지원
	12.29	이자제한법 폐지(1998. 1. 13. 시행)	10. 8	인도네시아, IMF · IBRD · ADB 등에 금융지원 요청
	12.31	금융감독기구 설치 등에 관한 법률 제정 (1998. 4. 1. 시행) - 금융감독위원회 설립, 은행감독원 · 증권감독원 · 보험감독원을 금융감독원으로 통합	10.27	미국, 주가폭락 - 다우지수 7.2% 하락, 하락폭은 554포인트로 1987. 10. 19. Black Monday시 하락폭(508포인트)상회
		금융산업의 구조개선에 관한 법률 개정 (1998. 4. 1. 시행)	10.28	영국, 영란은행 · 재무부 · 금융감독청(FSA) 간 양해각서 체결(1998. 6. 1. 시행)
		- 금융감독기구의 금융기관에 대한 적기시정조치 및 경영개선명령 권한 강화	10.30	- 은행감독기능 이관에 따른 책임분담과 업무협조
		- 부실금융기관에 대한 정부출자 및 감자명령 근거 마련	12. 5	IMF 등, 인도네시아에 430억 달러 규모의 자금지원
		한아름종합금융(주) 설립 - 업무정지 종금사의 예금대지급 등을 위한 가교회사	12.17	말레이시아, 긴급경제대책 발표 IMF, 단기자금 지원을 위한 보충금융제도(SRF)* 도입 * Supplemental Reserve Facility
1998	1.13	은행법 개정(4. 1. 시행) - 금융기관 감독권을 금융감독위원회로 이관	4. 6	미국, City Corp과 Travelers Group 합병 발표 - 자산규모 세계1위의 City Group 설립
	1.15	한국은행, 제일 · 서울은행을 부실금융기관으로 결정	4.13	미국, Bank America와 Nations Bank 합병 발표
			6. 1	유럽연합(EU), 유럽중앙은행(ECB) 창설
	1.26	한국은행, 금융기관 여신금지부문제도 폐지	6. 4	인도네시아, 채권은행단과 약 800억 달러 채무조정
	2.17	재정경제원, 10개 종합금융회사 인가 취소		
	4. 1	금융감독위원회 설립	6.22	일본, 금융감독청 설립 - 재무부의 금융기관 인허가 · 검사 · 금융기관 합병 인가권을 금융감독청으로 이관
	6.24	은행 등 33개 금융기관, 기업구조조정협약 체결 - 채무조정 등을 통한 기업개선작업(workout) 추진		
	6.29	금융감독위원회, 5개 은행 퇴출조치 발표 - 동화 · 동남 · 대동 · 충청 · 경기은행에 대해 각각 신한 · 주택 · 국민 · 하나 · 한미은행에 자산과 부채를 이전	7.13	러시아, IMF · IBRD와 일본 등으로부터 1999년까지 226억 달러의 자금을 지원받기로 합의
			8.17	러시아, 일부 외채에 대한 지급유예(moratorium) 선언
	7.25	정부, 예금자보호법 시행령 개정 - 8. 1. 이후 가입예금 : 1인당 2천만 원 미만 예금 원금과 이자, 2천만 원 이상 예금은 원금만 각각 보장 - 7. 31. 이전 가입예금 : 2000년 말까지 원리금 전액 보장	9.25	미국 14개 금융기관, 헤지펀드인 LTCM사에 35억 달러의 구제금융 지원 결정
			10.13	유럽중앙은행, 통화정책 목표를 물가안정으로 설정
			11.13	브라질, IMF와 415억 달러의 자금지원에 합의
	9.16	자산유동화에 관한 법률 제정	11.29	독일 Deutsche Bank, 미국 Bankers Trust 인수 발표 - 인수 후 Deutsche Bank는 자산규모 세계 1위
	10.21	금융감독위원회, 채권시가평가제도 시행 - 11. 15. 이후 신규펀드 편입채권 - 2000. 7. 1. 이후에는 모든 펀드에 대해 실시	12. 2	IMF, 브라질에 대한 180억 달러 규모의 구제금융계획 승인
	11.25	서울보증보험 설립 - 대한보증보험과 한국보증보험이 합병하여 신설	12. 3	유럽중앙은행(ECB), 통화정책 지표로서 M3 선정
	11.28	금융감독위원회, 은행업무 규제 완화 - 국내영업소 신설 완전자유화 등	12.15	일본, 금융재생위원회 설립 - 부실금융기관의 특별 공적관리업무 수행
	12.28	금융감독위원회, 은행감독규정 개정(1999. 1. 1. 시행) - 금융채 발행한도 확대(50% → 100%) 등		
1999	1. 2	금융감독원 설립 - 은행감독원 · 증권감독원 · 보험감독원 · 신용관리기금의 권한과 의무를 포괄 승계	1. 1	유럽통화동맹(EMU), 유로화 정식 도입 및 유럽중앙은행의 단일통화정책 수행 개시 - 유로화는 2002. 1. 1. 실물 발행하여 6개월 간 참가국 통화와 병용, 2002. 7. 1. 이후 유로화만 유통
	1. 5	국민 · 장기신용은행, 국민은행으로 합병		
	1. 6	산업 · 한일은행, 한빛은행으로 합병 하나 · 보람은행, 하나은행으로 합병	1.14	IMF, 파키스탄에 156억 달러의 자금지원 승인
	2. 2	금융감독위원회, 충북은행을 부실금융기관으로 지정	3.31	IMF, 브라질에 대한 49억 달러의 자금지원 승인
	4. 1	재정경제부, 국제금융센터 설립	4. 6	브라질 Minas Gerais주, 연방정부에 대한 채무지급유예 선언
	5. 3	조흥은행, 충남은행 흡수 · 합병		
	6.25	금융감독위원회, 제일은행을 부실금융기관으로 지정	6. 3	BIS, 신바젤자기자본협약 제1차 협의안(CP1) 발표 - 기존협약(1988. 7. 1.)에 비해 리스크 민감도를 제고하고 은행의 리스크 측정 재량권을 확대
	9. 3	금융감독위원회, 서울은행을 부실금융기관으로 지정		

연도	일자	국 내	일자	국 외
1999	9. 7	농업협동조합법 제정(2000. 7. 1. 시행) - 농협중앙회, 축협중앙회 및 인삼협중앙회를 농협중앙회로 통합		- 최저자기자본규제, 감독당국의 점검, 시장규율로 구성
	9.14	조흥은행, 강원은행 흡수·합병	7. 7	IMF, 멕시코에 대한 41억 달러 융자 승인
	9.17	금융감독위원회, 금융감독규정 개정(12. 31. 시행) - 차주의 채무상환능력을 반영한 자산건전성 분류기준(forward looking criteria) 도입, 분기공시제도 도입	11.12	미국, 금융서비스 현대화법(Financial Service Modernization Act) 제정 - 금융권 상호 간 겸업 허용, 금융감독기관 간 업무 조정 - 1933년 제정된 Glass-Stegall법 폐지
		금융감독위원회, 제일은행 매각 합의 발표(12. 31. 본계약) - 미국계 뉴브리지캐피탈과 투자약정서 체결		
	12.31	금융기관 부실자산 등의 효율적 처리 및 성업공사에 관한 법률 개정 - 성업공사의 명칭을 한국자산관리공사로 변경		
2000	1.21	정부, 유사 수신행위의 규제에 관한 법률 제정 시행 - 법령에 의한 인·허가 및 신고 등록없이 블특정 다수인으로부터의 수신행위 금지	1.15	일본, 손실분담제도 도입(2000년 4월 이후 시행) - 파산금융기관 인수 후 발행한 손실 예금보험기구가 분담
	1.28	금융감독위원회, 은행법 개정(2000. 1. 21)에 따라 현행 감사제도를 폐지하고 은행의 감사위원회제도를 도입	3.31	중국, 금융실명제 실시(4.1 시행)
	4.20	한국은행, 기업구매자금대출제도 도입(5. 22. 시행) - 어음사용을 줄이고 현금결제 확대를 유도	6.19	EU 이사회, 그리스의 EMU 가입(12번째 회원국)승인
	6.29	한국은행, 유동성조절대출제도 도입(8. 1. 시행) - 은행의 일시 유동성부족자금 지원	7. 1	일본, 금융청 출범 - 금융감독청과 대장성 금융기획국을 통합
	7. 1	금융감독위원회, 채권시가평가제 시행	9.29	일본, 미즈호Holding사 출범 - 제일권업은행, 부사은행, 일본흥업은행이 공동설립
	9. 7	한국은행, 일중당좌대출제도 도입(9. 30. 시행) - 은행의 일시 지급결제부족자금을 업무마감시까지 일정한도 내에서 자동 지원	12.12	일본 금융청, 은행의 보험상품 창구판매 허용 발표(2001. 4. 1. 시행)
	10.23	정부, 금융지주회사법 제정(11. 24. 시행)	12.18	아르헨티나, IMF 등으로부터 총 397억 달러의 구제금융 수혜 합의
	10.31	정부, 예금자보호법 시행령 개정(2001. 1. 1. 시행) - 예금보험금 한도를 금융기관별 1인당 2천만 원에서 5천만 원으로 상향 조정		
	12.16	금융감독위원회, 6개 은행에 대한 부실금융기관 지정 - 한빛·서울·평화·광주·제주·경남은행		
	12.20	공적자금관리특별법 제정 시행		
2001	1. 5	한국은행, 전자방식에 의한 외상매출채권 담보대출제도 도입(2. 12. 시행)	1. 2	일본은행, 실시간 총액결제시스템(RTGS) 가동
			1.16	BIS, 신바젤자기자본협약 제2차 협의안(CP2) 발표
	4. 2	우리금융지주(주) 설립 - 한빛·평화·광주·경남은행 등을 자회사로 편입	2.19	일본은행, 종합적인 금융완화 조치 결정 - 금융시장 조작목표를 익일물 무담보콜금리에서 금융기관의 일본은행에 대한 당좌예금 잔고로 변경 - 사실상 제로금리로의 복귀
	9. 1	신한금융지주(주) 설립		
	10.31	국민·주택은행이 국민은행으로 합병		
	11.28	재정경제부, 금융정보분석원(FIU) 출범 - 특정금융거래정보의 보고 및 이용 등에 관한 법률 및 범죄수익은닉의 규제 및 처벌 등에 관한 법률 등 자금세탁방지 관련법의 제정(2001. 9. 3.)에 따라 출범	5.10	일본, 아시아 3개국과 통화스왑협정 체결 합의 - 아시아지역의 통화협력 강화 및 금융위기재발 방지 - 규모 확대(한국 : 50억 달러 → 70억 달러, 말레이시아 : 25억 달러 → 35억 달러) 및 신규(태국 : 30억 달러)
	12. 8	금융감독위원회, 금융신상품 선발이익(First-Mover Advantage) 보호제도 도입	8. 3	IMF, 브라질에 150억 달러 자금지원
	12.27	한국은행, 지급결제제도 운영·관리규정 제정(2002. 2. 1. 시행) - 지급결제시스템 전반에 걸친 감시기능 수행	8.22	IMF, 아르헨티나와 80억 달러 추가 지원 합의
	12.31	평화은행의 은행·신탁부문은 한빛은행에 합병하고 신용카드부문은 전업카드회사로 전환	9.11	미국, 테러사건 발생
			9.13	유럽중앙은행(ECB), 미 연준과 500억 달러의 통화스왑협정 합의
			9.14	영란은행, 미 연준과 300억 달러 통화스왑협정 합의
			11.10	세계무역기구(WTO), 중국의 회원가입 승인(143번째)
			12. 1	아르헨티나, 예금인출 제한조치 발표
			12.24	중국인민은행, 금융기관 자산건전성 분류를 현행 4단계에서 5단계로 세분화(2002. 1. 시행)
2002	1. 1	금융감독원, 시장리스크기준 BIS자기자본 보유제도 시행	1. 1	유로 12개국, 유로화 통용 개시 - 2002년 2월말까지 자국 통화와 병용

연도	일자	국 내	일자	국 외
2002		- 트레이딩 목적 거래*의 비중이 일정규모 이상**인 은행에 적용	2. 4	IMF, 터키에 160억 달러 자금지원 승인
		* 단기매매나 금리 및 가격변동으로부터의 매매차익을 획득할 목적으로 하는 거래	2. 5	아르헨티나, 일반인에 대한 달러매각 금지 및 중앙은행 예치 의무화
			2.11	아르헨티나 변동환율제 실시
		**일별 연결기준 트레이딩 목적 자산·부채의 합이 총자산의 10% 혹은 최대 1조 원 이상	4. 1	일본, 부분예금보험제도 실시 - 저축성예금 : 금융기관별 1인당 1,000만 엔과 그 이자를 지급보증 - 요구불예금은 2003. 4. 시행* * 2005. 4.로 연기(2002. 10. 7.)
	2.27	금융정보화추진 은행소위원회 및 금융결제원, 전자회상매출채권 결제시스템 가동(3. 4. 시행) - 기업 간(B2B) 전자상거래 대금결제시스템 구축		
	3.27	한국은행, 새 통화지표 편제 및 공표 - 유동성 수준을 정확히 반영할 수 있도록 금융자산 기준의 새 통화지표(신M1 및 신M2 편제)	7.30	미국, 기업부정방지법(Sarbanes-Oxley Act of 2002) 제정 - 기업 회계부정에 대한 처벌 강화 - 기업지배구조 개선 등
	4.27	은행법 개정(7. 27. 시행) - 동일인 은행주식보유한도를 4%에서 10%로 상향조정. 다만 지방 은행은 종전 수준(15%) 유지	8. 7	IMF, 브라질에 대한 300억 달러 지원 결정
			10.11	일본은행, 시중 은행 보유주식 매입 세부계획 발표 - 금융시스템 안정을 도모 - 대상주식 : 신용등급 BBB 이상 기업 주식 - 매입규모 : 향후 2년간 2조 엔
	5.10	신한금융지주회사, 제주은행을 자회사로 편입		
	7. 1	은행, 주5일근무제 시행		
	7.18	금융감독원, 개인신용회복지원제도 도입 방안 발표(10. 1. 시행) - 채무조정을 통한 개인채무자 경제적 회생을 지원 - 금융기관 공동협약 방식	11.15	아르헨티나, 세계은행(World Bank) 차입 8억 5천만 달러 채무불이행(Default) 선언
	9. 5	금융정보화 은행소위원회·금융결제원, 자기앞수표 전자정보교환제도 전국 확대 실시		
	10. 5	한국은행 및 금융감독원, 금융기관 공동검사에 관한 양해각서(MOU) 체결		
	11. 8	금융감독위원회, 은행의 신종자본증권(Hybird Tier 1)의 발행 허용		
	11.22	서울·하나은행, 하나은행으로 합병		
2003	4. 3	재정경제부·금융감독위원회·한국은행, 신용카드사 및 투신사 유동성 문제 해결을 위한 금융시장 안정대책 발표 - 금융회사의 카드채 만기연장 등	1. 6	미 연준, 재할인제도 변경(1. 9. 시행) - 금융기관 건전성 등급에 따라 재할인 금리를 차등화
			1.15	중국인민은행, 금융기관 자금세탁방지규정 제정(3. 1. 시행)
	4.11	금융감독위원회, 채권형 신종자본증권(Hybird Tier 1) 발행 허용	2. 6	베네수엘라, 외환통제 실시 - 대미달러 환율 고정 및 외환거래의 중앙은행 집중
	5.29	보험업법 개정(8. 29. 시행) - 은행의 보험업무 취급 등 방카슈랑스 허용		
	9. 5	신한금융지주회사, 조흥은행을 자회사로 편입	4.28	중국, 은행감독관리위원회 설립 - 금융기관에 대한 관리·감독업무 수행
	9.26	국민은행이 국민카드사(주)를 합병		
	9.26	금융감독위원회, 론스타의 외환은행 주식취득(51%) 승인	4.29	BIS, 신바젤자기자본협약 제3차 협의안(CP3) 발표
	10.29	재정경제부, 주택시장안정 종합대책 발표 - 투기지역내 주택담보인정비율(LTV) 하향조정(50% → 40%) 등	5. 5	브라질 및 아르헨티나, 단일통화 도입 검토 - 준비기구인 통화기구(monetary institute) 출범
	11.24	농협 등 8개 채권은행, 현금서비스가 중단(11. 21.)된 LG카드사에 대해 2조 원의 유동성을 지원	10.28	아르헨티나, 디폴트 채무의 재조정안을 제시 - 대상채무 : 2001년말 채무불이행 선언 채무 943억 달러중 880억 달러 - 조정방법 : 3가지의 새로운 장기채권을 발행하여 상환, 75%의 탕감효과

Ⅵ. 약어표

약 어	원 명	한 국 명
【A】		
ACM	Arab Common Market	아랍공동시장
ACP Countries	African-Caribbean-Pacific Countries	아프리카/카리브/태평양지역 국가
ADB	Asian Development Bank	아시아개발은행
ADF	Asian Development Fund	아시아개발기금
AfDB	African Development Bank	아프리카개발은행
AfDF	African Development Fund	아프리카개발기금
AFIA	ASEAN Free Investment Area	아세안 자유투자지역
AFTA	ASEAN Free Trade Area	아세안 자유무역지역
AIBD	Association of International Bond Dealers	국제본드거래자협회
AIC	ASEAN Industrial Complementation Scheme	아세안 산업보완계획
AICS	ASEAN Industrial Cooperation Scheme	아세안 산업협력계획
AIJV	ASEAN Industrial Joint Venture	아세안 합작사업계획
AIP	ASEAN Industrial Project	아세안 산업계획
AmCham	American Chamber of Commerce	미 상공회의소
AMU	Arab Maghreb Union	아랍·마그레브 연합
ANCOM	Andean Common Market	안데안공동시장
ANZCERTA 또는 CER	Australia-New Zealand Closer Economic Relations Trade Agreement	호주-뉴질랜드경제관계 긴밀화 무역협정
AOF	Arab Oil Fund	아랍석유기금
APEC	Asia-Pacific Economic Cooperation	아시아-태평양 경제협력체
ASA	Association of Southeast Asia	동남아연합
ASEAN	Association of Southe East Asian Nations	동남아국가연합
ASEM	Asia-Europe Meeting	아시아-유럽정상회의
ATMI	American Textile Manufacturers	미국 섬유제조업자협회
【B】		
BBC	Brand to Brand Complementation	제품별 보완체제
BENELUX	Belgium, Netherlands and Luxembourg	베네룩스
BIAC	Business and Industry Advisory Committee	기업·산업자문위원회
BIS	Bank for International Settlements	국제결제은행
BISF	Baltic Investment Special Funds	발트투자특별기금
BOP	Balance of Payment	무역수지
BSF	Baltic Special Fund	발트특별기금
BSFF	Buffer Stock Financing Facility	완충재고금융
BTASF	Baltic Technical Assistance Special Fund	발트기술지원특별기금
BWIs	Bretton Woods Institutions	브레튼 우즈 기구
【C】		
CAC	The Joint FAO/WHO Codex Alimentarius Commission	FAO/WHO 국제식품표준위원회
CACM	The Central American Common Market	중미공동시장
CAP	Common Agricultural Policy	공동농업정책
C-20	Committee of Twenty	20개국 위원회
CARICOM	Caribbean Common Market	카리브 공동시장
CARIFTA	Caribbean Free Trade Association	카리브 자유무역연합
CCC	Customs Cooperation Council	관세협력이사회

약 어	원 명	한 국 명
CCFF	Compensatory and Contingency Financing Facility	확대보상금융제도
CCV	Committee on Customs Valuation	관세평가위원회
CEAO	West African Economic Community	서아프리카 경제공동체
CEEC	Convention on European Economic Cooperation	유럽경제협력위원회
CEN	European Committee for Standardization	유럽표준화위원회
CENELEC	European Committee for Electrotechnical Standardization	유럽전기표준화위원회
CEPT	Common Effective Preferential Tariff	공동유효특혜관세
CET	Common External Tariff	대외공동관세
CFC	Common Fund for Commodities	상품공동기구
CFF	Compensatory Financing Facility	보상금융제도
CG-18	Consultative Group of Eighteen	18개국자문단
CIME	Committee on International Investment and Multinational Enterprises	국제투자 및 다국적기업위원회
CMIT	Committee on Capital Movements and Invisible Transaction	자본이동 및 경상무역외거래위원회
CS	Country Schedule	이행계획서
CTI	Committee on Trade and Investment	무역투자위원회
【D】		
DAC	Development Assitance Committee	개발원조위원회
DAEs	Dynamic Asian Economies	역동적 아시아 개도국군
DEC	Dialogue for Economic Cooperation	한미경제협력대화
DMCs	Developing Member Countries	개발도상회원국
DMS	Dispute Mediation Service	분쟁조정서비스
DNMEs	Dynamic Non-Member Economies	역동적 비회원국
DRF	Debt Reduction Facility	외채감축기금
DSB	Dispute Settlement Body	분쟁해결기구
【E】		
EAC	East African Community	동아프리카공동체
EACM	East Africa Common Market	동아프리카공동시장
EADB	East Africa Development Bank	동아프리카개발은행
EAEC	East Asian Economic Caucus	동아시아경제회의
EAEG	East Asian Economic Grouping	동아시아경제그룹
EAGGF	European Agricultural Guidance and Guarantee Fund	유럽농업지도보장기금
EBRD	European Bank for Reconstruction and Development	유럽부흥개발은행
EC	European Community	유럽공동체
ECAFE	UN Economic Commission for Asia and the Far East	유엔 아시아·극동 경제위원회
ECB	European Central Bank	유럽중앙은행
ECLA	UN Economic Commission for Latin America	유엔 라틴아메리카 경제위원회
ECOSOC	Economic and Social Council	유엔 경제사회이사회
ECOWAS	Economic Community of West African States	서부아프리카제국 경제공동체
ECSC	European Coal and Steel Community	유럽석탄·철강공동체
ECU	European Currency Unit	유럽통화단위
ECUBA	ECU Banking Association	유럽은행협회
EDI	Economic Development Institute	경제개발연수원
EEA	European Economic Area	유럽경제지역
EEC	European Economic Community	유럽경제공동체

약 어	원 명	한 국 명
EEIGs	European Economic Interest Groupings	유럽경제이해집단
EFF	Extended Fund Facility	확대신용제도
EFTA	European Free Trade Association	유럽자유무역연합
EIB	European Investment Bank	유럽투자은행
ELSA	Employment, Labor and Social Affairs Committee	고용노동사회문제위원회
EMCF	European Monetary Cooperation Fund	유럽통화협력기금
EMA	European monetary Agreement	유럽통화협정
EMFTA	Europe-Mediterranean Free Trade Area	유럽-지중해 자유무역지역
EMI	European Monetary Institute	유럽통화기구
EMS	European Monetary System	유럽통화제도
EMU	Economic and Monetary Union	경제·통화동맹
EMU	European Monetary Union	유럽통화동맹
EOTC	European Organization for Testing & Certification	유럽시험인증기구
EPG	Eminent Persons Group	저명인사그룹
EPU	European Political Union	유럽정치동맹
ERM	Exchange Rate Mechanism	유럽환율조정제도
ESAF	Enhanced Structural Adjustment Facility	확대구조조정금융제도
ESC	Euro-Currency Standing Committee	유로 커런시 상설위원회
ESCAP	UN Economic Social Commission for Asia and the Pacific	유엔 아시아·태평양 경제사회 위원회
ESCB	European System of Central Bank	유럽중앙은행제도
ESD	Enviromentally Sustainable Development	환경적으로 지속가능한 성장
ESF	European Social Fund	유럽사회기금
ESPRING	European Strategic Programme for R&D in Information Technology	유럽정보기술연구개발계획
EU	European Union	유럽연합
EURATOM	European Atomic Energy Community	유럽원자력공동체
【F】		
FAO	Un Food and Agriculture Organization	유엔식량농업기구
FCN	Friendship, Commerce and Navigation	우호통상항해
FDI	Foreign Direct Investment	외국인직접투자
FIRA	Foreign Investment Review Act	외국인투자심사법
FSO	Fund for Special Operations	특별업무기금
FTA	Free Trade Area	자유무역지역
FTAA	Free Trade Area of the Americas	미주자유무역지역
【G】		
G-7	Group of Seven	선진7개국
G-10	Group of Ten	선진10개국
G-24	Group of Twenty-four	24개도국 그룹
G-77	Group of Seventy-seven	후진77개국 회의
GAB	General Arrangements to Borrow	일반차입협정
GATS	General Agreement on Trade in Services	서비스무역에 관한 일반협정
GATT	General Agreement on Tariffs and Trade	관세 및 무역에 관한 일반협정
GNS	Group of Negotiations on Services	서비스협상그룹
GC	Green Currency	녹색통화
GCC	Gulf Cooperation Council of Cooperation Council of the Arab States of the Gulf	걸프만 연안국 협력위원회
GEF	Global Environmental Fund	지구환경기금
GEMIT	Group on Environmental Measures and Trade	환경작업반
GIC	Gulf Investment Corporation	걸프투자회사

약 어	원 명	한 국 명
GNG	Group of Negotiations on Goods	상품협상그룹
GRA	General Resources Account	일반재원계정
GSP	Generalized System of Preferences	일반특혜관세제도
GSTP	Global System of Trade Preferences	개도국간 무역특혜제도
【H】		
HIPCs	Heavily Indebted Poor Countries	외채과다빈곤국
HRD	Human Resources Development	인적자원개발
HS	Harmonized Commodity Description and Coding System	국제통일상품분류제도
【I】		
IAEA	International Atomic Energy Agency	국제핵에너지위원회
IAIS	International Association of Insurance Supervisors	보험감독자국제연합
IBRD	International Bank for Reconstruction and Development	국제부흥개발은행
ICAs	International Commodity Agreements	국제상품협정
ICB	International Commodity Body	국제상품단체
ICCICA	Interim Coordination Committee for International Commodity Agreement	국제상품협정 임시협력위원회
ICO	International Commodity Organization	국제상품기구
ICSID	Internationl Center for Settlement of Investment Disputes	국제투자분쟁해결본부
IDA	International Development Association	국제개발협회
IDB	Inter-American Development Bank	미주개발은행
IDPC	International Diary Products Council	국제낙농이사회
IEC	International Electrical Commission	국제전기기술위원회
IFC	International Finance Corporation	국제금융공사
IFC	International Financial Center	국제금융센터
IFF	Intermediate Financing Facility	중간금리 융자제도
IFIs	International Financial Institutions	국제금융기구
IIE	Institute for International Economics	국제경제연구원
IMD	International Institute for Management Development	국제경영개발연구원
IMF	International Monetary Fund	국제통화기금
ILO	International Labour Organization	국제노동기구
IOE	International Office of Epizootics	국제수역사무국
IOLM	International Organization of Legal Metrology	국제법정계량기구
IOSCO	International Organization of Securities Commissions	증권위원회국제기구
IPPC	International Plant Protection Convention	국제식물보호협약
IPR	Intellectual Property Right	지적재산권
IPC	Integrated Program for Commodities	국제표준화기구
ISO	International Standard Organization	일차산품통합계획
ITA	Information Technology Agreement	정보기술협정
ITO	International Trade Organization	국제무역기구
ITCB	International Textiles & Clothing Bureau	국제섬유의류기구
ITO	International Trade Organization	국제무역기구
【J】		
JSF	Japan Special Fund	일본특별기금

약 어	원 명	한 국 명
【L】		
LAFTA	Latin America Free Trade Area	라틴아메리카 자유무역지역
LAIA	Latin American Integration Association	라틴아메리카 통합연합
LLDC	Least Less Developed Countries	최빈개도국
LTA	The Long-term Arrangement on Cotton Textiles	장기면직물 협정
【M】		
MAI	Multilateral Agreement on Investment	다자간투자협정
MAPA	Manila Action Plan for APEC	마닐라실행계획
MEA	Multilateral Environment Agreements	국제환경협약
MERCOSUR	El Mercado Comun del Sur, The Common Market of the Southern Cone	남미공동시장
MFA	Multi-Fiber Arrangement	다자간 섬유협정
MFN Treatment	Most-Favored-Nation Treatment	최혜국대우
MIGA	Multilateral Investment Guarantee Agency	국제투자보증기구
MRU	Mano River Union	마노강 동맹
MSAC	Most Seriously Affected Countries	후발 개도국
MTA	Multilateral Trade Agreement	다자간 무역협정
MTN Codes	Multilateral Trade Negotiation Codes	다자간 무역협상협약
MTO	Multilateral Trade Organization	다자간 무역기구
【N】		
NAB	New Arrangements to Borrow	신차입협정
NAFTA	New Zealand-Australia Free Trade Agreement	호주-뉴질랜드 자유무역협정
NAFTA	North American Free Trade Agreement	북미자유무역협정
NBIP	Non-Binding Investment Principle	비구속적 투자원칙
NGOs	Non-Governmental Organization	비정부기관
NICs	Newly Industrialized Countries	신흥공업국
NIEO	New International Economic Order	신국제경제질서
NTBs	Non-Tariff Barriers	비관세장벽
NTE	National Trade Estimates on Foreign Trade Barriers	국별무역장벽보고서
NTF	Nigerian Trust Fund	나이지리아 신탁기금
【O】		
OAA	Osaka Action Agenda	오사카행동지침
OAS	Organization of American States	미주기구
OCR	Ordinary Capital Resources	일반재원
ODA	Official Development Assistance	공적개발원조
ODI	Outward Direct Investment	해외직접투자
OECD	Organization for Economic Cooperation and Development	경제협력개발기구
OECF	Overseas Economic Cooperation Fund	일본해외경제협력기금
OEEC	Organization for European Economic Cooperation	유럽경제협력기구
OMA	Orderly Marketing Arrangement	시장질서유지협정
OPEC	Organization of Petroleum Exporting Countries	석유수출국기구
【P】		
PAFTAD	Pacific Trade and Development Conference	태평양무역·개발회의
PBEC	Pacific Basin Economic Council	태평양경제협의회
PECC	pacific Economic Cooperation Council	태평양경제협력위원회

약 어	원 명	한 국 명
PEI	Presidents' Economic Initiative	한·미 기업환경개선방안
PFC	Priority Foreign Country	우선협상대상국
PPMs	Process and Production Methods	공정 및 생산방식
PPP	Polluter-Pays Principle	오염자부담원칙
PTA	Plurilateral Trade Agreement	복수국간 무역협정
PTA	Preferential Trading Arrangements	특혜무역협정
PTI	Program of Targeted Interventions	빈곤퇴치방안
PWL	Priority Watch List	우선감시대상국
【R】		
RBP	Restrictive Business Practices	제한적 영업관행
RIAs	Regional Integration Agreements	지역통합협정
RB	Rollback	철폐
RSBISF	Russia Small Business Investment Special Funds	러시아소기업투자특별기금
RSBSF	Russia Small Business Special Funds	러시아소기업특별기금
RSBTCSF	Russia Small Business Technical Cooperation Special Fund	러시아소기업기술협력특별기금
【S】		
SAARC	South Asian Association for Regional Cooperation	남아시아지역협력연합
SACU	Southern African Customs Union	남아프리카관세동맹
SADC	Southern African Development Community	남부아프리카 개발공동체
SADCC	Sourhern African Development Coordination Conference	남부아프리카 개발조정회의
SAF	Structural Adjustment Facility	구조조정금융제도
SAFTA	South Asian Free Trade Area	남아시아자유무역지역
SALs	Structural Adjustment Loans	구조조정대출
SAP	Social Action Programme	사회정책 프로그램
SAPs	Structural Adjustment Programs	구조조정계획
SAPTA	South Asian Preferential Trade Arrangement	남아시아 특혜무역협정
SDA	Special Disbursement Account	특별인출계정
SDRs	Special Drawing Rights	특별인출권
SEA	Single European Act	단일유럽법
SECALs	Sectoral Adjustment Loans	부문조정대출
SFF	Supplementary Financing Facility	보완금융제도
SICA	Sistema de la Integracion Centroamericana	중미통합기구
SII	Structural Impediments Initiative	미·일구조협의
SOM	Senior Officials' Meeting	고위실무회의
SPA	Special Program of Assistance	특별지원계획
SPS	Sanitary and Phytosanitary Measures	위생 및 식물검역조치의 적용에 관한 협약
SPTF	Social Progress Trust Fund	사회개발신탁기금
SRF	Special Relief Fund	특별구제기금
SRTAs	Subregional Trade Arrangements	소지역무역협정
SS	Standstill	동결
SSRB	Standstill & Rollback	현상동결 및 점진적 철폐
STA	The Short-term Arrangement on Cotton Textiles	단기면직물 협정
STABEX	Stabilization of Export Earnings	수출소득 안정화제도
STF	Systemic Transformation Facility	체제전환금융제도
【T】		
TAFTA	Transatlantic Free Trade Area	범대서양자유무역지대
TBI	Trade Barriers Instrument	무역장벽수단

약 어	원 명	한 국 명
TBT	Technical Barriers to Trade	기술적 무역장벽
TASF	Technical Assistance Special Fund	기술지원특별기금
TCF	Technical Cooperation Funds	기술협력기금
TDB	Trade and Development Board	무역개발이사회
TEU	Treaty on European Union	EU조약
TMB	Textile Monitoring Body	섬유감시기구
TNC	Trade Negotiations Committee	무역협상위원회
Total AMS	Total Aggregate Measurement of Support	농업보조측정총액
TPF	Trade Policy Forum	무역정책포럼
TPRB	Trade Policy Review Body	무역정책검토기구
TPRM	Trade Policy Review Mechanism	무역정책검토제도
TRIMs	Trade-Related Investment Measures	무역관련투자조치
TSB	Textile Surveillance Body	섬유감시기구
TRADP	Tuman River Area Development Program	두만강지역개발사업
TRIPs	Trade-Related Intellectual Properties	지적재산권의 무역관련측면
TTII	The Transatlantic Trade and Investment Initiative	범대서양무역투자협의
TUAC	Trade Union Advisory Committee	노동조합자문위원회
【U】		
UDEAC	Central African Customs and Economic Union or Union Douaniere et Economique del' Afrique Centrale	중앙아프리카 관세·경제동맹
UNCDF	United Nations Capital Development Fund	유엔자본개발기금
UNCED	United Nations Conference on Environment and Development	유엔환경개발회의
UNCFE	United Nations Conference on Trade and Employment	유엔무역고용회의
UNCTAD	United Nations Conference on Trade Aid and Development	유엔 무역개발회의
UNDP	United Nations Development Program	유엔개발계획
UNECA	United Nations Economic Commission for Africa	유엔아프리카 경제위원회
UNESCO	United Nations Economic and Social Council	유엔경제사회이사회
USCFTA	U.S-Canada Free Trade Agreement	미-캐나다 자유무역협정
USIFTA	U.S-Israel Free Trade Agreement	미-이스라엘 자유무역협정
USITC	U. S. International Trade Commission	미국국제무역위원회
UR	Uruguay Round	우루과이 라운드
USTR	United States Trade Representative	미국 무역대표부
【V】		
VERs	Voluntary Export Restraints	수출자율규제
【W】		
WHO	World Health Organization	세계보건기구
WIPO	World Intellectual Property Organization	세계지적재산권기구
WL	Watch List	감시대상국
WTO	World Trade Organization	세계무역기구

찾아보기

[ㄱ]

[ㅇ]

[ㅈ]

[ㅊ]

〈기타〉

〈주요 저서〉

현대통상의 이해(공저), 경문사, 2001.
남북한경제의 이해, 굿북스 코리아, 2001.
국제지역학의 이해, 도서출판 두남, 2002.
국제투자의 이해(공저), 경문사, 2002.
현대무역의 이해(공저), 연암사, 2002.
유럽지역연구, 도서출판 두남, 2003.
미주지역연구, 시그마 프레스, 2003.
세계지역연구, 한올출판사, 2004.」
국제기업의 이해(공저), 도서출판 두남, 2003.
국제통상환경론, 청목출판사, 2005.
현대중국경제론, 청목출판사, 2005.
21세기 글로벌기업론, 청목출판사, 2006.
APEC·ASEM·ASEAN+3 Focus, 청목출판사, 2006
21세기 글로벌무역의 이해, 청목출판사, 2006.
21세기 글로벌통상의 이해, 청목출판사, 2007.
21세기 글로벌투자의 이해, 청목출판사, 2007.
국제경영과 경제의 이해, 청목출판사, 2007.
외 다수

〈주요 논문〉

- "미국과 일본의 거시경제적 충격이 한국경제에 미치는 상대적 영향", 경제학연구, 제43집 제3호, 한국경제학회, 1995.
- "Empirical Test of The Market-oriented CAPM and January Effect", LSU Working Paper, 1997.
- "Money Demand Model of Inflation : Reexamined", LSU Working Paper, 1997.
- "Cointegration Test of Purchasing Power Parity", Western Social Science Association, 40th Annal Conference Proceeding, 1998.
- "A VAR Analysis of the Influence of the U.S. Economic Disturbances on the Korean Economy", Journal of Korea Trade, Vol. 3, 1999.
- "Economic Interdependence between Korea and Japan : Empirical Inquiry", Journal of Korea Trade, Vol. 4, No. 2, 2000.
- "교육용 유사주문형 비디오에 대한 지불의사액 분석", 경제학연구, 제48집 제13호, 한국경제학회, 2000.
- "산업연관 분석을 이용한 전파통신산업의 산업파급효과 분석", 중소기업연구, 제22권 제2호, 한국중소기업학회, 2000.
- "남북경협과 중소기업의 대북한 진출방안", 무역학회지, 제26권 제1호, 한국무역학회, 2001.
- "Modeling Zero Response Data from Willingness to Pay Surveys", Economics Letters, Vol. 71, No. 2, 2001.
- "Real Exchange Rate-Interest Rate Differentials : Empirical Inquiry", Journal of Korea Trade, Vol. 5, No. 1, 2001.
- "International Transmission of Economic Disturbances : Reexamined", 국제통상연구, 제7권 제1호, 한국국제통상학회, 2002.
- "An Empirical Analysis of Economic Linkages between Korea and U.S.", 산업경제연구, 제16권 제5호, 2003.
- "남북한 금융협력에 관한 연구", 국제통상연구, 제8권 제3호, 한국국제통상학회, 2003.
- "동북아허브 발전전략에 대한 고찰", 한국항만경제학회지, 제19집 제2호, 한국항만경제학회, 2003.
- "An Empirical Analysis of Economic Linkages between Korea and Germany", 유럽연구, 제21권(2005년 여름), 한국유럽학회, 2005.
- "동북아 금융허브 발전전략에 관한 연구", 국제지역연구, 제10권 제3호, 국제지역학회, 2006. 외 다수

현대한국금융론

2015년 10월 20일 중판인쇄
2015년 10월 25일 중판발행

저 자 이 재 기
발행인 유 성 열
발행처 청목출판사
서울특별시 영등포구 신길로 40길 20
전화 (02) 849-6157(代) · 2820
FAX (02) 849-0817
등록 제318-1994-000090호

파본은 바꾸어 드립니다.
값 25,000원

http : //www.chongmok.co.kr

ISBN 978-89-5565-201-7